Reden, die die Republik bewegten

Horst Ferdinand (Hrsg.)

Reden, die die Republik bewegten

2. erweiterte und überarbeitete Auflage

Leske + Budrich, Opladen 2002

Über den Herausgeber

Horst Ferdinand, geb. 1921 in Ettenheim (Baden), Prof. Dr. phil., war nach Kriegsdienst und Gefangenschaft (1939-1948) von 1949-1985 Mitarbeiter der Bundestagsverwaltung in Bonn. Er ist Verfasser oder Herausgeber von Veröffentlichungen über zeitgeschichtliche Themen (u.a. „Für Europa – Hans Furlers Lebensweg", 1977 – mit A. Kohler), „Beginn in Bonn", 1985, „Die VI. Interparlamentarische KSZE-Konferenz", 1986, „Reden, die die Republik bewegten", 1988, „Der Deutsche Bundestag und die interparlamentarischen Versammlungen", 1989, „internationale beziehungen, Bundestagsabgeordnete in interparlamentarischen Gremien", ⁵1990) und schrieb Beiträge u.a. zu den von Günther Neske herausgegebenen Bänden „40 Jahre Deutscher Bundestag", 1989, „Der Deutsche Bundestag, Porträt eines Parlaments, Die zwölfte Wahlperiode", 1994, zu dem von U. Andersen/W. Woyke herausgegebenen „Handwörterbuch internationaler Organisationen", 1995, und zu dem von U. Kempf/H.-G. Merz herausgegebenen „Biographischen Lexikon der deutschen Bundesregierung, Kanzler und Minister 1949-1998", 2001. Er ist korrespondierendes Mitglied der Kommission für geschichtliche Landeskunde in Baden-Württemberg und verfasste seit 1980 viele Biographien (darunter 18 von früheren Bundestagsabgeordneten) für die von dieser Kommission herausgegebenen „Badischen" und „Baden-Württembergischen Biographien".

Gedruckt auf alterungsbeständigem und säurefreiem Papier

Die Deutsche Bibliothek – CIP-Einheitsaufnahme
Ein Titeldatensatz für diese Publikation ist bei
Der Deutschen Bibliothek erhältlich.

ISBN 3-8100-3338-3

© 2002 Leske + Budrich, Opladen

Satz: Leske + Budrich, Opladen
Gesamtherstellung: Bercker, Kevelaer
Printed in Germany

Inhalt

Geleitwort

„Reden, die die Republik bewegten" – wie der Vorgängerband bietet auch diese erweiterte Neubearbeitung eine interessante Zusammenstellung von Reden, die im „Herzen unserer Demokratie", dem Deutschen Bundestag, gehalten wurden und weit über ihn hinaus in unsere Gesellschaft hinein gewirkt haben. Erläuterungen zum jeweiligen Redeanlass wie zu den einzelnen Rednerinnen und Rednern sind den dokumentierten Ansprachen aus fünf Jahrzehnten Bundesrepublik Deutschland vorangestellt. In einer „Tour d'horizon" spiegeln die einzelnen Reden die politische Entwicklung Deutschlands über 50 Jahre wider: den Aufbau der parlamentarischen Demokratie in einem zerstörten Land, den Weg nach Europa, das Engagement für soziale Gerechtigkeit, Entspannung und Frieden, die langen Jahre der Teilung Deutschlands und ihre Überwindung durch die friedliche Revolution der Ostdeutschen. Unverwechselbare Persönlichkeiten wie Theodor Heuss, Kurt Schumacher, Konrad Adenauer, Hermann Ehlers, Willy Brandt und Franz-Josef Strauß treten wieder vor das geistige Auge und Ohr des Lesers. Aber auch die Reden von Politikern und Politikerinnen wie Marie-Elisabeth Lüders, Richard Jaeger, Franz Böhm oder Hans Furler sind ungemein lesenswert. Alle in diesem Band dokumentierten Ansprachen verbindet, dass sie in besonders eindrucksvoller Weise brisante Fragen thematisiert, öffentliches Bewusstsein geprägt und notwendiges politisches Handeln angestoßen haben.

In unseren Feuilletons findet sich immer wieder die Behauptung, Deutschland sei ein Land ohne nennenswerte rhetorische Traditionen. Das vorliegende Buch beweist – zumindest für unsere jüngere Vergangenheit – das Gegenteil: Im Deutschen Bundestag sind über fünf Jahrzehnte immer wieder Reden gehalten worden, die die Republik und die Menschen bewegt haben. Das unterstreicht die Bedeutung unseres Parlaments als Forum des öffentlich gesprochenen Wortes.

Wolfgang Thierse
Präsident des Deutschen Bundestages

Vorwort

1988 schrieb ich im Vorwort zur ersten Auflage dieses Buches, dass
das Hauptziel deutscher Politik nach 1945, die Wiedervereinigung,
noch nicht erreicht worden sei. Niemand ahnte damals, dass mutige
Bürgerinnen und Bürger in der DDR ein Jahr später in einer friedlichen Revolution die Diktatur des Unrechtsstaates beseitigen würden. Den Jubelszenen des 9. November 1989, als die Berliner aus
Ost und West ein Volksfest auf der Mauerkrone feierten, folgten
die in dieser aktualisierten Auflage mit den entsprechenden Reden
dokumentierten politischen Stationen der Wiedervereinigung bis
zum Einzug des Deutschen Bundestages in das umgebaute Reichstagsgebäude am 19. April 1999. Auch finden sich in dieser Neuauflage Reden, die im Zusammenhang mit einigen für die Gesetzgebung des wiedervereinigten Deutschland bedeutsamen Bundestags-
beschlüssen zu Themen wie § 218, Staatsangehörigkeit oder Bun-
deswehreinsatz im Kosovo gehalten wurden. Die nunmehr 39 Reden umfassende Sammlung umschließt den Zeitraum von 1949 bis
1999 und darf damit wohl als ein „deutsches Nachkriegs-Ge-
schichtsbuch" – so nannte es ein Rezensent – bezeichnet werden.
Der Dank des Autors gilt Herrn Bundestagspräsident Wolfgang
Thierse, der die aktualisierte Neuauflage dieses Buches anregte, und
Herrn Verleger Dr. Hermann Herder, der die seinem Verlag über-
tragenen Rechte an dem Buch an den Herausgeber zurückfallen
ließ.

Horst Ferdinand

Vorwort zur 1. Auflage

„Ja, Deutschland ist mir in all diesen Jahren doch recht fremd geworden. Es ist, das müssen Sie zugeben, ein beängstigendes Land", schrieb Thomas Mann in sein zwischen 1942 und 1944 geführtes Tagebuch. Und heute? Ist Deutschland tatsächlich noch immer ein beängstigendes Land? In diesem Taschenbuch werden 25 Politiker und Politikerinnen vorgestellt, deren nachstehend publizierte Reden Ansätze zu einer anderen Betrachtungsweise liefern können. Die Texte dokumentieren, dass sich nach den Irrungen und Wirrungen des „Dritten Reiches", nach dem der Katastrophe folgenden Elend und nach einem erfolgreichen Wiederaufbau, bei dessen Tempo wenig Zeit zur Rückschau blieb, wenigstens in Umrissen etwas wie ein „unbefangenes, ruhiges, natürliches Nationalgefühl" herausgebildet hat – bei allen Unvollkommenheiten des Teilstaates Bundesrepublik Deutschland. Es sind Schritte in Richtung auf eine Normalität hin getan worden, die Werner Bergengruen noch 1945 für unmöglich hielt: „Der Deutsche ... bewegte sich ständig zwischen den Extremen der würdelosen Verleugnung und der überhitzten Gewaltsamkeit." Mit der Edition dieser Texte wird beabsichtigt, Hinweise darauf zu geben, dass die Deutschen im freien Teil ihres Landes gelernt haben, einen – immer im legitimen Streit der Parteien stehenden – vernünftigen Mittelweg zwischen der würdelosen Verleugnung und der überhitzten Gewaltsamkeit einzuschlagen. Da das Instrumentarium für diesen Neubeginn vorwiegend von der parlamentarischen Demokratie geliefert wurde, entstammen die für die Edition ausgewählten Redner ausnahmslos dem Deutschen Bundestag, sei es, dass sie ihm nur wenige Tage angehört haben wie Theodor Heuss, sei es, dass sie jahrzehntelang dort oder in hohen Staatsämtern ihren Beitrag zum Aufbau des freiheitlichsten Staates leisteten, den die Deutschen in ihrer Geschichte je besaßen.

Die ausgewählten Reden haben alle etwas bewirkt. Sie haben politische Entwicklungen oder Ereignisse signalisiert, ausgelöst oder abgeschlossen. Das gilt nicht nur für die berühmten Reden etwa von Theodor Heuss im Jahre 1949, nach der sich erstmals in der neuen Bundesrepublik ein Gefühl der Geborgenheit, ja der schüchternen Hoffnung auf einen Neuanfang verbreitete, oder von Herbert Wehner, der im Jahre 1960 der sprachlosen Öffentlichkeit eine Neuorientierung der Sozialdemokratie verkündete, oder von Richard von Weizsäcker, dessen Rede zum 40. Jahrestag des 8. Mai 1945 mit ihrem Leitsatz der „Erinnerung als Erlösung" ein ungeahntes Echo im In- und Ausland fand. Es gilt auch für Reden, die seinerzeit zwar registriert wurden, aber schnell wieder im Blätterwald oder in den Archiven verschwanden. Wer denkt heute noch an den mutigen Auftritt von Hermann Ehlers im Jahre 1951, der sich, erstmals nach dem Krieg, auf einer großen internationalen Parlamentarierkonferenz, in Istanbul, zu behaupten hatte, in einer gegenüber allem und allen Deutschen feindseligen Atmosphäre? Wer denkt noch an Franz Böhm, dessen Lauterkeit selbst die – verständlicherweise – in eisiger Abwehr verharrenden Israelis bewog, schon in der Mitte der 50er-Jahre in einen Akt der deutschen Wiedergutmachung einzuwilligen?

Viele Vorgänge aus den zurückliegenden Jahrzehnten sind heute dem Gedächtnis entschwunden. Der Herausgeber hat es deshalb unternommen, das politische Umfeld der Reden in einleitenden Kommentaren zu beschreiben und auch die Persönlichkeit der Redner zu würdigen. Er hofft, dass diese notwendigerweise skizzenhaften Texte in ihrer Gesamtheit ein zeitgeschichtliches Relief der letzten Jahrzehnte bilden.

Historische Vollständigkeit konnte nicht das Ziel sein. Es ging darum, anhand der unmittelbar zum Leser sprechenden Quellen lebendige und unverfälschte Eindrücke aus dem Geschehen dieser Jahrzehnte zu präsentieren. Dabei ließ es sich leider aus Raumgründen nicht vermeiden, einige Reden etwas zu kürzen. Die Reihenfolge der Redner ergibt sich aus dem zeitlichen Ablauf der geschilderten Ereignisse.

Der Herausgeber, der von 1949 bis 1985 in Diensten des Deutschen Bundestages stand, hat von allen in diesem Taschenbuch auftretenden Rednern einen persönlichen Eindruck gewonnen, sei es aus der Distanz des amtlichen Protokollführers in den Bundestagsgremien, sei es aus der dienstlichen Nähe des Sekretärs interparlamentarischer Bundestagsdelegationen, sei es aus der größeren Nähe des Mitarbeiters. Die Schilderung vieler Szenen in den folgenden Blättern beruht auf eigenem Erleben, das auch, bis zu einem bestimmten Grad, für die Auswahl der Reden maßgeblich war. Die wesentlichsten Gesichtspunkte für die Zusammenstellung gerade dieser 27 Reden waren jedoch die „die Republik bewegenden" Signale und Folgen. Dabei wird nicht übersehen, dass es außer den publizierten Texten viele andere wichtige und in ihrer Bedeutung gleichrangige Reden von Mitgliedern des Bundestages gibt, die ebenso eine Edition verdient hätten; insoweit waren aber durch den hier zur Verfügung stehenden Raum Grenzen gezogen, deren Einhaltung eine – zugegebenermaßen auch subjektiv bedingte – Auswahl veranlasste.

Als Autor hat der Herausgeber versucht, mit der Erfahrung der funktionalen Nähe seines Amtes und dem kritischen Blick des Zeitzeugen (er war es vom „Beginn in Bonn" an, wie der Titel des von ihm herausgegebenen Taschenbuchs Nr. 1235 in der Herderbücherei lautet) ein doppeltes Ziel zu erreichen:

Einmal soll das Engagement der Akteure auf der Bonner politischen Bühne gezeigt werden, jenes Engagement, das man mit dem oft missverstandenen Niccolò Machiavelli die „virtù" nennen kann. Der Florentiner meint damit die der antiken virtus entsprechende Begabung, den Mut, das Talent, sich politische Macht zu erobern und sie dann für die Erneuerung und „Wiedervereinigung" – wie wir sagen würden – seines damals zum Teil von „Barbaren" beherrschten Vaterlandes Italien einzusetzen. Wie sich diese „virtù" – mit all ihrer menschlichen Begrenztheit – in den Fallstricken der „fortuna" – des Schicksals, des Glücks oder Unglücks – verfangen kann, dafür finden sich auf den folgenden Seiten sprechende Belege.

Das zweite Ziel: Dieser Versuch einer Synthese aus persönlicher Charakterisierung und dokumentiertem Wort will die Behauptung stützen, dass die ersten vier Jahrzehnte der zweiten deutschen Republik als menschenwürdiger Erfolg in der Geschichte Westdeutschlands und Westeuropas zu werten sind, als ein Erfolg, der auf der parlamentarisch-demokratischen Willensbildung basiert. Sicher, vieles ist nicht erreicht worden, so das Hauptziel deutscher Politik, die Wiedervereinigung (in Italien dauerte es, von Machiavelli an gerechnet, noch über dreihundert Jahre bis zur Bildung des einheitlichen Nationalstaats).

Aber sollten nicht die tragfähigen Grundlagen, die in den letzten vier Jahrzehnten gelegt worden sind, auch Lösungen von Problemen ermöglichen – Umwelt, Abrüstung, Arbeitslosigkeit –, von deren Dimension man sich beim „Beginn in Bonn" kaum eine Vorstellung machen konnte? Und sollte nicht eine heutige Politikergeneration auf dieser gut gegründeten Basis die gewaltigen Herausforderungen unserer Tage – auch die einer weltweit durch die Medien manipulierten Anspruchsgesellschaft – bestehen können?

In einem Essay zum dreißigjährigen Bestehen des Bundestages schrieb Carlo Schmid, dass „die Zeiten – leider! – vorbei sind, in denen man mit einer gewaltigen Rede, die die einzelnen Abgeordneten erschütterte und umstimmte, die Mehrheiten im Parlament verschieben konnte". Das trifft sicher weitgehend zu, aber es gibt gute Gründe, die dafür sprechen, den Meinungsaustausch nicht auf Fernschreiben zu verlagern und die Rede als nach wie vor wichtigstes Element der parlamentarischen Demokratie beizubehalten – und auch gelegentlich ausgewählte Reden in besonderer Form zu publizieren. Schmid nennt dafür folgende Gründe: „Warum hält man denn so viele und lange Reden, wenn man doch nicht damit rechnen kann, die Abgeordneten auf der anderen Seite zu überzeugen? Man hält diese Reden, damit das Volk sie höre; man hält diese Reden vor den Wählern von morgen; man hält sie, um den Bürgern die Gründe darzutun, warum man sich so und nicht anders verhält – wie sonst sollte der Wähler bei dem nächsten Wahlgang wissen, wessen er sich bei dieser und jener Partei zu versehen hat?" Insoweit haben „Reden zum Fenster hinaus", wie man sie oft abschätzig nennt, ihren wohl begründeten Sinn.

Lessing beklagte seinerzeit, dass Klopstock zwar viel zitiert, aber wenig gelesen werde. Der Herausgeber macht sich den Wunsch Lessings für die von ihm edierten Reden zu eigen:

> Wer wird nicht einen Klopstock loben?
> Doch wird ihn jeder lesen? – Nein.
> Wir wollen weniger erhoben
> Und fleißiger gelesen sein.

Horst Ferdinand

Fester Sinn:
PAUL LÖBE
1875–1967

aus Liegnitz (Schlesien), Schriftsetzer, 1899 politischer Redakteur der „Breslauer Volkswacht", 1904 sozialdemokratischer Stadtverordneter in Breslau. 1919 bis 1920 Vizepräsident der Verfassunggebenden Deutschen Nationalversammlung in Weimar, 1920 bis 1933 MdR, Präsident des Deutschen Reichstags. Juni bis Dezember 1933 „Schutzhaft", danach Verlagskorrektor in Berlin, Verbindung zum Widerstand (Leuschner, Leber, Goerdeler), August bis Dezember 1944 erneut verhaftet. 1945 im SPD-Zentralausschuss in Berlin, 1946 Lizenzträger des „Telegraph", Berlin, 1948 bis 1949 Mitglied des Parlamentarischen Rates, 1949 Präsident der Bewegung für die Vereinigten Staaten von Europa, 1949 bis 1953 MdB, Alterspräsident des 1. Deutschen Bundestages, 1954 Präsident des Kuratoriums Unteilbares Deutschland.

Den gerechten und beharrlich seinen Vorsatz
haltenden Mann,
Nicht kann ihn der Bürger Wut, die Böses be-
fehlen,
Nicht der Blick des drohenden Tyrannen
In seinem festen Sinn erschüttern.

Horaz

Festen Sinnes war der gelernte Schriftsetzer und Redakteur sozialdemokratischer Zeitungen seinen politischen Weg durch die Jahrzehnte gegangen, der ihn in das hohe Amt des Reichstagspräsiden-
ten führte. Der Selbstentmachtung des Reichstags zu Beginn der
Dreißigerjahre konnte freilich auch er, dessen objektive Amtsführung allseits hoch geschätzt wurde, nicht vorbeugen. 1932 wurde er
von Göring abgelöst. Unerschrockenheit bewies Löbe auch am 23.
März 1933 bei der Abstimmung über das so genannte Ermächtigungsgesetz, in einem Zeitpunkt, als viele seiner Kollegen schon
verfolgt und eingekerkert waren und als das in der Kroll-Oper ta-
gende Parlament von den braunen Bataillonen umzingelt war, die
an den Eingängen handgreiflich Druck auf die „Marxisten" ausüb-
ten. Selbstverständlich stimmte Löbe wie 93 seiner tapferen Kollegen gegen das Gesetz, und selbstverständlich erlitt er wie die meisten seiner Genossen während des „Dritten Reiches" Gefängnis-
und KZ-Haft. In der Zeit des Ungeists schlug er sich als Verlagskorrektor durch, ohne auch nur einen Millimeter seiner politischen
Überzeugungen aufzugeben. Dies bestätigte die Sicherheitspolizei
in einem Geheimbericht vom 31. Januar 1938: „Eine positive Einstellung zum nationalsozialistischen Staat ist von einem Mann im
66. Lebensjahr, der den weitaus größten Teil seines Lebens in mar-
xistischen Doktrinen befangen war, kaum zu erwarten." In jenen
Jahren traf er sich regelmäßig mit prominenten Angehörigen des
Widerstands gegen das NS-Regime wie Julius Leber, Wilhelm Leuschner und Carl Goerdeler, der ihn auf seine Kabinettsliste setzte.
Natürlich wurde auch Löbe im Zusammenhang mit dem 20. Juli
1944 verhaftet und monatelang festgesetzt. Aber er überlebte, und
sofort nach dem Krieg stellte sich der Siebzigjährige in den Dienst
des Wiederaufbaus. Im Parlamentarischen Rat bereitete er den Weg
vor, der zu den Bundestagswahlen vom 14. August 1949 und
schließlich zur Konstituierung des neu gewählten Parlaments am 7.
September 1949 in Bonn führte.

Die Eröffnungsrede des Alterspräsidenten Löbe begann mit einem mit Beifall aufgenommenen Bekenntnis zur früheren Reichs-

hauptstadt Berlin. Es sollte noch 50 Jahre dauern, bis dieses in allen Wahlperioden des Bundestages wiederholte Bekenntnis zu Berlin in die Wirklichkeit umgesetzt wurde; dieser Band wird mit der Rede des Bundestagspräsidenten Thierse bei der Ankunft des Hohen Hauses in Berlin im Jahre 1999 beschlossen. Die Wiedergewinnung der deutschen Einheit bezeichnete Löbe, wieder mit allseitigem Beifall, als erste der Aufgaben des Bundestages und versicherte, dass das wieder vereinigte Deutschland Glied eines geeinten Europa sein wolle. Als Löbe dann aber auf das Hitlersche Ermächtigungsgesetz einging, kam der erste Zwischenruf im Bundestag, und er kam von einem Mann, der wie Löbe in der Zeit des „Dritten Reiches" im KZ gesessen hatte: Max Reimann, dem Fraktionsvorsitzenden der KPD, einem eisenharten Stalinisten: „Wieviele Abgeordnete sitzen hier, die dafür gestimmt haben!" Löbe ignorierte diesen Zwischenruf. – Die Namen der Reichstagsmitglieder, die Mitglieder des 1. oder eines der folgenden Bundestage waren und für das Ermächtigungsgesetz stimmten: Farny, Gibbert, Kaiser, Dr. Krone, Frau Dr. Weber (Zentrum), Dr. Horlacher (Bayerische Volkspartei), Dr. Heuss, Lemmer (Deutsche Staatspartei), Bausch (Volksdienst und Evangelische Bewegung). Dagegen stimmten: Dr. Bade, Josef Felder (*1900) starb als letzter dieser Gruppe am 28.10.2000, Henseler, Löbe, Pohle, Ritzel, E. Roth, Frau Schroeder, Dr. Schumacher, Friedrich-Wilhelm Wagner (alle SPD.)

Zu der Schuld, die Deutschland durch den „europäischen" Krieg auf seine Schultern geladen habe, führte Löbe aus, dass das deutsche Volk unter einer zweifachen Geißelung gelitten habe, unter den „Fußtritten der eigenen Tyrannen" wie unter den alliierten Kriegshandlungen zur Beseitigung der NS-Diktatur. – Das trifft sicher zu, und es entspricht der Noblesse Löbes, dies so zu formulieren; aber die Zerstörungen und der Zusammenbruch, die Not und das Elend der Nachkriegszeit waren kein günstiges Umfeld für die allgemeine Anerkenntnis jener Schuld, die 1933 und in den weiteren im „Dritten Reich" folgenden Wahlentscheidungen von einer großen Mehrheit der Deutschen selbst verursacht worden war. Es sollte Jahrzehnte dauern, bis sich die Anerkenntnis dieser Schuld erkennbar durchsetzte. Daran hat auch der Deutsche Bundestag großen Anteil; denn die Frage nach dem richtigen Umgang mit der schwierigen Vergangenheit war oft zentraler Bestandteil der politischen Auseinandersetzungen des Bundestages. Im Gegensatz zu der DDR und auch zu Österreich, die sich dieser Erinnerungsarbeit entzogen, „gelang es über die Jahrzehnte, eine von anerkannter öffentlicher Erinnerungsarbeit gespeiste demokratische Identität unseres Gemeinwesens zu entwickeln" (Helmut Dubel).

Dass der frühere Reichstagspräsident Paul Löbe – einer der hoch angesehenen Politiker, die sich dem Nationalsozialismus mutig widersetzt hatten – die erste Sitzung des neuen Bundesparlaments eröffnete, gab diesem feierlichen Akt seine besondere Würde und prägte gleich zu Beginn den Stil des Hohen Hauses.

Erste Aufgabe: Wiedergewinnung der deutschen Einheit

Eröffnungsrede Paul Löbes als Alterspräsident des 1. Deutschen Bundestages am 7. September 1949 im Bundestag, Bonn, in: DBT/1.WP/1./7.9.1949/1 B – 3 A

Meine Damen und Herren! Abgeordnete des Deutschen Bundestags! Nach einem alten Brauch wird die erste Sitzung eines neuen Parlaments durch das an Jahren älteste Mitglied des Hauses eröffnet. Ich bin geboren am 14. Dezember 1875. Ich frage, ob sich ein Mitglied im Hause befindet, das zu einem früheren Termin geboren ist. – Offenbar ist das nicht der Fall.

Dann erkläre ich die erste Sitzung des Bundestags der Bundesrepublik Deutschland für eröffnet.

Meine Damen und Herren! Der Zufall hat es gefügt, daß ich als Alterspräsident vor Ihnen stehe als einer der Vertreter der alten deutschen Hauptstadt Berlin. In der Entsendung der Berliner Abgeordneten kommt der einhellige Wunsch seiner Bewohner zum Ausdruck, in dieses neue Deutschland einbezogen zu sein, und die Hoffnung, daß dieser Wunsch durch Ihre Arbeit bald seine Erfüllung finde.

Aber nicht minder hoffnungsvoll, ich möchte sagen, Erlösung heischend sind heute die Augen jener Millionen deutschen Landsleute auf uns gerichtet, die in den deutschen Ostgebieten wohnen und deren Vertretern Besatzungsmacht oder fremde Verwaltung gewaltsam verwehrt, mit in diesem Saale zu sitzen und mit uns zu beraten. Indem wir die Wiedergewinnung der deutschen Einheit als erste unserer Aufgaben vor uns sehen, versichern wir gleichzeitig, daß dieses Deutschland ein aufrichtiges, von gutem Willen erfülltes Glied eines geeinten Europa sein will.

(Bravorufe und Händeklatschen)

Ich habe dieses Bekenntnis bereits als Präsident der Deutschen Bewegung für die Vereinigten Staaten von Europa an die Konferenz in Straßburg gerichtet und wiederhole es in dieser historischen Stunde: Uns bewegt nicht, wie es früher geschehen ist, der Gedanke an irgendeine Form von Vorherrschaft; wir wollen mit allen anderen gleichberechtigt in den Kreis der europäischen Nationen treten.

(Erneuter lebhafter Beifall)

Meine Damen und Herren! In dem Augenblick, in dem zum ersten Male wieder freigewählte Abgeordnete eines erheblichen Teils von Gesamtdeutschland zusammentreten, um eine deutsche Regierung einzusetzen und eine neue Gesetzgebung zu beginnen, schweifen die Gedanken von uns Älteren zurück zu jener letzten Sitzung des Deutschen Reichstags in der Berliner Krolloper, der wir beiwohnten und in der durch das Hitlersche Ermächtigungsgesetz die staatsbürgerlichen Freiheiten für lange Jahre begraben wurden. Das war ein illegaler Akt, durchgeführt von einer illegalen Regierung. Der Widerstand dagegen war eine patriotische Tat.

(Lebhafte Zurufe: Sehr richtig! – Abg. Reimann: Wieviele Abgeordnete sitzen hier, die dafür gestimmt haben! – Abg. Rische: Sehr richtig!)

Die Jüngeren unter uns aber, woher sie auch kommen mögen, haben auf ihrer Reise nach Bonn von Stadt zu Stadt noch einmal, vielleicht zum ersten Male in diesem Umfang, die erschütternden Zeugen der Zerstörung gesehen, die jene Machtergreifung schließlich herbeigeführt hat, die sichtbaren Zeugen nur, denn jeder einzelne von uns weiß dabei um die geistige und seelische Verwüstung, die mit der äußerlichen in unserem Volk angerichtet worden ist. Die Alten und die Jüngeren sind nun hier vereint in der schweren Aufgabe, an die Stelle der Trümmer wieder ein wohnliches Haus zu setzen und in den Mutlosen eine neue Hoffnung zu wecken.
Was erhofft sich das deutsche Volk von der Arbeit des Bundestags? – Daß wir eine stabile Regierung, eine gesunde Wirtschaft, eine neue soziale Ordnung in einem gesicherten Privatleben aufrichten, unser Vaterland einer neuen Blüte und neuem Wohlstand entgegenführen. Schier unüberwindlich scheinen die Hindernisse, die auf diesem Wege liegen, und ungezählte Scharen unserer Landsleute sind es, die von unserer Arbeit eine Minderung ihrer Sorge erwarten. Es stehen vor unserer Tür die Millionen der Heimatver-

triebenen von jenseits der Oder-Neiße-Grenze, die Verstümmelten und Verwaisten des Krieges, die ja auch ein Opfer des Nazismus sind, jene, die in den Bombenangriffen Hab und Gut verloren, die anderen Opfer des Naziregimes und der mehrfachen Währungsmaßnahmen. Welch mühevolle, beharrliche, wohlüberlegte und welch gutwillige Zusammenarbeit wird notwendig sein, um auch nur der geringsten dieser Aufgaben Herr zu werden!

Meine Damen und Herren! Wir werden es nicht schaffen aus eigener Kraft allein. Wir werden – geben wir uns keinem Irrtum darüber hin – dabei noch lange der Beihilfe des Auslandes bedürfen. Wohlgemerkt: nicht in der Form und im Sinne von Almosen, sondern für den Aufbau unserer Wirtschaft, damit wir aus eigener Arbeit die Grundlagen unserer Existenz finden. Ich habe die Zuversicht: unser arbeitsames, tüchtiges, ordnungliebendes, leider politisch so oft irregeführtes Volk wird es schaffen!

(Lebhafte Bravo-Rufe und Händeklatschen)

Dabei sind uns in den letzten Jahren von draußen her oft Vorhaltungen gemacht worden, weil wir das Ausmaß der Schuld noch nicht erkannt haben, das Deutschland durch den europäischen Krieg auf seine Schultern geladen, weil wir undankbar geblieben seien gegenüber der großen jahrelangen Hilfe, die uns zuteil wurde, Vorhaltungen, daß wir uns im Gegenteil im Räsonieren über schwer tragbare Lasten erschöpfen. Wir können offen über solche Vorwürfe sprechen. Ich als Berliner Abgeordneter würde mich für besonders undankbar halten, wollte ich nicht anerkennen, in welch unerhörtem Ausmaß die westlichen Besatzungsmächte unsern Freiheitskampf unterstützt, ja Berlin vor dem buchstäblichen Hungertode gerettet haben.

(Lebhafter Beifall)

Wir verkennen auch keinen Augenblick, daß das westliche Deutschland, dem das agrarische Hinterland zur Zeit entzogen ist, zu einem erheblichen Teil sein Leben nur hat fristen können durch die großmütig gewährten Beihilfen aus Ländern, die nicht so hart getroffen waren.

Wir erkennen das dankbar an und bestreiten auch keinen Augenblick das Riesenmaß von Schuld, das ein verbrecherisches System auf die Schultern unseres Volkes geladen hat. Aber die Kritiker draußen wollen doch eines nicht übersehen: das deutsche Volk litt unter zwiefacher Geißelung. Es stöhnte unter den Fußtritten

der eigenen Tyrannen und unter den Kriegs- und Vergeltungsmaßnahmen, welche die fremden Mächte zur Überwindung der Naziherrschaft ausgeführt haben. Wessen Haus an allen Ecken brennt, der sieht zunächst die eigene Not, ehe er die Fassung gewinnt, die Lage des Nachbarn voll zu würdigen.

Es sind auch Vorwürfe erhoben worden, weil das deutsche Volk sich nicht gegen den nationalsozialistischen Terror zur Wehr gesetzt habe. Wenn ich Ihnen sage, daß allein von den 94 sozialdemokratischen Abgeordneten, die gegen das Ermächtigungsgesetz gestimmt haben, da sie sich zu jener Zeit noch in Freiheit befanden, 24 ihren Widerstand mit dem Leben bezahlt haben,

(die Abgeordneten erheben sich von den Sitzen)

wenn Sie bedenken, welche Opfer – –

(Unruhe. – Zuruf rechts: Auch von anderen Parteien sind Opfer gebracht worden; wir wollen keine Rechnungen aufmachen! – Weitere Zurufe rechts und von den Kommunisten)

– Meine Herren, lassen Sie mich nur weitersprechen. Wäre nicht die Unterbrechung erfolgt, so hätte ich das sowieso erwähnt. – Wenn Sie bedenken, daß große Opfer auch von der kommunistischen Fraktion gebracht worden sind, aber auch von Mitgliedern des früheren Zentrums und von Abgeordneten bis in die Rechtsparteien hinein, dann wird sich ergeben, daß auch dieser Vorwurf nicht aufrechterhalten werden kann. Die ersten fremden Botschafter waren noch nicht aus Deutschland abberufen, da lag die Mehrzahl dieser Opfer schon auf der Bahre.

Soweit solche Anklagen Berechtigung haben, bitten wir also, diese Ursachen mit zu berücksichtigen und auch bei den noch in Gang befindlichen Maßnahmen so zu verfahren, daß der Entwicklungsgang der deutschen Demokratie nicht aufs neue aufgehalten wird.

(Die Abgeordneten nehmen ihre Plätze wieder ein.)

In diesem Zusammenhang muß ich auch an das Schicksal unserer Kriegsgefangenen und verschleppten Menschen erinnern, jener unbekannten Zahl in der Fremde schmachtender, doch zumeist unschuldiger Männer und Frauen, die schon über 5 Jahre von ihrer Heimat ferngehalten werden.

(Sehr richtig! rechts)

Das Leid der wartenden Frauen und Mütter, die die Hoffnung auf Wiederkehr ihrer Lieben nicht aufgeben können, ein Leid, das sie in tausend schlaflosen Nächten zermürbt, gehört zu jenen Grausamkeiten der Verschleppung, gegen die sich der Krieg unserer damaligen Gegner richtet, die aber immer noch fortwirken und Deutschland die innere Ruhe nicht finden lassen.

(Sehr richtig!)

Wir rufen es deshalb auch von dieser Stelle aus in die Welt: Helft diese schlimme Unmenschlichkeit beseitigen! Es genügt nicht, der Wiederkehr der mörderischen Kriege vorzubeugen – wobei zu helfen unsere erste Pflicht sein wird –, es müssen auch die schmerzlichen Reste dieser Vergangenheit endlich beseitigt werden.

(Lebhafter Beifall)

Nun, meine Damen und Herren, lassen Sie uns eine Minute stillen Gedenkens all den Toten weihen, die als Opfer des Krieges von allen Völkern gefordert wurden,

(die Abgeordneten erheben sich von den Sitzen)

all denen, die durch die Fortwirkung des Krieges ihr Leben verloren.

(Minute des Schweigens)

– Sie haben das Andenken geehrt; ich danke Ihnen.

Deutschland will – ich sagte es schon – ein aufrichtiges, friedliebendes, gleichberechtigtes Glied der Vereinigten Staaten von Europa werden. Wir haben im Staatsgrundgesetz von Bonn den Verzicht auf nationale Souveränitätsrechte schon im voraus ausgesprochen, um dieses geschichtlich notwendige höhere Staatengebilde zu schaffen, und werden uns auch durch Anfangsschwierigkeiten von diesem Ziel nicht abschrecken lassen.

In diesem Zusammenhang begrüße ich die Vertreter der Besatzungsmächte und aller fremden Missionen, die sich an diesem wichtigen Tage bei uns eingefunden haben. Ich begrüße die Ministerpräsidenten der einzelnen Länder, ihre Minister und Vertreter, vor allen Dingen die Mitglieder des Bundesrats, und bitte Herrn Ministerpräsidenten Arnold, unsern Dank all denen zu sagen, die in ungewöhnlich angestrengter Arbeit diese Räume für uns hergerichtet haben.

(Lebhafter Beifall)

Ich begrüße ferner alle auf unseren Tribünen, die als einfache Staatsbürger oder als Inhaber hoher Ämter sich in ihrem Geschick mit uns verbunden fühlen und deshalb hierhergekommen sind.

Ich begrüße auch die Vertreter der Presse, füge daran aber die Bitte, ihre Berichterstattung und ihre Kritik nicht in Sensationen und Zwischenfällen zu suchen,

(Sehr gut!)

sondern die praktische Arbeit des Bundestags zu würdigen.

(Lebhafter Beifall)

Meine Damen und Herren! Mein letzter Appell gilt den Abgeordneten dieses Hauses selbst. Hinter uns liegt ein erbitterter Wahlkampf, dessen Formen oft das erträgliche Maß weit überschritten.

(Sehr wahr! rechts)

Mit der Fortsetzung dieser Ausbrüche ist dem deutschen Volke nicht gedient.

(Sehr richtig! rechts)

Es braucht nicht niederreißende Polemik, sondern aufbauende Tat. Wollen wir vor der deutschen Geschichte bestehen, dann müssen wir uns, ob in Koalition oder Opposition, soweit zusammenfinden, daß Ersprießliches für unser Volk daraus erwächst,

(Lebhafter Beifall)

damit wir uns auch die Achtung für unser deutsches Volk in der Welt draußen zurückgewinnen. – Meine Damen und Herren, lassen Sie uns die Arbeit mit diesem Vorsatz beginnen!

(Anhaltender lebhafter Beifall)

Landesvater:
THEODOR HEUSS
1884–1963

aus Brackenheim (Württ.), studierte Volkswirtschaft und Kunstgeschichte, Dr. phil. (Dissertation „Weinbau und Weingärtnerstand in Heilbronn"), 1905 bis 1912 Schriftleiter der „Hilfe" (Zeitschrift Friedrich Naumanns), 1912 bis 1918 Chefredakteur der „Neckar-Zeitung" (Heilbronn), 1920 bis 1933 Dozent an der Hochschule für Politik in Berlin, 1924 bis 1928 und 1930 bis 1933 Mitglied des Reichstags (Deutsche Demokratische Partei, ab 1930 Deutsche Staatspartei), danach Autor von Biographien (F. Naumann, A. Dohrn, J. von Liebig) und ständiger Mitarbeiter der „Frankfurter Zeitung" (unter Pseudonym), 1932 warnte er vor „Hitlers Weg" (mit seinem so betitelten Buch), stimmte aber dem Hitlerschen Ermächtigungsgesetz zu, der Fraktionsdisziplin folgend, 1945 Lizenzträger der „Rhein-Neckar-Zeitung" (Heidelberg), 1. Vorsitzender der F.D.P., 1945/46 Kultusminister in Württemberg-Baden, 1948/49 Mitglied des Parlamentarischen Rates, 1949 MdB (F.D.P.), 1949 bis 1959 Bundespräsident.

Aussöhnung nach innen und außen
war sein erstes und vornehmstes Ziel

Bundespräsident *Karl Carstens* am 31. Januar
1984, Heuss' 100. Geburtstag.

Keiner der Nachfolger hat sich so fest wie der erste Inhaber des
hohen Präsidentenamtes im Gedächtnis der Deutschen eingeprägt.
In der Tat, Theodor Heuss war, wie oft gesagt worden ist, ein
Glücksfall für das entstehende Staatswesen Bundesrepublik Deutschland (dessen Name übrigens auf seinen Vorschlag im Parlamentarischen Rat zurückgeht). Das Bild des im September 1949 noch
so gut wie unbekannten Politikers wurde der Bevölkerung schnell
vertraut. Während Herr Heinrich am Vogelherd saß, als ihm die
Königswürde angetragen wurde, war Theodor Heuss mit der pro-
saischeren Beschäftigung des Teppichklopfens befasst, als die amtlichen Emissäre der amerikanischen Besatzungsmacht bei ihm erschienen und anfragten, ob er ein Ministeramt übernehmen wolle.
Wenn irgendeiner, so war es Heuss, der in seiner Antrittsrede als
Bundespräsident von sich sagen durfte, dass er dieses Amt nicht in
„unruhigem Ehrgeiz" erstrebt habe.

Mit Politikerreden hatten allerdings die Deutschen in der sich
formierenden Bundesrepublik zunächst nicht viel im Sinn. Der 8.
Mai 1945, an dem wir „in einem erlöst und vernichtet" (Heuss) waren, lag erst wenige Jahre zurück. In vielen Haushalten standen
noch die schwarz lackierten Volksempfänger („VE 301"), aus deren
scheppernden Lautsprechern viele Jahre lang die Hasstiraden der
braunen Volksverführer dröhnten, und aus denselben Geräten er-
klang jetzt eine gelassene, abgrundtiefe Sarastrostimme, völlig un-
aufgeregt, Vertrauen einflößend, mit ruhiger Bestimmtheit Bilanz
ziehend aus all dem, was den Deutschen in den trostlosesten Jahren
ihrer Geschichte widerfahren war und was sie angerichtet hatten.

Seine Popularität wuchs rasch. Das war erstaunlich; denn es waren oft unbequeme Wahrheiten, die er in nachdenklichem Plau-
derton vortrug. Die Leute spürten jedoch, dass da einer ganz oben
stand, der in irgendeinem Bezug ihresgleichen war. Dafür sprach
schon das äußere Erscheinungsbild. Während noch bei der Wahl
zum Bundespräsidenten der abgetragene Anzug den hohlwangigen
Sechziger umschlotterte, erlitt er schon bald das, wie er selbst es
nannte, „Durchschnittsschicksal", und man konnte ihm ansehen,
dass er den lang entbehrten Freuden der Tafel zugeneigt war und
sich jener Volksbewegung nicht entzog, die damals nicht besonders

fein, aber zutreffend „Fresswelle" genannt wurde. Kritik daran gab es auch, aber die große Mehrzahl der Mitbürgerinnen und Mitbürger stellte beruhigt fest, dass sich auch ihr oberster Repräsentant von der Zwangsaskese der schlimmen Notjahre verabschiedet hatte. Im Übrigen blieb seine Lebensführung schwäbisch-sparsam, und es ist keine Legende, dass er noch als Bundespräsident seine handgeschriebenen Briefe selbst frankierte und in den Kasten warf. Nach außen gab er sich gern jovial, als Präsident „zum Anfassen", er konnte aber innerbetrieblich ziemlich grantig werden, wenn die Dinge nicht seinen Vorstellungen entsprechend liefen. Auch Journalisten können davon ein Lied singen.

In seiner Antrittsrede bewegte viele ein sehr persönlicher Zug: Er legte gleich eingangs ein Bekenntnis zu jenen Idealen ab, die ihm von seinem Vater und seinem Mentor Friedrich Naumann vermittelt worden waren, dass „Freiheit und Demokratie nicht bloß Worte, sondern lebengestaltende Werte sind". Und weiter: „Wir müssen das im Spürgefühl behalten, was uns dorthin geführt hat, wo wir heute sind" – wenigstens im 1. Deutschen Bundestag blieb dieses Spürgefühl erhalten; davon legen der Vertrag mit Israel und die Wiedergutmachungsgesetze, die die tiefen Gräben der moralischen Erniedrigung nach außen aufschütten sollten, beredtes Zeugnis ab. Auch der Lastenausgleich, mit dem ein dornenvolles Problem der inneren Gerechtigkeit gelöst wurde, verdient in diesem Zusammenhang Erwähnung. Heuss' Befürchtung, dass „manche Leute in Deutschland zu rasch vergessen wollen", war leider nur zu berechtigt, was sich schon darin zeigt, dass diese grundlegenden Gesetzgebungsakte heutzutage im Bewusstsein der Öffentlichkeit kaum mehr präsent sind. Es bedurfte einer Aufsehen erregenden Rede des derzeit amtierenden Nachfolgers von Heuss, um die den Deutschen nach ihrem erfolgreichen Aufstieg zu einem der wohlhabenden Länder dieser Erde in überreichem Maß zuteil gewordene „Gnade des Vergessens" (Heuss) zu relativieren. Davon wird noch zu reden sein.

Es hieße die Bedeutung der folgenden ersten großen Rede des Staatspräsidenten Heuss unterschätzen, wollte man sie nur als rhetorisches Glanzstück bezeichnen. Das war sie sicher auch, aber das Wesentlichste waren die mit dieser Rede eröffneten neuen Horizonte auf dem Weg der jungen Republik. Die Suggestivwirkung, die von der die Rede abschließenden Ankündigung ausging, dass die Arbeit der neuen Staatsorgane unter dem Wort des Psalmisten stehe werde – „Gerechtigkeit erhöhet ein Volk"; immer und immer wieder zitiert –, ist heute, nach bald 40 Jahren, nicht leicht zu vergegenwärtigen. Ein Aufatmen ging durch das Land, zaghafte Zuversicht kehrte ein, die Hoffnung darauf, dass nun nach vielfältigem himmelschreiendem Unrecht, das die Deutschen verursacht und erlitten hatten, eine Epoche der Versöhnung folgen werde. (Heuss, sicher einer der gebildetsten Menschen seiner Zeit, hat seine Inaugurationsrede, aber auch alle anderen ungezählten Ansprachen während seiner zehnjährigen Amtszeit selbst verfertigt. Gelegentlich ist aber auch er den Risiken des Zitierens erlegen; das Wort von der „Gerechtigkeit, die ein Volk erhöht", findet sich nicht im Psalter, sondern steht in einem anderen Teil des Alten Testaments, der Sammlung der so genannten „Sprüche" [Kapitel 14, Vers 34]: „Gerechtigkeit erhöhet ein Volk, doch Sünde ist die Schmach der Völker".)

Lebenslang war Heuss ein treuer Sohn seiner schwäbischen Heimat, aus der, wie er einmal schrieb, „ein Geistesleben heranwuchs, das trotz räumlicher Enge nur große Maße kennt". In diese größten Maße ist er, vor allem als „Reichsschwabe" in Berlin und Bonn, mit imponierender Folgerichtigkeit im Laufe eines langen Lebens hineingewachsen, eines Lebens, in dem sich, in Deutschland selten, Politik und Kunst, Gelehrsamkeit und Beredsamkeit, Stil und Witz in bewundernswerter Einheit durchdrangen und verbanden. Die Deutschen werden Theodor Heuss, den „Mann des lebendigen Gedankens und des lebendigen Wortes", wie ihn Martin Buber nannte, nicht vergessen.

Gerechtigkeit erhöhet ein Volk

Antrittsrede des neu gewählten Bundespräsidenten am 12. September 1949 vor Bundestag und Bundesrat, Bonn, Bundeshaus;
aus: Deutscher Bundestag, Stenographische Berichte, 1. Wahlperiode, 2. Sitzung, 12.9.1949, (9C–11C), * im Folgenden jeweils „DBT/1.WP/2./12.9. 1949/9C-11C" zitiert.

Verehrte Mitglieder des Bundestags, des Bundesrats und der Bundesversammlung! Niemand wird – so hoffe ich – mißdeuten, und mancher wird, denke ich, verstehen, wenn ich in dieser mich sehr bewegenden Stunde, die mein Leben verwandelt, zunächst sehr persönliche Dinge ausspreche und zweier Männer gedenke: meines früh verstorbenen *Vaters*, der in die Seelen seiner jungen Söhne die

Legenden des Jahres 48 gegossen hat, die mit der Familiengeschichte verbunden sind, und der uns einen Begriff davon gab, daß die Worte Demokratie und Freiheit nicht bloß Worte, sondern lebengestaltende Werte sind; und *Friedrich Naumanns*, des Mannes, der das wachsende Leben gestaltet hat, ohne den ich nicht das wäre, was ich bin, dem ich das Wissen zumal verdanke, das als Erbe in mir geblieben ist, daß die Nation nur leben kann, wenn sie von der Liebe der Massen des Volkes getragen wird, von dem ich gelernt habe, daß die soziale Sicherung mit die Voraussetzung der politischen Sicherung ist. Er hat uns das Wort in die Seele geschrieben: „Das Bekenntnis zur Nationalität und zur Menschwerdung der Masse sind für uns nur die zwei Seiten einer und derselben Sache."

Ich darf an dieser Stelle mit aller Gelassenheit aussprechen: dieses Amt wurde von mir nicht in einem unruhigen Ehrgeiz erstrebt. Es ist für mich mit persönlicher Resignation verbunden; denn manche Pläne wissenschaftlicher und literarischer Natur entfliehen mit ihm. Aber ich darf sagen, daß ich noch nie einer Aufgabe ausgewichen bin, wenn die Pflicht es verlangte. Ich möchte in der *Berufung in dieses Amt* die Deutung so sehen dürfen, daß sie eine Anerkennung darstellt für die *Mittleraufgabe*, die mir im Verlaufe des letzten Winters und Frühjahrs in Bonn zugewachsen war, als wir das Grundgesetz zu bilden hatten.

Noch ein persönliches Wort! In den Zeitungen habe ich in diesen letzten Tagen allerhand seltsame Dinge von mir lesen können – nette Sachen –, aber daß mir die „Ellbogenkraft" fehle, die zum Politiker gehöre. Ich selber habe das Gefühl: von der Ellbogenpolitik haben wir reichlich genug gehabt. Ich betrachte es persönlich als einen Gewinn meines Lebens im öffentlichen Sein, daß ich, um die Worte von ehedem zu gebrauchen, auf der Rechten wie auf der Linken persönliche Freundschaften und Vertrauensverhältnisse besaß und heute besitze; das wird so bleiben. Es mag einer auch darin einen Mangel sehen; aber mir scheint, daß dieses Amt, in das ich gestellt bin, keine Ellbogenveranstaltung ist, sondern daß es den Sinn hat, über den Kämpfen, die kommen, die nötig sind, die ein Stück des politischen Lebens darstellen, nun als ausgleichende Kraft vorhanden zu sein.

Was ist denn das Amt des Präsidenten der Deutschen Bundesrepublik? Es ist bis jetzt ein Paragraphengespinst gewesen. Es ist von dieser Stunde an ein Amt, das mit einem Menschentum gefüllt ist. Und die Frage ist nun, wie wir, wir alle zusammen, aus diesem Amt etwas wie eine Tradition, etwas wie eine Kraft schaffen, die Maß und Gewicht besitzen und im politischen Kräftespiel sich selber darstellen will.

Es ist nicht meine Aufgabe und kann nicht meine Vermessenheit sein, in dieser Stunde so etwas wie ein Regierungsprogramm Ihnen vorzutragen. Das ist nicht meines Amts. Aber Sie haben einen Anspruch darauf, Auffassungen von mir kennenzulernen.

Wir sind eine *Bundesrepublik*. Und nun die Frage: Sind wir *zusammengefügt* aus *Staaten*, oder sind wir *auseinandergegliedert* in Staaten? Wenn man sich das plastisch vorstellt, so spürt man gleich, daß hier zwei Geschichtsauffassungen, die gleichzeitig politisch aktuellen Charakter haben, nebeneinandertreten. Wir stehen in der dauernden Auseinandersetzung mit unserer Geschichte. In dem Bundestag kommt dies zum Ausdruck, daß das deutsche Volk in diesen letzten acht Jahrzehnten eine historische Rechtspersönlichkeit eigenen Ranges geworden ist und nicht bloß eine Addition von Landsmannschaften darstellt.

(Sehr richtig!)

Aber indem wir das sagen, bejahen wir doch die Landsmannschaft. Die Schwierigkeiten, die in dieser Frage stecken, sind jedem, der im öffentlichen Leben gewirkt hat, offenkundig genug. Nach dem ungeheuren Vorgang, in dem wir heute drinstehen, dieser furchtbaren Binnenwanderung von Millionen Heimatlosen, die eine neue Heimat finden sollen, finden müssen, ist der Begriff der Landsmannschaft in mancher Wandlung mitbegriffen.

Aber die Länder als Staatsfiguren sind Elemente unseres staatlichen Lebens, und hier die große Schwierigkeit: sie stehen in den Paragraphen gleichen Rechts und gleicher Art nebeneinander, aber sie haben eine verschiedene Geschichtsträchtigkeit, und an dieser Frage werden sich sehr große Schwierigkeiten entwickeln. Wir sind uns dieser Reibungen bewußt. Wir wissen dies: in Deutschland wird in den einzelnen Ländern nicht nur sprachlich, sondern auch politisch ein verschiedener Dialekt gesprochen. Das schadet nichts. Es ist nur zu wünschen, daß die, die diese verschiedenen Dialekte sprechen, der gemeinsamen Grundsprache sich je und je bewußt bleiben.

Wir hatten in den Verhandlungen über das Grundgesetz – und wir werden das hier wieder bekommen – die Problematik des Verhältnisses der einzelnen Länder zu dem Bund. Dazu ein persönliches Wort: Wir wollen keinen *Zentralismus* in Deutschland haben. Wir haben die Lehre der Nationalsozialisten hinter uns, die uns gezeigt haben, wohin es führt, wenn der deutsche Mensch genormt werden soll. Wir wollen nicht den genormten Deutschen! Wir wollen dies so aussprechen: die Länder sollen ihr Eigenleben führen, aber nicht ihr Sonderleben, sondern im Verband des Gemeinen. Man möge das nicht falsch verstehen, wenn ich sie begreifen will als die hohen Entfaltungen – gleichviel wie die psychologisch-historischen Voraussetzungen sind – der *Selbstverwaltung*.

Man hat von den Deutschen oft geredet, daß sie ein *„unpolitisches Volk"* seien. Das will ich jetzt nicht vertiefen, es geht ja durch unsere eigene Kritik hindurch. Aber dies möchte ich sagen dürfen: die Legende von dem unpolitischen Volk der Deutschen ist falsch, wenn wir etwas davon wissen, was die Selbstverwaltung in Deutschland, seitdem sie der Freiherr vom Stein geschaffen hat, aus diesem deutschen Volk in den konkreten Aufgaben gemacht hat. Und so begreife ich – wenn wir das Zentralistische, Befehlsmäßige ablehnen – die Gliederung, in der wir leben, als die großen Schulungsmöglichkeiten und als die Voraussetzungen zu dem, was ich eine *lebendige Demokratie* nennen möchte. Eine lebendige Demokratie!

Es ist – davon ist neuerlich nicht viel zu sagen – das geschichtliche Leid der Deutschen, daß die Demokratie von ihnen nicht erkämpft wurde, sondern als letzte, als einzige Möglichkeit der Legitimierung eines Gesamtlebens kam, wenn der Staat in Katastrophen und Kriegen zusammengebrochen war. Dies ist die Last, in der der Beginn nach 1918, in der der Beginn heute mit uns steht, das Fertigwerden mit den Vergangenheiten. Diese Aufgabe war 1918 da. Damals dynastische Empfindungen, die weitergingen, von denen nicht gering zu sprechen ist; heute das Problem, vom Ausland stärker gesehen und groß gemacht, wieweit die nahe Vergangenheit, die hinter uns liegt, noch seelisch zwischen uns vorhanden.

Es ist eine Gnade des Schicksals beim Einzelmenschen, daß er vergessen kann. Wie könnten wir als einzelne leben, wenn all das, was uns an Leid, Enttäuschungen und Trauer im Leben begegnet ist, uns immer gegenwärtig sein würde. Und auch für die Völker ist es eine Gnade, vergessen zu können. Aber meine Sorge ist, daß manche Leute in Deutschland mit dieser Gnade Mißbrauch treiben und zu rasch vergessen wollen. Wir müssen das im Spürgefühl behalten, was uns dorthin geführt hat, wo wir heute sind. Das soll kein Wort der Rachegefühle, des Hasses sein. Ich hoffe, daß wir dazu kommen werden, nun aus dieser Verwirrung der Seelen im Volk eine Einheit zu schaffen. Aber wir dürfen es uns nicht so leicht machen, nun das vergessen zu haben, was die Hitlerzeit uns gebracht hat.

Die Bundesrepublik Deutschland umfaßt nur einen Teil unseres Volkes. Ich darf von den Deutschen im Osten sprechen. Ich muß von *Berlin* sprechen. Mehr als die Hälfte meines Lebens – verzeihen Sie das persönliche Wort – habe ich in dieser Stadt gelebt. Ich habe jahrelang als Bezirks- und Stadtverordneter mit in ihr gewaltet. Es ist mir eine Herzenssache und nicht bloß rationale Überlegung, dies auszusprechen: Berlin ist heute an das Schicksal Westdeutschlands gebunden; aber das Schicksal von Gesamtdeutschland bleibt an Berlin gebunden. Dessen müssen wir uns bewußt bleiben.

Und dann das andere. Ich habe selber, als wir das Grundgesetz berieten, den Antrag gestellt, daß wir uns als „stellvertretend" empfinden für die deutschen Brüder, die an dieser Aufgabe nicht mitwirken konnten. Wir wissen gut genug, daß das Herausarbeiten aus unserer Quasi-Souveränität, in der wir stecken, nicht bloß von uns geleistet wird, daß hier eine Weltproblematik vorliegt, daß wir in dem Mächteschicksal der anderen mit gebunden sind. Aber wir sprechen dies aus: Es ist mir in den politischen Erörterungen der vergangenen Jahre manchmal begegnet, daß man von dem Ackerboden, von den Kartoffelfeldern, von dem Kalorienvorrat sprach. Es ist ganz gut, wenn wir den anderen etwas davon erzählen, was es für die Ernährung Deutschlands bedeutet, daß diese Basis entrückt ist. Aber der deutsche Osten ist nicht bloß Getreideacker und Kartoffelfeld; *er ist die Heimat deutscher Menschen.* Dessen sollen wir uns in diesen Auseinandersetzungen im Innern wie nach außen hin immer bewußt bleiben. Seit die großen Wanderungen des späten Mittelalters zu Ende kamen und sich festigten, ist dort deutsches Land, das wir nicht vergessen können, weil es in unserem Geschichtsgefühl und in dem Wissen um das Schicksal von Millionen deutscher Menschen bleibt. Dessen sollen auch die anderen innewerden und innebleiben.

Der Bundesrat und der Bundestag werden vor schier unzählige *Aufgaben* gestellt sein: die Vereinheitlichung des Rechts, das in den Ländern und in den Zonen auseinandergelaufen ist, die Fragen des Lastenausgleichs, Finanzprobleme, die Fragen des Wohnungsbaus, der Kriegsbeschädigten, der Kriegshinterbliebenen, die Sorge für die Vertriebenen, die Eingliederung Deutschlands in die Weltwirtschaft, ohne die wir nicht leben können. Die Frage aber ist die erste im Sinne des Rangs, nicht im Sinne des Morgen-damit-fertig-Werdens: Wann wird es möglich sein, die vornehmste Aufgabe hier mit zu lösen, daß wir die *staatliche Selbständigkeit* für unser Volk und unseren werdenden Staat zurückgewinnen?

Wir wissen, daß eine Gesamtwende der Fragestellungen gegenüber den historischen Vorstellungen und Gegebenheiten von nationalstaatlicher Bindung im Werden ist und daß die europäische Gesamtstaatlichkeit nun nicht mehr bloß Traum- oder Wunschbild von Idealisten oder Geschichtskonstrukteuren ist, sondern daß sie als realistische Aufgabe vor uns steht.

Deutschland braucht Europa, aber Europa braucht auch Deutschland. Wir wissen es im Geistigen: wir sind in der Hitlerzeit ärmer geworden, als uns die Macht des Staates von dem Leben der Völker absperrte. Aber wir wissen auch dies: die anderen würden ärmer werden ohne das, was Deutschland bedeutet. Wir stehen vor der großen Aufgabe, ein *neues Nationalgefühl* zu bilden. Eine sehr schwere erzieherische und erlebnismäßige Aufgabe, daß wir nicht versinken und steckenbleiben in dem Ressentiment, in das das Unglück des Staates viele gestürzt hat, und daß wir nicht ausweichen in hochfahrende Hybris, wie es ja nun bei den Deutschen oft genug der Fall war. Seltsames deutsches Volk, voll der größten Spannungen, wo das Subalterne neben dem genial spekulativ Schweifenden, das Spießerhafte neben der großen Romantik steht. Wir haben die Aufgabe im politischen Raum, uns zum Maß, zum Gemäßen zurückzufinden und in ihm unsere Würde neu zu bilden, die wir im Innern der Seele nie verloren.

Darf ich den Zufall der Zeit und des Ortes als Symbol nehmen, daß wir in diesem Jahre 1949 den 200. Geburtstag von Goethe begangen haben und daß wir hier in der Geburtsstadt von Beethoven weilen. Es steht uns nicht an, aus diesen beiden Namen, aus diesen beiden großen Erscheinungen etwas zu machen wie Reklameartikel und Propagandageschäfte. Es steht uns auch nicht an, wohlwollend auf ihre Schultern zu klopfen.

Aber wir spüren dies: daß in diesen beiden Männern aus dem deutschen Mutterboden Weltwerte geworden sind, vor denen wir selber stolz und bescheiden stehen. Sie mögen uns in der Zerschlagenheit der Zeit Festigung und Trost bedeuten.

Verehrte Mitglieder des Bundestags, des Bundesrats und der Bundesversammlung! Im Bewußtsein meiner Verantwortung vor Gott trete ich dieses Amt an. Indem ich es übernehme, stelle ich dieses Amt und unsere gemeinsame Arbeit unter das Wort des Psalmisten: „Gerechtigkeit erhöhet ein Volk."

(Langanhaltender lebhafter Beifall)

Patriot:
KURT SCHUMACHER
1895–1952

aus Culm (Westpreußen), studierte Nationalökonomie in Halle, Leipzig und
Berlin, Kriegsteilnehmer 1914 bis 1918, schwer verwundet, verlor einen Arm,
nach der Promotion wissenschaftlicher Hilfsarbeiter im Reichsarbeitsministeri-
um, 1920 politischer Redakteur der „Schwäbischen Tagwacht" (Stuttgart), 1924
bis 1931 Mitglied des Württembergischen Landtags, 1930 bis 1933 Mitglied des
Reichstags (SPD), 1933 bis 1943 und 1944 KZ-Haft, 1946 Vorsitzender der
SPD in den Westzonen. 1948 Amputation eines Beines, 1949 bis 1952 MdB
(SPD), Fraktionsvorsitzender.

Er war ein Mann,
nehmt alles nur in allem.

Shakespeare

Als Kurt Schumacher der Öffentlichkeit der jungen Bundesrepublik zum Begriff wurde, lagen bereits schicksalhafte Lebensabschnitte hinter ihm: Der Abiturient hatte als Kriegsfreiwilliger die Materialschlachten des Ersten Weltkriegs überlebt; schwerversehrt kehrte er zurück. Als Mitglied des Berliner Arbeiter- und Soldatenrates machte er im November 1918 erstmals Bekanntschaft mit der auf Angst und Terror gerichteten Strategie der Spartakisten – eine nachhaltige Erfahrung, die ihn lebenslang begleiten sollte. Das Dissertationsthema „Der Kampf um den Staatsgedanken in der deutschen Sozialdemokratie" zeigt das zentrale Problem, um das das Denken des noch jungen Politikers kreiste: die Einbindung des „Vierten Standes" in eine freiheitlich und demokratisch geprägte Staatlichkeit. Der konsequent verfolgte politische Weg führte den damals schon wortmächtigen jungen Redakteur über den Württembergischen Landtag in den Deutschen Reichstag, wo Schumacher zu jenen gehörte, die sich furchtlos den nationalsozialistischen Volksverführern in den Weg stellten: „Wenn wir irgend etwas beim Nationalsozialismus anerkennen, dann ist es die Tatsache, daß ihm zum erstenmal in der Politik die restlose Mobilisierung der menschlichen Dummheit gelungen ist." Die hasserfüllte Antwort auf solche Sätze, die wie Peitschenhiebe trafen, bestand in zehnjähriger KZ-Haft, die Schumacher zwar nicht beugte, aber seine Gesundheit untergrub.

Nach der Katastrophe – und Befreiung – wuchs er schnell in die unbestrittene Führungsrolle innerhalb der deutschen Sozialdemokratie hinein. Dabei setzte er seine charismatischen Gaben ebenso wirkungsvoll und zielbewusst ein wie seinen immer kraftvollen, zuweilen zum Rigorosen neigenden Stil bei der Leitung der Geschäfte. Vor Energie sprühend und seiner geschwächten Physis schonungslos das Letzte abtrotzend, ging er an die Arbeit, keine Konflikte scheuend, auch keine Auseinandersetzungen mit den damaligen Gewaltigen der Besatzungsmächte.

Die folgenden großen Themen bestimmten sein Lebenswerk nach 1945:

– Die Wiedervereinigung. Kein deutscher Politiker hat glühenderen Herzens und leidenschaftlicher als Schumacher für die in der Präambel des Grundgesetzes – sie ist von Heuss formuliert -

gebotene Wahrung der nationalen und staatlichen Einheit Deutschlands gestritten: „Die deutsche Bundesrepublik kann politisch in der Frage der deutschen Einheit und in allen großen Schicksalsfragen unseres Volkes nur dann erfolgreich und von der herzlichen und begeisterten Zustimmung des ganzen Volkes getragen in Erscheinung treten, wenn die Bundesrepublik, die allein legitimiert ist, für ganz Deutschland zu sprechen, in ihrer praktischen Politik die sowjetische Besatzungszone und Berlin als Bestandteil der Bundesrepublik betrachtet."

— Die Auseinandersetzung um die Oder-Neiße-Linie: „Keine deutsche Regierung und keine deutsche Partei können bestehen, die die Oder-Neiße-Linie anerkennen...". „Man wird um jeden Quadratmeter deutschen Bodens jenseits dieser Linie mit friedlichen Mitteln kämpfen."

— Der Kampf gegen die Verschmelzung von SPD und KPD (zur SED): „Was sie Spaltung nennen, ist die Bewahrung der Menschlichkeit in ihrem letzten Sinn. Ich diskutiere nicht, ich polemisiere nicht. Mit Knechten kann man nicht von der Freiheit reden." Kompromisslos, mit der ganzen Härte, die ihm zu Gebote stand, wandte er sich gegen die „verderbliche Illusion von der Bündnisfähigkeit der Kommunisten".

— Die Funktion der Opposition als „Bestandteil des Staatslebens". Nach Gründung der Bundesrepublik fiel Schumacher die Rolle des Führers der Opposition im l. Deutschen Bundestag zu. Herbe Enttäuschungen hatten ihn bis an den Rand der Erbitterung geführt: Die Bundestagswahl am 14. August 1949 hatte der SPD nicht die führende Rolle innerhalb des Parteienspektrums gebracht, und die Kandidaturen Schumachers für die Ämter des Bundespräsidenten und des Bundeskanzlers waren gescheitert. Zudem gab es in der deutschen Öffentlichkeit „eine unglaublich naive Diskussion" über die Aufgaben einer parlamentarischen Opposition. Seit der Katastrophe des Jahres 1945 waren gerade erst vier Jahre vergangen, und zwölf Jahre lang hatten die nationalsozialistischen Machthaber die sich ihnen widersetzenden oppositionellen Kräfte mit allen Mitteln der Demagogie, der Volksverhetzung und des Polizeistaats als Volksfeinde verteufelt. Eine vom regierungsoffiziellen Kurs des „Dritten Reiches" abweichende Meinung galt vom Oberbegriff der so genannten Volksgemeinschaft her als verwerflich. In nicht wenigen Köpfen spukten noch verborgene Restbestände solchen Denkens und lebten wieder auf, als der erste Repräsentant einer bundesweiten parlamentarischen Opposition das, was aus seiner Sicht Fehlleistungen der Regierung waren, mit unbarmherziger Schärfe und einer Eloquenz aufs Korn nahm, gegenüber der seine parlamentarischen Widersacher einen schweren Stand hatten. Es dauerte geraume Zeit, bis die Opposition zum anerkannten „Bestandteil des Staatslebens" wurde, und die drei kurzen Jahre, in denen sich Schumacher mit all seiner Verve und unter schonungslosem Einsatz seiner Person dieser Aufgabe widmete, reichten nicht aus, um in der Öffentlichkeit der jungen Bundesrepublik das Bild von der Opposition als natürlichem Gegenpol der Regierung zu festigen. Zweifellos hat er aber auf dem Weg der deutschen Nachkriegsdemokratie unverrückt gebliebene Pflöcke eingeschlagen, die diesen Weg bestimmten, und so konnte Fritz Erler zehn Jahre später mit gutem Grund feststellen, dass die Opposition diesen Staat mitgestaltet habe und nicht „bloße Negationserscheinung der Regierung" sei – die programmatische erste Oppositionsrede Schumachers gab die Richtung an.

Die Opposition ist Bestandteil des Staatslebens

Rede Schumachers am 21. 9. 1949 im Bundestag, Bonn, aus:
DBT/ 1. WP/6./ 21. 9. 1949 / 31 C–42 D

Meine Damen und Herren! Die Erklärung der Bundesregierung sollte nicht als etwas Isoliertes betrachtet werden. Sie gehört zusammen mit der Politik der Parteien, die heute die Bundesregierung bilden, mit den Parolen des Wahlkampfs, mit den Deklarationen nach dem Wahlergebnis, mit den Methoden der Kabinettsbildung und mit der Zusammensetzung des Kabinetts.

Wollte man den Kardinalsatz der Regierungserklärung, daß die Bundesregierung die *soziale Gerechtigkeit* zum obersten Prinzip ihrer Handlungsweise nehmen wolle, als das Programm der Regierung voll akzeptieren, dann müßte man sagen: mit diesem Programm hätte der Herr Bundeskanzler am 14. August einen rauschenden Wahlsieg über die Politik seines Wirtschaftsministers und seines Vizekanzlers davongetragen.

(Beifall bei der SPD – Lachen in der Mitte und rechts)

Aber, meine Damen und Herren, Sozialpolitik kostet etwas, und der deutsche Besitz, der ja in seiner überwiegenden Mehrzahl hinter der neuen Bundesregierung steht, hat diese Regierung bestimmt nicht etabliert, um besonders große Aufwendungen für das Volk zu machen.

(Zuruf rechts: Sie schließen von sich auf andere!)

Die Bundesregierung ist jetzt mit einer Erklärung hervorgetreten, die eine Reihe sozialpolitischer, allerdings nicht genau akzentuierter Versprechungen enthält. Am deutlichsten ist sie eigentlich bei dem Versprechen der Steuersenkung geworden. Nun ist auch unsere Meinung, daß die Struktur des deutschen Steuerwesens stark umgebaut werden sollte, daß sie nach Ertrag und Rationalität nicht das ist, was unser Staatswesen nötig hat. Wenn wir aber die Steuersenkung als Hauptpunkt, als Grundlage der wirtschaftlichen Erholung betrachten wollten, dann käme die *Steuersenkung* in eine Konkurrenz mit den sozialen Leistungen auf der einen und den Besatzungskosten auf der andern Seite.

(Sehr gut! bei der SPD)

Die sozialen Leistungen und die Steuersenkung zusammen dürften sich kaum verwirklichen lassen. In Erkenntnis dieser Tatsache hat der Herr Bundeskanzler die sozialen Leistungen bereits von einer Reihe von Bedingungen abhängig gemacht, von denen nicht anzunehmen ist, daß sie schon in nächster Zeit realisiert werden, nämlich von einer Wirtschaftsblüte, von entsprechenden Steuererträgnissen und ähnlichem mehr. So kommen wir wohl zu dem Schluß, daß die Steuersenkung als nahe Wahrscheinlichkeit vor uns steht, die sozialen Leistungen aber auf den Weg der Vertröstung gleiten werden.

(Zurufe in der Mitte: Abwarten!)

– Wieso? Haben Sie so viel Zeit?

(Heiterkeit und lebhafter Beifall bei der SPD)

Eine gewisse Überraschung hat vielleicht der idyllische Ton der gestrigen Regierungserklärung hervorgerufen.

(Sehr gut! bei der SPD – Zurufe in der Mitte)

Auf den Ton abgestimmt „es ist alles nicht so schlimm", können wir nur antworten: es sieht so aus, als ob alles sehr viel schlimmer wäre, als die Regierungserklärung angedeutet hat.

(Sehr richtig! bei der SPD)

Schließlich ist doch der tatsächliche Kern, der Punkt, bei dem ein eindeutiges Bekenntnis der Bundesregierung vorliegt, die Erklärung, daß man am bisherigen Kurs der *Frankfurter Wirtschaftspolitik* festhalten wolle.

(Zuruf von der CDU: Gott sei Dank!)

In Verbindung damit sind einige andere sehr reale Dinge angedeutet worden, als da sind: die Aufhebung der Zwangswirtschaft auch für die Güter, bei denen heute noch fixierte Preise vorliegen; und ähnliche Bemerkungen sind bei der Betrachtung über Wohnungswirtschaft und Mietpreisgestaltung gemacht worden.

Die Erklärung der Bundesregierung ist nicht nur interessant durch das, was in ihr enthalten ist, sondern fast noch interessanter durch das, was sie nicht genannt hat.

(Zuruf links: Sehr wahr!)

Wir können uns ein demokratisches Staatswesen nicht vorstellen, bei dem die *Arbeiter* eine so geringe Rolle spielen, daß die Regierungserklärung das Wort „Arbeiter" nicht einmal erwähnt hat,

(Beifall bei der SPD)

und wir können uns einen funktionierenden sozialen Organismus auch nicht recht vorstellen, bei dem die *Gewerkschaften* unerwähnt bleiben.

(Lebhafter Beifall bei der SPD)

Es scheint mir eine schwere Undankbarkeit gegenüber den Gewerkschaften und der Rolle dieser Organisationen zu sein, wenn man nicht anerkennt, daß ohne diese Gewerkschaften die Situation des deutschen Volkes nach innen und außen eine sehr viel schlechtere sein würde.

(Lebhafter Beifall links)

Und wir haben auch vermißt – bei aller Anerkennung der liebenswürdigen Ausflüge in das Gebiet der Nöte der unverheirateten Frauen – ein grundsätzliches Anerkenntnis *der Gleichheit von Mann und Frau* vor dem Gesetz, wie das Bonner Grundgesetz es gebracht hat.

(Zustimmung links)

Aus dieser These nämlich resultiert für die Regierung eine große Menge von Aufgaben, und wir hätten gerne gewußt, wie die Verwirklichung dieser Aufgaben sich in den Augen der Regierung darstellt.

Nun, wir sind die *Opposition*, und was Opposition ist, darüber hat sich eine unglaublich naive Diskussion in der deutschen Öffentlichkeit erhoben. Die Wertung der Opposition und der Regierung, die vorbehaltlose Überbewertung der Regierungsfunktion und die ebenso vorbehaltlose Unterbewertung der Oppositionsfunktion stammt aus dem Obrigkeitsstaat,

(erneute Zustimmung)

und die Begriffe des Obrigkeitsstaates scheinen noch in vielen Köpfen auch in diesem Hause sehr lebendig zu sein.

(Lebhafter Beifall links – Zurufe rechts)

Eine Opposition ist in ihren Qualitäten nicht dann staatserhaltend, wenn sie eine wohlwollende Beurteilung durch die Bundesregierung oder durch ihre Parteien findet. Wir haben eine in Sachen der Besitzverteidigung sehr unsentimentale Regierung, und es wird die Aufgabe der Opposition sein, bei der Interessenvertretung der arbeitenden Bevölkerung ebenso unsentimental zu sein.

(Sehr gut! bei der SPD)

Der Egoismus liebt es, an das Gemeinschaftsgefühl zu appellieren.

(Sehr gut! bei der SPD und rechts)

Die Regierung und die Opposition werden ihre Qualität durch ihre Leistungen bestimmen. Aber, werte Abgeordnete, der Grundsatz gilt für die Opposition, daß die Bundesregierung sich die Mehrheiten für ihre Gesetze aus den Reihen der Regierungsparteien zu schaffen hat.

(Zuruf in der Mitte: Sie sind grundsätzlich gegen alles!)

– Verzeihung, Sie haben die Bemerkung gemacht: „Grundsätzlich gegen alles". Ich glaube, darauf antworten zu müssen. Ich bin nicht in der Lage, in drei Sätzen alles zu sagen, was ich zu sagen habe.

(Abg. Dr. Freiherr von Rechenberg: Dem Kanzler werfen Sie es vor!)

– Nun, der Kanzler hat 82 Minuten gesprochen; das ist etwas länger.

(Unruhe)

Man kann also als Opposition nicht die Ersatzpartei für die Regierung sein und die Verantwortung für etwas übernehmen, wofür die

Verantwortung zu übernehmen sich manche Regierungsparteien gegebenenfalls scheuen werden.

(Sehr richtig! bei der SPD)

Die Opposition ist ein Bestandteil des Staatslebens und nicht eine zweitrangige Hilfestellung für die Regierung.

(Beifall links)

Die Opposition ist die Begrenzung der Regierungsmacht und die Verhütung ihrer Totalherrschaft. Ihre Eindeutigkeit zwingt alle Parteien, die der Opposition wie die der Regierung, ihr innerstes Wesen an ihren Taten zu offenbaren.

(Erneuter Beifall)

Es wäre nämlich ein Fehler, weiter den Zustand der Wesensunechtheit in der Propaganda der politischen Parteien zu belassen. Tatsachen müssen sprechen. Aber ebenso richtig ist, daß die Opposition sich nicht in der bloßen Verneinung der Regierungsvorschläge erschöpfen kann.

(Zuruf in der Mitte: Gut!)

Das Wesen der Opposition ist der permanente Versuch, an konkreten Tatbeständen mit konkreten Vorschlägen der Regierung und ihren Parteien den positiven Gestaltungswillen der Opposition aufzuzwingen.

(Lebhafter Beifall links – Zustimmung rechts)

Aus dem Wesen und der Zusammensetzung dieser Regierung heraus besteht die große Gefahr, daß dieser neue Staat ein autoritärer *Besitzverteidigungsstaat* werden kann.

(Lachen in der Mitte)

Man hat doch in der Zusammensetzung der Regierung und den gestern vorgetragenen Tendenzen gesehen, daß die erste Periode von Weimar – wenn Vergleiche erlaubt sind – glatt übersprungen worden ist und wir bereits in einer zweiten Periode der absoluten Restauration mit stark vorweimarischen Zügen sind.

(Lachen)

Das bringt die Gefahr der Entfremdung der arbeitenden Menschen vom Staat. Das ist eine Gefahr, die wir als Opposition bekämpfen wollen. Wir können den heutigen politischen Machtzustand sich nicht stabilisieren lassen. Es ist die Aufgabe der Opposition, die Dinge im Fluß im Sinne einer Entwicklungsmöglichkeit zum Demokratischen und Sozialen zu halten.

Manches, was gestern gesprochen worden ist, war eine Schau nach rückwärts. Ich möchte eindeutig sagen, daß auch der wohlwollendste Ton der Ermahnung und die allmählich etwas abgestandene Bemerkung, daß die Jugend die Zukunft bedeute, der Jugend sehr wenig sagt. Die Jugend wünscht realen Boden, wünscht positive Lebensaussichten durch eine soziale Politik,

Zurufe: Gut!

und die Jugend wünscht, gleichberechtigt behandelt zu werden.

(Sehr richtig! in der Mitte)

Auf alles kann die Jugend verzichten, sogar auf Moralpredigten und Ermahnungen. Nicht verzichten kann sie auf das Gefühl, als gleichwertiger Faktor im Staats- und Volksleben geachtet zu werden.

(Beifall links und Zurufe rechts)

Die *Regierungsbildung* ist eine notwendige Abrundung der Regierungserklärung; sie steht unter dem Zeichen des 14. August. Allerdings hat sie länger gedauert, als man damals annahm. Ihre Methoden waren nicht so eindeutig, wie nach den Versicherungen der Regierungsparteien das Wahlergebnis des 14. August sein soll. Die Regierung steht eben unter dem Eindruck der Tatsache, daß der Rechtsruck im deutschen Volk bedeutsamer ist, als die Mandatszahlen des 14. August ausdrücken. Dieser Druck von rechts kann bis tief in die Mitte hinein lähmende und ändernde Wirkungen haben. Darum ist es schon verständlich, wenn man den Gefahren von allen Seiten dadurch entgegentreten will, daß man sich sehr stark in sozialen Versicherungen gefällt. Unverständlich bleibt dann, warum man in der Frankfurter Wirtschaftspolitik alles das verhindert hat, was man jetzt als Zukunftsversprechungen an die arbeitenden Massen in Deutschland gibt. Die Dauer, die Methoden der Regierungsbildung und die Art, mit der die Macht im Staat auf allen Gebieten verteilt worden ist, haben keinen sehr berückenden und beglückenden Eindruck auf das deutsche Volk gemacht.

(Abg. Dr. Richter*: Niedersachsen! – Weitere Zurufe rechts)

---

* Alias Rößler, 1952 enttarnt (bis 1945 NS-Funktionär)

– Verzeihen Sie, Sie sind wohl mit Verspätung als Kreuzfahrer aus Bayern hier in Bonn eingetroffen!

Die Sache war zu geschäftig und geschäftlich betrieben und hat zuviel politische Wahlarithmetik enthalten, als daß sie einen überzeugenden eindeutigen Eindruck auf die Bevölkerung machen könnte. Ich meine: wenn man all die Herren, denen man einen Ministerposten versprochen hat und die ihn dann nicht bekommen haben, heute hier zu einer Fraktion zusammenfassen würde, dann wäre das nicht die kleinste Fraktion des Bundestags.

Wir haben bei der Organisation der Regierung eindeutig zu erklären, daß wir mehr *Ministerien* erhalten haben, als vorher – gerade nach den Erklärungen maßgebender Männer der Regierung – notwendig zu sein schien. [...]

Und, meine Damen und Herren: wir brauchen kein besonderes *Ostministerium*. Wir brauchten auch nicht ein Staatssekretariat beim Bundeskanzler. Wir brauchen eine Abteilung beim Innenministerium,

die die konkreten Fragen im Verkehr zwischen der Bundesrepublik und zur Ostzone und außerdem eine Menge von sozialen und verwaltungsmäßigen Problemen auf diesem Gebiet zu behandeln hat. Wir sollten durch eine Abteilung beim Innenministerium manifestieren, daß das Verhältnis der deutschen Bundesrepublik zur sowjetischen Besatzungszone unter deutschem Blickwinkel ein innerdeutsches Problem ist.

Es entstehen bestimmt nichtgewollte Gefahren dadurch, daß die Möglichkeit gegeben wird, durch die Errichtung eines besonderen Ministeriums diese Dinge auf der völkerrechtlichen Ebene zu diskutieren. Die Sozialdemokratie hat schon 1945 ihre Stimme für die deutsche Einheit erhoben. Sie war auch die erste deutsche Partei, die – am 31. Mai 1947 – den Versuch bejahte, auf der Grundlage der ökonomischen und administrativen Festigung der Westzonen eine anziehende Kraft auf die Ostzone auszuüben. Aber die Grundlinien dieser Politik können nicht in einem Ostministerium bestimmt werden, sie sind eine gesamtdeutsche Angelegenheit, unter voller Verantwortung des Chefs der Regierung und unter verantwortlicher Mitarbeit aller Parteien dieses Hauses.

(Bravorufe und Händeklatschen bei der SPD)

Um Mißverständnissen, gewollten Mißverständnissen entgegenzutreten, möchte ich sagen: die *deutsche Einheit* ist nur möglich auf der Grundlage der persönlichen und staatsbürgerlichen Freiheit und Gleichheit und der gleichen Wertung und Würdigung der Menschenrechte in allen Besatzungszonen.

(Bravorufe und Händeklatschen bei der SPD und vereinzelt rechts)

Aber die deutsche Einheit ist nicht möglich in der Form einer russischen Provinz oder eines sowjetischen Satellitenstaates.

(Lebhafte Zustimmung bei der SPD und in der Mitte)

Wir haben im Verkehr der Parteien miteinander hier schwere Hypotheken in allen Lagern, am stärksten aus der Tatsache heraus, daß die Oberschicht der heute formal noch bestehenden Christlich-Demokratischen Union

(Lachen in der Mitte und rechts)

und der Liberaldemokraten in der Ostzone Regierungspartei ist.

(Sehr gut! bei der SPD)

Als Regierungsparteien sind sie voll verantwortlich für alles, was in der Ostzone geschieht.

(Bravorufe und Händeklatschen bei der SPD)

Weil wir diese Verzerrung und Verquickung nicht wollen, – –

(Zurufe rechts: Grotewohl! Dutzende!)

– Nun, wir haben Grotewohl hinausgeschmissen,

(Lachen rechts)

aber ihr seid noch immer dieselben Nuschkoten!*

(Große Heiterkeit – Bravorufe und Händeklatschen bei der SPD)

---

* Wortspiel: Otto Nuschke (1883-1957), Mitgründer der CDU in der sowj. Besatzungszone, stellvertr. Ministerpräs., der DDR – Muskote: abschätzige Bezeichnung für Musketier.

Wir müssen bei dieser Politik auch abrücken von einem Rückfall in die missionarische Illusion der Brückentheorie. Das sind Illusionen, die 1933 aus der Hoffnung entstanden, mit einem totalitären Gegner, der das Ganze will, zu einem Kompromiß zu kommen, das einem die eigene politische Existenz und Selbständigkeit läßt. Wir dürfen nicht in eine Anerkennung der Blockpolitik hineinrutschen, die in Wirklichkeit die Herrschaft der stärksten Regierungspartei und der hinter ihr stehenden Besatzungsmacht ist. [...]

Wenn wir die Frage der deutschen Einheit diskutieren, dann können wir an der Frage Berlin nicht vorübergehen.

(Sehr gut!)

Berlin wünscht keine Wohltaten und keine Wohltäter-Allüren.

(Sehr gut!)

Die besondere Finanzhilfe für Berlin ist nicht eine Angelegenheit freiwilliger Zuwendungen, sondern muß zu einem festen Bestandteil im Etat der deutschen Bundesrepublik gemacht werden.

(Zuruf: So war es doch!)

Mögen nun viele Leute diesen Zustand der Spaltung Deutschlands für relativ und vorübergehend zufriedenstellend erachten, wir Sozialdemokraten können das nicht. Die Frage der *deutschen Einheit* kommt hinein in jede andere politische Frage, die Deutschland berührt. Diese Frage kommt nicht mehr von der Tagesordnung. Wir können niemanden als einen Freund des deutschen Volkes empfinden, dessen praktische Politik die deutsche Einheit auf der demokratischen Grundlage verweigert und behindert.

(Sehr gut! bei der SPD)

Wir können uns auch nicht damit einverstanden erklären, daß die deutsche Einheit zum Agitationsobjekt oder zum Agitationsinstrument einer politischen Richtung gemacht wird. Wir wünschen, daß bei aller Verschiedenheit der Auffassungen sozialer, politischer und kultureller Natur die Angelegenheit der deutschen Einheit überall in Deutschland die Angelegenheit der gleichen Herzenswärme und der gleichen politischen Entschiedenheit wird.

(Beifall links und in der Mitte)

Wenn der Herr Bundeskanzler gestern mit Recht der dankenswerten *Arbeit ausländischer und inländischer Organisationen* seine Achtung zollte, dann begrüßen wir das. Wir hätten aber gewünscht, daß der

Herr Bundeskanzler bei diesem Dank nicht nur so in den Vorstellungen seiner eigenen Welt steckengeblieben wäre.

(Sehr gut! links)

Ich habe dabei an die Arbeiterwohlfahrt und ihre Leistungen denken müssen,

(Beifall bei der SPD)

ich habe an das grandiose Hilfswerk ausländischer Arbeiterorganisationen denken müssen,

(Sehr gut! bei der SPD)

und ich habe auch an die Quäker, die Mennoniten und Juden und ihre Hilfsorganisationen denken müssen.

(Beifall links)

Es mag dem Wesen der Politik entsprechen, gegnerische Leistungen relativ gering einzuschätzen, und man kann es nicht übelnehmen, wenn sich die Gegner nicht zu gegenseitigen Propagandisten ihrer Leistungen machen; aber daß man beispielsweise über den Kampf der deutschen *Sozialdemokratie* um die deutschen *Kriegsgefangenen* so einfach hinweggegangen ist,

(Sehr richtig! bei der SPD)

das ist auch nationalpolitisch von uns als nicht erfreulich empfunden worden.

(Sehr wahr! bei der SPD)

Wir Sozialdemokraten danken von ganzem Herzen für die ungeheure *Leistung des amerikanischen Volkes* und des im amerikanischen Staatswesen organisierten amerikanischen Steuerzahlers an das deutsche Volk. Aber sogar für amerikanische Ohren wäre gestern der Dank eindringlicher gewesen, wenn nicht die Tatsache einfach ignoriert worden wäre, daß auch der britische Steuerzahler und das *englische Volk* ohne Unterschied der Parteien und unter eigenen Opfern und Entbehrungen Großes für das hilfsbedürftige deutsche Volk geleistet hat.

(Beifall bei der SPD)

Ich bin zu meinem Bedauern gezwungen festzustellen, daß sehr viele Menschen im Ausland sehr viel mehr Verständnis für die sozialen Nöte der Deutschen gezeigt haben als mancher Deutsche.

(Sehr wahr! bei der SPD)

Es ist schmerzlich, aber es muß gesagt werden, daß die deutsche Sozialdemokratie nun einmal nicht in der Lage ist, einen Dank an die deutschen Hortungsgewinnler auszusprechen.

(Beifall und Heiterkeit bei der SPD)

Begrüßenswert war ohne Zweifel das Denken an die *Kriegsbeschädigten*, aber etwas mehr Konkretisierung wäre wohl nötig gewesen.

(Sehr richtig! bei der SPD)

1945 ist das als soziale Leistung beachtliche Reichsversorgungsgesetz durch einen Federstrich der Alliierten, die damit wohl praktischen Antimilitarismus zu betreiben vermeinten, außer Kraft gesetzt worden. Es wäre eine gute Sache, wenn die Bundesregierung sich entschließen könnte, ein neues, den geänderten Verhältnissen angepaßtes Reichsversorgungsgesetz für die Schwerbeschädigten des Krieges und für die Kriegerhinterbliebenen anzukündigen.

(Sehr richtig! bei der SPD)

Denn das Problem bei diesen so schmerzlich Geschlagenen ist doch, diese jungen Menschen heranzuholen an das Leben und heranzuholen an den Staat.

(Bravo! bei der SPD)

Dazu gehört freilich eine Gesinnung warmer Kameradschaft, die über die finanz- und gesetzestechnischen Manipulationen hinausgehen muß.

(Beifall bei der SPD)

Dagegen kann eine Unterlassung nicht unwidersprochen bleiben: *die deutschen Kräfte des Widerstandes* und die deutschen *Opfer des Faschismus* gehören doch zu den wenigen außenpolitischen Aktiven des deutschen Volkes und der deutschen Außenpolitik.

(Sehr richtig! bei der SPD)

Von diesen Menschen ist gestern gar kein Wort gesagt worden. Man kann nicht gegen den Nazismus sein, ohne der Opfer des Nazismus zu gedenken.

(Sehr gut! links)

Man kann sich nicht für die Hilfeleistung für einzelne Kategorien erwärmen – sie mögen noch so nötig sein –, wenn man die Opfer des Nazismus in einer selbstgewählten Rangordnung hinter die Rechte anderer zurückstellt.

(Sehr gut! links)

Zu matt und zu schwach ist gewesen, was gestern die Regierungserklärung über die *Juden* und über die furchtbare Tragödie der Juden im Dritten Reich gesagt hat. Resignierte Feststellungen und der Ton des Bedauerns helfen hier nichts. Es ist nicht nur die Pflicht der internationalen Sozialisten, sondern es ist die Pflicht jedes deutschen Patrioten, das Geschick der deutschen und der europäischen Juden in den Vordergrund zu stellen und die Hilfe zu bieten, die dort notwendig ist.

(Beifall bei der SPD)

Die Hitlerbarbarei hat das deutsche Volk durch Ausrottung von sechs Millionen jüdischer Menschen entehrt. An den Folgen dieser Entehrung werden wir unabsehbare Zeiten zu tragen haben. Von 600 000 deutschen Juden leben heute im Gebiet aller vier Zonen nur 30 000, meist ältere und kranke Personen. Auch sie erleben immer wieder beschämende und entwürdigende Vorfälle. In Deutschland sollte keine politische Richtung vergessen, daß jeder Nationalismus antisemitisch wirkt und jeder *Antisemitismus* nationalistisch wirkt. Das bedeutet nämlich die freiwillige Selbstisolierung Deutschlands in der Welt.

(Zustimmung bei der SPD.)

Antisemitismus ist das Nichtwissen von den großen Beiträgen der deutschen Juden zur deutschen Wirtschaft, zum deutschen Geistesleben und zur deutschen Kultur und bei der Erkämpfung der deutschen Freiheit und der deutschen Demokratie. Das deutsche Volk stände heute besser da, wenn es diese Kräfte des jüdischen Geistes und der jüdischen Wirtschaftspotenz bei dem Aufbau eines neuen Deutschlands in seinen Reihen haben würde.

(Beifall bei der SPD) [...]

Nun, werte Abgeordnete, wir haben heute einen Staat, den wir Sozialdemokraten als einen Staat der überwiegenden sozialen Restauration ansehen. Wir haben einen Staat, von dem wir befürchten, daß seine Führung, unter Ausnutzung gewisser Vorschriften des Grundgesetzes, gar zu leicht in Versuchung kommt, die Volksmassen als Objekte zu behandeln. Demgegenüber haben wir unseren positiven sozialdemokratischen Gestaltungswillen auf allen Gebieten der Politik zu setzen. Zu dem gehören der *Lastenausgleich* und die *Sozialisierung*, die auch durch das Wahlergebnis nicht von der Tagesordnung verschwunden ist. Wir hätten gern gewußt, wie dieser einsame, in der Regierungserklärung so fremd dastehende Satz von der Änderung der *Besitzverhältnisse in den Schwerindustrien* zu verstehen ist.

(Lebhafter Beifall bei der SPD)

Deutlicher wäre es schon gewesen, wenn der Herr Bundeskanzler von Eigentumsverhältnissen gesprochen hätte,

(Sehr wahr! bei der SPD)

und am allerdeutlichsten, wenn er sich erklärt hätte, wie er das nun eigentlich mit der Änderung der Besitzverhältnisse meint. Vielleicht eine Restauration der Besitzverhältnisse der alten Eigentümer? Oder eine irgendwie abgeblaßte Form einer Ersatzsozialisierung? Oder bestimmte Formen der fremden Kapitalbeteiligung? Ich habe hier eine katholische Tageszeitung der Schweiz, die „Neuen Zürcher Nachrichten". Da spricht der Herr Bundeskanzler über die Ruhrindustrie und über die Notwendigkeit, sie mit Kredithilfe zu modernisieren. Er meint dazu: „Hier eröffnet sich die Möglichkeit einer ausländischen und damit französischen Kapitalbeteiligung,"

(Hört! Hört! bei der SPD)

„die nicht nur wirtschaftlichen Nutzen, sondern wichtige Voraussetzungen für erhöhte Sicherheit mit sich bringen wird."

(Aha! bei der SPD)

Darüber hätten wir gern Genaueres vernommen. Wir hätten auch gern gehört, wie das mit der großen Politik der Wirtschaft ist, nämlich mit der *Arbeitsbeschaffung*. Die Politik der Vollbeschäftigung ist unlöslich mit jeder positiven Politik für Flüchtlinge und für den Wohnungsbau verbunden.

(Sehr gut! bei der SPD)

Es ist nicht möglich, diese Dinge aus dem großen ökonomischen Komplex herauszunehmen. Eins ist vom anderen abhängig. Und auch die wichtigsten Probleme sind nur Teiläußerungen des kardinalen Problems der Vollbeschäftigung.

(Sehr richtig! bei der SPD)

Auch da vergleichen Sie bitte einmal Großbritannien und das Deutschland der Frankfurter Wirtschaftspolitik.

(Sehr wahr! bei der SPD)

Man kann nicht bauen und man kann den Flüchtlingen und den Armen nicht helfen ohne Planung und Kontrolle.

Wir hätten gern gehört, wie der *Ausnützung einer rein privatwirtschaftlich aufgefaßten Konjunktur* entgegengetreten werden soll. Nach Kriegs-, Inflations-, Hortungs- und Demontagegewinnlern droht uns doch jetzt die Gefahr der Wiederaufbaugewinnler.

(Zustimmung bei der SPD)

Man wird also auch mit den geheiligten Prinzipien des Eigentums in Auseinandersetzungen kommen, in einem Ausmaß, das bisher nicht gekannt worden ist. Das wirtschaftspolitische Bild gerade des letzten Dreivierteljahres war durch eine Fülle von falschen Prognosen und Prophezeiungen beherrscht. Man kommt aber in keinem Falle, man möge von einer Auffassung ausgehen wie immer, an der Tatsache vorbei, daß es die Einkommensentwicklung ist, die den Markt bestimmt, und zwar die Einkommensentwicklung der breiten Massen. Bei schrumpfendem Sozialprodukt und zurückgehendem Reallohn bei steigender Arbeitslosigkeit ist die notwendige Konjunkturwende nicht möglich. [...]

Das Problem der Erholung unserer Volkswirtschaft ist *die Hebung der Massenkaufkraft* durch Preisverbilligung, Lohnerhöhung und völlige Abkehr von der Produktion von Luxusgütern. Aber dazu ist Planung in der Reihenfolge der Wichtigkeit der Güter nötig. Davon soll die Reihenfolge der Kredite abhängen, die zur Verfügung gestellt werden. Die Sicherung der Kreditverwendung erfordert jedoch ihrerseits wieder eine Kontrolle; sonst kommen wir nach den Erfahrungen der letzten 15 Monate nur zur Schaffung zusätzlicher Anlagekapazitäten, die keinen volkswirtschaftlichen Nutzen bringen.

(Sehr richtig! bei der SPD)

Ich kann wegen der vorgeschrittenen Zeit ein solches Kreditprogramm und eine solche Skala der Reihenfolge im einzelnen nicht entwickeln. Zur Preispolitik muß gesagt werden, daß schlimmer als jedes Preisdiktat irgendeiner noch so verabscheuungswürdig geschilderten Bürokratie sich die *Preisdiktatur* auf der Grundlage der Verabredung der großen Warenbesitzer und Produzenten ausgewirkt hat. Die heutige Wirtschaftspolitik – so fürchte ich – zielt aber nach unseren Erfahrungen auf Erhaltung der monopolwirtschaftlichen Elemente ab, und ich sehe die Gefahr der Entstehung neuer *Monopole und Kartelle.*

(Zuruf in der Mitte: Sie werden sich wundern!)

– Das muß ja dann meine Sache sein!

Die Belebung des *Baumarktes* darf auch nicht in erster Linie auf eine Politik des Anreizes des privaten Kapitals umgedrängt werden, wenn die Ergebnisse der Bautätigkeit für die Mieter erträglich sein sollen.

(Sehr richtig! bei der SPD)

Der Wohnungsbau, der in erster Linie zu fördern ist, ist der soziale Wohnungsbau.

(Zustimmung bei der SPD)

Die Sozialdemokratische Partei hat der deutschen Öffentlichkeit ihren Plan A: Bau von einer Million Wohnungen in vier Jahren, vorgelegt. Und ich möchte bei dieser Gelegenheit noch auf eine Reihe anderer Projekte insbesondere kommunaler Vereinigungen, die durchaus beachtenswert sind, hinweisen.

Man kann die Wohnungsfrage nicht von der Frage der *Vertriebenen* trennen. Das Schicksal der Vertriebenen ist von der Existenz einer Bundesfinanzhoheit abhängig. Die Länder werden dieses Problem nicht lösen können. Ich warne vor einer Politik, bei der von den Gemeinden her die Länder Probleme aufnehmen, sie an den Bund weiterschieben und der Bund sie dann der internationalen Hilfe empfiehlt. Internationale Hilfe ist not; aber es gibt auch eine deutsche Gesamthaftung gegenüber den Vertriebenen.

(Lebhafte Zustimmung bei der SPD und der KPD)

Kein Mensch wird uns einreden können, daß für die Vertriebenen das getan worden ist, was hätte getan werden können. Ich warne auch davor, dieser großen Aufgabe der wirtschaftlichen und gesellschaftlichen Einsiedlung der Vertriebenen in unser Volksleben mit dem Hinweis auf die Oder-Neiße-Linie auszuweichen. Man kann gegen die Oder-Neiße-Linie nur angehen, wenn man vorher in unserem Land seine soziale und menschliche Pflicht gegenüber den Vertriebenen getan hat.

(Beifall bei der SPD – Zurufe)

Ein kritisches Wort ist zur Kreditversorgung der Flüchtlingesbetriebe zusage. Dem Ausland ist zu sagen, daß die jetzige Behandlung der Demontagefrage die Lösung des Flüchtlingsproblems außerordentlich erschwert.

(Sehr richtig! links.)

Die Vertriebenen selbst werden freilich nicht als isolierter Faktor ihre Wünschen durchsetzen können. Sie werden Bestandteile der deutschen Parteien und des deutschen politischen Lebens sein müssen. Eine Hinwendung der Vertriebenen zum Rechtsradikalismus würde eine Abwendung von der sozialen Realität zur nationalistischen Illusion bedeuten. Freizügigkeit, Finanzausgleich zwischen den Ländern in der Flüchtlingsfrage und Konzentration aller Kräfte auf ein Problem, das wirklich ein deutsches Nationalproblem ist, das tut in dieser Frage not.

Sicher haben Sie von der *sozialdemokratischen Entschließung in Dürkheim* gehört. Sie haben die 16 Punkte kritisch würdigen können. Sie mögen ihnen im einzelnen zustimmen oder sie ablehnen – sie sind ein immanenter Bestandteil der Tätigkeit der Sozialdemokratie als einer Oppositionspartei im neuen deutschen Staatswesen. Aber nicht geringer ist die wirtschaftspolitische und soziale Bedeutung des gewerkschaftlichen Programms.

(Zuruf rechts.)

Das Mitbestimmungsrecht der Arbeiter erschöpft sich für uns nicht in der Mitbestimmung im Betrieb, sondern involviert die Mitbestimmung im deutschen Wirtschaftsleben.

(Lebhafter Beifall bei der SPD – Zuruf rechts)

Ich glaube, wenn wir einen Beitrag für die deutsche Einheit leisten wollen, dann sollten wir in der Linie der sozialen Geltung und der ökonomischen Mitbestimmung der arbeitenden Massen operieren. Ich kann hier im einzelnen nicht das große sozialpolitische Programm der Gewerkschaften aufzählen, das wohl in allen Punkten von der Sozialdemokratie vertreten wird; aber ich muß Ihnen sagen: wenn Sie für die deutsche Einheit sind, dann machen Sie den deutschen Westen auch sozial und hinsichtlich der Geltung des arbeitenden Menschen zum Magneten!

(Beifall bei der SPD)

Die soziale Gestaltungskraft schafft die nationale Einheit und das deutsche Staatsvolk, das Vertrauen zu sich und seiner Zukunft in der Zusammenarbeit mit der Welt hat.

Der Herr Bundeskanzler hat einen Teil seiner gestrigen Ausführungen dem Verhältnis Deutschlands zu den anderen Mächten gewidmet. Er hat allerdings keine Planung und keine Konzeption einer vorwärtsschreitenden deutschen Außenpolitik entwickelt.

Ich möchte gegenüber dem Besatzungsstatut sagen, daß mir sein größter Vorteil der zu sein scheint, daß seine baldige Revision in Aussicht steht.

(Sehr wahr! links)

Ich würdige, daß der Ton dieses Dokumentes freundlicher ist als frühere. Ich erkenne durchaus an, daß man mit diesem Besatzungsstatut operieren kann. Schmerzlich empfinden wir aber den Mangel an konkreten Rechtsvorschriften in Rechten und Pflichten sowie die Arbeit mit noch sehr allgemeinen Generalformeln.

Wir haben gestern auch nichts über die Ruhrbehörde gehört. Die Sozialdemokratische Partei hat vom ersten Tag an erklärt, daß sie auf eine Umwandlung der Ruhrbehörde tendiert, auf eine Umwandlung, die keine Hindernisse in Sachen der Sozialisierung schafft, und die einen entscheidenden Fehler aus der Welt schafft, nämlich den, daß in diesem Ruhrstatut alle möglichen materiellen Dinge geregelt sind, aber von den Menschen, die die Werte schaffen, nicht die Rede ist.

(Sehr gut! links)

Wir empfinden es als einen schmerzlichen Mangel, daß im Ruhrstatut nicht die Geltung und das Aktionsrecht der Gewerkschaften – sowohl der deutschen wie der internationalen Gewerkschaften – eingebaut ist.

(Sehr gut! links)

Meine Damen und Herren, wir haben auch wenig und nur abschließend ein oder zwei Sätze über die Entwicklung der Kulturpolitik gehört. Wir haben mehr eine Generalformel vernommen. Nichts haben wir von dem erfahren, was nach den Kämpfen in Bonn und nach diesen Formen des Wahlkampfes zu vernehmen wohl durchaus notwendig ist. Es ist nicht möglich, sehr reale und veränderliche Machtansprüche auf der Ebene zeitloser, ewig gültiger Sitten- und Glaubensgesetze durchzufechten. Wir müssen wissen, daß hier reale Wünsche im Geiste gegenseitigen Entgegenkommens ausdiskutiert werden sollen. Aber uns macht besorgt, daß man in letzter Zeit Formulierungen vernimmt, daß die christliche Sozialpolitik nur zur christlichen Kulturpolitik gehöre, also ihr nachsteht. Nein, das soziale Element ist nicht irgendeinem anderen Element des menschlichen Zusammenlebens untergeordnet.

(Sehr richtig!)

Das soziale Element ist das ethische und das humane Element. Auch im Naturrecht ist das Recht auf das nackte Dasein das erste aller Rechte und steht weit vor dem gestern sorgfältig verschwiegenen Elternrecht. Ich glaube, ich kann eine Persönlichkeit zitieren, deren sittliche und religiöse Bedeutung auch vom Streit verschiedener Anschauungen nicht ergriffen werden kann. Ich meine Mahatma Gandhi, der sagte: „Den Armen erscheint Gott in der Gestalt von Brot."

(Sehr gut! bei der SPD)

Wir akzeptieren keine Regelung, die die Konjunktur der Spaltung des deutschen Staatswesens ausnützt. Wir nehmen nur Regelungen an, die so getroffen sind, als ob sie für das ganze Deutschland getroffen sind,

(Bravorufe links)

und die die kulturellen und sozialen Wünsche und Überzeugungen des gesamten deutschen Volkes in allen vier Zonen ausdrücken.

(Lebhafter Beifall links)

Wir haben bei der Prüfung des Verhältnisses zu anderen Ländern auch einiges über die Grenzen gehört. Es ist an der Zeit, festzustellen, daß die Sozialdemokratische Partei 1945 längere Zeit die einzige gewesen ist, die sich in Deutschland und vor der Weltöffentlichkeit gegen die Oder-Neiße-Linie gewandt hat.

(Sehr richtig! bei der SPD – Widerspruch in der Mitte)

Aber, werte Versammlung, man kann nicht die Grenzprobleme einer Seite einseitig diskutieren. Sogar die scheinbar kleineren Dinge der Grenzkorrekturen im Westen haben ihren bedeutsamen Wert über das Materielle hinaus, auch noch psychologisch-politisch. Ich meine, daß in keinem einzigen Fall durch solche Korrekturen ein so großer Nutzen für einen anderen erzeugt werden kann, daß er den Schaden aufwiegen könnte, der dem deutschen Volke in seinem

Vertrauen gegenüber der internationalen Solidarität der Demokratie entsteht. Wir haben das Gefühl: es ist in der Beziehung der europäischen Völker untereinander zuviel von einem alten Anti-Europageist und zu wenig von dem Geist des wirklichen Neubaues „Europa", der allein uns die großen kontinentalökonomischen und politischen Probleme bewältigen lassen kann.

Im Vordergrund der Aussprache steht jetzt das Saargebiet. Trotz der Verfassung von 1947, über die zu diskutieren wohl deutsches Interesse ist, über die wir aber jetzt nicht diskutieren wollen, weil wir den Weg zur Verständigung nicht versperren möchten, ist in dieser Saarfrage doch klar: Der Wille des deutschen Volkes in seiner Gesamtheit geht auf den politischen Verbleib des Saargebiets in Deutschland. [...]

Die Schaffung eines selbständigen Saarstaates und seine Vertretung im Europarat scheint mir ein bedrohliches Hemmnis für die Entwicklung der europäischen Zusammenarbeit zu sein. Wenn wir nämlich ein selbständiges Saargebiet im Europarat tolerieren und – wie ich dies aus den Worten des Herrn Bundeskanzlers herauszuhören vermeine – erst in Straßburg den Ausgleich dieser Frage diskutieren, haben wir ja bereits eine vollendete Tatsache akzeptiert,

(Zustimmung bei der SPD)

die sehr schwer aus der Welt zu schaffen ist.

Grundsätzlich sollte die deutsche Außenpolitik in allen diesen Fragen von der These ausgehen, daß man wegen der Eiligkeit eines Termins niemals materielle Dinge preisgeben sollte. Diese Eiligkeit ist ja wahrscheinlich auch eine fiktive. Die Sozialdemokratie ist wegen ihrer Internationalität seit mehr als 80 Jahren angegriffen und meist sehr zu Unrecht angegriffen worden. Die Sozialdemokratie hat in einer Zeit, als keine andere Partei in Deutschland das tat, nämlich in ihrem Heidelberger Programm von 1925, die Vereinigten Staaten von Europa zu einem entscheidenden Bestandteil ihrer Außenpolitik gemacht.

(Sehr gut! bei der SPD)

Sie werden wohl von uns annehmen, daß wir Europa wollen. Sie werden auch gerade aus meinem ökonomischen Exposé dasselbe entnommen haben. Aber, werte Abgeordnete, eine deutsch-französische Verständigung, die so lebensnotwendig ist, kann doch nicht durch pathetische Schwüre geschaffen werden, sondern nur durch sachlichen demokratischen Austrag in der Diskussion der

Probleme. Blankowechsel sollten wir auch hier nicht geben. Das würde nur hegemoniale Tendenzen in Europa fördern und den guten Willen der breiten Massen des deutschen Volkes zu internationaler Kooperation schwächen. Europa heißt Gleichberechtigung, meine Damen und Herren!

(Lebhafter Beifall bei der SPD)

Man sollte nichts akzeptieren, was die Vorwegnahme von Bestimmungen des Friedensvertrags bedeutet. Wir schwächen damit nicht nur unverantwortlich unsere Position im Westen; wir schwächen auch unsere Position im Osten. Jemand, der hier auf dem Gebiet der Kompromisse in die Loslösung des Saargebietes aus dem politischen Gebiet Deutschlands hereinrutscht, verliert den festen Boden des politischen Kampfes gegen die Oder-Neiße-Linie.

(Zustimmung)

Dabei sollten wir auch die Diskussion über die Demontage wohl entschieden führen, sollten aber eine gewisse Bereinigung der Argumente auf allen Seiten vornehmen. Man sagt uns, die Welt sei nach den Erfahrungen vieler Jahrzehnte deutscher Geschichte um ihre Sicherheit besorgt. Das mag sein. Damit ist aber noch nicht der ganze Komplex illustriert. Wenn man um die Sicherheit besorgt ist, dann soll man auch offen sagen: um die Sicherheit vor wem! Wir wollen im deutschen Volk politisch und psychologisch Verständnis für die Sicherheitsbedürfnisse der nächsten Anrainer erwecken. Umgekehrt müßte man aber einsehen, daß gewisse Methoden der Auseinandersetzung mit uns auch nicht die richtigen sind. Wenn wir einen entscheidend wichtigen Teil unserer wirtschaftlichen Substanz mehr als vier Jahre nach Einstellung der Kriegshandlungen verteidigen, dann sind wir deswegen doch nicht Nationalisten.

(Sehr richtig! bei der SPD)

Man sollte es auch nicht auf die Ebene zu schieben versuchen, als ob die Deutschen bei dieser Verteidigung den Versuch einer Kraftprobe mit den Alliierten machen würden. Das ist eine Vergiftung der Situation. Man sollte realistisch betrachten, um welche Kapazitäten die Deutschen kämpfen. Es sind doch nicht die Kapazitäten Hitler-Deutschlands, um die gerungen wird. Genau die 14½ Millionen Produktionskapazität in der Stahlindustrie, um die wir uns heute wehren, hatte Westdeutschland – also die drei westlichen

Zonen – in der Periode des sozialdemokratischen Kabinetts Hermann Müller. Diese Diskussionsgrundlagen sollte man anerkennen. Man sollte auch akzeptieren, daß wir zu der damaligen Bevölkerung 7½ Millionen Flüchtlinge zusätzlich haben. Man sollte einsehen, daß die Größe des Wiederaufbaus, vor allem im Wohnungsbau, auch einen außerordentlich starken Stahlbedarf bedeutet. Schließlich sollte man uns im europäischen Rahmen die Möglichkeit des Exports von Stahl und Stahlwaren geben; denn wir müssen schon aus der Bedrängnis unserer Lebensmittellage heraus exportieren. Mit der Politik, wie sie hier Teile des Auslands uns gegenüber einschlagen, kombiniert mit der Frankfurter Wirtschaftspolitik, werden wir bei Ablauf des Jahres 1952 ohne amerikanische Hilfe nicht in der Lage sein, die deutsche Wirtschaft erfolgreich zu gestalten.

(Sehr gut! bei der SPD)

Wir haben schon 1945 offen über diese unsere Haltung gesprochen. Wir haben dieselbe Offenheit jetzt gezeigt, und die Welt konnte darum nicht überrascht werden. Wir hoffen auf die Erreichung eines möglichen Kompromisses in allen diesen Fragen, der allen Beteiligten Genüge tut. Wir müssen aber offen sagen: wir können und wir wollen aus ökonomischen und politischen Gründen nicht auf Unverzichtbares verzichten.

Nun, verehrte Abgeordnete: Das ist in kurzen Zügen gegenüber dem Programm der Regierung das Programm der Opposition. Nicht überall ist die glatte Antithetik gegeben; sehr oft haben wir Forderungen, die scheinbar im bisherigen Programm der Regierung noch keine Rolle spielen. Wir sind nicht die bloße Negationserscheinung dieser Regierung. Wir sind etwas Selbständiges. So wollen wir unsere Opposition führen, mit dem Ziel, für die Politik der sozialistischen Demokratie einmal in diesem Hause die parlamentarische Mehrheit zu finden.

(Lebhafter Beifall bei der SPD)

Soziale Marktwirtschaft:
LUDWIG ERHARD
1897–1977

aus Fürth (Bayern), im Ersten Weltkrieg schwerverwundet. Studierte Wirtschaftswissenschaft und Soziologie (Frankfurt und Nürnberg), promovierte bei Franz Oppenheimer. 1928 wissenschaftlicher Assistent, später Leiter des Instituts für Wirtschaftsbeobachtung (Nürnberg), 1942 Leiter des (privaten) Instituts für Industrieforschung. Stand mit dem Widerstand gegen Hitler zeitweilig in Verbindung, schrieb ein Gutachten für Goerdeler „Wie kann die Wirtschaft Deutschlands nach der Niederlage wieder aufgebaut werden?". 1945/46 bayerischer Staatsminister für Wirtschaft, 1947 Honorarprofessor (München), 1948 Direktor der Verwaltung für Wirtschaft des Vereinigten Wirtschaftsgebiets, 1949 bis 1977 MdB (CDU/CSU). 1949 bis 1963 Bundesminister für Wirtschaft, 1963 bis 1966 Bundeskanzler.

Wie sich Verdienst und Glück verketten,
Das fällt den Toren niemals ein;
Wenn sie den Stein der Weisen hätten –
Der Weise mangelte dem Stein.

Goethe

Ein Statistiker rechnete in der Nachkriegszeit aus, dass, wenn die Wirtschaft im damaligen Tempo weiterarbeite, jeder Deutsche alle fünf Jahre einen Teller, alle zwölf Jahre ein Paar Schuhe und alle fünfzig Jahre einen Anzug bekomme. So ist es nicht weiter erstaunlich, dass der wirtschaftliche Umbruch, der mit der von Erhard vorbereiteten Währungsreform des Jahres 1948 einsetzte, als „Wirtschaftswunder" bezeichnet wurde; aber Erhard selbst wollte von dieser Bezeichnung nichts wissen. Für ihn ging es im Wesentlichen darum, eine in der Theorie für richtig befundene Erkenntnis in die Praxis des Wirtschaftslebens umzusetzen. Dazu gehörte freilich in dem chaotischen Zeitalter des grauen und schwarzen Marktes und der Zigarettenwährung viel Mut und ein unerschütterlicher Optimismus. Man kann, wie bei nur wenigen Politikern, genau den Zeitpunkt bestimmen, an dem der Staatsmann Ludwig Erhard ins Leben trat und der wirtschaftliche Durchbruch Gestalt annahm. Als er am Tag der Währungsreform den Paragraphenwald niederriss, in dem Zwangswirtschaft und Preisbindung wuchsen und gediehen, wurde er sofort zur Wirtschaftsverwaltung der Alliierten nach Frankfurt zitiert. In seinen eigenen Worten: „Ich habe dann gesagt, ich möchte mal wissen, gegen welche Gesetze ich eigentlich verstoßen habe? Lesen Sie es mir doch einmal vor! Und dann haben die es mir vorgelesen – und es war Wort für Wort richtig –, daß ich ohne Zustimmung der Alliierten in der Bewirtschaftung wie in der Preisbindung und so weiter keine Änderungen vornehmen darf ohne ausdrückliche Genehmigung. Und dann hat mich doch etwas der Hafer gestochen, dann habe ich gesagt: Ich habe es ja nicht geändert, ich habe es ja aufgehoben!"
Was dann kam, ist eines der erstaunlichsten Kapitel der Wirtschaftsgeschichte. Es bleibt für immer mit dem Namen Ludwig Erhard verbunden. Natürlich, Verdienst und Glück verketten sich auch hier: die Amerikaner, die in der Militärregierung den Vorsitz hatten, verzichteten auf ein Veto gegen Erhards kühne Aktion, und die Engländer und Franzosen schlossen sich murrend an. Und die amerikanische Wirtschaftshilfe tat das Ihre zur Konsolidierung der Verhältnisse. Aber Erhards Vertrauen in den freien Wettbewerb und die freie Preisbildung wurde glänzend gerechtfertigt, binnen

kurzem kehrte Deutschland auf die Weltmärkte zurück, und in fünf Bundestagswahlen wurde das Programm des über die Maßen erfolgreichen Wirtschaftsministers „Wohlstand für alle" in oft eindrucksvollen Mehrheiten bestätigt. Seine Popularität erreichte Ausmaße, die sich nur mit Adenauers Volkstümlichkeit vergleichen lassen. Unglückspropheten, die noch in den ersten Jahren der Marktwirtschaft planwirtschaftliche Vorstellungen verteidigten, verschwanden bald sang- und klanglos von der Bildfläche. 1956 erklärte einer der prominenten Vertreter der damaligen SPD-Opposition, dass „der freie Wettbewerb eines der entscheidenden Mittel der sozialdemokratischen Wirtschaftspolitik" sei ...

Erhard selbst war übrigens der überzeugendste Propagandist seiner Lehren und wusste der Öffentlichkeit seine Vorstellungen in griffigen Bildern zu vermitteln: „Ebenso wie der Schiedsrichter nicht mitspielen darf, hat auch der Staat (in der Wirtschaft) nicht mitzuspielen. Er hat aber die Einhaltung der Spielregeln zu überwachen." „Zweck der Wirtschaft" sei aber „nicht zugleich ihr Sinn: Die politischen Werte müssen hinüberreichen in die seelischen und geistigen Bereiche des menschlichen Seins." – Und wenn er auch „den Markt für den einzig gerechten demokratischen Richter, den es in der modernen Wirtschaft gibt", hielt, wurde er nie müde, die besondere menschliche und soziale Komponente bei der ständigen Verbesserung der Lebenshaltung der breiten Massen zu unterstreichen. Gleichzeitig vollzogen in der Arbeiterbewegung Gewerkschaftler wie Hans Böckler eine Abkehr von traditionellen klassenkämpferischen Vorstellungen. Diese Neuorientierung fand in der Mitbestimmung in der Montanindustrie (1951) und im Betriebsverfassungsgesetz (1952) erste, in die Zukunft weisende Ausprägungen.

In den späteren Jahren überkam Erhard zuweilen eine seltsame Passivität, manche wollen sogar Züge von Resignation festgestellt haben. Über den drei kurzen Jahren, in denen er als Bundeskanzler die Richtlinien der Politik bestimmte, leuchtete kein glücklicher Stern, abgesehen davon, dass Adenauer alles nur Mögliche und Denkbare unternommen hatte, um ihn von diesem Amt fernzuhalten. Adenauers Befürchtungen, die der Aversion gegen einen Bundeskanzler Erhard zugrunde lagen, waren leider nicht unbegründet.

Am 14. Dezember 1976, wenige Monate vor seinem Tod, erinnerte der alt gewordene Kämpe ein letztes Mal an die damals 30 Jahre zurückliegende Katastrophe und die Wiedergeburt; aber auch jetzt noch flackerten Spuren des früheren Feuers auf. Bei Beginn der 8. Wahlperiode des Bundestages rief Erhard als Alterspräsident dazu auf, dass sich „die älteren Abgeordneten so wenig vollbrachter Taten rühmen sollten, wie es jüngeren Kollegen schlecht anstünde, sich so zu gebärden, als ob künftig sie allein, unbeschwert von deutscher Vergangenheit, eine neue deutsche Welt zu errichten berufen wären": „Bedenken Sie, dass sich vor jetzt nahezu 30 Jahren alle Fraktionen des Deutschen Bundestages selbst im Widerstreit der Parteien vor die gemeinsame Aufgabe gestellt sahen, aus der geschichtlichen Tragödie unseres Volkes die Lehre zu ziehen, dass es einer neuen und geläuterten Wirtschafts- und Sozialordnung bedarf, um nicht nur in materieller, sondern auch in geistig-sittlicher Beziehung unsere gültige Demokratie in uns selbst lebendig sein zu lassen und dazu auch noch nach außen vor der Welt glaubhaft zu machen."

Die folgende Rede aus der Anfangszeit des Bundestages gibt einen guten Begriff von der Kampffreudigkeit und Schlagfertigkeit des der Höhe seines Erfolgs zustrebenden Politikers. Der bevorstehende unvergleichliche wirtschaftliche Aufstieg kündigt sich in den von Erhard genannten Ziffern deutlich an. Unzimperlich, streitbar und sich im Besitz der besseren Argumente wissend ging er auf seine politischen Gegner los; das Bild von der „Wahlkampflokomotive", die schnaufend und dampfend und mit Getöse durch die politische Landschaft braust, ist nicht zufällig entstanden.

Wohlstand für alle

Rede Erhards am 9. 2. 1950 im Bundestag, Bonn, aus: DBT/ 1. WP / 36. / 9. 2. 1950 / 1154 C–1158 D

Herr Präsident! Meine Damen und Herren! Ich möchte den Ernst der Angelegenheit nicht dadurch stören, daß ich mich in gleicher Weise wie der Herr Antragsteller auf polemische Erörterungen einlasse,

(Widerspruch bei der SPD)

schon deshalb nicht, weil mir die Reden des *Herrn Kollegen Nölting* nicht so interessant sind, daß ich sie alle lese und mir genaue Notizen mache.

(Lachen bei den Regierungsparteien. – Zurufe von der SPD)

Im übrigen bedürfen aber seine Äußerungen in wesentlichen Teilen einer ganz entschiedenen Korrektur. Er malt mit der Bezeichnung des jetzigen Zustandes als *Deflationskrise* ein Gespenst an die Wand, was mir höchst verhängnisvoll erscheint, zumal es weder objektiv noch sachlich gerechtfertigt ist, hinsichtlich unserer deutschen Verhältnisse von Deflationskrise zu sprechen.

(Sehr richtig! bei den Regierungsparteien)

Meine Damen und Herren, Deflationskrise ist ein Zustand, der sich dadurch auszeichnet, daß es in der Wirtschaft an *Investitionsbereitschaft*, an Investitionslust fehlt, ein Zustand, der zu einer fortdauernden Geldstillegung und Desinvestierung führt. Ich stelle fest: gerade das Gegenteil ist das Kennzeichen unserer heutigen Wirtschaft. Es besteht ein ausgesprochener Hunger nach Investitionskapital. Die Investitionsbereitschaft ist im stärksten Maße entwickkelt. Von einer Geldstillegung kann nicht entfernt die Rede sein; im Gegenteil: wir wollten wünschen, daß im Sinne einer Spartätigkeit in stärkerem Maße eine Geldstillegung erfolgt. Es ist also völlig abwegig und höchst gefährlich, den jetzigen Zustand als Deflationskrise zu bezeichnen.

Meine Damen und Herren! Daß Herr Kollege Nölting den Begriff *soziale Marktwirtschaft* nicht besonders gerne hört und auch nicht viel Gutes daran lassen möchte, ist mir wohlverständlich; denn unter dem Zeichen: Für oder gegen „soziale Marktwirtschaft" sind wir uns ja wochenlang im Lande begegnet, und das Votum des deutschen Volkes ist dahin gegangen, daß die soziale Marktwirtschaft eben doch ein besseres, ein wertvolleres System verkörpert als die sozialistische *Planwirtschaft*.

(Lebhafter Beifall bei den Regierungsparteien – Widerspruch bei der SPD)

Heute hören wir zwar eine neue Auslegung von Planwirtschaft. Dazu kann ich nur sagen: Vor Tische las man's anders! Und wenn ich mich an die Zeiten im Wirtschaftsrat erinnere – wenn Sie nicht dabei waren, dann bitte ich, die Stenogramme dieses Wirtschaftsrates nachzulesen –, so konnte Planwirtschaft von Ihrer Seite dort wirklich nicht anders ausgelegt werden als Festhalten an der bürokratischen Bewirtschaftung, Festhalten am staatlichen Preisstop.

(Zustimmung bei den Regierungsparteien. – Abg. Schoettle: Sie wissen ganz genau, daß das nicht so ist! Sie waren ja nicht allein dabei, Herr Minister! Es waren andere auch dabei!)

– Ich darf darum bitten, daß Sie durch Nachlesen der Berichte Ihr Gedächtnis etwas auffrischen.

(Abg. Schoettle: Sie lesen Ihre eigenen Protokolle nach, aber nicht die anderen!)

Meine Damen und Herren, soziale Marktwirtschaft heißt, daß die Wirtschaftspolitik dafür Sorge trägt und alle Anstrengungen unternimmt, um durch eine Verbesserung der Leistungen, durch eine *Senkung der Preise* und durch *Erhöhung des Nominallohns und Reallohns* die Lebenshaltung unseres Volkes und der breiten Masse unseres Volkes fortlaufend zu verbessern. Daß dieser Zustand nicht befohlen werden kann, das hat uns die Planwirtschaft gezeigt.

(Sehr gut! in der Mitte)

Daß dieser Zustand einen unendlichen dynamischen Prozeß darstellt, bedarf auch keiner Begründung. Ich habe wiederholt ausgeführt, daß wir uns auch in der Regierung dessen bewußt sind, daß der derzeitige Zustand trotz allem, was an Erfolgen schon erreicht wurde, durchaus noch nicht voll befriedigend sei oder gar etwas Absolutes darstelle, daß wir vielmehr ständig danach streben müssen, in Fortführung einer systematischen Wirtschaftspolitik diese sozialpolitisch so wichtige Relation von Lohn und Preis laufend zu verbessern.

Ich darf einige Zahlen anführen. Auf der Basis von 1938 ist der Bruttowochenverdienst des deutschen Arbeiters seit der Währungsreform von 100 auf 137 gestiegen, und bei einer starken Verbesserung der Qualität ist der Lebenshaltungsindex vom Beginn des vorigen Jahres bis zum September von 168 auf 155 gefallen; und dabei sind die relativ starken Preissenkungen, die sich seit Anfang dieses Jahres abzeichnen, noch gar nicht berücksichtigt.

Um den derzeitigen wirtschaftlichen Zustand richtig zu analysieren, müssen wir auf die aktuellen Probleme, die uns wirtschaftspolitisch beschäftigen, eingehen. Wenn aber Herr Kollege Nölting von einem Dornröschenschlaf spricht und glaubt, daß mit dem Begriff der sozialen Marktwirtschaft keinerlei Intervention verbunden sein kann, so ist das natürlich nicht richtig. Ich weiß nicht, wie oft ich auch in diesem Hause schon erklärt habe, daß Ablehnung der *Planwirtschaft* durchaus nicht bedeutet, daß die verantwortliche Behörde nicht planend und lenkend in den Prozeß eingreifen dürfe. Es handelt sich nur um die Auswahl der Mittel und die Anwendung der Mittel, und so gesehen hat es, glaube ich, gerade seit der Bildung der Bundesregierung an Interventionen und an Notwendigkeiten zu Interventionen nicht gefehlt.

Ich darf zum Beispiel nur daran erinnern, daß eine der ersten und schwierigsten Maßnahmen, vor der wir standen, die in Verfolg der englischen Pfundabwertung notwendig gewordene *Herabsetzung des D-Mark-Umrechnungskurses* gewesen ist. Ich weiß nicht, wer seinerzeit die Hoffnung gehegt hat und inwieweit sie gehegt worden ist, daß diese mehr als zwanzigprozentige Abwertung spurlos an dem deutschen Preisgebäude und an dem Lohn- und Preisgefüge vorübergehen wird. Jedenfalls ist es uns in der gewerblichen Wirtschaft, in der keinerlei Subventionen gegeben worden sind und in der durch die Verteuerung der Rohstoffeinfuhren zweifellos die Tendenz zu einer Preissteigerung vorgelegen hat – wie Sie wissen –, doch gelungen, das *deutsche Preisniveau* nicht nur zu halten, sondern im Gegenteil die absinkende Tendenz weiter fortzuführen. Glauben Sie doch ja nicht, daß das dadurch zuwege gebracht werden konnte, daß wir die Hände in die Hosentasche gesteckt haben. Es hat eines zielbewußten Eingreifens und planenden Vorsorgens bedurft, um diesen Erfolg zu erzielen.

(Sehr richtig! bei den Regierungsparteien)

In die gleiche Zeit fallen auch die Anfänge der *Liberalisierung*, und darüber möchte ich im besonderen einiges sagen. Die *Handelsverträge*, die auf liberalisierter Grundlage zustande kamen und die insbesondere im Sektor der Landwirtschaft als störend empfunden wurden, sind noch von der JEIA abgeschlossen worden und unterliegen so hinsichtlich ihrer Ausstattung und Wirkung, formal gesehen, nicht deutscher Verantwortung. Wenn ich das sage, so möchte ich aber doch gleich dazusetzen, daß ich ein Anhänger dieser Liberalisierungspolitik gewesen bin und den Grundsatz und das System für richtig halte. Es ist der einzige Weg, um Deutschland wieder fruchtbar und organisch in die europäische Wirtschaft einzugliedern oder überhaupt erst den Aufbau einer europäischen Wirtschaft zu vollziehen.

(Sehr richtig! bei den Regierungsparteien)

Es ist also nicht etwa ein Abrücken von der Verantwortung, wenn ich diesen Tatbestand festgestellt habe. Trotzdem scheint es mir notwendig zu sein, das herauszuheben, weil durch die Abwicklung dieser Handelsverträge hier allzuoft der Eindruck entstanden ist, als ob ich damit etwa bewußt eine agrarfeindliche Wirtschaftspolitik verfolgt habe. Ich möchte ausdrücklich bekennen – was ich übrigens schon wiederholt getan habe –, daß mir jede solche Absicht völlig fernliegt, daß ich die volkswirtschaftliche und soziologische Bedeutung der *deutschen Landwirtschaft* voll anerkenne und der Meinung bin, daß die deutsche Landwirtschaft, dem deutschen Markt verbunden, dem deutschen Verbraucher verpflichtet, unter allen Umständen die Möglichkeiten zu ihrer Existenz und zu ihrer Fortentwicklung erhalten muß.

(Lebhafter Beifall bei den Regierungsparteien)

Aber die Liberalisierung selbst soll ja, wie ich schon sagte, vor allen Dingen der *deutschen Exportindustrie* – und bei der Struktur unseres Landes ist die Industrie für die Wohlfahrt des Volkes von entscheidender Bedeutung – die Grundlagen für eine ständige Ausweitung des deutschen Exports verschaffen; denn das ist wieder die Voraussetzung dafür, daß wir bis zum Ende des Marshallplans unser deutsches Schicksal aus eigener Kraft gestalten können.

Es konnte selbstverständlich auch nicht ausbleiben, daß mit der *Liberalisierung des Außenhandels* einige Industriezweige etwas in Bedrängnis gekommen sind, daß die Befürchtung vor dem Einströmen fremder Waren die Unternehmerlust etwas, manchmal vielleicht auch allzusehr gedämpft hat. Es sind Befürchtungen hinsichtlich der *Preisentwicklung* laut geworden, und dadurch ist die Dispositionsfreudigkeit, vor allem im Hinblick auf das Volumen eingeschränkt worden. Es hat sich also im ganzen allenthalben eine gewisse Stimmung der Skepsis breitgemacht, die sich auch konjunkturell auswirkte, insbesondere hinsichtlich der Entwicklung des Auftragseingangs, in der Kurzfristigkeit der Dispositionen und in der Quantität der Aufträge. Aber, meine Damen und Herren, ich möchte hier gleich folgendes dazu sagen. Diese Liberalisierung, die wir unter Kontrolle halten können und auch halten wollen, hat sozialpolitisch etwas sehr Wertvolles erreicht. Sie hat nämlich überall dort, wo der Hang zu überhöhten Preisen bzw. zur Realisierung überhöhter Preise vielleicht etwas zu stark entwickelt ist, korrigierend und bremsend gewirkt. Und die Entfachung des Wettbewerbs, die wir im Innern erreicht haben, nunmehr auch von außen in unsere Wirtschaft hineinzutragen, war allerdings ein Kernstück unserer Wirtschaftspolitik und wird es auch in Zukunft bleiben. Nur dann, wenn wir aus der deutschen Wirtschaft und aus den deutschen arbeitenden Menschen durch alle Schichten hindurch die höchste Leistung, die überhaupt denkbar ist, herausholen, haben wir Aussicht, die deutsche Not zu bannen und unser Schicksal glücklich zu gestalten.

(Sehr richtig! bei den Regierungsparteien)

Ich bekenne mich also noch einmal ausdrücklich zur Liberalisierung, obwohl ich mir durchaus darüber im klaren bin, wo die Grenzen liegen und wo insbesondere die Gegenseitigkeit gefordert werden muß.

(Abg. Euler: Sehr richtig!)

Wenn wir in der Liberalisierung in Europa anscheinend bahnbrechend gewesen sind, so geschah das in der festen Überzeugung und auf Grund der Zusage, daß dieses Prinzip für alle europäischen Länder verpflichtend sein wird, die sich in Verwirklichung der Gedanken des Marshallplans zu einer immer besseren und höheren Einheit und gegenseitigen Entsprechung hin entwickeln sollen.

(Lebhafte Zustimmung bei den Regierungsparteien – Zuruf links: Jetzt kommen die Arbeitslosen!)

– Dazu hat Herr Kollege Storch schon das Notwendige gesagt; aber ich kann Ihnen auch noch etwas dazu sagen, wenn Sie es hören wollen, und zwar für den Sektor, für den ich die unmittelbare Verantwortung trage.

(Zuruf von der KPD: Weniger sagen und mehr handeln!)

Die *Zahl* der *Beschäftigten in Industrie und Handel* ist seit der Währungsreform um 900 000 angestiegen und hat selbst im letzten Quartal 1949 noch einmal eine Zunahme um 100 000 erfahren. Daraus kann man also ganz bestimmt nicht ableiten, daß die Marktwirtschaft, wie das heute schon wiederholt zum Ausdruck gekommen ist, für die soziale Erscheinung der *Arbeitslosigkeit* und die damit verbundene Not verantwortlich sei.

Wenn dann in bezug auf den Kapitalsektor gesagt worden ist, daß der Kapitalstrom nicht mit der nötigen Vorsicht, nicht mit einer hinreichenden Planung gelenkt wurde, so mag das, äußerlich gesehen, zunächst einmal zutreffen, denn in einer Marktwirtschaft läßt sich das Kapital nicht in vollem Umfange an die Leine der staatlichen Bewirtschaftung legen. Es ist auch sehr die Frage, ob diese Art der *Kapitalverteilung* zweckmäßiger und richtiger ist, obgleich ich bereit bin zuzugeben, daß die Kapitalbildung in der deutschen Volkswirtschaft während der letzten eineinhalb Jahre – hervorgerufen noch durch die Störungen des Übergangs von der

Planwirtschaft zur Marktwirtschaft und die noch nicht volle Entfaltung des Wettbewerbs – und deren Anwendung für Investitionen vielleicht vordringlicher anderen Zwecken hätte nutzbar gemacht werden sollen.

Der Herr Finanzminister hat hier schon wiederholt zum Ausdruck gebracht, daß gerade die bewußte und gewollte *Steuerreform* und weitere Maßnahmen auf diesem Gebiet dazu dienen sollen, zu einer besser organisierten Kapitalbildung zu kommen. Und wenn wir dazu kommen, im Zuge der sozialen Marktwirtschaft gleichzeitig auch zu einer immer gleichmäßigeren und gerechteren Verteilung des Volkseinkommens und des Sozialproduktes zu gelangen, so steht hinter dieser Politik auch die Absicht, die deutsche Kapitalbildung wieder breiter zu streuen und dafür zu sorgen, daß ein großer Teil des für die Fortentwicklung der deutschen Volkswirtschaft notwendigen Kapitals wieder wie einst in glücklicheren Zeiten von Millionen von Klein- und Kleinstsparern aufgebracht werden soll. Ich halte es aber nicht für richtig, nunmehr durch wieder planende behördliche Eingriffe das ganze sich bildende Kapital in die Verfügungsgewalt des Staates zu bringen. Ich bin der Meinung – und das wird sich in der Zukunft immer deutlicher erweisen –, daß das Kapital dann die vorsichtigste und auch volkswirtschaftlich nützlichste und produktivste Anwendung findet, wenn das persönliche Risiko, der Einsatz der Persönlichkeit des Kapitalträgers dahintersteht und dafür zu bürgen hat, daß er mit diesem Kapital eine Leistung vollbringt, die vor den Augen des Verbrauchers und der Gesamtheit Gnade findet!

(Sehr gut! in der Mitte und rechts)

Herr Kollege Nölting hat mich im speziellen nach der *Vollbeschäftigung* gefragt. Hier werden die Dinge tatsächlich interessant; denn hier scheiden sich die Geister. Er hat mich auch zitiert, aber nur halb. Ich habe nämlich ausdrücklich gesagt: „Vollbeschäftigung bleibt ein für jede Gemeinschaft immer erstrebenswertes Ziel."

(Hört! Hört! in der Mitte)

Aber Vollbeschäftigung als wirtschaftliches Ziel, Vollbeschäftigung als Streben jeder Wirtschaftspolitik darf nicht gleichgesetzt werden mit Vollbeschäftigung als einem sozialistischen Dogma oder einem wirtschaftlichen Prinzip an sich.

(Zuruf links: England!)

Wir haben es nicht nur im eigenen Lande erlebt, sondern besitzen auch internationale Beispiele dafür, wohin die sozialistische Vollbeschäftigung führt. Vom Kollegen Nölting sind die termini technici Kreditschöpfung und Arbeitsbeschaffungs-Programm gefallen. Vor diesen Begriffen allerdings erfaßt mich ein Schauder!

(Hört! Hört! bei der SPD)

Denn was ist damit gemacht worden, und wohin hat uns dieses Prinzip geführt? In die völlige Unfreiheit! In die Überzüchtung der Bürokratie mit allen Folgen, die der Herr Bundeskanzler schon anschaulich gekennzeichnet hat. Diese Art von Kreditschöpfung und darauf gestützte Arbeitsbeschaffungsprogramme, die unter dem sozialistischen Dogma der Vollbeschäftigung nach Art Keynes'scher Theorien propagiert werden, sind allerdings Methoden, die wir auf keinen Fall anwenden wollen, und zwar aus sozialer Verpflichtung heraus.

(Beifall rechts und in der Mitte)

Der Herr Bundeskanzler hat deutlich genug gesagt – und ich möchte das von meiner Seite und aus meiner Verantwortung heraus feierlich betonen –: Wir werden alles tun, um dem Problem der *Arbeitslosigkeit* in dem schon gekennzeichneten Maße systematisch und ernsthaft zu Leibe zu gehen. Wir können aber das deutsche Volk auch beruhigen und die Versicherung abgeben, daß wir keine Maßnahmen zur Anwendung bringen werden, die unserem Volk noch einmal, zunächst auf unsichtbare und dann auf sichtbare Weise das Geld aus der Tasche ziehen.

(Beifall bei den Regierungsparteien – Zurufe links)

Das sind nicht etwa Gespenster, die ich an die Wand male, sondern in der Geschichte hat es sich immer wieder gezeigt, wohin die offene oder preisgestoppte *Inflation* führt.

(Zurufe aus der Mitte: Sehr richtig!)

Sie führt nämlich dahin, daß zwangsläufig zu den Mitteln der staatlichen Bewirtschaftung und in letzter Konsequenz dann zum Bezugschein und all den Dingen zurückgegriffen werden muß, die wir glücklicherweise überwunden haben.

(Lachen bei der SPD)

– Meine Damen und Herren, mit Ihrem Lachen beweisen Sie, daß Sie die Zusammenhänge trotz des Anschauungsunterrichts noch immer nicht begriffen haben.

(Beifall rechts – Lachen bei der SPD)

Aber die Richtigkeit dieser Gedankengänge können Sie nicht widerlegen. Das Beste, was wir erreicht haben, oder mit das Beste, was wir in Deutschland erreicht haben, ist, daß wir durch eine ehrliche und saubere *Geld- und Kreditpolitik* in Verbindung mit einer *marktwirtschaftlichen Politik* wieder das *Vertrauen in unsere Wirtschaft und in unsere Währung* erweckt haben. Das ist auch die Voraussetzung für jede Kapitalbildung, sowohl für die Belebung des inneren Kapitalmarktes, wie auch die Voraussetzung dafür, jemals wieder an einem auswärtigen Kapitalmarkt teilhaben zu können. Wenn wir auf einem Felde überhaupt eine Chance haben, dann dürfen wir ganz bestimmt keine Experimente machen, die auf preispolitischem und währungspolitischem Gebiet auch nur den geringsten Anlaß zu Zweifeln geben können. Ich wiederhole noch einmal: Gegen eine solche Gefahr ist das deutsche Volk gefeit, solange die Bundesregierung das Schicksal dieses Volkes in Händen hält.

(Bravorufe bei den Regierungsparteien)

Hier war dann von der *Beschaffung neuer Arbeitsplätze* die Rede. Sicherlich: neue Arbeitsplätze müssen geschaffen werden. In der bisherigen Entwicklung kam es aber darauf an, die Engpässe in der Produktion zu beseitigen und überall dort, wo unser *Produktionsapparat* technisch verschlissen und brüchig war, wieder zu höherer Leistung und Ergiebigkeit zu gelangen. Diesen Zusammenhang hat Herr Kollege Nölting dargelegt, richtig dargelegt, wenn er sagte, daß jede Erhöhung der Produktivität sowie der Leistungsergiebigkeit der menschlichen Arbeit tendenziell zu einer Freisetzung menschlicher Arbeitskraft führt. Trotzdem ist das die richtige Wirtschaftspolitik, denn auf die Dauer wird nur die Wirtschaft den notwendigen Sog auf den Arbeitsmarkt ausüben können, die rationell arbeitet und die durch diese rationelle Arbeit sowohl im Ausland wettbewerbsfähig ist wie auch kapital- und kreditwürdig erscheint. Wir dürfen also diesen Prozeß unter keinen Umständen unterbinden, denn gerade dahinter steht der soziale Gedanke der Erhöhung des Lebensstandards. Wenn wir praktisch eine Verdoppelung unseres Wirtschaftsvolumens bei etwa gleichbleibenden Beschäftigungszahlen erreicht haben, dann ist das einmal ein Beweis dafür, daß die Planwirtschaft die menschliche Energie nicht entfalten kann, daß aber die Marktwirtschaft dies vollbracht hat.

(Sehr gut! rechts)

[...]

Mit der *Bank deutscher Länder* befindet sich nicht nur die Regierung, sondern befinde ich mich darüber hinaus noch persönlich in ständiger engster Verbindung. Gerade diese enge Verbindung, die dauernde gegenseitige Abstimmung von Geld- und Kreditpolitik, von Wirtschafts- und Sozialpolitik und aller – wenn Sie so wollen – planenden und lenkenden Maßnahmen, deren wir uns im Zuge unserer Wirtschaftspolitik bedienen, sichern den Erfolg.

Meine Damen und Herren! Ich glaube damit neben dem Zahlenbild, das schon gegeben worden ist, auch in der wirtschaftspolitischen Konzeption die wünschenswerte Klarheit gebracht zu haben. Ich darf – weil mir das das Wichtigste zu sein scheint – noch einmal sagen: Alle Maßnahmen, die wir ergreifen, stehen außerhalb jeder Gefahrenzone für unsere Wirtschaft, außerhalb der Gefahrenzone, die sich in der Störung der heimischen Kapitalbildung und in der Zerstörung des ausländischen Kapitalmarktes für uns abzeichnet. Wir werden diese Mittel so zum Einsatz bringen, daß nicht aus zusätzlicher Kreditschöpfung, wie hier empfohlen worden ist, Mittel auf den Markt der Konsumgüter strömen, die dort ohne Deckung das Preisniveau nach oben treiben müßten. Auch in der *Importpolitik*, das heißt in der Umschaltung von Importen ist dafür Sorge getragen worden, daß die wirtschafts- und arbeitsmarktpolitischen Maßnahmen, die wir ergreifen können, durch eine Belebung der *Konsumgüterindustrie* und durch eine Speisung des Konsumgütermarktes außerhalb jeder Gefahr bleiben.

Wir handeln in der Gewißheit und mit der Versicherung, daß uns, wenn wir diesen Weg beschreiten, kein Dogma bindet, sondern daß wir uns viel freier als andere, lediglich an die Grundsätze der menschlichen und wirtschaftlichen Vernunft halten. Wir werden so wirtschaften, so arbeiten, daß dem Ziel der sozialen Marktwirtschaft, nämlich der sozialen Wohlfahrt, gedient ist.

(Lebhafter Beifall bei den Regierungsparteien)

Früh vollendet:
HERMANN EHLERS
1904–1954

aus Berlin-Schöneberg, 1927 erste, 1932 zweite juristische Staatsprüfung; Dr. jur. (Dissertation „Wesen und Wirkungen eines Reichslandes Preußen", (1927). Richter in Berlin, 1934 zusätzlich Rechtsberater des Rates der Evangelischen Kirche der Altpreußischen Union (Bekennende Kirche); nach wiederholter Verhaftung durch die Gestapo 1939 Entlassung aus dem Justizdienst, 1940 bis 1945 Kriegsdienst. 1945 Juristischer Oberkirchenrat in Oldenburg, Tätigkeiten im Hilfswerk der Evangelischen Kirche und in Flüchtlingsorganisationen; 1949 bis 1954 MdB (CDU/CSU), 1950 bis 1954 Präsident des Deutschen Bundestages.

Er losch auf einmal aus so wie ein Licht.
Wir trugen alle wie von einem Blitz
Den Widerschein als Blässe im Gesicht.

Hofmannsthal

Nur vier kurze Jahre der Präsidentschaft waren Hermann Ehlers beschieden, in denen er seine „stilprägende Kraft" (Carlo Schmid) entfalten konnte. Vieles hat die Jahrzehnte überdauert, was der nüchterne Tatsachensinn und die schöpferische Phantasie des zweiten Bundestagspräsidenten ins Leben rief. Ehlers' früher Tod riss in der deutschen Politik eine Lücke, die sich besonders schmerzlich bemerkbar machte, als es um die Nachfolge Konrad Adenauers ging.

Man muß sich die frühen Jahre des Bundestages, seine Einübung in den Parlamentarismus unter ungünstigen inneren und äußeren Voraussetzungen – die Nachkriegsnot war noch keineswegs überwunden, unüberbrückbare Gegensätze in vielen Fragen bestanden zwischen den großen Gruppierungen des Parlaments, die Arbeitsbedingungen der Abgeordneten waren unzulänglich – vor Augen halten, um abzuschätzen, was Ehlers in der kurzen Spanne, die ihm vergönnt war, geleistet hat: Ein zwar sympathischer, aber kranker Vorgänger, der gerade ein Jahr lang amtierte, hatte die die Geschäfte des Bundestages lenkenden Zügel oft bedenklich schleifen lassen. Dies hatte in einer Versammlung von so ausgeprägten wie temperamentvollen Individualisten mit weit auseinanderstrebenden politischen Zielsetzungen unerwünschte Folgen. Das äußere Bild der Verhandlungen war nicht gerade chaotisch, aber oft nicht weit davon entfernt – „reichlich unreguliert", wie es Kurt Schumacher ausdrückte. So sorgte Ehlers zunächst einmal dafür, dass sich dieses Bild wandelte. Ein besonders unwürdiges Schauspiel bot sich in den ersten Bundestagsjahren bei Beginn der Plenarsitzungen. Die Abgeordneten standen in zwanglos plaudernden Gruppen zusammen und herum und boten so ein Bild, das viel Ähnlichkeit mit dem geschäftigen Betrieb in einem Bahnhofswartesaal hatte. Der eintretende Präsident musste sich im Mittelgang des Plenums um diese Gruppen herumschlängeln, um zu seinem Hochsitz unter den gewaltigen Krallen des Bundesadlers zu gelangen. Dort versuchte er dann mit heftigem Glockenschwingen, die nur widerstrebend sich auflösenden Gesprächsgruppen zu veranlassen, ihre Plätze einzunehmen. Die von Ehlers eingeführte schlichte Zeremonie wird heute noch praktiziert; nach einem Gongschlag tritt der Präsident ein, alle Anwesenden erheben sich und nehmen Platz, nachdem der Präsident die Sitzung eröffnet hat. Auch den Ablauf der Sitzungen hat Ehlers, von trefflichen Vizepräsidenten wie Carlo Schmid und Richard Jaeger unterstützt, nachhaltig im Sinne einer straffen und zügigen Gestaltung der Verhandlungen beeinflusst, er hat sie in jene Form gebracht, die sie im Grunde noch heute haben. Sein besonderes Augenmerk richtete er auf die Heranführung der Jugend an den demokratischen Staat. Mit Vorliebe sprach er, wenn er es irgend ermöglichen konnte, vor Jugendgruppen, um ihr Verständnis für die Prozeduren des modernen Parlamentarismus zu fördern und sie im Sinne einer Mitarbeit zu motivieren. Zum Entstehen der deutschen Parteienlandschaft nach dem Kriege leistete er einen auch heute noch wirksamen Beitrag. Zusammen mit Gesinnungsfreunden wie Adolf Cillien, Kai-Uwe von Hassel, Robert Tillmanns, Gerhard Schröder und Friedrich Schramm setzte er sich energisch – im Blick auf gewisse Weimarer Erfahrungen – für die Unionsidee ein, das heißt die Zusammenarbeit von Christen verschiedener Konfessionen in einem parteipolitischen Verbund. Dies war nichts Selbstverständliches, wie etwa die immer wieder erneuten Versuche einer Neubelebung des Zentrums – als einer ausschließlich katholischen Partei – belegen. Für die Koordinierung der Zusammenarbeit der evangelischen Christen in der Union schuf er eine besondere Vereinigung, den heute noch bestehenden Evangelischen Arbeitskreis in der CDU.

Als Bundestagspräsident war Ehlers auch gleichzeitig Präsident der „Interparlamentarischen Gruppe der Bundesrepublik Deutschland"; unter dieser umständlichen Bezeichnung verbirgt sich nichts anderes als der Bundestag in toto, der im Jahre 1951 der Interparlamentarischen Union (IPU) beigetreten war. Diese Organisation besteht seit 1889; ihr gehörten schon der Reichstag der Kaiserzeit und der Weimarer Reichstag an. Heute umfasst die IPU so gut wie alle Parlamente der Welt, auch solche aus Einparteienstaaten. Sie ist ein Kind der Friedensbewegung des 19. Jahrhunderts – wie das Rote Kreuz – und hat sich zum Ziel gesetzt, zur Schlichtung von internationalen Konflikten im Wege der Schiedsgerichtsbarkeit beizutragen. Im Zuge dieser Bestrebungen entstanden der Internationale Gerichtshof in Den Haag und später der Völkerbund. Die IPU hat zwar keine Möglichkeit der unmittelbaren Einwirkung auf den Gang der politischen Ereignisse, genießt aber infolge der von ihr erarbeiteten, meist ausgewogenen Empfehlungen hohes internationales Prestige.

So übernahm Ehlers bei der ersten Jahrestagung der IPU, zu der der Bundestag eine Delegation entsenden konnte, selbst deren Leitung. Erhebliches Standvermögen waren von den nach Istanbul reisenden Bundestagsabgeordneten gefordert. Die Deutschen waren zwar schon im August 1950 erstmals nach Kriegsende auf der internationalen Parlamentarierbühne erschienen, und zwar in der Beratenden Versammlung des Europarates in Straßburg; dort war aber, im Kreise der westlichen europäischen Länder, die Stimmung gegenüber der deutschen Delegation vergleichsweise temperiert. In Istanbul jedoch waren auch Delegationen aus Ostblockländern wie Bulgarien, Ungarn, Polen und der Tschechoslowakei erschienen, und wenigstens partiell herrschte dort eine Atmosphäre, die nur als eindeutig ablehnend bezeichnet werden kann. Ganz besonderer Widerstand gegen den Auftritt einer deutschen Gruppe kam, nicht überraschend, von der israelischen Delegation. Die Israelis hatten sich ausbedungen und waren damit durchgedrungen, dass ihnen vor Erscheinen eines deutschen Sprechers auf der Rostra die Möglichkeit zur Abgabe einer Erklärung eingeräumt würde, und so geschah es. Bevor Ehlers das Wort erteilt wurde, kündigte der Sprecher der israelischen Delegation, Rabbi Dr. Nurock, an, dass die Zulassung Deutschlands zur IPU schwerwiegender moralischer Gründe wegen nicht mit Schweigen übergangen werden könne. Nurock bestritt das moralische Recht Deutschlands, in die Familie der Nationen zurückzukehren.

Ehlers ließ sich durch diese Prozedur, die einer Diskriminierung gleichkam, nicht beirren. Auf die israelischen Vorhalte antwortete er kühl und gemessen mit einem einzigen Satz: Der Interparlamentarische Rat – das Exekutivorgan der Organisation – habe bei der der Konferenz vorausgehenden Tagung in Monaco beschlossen, dass die Bundesrepublik Deutschland als Mitglied der IPU berechtigt sei, an der Vollkonferenz in Istanbul teilzunehmen. – In den Mittelpunkt seiner Ausführungen stellte Ehlers die brennenden Zeitprobleme – Teilung Deutschlands, Flüchtlingsfrage, Wohnungsnot – und sprach sich, angesichts der erst wenige Jahre zurückliegenden furchtbaren Kriegsereignisse, in der Frage der viel diskutierten Schuld Deutschlands klar und unzweideutig für die Anerkenntnis von Verbrechen und Sühne aus; dies sei die erste Voraussetzung für die Entwicklung einer internationalen Zusammenarbeit.

Aber die israelische Delegation wollte sich mit der Erklärung Nurocks nicht begnügen und schickte im weiteren Verlauf der Debatte den Delegierten Itzhack Ben-Zvi – den späteren Staatspräsidenten Israels – auf die Tribüne. Er „schleuderte in höchster Erregung böse Worte der Anklage gegen die Deutschen in den Saal", berichtet der Sitzungsteilnehmer Carlo Schmid. „Die Deutschen haben bis jetzt noch keine Garantie dafür geliefert", behauptete Ben-Zvi voller Empörung*, „dass sich die furchtbaren Verbrechen, die sie auf ihrem eigenen Staatsgebiet und auf dem Territorium anderer Länder begangen haben, nicht wiederholen werden. Nur wenige, die gelitten haben, sind dafür entschädigt worden." Diese schweren Anklagen veranlassten Carlo Schmid, um das Wort zu bitten. Ohne Umschweife stellte er die Frage†, ob es „fair sei, eine der anwesenden Delegationen – die deutsche – so vorzuführen, als ob sie zu der Konferenz gekommen wäre, um ein Regime des Schreckens und des Verbrechens zu verteidigen, ein Regime, das einige Mitglieder dieser Delegation in seine Kerker und Konzentrationslager geworfen habe in einer Zeit, in der sich andere auf die Rolle von Zuschauern beschränkt hätten." Der Reaktionen von Zuhörern nur sehr sparsam verzeichnende IPU-Sitzungsbericht erwähnt hier Zurufe „Très bien!" (Sehr gut) und „Applaudissements" (Beifall). Und Schmid fuhr fort: „Die Schuld (des deutschen Volkes) gegenüber dem jüdischen Volk steht außer Frage,… denn das jüdische Volk war dasjenige unter den Opfern des Nazismus, das am unmittelbarsten und am brutalsten betroffen war."

Ehlers maßvolle Ausführungen und die von Leidenschaft getragenen Carlo Schmids verhinderten, dass die „Konferenz zu einem Tribunal" wurde, wie Schmid später schrieb, aber die – berechtigte – Klage Ben-Zvis, dass nur wenige für ihre Leiden entschädigt worden seien, hatte noch ein Nachspiel von erheblicher Tragweite. Am Rande der Konferenz kam es nämlich, nach langem Hin und Her und telegrafischen Rückfragen in Tel Aviv und Bonn, zu einer ersten Unterredung über die Entschädigungsfrage zwischen Israelis und Deutschen. Heinrich von Brentano, Carlo Schmid und Robert Tillmanns nahmen daran von deutscher Seite teil, von seiten Israels Itzhack Ben-Zvi, David Hacohen und Jacob Klebanoff. Die Zusammenkunft fand in einer Atmosphäre „eisiger Sachlichkeit" statt, und nachdem es anfangs schien, als ob es keine „Brücke des Gesprächs" (Schmid) gebe, kam es schließlich, nach zähen Verhandlungen, zu einer Vereinbarung: Die israelische Delegation sollte

---

* Original englisch, Übs. d. Herausgebers
† Original französisch, Übs. d. Herausgebers

sich bei ihrer Regierung erkundigen, ob sie bereit sei, Verhandlungen mit der Bundesrepublik über ein Wiedergutmachungsabkommen aufzunehmen, und die deutsche Delegation kündigte an, dass sie ihrerseits bei der Bundesregierung vorstellig werden wolle. Als das Abkommen dann zwei Jahre später im Bundestag zur Abstimmung stand, konnte der Berichterstatter, Graf von Spreti (CDU/CSU), darauf verweisen, dass bei dieser Zusammenkunft in Istanbul – wo sich die Vertreter Israels zunächst „weigerten, sich mit den deutschen Abgeordneten an einen Tisch zu setzen" – die allerersten Schritte in Richtung auf eine „friedliche Ebene des deutschen mit dem jüdischen Volk" getan worden seien, nachdem den Israelis klar geworden war, dass es nicht darum ging, den „unlöschbaren Schmerz ihres Volkes in Gold aufzuwiegen".

Deutsche wieder im Weltforum der Parlamente

Rede Ehlers' am 31.8.1951 auf der 40. Interparlamentarischen Konferenz in Istanbul, aus: Union interparlementaire, Compte rendu de la XLe Conférence interparlementaire tenue à Istanbul du 31 août au 6 septembre 1951, publié par le Bureau interparlementaire, Genève 1952 (393-397).

Herr Präsident, meine Damen und Herren! Zu Beginn meiner Rede darf ich daran erinnern, daß die Deutsche Delegation entsprechend einem in Monaco gefaßten Beschluß des Interparlamentarischen Rates zu dieser Konferenz entsandt worden ist.

Erstmals nach fast zwanzig Jahren nimmt wieder eine deutsche Delegation an einer Konferenz der Interparlamentarischen Union teil. Für uns alle einschneidende Ereignisse mit schwerwiegenden Folgen haben sich in diesen zwanzig Jahren abgespielt: Krieg, Verbrechen und brutale Gewalt haben die Welt heimgesucht und haben, grausamer als je zuvor, die Geschichte der Menschheit gezeichnet. Seit dieser Zeit, das heißt seit jetzt sechs Jahren, ist die Frage nach der Schuld Deutschlands aufgeworfen worden, und die Antworten auf diese Frage, die oft in einer sehr fragwürdigen Form gegeben wurden, sind höchst problematisch und unzureichend. Wir Deutschen haben keineswegs die Absicht, uns künftig der Diskussion über die Schuldfrage zu entziehen. Wir hoffen nur, daß sie in aller Sachlichkeit geprüft wird und eine Antwort findet, die das auf alle anwendbare Recht achtet, ohne jede Diskriminierung. Wir meinen, daß die allererste Bedingung einer solchen Diskussion die Anerkenntnis des Verbrechens und der Sühne sein muß, ganz gleich, wo sich diese Verbrechen ereignen, und die Welt muß sich der Ursachen jener Verheerungen bewußt sein, deren Zeugen wir vor kurzem wurden, jener Verheerungen, die sie von neuem bedrohen.

Wir freuen uns darüber, daß diese Konferenz hier stattfindet. Es ist heute wichtiger denn je in der sehr bemerkenswerten Geschichte der Interparlamentarischen Union, daß sich Mitglieder der Parlamente verschiedener Staaten treffen. Früher war es fast selbstverständlich, daß die Völker trotz unterschiedlicher Regierungssysteme eine parlamentarische Vertretung besaßen und daß ihre Repräsentanten aus freien Wahlen hervorgingen. Für die Union ging es immer darum, zu Problemen Stellung zu nehmen, die die Grenzen eines Landes und einer Nation überschritten, und die Grundlagen für Ideen und Entscheidungen zu erarbeiten, auf Grund deren die Parlamente Beschlüsse fassen konnten. Heute ist die Lage völlig anders.

Die Exzesse des Nationalismus, die wir erlebt haben und noch immer erleben, zeigen vielen Menschen die Bedeutung von Aktionen, die vor solch frevelhaftem Übermut schützen können. Wir stellen täglich fest, daß in vielen großen Ländern die Freiheit der Völker, ihren Willen durch eine angemessene Vertretung auszudrücken, nicht mehr besteht. Der Totalitarismus der Gewalt hat zu einem Totalitarismus der Überzeugungen geführt - ein Grund mehr für die Parlamente der Völker, bei denen diese Freiheit noch existiert, sich zusammenzuschließen. Die Zusammenkunft von Parlamentariern aus einer großen Zahl von Völkern steht also heute im Zeichen einer Gefahr, die unsere gemeinsame Freiheit bedroht.

Viele von uns haben erkannt, daß eine solche Gefahr Taten erfordert. Wir stellen mit großer Freude fest, daß die Notwendigkeit gemeinsamen Handelns mehr und mehr anerkannt wird. Wir freuen uns über verheißungsvolle Anzeichen in dieser Richtung. Ich darf Sie daran erinnern, daß die Delegierten der Bundesrepublik Deutschland in den für die europäische Zusammenarbeit geschaffenen Organisationen mit Freuden ihren Beitrag zu einer stetig wachsenden Europäischen Gemeinschaft leisten. Wir stellen mit Genugtuung fest, daß zur Zeit in unserem Land, am Ufer des Rheins, nahe dem Loreleyfelsen, ein europäisches Jugendlager stattfindet, wo sich viele junge Menschen kennenlernen und dabei von wichtigen und gemeinsamen Grundüberzeugungen ihres Lebens Zeugnis ablegen können. Wir wissen, daß es solche Begegnungen auch anderswo in anderer Form gibt und freuen uns darüber; denn es gibt niemals genug Begegnungsstätten, wo man etwas für die Freiheit und die Selbständigkeit der Völker tut.

Nach dem Grundgesetz der Bundesrepublik Deutschland können wir auf gewisse souveräne Rechte zugunsten supranationaler Gemeinschaften verzichten. Dies ist ein Beweis dafür, daß wir bereit sind, eine weitverbreitete Bewegung zu unterstützen, ohne die wir die tiefgreifenden Folgen der Vergangenheit nicht überwinden können. Aber das bedeutet, daß die freien und souveränen Völker in gleicher Weise ihren Beitrag zu dieser Bewegung leisten müssen. Wir versuchen unsere frühere Souveränität wiederzuerlangen, aber dabei wollen wir nicht eine Kluft schaffen zwischen uns und anderen Völkern. Nur dann, wenn in den Rechten der Völker und Staaten völlige Gleichheit besteht, können sich die Nationen ohne Vorbehalte und beständig einander annähern und sich in einer großen supranationalen Gemeinschaft zusammenschließen. In diesem Geist bemüht sich das deutsche Volk, die früheren Ideen des Nationalismus hinter sich zu lassen und bei der Verwirklichung der Gemeinschaft der freien Völker mitzuwirken.

Die zweite Etappe dieser Gemeinschaft wird durch die Notwendigkeit der gemeinsamen Verteidigung der Freiheit unserer Völker gegen jeden Angriff, woher er auch immer kommen mag, gekennzeichnet. Ich brauche hier nicht hervorzuheben, daß das deutsche Volk nach einer leidvollen Vergangenheit aufrichtig den Frieden wünscht. Die Erfahrungen, die wir gemacht haben, haben uns davon überzeugt, daß es ohne Freiheit keinen Frieden gibt und daß alle freien Völker demzufolge ihre moralischen und physischen Kräfte zusammenschließen müssen, um ihre Freiheit zu bewahren. In Anbetracht der verschiedenen Methoden, die zur Verwirklichung einer solchen Aktion angewandt werden können, geht das deutsche Volk davon aus, daß es sich darum bemüht, die Rechte und Lebensnotwendigkeiten der freien Völker zu verteidigen.

Dem Problem der Verteidigung der Freiheit kommt eine ganz besondere Bedeutung für das deutsche Volk zu, das leider durch die Linie, die ganz Europa in zwei Lager teilt, gespalten wird. Die Bundesrepublik nimmt für sich in Anspruch – und sie glaubt, daß es ihre Pflicht ist, dies zu tun –, im Namen des ganzen deutschen Volkes zu sprechen. Sie glaubt, daß diese Teilung in Westdeutschland, Berlin und Ostdeutschland eine ständige Gefahr für den Frieden und die Freiheit darstellt, und das gilt nicht nur für unser eigenes Volk. Wenn wir uns also darum bemühen, die Einheit Deutschlands wiederzuerlangen, tun wir das nicht nur aus rein nationalen Beweggründen, sondern auch, weil es nach unserer Überzeugung keine Garantie der Freiheit für alle Deutschen gibt, wenn die Deutschen in der Ostzone ihre persönliche Freiheit und ihre bürgerlichen Rechte nicht wiedererlangen. Und noch viel mehr, ich sehe darin eine Vorbedingung für den Frieden in Europa. Bei unserer Teilnahme an dieser Konferenz sind wir uns dieser Lage Deutschlands ganz besonders bewußt.

Das Flüchtlingsproblem hat für uns überragende Bedeutung; denn wir haben – nach den Ereignissen der letzten Kriegsmonate und nach den danach getroffenen Maßnahmen – in ganz Deutschland 12 Millionen Flüchtlinge, davon fast 8 Millionen in der Bundesrepublik. Die sich hieraus ergebenden Aufgaben sind vielgestaltig. Jeder, der anerkennt, daß der Mensch ein Recht auf seine Heimat hat, wird verstehen, daß die Mehrheit der Flüchtlinge eines Tages in jene Heimat zurückzukehren wünscht, aus der sie vertrieben worden ist. Aus diesem Grund möchte nur ein geringer Prozentsatz von ihnen in andere Länder auswandern.

Wir freuen uns darüber, daß die Beratende Versammlung des Europarates und sein Ministerrat in Straßburg Beschlüsse gefaßt haben, auf Grund deren dem deutschen Flüchtlingsproblem besondere Aufmerksamkeit zuteil werden wird. Wir hoffen, daß diese Konferenz eine ähnliche Haltung gegenüber diesem Problem einnehmen wird, einem Problem, dessen Bedeutung – ich wiederhole – den rein nationalen Rahmen überschreitet.

Nach unserer Überzeugung besteht das wesentlichste Problem in der wirtschaftlichen Eingliederung der deutschen Flüchtlinge in ihren derzeitigen Aufenthaltsorten. Das deutsche Volk weiß sehr wohl, daß dies in allererster Linie eine nationale Aufgabe ist; aber es weiß auch, daß es dieses Problem mit eigenen Mitteln und in der gebotenen Schnelligkeit nicht vollständig lösen kann. Wir wären glücklich, wenn diese Konferenz, auf einer internationalen Grundlage, diesem Problem ihre Aufmerksamkeit widmete und Ratschläge hinsichtlich der Schaffung von Arbeitsplätzen und Wohnungen für die in unserem Land festgehaltenen Flüchtlinge geben könnte. Unsere eigenen Erfahrungen veranlassen uns, uns mit größtem Mitgefühl mit der Lösung der Probleme aller Flüchtlinge auf dieser Welt zu befassen, wo immer sie sich befinden. Wir sind bereit, aktiv zur Lösung aller Probleme beizutragen, mit denen sie konfrontiert werden.

Auch die schwierige Frage der Ernährung der Bevölkerung ist von ausschlaggebender Bedeutung für Deutschland, das nicht in der Lage ist, seinen Nahrungsmittelbedarf zu befriedigen, da es große und äußerst produktive Gebiete verloren hat. Auch hier möchten wir aktiv zu der Suche nach Lösungen beitragen.

Sie sehen, meine Damen und Herren, wir sind nicht nur hierhergekommen, um Sie während dieser Konferenz mit den uns belastenden Problemen vertraut zu machen, sondern auch mit dem Wunsch, aufrichtig und aktiv mit Ihnen zusammenzuarbeiten. Wir sind uns der Bedeutung dieser Tagung bewußt und wollen daher dem Respekt vor dem Parlamentarismus gebührenden Ausdruck geben.

(Original französisch, Übs. des Herausgebers)

Urgestein:
FRANZ JOSEF STRAUSS
1915–1988

aus München, studierte Geschichte, klassische Sprachen und Volkswirtschaft, 1939 erstes, 1940 zweites Staatsexamen. 1939 bis 1945 Kriegsdienst, 1945 stellvertretender Landrat, 1946 Landrat in Schongau, 1948 Mitglied des Wirtschaftsrates für das Vereinigte Wirtschaftsgebiet (Frankfurt), 1949 Generalsekretär der CSU (deren Gründungsmitglied er 1945 war). 1949 MdB, Vorsitzender von Ausschüssen (Jugend, Verteidigung), 1953 Bundesminister für besondere Aufgaben, 1955 für Atomfragen, 1956 bis 1962 der Verteidigung, Rücktritt nach der „Spiegel"-Affäre. 1963 „Fibag"-Affäre, 1966 bis 1969 Bundesminister der Finanzen, seit 1978 Ministerpräsident des Freistaates Bayern, 1980 Kanzlerkandidat der CDU/CSU, 1987 erneut kurzzeitig MdB.

Et si je vaux mieux que ma réputation?
(Und wenn ich nun besser bin als mein Ruf?)

Beaumarchais, Die Hochzeit des Figaro

Er hat alles überdauert: triumphale Siege und bittere Niederlagen, Kleine und Große Koalitionen, Anfeindungen und Verhimmelungen, Affären und Prozesse, das Sperrfeuer des „Spiegel" und Armbrustpfeile von Franctireurs, und er war ganz von Anfang an dabei: Schon im Frankfurter Wirtschaftsrat fiel der wortgewaltige Debatter auf, und selbstverständlich nahm er, gerade Generalsekretär der CSU, an der berühmten und „sehr entscheidenden Sitzung" (Adenauer) am 21. August 1949 in Rhöndorf teil, als eine starke Minderheit der versammelten führenden CDU/CSU-Vertreter für eine Koalition mit den Sozialdemokraten stritt, sich aber nicht durchsetzen konnte, und schon gar nicht gegen Strauß, der, auf der Linie Adenauers, die Kleine Koalition (mit F.D.P. und DP) favorisierte und, wie Eugen Gerstenmaier berichtet, „den Ausschlag gab". 38 Jahre später gab es noch nicht das leiseste Anzeichen dafür, dass er sich – längst im Rentneralter – aufs Altenteil zurückzuziehen gedenkt. Wie eh und je steht er auch 1987 im Zentrum der bundesdeutschen Politik, ob er nun der Bundesregierung angehört oder nicht, und wie eh und je meldet er sich, gefragt oder ungefragt, zu Wort und tönt oder dröhnt, wie's gerade kommt: staatsmännisch, witzig, zornig, klug, besorgt, provozierend, spöttisch, beißend ironisch, auch schon mal als Volkstribun polternd im Bierdunst der Passauer Nibelungenhalle. Kein anderer deutscher Politiker verfügt über eine ähnliche Palette des Ausdrucks, und kein anderer gehört wie er zum vielberufenen Bonner Urgestein. Auch blitzschnelle Volten darf man wie eh und je von ihm erwarten: Der politische Antichrist in der „Sowjetischen Besatzungszone", gegen den er oft genug seinen Bannstrahl geschleudert hatte, sah sich plötzlich avanciert zum gesuchten Gesprächspartner, und mit Vorliebe lenkt der Düsenpilot seinen Jet in Krisengebiete dieser weiten Welt, und die, die nicht zum Urgestein gehören, wundern sich dann jeweils, vor allem die Regierungssprecher. Seit bald zehn Jahren residiert er in München, weit vom Schuss, wie anfangs einige Optimisten in der Bundeshauptstadt hofften. Aber er hat natürlich keinen Quadratzentimeter des Bonner Terrains aufgegeben. Mitte der 60er-Jahre hörte Strauß, immer schon volkswirtschaftlichen Problemen gegenüber aufgeschlossen, Vorlesungen in dieser Fakultät, und eine Karikatur jener Tage zeigt ihn als Schulbuben in einer Universitätsklasse, der seinen Ranzen zusammenpackt und dem Ausgang zustrebt. „Wo willst' denn hin?", fragt der Lehrer, Antwort: „Ich muss jetzt denen in Bonn den Finanzminister machen" (Große Koalition 1966). Nachdem er sich in den Aufbaujahren der Bundeswehr als erfolgreicher Verteidigungsminister präsentiert und andere hohe Ämter wie das des Landesgruppenvorsitzenden der CSU im Bundestag mit der barocken Fülle seiner Person ausgestattet hatte, macht er jetzt denen in München seit bald zehn Jahren den Ministerpräsidenten und hat dabei das Traumziel an Popularität für alle Politiker erreicht: Die Leute in Bayern reden ihn mit Vornamen an – nicht die Nordlichter da oben. Selbstverständlich ist er ein glänzender Redner, dem die Fülle der Gesichte nur so zuströmt, und er weiß sie in meist treffende Bilder und Sentenzen umzusetzen. Mit der im Folgenden wiedergegebenen Rede wurde Strauß bundesweit bekannt. Vor allem sprach sich seine Vision herum, er wolle die Herren Adenauer und Schumacher sich nicht hinter Stacheldraht im Ural darüber unterhalten sehen, was sie im Frühjahr 1952 in Bonn hätten tun sollen. „Stürmischer" Beifall (bei den Regierungsparteien) ist ein von den amtlichen Sitzungsprotokollanten nicht oft verwendetes Prädikat, und in der Tat glich das Hohe Haus nach diesem Satz minutenlang einem Hexenkessel, und als er die erregten kommunistischen Zwischenrufer als die „Herren von der außerordentlichen Linken" titulierte, war des Gelächters kein Ende. Die Themen, um die es in dieser Bundestagssitzung vom 7. Februar 1952 ging, waren allerdings von denkbar größter Ernsthaftigkeit. Es ging um nicht mehr oder weniger als, wie sich Adenauer ausdrückte, „lebenswichtige Entscheidungen für das ganze deutsche Volk einschließlich der Deutschen hinter dem Eisernen Vorhang": den Verteidigungsbeitrag der Bundesrepublik und die Errichtung einer Europäischen Verteidigungsgemeinschaft, die Souveränität und Eingliederung der – gleichberechtigten – Bundesrepublik in die Europäische und die Atlantische Gemeinschaft, die Abschaffung des Besatzungsstatuts, die Stationierung von Streitkräften in der Bundesrepublik und die „Verständigung über eine gemeinsame Politik der vier Signatarmächte über die Wiedervereinigung Deutschlands auf friedlichem Wege". – Gegen die Wiederbewaffnung erhob sich begreiflicherweise Widerstand; seit dem Nullpunkt der Kapitulation, den Exzessen des „Militarismus" und der „Entmilitarisierung" waren ja nur wenige Jahre vergangen. Die Opposition versuchte, diesen Widerstand in eine „Volksbewegung" auszuweiten, ohne Erfolg: die demokratischen Strukturen hielten stand.

Die Opposition im Bundestag, als deren Sprecher Erich Ollenhauer auftrat, lehnte die Verträge in Bausch und Bogen ab. Eine sinnvolle Mitwirkung der Bundesrepublik im Rahmen einer Europäischen Verteidigungsgemeinschaft sei nicht zu erwarten, und von einer wirklichen Gleichberechtigung könne bei Annahme der Verträge keine Rede sein. Außerdem sei der Bundestag nicht legitimiert, über die Frage eines Verteidigungsbeitrags zu entscheiden; kein Wähler des Jahres 1949 habe daran denken können, dass der Bundestag über einen Verteidigungsbeitrag zu entscheiden haben würde.

Strauß entrollte ein Breitwandpanorama der damaligen Weltlage und konzentrierte sich insbesondere auf die Rolle eines geeinten Europa als eines „unentbehrlichen und stabilen Faktors der Politik". Die Friedenspolitik dieses Europa heiße niemals Entwaffnung; ein eventueller Angreifer müsse wissen, dass sein Angriff auf den organisierten Gesamtwiderstand Europas und Amerikas stoßen werde.

Auch zur Kriegsschuldfrage äußerte er sich, und es lohnt sich, diesen Satz aus dem Dunkel der Archive hervorzuholen: „Es steht uns schlecht an, mit vorwurfsvoll erhobenem Finger auf die Fehler der anderen hinzuweisen und schamhaft zu verschweigen, wie groß unser Anteil in der Vergangenheit daran war, dass der Stein ins Rollen gekommen ist ..."

Der Bundestag stimmte am 29. Januar 1955 den Verträgen zu.

Rückkehr zu internationaler Gleichberechtigung:

Der Verteidigungsbeitrag der Bundesrepublik Deutschland
Rede Strauß' am 7.2.1952 im Bundestag, Bonn, aus: DBT 1. WP/190./7. 2. 1952/8118A–8128 D

Herr Präsident, meine Damen und Herren! [...]
Als dieses Hohe Haus im September 1949 seine Arbeit für den Wiederaufbau unseres Vaterlandes aufnahm, da waren wir uns wohl bewußt, daß unsere Tätigkeit nicht in eine Periode friedlicher Entspannungen der Weltprobleme fällt. Ich rede nicht davon, ob wir es damals nicht erwartet haben, darüber reden zu müssen; jedenfalls haben wir es nicht gewünscht, daß wir uns in unserer politischen Arbeit mit dem *Problem der militärischen Verteidigung* unserer Heimat werden beschäftigen müssen.

(Zustimmung bei den Regierungsparteien.)

Wir haben es nicht gewünscht, weil wir gern gehabt hätten, daß die Weisheit der Sieger ausgereicht hätte, auf beiden Seiten eine tragbare Lösung auch für unser Volk herbeizuführen.

(Erneute lebhafte Zustimmung bei den Regierungsparteien.)

Wir haben das *Prinzip der „re-education" oder „re-orientation"* nicht nur als ein Propagandamittel betrachtet, wir haben es sogar so weit ernst genommen, daß wir gern für die Zeit unserer politischen Tätigkeit und für die Zeit unserer Generation allen Gedanken militärischer Art entsagt hätten.

(Sehr wahr! bei den Regierungsparteien)

Es ist nicht die Aufgabe dieser Debatte, eine Schilderung der weltpolitischen Entwicklung nach dem Zweiten Weltkrieg im einzelnen zu geben. Wir haben diese Entwicklung in einer Wetterzone der Weltpolitik als Zeitgenossen selbst miterlebt. Wir haben erlebt, daß unsere Hoffnung auf eine ruhige Zeit der Arbeit nicht in Erfüllung gegangen ist. Wir haben erlebt, daß viele unserer Warnungen 1945 und in den folgenden Jahren ungehört und nicht geglaubt im Winde verhallt sind. Wir haben erlebt, daß das Ende des Zweiten Weltkriegs die Weltprobleme nicht gelöst, sondern neue aufgetürmt hat, unter deren Schatten wir heute stehen. Ob wir wollen oder nicht, ob wir es einsehen wollen oder nicht, wir stehen darunter.

(Sehr richtig! bei den Regierungsparteien – Abg. Loritz: Gut abgelesen! – Unruhe rechts)

– Herr Kollege Loritz, einen Blödsinn kann man frei sagen, man kann ihn ablesen.

(Heiterkeit – Abg. Loritz: Ja, Sie lesen ihn ab!)

Dem tragischen Irrtum der Westmächte, daß mit dem militärischen Sieg über Deutschland auch schon eine neue Ordnung der Welt und ihrer Zukunft eingeleitet sei, stand gegenüber die *konsequente sowjetische Zielsetzung*, daß der *militärische Sieg über Deutschland* erst die Basis, den Ausgangspunkt und das *Sprungbrett für eine Ausdehnung des bolschewistischen Machtbereichs* darstelle.

(Sehr richtig! in der Mitte)

Und weil hier einem tragischen Irrtum mit auch für uns Deutschen verhängnisvollen Folgen, mit inkonsequenter Politik in der Vergangenheit auf der einen Seite eine ganz klare, brutale Konsequenz gegenüberstand, deshalb müssen wir heute über die Verteidigung Deutschlands reden.

(Beifall bei den Regierungsparteien)

Nach dem Krieg haben die *angelsächsischen Mächte* – hier darf ich mich auf das gleiche politische Urteil von Dr. Schumacher in der Bundestagsdebatte vom März 1950 verlassen –, haben besonders die Amerikaner die *militärische und industrielle Abrüstung* in außerordentlich starkem Maße durchgeführt, während *Sowjetrußland* seinen Militärapparat aufrechterhalten hat,

(Abg. Frau Strohbach: Ist nicht wahr, Herr Strauß!)

einen Militärapparat, der mit 180 Divisionen und über 3 Millionen Mann nicht mehr als Friedensarmee bezeichnet werden kann.

(Sehr richtig! in der Mitte)

Rußland hat die *industrielle Aufrüstung* in beschleunigtem und verstärktem Maße unter Einschaltung der sowjetisch besetzten deutschen Zone und unter Ausnutzung deutscher Erfindungen fortgesetzt.

(Sehr richtig! in der Mitte)

Gleichzeitig hat Rußland die *Satellitenstaaten* aufgerüstet und zur Verstärkung des sowjetischen Kriegspotentials herangezogen. Der *sowjetische Machtbereich*, meine Damen und Herren, das ist eine bekannte Tatsache, sie kann trotzdem nicht oft genug, nicht laut genug und nicht eindringlich genug gesagt werden, ist seit 1939 von dem damaligen Staatsgebiet Sowjetrußlands mit etwa 180 Millionen Menschen bis 1952 auf etwa ein *Drittel der Erdoberfläche und ein Viertel der Einwohner dieser Erde* erweitert worden.

(Sehr richtig! in der Mitte)

Nicht nur die *baltischen Staaten* sind zum Opfer gefallen, *Polen*, die *Tschechoslowakei, Ungarn, Rumänien, Bulgarien, Albanien* im Westen des sowjetischen Reichs, sowie *China* mit Randgebieten und *Tibet* sind in diesen ungeheuren Machtkoloß miteinbezogen worden, ein kompakter Block, der von Helmstedt bis Korea, von Spitzbergen bis zur Grenze Indiens reicht, ein Block, der von einer Zentrale politisch, wirtschaftlich und militärisch gesteuert und kommandiert wird. Wenn Sie das bestreiten, meine Damen und Herren von der KPD: die Gespräche von Kaesong und Panmunjion und ihre Verzögerung liegen nicht im Interesse der kriegführenden Satelliten, sondern im Interesse der Drahtzieher, die auf Kosten der Satelliten und mit ihrem Blut ihre Politik führen.

(Sehr gut! in der Mitte)

Durch die Anwesenheit der Roten Armee, durch Bürgerkriege, in denen sowjetische Waffen eine entscheidende Rolle spielten, durch innere Unterhöhlung und Unterminierung sind die Völker trotz ihrer nichtkommunistischen Mehrheit in den sowjetischen Machtbereich hineingezwungen worden, ehe sie sich ihres Schicksals bewußt wurden.

Aber an drei Stellen ist der politische und militärische Vormarsch des Bolschewismus aufgehalten worden: erstens in *Deutschland* an der Zonengrenze, wo außerdem noch *Berlin* als Symbol der Freiheit, als Leuchtturm der Hoffnung inmitten des sowjetisch besetzten Territoriums durch den beispiellosen Mut seiner Bevölkerung und durch die Hilfe der Westmächte erhalten geblieben ist.

(Beifall bei den Regierungsparteien) [...]

Zum zweiten ist er in *Jugoslawien* aufgehalten worden, wo Tito — selbst kommunistischer Partisanenführer; abtrünniger Genosse, zum Tode verurteilt —

(Heiterkeit)

sich dem Zugriff Stalins entzogen hat. Und drittens in *Korea*, wo das Eingreifen der Vereinten Nationen in letzter Minute und unter furchtbaren Opfern für dieses Land — auch das ist für unsere Entschlußfassung ein wesentliches Moment — den Vormarsch der roten Satellitenarmee aufgehalten hat. An zwei Stellen — in *Indochina* und *Malaia* — wird in einem Krieg gekämpft, der an Heimtücke und Grausamkeit nicht mehr zu überbieten ist. Die Verschärfung der Lage in *Persien, Ägypten* und *Nordafrika* geht auf bolschewistische Sprengkommandos zurück, die sich der nationalen Ziele und Gefühle dieser Völker,

(Zurufe von der KPD)

die an sich durchaus berechtigt sein mögen, bemächtigt haben, um sie im Kampf gegen die freie Welt zu gebrauchen.

(Erneute Zurufe von der KPD)

Die Bedeutung des Eingreifens der Vereinten Nationen in Korea liegt nicht so sehr darin, daß Südkorea vor der Sowjetherrschaft bewahrt wurde, als vielmehr darin, daß ohne dieses Eingreifen längst an einer anderen Stelle der Welt ein neues Feuer angezündet worden wäre, – vielleicht in Europa!

(Sehr richtig! in der Mitte)

Das *Gewitter von Korea* hat den Vorhang vor dem wirklichen Zustand der Welt zerrissen und die freien Völker vor die Entscheidung gestellt, ob sie einzeln nach und nach von dem bolschewistischen Sog verschluckt werden oder ihre Kräfte vereinigen wollen, um dieser Entwicklung auf der Welt Einhalt zu gebieten. [...]

Es besteht kein Zweifel darüber, daß die *Vereinigten Staaten von Amerika das Rückgrat der Verteidigung der freien Welt* darstellen. Ob unsere eigene innere Einstellung zu den Besatzungsmächten eine freundliche oder nichtfreundliche Gesinnung ist, spielt in diesem Zusammenhang überhaupt keine Rolle.

(Zustimmung in der Mitte)

Kein Volk sieht die Soldaten eines anderen Volkes als Besatzungsmacht, auch nicht als Verteidigungstruppen mit Sondervorrechten – darüber sind wir uns völlig klar – gern in seinem Land.

(Sehr gut! in der Mitte)

Wir wollen aber hier in der Skala der Gefühle und in der Skala der Realitäten nicht so weit gehen, daß wir, weil uns eine Tatsache unangenehm ist, durch deren Beseitigung uns den Strick um den Hals legen.

(Zustimmung in der Mitte)

Die Vereinigten Staaten machen unvorstellbare Anstrengungen, um das seit 1945 Versäumte nachzuholen. Man hört bei uns in der Öffentlichkeit eine Tatsache oft sehr ungern, einmal deswegen, weil man den Blick vor den Realitäten gerne verschließt, zum ändern, weil dabei unangenehme Gefühle ausgelöst, weil unangenehme Erinnerungen – auch über die Haltung der US-Truppen gegenüber den deutschen Soldaten allgemein nach der Kapitulation – heraufbeschworen werden.

(Sehr gut! in der Mitte)

Es hat gar keinen Zweck, an diesen Dingen, die in der Psychologie der Öffentlichkeit und auch in der praktischen Bildung der öffentlichen Meinung eine so wesentliche Rolle spielen, achtlos vorbeizugehen.

(Zustimmung in der Mitte)

Auch die *Sicherheit der Bundesrepublik* und die Sicherheit der anderen europäischen Völker westlich des Eisernen Vorhangs beruht zur Zeit leider nur auf der *amerikanischen Sicherheitsgarantie,* wonach ein Angriff auf das Bundesgebiet einschließlich Berlins als ein Angriff auf die Vereinigten Staaten selbst angesehen wird. Damit ist die Bundesrepublik in den Sicherheitsgürtel, in die *Sicherheitslinie der freien Welt* einbezogen worden. Diese Sicherheitslinie hat etwa folgenden Verlauf. Dieser Verlauf ist für die richtige Einschätzung der Frage West-Ost in Europa, für die richtige Einschätzung des Risikos – und das Risiko muß, Kollege Ollenhauer, in diesem Zusammenhang in ernsthafter Weise debattiert werden – von beträchtlicher Bedeutung. Die Linie verläuft etwa so: Alaska, Aleuten, Japan, Formosa, Philippinen, Singapur, Irak, Suez, Türkei, Griechenland, Jugoslawien, Italien, Deutschland, Frankreich, England, Dänemark und Norwegen.

Wenn heute die Frage an uns gestellt wird, warum der Bundestag eine Verteidigungsdebatte führt, dann möchten wir dazu ausdrücklich feststellen: Es ist nicht der Wunsch der Bundesregierung, es ist nicht der Wunsch der demokratischen verantwortlichen Parteien in diesem Hause, sich mit der Frage zu beschäftigen, ob Deutschland militärisch wieder eine Rolle spielen soll;

(Abg. Dr. von Brentano: Sehr gut!)

aber, sehr verehrter Herr Kollege Schoettle oder Herr Kollege Ollenhauer – ich bitte um Entschuldigung, die Sympathie ist so groß, daß ich immer wieder auf die alte Spur gerate –,

(Abg. Schoettle: Wir können auch noch aneinandergeraten, das ist durchaus möglich!)

es handelt sich um mehr als darum, daß irgendein alliierter Weihnachtsmann mit einem schönen Rucksack gekommen ist, den Rucksack aufmacht und Bleisoldaten und Waffenspielzeug, sozusagen zum freien Gebrauch für uns, entnimmt.

Ich gehöre zu denjenigen, die, wie wahrscheinlich die Mehrheit in diesem Hause, im letzten Kriege sechs Jahre lang die Uniform getragen und die Grauen des zweiten Weltkriegs, von denen Sie gesprochen haben – wenn auch persönlich mit viel Glück, und dafür gebührt der Dank nach meinem Glauben dem lieben Gott, es ist nicht mein Verdienst -, überstanden haben und durch diese Zeit hindurchgekommen sind. Ich bin mir dieser Vergangenheit und dieser Zeit so wohl bewußt, Herr Kollege Ollenhauer, daß ich von mir aus gesehen, wenn es um die Entscheidung ginge: sollen wir wieder Soldaten werden oder nicht, wenn es um die Frage ginge: neutral sein oder nicht neutral sein, wenn das die wirkliche Alternative wäre, sagen würde: Pack' deinen Krempel ein, häng deinen Rucksack um und hau ab! Wir wollen nicht mehr.

(Sehr gut! bei den Regierungsparteien)

Ich muß aber – und so geht es uns ja allen – in der Verantwortung um diese Frage auch ernsthaft prüfen, ob die Fragestellung, die wir anwenden, die richtige ist,

(Lebhafte Zustimmung bei den Regierungsparteien)

ob nun die Fragestellung so ist, wie ich sie vorher genannt habe, oder ob die Fragestellung in letzter Konsequenz bedeutet, die Bereitschaft zu zeigen, Soldat zu werden entweder auf der einen Seite, wo auch nach Ihrer Meinung, Herr Kollege Schoettle, die Kokarde noch ertragbar wäre, oder Soldat zu werden auf der Seite, wo die Kokarde kein Deutscher guten Willens freiwillig tragen würde.

(Erneuter lebhafter Beifall bei den Regierungsparteien – Abg. Schoettle: Sie haben mir etwas unterschoben, was ich nicht gedacht und nicht gesagt habe!)

– Ich habe ein gutes Gedächtnis, aber kein so gutes Gedächtnis, als daß ich Ihre Äußerungen in dem Vorgefecht wortwörtlich angeführt habe. Sie haben Herrn Renner vorgeworfen, er sei gar nicht so antimilitärisch, aber die Kokarde bei dem Unternehmen passe ihm nicht.

(Abg. Schoettle: Mir paßt auch die andere nicht!)

Warum führen wir diese Verteidigungsdebatte? Es ist unsere *geographische Lage* auf der einen und die *Weltsituation* auf der anderen Seite, die uns zwingen, uns mit dieser Frage zu beschäftigen, ob wir wollen oder nicht.

(Sehr gut! bei den Regierungsparteien)

Wir müssen entscheiden, welche der Möglichkeiten, die wir haben, die beste für unser Volk ist. Wir müssen auch sagen, aus welchem Grunde unsere Entscheidung, wie wir sie sehen, nach unserer Auffassung die beste ist. Wir können dieser Entscheidung nicht ausweichen; sie kommt auf uns zu. Entscheidungen, die nicht getroffen werden, bleiben einem nicht erspart; sie laufen einem nach, und manchmal erschlagen sie einen.

(Sehr gut! bei den Regierungsparteien)

Wir müssen in absehbarer Zeit ja oder nein sagen, und wir müssen unsere Voraussetzungen für unser Ja oder Nein freimütig und offen aufzeigen. Aus diesem Grunde debattieren wir heute über einen deutschen Verteidigungsbeitrag.

(Zustimmung bei den Regierungsparteien)

Dabei möchte ich eines mit aller Klarheit und Deutlichkeit voranstellen – weil in dem Vorgefecht vor wenigen Tagen im Bundestag diese Tonart angeschlagen wurde –: Wir stehen bei unseren Überlegungen und Darlegungen in dieser Frage nicht unter dem Zeichen der amerikanischen Bedürfnisse in ihrer Innenpolitik.

(Beifall bei den Regierungsparteien)

Wir stehen einmal in der *Verpflichtung vor unserem Gewissen* – wenden wir das Wort ruhig einmal an – und wir stehen zum anderen unter der Konsequenz der Lage. Die demokratisch verantwortlichen Fraktionen in diesem Hause sollten sich angesichts der Tragweite dieser Frage im eigenen Interesse und im Interesse des gesamten Volkes gegenseitig ernst genug nehmen, und dem anderen, auch wenn er anderer Meinung ist, nur ein Motiv unterstellen, das dem ehrlichen Gewissen vor dem deutschen Volke und nicht alliierten Wünschen entspringt.

(Zustimmung bei den Regierungsparteien)

Niemand kann von uns in dieser Frage die letzte Entscheidung verlangen als wir selber.

(Sehr wahr! in der Mitte)

Es liegt völlig in unserer Hand, ja oder nein zu sagen. Es liegt in unserer Pflicht, die Voraussetzungen für ein Ja klar zu umreißen und sie in Verhandlungen durchzusetzen. Die Amerikaner können uns nicht vorschreiben, was wir tun sollen. Aber, wer das sagt, der vergißt den zweiten Halbsatz: wir können auch ihnen nicht vorschreiben, was sie tun werden, wenn wir uns falsch entschieden haben.

Wer ja sagt, muß sich die Verantwortung für die Folgen überlegen. Wer nein sagt, nein um jeden Preis, muß für die Konsequenzen einstehen, die aus dieser Verantwortung erwachsen.

Davon befreit uns niemand. [...]

In absehbarer Zeit werden wir uns zu entscheiden haben, ob Deutschland in den Vertrag über eine europäische Verteidigungsgemeinschaft eintreten soll oder nicht. Schon der *Begriff der europäischen Verteidigungsgemeinschaft* setzt voraus, daß mehr als ein System von Koalitionsarmeen geschaffen wird. Nach diesem Vertrag sollen die Länder Deutschland, Frankreich, Italien, Belgien, Niederlande und Luxemburg ihre wirtschaftlichen und militärischen Verteidigungskräfte zusammenfassen. [...]

Eine *europäische Verteidigungsgemeinschaft* kann nicht aufgebaut werden, wenn die an ihr beteiligten Völker nicht in vollem Vertrauen auf die gegenseitige Loyalität ihre Sicherheit in der gemeinsamen Zukunft sehen.

Die ideologischen Grundsätze eines Europa, dessen Zukunft gesichert werden soll, gehen aus von dem gemeinsamen Gedanken der Freiheit. So ist die *Saarfrage* zum Prüfstein für den guten Willen der Beteiligten und auch für die Achtung vor dem Prinzip der Freiheit geworden.

Wir haben nicht aus nationalem Prestige, nicht etwa aus nationalem Ehrgefühl heraus, wir haben um Europas willen die Hoffnung, daß nicht allein der Einfluß der angelsächsischen Mächte, sondern daß auch die eigene Einsicht der französischen Staatsmänner in dieser Frage zu einer Lösung des Rechts und nicht der Gewalt führen wird.

Letzten Endes – darauf kommt es uns an, und darauf sollte es unseren Partnern ankommen – dienen alle diese Aktionen, die die europäische Einigung verzögern oder erschweren, niemand anderem als den Plänen der Machthaber in Moskau,

(Sehr gut! in der Mitte)

die viele Wege zu gehen wissen, um ihr Ziel zu erreichen. [...]

Es läßt sich unschwer vorstellen, daß die große Rechnung der Sowjets, den Bolschewismus über ganz Europa auszudehnen, glatt aufgehen muß, wenn es ihnen gelungen ist, die zentrifugalen Kräfte in den europäischen Staaten bis zum Scheitern der europäischen Einigkeit zu stärken.

(Zustimmung in der Mitte) [...]

Das Fernziel ist immer das gleiche, und mit einer einfachen, prägnanten Formulierung gesagt heißt es: über die Zersplitterung Europas zur Bolschewisierung Europas.

(Sehr gut! in der Mitte) [...]

Was muß in Europa erreicht werden? Ohne Zweifel mehr als eine *Verteidigungsgemeinschaft!* Aus dem in 17 Staaten aufgespalten Resteuropa zwischen dem bolschewistischen Koloß und der Weltmacht Amerika muß ein in Freiheit und Gleichberechtigung geeintes Europa entstehen, oder Europa wird in absehbarer Zeit nicht mehr sein als ein geographischer Begriff auf der Landkarte.

(Sehr gut! in der Mitte)

Es wird nicht mehr sein, nicht durch die Schuld der Bolschewiken, es wird nicht mehr sein durch die Schuld der in nationale Sonderinteressen verstrickten Völker.

(Sehr gut! in der Mitte)

Dieses Europa hat ein gemeinsames Schicksal und eine gemeinsame Zukunft. Was liegt näher, als daß es zu einer gemeinsamen Politik kommen muß?

(Beifall bei den Regierungsparteien)

Es wird zu einer gemeinsamen Politik kommen, wenn es gelingt, eine *europäische Staatsidee* statt einer Addition von nationalistischen Länderideen zu entwickeln,

(Erneuter Beifall bei den Regierungsparteien)

eine europäische Staatsidee, die viel guten Willen und manchen Verzicht von jedem Teilnehmer erfordert. Der politische Weg dieser europäischen Staatsidee ist vorgezeichnet durch Geschichte und Kultur des Abendlandes. Eine echte *europäische Verteidigungsgemeinschaft* kann in diesem Sinne nichts anderes sein als das natürliche Ergebnis einer europäischen Staatsidee.

(Sehr gut! in der Mitte)

Europa muß aus der Idee und aus seiner geschichtlichen Aufgabe heraus entwickelt werden. Dieses Europa soll eine Armee für seine Verteidigung besitzen, aber Europa soll nicht eine Armee sein, die sich einen Staat schafft.

(Sehr gut! in der Mitte)

Die *Aufgabe Europas* ist es zunächst, den eigenen Bestand zu sichern und damit wieder einen unentbehrlichen und stabilen Faktor der Weltpolitik zu schaffen. Die Aufgabe dieses Europas ist es nicht, die Gegensätze auf dieser Welt zu verschärfen, sondern sie allein durch sein Dasein und durch seine soziale Ordnung im Innern dieses Kontinents zu entspannen.

(Beifall bei den Regierungsparteien)

Darum, meine Damen und Herren, wird dieses Europa berufen sein – und hier wollen wir uns einmal über den Begriff „Frieden" unterhalten –, eine klare *Friedenspolitik* zu betreiben. Friedenspolitik heißt nicht Schwäche. Friedenspolitik heißt niemals Entwaffnung. Friedenspolitik heißt vor allen Dingen nicht leichtsinnige Hoffnung auf Errettung durch die Hand des Zufalls.

(Erneuter Beifall bei den Regierungsparteien)

Friedenspolitik heißt eines: klar erklärter Verzicht darauf, politische Ziele mit Gewalt durchsetzen zu wollen.

(Sehr gut! in der Mitte)

Friedenspolitik heißt aber auch, einem eventuellen Angreifer klarzumachen, daß sein Angriff auf den organisierten Gesamtwiderstand Europas und Amerikas stoßen wird.

(Lebhafter Beifall bei den Regierungsparteien)

So gern ich auch die beiden mitsammen sprechen sehe

(Zurufe von der SPD)

– allmählich lerne auch ich politische Vernunft, Kollege Schoettle –,

(Heiterkeit)

so gern ich die beiden mitsammen sprechen sehe, so möchte ich doch Herrn Dr. Adenauer und Herrn Dr. Schumacher nicht gern hinter Stacheldraht im Ural sich darüber unterhalten sehen, was sie im Frühjahr 1952 hätten tun sollen!

(Stürmischer Beifall bei den Regierungsparteien – Abg. Dr. Wuermeling: Ausgezeichnet! – Lebhafte Zurufe links)

– Gehn's, ich würde Ihre Aufregung dann viel ernster nehmen, – –

(Zurufe links: Wo ist denn hier der Aufgeregte?)

– Ja, die Herren von der außerordentlichen Linken!

(Große Heiterkeit)

Schau'n Sie, ich würde Ihre Aufregung viel ernster nehmen, wenn ich nicht gerade in Bayern erlebt hätte, daß kommunistische Denunzianten sich amerikanischen Entnazifizierungsstellen bis zum Überdruß aufgezwängt haben!

(Erneute Heiterkeit und Beifall bei den Regierungsparteien – Zurufe von der KPD)

Das war die Zeit, zu der es noch gefährlich war, gegen den Bolschewismus auch hier zu sprechen.

(Abg. Dr. Wuermeling: Das ist aber kein bayerisches Reservat!)

Meine Damen und Herren, dieses *Europa* kann *nicht neutral* sein. Dieses Europa darf niemals aggressiv sein. Aber dieses Europa muß durch seine Stärke und durch die Stärke seiner Bundesgenossen jeden Angriff für den Angreifer zum Selbstmord machen.

(Sehr gut! in der Mitte)

Wir müssen dem russischen Volk und den sowjetischen Machthabern die Furcht, aber auch den Vorwand nehmen, daß eine europäische Verteidigungsgemeinschaft Werkzeug oder Vorbereitung eines Angriffskrieges gegen das russische Volk werden kann.

(Sehr gut! bei den Regierungsparteien)

In diesem *Europa* hat *Deutschland* ganz bestimmte Möglichkeiten, ganz bestimmte Aufgaben und damit auch eine ganz bestimmte Verantwortung, die in unseren Händen liegt; eine Verantwortung, die wir nicht dadurch ablehnen können und um die wir uns nicht dadurch herumdrücken können, daß wir die Frage der *Legitimation dieses Bundestages* aufwerfen.

(Beifall bei den Regierungsparteien)

Es würde sonst zur Sitte der Feinde der Demokratie werden – worunter ich Sie selbstverständlich nicht verstehe, Herr Kollege Ollenhauer –, jedem Parlament vor seinem Gang zur Arbeit einen Exklusivkatalog der Angelegenheiten zu geben, über die es entscheiden darf.

(Sehr gut! bei den Regierungsparteien) [...]

Wir haben uns mit zwei Argumenten zu befassen, die grundsätzlich gegen einen Verteidigungsbeitrag angeführt werden. Erstens einmal: Ein *deutscher Verteidigungsbeitrag* verhindert die *deutsche Einigung* und verewigt die Spaltung unseres Volkes. Zweitens: Ein deutscher Verteidigungsbeitrag erhöht die *Kriegsgefahr.* Meine Damen und Herren, ich glaube, bei dieser Debatte muß diese Frage gestellt werden. Sie ist die Frage des Risikos für uns nach zwei Seiten hin. Diese Frage wird draußen im Volk gestellt, und das Parlament muß sie beantworten. [...]

Es hängt nicht von den Buchstaben ab, es hängt nicht von den Worten ab, die über die Lippen kommen,

(Abg. Loritz: Ganz richtig!)

es hängt von der inneren Gesinnung ab, ob jemand mit dem Worte *Frieden* auch wirklich Frieden meint oder nur eine gute Tarnbezeichnung für die Kriegsvorbereitung,

(Sehr richtig! bei der CDU)

ob er mit dem Worte *Freiheit* das persönliche Recht des Einzelmenschen auf Freiheit der Meinung und Unverletzlichkeit der Person meint oder ob er dieses Wort mißbraucht für die Willkür des Kollektivs, den Menschen zum Sklaven zu machen.

(Sehr gut!)

Wir in Deutschland haben eine harte Schule in dieser Hinsicht hinter uns. Aber diese harte Schule hat, so grauenhaft die Opfer geworden sind, die auf der Strecke bleiben mußten, eines für sich gehabt, meine Herren von der extremen Linken: Wir sind immun geworden gegen den Schwindel, der sich hinter Begriffen und Worten tarnt.

(Lebhafter Beifall bei den Regierungsparteien – Zurufe von der KPD)

Sie werden, wenn das deutsche Volk aufgeklärt ist, wenige finden, die sagen: Ich bin neutral, sagte das Schaf.

(Heiterkeit – Zuruf des Abg. Loritz)

– Wenn Sie sich getroffen fühlen, Herr Kollege Loritz, habe ich nichts dagegen.

(Erneute Heiterkeit – Zuruf des Abg. Loritz)

So wird mit dem Worte *deutsche Einheit* gerade von denen am meisten Mißbrauch getrieben, die es am wenigsten ernst meinen mit einer deutschen Einheit in wirklicher Freiheit.

(Sehr gut! bei der CDU)

Wir wollen – das sei mit aller Deutlichkeit und endgültig für den Standpunkt unserer Fraktion klargestellt; Herr Kollege Ollenhauer, ich darf darauf eine Antwort geben – uns auf keinen Fall abfinden mit dem *Provisorium der Bundesrepublik.* [...] Wir wollen die deutsche Einheit in Freiheit wiederherstellen; aber wir wissen auch, daß die Lösung all dieser Fragen nicht allein durch unseren guten Willen herbeigeführt werden kann, sondern nur durch ein geeintes Europa, das weiß, was es will, und das als Verhandlungspartner ernstgenommen wird.

(Sehr richtig! bei der CDU – Zuruf von der KPD: Und von Eisenhowers Divisionen!)

Herr Kollege Ollenhauer hat vorhin die Frage angeschnitten; er ist aber die Antwort zwar nicht über das Ziel, aber über die Methoden schuldig geblieben.

(Zustimmung bei den Regierungsparteien – Abg. Dr. Wuermeling: Wie immer!)

Wer auf den Anschluß der Bundesrepublik an die Gemeinschaft der freien Völker verzichtet, gibt die deutsche Einheit preis, ob er will oder nicht,

(Sehr gut! bei der CDU)

ob er es weiß oder nicht. Die verhängnisvolle These, die manchmal auch in der SPD angeklungen ist: Zuerst Einheit, dann Europa, wird von uns mit der klaren Parole beantwortet: Über die *Einheit Europas* zur *Wiedervereinigung Deutschlands!*

(Lebhafte Zustimmung bei den Regierungsparteien)

Wir sagen den deutschen Brüdern im Osten nicht ein Lebewohl mit den Entscheidungen, die wir getroffen haben und vielleicht noch treffen werden. Wir wollen aber auch mit ihnen kein Wiedersehen jenseits des Eisernen Vorhangs für uns haben.

(Sehr gut! bei der CDU – Abg. Dr. Mommer: Kein bayrisches Privileg! – Unruhe links)

Meine sehr verehrten Damen und Herren, Sie, auch von der SPD, werden mir gestatten, daß ich

(Abg. Schoettle: Auch etwas an die Gefühle zu appellieren!)

– o nein, ich zitiere jetzt gerade einen Parteifreund von Ihnen – hinsichtlich der Methode das ergänze, was der Kollege Ollenhauer hier zu sagen unterlassen hat, und zwar aus dem Munde seines ebenfalls prominenten Parteifreundes Kaisen, wenn er auch manchmal zwischen Gnade und Ungnade steht. Dort heißt es: ... durch Verbindung mit dem Westen den politischen Status wiederzugewinnen, die wirtschaftliche Erholung zu erreichen und die Sicherheit zu erreichen, ist unser Ziel.

(Abg. Dr. Schröder [Düsseldorf]: Sehr gut!)

Um dieses Ziel zu erreichen, muß die westliche Welt einschließlich Deutschlands so fest miteinander verbunden werden, daß endlich das nächste Ziel ins Auge gefaßt werden kann, eine friedliche Übereinkunft mit Rußland zu festen Bedingungen zu erreichen, die auf der Basis der Gleichberechtigung und des Selbstbestimmungsrechts der Nationen zustande kommen muß. Nur so ist der Friede zu gewinnen und die deutsche Einheit wiederherzustellen.

(Abg. Dr. Schröder [Düsseldorf]: Ein Bravo für Kaisen!)

Die Frage, die heute von Millionen Deutschen in berechtigtem Ernst gestellt wird, ob ein deutscher Verteidigungsbeitrag die *Kriegsgefahr* erhöht, kann nicht allein von der europäischen Landkarte aus entschieden werden. Die Verteidigungsgrenzen der freien Welt ziehen sich heute um den ganzen Erdball. Auf ihm gibt es viele heiße Punkte. Deutschland ist einer davon. Ein deutscher Beitrag für die europäische Verteidigungsgemeinschaft bedeutet für Rußland keine Gefahr, da die europäische Verteidigungsgemeinschaft bewußt auf dem Gedanken der Sicherung und des Verzichtes auf jeden Angriffskrieg aufgebaut ist. Rußland weiß, daß ein Angriff auf einen Staat der europäischen Verteidigungsgemeinschaft den dritten

Weltkrieg auslösen würde. Die bisherigen Erfahrungen zeigen nicht, daß Rußland bereit ist, dieses Risiko auf sich zu nehmen. [...]

Wir stehen nicht an, zu erklären, daß wir von Herzen gern auf jeden Gedanken an einen Verteidigungsbeitrag verzichteten, wenn die Sowjetunion durch wirkliche Verminderung ihrer Rüstungsstärke und durch echte Verhandlungsbereitschaft ausreichende Garantien gäbe. Es gibt für uns Deutsche in dieser Weltlage keine Neutralität, die nicht zwangsläufig den Bolschewismus heraufbeschwört. Das heißt, nur ein *kollektives System der westlichen Welt* in voller Solidarität einschließlich Deutschlands kann den Frieden retten, was allein das Ziel und das Fernziel unseres Volkes sein muß.

Wir begrüßen, daß die *Gewerkschaften* in einer klaren Stellungnahme jeden Gedanken an eine Neutralität gegenüber den Feinden jeder Demokratie konsequent abgelehnt haben.

Die Politiker der Notgemeinschaft – ja, auch Sie, meine Damen und Herren der SPD! – sollten sich der Ansicht nicht verschließen, daß ihre Stellungnahme zum deutschen Verteidigungsbeitrag, wenn Sie auch grundsätzlich den Ohne-mich-Standpunkt ablehnen, draußen in der Öffentlichkeit praktisch zur Stärkung des Ohne-mich-Standpunktes beigetragen hat,

(Sehr gut! bei den Regierungsparteien – Abg. Dr. Wuermeling: Und bewußt!)

wovon wir uns bei unzähligen sozialdemokratischen Diskussionsrednern überzeugt haben.

(Sehr richtig! in der Mitte)

Sie beschwören Geister herauf – auch wenn Sie es nicht glauben, Herr Kollege Mellies –, die Sie nie wieder loswerden, auch dann nicht, wenn Sie es wollten und müßten.

(Sehr gut! in der Mitte)

Der *Ohne-mich-Gedanke* führt zwangsläufig zu einer Entscheidung der westlichen Welt, die schließlich heißen wird: ohne euch, dann gegen euch und zum Schluß mit euch unter bolschewistischen Fahnen.

(Sehr gut! bei den Regierungsparteien)

Wir sollten – in gemeinsamer Verantwortung! – die Voraussetzungen festlegen, die einen deutschen Verteidigungsbeitrag ermöglichen, und wir sollten für unsere Voraussetzungen eine klare, sachliche Stellungnahme abgeben. Ich möchte Sie, meine Damen und Herren von der SPD, dringend bitten, die Frage eines deutschen Verteidigungsbeitrages nicht vom Standpunkt des Stimmengewinns für die nächsten Wahlen zu betrachten.

(Lebhafte Zustimmung bei den Regierungsparteien)

Ich habe dabei die Landtagswahlen in der amerikanischen Zone vom November 1950 im Auge, mit diesem Plakat: ein Massengrab mit einem Gewehr, einem Stahlhelm darauf, darüber die Worte: „Nie wieder! Darum SPD!"

(Lebhafte Rufe: Hört! Hört! bei den Regierungsparteien)

Damit treibt man keine politische Propaganda, am wenigsten eine parteipolitische Propaganda!

(Sehr gut! bei der CDU)

Das Opfer, das in der Vergangenheit gebracht worden ist, und das Opfer, das heute anderswo auch für unsere Freiheit gebracht wird, ist zu ernst, als daß man es für Plakate verwenden sollte.

(Stürmische Zustimmung bei den Regierungsparteien)

Ich darf zum Schluß folgendes sagen. Wir sind uns, auch von unserer Fraktion aus, sehr wohl bewußt, Herr Bundeskanzler, daß die Nichterfüllung der notwendigen Voraussetzungen, die von uns in einer eigenen Stellungnahme noch vorgelegt werden, auch bei uns zu einem Nein in dieser Frage führen kann.

(Hört! Hört! links)

Wir erklären aber nicht, daß die Umstände überhaupt gar nicht geschaffen werden könnten, unter denen ein Ja möglich wäre, wie es Herr Kollege Ollenhauer getan hat.

(Widerspruch bei der SPD)

– Ja, die Umstände mit der Neuwahl sind für uns nicht die Umstände, die Sie meinen!

(Heiterkeit bei den Regierungsparteien)

Die Regierung muß es sich angelegen sein lassen, mit der Regierungskoalition und der verantwortungsbewußten Opposition die Voraussetzungen für die Verhandlungen mit dem Auslande festzulegen und dort diese Voraussetzungen zu vertreten. Wir wissen es sehr genau: praktische politische und militärische *Gleichberechtigung*, ausreichende *Sicherheitsgarantie*. Herr Guderian beruft sich auf Dr. Schumacher. Wir sind uns in dieser Frage völlig einig mit Dr. Schumacher wie mit dem Zitat von Guderian in seinem Buch „Kann Westeuropa verteidigt werden?".

(Abg. Dr. Arndt: Na also, sagen Sie auch nein, dann ist alles gut!)

Aber jetzt – passen Sie auf, Herr Dr. Arndt – kommt noch etwas: Sie haben doch in Hessen eine so große Zahl von Besatzungsgeschädigten und Besatzungsverdrängten. Was glauben Sie, wie die Begeisterung bei uns für die europäische Verteidigung wachsen würde, wenn die These Dr. Schumachers angewandt würde, daß mindestens 60 bis 70 angelsächsische Divisionen – das ist die Kleinigkeit von 1,5 Millionen Mann, mit Unterkünften, Truppenübungsplätzen, Kasernen und Flughäfen – bei uns untergebracht werden müßten!

(Sehr gut! bei den Regierungsparteien. – Abg. Mellies: Unter diesem Gesichtspunkt sehen Sie das? Das ist sehr interessant, Herr Strauß!)

Solange wir es nicht für notwendig halten, daß Deutschland zu einem Heerlager der Amerikaner wird, in dem man Zivilisten mit der Laterne suchen muß, wollen wir nicht dazu beitragen, durch die Stellung solcher Voraussetzungen in unserem Volke untragbare psychologische und praktische Bedingungen zu schaffen.

Eine klare Friedenspolitik der Stärke und Mäßigung bietet die Garantie dafür, daß der Aufbau eines deutschen Verteidigungsbeitrages auf der Grundlage des demokratischen Rechtsstaates erfolgt. Der *finanzielle* deutsche *Beitrag* darf weder die Währung gefährden noch die sozialen Leistungen vermindern noch einen Druck auf den Lebensstandard der sozial Schwachen ausüben.

(Abg. Renner: Wo soll er denn da herkommen?)

Diese drei Forderungen! Es ist nicht so, wie Herr Kollege Ollenhauer erzählt hat. Ich will es mir ersparen, das Ergebnis der gestrigen Verhandlungen, das Ihre Herren genau so wie ich gehört haben, hier vor Ihnen auszubreiten. Aber in einem Satze muß gesagt werden: bis jetzt ist der Bundesfinanzminister keinen Schritt über diese Linie hinausgegangen,

(Bravo! bei den Regierungsparteien)

und wir sollten ihm den Rücken stärken, damit er diese Linie bis zum Abschluß beibehalten kann.

(Beifall bei den Regierungsparteien)

Meine Damen und Herren, Sie sprechen von den gegebenen Voraussetzungen. Wir sollten bei der Frage der Voraussetzungen ausschließlich von den politisch-sachlichen Gegebenheiten ausgehen. Wir sollten uns hüten – Sie und wir –, von der Frage der Möglichkeit eines politischen Geschäfts innerhalb Deutschlands auszugehen.

(Sehr gut! bei der CDU/CSU)

Das Schicksal Deutschlands ist untrennbar mit dem Schicksal der freien Welt verbunden. Die amerikanische Sicherheitsgarantie muß so lange ausreichen, bis die europäische Wirtschaftskraft, die staatliche Kraft und die politische und verteidigungsmäßige Kraft, organisiert ist. In dem Verteidigungsvertrag ist nicht nur festgelegt, daß Deutschland nicht diskriminiert werden darf; dort ist auch festgelegt, daß jeder Angriff auf ein Land dieses Paktes durch das Eingreifen aller Länder beantwortet wird. Es ist – das ist für uns vielleicht ein wesentlicher Bestandteil – ebenfalls festgelegt, daß ein weiteres Eingreifen der europäischen Verteidigungsgemeinschaft ohne *Zustimmung aller Mitglieder*, also ohne Zustimmung Deutschlands, nicht möglich ist. Und wenn jemand sagen wollte: Der Westen führt einen Präventivkrieg!, nun, Deutschland ist in der Lage, durch eine klare Entscheidung einen Präventivkrieg von herüben wie von drüben – auch wenn er dort nicht ernsthaft propagiert wird – zu verhindern.

Wir müssen uns bei der kommenden Entscheidung von einer dumpfen Erwartung der Zukunft lossagen. Wir sollten diesen Weg, meine Damen und Herren von der SPD, in gemeinsamer Verantwortung gehen. Möge es uns erspart bleiben, einmal darüber nachzudenken – wie es Ihren Parteifreunden und meinen Gesinnungsfreunden in der Vergangenheit gegangen ist –, was man hätte tun sollen, als es Zeit war. Heute ist noch Zeit, erstens zu prüfen, zweitens zu entscheiden und drittens in europäischer Verantwortung danach zu handeln. Es lebe Europa!

(Anhaltender lebhafter Beifall bei den Regierungsparteien.)

Widerstand:
EUGEN GERSTENMAIER
1906–1986

aus Kirchheim/Teck (Württemberg), kaufmännischer Angestellter bis 1929, danach Abitur und ab 1931 Studium der evangelischen Theologie und Philosophie in Tübingen, Rostock und Zürich; 1935 Dissertation (Lic. theol.) über die „Frage der allgemeinen Offenbarung" und Ordination, 1937 Habilitation „Die Kirche und die Schöpfung". 1934 erstmals verhaftet, „als er eine Rücktrittsaufforderung an den 'Reichsbischof' Ludwig Müller initiierte" (F. K. Fromme). 1938 Mitarbeiter im kirchlichen Außenamt der Deutschen Evangelischen Kirche. 1939/40 dienstverpflichtet im Auswärtigen Amt. Mitglied der Bekennenden Kirche und des Kreisauer Kreises, nach dem 20. Juli 1944 vom „Volksgerichtshof" zu sieben Jahren Zuchthaus verurteilt. 1945 in Bayreuth von den Amerikanern befreit. 1945 bis 1951 Leiter (und Gründer) des Hilfswerks der Evangelischen Kirche in Deutschland. MdB (CDU/CSU) 1949 bis 1969, 1954 bis 1969 Präsident des Deutschen Bundestages. Schrieb Memoiren: „Streit und Friede hat seine Zeit" (Frankfurt/M./Berlin/Wien 1981).

Vmb des willen / so ergreiffet den Harnisch
Gottes / auff das jr / Wenn das böse stündlin
kompt / widerstand thun / vnd alles wol ausrichten / vnd das Feld behalten / müget

Epheser 6,13, Übersetzung Luthers.

Es gibt einige wenige bestimmende Leitmotive in Eugen Gerstenmaiers Leben: Die Erfahrungen, die er, der deutsche Patriot, im Widerstand gegen Hitler sammelte, die Erlebnisse des Theologen im
Kampf der Bekennenden Kirche gegen die „Deutschen Christen",
und drittens: die Außenpolitik. – Hinzugefügt werden darf, weil das
Persönlichkeitsbild sonst nicht vollständig wäre: Der Jagd gehörte
seine Passion; er war ein gewaltiger Nimrod. – Mit Freuden hätte er
auf das Amt des zweiten Mannes im Staat – das er länger wahrnahm
als alle Vorgänger und Nachfolger – verzichtet, wenn er dafür Außenminister geworden wäre. Es sollte nicht so sein; Adenauer nahm
erst einmal selber, ganz selbstverständlich, dieses Amt für sich in Anspruch, und als er es an Heinrich von Brentano abtrat, wusste er, dass
er sich auf die Gefolgschaftstreue dieses ihm ergebenen Politikers
unbedingt verlassen konnte. Mit dem „widerborstigen Schwaben"
(Carlo Schmid), dem es weder an Selbstbewusstsein noch an Man-
nesmut vor Königsthronen mangelte, hatte er sowieso nicht allzuviel
im Sinn und wusste ihn auf dem Präsidentenstuhl, abseits von der
Regierungsmacht, gut aufgehoben. Dass es Gerstenmaier nie vergönnt war, die Wahrnehmung der zwischenstaatlichen Beziehungen
verantwortlich zu leiten und das, in den Augen der Öffentlichkeit
wenigstens, internationalen Flair aufweisende Amt des Außenministers auszuüben, hat ihn zeitlebens gekränkt. Ist dies der Grund dafür, dass seine Grundstimmung oft verdrießlich, gar unwirsch war?
Dabei hätte er die Voraussetzungen für eine erfolgreiche Amtsführung sicher besessen: nach dem Studium als „Spätberufener" und den
rasch absolvierten Examina konnte er, bis zu seiner Verhaftung im
Jahre 1944, im Dienst des kirchlichen Außenamtes eine Fülle von
internationalen Kontakten knüpfen und kannte sich im diplomatischen Handwerk gut aus. Sein Schicksal aber und seine Aktivitäten
„mit Bibel und Pistole", wie er sie später bezeichnete, führten ihn
wegen Hoch- und Landesverrats nach dem gescheiterten Umsturz-
versuch des 20. Juli 1944 vor den „Volksgerichtshof" des Deutschen
Reiches, wo er, dank einer todesmutig-geschickten Verteidigung, die
ihn in den Augen des wahrhaft furchtbaren Roland Freisler als „welt-
fremden Kirchenmenschen" erscheinen ließ, mit der milden Zucht-

hausstrafe von sieben Jahren davonkam; aber auch gegen ihn war wie gegen Moltke, Delp und die anderen die Todesstrafe beantragt worden. Nach dem Krieg nahm er sich mit der ihm eigenen Tatkraft und Energie der Notleidenden, aber auch der Verfolgten des Naziregimes an, und so lag es nahe, daß die CDU/CSU-Fraktion des Bundestages Gerstenmaier bei der ersten Lesung des Israel-Abkommens beauftragte, den Standpunkt der Fraktion vorzutragen (vgl. den dieser Einführung folgenden Text der Rede). Das deutsche Volk, sagte er, dürfe den Satz von der Kollektivschuld aller Deutschen ablehnen; aber der Satz von der Kollektivunschuld könne nicht aufgestellt werden. Um die politische und moralische Verurteilung Deutschlands zu überwinden – später schrieb er, „wir waren immer noch, sieben Jahre nach der Kapitulation, die räudigen Hunde der Weltgeschichte" –, bedürfe es der Dokumentation einer neuen Gesinnung. Von diesem Ort aus müsse dieser erste Vertrag der Bundesrepublik mit Israel beurteilt werden.

Die ersten dünnen Fäden zwischen der Bundesrepublik und Israel waren im Jahre 1951 in Istanbul, unter den denkbar schwierigsten Umständen, geknüpft worden, und die Regierungen hatten diese Fäden aufgenommen. Die Verhandlungen fanden in den Niederlanden statt, Leiter der Delegation der Bundesrepublik war Professor Franz Böhm, „der Tapferste der Tapferen", wie ihn Gerstenmaier nannte, der selbst enge Verbindung zu der deutschen Delegation hielt und größtes Interesse am positiven Ausgang der Konferenz nahm. Am 10. September 1952 wurde das Abkommen – nach ungeheuer schwierigen Verhandlungen – von Bundeskanzler Adenauer und dem israelischen Außenminister Scharett in Luxemburg unterzeichnet. „Soweit überhaupt durch unsere Kraft etwas für die Beseitigung der Folgen geschehen kann – ich denke hier an die entstandenen materiellen Schäden, die der Nationalsozialismus den von ihm Verfolgten zugefügt hat –, hat das deutsche Volk die ernste und heilige Pflicht zu helfen, auch wenn dabei von uns, die wir uns persönlich nicht schuldig fühlen, Opfer verlangt werden, vielleicht schwerste Opfer", erklärte Adenauer bei der Verabschiedung des Gesetzes im Bundestag am 18. März 1953. Es ist ein Ruhmesblatt des ersten Deutschen Bundestages, dieses Abkommen in einer Zeit auf den Weg gebracht zu haben, in der der Wiederaufbau noch in seiner ersten Phase stand und die Nachkriegsnot noch keineswegs beseitigt war; 3,5 Milliarden DM waren damals ein empfindlicher Aderlass für die Bundesrepublik. Den Israelis half das Abkommen „aus einer bedrohlichen finanziellen Klemme" (Gersten-

maier). Um es durchzusetzen, bedurfte es allerdings der unangefochtenen Autorität des Regierungschefs der Bundesrepublik Deutschland
und – der in diesem Fall geschlossen mitziehenden Opposition.

Weil sich dieses Buch auch als eine Dokumentation von herausragenden Ereignissen jener Tage versteht, sei das amtliche Endergebnis
der Abstimmung über den „Entwurf eines Gesetzes betreffend das
Abkommen vom 10. September 1952 zwischen der Bundesrepublik
Deutschland und dem Staate Israel" wiedergegeben:

Fraktion	Ja	Nein	Enthaltung
CDU/CSU	84	5	39
SPD	125	–	–
F.D.P.	17	5	19
DP*	5	5	10
FU**	3	–	13
KPD	–	13	–
Fraktionslose***	5	7	5

*	Deutsche Partei
**	Föderalistische Union; frühere Mitglieder der Fraktionen des Zentrums und der Bayernpartei
***	u.a. frühere Mitglieder der „Nationalen Rechten" und der bayerischen „Wiederaufbauvereinigung" (WAV)

Die gegen den Gesetzentwurf stimmenden oder sich enthaltenden
Mitglieder des Hauses gaben in einer Reihe von persönlichen Erklärungen verschiedene Gründe für ihr Abstimmungsverhalten an:
Der Staat Israel habe noch nicht bestanden, als die Juden in
Deutschland verfolgt und vertrieben wurden; das an Deutschland
verübte Unrecht fordere die Bereitstellung aller erreichbaren Mittel
für die deutschen Heimatvertriebenen; der individuellen Wiedergutmachung gegenüber Juden gebühre der Vorrang; das deutsche
Volk dürfe die Freundschaft der arabischen Völker nicht verlieren.

Dem Aufruf Adenauers, dem jüdischen Volk zu helfen – er bezeichnete dies als ernste und heilige Pflicht –, entsprachen also nur
knapp 60% der 402 Mitglieder des Hauses. Von den Regierungsparteien kamen 106 zustimmende Voten, von der SPD 125. Ohne
die Opposition wäre das Gesetz gescheitert.

Nach dem plötzlichen Tod Hermann Ehlers' wurde Gerstenmaier am 16.11.1954, im dritten Wahlgang, zum Bundestagspräsidenten gewählt. Offensichtlich hatte die Fraktionsführung der
CDU/CSU versäumt, die bei derartigen Wahlen übliche Abstimmung zwischen den Fraktionen des Hauses herbeizuführen; anders

ist die etwas enttäuschende Prozedur mit drei Wahlgängen nicht zu erklären, die schließlich zu dem nicht sehr glänzenden Abstimmungsergebnis – abgegebene Stimmen: 409, davon für Eugen Gerstenmaier: 204, für Ernst Lemmer: 190, Enthaltungen: 15 – führte. Aber als der Bundestag erkannte, welche Potenzen Eugen Gerstenmaier in den Dienst des Präsidentenamtes zu stellen hatte, wurde diese Scharte schnell ausgewetzt: Bei den Präsidentenwahlen in den Jahren 1957, 1961 und 1965 erhielt er Mehrheiten zwischen 75 und 91%. Man kann dies erstaunlich finden; denn Gerstenmaier war nie der, der anderen nach dem Mund redete – auch dem Bundeskanzler nicht. Er führte im Hause ein strenges Regiment, und wie er den Rang seines Amtes einschätzte, kam unter anderem auch darin zum Ausdruck, dass er bei besonders zugespitzten Situationen im Plenum von sich in der dritten Person sprach: „Der Präsident entscheidet jetzt ...". Die von Ehlers vorgegebene Richtung hat er geradlinig fortgesetzt und das Eigengewicht der Legislative gegenüber der Regierung in seiner langjährigen Amtszeit beträchtlich verstärkt. Er hat den Stil des Hauses für viele Jahre geprägt. Gerstenmaier war einer der nicht allzu zahlreichen wirklichen Rhetoren, die der Bundestag je hatte; die Schwaben werden zwar, wie das Diktum sagt, erst mit 40 gescheit, aber was dann jenseits dieser Marke von einigen „Reichsschwaben" in Bonn geboten wurde, gehört rednerisch, inhaltlich und formal zu den Spitzenleistungen des deutschen Nachkriegsparlamentarismus.

Es ist viel Papier über die Gründe des plötzlichen Rücktritts Gerstenmaiers im Jahre 1969 beschrieben worden. Tatsache ist, dass er bei den Mächtigen der DDR einer der bestgehassten Politiker der Bundesrepublik war, „gefährlicher als Strauß", wie es einmal hieß. Niemals dachte Gerstenmaier daran, in der Deutschlandfrage mit der DDR zu verhandeln; hierfür war nach seiner Meinung allein die sowjetische Regierung zuständig. So schwirrten, und nicht nur gelegentlich, Giftpfeile aus dem Osten an, die ihn zwar nicht treffen konnten, ihm aber die traurige Erfahrung vermittelten – schon die alten Römer kannten sie –, dass eben immer etwas hängen bleibt. Freunde im Hohen Haus hatte er wohl nicht allzu viele; die Leistung des starken und energischen Präsidenten wurde respektiert, aber seine oft selbstherrliche Art hatte viele gegen ihn eingenommen. Auch wurde ihm in der Öffentlichkeit verübelt, dass er Wiedergutmachungsansprüche stellte – ihm, der im Widerstand gegen Hitler Kopf und Kragen riskiert hatte, ihm, der vor Freislers Blutgericht stand, ihm, dessen engste Freunde den Weg nach Plötzensee antreten mussten, ihm, der zu der kleinen Schar derer gehörte, die während der tiefsten Erniedrigung des deutschen Volkes ihre Würde behielten, sodass der Name ihres Landes nach dem Zusammenbruch nicht nur mit Verachtung genannt wurde. Gerstenmaier: „Daß ein Mann in einer Spitzenstellung des Staates mehr Pflichten hat als ein anderer, akzeptierte ich jederzeit. Aber niemals verband ich damit jene charakterlose Vorstellung, daß er auch weniger Rechte habe als jeder andere, oder sie nicht wahrnehmen dürfe, wenn es darauf ankomme."

Am 31. Januar 1969 trat er zurück. Es war nicht nur für seine Partei ein Verlust.

Der Israel-Vertrag:
Dokument einer neuen Gesinnung

Rede Gerstenmaiers am 18.3.1953 im Bundestag, Bonn, aus: DBT/1. WP/254. /18. 3. 1953/12276 A–12277 C

Herr Präsident! Meine Damen und Herren! Ich habe die Ehre, namens meiner politischen Freunde folgendes vorzutragen.

Zu den unbegreiflichsten Erscheinungen der neueren Geschichte wird immer jener *Ausbruch von Wahnsinn* gehören, dem schätzungsweise sechs Millionen deutsche, französische, belgische, polnische, russische, ungarische, dänische und andere europäische Bürger zum Opfer gefallen sind. Mit systematischer Methode und einer nahezu perfekten Technik wurden sie, vom Säugling bis zum Greis, erschossen, vergast, vernichtet aus keinem anderen Grund als dem, weil sie angeblich oder wirklich Menschen „anderen Blutes", Menschen jüdischer Rasse seien. Der Befehl war ergangen, Deutschland, „Großdeutschland", ja Europa „judenfrei" zu machen. Wer nicht entrann, verfiel dem Henker. Der den Befehl gab und die ihn ausführten, waren ruchlose Mörder.

(Abg. Strauß: Sehr richtig!)

Aber sie hatten die Macht in Deutschland und sie sprachen im Namen, jedenfalls aber zu Lasten Deutschlands. Es gab Hunderttausende in Deutschland, denen darüber das Grausen ankam. Es gab Tausende, die gequält Hilfe zu bringen versuchten. Und es gab nicht wenige, die ihren Hals an diese Hilfe gewagt und ihn dabei verloren haben. Diesen Blutzeugen der Menschlichkeit, Vertreter des deutschen Volkes, hat es Deutschland in erster Linie zu danken, wenn es den Satz von der *Kollektivschuld aller Deutschen* ablehnen darf.

(Sehr richtig! in der Mitte)

Aber ihre Schar ist bei weitem nicht groß genug, um den anderen Satz von der *Kollektivunschuld* aufstellen zu können. Wie Schuld und Unschuld sich hier auch immer mischen mögen, das eine steht fest: im Namen und zu Lasten Deutschlands wurden die Bürger jüdischer Rasse im Machtgebiet des Dritten Reiches in die Ghettos und von dort in die Verbannung oder in die Gasöfen geschickt. Das Ergebnis war der Gegenschlag der Geschichte, dessen Zeugen wir geworden sind. Das Ergebnis war: Deutschland, *ganz Deutschland* wurde in ein *großes Ghetto* verwandelt. Unüberwindlicher als die Mauern eines orientalischen Ghettos waren für uns Deutsche die *Mauern von Haß, Verachtung und Ablehnung*, die schon vor dem Kriege um uns gezogen wurden und die nach dem Kriege uns gefangen hielten.

Es ist wahr, in diese Mauern um Deutschland sind *Breschen* geschlagen, breite Breschen sogar. Wir halten es für eine der *größten Leistungen der deutschen Politik nach dem Krieg*, insbesondere der Außenpolitik der Bundesregierung, daß sie mit Beharrlichkeit und Vertrauen schaffender Gradlinigkeit Deutschland aus diesem Ghetto weithin herauszuführen vermochte. Aber nur rührende Weltfremdheit oder dreiste Vergeßlichkeit kann so tun, als ob wir in diesem Stück über den Berg wären, als ob die Ablehnung Deutschlands, als ob seine moralische und politische Verurteilung endgültig überwunden oder in dieser Welt vergessen wären. Dazu bedarf es mehr als eines naiven Gemüts oder unbekümmerter Vergeßlichkeit. Hier kommt es auch nicht nur auf gutgemeinte Worte an, hier kommt es auf die Respekt gewinnende *Dokumentation einer neuen Gesinnung* an. Wir glauben, daß hier der allgemeine geistige und der besondere politische Ort ist, von dem aus dieser erste Vertrag der Bundesrepublik Deutschland mit dem Staate Israel verstanden und beurteilt werden muß.

Dieser Vertrag entspringt, was Deutschland anbetrifft, dem festen Willen, einer klar und genau empfundenen sittlichen Verpflichtung nach dem Maße unserer nationalen Kraft einen materiellen Ausdruck zu geben. Und dieser Vertrag hat das Ziel, Deutschland aus dem Ghetto ganz und für immer herauszubringen. Ich sehe nicht ein, warum nicht beides frei ausgesprochen werden sollte. Deutschland hat in dieser Sache eine unabweisbare doppelte Pflicht, erstens gegenüber den Opfern der Tyrannei, zweitens gegenüber sich selbst, seinem Namen und seiner geschändeten Ehre. Wir sind nicht bereit, darüber erst noch in Diskussionen einzutreten. Aber es ist uns bewußt, daß im Zusammenhang mit diesem Vertrag noch einige Fragen klargestellt werden müssen:

1. Die Frage der *individuellen Wiedergutmachung*. Ehe dieser Vertrag – meine Damen und Herren, erlauben Sie mir, daß ich darauf aufmerksam mache – verhandelt und unterzeichnet wurde, hat sich dieses Haus mit einem *Wiedergutmachungsgesetz* befaßt und am 3. Juli 1952 den Antrag des Ausschusses für Rechtswesen und Verfassungsrecht angenommen. Danach ist die Bundesregierung ersucht worden, „den Entwurf eines Gesetzes vorzulegen, das die Entschädigung der Opfer des Nationalsozialismus durch ein Bundesergänzungs- und -rahmengesetz regelt". Meine Damen und Herren! Sehr verehrter Herr Bundeskanzler! Wir bestehen darauf, daß dieses Gesetz nach den Grundsätzen, über die bereits hier Beschluß gefaßt ist, so schnell wie möglich vorgelegt wird; denn wir bestehen auf einer individuellen Wiedergutmachung für alle Opfer des Nationalsozialismus ohne Rücksicht auf Rasse und Konfession.

2. Wir wissen, daß auch über alle individuelle Wiedergutmachung hinaus ein Rest bleiben wird, der nicht aufgeht. Wir wissen, daß auch die *materiellen Opfer des europäischen Judentums* durch die *Massenmordaktionen* so unübersehbar groß sind, daß die individuelle Wiedergutmachung sie gar nicht zu erfassen vermag. Wer soll denn für vollständig ausgemordete Familien, für ausgemordete Sippen und Dörfer auftreten? Wir wissen auch, daß das Übermaß der Leiden und der Erschlagenen nicht mit 3½ Milliarden D-Mark zu bezahlen ist. Wir halten es deshalb für richtig, diesen Betrag für eine *halbe Million in Israel Lebender* zu geben, in Israel Lebender, denen das „Dritte Reich" einst die Existenzgrundlage geraubt hat. Wir wissen, daß auch dabei noch immer ein von uns *nicht tilgbarer immaterieller Rest* bleibt, der nur der Hoffnung auf künftige Versöhnung überlassen bleiben kann,

3. Meine Damen und Herren! Wir bedauern, daß dieser Vertrag zu einer *zeitweiligen Trübung des deutsch-arabischen Verhältnisses* geführt hat. Wir legen Wert auf die alte Freundschaft Deutschlands zu den arabischen Staaten, und was von unserer Seite für die moralische und politische Unterstützung der arabischen Flüchtlings-

aktionen getan werden kann, das sollte getan werden. Aber die Brücke, die wir Deutschen in dieser Sache nun einmal zu betreten haben, führt von den im Namen Deutschlands verjagten und ermordeten Juden nicht zu den Arabern, sondern zu Israel. Wir begrüßen die Bemühungen der Bundesregierung, mit den arabischen Staaten in enger Freundschaft und in fruchtbaren wirtschaftlichen Beziehungen zu leben. Aber wir können und werden uns auch von den arabischen Freunden Deutschlands nicht hindern lassen, das zu tun, was Gewissen und Ehre uns gebieten. Die Araber mögen auch daran erkennen, wie verläßlich die Freundschaft eines solchen Deutschlands in kritischen Situationen sein mag.

Meine Damen und Herren! Ein in Ehren ergrauter Diener des preußischen Staates, ein alter Berliner Sanitätsrat, wurde in jenen ruchlosen Jahren mit seiner Familie abgeholt und in die Krematorien von Theresienstadt geschickt. Der Sohn entrann nach Schweden. Er kam zurück im Winter 1945/46. Er arbeitete hingebungsvoll und ohne Vorbehalt am Wiederaufbau Deutschlands. Wohl als einziger Deutscher hielt er im letzten Jahre an einer bayerischen Universität eine Gedenkrede auf Preußen als „einen teuren Toten". Die Rede ist seinem ermordeten Vater gewidmet und heißt „Die Ehre Preußens". Meine Damen und Herren! Es scheint mir: Es ist Zeit, es ist hohe Zeit, daß wir uns nicht länger beschämen lassen. Das gebietet die Ehre Deutschlands! Darum sagen wir ja zu diesem Vertrag.

(Lebhafter Beifall in der Mitte, bei der SPD und bei Abgeordneten der F.D.P.)

Gleichberechtigung:
Marie-Elisabeth Lüders
1878–1966

aus Berlin, wurde in einer Zeit, in der jungen Mädchen geraten wurde, „sie sollten lieber Strümpfe stopfen statt studieren", erst nach erheblichem Widerstand zu Abitur und Studium zugelassen; 1912 staatswissenschaftliche Dissertation „Die Fortbildung und Ausbildung der im Gewerbe tätigen Frauen und Mädchen und deren juristische Grundlage", von 1912 bis 1923 praktische sozialpflegerische Tätigkeit. 1919 Mitglied der Nationalversammlung in Weimar, Mitglied des Reichstags von 1919 bis 1932 (DDP), 1934 Verbot jeder schriftstellerischen oder rednerischen Betätigung, vier Monate Zuchthaus und Gestapohaft. 1945 Hauptlehrerin an der US-Verwaltungsschule in Oberammergau, 1948 bis 1950 Stadtverordnete in Berlin, 1948 bis 1950 Mitglied des Magistrats (Stadträtin für Sozialwesen). 1953 bis 1961 MdB (F.D.P.).

Sophie zu Octavian:
Freilich, Er ist ein Mann, da ist Er, was er bleibt.
Ich aber brauch'
erst einen Mann, daß ich was bin.
Dafür bin ich dem Mann dann auch gar sehr verschuldet.

Hofmannsthal, Rosenkavalier

„Fürchte dich nicht" – mit diesem ihrem Konfirmationsspruch hat Marie-Elisabeth Lüders ihre Lebenserinnerungen überschrieben, und ein treffenderes Motto hätte die ihr Leben lang streitbare und angriffslustige Politikerin nicht finden können. Marie-Elisabeth Lüders und ihren vielen Mitkämpferinnen ist es zu verdanken, daß es heute den Gleichheitssatz des Grundgesetzes gibt; aber der Weg bis dahin war lang. Sie wuchs noch in einer Epoche auf, in der ein deutscher Professor ein Buch über den „Physiologischen Schwachsinn des Weibes" schreiben konnte und in der – es ist gerade 100 Jahre her – das Leitbild für die schulische Mädchenausbildung darin bestand, dass „der deutsche Mann nicht durch die geistige Kurzsichtigkeit und Engherzigkeit seiner Frau an dem häuslichen Herd gelangweilt werde". Für das intelligente hellwache Mädchen aus großbürgerlichem Haus war die aus solchen seinerzeit keineswegs ungewöhnlichen Sätzen sprechende männliche Anmaßung Anlass genug, sich von früher Jugend an für das Ziel der Frauenbewegung einzusetzen, „anstelle der bisher rein männlichen Welt in Zusammenarbeit mit Männern den Aufbau und die Erhaltung einer menschlicheren Welt zu leisten", wie sie später schrieb. Auch durch Spott und Hohn ließ sie sich nicht beirren; und dem Autor jenes Werkes über den „Physiologischen Schwachsinn des Weibes" hielt sie, die lebenslang über einen genauen und bissigen Berliner Mutterwitz verfügte, entgegen, „er habe offenbar übersehen, daß nach seiner Theorie auch er eine mit Schwachsinn belastete Mutter habe". Und sie schaffte es, schließlich zum Abitur und zum Studium zugelassen zu werden; 1909 wurden sie selbst und eine Gesinnungsgenossin, Agnes von Harnack, als erste Frauen an der Berliner Universität immatrikuliert. Im Zille-Milieu von Alt-Berlin machte sie lebensbestimmende sozialpraktische Erfahrungen, die durch einen Aufenthalt im kriegsbesetzten Belgien erweitert wurden; dort hatte sie für die arbeitslosen belgischen Mädchen und Frauen zu sorgen, „einschließlich solcher", berichtete sie später, „die mit der Polizei im allgemeinen und der Sittenpolizei im besonderen in Konflikt geraten waren". Weitere Einblicke in die Problematik der Stellung der Frau in der Arbeitswelt verschafften ihr die Tätigkeit als Geschäftsführerin des Vereins für Mütter- und Säuglingsfürsorge, die Betreuung von Frauen – im Rahmen eines Referats des Kriegsministeriums –, die während der Kriegszeit unter zum Teil menschenunwürdigen Bedingungen in Fabriken eingesetzt wurden, und schließlich die Leitung der „Niederrheinischen Frauenakademie" in Düsseldorf (bis 1923).

Aber schon das junge Mädchen war von der Politik fasziniert; nur: „Frauenspersonen, Geisteskranken, Schülern und Lehrlingen" war nach dem deutschen Vereinsgesetz die Zugehörigkeit zu politischen Vereinen bis 1908 verboten. Die „Reden und Lachsalven im Reichstag" – bei der Aufhebung dieser Bestimmung – „haben mich auf meinen politischen Weg gedrängt", schreibt sie in ihren Erinnerungen.

Selbstverständlich war sie im Reichstag überall dort in vorderster Linie zu finden, wo für die Rechte der Frauen und für den Schutz der Jugend gestritten wurde. Die entschiedene Gegnerin des Nationalsozialismus geriet sofort nach der so genannten Machtübernahme in die „Fänge der Gestapo" (Lüders); nach qualvollem Zuchthausaufenthalt, der ihrer Gesundheit Dauerschäden zufügte, und anschließender ständiger Überwachung versuchte sie, sich mit unverfänglichen wissenschaftlichen Arbeiten – „Entwicklung der internationalen Fischwirtschaft" –, die ihr Freunde verschafften, durchzuschlagen; später, während des Zweiten Weltkriegs, gab sie auch Sprachunterricht.

Nach dem Zusammenbruch, schon im Pensionsalter, kehrte sie in die Politik zurück, wurde Stadtverordnete und Sozialstadträtin (Senatorin) in Berlin, und am Abend ihres Lebens, 75-jährig, folgte sie dem Ruf nach Bonn. Wie im Reichstag rückte die inzwischen betagte Dame, die aber, wie ihre Ausschusskollegen schnell feststellen konnten und mussten, nichts von ihrer intellektuellen Behändigkeit eingebüßt hatte und bei der man mitunter auf messerscharfe Antworten gefasst sein musste, in den Rechtsausschuss ein, kämpfte vehement und erfolgreich für die vorbehaltlose Gleichberechtigung der Ehepartner und setzte sich auch bei anderen Gesetzen wie dem Ladenschluss-, Kindergeld- und Lebensmittelgesetz für Regelungen ein, die die Frauen nicht benachteiligen – hier wurde allerdings, nach ihrem Urteil, nur „gesetzgeberisches Flickwerk" geleistet. Auch dass Frauen grundsätzlich von jeder Verpflichtung zum Wehrdienst ausgeschlossen wurden, ist ganz wesentlich Marie-Elisabeth Lüders (und Helene Weber CDU/CSU) zu verdanken, ebenso die Befreiung des letzten Sohnes vom Wehrdienst.

1953 eröffnete sie als Alterspräsidentin die erste Bundestagssitzung der 2. Wahlperiode. Es waren gerade etwas über zwanzig Jahre vergangen, dass eine Frau in gleicher Funktion amtiert hatte: Nach der Reichstagswahl vom 31. Juli 1932 hatte die kommunistische Alterspräsidentin Clara Zetkin die, wie sich zeigen sollte, kürzeste Wahlperiode der Weimarer Zeit eröffnet; sie dauerte nur wenige Wochen. Die Präsidentin gab dem herzlichen Wunsch Ausdruck, eines Tages noch die Entstehung Sowjetdeutschlands erleben zu können. Die NSDAP-Fraktion, in diesem Fall in einer seltsamen Societas leonina mit den Kommunisten zusammengeschlossen, überhörte diesen frommen Wunsch geflissentlich; den Braunhemden lag daran, dass die von Frau Zetkin angekündigte Wahl Görings zum Präsidenten des Reichstags so geräuschlos und so umgehend wie möglich stattfand. Die Agonie der Weimarer Republik näherte sich ihrem unrühmlichen Ende.

Und nun rückte erstmals wieder im Jahre 1953 eine Frau auf dem Präsidentenstuhl des Zentralparlaments in den Blickwinkel der Öffentlichkeit. Zwischen ihrer weisen, aber sehr nachdrücklich vorgetragenen Forderung, in der Politik zwischen „Gegnern" und „Feinden" zu unterscheiden, und dem Hassgesang der Clara Zetkin lagen Welten, lagen lange grauenvolle Jahre der Zerstörung und Erniedrigung und eine kurze, hoffnungsvolle Periode des Neubeginns, und Frau Lüders zog eine erste vorsichtige Bilanz, in kritischer Würdigung der notwendigerweise oft überhasteten Gesetzgebung des ersten Bundestages und der vom zweiten zu lösenden Probleme.

Bewegt hörten die Abgeordneten, die sich erhoben hatten, ihren Nachruf auf den Regierenden Bürgermeister von Berlin, Ernst Reuter, der wenige Tage zuvor – am 29. September 1953 – überraschend verstorben war. „Mitten im Kampf um die Freiheit Berlins, um die Wiedervereinigung Deutschlands ist er von unserer Seite gerissen worden." In diesen Worten spiegelt sich auch die unmittelbare Erinnerung an ein erst wenige Monate zurückliegendes Ereignis wider, das die Deutschen auf beiden Seiten des Eisernen Vorhangs aufgewühlt hatte und Empfindungen der Ohnmacht und des hilflosen Zorns ausgelöst hatte, wie sie später nur noch der Bau der Mauer hervorrufen sollte: der 17. Juni 1953. Streiks der Bauarbeiter in der Ostberliner Stalinallee wegen der „freiwillig" erhöhten Normen hatten einen Volksaufstand entfacht, der wie ein Sturmwind über das gesamte Gebiet der DDR brauste und das Ulbricht-Regime hinwegzufegen drohte. „Die Partei erkannte zu spät, daß die nationale Situation Deutschlands das eingeschlagene Tempo (der Industrialisierung) nicht erlaubt", sprach Walter Ulbricht, und Rettung winkte ihm auch: die Sowjetmacht hatte realisiert, daß eines ihrer Aufmarsch-Glacis – Klara Zetkins „So-

wjetdeutschland", die DDR – in höchste Gefahr geraten war. Am 17.
Juni 1953 walzten sowjetische Panzer die Volksbewegung nieder.

Die Ausführungen von Frau Lüders fanden den ungeteilten Bei-
fall aller Mitglieder des Hauses – dies war bei ihren Nachfolgern im
Amt des Alterspräsidenten nicht immer der Fall, vor allem dann
nicht, wenn diese versuchten, die feierliche Einleitung einer neuen
Legislaturperiode zur Propagierung spezifisch parteipolitischer
Ziele zu benutzen; das kam auch vor.

Frau Lüders amtierte im Jahre 1957 ein zweites Mal als Alterspräsidentin des Hauses – der zwei Jahre ältere Konrad Adenauer hatte
jeweils verzichtet –, und als sie sich im Jahre 1961, mittlerweile 83-
jährig, am Ende der letzten Sitzung des 3. Bundestages vom Hause
verabschiedete, sagte sie: „Ich beabsichtige nicht, eine Rede zu halten,
sondern ich habe nur den rein menschlichen, den rein kollegialen
Wunsch, mich, nachdem ich acht Jahre Ihre Alterspräsidentin gewesen bin, von Ihnen mit allen guten Wünschen, die es für den einzelnen von uns, für Ihre Familien, für Ihre sonstige Gemeinschaft und
für Ihre Parteien gibt, zu verabschieden. Ich wünsche Ihnen allen
von Herzen alles Gute. Vergessen Sie, wenn ich vielleicht dem einen
oder anderen einmal auf die Füße getreten bin. Sie mir auch! (Heiterkeit.) Aber das war nicht böse gemeint; von Ihnen auch nicht."

Nach vier Jahren Bundesrepublik – ein neuer Staatsinhalt

Rede von Frau Lüders im Bundestag am 6. Oktober 1953, aus: DBT/2.WP/
1./6. 10. 1953/ 1D–3C

Meine Damen und Herren Abgeordneten des Deutschen Bundestages! Es ist nicht mein Verdienst, daß ich hier heute, einem alten
Brauche folgend, an dieser Stelle stehe. Es war der Wunsch des
Herrn Bundeskanzlers, in Übereinstimmung mit Art. 69 Abs. 3 des
Grundgesetzes von seinem altersmäßigen Vorrang keinen Gebrauch zu machen, und es ist ein für mich gütiges Geschick, das
mich alt genug hat werden lassen, um zu Ihnen, meine Damen und
Herren, sprechen und die zweite Wahlperiode des Deutschen Bundestages gemäß § 1 Abs. 2 der Geschäftsordnung des ersten Deutschen Bundestages eröffnen zu dürfen.

Meine Damen und Herren, ich bin geboren am 25. Juni 1878.
Ich darf fragen, ob sich ein Mitglied im Hohen Hause befindet, das

zu einem früheren Termin geboren ist. Dann bitte ich es, sich zu melden. – Das ist offenbar nicht der Fall.

Dann erkläre ich die erste Sitzung der zweiten Wahlperiode des Deutschen Bundestages der Bundesrepublik Deutschland für eröffnet.

Meine Damen und Herren, diese Stunde wird durch die Erinnerung an den schmerzlichen Verlust überschattet,

(die Abgeordneten erheben sich)

der uns alle mit dem Tode des Regierenden Bürgermeisters von Berlin, Professor *Dr. Ernst Reuter*, meines Vorsitzenden und Kollegen im Berliner Stadtrat, getroffen hat. Wir gedenken heute vor allen anderen der trauernden Familie. Wir gedenken seiner Witwe, seiner treuen Begleiterin und unermüdlich sorgenden Helferin. Wir gedenken neben ihr der Kinder und Schwiegerkinder, die des wegweisenden Vorbildes beraubt worden sind.

Der Regierende Bürgermeister von Berlin ist mitten im *Kampf um die Freiheit Berlins*, um die *Wiedervereinigung Deutschlands* von unserer Seite gerissen worden. In ihm hat nicht nur Berlin, hat nicht nur Deutschland, sondern in ihm hat die ganze Freiheit und Recht verteidigende Welt einen unerschütterlichen Kampfgenossen verloren, dessen leidenschaftlichen Willen nur der Tod zu brechen vermochte. Das wissen vor allem die, welche – wie ich selber – in den dunkelsten Jahren Berlins unter seiner Führung unserem höchsten Ziele zugestrebt und dafür gearbeitet haben.

Der Lebenslauf dieses erfahrenen, immer tätigen und – wie es schien – nimmermüden Mannes ist den meisten von Ihnen aus vielfacher persönlicher Begegnung bekannt. Mit Ihrer Arbeit, meine Damen und Herren, war er als Vertreter Berlins beim Bundesrat eng verbunden.

Von Jahr zu Jahr, von Stunde zu Stunde wuchs die Last seiner Aufgabe *im Ringen gegen die schwerste wirtschaftliche und soziale Not, gegen die politische Bedrohung Berlins aus dem Osten*. Der Kampf Berlins, der nach und nach zu einem Kampf Deutschlands, zu einem Weltkampf der Geister zwischen Licht und Finsternis wurde, verlangte Hilfe von allen Seiten. Sie wurde gestellt aus Deutschland von Parlament und Bundesregierung. Die freie Welt jenseits unserer Grenzen trat an unsere Seite in dem Kampf um die Rückgewinnung der heimatlichen Erde für Millionen Deutscher „zu einem freien Leben auf freiem Grund". Es ist nicht zuletzt das Verdienst des heimgegangenen Regierenden Bürgermeisters von Berlin, daß sich nach und nach die immer noch fühlbare Skepsis in den guten Willen und in die Aufrichtigkeit des politischen Wollens Deutschlands in Achtung und schließlich in Vertrauen gewandelt hat. Es ist nicht zuletzt auch sein Verdienst, daß man jenseits des Eisernen Vorhangs doch so weit wenigstens Respekt verspürte, daß die stets griffbereite Hand, auf Berlin und die übrige freie Welt zuzuschlagen, bislang gelähmt worden ist.

Für all das danken wir alle dem toten Vorkämpfer, der zu einer *symbolhaften Figur* für die Hoffnung auf die Erfüllung unseres letzten großen politischen Wunsches geworden ist.

Sie haben sich zu seinem ehrenden Gedenken erhoben. Ich danke Ihnen.

Meine Damen und Herren! Auch der *erste Bundestag* und mit ihm die Regierung haben in der Zeit nach seinem ersten Zusammentritt schwer ringen müssen. Alle staatlichen und verwaltungsorganisatorischen Grundlagen mußten nach dem allgemeinen Zusammenbruch, der alles mit sich riß, neu aufgerichtet werden. Das in Teile zerfallene *Gebiet der drei westlichen Besatzungszonen* mußte zu einem *einheitlichen Staatswesen* zusammengefügt werden. Aber nicht nur die Schaffung einer neuen äußeren Form war die ihnen gestellte Aufgabe, sondern diese Form mußte für die irregeführten Bewohner unseres Landes mit einem *neuen Staatsinhalt* erfüllt werden, der ihre skrupellos mißbrauchte Gläubigkeit und ihre so bitter enttäuschte Hoffnung wiederbelebte. In der üblichen Form der Gesetzgebung und des Aufbaus der zerstörten Verwaltung allein konnte die Aufgabe nicht bewältigt werden. Sie lag weitgehend im Menschlichen gegenüber den Millionen von tiefster Not Bedrohten.

Gleichzeitig – und was bedeutet das in diesem Zusammenhang: gleichzeitig! – waren die *schwierigsten innen- und außenpolitischen Entscheidungen* zu treffen, bei denen Sie, meine Damen und Herren, nur zu oft auf vielleicht verständliche und doch unverständige Widerstände von außen stießen. Der erste Bundestag mußte die auf Jahrzehnte und länger berechnete natürliche Wachstumsphase eines jeden Staates auf wenige Jahre zusammendrängen. Er mußte dabei – sehr gegen seinen Willen – dem *Zwang zu überhasteter Gesetzgebung* unterliegen, deren häufige Änderungen die Außenstehenden verstimmten. Dem neuen Bundestag kann man nur von Herzen wünschen, daß er in Zukunft mit weit größerer Gelassenheit und dadurch auch mit erhöhter Sorgfalt die vom ersten Bundestag geschaffenen Grundlagen ausbaut und vieles vollenden kann, was jener Bundestag begonnen hat.

Aber neben der notwendigen Konsolidierung der inneren Ordnung stehen auch weiterhin gewaltige Aufgaben aus den noch keineswegs überwundenen Folgen des Krieges und seines katastrophalen Endes vor uns. An erster Stelle steht für uns alle die *staatliche Vereinigung des geschichtlich gewordenen Volksraumes*, nicht nur in geographischer und wirtschaftlicher, sondern auch in sozialer und mitmenschlicher Beziehung. Das ist nicht nur ein nationalpolitisches Ziel, sondern es ist der wesentliche *Beitrag zum Frieden in der Welt* überhaupt. Voraussetzung für diesen unsern Friedensbeitrag ist allerdings, daß man uns die Möglichkeit dazu gibt, uns dafür in Freiheit zu betätigen. Das wird auch der Prüfstein für den echten Friedenswillen der großen Mächte in der Welt sein, ob und inwieweit sie den *Weg zur deutschen Wiedervereinigung* uns zu öffnen bereit sind. Der letzte Beweis, daß alle dieses guten Willens sind, wird an dem Tage erbracht sein, an dem auch der letzte deutsche Gefangene in seine Heimat zurückgekehrt ist und die Versöhnung der Völker dem Tode von Millionen nachträglich doch noch einen Sinn gibt.

(Beifall)

Die Festigung des Weltfriedens wird von dem Erfolg der Bemühungen abhängen, die europäischen Staaten nach einem Jahrtausend immer neu entbrennender Fehden miteinander endgültig zu versöhnen und zu verbinden.

Schwere und mühselige, ja vor allem liebevolle Arbeit, meine Damen und Herren, liegt noch immer vor uns in dem Bemühen, die *wirtschaftlichen und menschlichen Trümmer* aus dem Zusammenbruch der Lebensgrundlage von Millionen fortzuräumen. Die große soziale Aufgabe unserer Zeit liegt darin, die Entwurzelten wieder zu verwurzeln, die aus Heim und Heimat Vertriebenen, aus Arbeit und Brot Gerissenen mit menschlicher Wärme und seelischer Hilfe in die neue Heimat, in neue Arbeitsplätze einzugliedern. Sie besteht darin, aus Mitbewohnern echte, voll und gern anerkannte Mitbürger, aus Versorgten wieder auf eigenen Füßen stehende Versorger zu machen. Eine menschliche Gesellschaftsordnung kann nicht nur mit Gesetzen hergestellt werden. Dem Menschen muß die Möglichkeit gegeben werden, als *Mensch in Freiheit und Gesittung* zu leben, bereit, in eigener, echter Lebensverantwortung für sich und die Seinen einzustehen.

Aber, meine Damen und Herren, auch dafür gilt Kants Wort — und das möge die Welt wissen —: Der Mensch muß frei sein, um sich seiner Kräfte zweckmäßig bedienen zu können.

(Bravo!)

Seßhafte, mit Staat und Gesellschaft auch seelisch verbundene Bürger bedürfen der *Wohnungen als Heim und Pflanzstätten gesunden Famili-*

enlebens. Sie bedürfen der materiellen Grundlage durch gesicherte Arbeit. Der erste Bundestag hat einen sehr verdienstvollen Anfang auf beiden Gebieten gemacht trotz des unaufhaltsamen, immer neuen Zustroms aus der auf uns wartenden östlichen Heimat. Auch für die auf der Schattenseite des Lebens Stehenden hat der erste Bundestag sehr große Anstrengungen gemacht und vielfältige Not bereits gelindert. Die Voraussetzung für weitere Erfolge ist und bleibt aber die *Steigerung der Produktivität durch erhöhten Leistungswillen und erhöhten Ertrag,* an dem alle teilhaben können. Es ist Sache der politischen Entscheidung, die noch vielfach umstrittenen, geeigneten Modalitäten zu finden, um gemeinsam auf dem Weg zu dem erstrebten Ziel fortzuschreiten. Auch das wird dazu beitragen, neben den zerstörten materiellen Werten die unersetzlichen inneren, die zerbrochenen menschlichen Werte wiederaufzurichten, indem wir Lebensbedingungen schaffen, in denen echte humane Gesinnung und Betätigung wieder gedeihen können. Daß dies möglich ist, meine Damen und Herren, beweist die ungebrochene deutsche Lebenskraft, die aus geistigen Quellen genährt wird und sich auch in die Leistung des letzten Werktätigen umsetzt.

Damit steht auch die *Gestaltung des äußeren kulturellen Rahmens, des Erziehungs- und Bildungswesens* in engem Zusammenhang. Das ist zwar nicht die unmittelbare Aufgabe der Bundesgesetzgebung im einzelnen, aber die politischen und gesellschaftlichen Bedingungen sind für jedes Gesetz von Bedeutung, und so auch auf diesem Gebiet.

Aber, ich sagte es schon, Gesetze allein tun es nicht, sondern die persönliche Haltung jedes einzelnen in der Familie, in den Organisationen und, meine Damen und Herren, auch hier in diesem Hohen Hause ist letztlich entscheidend. Der Wahlkampf liegt hinter uns; die sachliche Arbeit beginnt. Schlagworte und Parolen haben ihren Wert und ihre Anziehungskraft verloren; Erfahrung, Kenntnisse, Erkenntnisse, Fähigkeiten und der Wille zur Duldsamkeit müssen an ihre Stelle treten und sollen sich bewähren. Ohne sie ist die Durchführung der uns gestellten Aufgaben unmöglich.

Und noch ein kurzes Wort zur *Presse.* Gestern fand sich in einer großen Tageszeitung eine Betrachtung mit der Überschrift „Start für den neuen Bundestag". Das Wort „Start" bedeutet, daß man zu einem Wettlauf angetreten ist. Meine Damen und Herren, treten wir diesen Wettlauf an um gute Gedanken und nicht um laute Worte, treten wir ihn an mit der Gesinnung der Loyalität auch gegenüber dem eventuellen Verlierer. Seien wir uns bewußt, daß die Presse mit ermunterndem Zuruf und ebenso mit ernster Kritik unsere Arbeit fördern kann und wir dafür dankbar sein müssen. Die Presse aber bedenke auch, daß sie mit willkürlich auf die Rennbahn gelegten Hindernissen nicht nur den einzelnen Läufer, nicht nur das ganze Team, sondern in unserem Fall ganz Deutschland zu Fall bringen kann.

Es bleibt mir noch, all jenen zu danken, die diesen erweiterten Raum, in dem wir jetzt tagen sollen, für uns mit bewundernswerter Pünktlichkeit in nie erlahmender Leistungsbereitschaft aller Beteiligten hergestellt haben.

(Beifall im ganzen Hause)

Auch dieser Raum, meine Damen und Herren – und ich sage das offen, nicht nur als Berlinerin, sondern als Deutsche –, soll trotz aller darauf verwendeten Mühe nur provisorisch sein.

(Lebhafter Beifall im ganzen Hause)

Wir haben noch kein *gesamtdeutsches Parlament*, aber wir werden es bekommen.

(Erneuter lebhafter Beifall im ganzen Hause)

Wir werden es deshalb bekommen, weil wir in diesem gemeinsamen Willen zusammenstehen. Ich darf die Hoffnung aussprechen, die Sie gewiß alle mit mir teilen werden, daß der nächste Alterspräsident in der früheren *Hauptstadt Berlin* wieder den Deutschen Reichstag – oder wie immer er heißen mag – wird eröffnen können.

(Anhaltender lebhafter Beifall im ganzen Hause)

Meine Damen und Herren, wir werden es erreichen, wenn wir alle zu jeder Stunde des Wortes eingedenk sind: „Der Mensch hat immer noch Kraft genug, um das zu tun, was er als recht erkannt hat."

Leben und arbeiten wir in dieser Gewißheit, so können wir vielleicht hoffen, am Ende unseres Lebens mit dem Apostel Paulus im zweiten Brief an Timotheus sagen zu können: „Ich habe einen guten Kampf gekämpft."

(Lebhafter Beifall im ganzen Hause)

Rhetor:
KURT GEORG KIESINGER
1904–1988

aus Ebingen (Württemberg), studierte in Tübingen und Berlin, 1931 erstes, 1934 zweites juristisches Staatsexamen. 1935 Rechtsanwalt in Berlin, gleichzeitig juristischer Repetitor. 1940 bis 1945 „wissenschaftlicher Hilfsarbeiter" im Auswärtigen Amt (stellvertretender Leiter der Rundfunkabteilung). 1945/46 „automatic arrest" (als Mitarbeiter des AA), danach Anwalt in Tübingen, Landesgeschäftsführer der CDU in Württemberg-Hohenzollern. 1949 bis 1959 und 1969 bis 1980 MdB (CDU/CSU), 1958 bis 1966 Ministerpräsident des Landes Baden-Württemberg, 1966 bis 1969 Bundeskanzler. Schrieb „Die Stellung des Parlamentariers in unserer Zeit" (Stuttgart 1981).

Lebendgem Worte bin ich gut:
Das springt heran so wohlgemut.

Nietzsche

Kiesinger war der unbestrittene Star in den großen Redeschlachten des Bundestages in der ersten Hälfte der 50er-Jahre, als es um die Eingliederung der Bundesrepublik in die Gemeinschaft der westlichen Länder, um die Wiederbewaffnung und Wiedererlangung der Souveränität ging. Wenigen Abgeordneten war wie ihm echtes Pathos eigen – der große Landsmann Friedrich Schiller grüßt von weitem –, die mitreißende Kraft zur Formulierung überzeugender Argumente, gewissermaßen aus dem Handgelenk, und ein den besten Traditionen des deutschen Bildungsbürgertums entstammender Fundus umfassender historischer und politischer Kenntnisse, die er jederzeit abrufen und in, wie man so sagt, „druckreife" Sätze umzuwandeln wußte. Nur Herbert Wehner war ihm in der Souveränität der freien Rede vergleichbar; mit ihm hat er denn auch in jenen Jahren vielfach die Klingen gekreuzt. In der Kernfrage, die damals zur Entscheidung anstand, ob das von allen Parteien des Bundestages unterschiedslos angestrebte Ziel der Wiedervereinigung durch die Einbindung der Bundesrepublik in die westliche Gemeinschaft nicht nur gefährdet werde, sondern aus dem Blickfeld zu rücken drohe, waren beide allerdings grundverschiedener Meinung. Aber genauso wie der viel nüchternere Duktus Wehners entbehrte auch Kiesingers Redestil der hohlen Phraseologie, des eitlen l'art pour l'art-Geklingels, und darauf beruhte wohl auch die Wirkung seiner Reden. Das ihm seinerzeit angehängte Etikett „König Silberzunge" wird der wichtigsten unter seinen oratorischen Gaben nicht gerecht: Immer war bei Kiesinger die innere Überzeugung von der Richtigkeit der Sache, für die er focht, spürbar.

Die folgende Rede legt beredtes Zeugnis davon ab. Sie wurde während der oft grimmigen Auseinandersetzungen um die Pariser Verträge gehalten; Kiesinger gibt eine groß angelegte Analyse der von der sowjetischen Politik ausgehenden Bedrohung für die Länder der freien Welt und der Notwendigkeit ihrer Verteidigung; Souveränität und, wenn auch eingeschränkte, Gleichberechtigung waren ohne militärischen Verteidigungsbeitrag nicht zu erlangen.

Dass sich Kiesinger bei unzähligen Gelegenheiten als der am festesten gegründete Turm in der parlamentarischen Feldschlacht erwies, dass er immer und immer wieder seine unschlagbare Sachkenntnis und Eloquenz einsetzte, um die Verträge gegen den anhaltenden und massiven Widerstand der Opposition über die parlamentarischen Hürden zu bringen, hat ihm Adenauer nicht gedankt. Er schätzte zwar Kiesinger hoch als treuen Gefolgsmann, als unentbehrlichen Sachwalter im Plenum des Bundestages; aber die Entscheidung Kiesingers, die Wahl zum Generalsekretär der CDU im Jahre 1950 nicht anzunehmen, weil er eine nur aus einer Stimme bestehende Mehrheit erlangt hatte, war für Adenauer schlechterdings nicht verständlich. Jedermann weiß, dass Adenauer mit dieser Mehrheit zum Bundeskanzler gewählt worden war, und er nahm die Wahl an, ohne mit der Wimper zu zucken. Zum Zeitpunkt der Bundeskanzlerwahl im September 1949 waren gerade 20 Jahre vergangen, dass er mit der gleichen hauchdünnen Mehrheit zum Oberbürgermeister Kölns wiedergewählt worden war. Keiner der vielen Biographen Adenauers weiß zu berichten, dass eines dieser Wahlergebnisse widerstreitende seelische Regungen bei ihm ausgelöst hätte; Mehrheit war für ihn eben Mehrheit. Auch für die schöngeistigen Neigungen Kiesingers brachte Adenauer nicht viel Verständnis auf, der zuerst und zuletzt darauf ausgerichtet war, seine politischen Ziele durchzusetzen und sich die dafür erforderliche Machtbasis zu schaffen. Auch mit Kiesingers „Hausheiligem" Alexis de Tocqueville hatte er kaum viel im Sinn.

So nahm der Schwabe von Geburt und Überzeugung zwar bedeutende Ämter innerhalb des Parlaments wahr – wie das des Vorsitzenden des Auswärtigen Ausschusses –, aber die erwartete Berufung in die Bundesregierung blieb aus. Gelegenheit dazu wäre mehrfach gewesen. So ging Kiesinger ernüchtert, aber keineswegs resigniert zunächst einmal in die Provinz, in die angestammte Heimat, in der freilich damals sehr unbestimmten Hoffnung, dass seine Stunde noch kommen werde. Als Landesvater in der Villa Reitzenstein, dem Sitz des Ministerpräsidenten, hat er viel getan, um dem damals noch jungen Bindestrichland Baden-Württemberg mehr inneren Zusammenhalt und Zusammengehörigkeitsgefühl zu geben. Die beiden früheren Länder Baden und Württemberg, beide von Napoleons Gnaden entstanden, waren bei Kriegsende aufgrund der von den Siegern am grünen Tisch vereinbarten Grenzlinien in drei Ländchen aufgesplittert worden – Baden, Württemberg-Baden und Württemberg-Hohenzollern –, und eine Volksabstimmung im Jahre 1951, bei der nicht innerhalb der Grenzen der alten Länder abgestimmt wurde, sondern bei der es auf die in den vier Abstimmungsbezirken – Nordbaden, Südbaden, Nordwürttemberg, Südwürttemberg – erzielte Mehrheit ankam, war zugunsten der Bildung des „Südweststaates" ausgegangen. Zwar war innerhalb des früheren Landes Baden eine schwache Mehrheit für die Wiederherstellung dieses Landes erzielt worden, aber in drei der vier Stimmbezirke gab es deutliche Mehrheiten für das neue Land. So fühlten sich viele Badener, nicht zu Unrecht, majorisiert, und als Kiesinger im Jahre 1958 sein Amt in Stuttgart antrat, waren die Wogen der Erregung, die von westlich des Schwarzwalds gegen die schwäbischen Usurpatoren schwappten, noch nicht abgeklungen. (Die badische Irredenta kämpfte noch bis zum Jahre 1970, aber die in diesem Jahr aufgrund eines Urteils des Bundesverfassungsgerichts veranstaltete erneute Abstimmung konnte nur eine alte Weisheit bestätigen, dass nämlich die Uhren der Geschichte nicht zurückgestellt werden können.) Kiesinger packte die sich ihm stellende Aufgabe der Konsolidierung des Landes geschickt und zielbewusst an. Insbesondere auf den ihm nahestehenden Gebieten wie Wissenschaft und Bildung wurde solide Aufbauarbeit geleistet; dafür steht etwa die Gründung der Universität Konstanz. Aber auch auf anderen Gebieten, insbesondere in der Sozialpolitik, geschah Wichtiges und Wesentliches, das zur Entkrampfung des Verhältnisses zwischen Südweststaatbefürwortern und -gegnern beitrug.

Und die Bonner Stunde des erfolgreichen Ministerpräsidenten schlug, allerdings mit viel Verspätung. Im Jahre 1966 litt die Bundesregierung Erhard unter offensichtlichen Erosionserscheinungen, und angesichts von Problemen, die sich nicht auf die lange Bank schieben ließen – Wirtschaftsfragen, die Notstandsgesetze –, nahm man damals Zuflucht zu einem nicht mehr wiederholten Experiment, der Großen Koalition zwischen CDU/CSU und SPD, unter Ausschluss der F.D.P. Wenn schon irgendeiner, so war es der meisterhafte Taktiker Kiesinger, der die mit diesem Experiment verbundene Quadratur des Zirkels nicht gerade lösen, aber doch in vernünftiger Weise das Machbare Wirklichkeit werden lassen konnte – und dies geschah. Die Wirtschaft wurde stabilisiert, und die Notstandsverfassung wurde verabschiedet. Ein anderes brisantes Problem, das vom ersten Tag der Bundesrepublik an die Gemüter bewegte, das Wahlrecht, konnte trotz hoffnungsvoller Ansätze nicht gelöst werden. Das angestrebte relative Mehrheitswahlrecht hätte das definitive Ausscheiden der Liberalen aus der parlamentarischen Szene bewirkt. Das war zwar das erklärte Ziel des damaligen Bundesinnenministers Lücke, aber bei der SPD, die zunächst, während der Koalitionsverhandlungen, diesem Konzept zugestimmt hatte, erhoben sich bald unüberwindbare Widerstände.

So blieb der Bundesrepublik das viel beschworene „Zünglein an der Waage" erhalten, und dies zahlte sich schnell aus. Dem grenzenlos überraschten Kiesinger, der im Jahre 1969 die absolute Mehrheit bei der Bundestagswahl knapp verfehlt hatte, schwammen alle Felle davon, als noch in der Nacht der Wahl zum 6. Bundestag Willy Brandt und Walter Scheel die „sozialliberale" Koalition auf den Schild hoben, obwohl rein rechnerisch eine Mehrheit der CDU/CSU- und F.D.P.-Stimmen zur Bildung einer „bürgerlichen" Koalition ausgereicht hätte. Die CDU/CSU verfügte über 242 Mandate, die SPD über 227 und die F.D.P. über 30. Willy Brandt ging bei der Bundeskanzlerwahl mit einer Mehrheit von 2 Stimmen durchs Ziel. Damit war die Ära Adenauer endgültig abgeschlossen.

Eines Wirbelsturms im Wasserglas während der Zeiten der Großen Koalition muss noch gedacht werden. Im Jahre 1966 wurde die NSDAP-Mitgliedschaft Kiesingers hochgespielt; in einem Fall kam es sogar zu Tätlichkeiten gegen ihn. Die Handschrift der Urheber dieser Kampagne ließ erkennen, dass sie mit den Lebens- oder besser Überlebensbedingungen innerhalb einer Diktatur wenig vertraut waren; wie viele Deutsche mögen in den Jahren der braunen Herrschaft den Parteieintritt einfach zur Tarnung, wegen des nackten Überlebens vollzogen haben? Es ist leicht, heute darüber zu richten, und mit „Opportunismus" ist man schnell bei der Hand. Selbst ein Mann wie Theodor Heuss sah sich bei der Abstimmung über das so genannte Ermächtigungsgesetz einem unentrinnbaren Gewissenszwang ausgesetzt: Sein Fraktionsvorsitzender Reinhold Maier, der spätere erste Ministerpräsident des „Südweststaates", hatte das von Heuss entworfene ablehnende Votum in ein zustimmendes umfrisiert, und Heuss unterwarf sich der Mehrheit. Er hat sein Leben lang schwer genug daran getragen, und auch Kiesinger, alles andere als ein Opportunist, wird sich seinen Entschluss im Jahre 1933 nicht leicht gemacht haben. Man kann die Meinung vertreten, dass es besser gewesen wäre, wenn der Bundeskanzler der Bundesrepublik Deutschland von 1966 bis 1969 nicht früher Mitglied der NSDAP gewesen wäre – an der in die Zeitgeschichte eingegangenen Leistung des Politikers Kurt Georg Kiesinger ist nicht zu rütteln.

Die Pariser Verträge –
Die Bundesrepublik wird souverän

Rede Kiesingers am 15. Dezember 1954 im Bundestag, aus: DBT/2. WP/61./ 15. 12. 1954/3146 B–3157 C

Herr Präsident! Meine Damen und Herren! Der Deutsche Bundestag hat sich wieder einmal versammelt, um zu den großen schicksalhaften Problemen der deutschen Außenpolitik und der Politik der deutschen Wiedervereinigung Stellung zu nehmen. Wir haben eine Regierungserklärung gehört, die fest, klar, nach meiner Meinung eindrucksvoller denn je

(Sehr richtig! in der Mitte)

die *außenpolitischen Erfolge der bisherigen Politik* dargestellt hat und das *kommende Programm der deutschen Außenpolitik* und der deutschen *Wiedervereinigungspolitik* klargelegt hat. Ich beglückwünsche den Herrn Bundeskanzler zu dieser Erklärung.

(Beifall bei den Regierungsparteien)

Wir haben im Anschluß daran die *Erklärungen des Fraktionsvorsitzenden der Sozialdemokratischen Partei* gehört. Es ist meine Aufgabe, mich vor allen Dingen mit ihnen auseinanderzusetzen; denn das deutsche Volk hat ein Recht darauf, daß wir unsere verschiedenen Standpunkte so klar wie möglich vor ihm darlegen.

Der Herr Kollege Ollenhauer hat, wenn ich ihn recht verstanden habe, gesagt, das *Pariser Vertragswerk* diene weder der Sicherheit noch der Einigung Deutschlands. Das ist natürlich eine außerordentlich kühne These, und ich will versuchen, mich gerade mit ihr zu beschäftigen. Ich kann das aber nicht tun, indem ich das *Problem der deutschen Wiedervereinigung* aus dem Zusammenhang der großen und schwierigen Weltsituation herauslöse.

(Sehr richtig! in der Mitte)

Man kann über dieses Problem nur sprechen, indem man es hineingestellt sieht in das Ganze der heutigen Weltwirklichkeit, wenn man nicht illusorische und utopische Politik machen will.

(Beifall bei den Regierungsparteien)

Ich will mich nicht allzulange in geschichtliche Erinnerungen verlieren. Aber einige Bemerkungen seien mir dazu, bitte, erlaubt. Wir stehen in Europa zunächst einmal vor dem beängstigenden Faktor, daß *östlich von uns ein kommunistischer Block von 800 Millionen Menschen* über einen ungeheuren Raum verteilt lebt und daß diese Menschen erfüllt sind – und von Jahr zu Jahr mehr erfüllt werden – von einer fanatischen Ideologie,

(Abg. Wehner: 800 Millionen?)

der, Herr Wehner, an Kampfkraft und innerer Überzeugungskraft die westliche Welt leider nur wenig entgegenzusetzen hat. Herr Wehner, ich gebe Ihnen zu, daß es noch nicht aller Tage Abend ist, und ich hoffe mit Ihnen, daß etwa das weite *chinesische Reich* eines Tages zu seiner eigenen Tradition zurückfinden wird und daß es sich aus dem kommunistischen Denken, in dem es heute steckt, lösen wird. Aber es kann doch gar kein Zweifel darüber sein, daß es vorläufig diesen roten Block von der Elbe bis an das Ufer des pazifischen Ozeans gibt,

(Sehr richtig! in der Mitte)

und mit dieser Tatsache haben wir zu rechnen.

(Zuruf von der SPD: Gehört Indien auch dazu?)

– Ich komme darauf zu sprechen, Herr Kollege!

Aber auch wenn wir nicht mit der Tatsache des Bolschewismus zu rechnen hätten, müßten wir der heutigen Weltwirklichkeit Rechnung tragen und müßten wir in diesem *Westeuropa*, das – ich wiederhole es – ein Russe des 19. Jahrhunderts einmal verächtlich ein „Furunkelchen am Körper Asiens" genannt hat, unter allen Umständen auf *Einigung* bedacht sein, einfach deshalb, um angesichts der Größe des politischen Raumes, der sich östlich von uns gebildet hat, nicht erdrückt zu werden.

(Sehr richtig! in der Mitte)

Nun kommt aber hinzu, daß man es mit Sowjetrußland heute nicht mehr nur als einer expansiven Macht im traditionellen Sinne zu tun hat. Wäre das so, dann wäre unsere Politik Sowjetrußland gegenüber leichter. Das zaristische Rußland hatte auch weitgesteckte expansive Ziele, gewiß! Es drängte über den Balkan zu den Dardanellen, es drängte zu einer Verbreiterung seiner Ostseeküste, aber diese Ziele waren immerhin beschränkt. Heute wird niemand in diesem Saale die Kühnheit haben, zu behaupten, daß Sowjetrußlands Ziele beschränkt seien.

(Sehr richtig! in der Mitte)

Gewiß, meine Damen und Herren, es ist die Rede von der *Koexistenz*. Sowjetrußland hat es wieder einmal für richtig gefunden, an Stelle massiver Drohungen gegenüber der westlichen, der angeblich aggressorischen Welt darauf hinzuweisen, man könne wenigstens für eine Weile friedlich nebeneinander existieren. Aber, meine Damen und Herren, wer nimmt diesen Ausspruch Sowjetrußlands wirklich ernst? Erinnern wir uns daran, daß es die sowjetische Lehre bis auf den heutigen Tag geblieben ist – verzeihen Sie, daß ich Sie daran erinnere, denn es ist ja furchtbare Wirklichkeit für uns –, daß es die sowjetrussische These geblieben ist, der *Kommunismus* könne in *einem* Land auf die Dauer nicht existieren, es sei für die Sicherung des Kommunismus nötig, die Welt für den Kommunismus zu erobern.

(Sehr richtig! in der Mitte)

Diese These von der Unmöglichkeit des Kommunismus in einem Land ist immer nur aus taktischen Gründen für eine kleine Zeit aufgegeben worden. Aber noch im letzten Jahr, wenn ich mich recht erinnere, hat der sowjetrussische Programmredner zum Jahrestag der sowjetrussischen Revolution *Saburoff* ausdrücklich bestätigt, daß man nach wie vor an den außenpolitischen Grundsätzen des großen Lenin festhalte. Und Lenin – darüber, meine Damen und Herren, kann kein Zweifel sein – hat gesagt, daß *Krieg und Frieden im Verhältnis zur westlichen Welt* für Sowjetrußland etwas seien, was man je nach den taktischen Erfordernissen abwechselnd anwenden könne.

(Abg. Wehner: Diese Frage sollte Sie dazu zwingen, sie mit sozialen Mitteln zu lösen!)

– Herr Wehner, ich bin vollkommen mit Ihnen einverstanden, daß die westliche Welt Anstrengungen machen muß, um überall da, wo Not und Elend herrschen, diese zu beheben. Aber, Herr Wehner, ich bin ebenfalls felsenfest davon überzeugt, daß heute schon in den weitesten Gebieten der freien Welt die *sozialen Verhältnisse* bei weitem besser sind als in der Sowjetunion

(Lebhafter Beifall in der Mitte – Zuruf des Abg. Wehner)

und daß trotzdem die Suggestionskraft der Propaganda des irdischen Paradieses, die von der Sowjetunion ausgeht und im Westen eine Menschheit findet, die weithin nicht mehr weiß, woher sie kommt und wohin sie geht, die einen inneren Trend zum Nihilismus hat, – daß diese bolschewistische Ideologie auch dann fruchtbaren Boden finden kann, wenn die größten Anstrengungen zu sozialen Reformen im Westen gemacht werden.

(Beifall bei den Regierungsparteien)

Aber wer es noch nicht glauben sollte, daß unter dem Begriff der Koexistenz in Sowjetrußland etwas ganz anderes verstanden wird, als manche Vogel-Strauß-Politiker des Westens glauben, den darf ich an den *Besuch der britischen Parlamentarier in Sowjetrußland* in der allerjüngsten Zeit erinnern. Wir haben Berichte von ihnen, insbesondere den Bericht – ich betone es, verehrter Herr Kollege Ollenhauer – des britischen Labour-Abgeordneten Mayhew, der uns gesagt hat, auf bohrende Fragen an seinen Gesprächspartner, einen sehr bedeutenden Mann in der Sowjetunion, habe dieser ihm lediglich zugestanden, Koexistenz gebe es nur auf eine gewisse Dauer.

(Hört! Hört! in der Mitte)

Man hat diesen Abgeordneten zu ihrer Überraschung noch etwas anderes geoffenbart. Man hat gesagt, Koexistenz bedeute nur den Verzicht auf eine gewaltsame kriegerische Einmischung. Dagegen müsse der geschichtliche Prozeß der *Selbstzersetzung der kapitalistischen* Welt von Moskau aus mit allen politischen und propagandistischen Mitteln gefördert werden.

(Hört! Hört! in der Mitte – Abg. Mellies: Haben Sie denn je geglaubt, daß uns die Auseinandersetzung erspart bliebe?) –

Nein, Herr Mellies, das habe ich nicht geglaubt.

(Abg. Mellies: Na also!)

Was ich Ihnen jetzt sage, soll Ihnen nur etwas von dem allzugroßen Optimismus nehmen, daß man mit Sowjetrußland aus einem Ausgangspunkt der Schwäche heraus verhandeln könne.

(Beifall bei den Regierungsparteien – Abg. Mellies: Sie nehmen nur diese Dinge aus Moskau ernst, aber anscheinend nicht die Noten Moskaus!)

– Ich nehme auch die Noten ernst, Herr Mellies, genau so ernst, wie sie es nach der Geschichte der Sowjetunion seit ihrem Bestehen verdienen.

(Beifall bei den Regierungsparteien.)

Die Sowjetrussen machen es sich sogar leicht. Uns gegenüber verbergen sie gar nicht, was sie mit uns vorhaben, wenn es in allen ihren Reden, auch in der Rede Molotows, jüngst heißt, daß man ein friedliebendes, demokratisches Deutschland will. Wir wissen doch, was mit diesem Vokabular gemeint ist. Er nennt ja friedliebende, demokratische Länder und Völker nur diejenigen hinter dem Eisernen Vorhang.

(Sehr richtig! in der Mitte - Abg. Wehner: Glauben Sie ihm jedes Wort?)

Sie werden mir entgegnen: Das sehen wir auch. Sie werden mir sagen: Die *Sozialdemokratische Partei* – ich gebe Ihnen das zu – hat sich immer *gegen den Kommunismus* gewandt. Ich gebe Ihnen sogar zu, daß Sie mit uns zusammen in dieser Nachkriegszeit ein Verdienst erworben haben, das in der Geschichte unseres Volkes unverlöschlich stehenbleiben wird.

(Beifall bei den Regierungsparteien)

Aber, Herr Kollege Ollenhauer, es sind zwei Dinge: das eine, sich mit Mut und Einsicht gegen die bolschewistische Ideologie zu wenden, und das andere, eine Politik zu treiben, die uns nicht der Gefahr aussetzt, daß wir eines Tages in den *Sog der bolschewistischen Machtpolitik* hineingerissen werden.

(Zuruf von der Mitte: So ist es!)

Welches sind denn die bisherigen *Erfolge der sowjetrussischen Expansionspolitik* mit dem endgültigen Ziel der Weltrevolution, der Unterwerfung des ganzen Planeten unter kommunistische Herrschaft? Wir tun gut daran, uns zu erinnern:
Der Westen hatte abgerüstet, die amerikanischen Mütter hatten ihre Söhne nach Hause gefordert und hatten sie zurückerhalten. Sowjetrußland hat keinen Tag daran gedacht, die Waffen zu vermindern oder gar niederzulegen. Es hat aufgerüstet, und es hat Schlag um Schlag dazu ausgeholt, seine Machtsphäre auszudehnen hier in Europa, auf das, was wir heute die Welt der Satelliten an unseren Grenzen nennen. Drüben in Asien ist es Sowjetrußland gelungen, mit seiner kommunistischen Propaganda das Riesenreich China an seine Seite zu ziehen. Aber nicht nur das. Wir haben in Westeuropa einige Länder, in denen Moskau zahlreiche und gefährliche Hilfstruppen unterhält. Wir müssen immer wieder daran erinnern: In Italien bis zu einem Drittel kommunistische und prokommunistische Wähler! In Frankreich sitzen an die hundert kom-

munistische Abgeordnete im Parlament, und die Wähler sind sehr viel mehr an Zahl – entsprechend dem französischen Wahlsystem –, als dieser Abgeordnetenzahl der Kommunisten im Parlament entspricht. Welche Gefahr liegt allein in diesen beiden Tatsachen!

Wenn Sie uns schon gelegentlich vorwerfen, daß wir das eine oder andere Warnzeichen unserer Zeit nicht genügend beachten, dann kann ich Ihnen nur sagen: Blicken Sie nicht immer nur gebannt auf das eine einzige isolierte Problem, das Sie uns hier vortragen, sondern sehen Sie das Ganze und die Gefahr des Ganzen!

(Beifall bei den Regierungsparteien)

Sie reden immer wieder von Sicherheit. Aber, meine Damen und Herren, sagen wir es doch lieber deutlicher: es geht nicht um unsere Sicherheit, es geht nach wie vor um unsere einfache nackte Existenz.

(Sehr richtig! in der Mitte)

Vielleicht merken das manche Leute nicht mehr so genau. Vielleicht haben sie sich im Lauf der Jahre an diesen Zustand gewöhnt, so wie sich ein unheilbar Kranker schließlich an seine Krankheit gewöhnt, weil er eben mit ihr weiterleben muß. Aber die Gefahr ist doch nicht geringer geworden, als sie jemals war, und sie kann uns jeden Augenblick überwältigen.

Und die Folgerungen? Die Folgerungen sind für uns wie für jedes westeuropäische Land ganz offenkundig. Angesichts dieser Lage einer expansiven imperialistischen Macht in unserem Osten und einer noch expansiveren damit verbundenen ideologischen Macht bleibt gar nichts anders übrig, als daß sich *Europa zusammenschließt.* Unter Europa verstehe ich natürlich das freie Europa. Daß dazu – Gott sei's geklagt! – die 18 Millionen jenseits des Eisernen Vorhangs noch nicht gehören,

(Abg. Blachstein: Europa bis zur Elbe!)

kann uns doch nicht daran hindern, diesen Weg zunächst einmal allein zu gehen. Wenn Sie schon immer wieder sagen, daß dieser Weg gefährlich sei für die deutsche Wiedervereinigung, dann darf ich Sie auch hier wieder erinnern – ich habe es schon einmal getan – an das sehr richtige Wort Ihres Parteifreundes, des verstorbenen Regierenden Bürgermeisters von Berlin, der da sagte: „Macht mir die Bundesrepublik stark!" Und er wußte, warum er das sagte.

(Beifall bei der CDU/CSU)

Wenn Sie mir erlauben, diesen Gedankengang abzuschließen, dann darf ich darauf hinweisen, daß die Notwendigkeit des politischen und natürlich auch militärischen – denn das gehört zusammen – Zusammenschlusses Westeuropas nicht nur im Hinblick auf Sowjetrußland und China gegeben ist. Überall in der Welt bilden sich nach dem zweiten Weltkrieg politische Großräume, die uns Europäern einfach nicht mehr erlauben, im Stadium der sieben Zwerglein zu verharren.

(Sehr gut! bei der CDU/CSU)

Selbstverständlich wird Sowjetrußland diese Einigung zu verhindern suchen. Das ist der eigentliche Grund seines ständigen Bemühens, das wir nun seit Jahren kennen und das immer dann aggressive Formen annimmt, wenn die europäische Einigung, von Sowjetrußland aus gesehen, droht Wirklichkeit zu werden. Wenn es wahr ist, daß zum sowjetischen Programm die Vollendung der kommunistischen Weltrevolution gehört, dann ist es nicht so sehr der militärische Zusammenschluß Westeuropas, den Rußland fürchtet, sondern dann ist es die politische Integration, vor der es Angst hat, weil durch diese politische Integration sicherlich verhindert werden würde, daß in Westeuropa die Voraussetzungen für das Gelingen einer inneren kommunistischen Revolution weiter geschaffen würden. [...]

Ich weiß nicht, Herr Kollege Ollenhauer, woher Sie den Mut genommen haben, zu sagen, daß diese Verträge uns mehr oder weniger lediglich das Recht zur Ordnung unserer inneren Angelegenheiten geben. Wenn ich den Vertragstext richtig gelesen habe, dann bedeutet er doch, daß gewisse gesamtdeutsche Vorbehalte da sind, deren Notwendigkeit auch Sie anerkennen – und gerade im Interesse des von Ihnen so sehr hervorgekehrten Problems der deutschen Wiedervereinigung anerkennen –, daß aber im übrigen die deutsche Bundesrepublik ein souveräner, freier, gleichberechtigter Staat mit den anderen zusammen sein wird.

Zur *Frage der deutschen Wiedervereinigung* haben Sie hervorgehoben, daß zwar *Abs. 3 des Art. 7* gestrichen worden sei; aber bestehengeblieben sei doch der Abs. 2 dieses Art. 7, und Sie haben dem Herrn Bundeskanzler vorgehalten, daß er sich dazu nicht geäußert habe. Was ist dazu zu sagen? Es ist selbstverständlich, daß wir nicht ein isoliertes Deutschland erstreben. Wir wollen kein Deutschland, wie Sie es ausdrücken, auch kein vereinigtes Deutschland, mit einem „bündnislosen Status". Wenn es die weltpolitische Situation er-

laubt, dann wollen wir in der Tat ein Deutschland, das da hineinge-
ordnet ist, wohin es gehört, nämlich in den Schutzverband der freien
Welt.

(Beifall bei der CDU/CSU und beim GB/BHE)

Was die Schwierigkeiten betrifft, auf die Sie hinweisen, so haben
wir ja eben deswegen den Abs. 3 des Art. 7 gestrichen, d.h. es bleibt
dann dem wiedervereinigten Deutschland die Entscheidungsfreiheit
vorbehalten, also die Freiheit, je nach der gegebenen politischen
Weltsituation sich dieser anzupassen.

(Abg. Erler: Darf ich eine Frage stellen?)

– Ja, bitte!

Erler (SPD): Herr Kollege Kiesinger, Sie haben eben ausgeführt,
daß Sie, wenn es die weltpolitische Situation erlaubt, ein wiedervereinigtes Deutschland haben wollen, das eben dort stünde, wohin es
gehöre: an der Seite der westlichen Gemeinschaft. Ich möchte Sie
nun umgekehrt fragen: Wenn die weltpolitische Situation entweder
erlaubt ein wiedervereinigtes Deutschland, das keine Militärbünd-
nisse mit dem einen der beiden Machtblöcke unterhält, oder gar
kein wiedervereinigtes Deutschland, – was ziehen Sie vor?

(Lachen bei der CDU/CSU)

Kiesinger (CDU/CSU): Verehrter Herr Erler, das ist eine Ex-
amensfrage, die Sie mir hier stellen, die ich nicht Ihnen, sondern einem größeren Examinator, dem Examinator der Weltgeschichte
beantworten werde.

(Beifall bei der CDU/CSU. – Oho-Rufe und weitere Zurufe von der SPD)

– Ja, meine Damen und Herren, verstehen Sie die Antwort nicht,
die ich da gegeben habe? Sehen Sie, ich könnte Ihnen dazu auch ein
Zitat Ihres amerikanischen Lieblingsautors geben, und ich will es
Ihnen geben. Es ist wirklich wichtig, es in diesem Zusammenhang
zu sagen – Herr Präsident, erlauben Sie mir, die wenigen Sätze zu
zitieren –; er sagt:

> So haben wir es hier mit einer von der Logik der Geschichte erzeugten Span-
> nung zu tun, einer Spannung von ungeheurer Tiefe und Schärfe. Aber gerade
> deshalb soll man anerkennen, daß sie nicht auf einmal, nicht mit einem einzel-
> nen Handgriff und erst recht nicht mit den fatalen Mitteln aggressiver *Gewalt* zu
> lösen ist. Das sollnicht besagen, daß man nicht bereit sein sollte, das Eigene mit
> Gewalt zu verteidigen, wenn es darauf ankommt, aber es soll besagen, daß die

Gewalt immer als etwas Schlimmes zu betrachten ist, auf das man nur dann zurückgreifen sollte, wenn es darum geht, noch Schlimmeres zu verhüten.

Und er sagt weiter:

> Dazu gehört auch, daß dem langen, gewaltigen und trüben *Prozeß des geschichtlichen Wandels* die Möglichkeit gegeben wird, sich zu vollziehen, und ich möchte darauf aufmerksam machen, daß wir diesen geschichtlichen Prozeß nicht ins letzte Detail zu verstehen brauchen, um ihm unser Vertrauen schenken zu dürfen. Im Gegenteil, wir müssen so einsichtig sein, zu erkennen, daß Gegenwart und Zukunft für uns ebenso ein Buch mit sieben Siegeln sind wie die Vergangenheit, ja noch mehr: daß es uns nicht gewährt ist, sehr weit in die geheimnisvollen Wirkungen der Geschichte hineinzuschauen.

Und genau aus diesem Geiste, aus dieser von Kennan geforderten Bescheidung heraus, habe ich Ihnen eine Antwort auf eine examinatorische Frage verweigert, zu der Sie, Herr Erler, jetzt, in dieser Stunde, das Recht nicht haben können, weil Sie genau so wenig wie ich voraussehen können, ob diese Situation jemals entsteht.

(Beifall bei der CDU/CSU – Zuruf! Abg. Erler: In dieser Situation steht das deutsche Volk heute, und deshalb muß darauf geantwortet werden!) –

Verehrter Herr Erler, das ist Ihre Meinung. Wir sind in einem demokratischen Staat und respektieren unsere Meinungen hoffentlich gegenseitig. Wir sind der Meinung, wie wir es bisher waren, daß diese Ihre Meinung falsch ist, und Sie können uns nicht den geringsten Beweis dafür liefern, daß wir heute vor dieser Alternative stehen.

(Lebhafter Beifall bei der CDU/CSU und beim GB/BHW)

Ich will Ihnen einen Zeugen nennen, nicht aus unseren Reihen, sondern aus einem neutralen Land. Ich hätte es vielleicht sonst nicht getan, aber jetzt, nach Ihrer Intervention, muß es geschehen. Die „*Neue Zürcher Zeitung*" hat zu der *Straßburger Debatte* am 12. Dezember folgendes geschrieben – ich bitte um die Erlaubnis, Herr Präsident, es verlesen zu dürfen –:

> Die Vertreter der sozialdemokratischen Opposition im Bundestag machen die Argumente Moskaus gegen die Pariser Abkommen zur Grundlage ihrer eigenen Argumentation.

(Hört! Hört! in der Mitte)

Das ist von mir nicht diffamierend gemeint.

> Sie verwenden zur Begründung der Ablehnung der Pariser Abkommen in eigenartiger Verkennung von Ursache und Wirkung haargenau die Argumente, welche die Sowjetunion ganz offenkundig zur Sabotage der europäischen Verteidigungs-

anstrengungen ausgeheckt hat, vor allem die Erklärung, daß eine Bewaffnung der Bundesrepublik die Einigung Deutschlands auf immer unmöglich mache.

(Abg. Wehner: Herr Kollege, gestatten Sie eine Frage!) – Bitte!

Wehner (SPD): Nach dieser ausgiebigen Zitierung einer, wie Sie sagten, neutralen Stimme möchte ich Sie fragen, ob das – gewissermaßen im, wie ich es verstehe, Widerspruch zu dem, was Sie heute eingangs einmal sagten - die Fortsetzung dessen ist, was Ihre Partei im Berliner Wahlkampf mit dem Vers „Grotewohl, auch Ollenhauer – beide stehen auf der Lauer, möchten Deutschland östlich schalten" angedeutet hat, oder wie man das sonst verstehen muß.

(Lachen und Zurufe von der CDU/CSU)

Kiesinger (CDU/CSU): Verehrter Herr Kollege Wehner, da wir uns nun schon im Gespräch befinden, wollen wir uns auch ehrlich antworten. Ich bin nicht davon überzeugt, daß Herr Kollege Ollenhauer wirklich beabsichtigt, „Deutschland östlich zu schalten". Ich habe nur die ehrliche Sorge, daß die *Politik von Herrn Ollenhauer* die Gefahr, die in einer Verhandlung mit Sowjetrußland in einer Position der Schwäche liegt, nicht genügend würdigt und daß dann – wider seinen redlichen Willen – eines Tages aus dieser Politik eine zwangsweise Ostschaltung ganz Deutschlands erfolgen könnte!

(Beifall bei der CDU/CSU und beim GB/BHE) [...]

Unser ganzer Streit geht also um die *Ausgangsbasis für Verhandlungen mit Sowjetrußland*. Natürlich sind wir uns einig darüber, daß das Problem der deutschen Wiedervereinigung absoluten Vorrang hat. Wie oft haben wir uns nun über dieses Wort gestritten, Herr Kollege Ollenhauer! Ich habe schon einmal gesagt, wir sollten es lieber nicht tun; es führt nur dazu, daß die deutsche Öffentlichkeit unklare Vorstellungen darüber bekommt. Wir haben den Vorrang immer im qualitativen Sinne gemeint. Ob man das Problem der deutschen Wiedervereinigung über Verhandlungen mit Sowjetrußland zeitlich so behandeln soll, daß das allererste, was zu tun ist, Verhandlungen mit Sowjetrußland sind, oder ob man sagt: Das verspricht keinen Erfolg, wir müssen uns zuerst eine bessere Ausgangsbasis verschaffen, – die entscheidende Frage ist immer die nach den Erfolgsaussichten der ins Auge gefaßten Verhandlungen. In diesem Sinne betreiben wir seit langer Zeit die aktivste Wiedervereinigungspolitik, die sich nach unserer Überzeugung denken läßt.

(Beifall bei der CDU/CSU und beim GB/BHE) [...]

Nun sagen Sie uns: Wenn wir ratifiziert haben, ist alles dahin, ist die *letzte Chance* verspielt, mit den Russen über eine Wiedervereinigung erfolgreich zu verhandeln. Herr Ollenhauer, glauben Sie das wirklich? Ich kann es nicht glauben, daß Sie es glauben!

(Heiterkeit und Beifall bei den Regierungsparteien)

Ich glaube Ihnen nicht - Sie haben es ja auch nicht behauptet; jedenfalls nicht sonderlich behauptet; manchmal könnte man es meinen –, daß Sie wirklich diese Drohungen Sowjetrußlands so ernst nehmen. Es werde nicht mehr zu einer Wiedervereinigung kommen, wenn die Verträge – nun, Herr Wehner hat es heute früh ein bißchen schamhaft nebenher gesagt – „ratifiziert oder verwirklicht" seien. Selbst Herr Molotow hat in seiner Rede auf der Rumpfkonferenz die beiden Begriffe aufgeführt und davon gesprochen, daß die Verträge ratifiziert und dann verwirklicht werden sollten. Also schon das hätte man etwas deutlicher ansprechen sollen.

(Abg. Wehner: Entschuldigen Sie, eine Frage!)
– Bitte sehr!

Wehner (SPD): Sie legen jetzt Worte des sowjetischen Außenministers so aus, als brauche man ihnen nicht unbedingt Gewicht beizumessen. Ich habe am Anfang Ihrer Rede von Ihnen selbst gehört, daß die Russen genau sagen, was sie wollen, und daß Sie sich darauf berufen und hier russische Zitate vorgetragen haben. Wie können Sie diese beiden grundverschiedenen Bewertungen in ein und derselben Rede miteinander in Einklang bringen?

Kiesinger (CDU/CSU): Aber Herr Wehner, ich hätte Ihnen wirklich mehr zugetraut, entschuldigen Sie.

(Beifall und Heiterkeit bei den Regierungsparteien)

Schauen Sie, die ersten Zitate, die ich von sowjetrussischer Seite gebracht habe, sind Zitate aus dem innersten Kern der bolschewistischen Weltanschauung,

(Sehr richtig! in der Mitte)

die kein totalitäres Regime jemals seinen eigenen Anhängern gegenüber aufzugeben wagen kann.

(Abg. Albers: Das weiß er nämlich auch!)

Wir werden von Sowjetrußland zu diesen Dingen niemals etwas anderes hören.

Das zweite, die Äußerungen über die Unmöglichkeit einer deutschen Wiedervereinigung nach der Ratifizierung, sind doch taktische Äußerungen der Sowjetpolitiker.

(Abg. Wehner: Aber sie kommen aus derselben Ideologie, Herr Kiesinger!)

Wir müssen diese beiden Dinge doch auseinanderhalten.

(Zuruf von der SPD)

– Nun ja, aber Sie können doch nicht bestreiten, daß beide Äußerungen auf völlig verschiedenen Ebenen liegen.

(Sehr richtig! in der Mitte)

Das eine ist Glaubensbekenntnis, das andere ist praktische und taktische Alltagspolitik.

(Beifall bei den Regierungsparteien – Abg. Wehner: Es wird furchtbar sein, wenn Sie sich getäuscht haben!)

Aber lassen Sie uns nicht weiter über die Frage streiten, wie weit man den sowjetrussischen Äußerungen Glauben beimessen soll. Natürlich gehen auch wir nicht einfach darüber zur Tagesordnung über. Natürlich überlegen auch wir uns: Wie ist denn wirklich die Situation nach der Ratifizierung oder der Verwirklichung der Verträge für Sowjetrußland?

Und nun, meine Herren von der Sozialdemokratischen Partei: Will von Ihnen jemand ernsthaft behaupten, daß *Sowjetrußland* die Entscheidung über die so lebenswichtige Frage der *deutschen Wiedervereinigung* jemals unter ein anderes Gebot als unter das Gebot des eigenen Interesses stellen wird?

(Sehr richtig! in der Mitte – Zuruf von der SPD: Wie ist es mit dem Westen?)

Es wird also für Sowjetrußland davon abhängen, ob es nach der Ratifizierung der Verträge Situationen gibt, bei denen das sowjetrussische Interesse eine Zustimmung zu der deutschen Wiedervereinigung in Freiheit erlaubt oder vielleicht sogar gebietet. Und da sollten wir keine Möglichkeiten mehr haben?

Ja, meine Damen und Herren, wir werden mehr Möglichkeiten haben als jetzt. Jetzt können wir den Sowjetrussen nur in Aussicht stellen, Optionen, Pläne, an deren Realisierung sie vielleicht selber noch nicht glauben, nicht zu verwirklichen; dann aber können wir den Sowjetrussen sagen: So, nun können wir – Gott sei Dank zusammen mit der freien Welt, nicht mehr allein, nicht mehr als Objekt, sondern als mithandelndes Subjekt – endlich echte Gespräche miteinander führen. Heran an den Verhandlungstisch! Wir sind bereit, und nun deckt die Karten auf! – Rezept? Meine Damen und Herren, wir sollten es uns abgewöhnen, über diese Dinge allzu leichtfertig zu sprechen.

(Sehr richtig! bei der SPD)

Wir haben noch kein Rezept für die deutsche Wiedervereinigung. Das geben wir Ihnen zu. Sie selbst haben es auch nicht. Aber unsere Überlegungen führen uns dahin, daß, wenn eine Regelung der deutschen Frage wirklich nicht nur im deutschen Interesse liegt, sondern wenn sie wirklich für den Frieden und die Sicherheit der ganzen Welt notwendig ist, daß gerade dann, wenn die Verträge ratifiziert sind, vielleicht schon in Angriff genommen worden sind, eine Ausgangsposition gegeben ist, wie sie die Sowjetrussen respektieren, die sie geneigt macht, mitzutun. Beweis? Beweis ist die ganze Nachkriegsgeschichte! Wir haben von Sowjetrußland zum erstenmal überzeugendere Äußerungen zugunsten der Abrüstung, friedlicher kollektiver Systeme und dergleichen nicht gehört, als der Westen entwaffnet und machtlos war, sondern im selben Augenblick, als der Westen mit seiner militärischen und politischen Integration ernst machte.

(Sehr gut! in der Mitte)

Die Aussöhnung mit Jugoslawien, das Sichabfinden mit dem dortigen Zustand ist nur auf die Tatsache zurückzuführen, daß Sowjetrußland einsah: Daran ist nichts zu ändern.

Ich sehe – das ist meine persönliche Auffassung – die endgültige Lösung, auf die wir alle hinstreben müssen, in einer *progressiven planetarischen Abrüstung*. Wir alle stehen unter dem Albdruck der bis zu den Zähnen bewaffneten Welt, der Tatsache der Atom- und Wasserstoffbomben. Wir alle fürchten uns vor einer Zukunft, die den Händen der Menschen und ihrer Dirigenten entgleiten und die über die Menschheit noch einmal namenloses Unglück bringen könnte. Aber wir haben ja den Beweis dafür, daß die Sowjetunion selbst erst dann bereit wurde, an Abrüstung zu denken – nachdem sie aufgerüstet hatte –, als sie sah, daß sie damit eben auch die westliche Aufrüstung herausgefordert hatte. [...]

Nun ein sehr ernstes Wort zu den Ausführungen von Herrn Kollegen Ollenhauer zu dem Problem, daß wir nun wieder Soldaten haben sollen. Herr Ollenhauer, auch ich stimme mit Ihnen darin überein, daß unsere *deutsche Jugend*, d.h. die, die für den *Solda-*

tendienst in Betracht kommt, über diese Aussicht nicht jubiliert. Ich will hinzufügen: ich würde es sogar für außerordentlich bedenklich finden – ich erinnere mich an die Jahrgänge nach dem ersten Weltkrieg –, wenn unsere deutsche Jugend heute schon wieder über die Aussicht auf Uniform und Parademärsche, und was dergleichen mehr ist, in Begeisterung geriete. Dem ist Gott sei Dank nicht so. Aber, Herr Kollege Ollenhauer, Ihre Partei selbst – den Vorwurf muß ich machen – hat auf dem Berliner Parteitag beschlossen: wenn erfolgreiche Verhandlungen über die Wiedervereinigung mit Sowjetrußland nicht gelingen, dann ist auch die Mehrheit Ihrer Partei für einen *militärischen Beitrag der Bundesrepublik zur Verteidigung der westlichen Welt.* Ich hoffe: noch ist sie es; man kann es nicht so genau wissen. Aber wehe Ihnen, meine Herren von der Sozialdemokratie, wenn eine gewisse Propaganda, die von manchen Ihrer Kollegen, nicht von allen, geschürt worden ist

(Sehr wahr! in der Mitte)

und die auf nichts anderes hinausläuft, als die *Parole des „Ohne mich",* die ohnehin schon gefährlich stark in unserem Lande war, zu verstärken, Erfolg hätte!

Herr Baade hat in seinem Artikel gesagt: wenn man diese Jugend fragte, ob sie Soldat werden wolle, dann würde sie in ihrer Mehrheit nein sagen. Ich weiß nicht, ob das wahr ist.

(Zuruf von der SPD: Haben Sie sie gefragt?)

– Wir haben gefragt, aber ich will es jetzt einmal dahingestellt sein lassen. Meine Herren, wenn Sie gewisse Gruppen von Steuerzahlern fragen, ob sie damit einverstanden sind, daß sie eine Steuererhöhung trifft, dann wird Ihnen diese Gruppe wahrscheinlich nein sagen,

(Zurufe von der SPD)

und es handelt sich dabei um ein sehr viel geringeres Opfer als das, das diese jungen Leute bringen müssen.

(Abg. Dr. Menzel: Ist ein solcher Vergleich nicht sehr geschmacklos?)

Vizepräsident Dr. Schneider: Herr Abgeordneter Baade zu einer Zwischenfrage!

Dr. Baade (SPD): Können wir, Opposition und Regierungskoalition, uns vielleicht auf der Basis einigen, daß die Jugend gefragt wird? Das wäre wunderschön.

(Beifall und Heiterkeit bei der SPD)

Kiesinger (CDU/CSU): Herr Kollege Baade, Sie machen einen höchst eigentümlichen Vorschlag. Wir können ja demnächst dazu übergehen, die verschiedenen Altersjahrgänge der Bundesrepublik zu den jeweiligen Gesetzesvorlagen gesondert zu befragen. Als ob die Wehrpflicht nicht eine Frage wäre, die das Ganze des deutschen Volkes angeht!

(Beifall bei den Regierungsparteien)

Nach meinen sorgfältigen Feststellungen ist es so, daß der größte Teil der deutschen Jugend - darüber haben wir eine ganze Reihe von Umfragen von den verschiedensten Seiten bekommen – natürlich nicht begeistert ist. Ein Teil, ein hoffentlich geringer Teil dieser Jugend ist einfach von des Gedankens Blässe angekränkelt, gehört schon zu jener Gruppe, die sich über alle Jahrgänge der Bundesrepublik verteilt, die überhaupt kein *Bewußtsein der Verantwortung für das Ganze* mehr hat.

(Sehr gut! rechts)

Ich sage: das ist ein sehr geringer Teil. Ich bin sogar davon überzeugt, daß er geringer ist als in manchen andern Altersjahrgängen.

(Sehr richtig! rechts)

Der weitaus größte Teil – das sagen sie mir immer – meint: Es ist eine schlimme Sache; wir wollen den alten Barras nicht wieder. – Wir wissen nicht, ob es gelingt, ihn zu vermeiden; wir haben Sorgen. – Aber sie sagen auch: Wir müssen eben in den sauren Apfel beißen. So ist die wirkliche Stimmung.

Nun ein Schlußwort zu unserer großen Sorge, zu unserem großen Anliegen. Die *Westeuropäische Union* ist Gott sei Dank mit großer Schnelligkeit nach dem Scheitern der EVG-Konzeption gekommen. Wir gestehen, daß wir in ihr noch nicht die Lösung des europäischen Problems sehen können, von dem ich vorhin gesprochen habe. Sollten die Schöpfer dieser Konvention wirklich glauben, daß man mit einem Rückzug auf eine alte nationalstaatliche Koalitionspolitik das Problem meistern könne, dann würden sie sich verhängnisvoll irren. Wir müssen daher auch auf dem neuen Wege neue Integrationsziele suchen und dürfen in dem Sinne, in dem der Herr Bundeskanzler es ausgesprochen hat, nicht und niemals ablassen, weiterhin eine *echte europäische Einigung* zu erstreben. Das muß auch zu unseren Nachbarn auf dem Kontinent gesagt sein, auch zu Großbritannien, für dessen besondere Situation der Welt und Europa gegenüber wir volles Verständnis haben.

Meine Damen und Herren, wir haben nun jahrelang diese Politik betrieben. Wir haben Verzögerungen und Rückschläge erlebt, wir haben in heißen Meinungskämpfen immer wieder um dieselben Probleme gerungen. Ich hoffe, daß der Zeitpunkt kommen wird, meine Herren Kollegen von der sozialdemokratischen Fraktion, der Sie überzeugt, daß Sie mit Ihrer Konzeption unrecht hatten. Wenn dieser Zeitpunkt gekommen ist – und vielleicht ist er gar nicht so fern, wir wissen es nicht –, dann werden Sie mit uns gemeinsam vor demselben Problem stehen. Ich hoffe, daß es dann gelingen wird, eine *gemeinsame Außenpolitik*, die für dieses Volk so bitter notwendig ist, endlich zu finden. Solange dies nicht möglich ist, solange uns die Meinungsgegensätze trennen und die Weltlage keinem von uns einen mathematischen Beweis in die Hände spielt, daß er recht hat, bleibt uns, meine Damen und Herren von dieser Seite des Hauses, nichts anderes übrig, als uns unbeirrbar zu unserer bisherigen Politik zu bekennen.

Ich weiß, daß uns in der einen oder anderen Frage, in der einen oder ändern Nuance einiges trennt. Ich will nicht zu den Sorgen über das Saarabkommen sprechen; es sind gemeinsame Sorgen. Ich hoffe, daß die nächsten Monate uns Möglichkeiten geben werden, auch hier zu einer gemeinsamen Auffassung zu kommen. Aber lassen wir uns doch nicht - manchmal hat es in den letzten Monaten den Anschein gehabt – durch die ermüdende Länge der Zeit, durch die immer wiederholten Rückschläge dazu verleiten, müde zu werden an dem großen Werk, das uns aufgetragen worden ist.

Ich sage es bewußt: Immer wieder, wenn ich draußen im Ausland bin, wird an mich von ausländischen Politikern die sorgenvolle Frage gerichtet: Was wird eines Tages geschehen, *wenn der Bundeskanzler nicht mehr am Steuer der deutschen Politik steht?*

(Oh! – Rufe von der SPD)

– Haben Sie diese Frage noch nie gehört?

(Nein! – Rufe von der SPD – Weitere Zurufe von der SPD)

– Meine Damen und Herren, dann rate ich ihnen, sich im Ausland nicht nur bei den Gegnern der deutschen Befreiungspolitik umzuhören, sondern sich auch von jenen Bescheid sagen zu lassen, die es mit uns und der deutschen Wiedervereinigung gut meinen!

(Beifall bei den Regierungsparteien – Abg. Mellies: Wir sind besser unterrichtet über die Stimmung im Ausland!)

– Herr Mellies, dazu ließe sich viel sagen. Ich glaube nicht, daß Sie recht haben; aber ich will Ihnen folgendes sagen. Ein bedeutender europäischer Politiker hat mir gesagt, gewisse Äußerungen aus Deutschland ließen ihn Sorge haben, ob es nicht eines Tages wieder Rapallo-Politik geben werde. Dem Bundeskanzler, so sagte er, schenke man Vertrauen, er habe sich dieses Vertrauen erworben; könne man es auch dem deutschen Volk und den Politikern, die nach ihm kämen, schenken? Er hat dabei ganz allgemein gesprochen.

(Abg. Mellies: Fragen Sie mal etwas tiefer, wie die Besorgnisse sind; da werden Sie noch ganz etwas anderes hören!)

– Lassen Sie mich fortfahren, Herr Mellies. In dem Gespräch wurde in diesem Zusammenhang ein Angriff gegen Ihre Partei gestartet, und ich habe diese Gelegenheit benutzt, für Ihre Partei eine Lanze zu brechen und den Angriff zurückzuweisen.

(Lachen bei der SPD)

– Ja, das geschieht sogar gelegentlich bei uns. Daß Sie sich das nicht auch angewöhnen wollen, meine Damen und Herren, ist bedauerlich.

(Beifall bei der CDU/CSU)

Ich habe den Verdacht, Herr Wehner, Sie glauben, in splendid isolation leben zu können und unsere gelegentliche Verteidigung nicht nötig zu haben.

(Abg. Mellies: Aber fragen Sie immer ganz genau, gegen wen das Mißtrauen draußen gerichtet ist!)

– Richtig, das *Mißtrauen* ist nicht nur, Herr Mellies, – –

(Abg. Mellies: Dann werden Sie das nicht mehr sagen, was Sie eben gesagt haben!)

Das Mißtrauen ist nicht nur gegen Sie gerichtet. Aber ich muß es sagen, daß meine Gesprächspartner auf Sie Bezug genommen haben.

(Abg. Mellies: Andere nehmen auf andere Bezug!)

Ich betone das auch deshalb, weil gestern eine Nachricht verbreitet wurde, ich hätte erklärt, bei diesem Gespräch habe man der *Sozial-demokratie* mit Recht das Mißtrauen ausgesprochen. Das ist nicht richtig. Die Kollegen von der Presse, die anwesend gewesen sind, werden mir bestätigen, daß ich ausdrücklich gesagt habe: Ich habe die SPD dabei verteidigt.

Aber, meine Damen und Herren, Tatsache ist doch nun einmal, daß dieses Mißtrauen in der Welt besteht. Wir können es nicht einfach wegdiskutieren. Und sollten wir nun Tag um Tag einen Beitrag dazu leisten? Sollten wir nicht endlich einsehen, daß wir alle gemeinsam die Kräfte zusammenwerfen müssen, um dieses Mißtrauen zu beseitigen? Wir, meine Damen und Herren von der *Regierungskoalition*, sollten jedenfalls der Welt ein Bild größter Einmütigkeit und Entschlossenheit geben, auf dem Weg fortzuschreiten, auf dem wir bisher gemeinsam und mit so viel Erfolg gegangen sind. Dann werden wir auch das Endziel erreichen, das Ziel, das wir alle im Herzen tragen: *Frieden und Freiheit für ein wiedervereinigtes Deutschland.*

(Lebhafter Beifall bei den Regierungsparteien)

Pater Patriae:
Konrad Adenauer
(I)
1876–1967

aus Köln, nach der ersten und zweiten juristischen Staatsprüfung 1906 Beige-
ordneter, 1917 Oberbürgermeister von Köln, Mitglied des Preußischen Her-
renhauses, 1920–1932 Präsident des Preußischen Staatsrats, Mitglied des
Reichsvorstands der Zentrumspartei. 1933 aus allen Ämtern entlassen, Verbot
der politischen Tätigkeit. 1946 Vorsitzender der CDU in der britischen Zone,
1950 Vorsitzender der CDU im Bundesgebiet, 1948/1949 Präsident des Parlamentarischen Rates. 1949 bis 1967 MdB (CDU/ CSU), 1949 bis 1963 Bundeskanzler, 1951 bis 1955 zugleich Bundesminister des Auswärtigen. Hinterließ
vierbändige „Erinnerungen" – „Meinem Vaterland" gewidmet – (Stuttgart 1965
bis 1968).

Doch er stehet männlich an dem Steuer:
mit dem Schiffe spielen Wind und Wellen,
Wind und Wellen nicht mit seinem Herzen.

Goethe

Am 5. Oktober 1945, in einer Zeit, als noch viele an den Fortbe-
stand des Deutschen Reiches in irgendeiner Form glaubten und
sich eine Entwicklung in Richtung auf eine fortdauernde Spaltung
nicht vorstellen konnten, äußerte Konrad Adenauer in einem Interview mit britischen Journalisten, nach seiner Ansicht sei „der
von Rußland besetzte Teil (Deutschlands) für eine nicht zu schätzende Zeit für Deutschland verloren". Leider sind Adenauers Weit-
und Einsicht, die seine Politik in beeindruckender Konsequenz bestimmten, durch den zwischenzeitlichen Ablauf der Ereignisse bestätigt worden, und es hat lange gedauert, bis die bittere Wahrheit
der Spaltung Deutschlands allseits in vollem Umfang realisiert wurde.

Nach der vollzogenen Westintegration der Bundesrepublik
Deutschland und der Eingliederung der DDR in das Warschauer-
Pakt-System war es das Ziel der Sowjetunion, die in Deutschland
entstandene Situation – die Existenz zweier souveräner Staaten auf
dem Territorium des Restreichs – auch völkerrechtlich festzu-
schreiben. Erstaunlicherweise schien sich Mitte der 50er-Jahre für
kurze Zeit ein Abrücken der Sowjetunion von der harten stalinistischen Linie abzuzeichnen; dies kam insbesondere in der Zustimmung der Sowjetunion zu der – dann erfolglosen – Viererkonfe-
renz in Genf über die deutsche Frage, vor allem aber durch das
Einlenken in der Frage des österreichischen Staatsvertrags (15. Mai
1955) zum Ausdruck. Kurz darauf erging die Einladung an die
Bundesregierung zur Aufnahme diplomatischer Beziehungen. Sie
veranlasste Konrad Adenauer zu sofortigen Konsultationen mit
den westlichen Verbündeten und natürlich auch zu eingehenden
Beratungen innerhalb der Bundesregierung und des Bundestages.
Die Meinungen waren geteilt, ob man der sowjetischen Einladung
folgen sollte und damit die Hallstein-Doktrin, nach der kein Staat
gleichzeitig Beziehungen zur Bundesrepublik und zur DDR unterhalten könne, aufs Spiel setzen solle. Aber der deutschen Seite war
bewusst, dass die Sowjetunion über ein wirkungsvolles Druckmittel
verfügte: eine große Zahl deutscher Kriegsgefangener und Zivilin-
ternierter wurde in russischen Lagern festgehalten. Nach sowjetischer Lesart handelte es sich allerdings ausschließlich um deutsche
Kriegsverbrecher aus der ehemaligen Hitlerarmee. – Man einigte

sich schließlich darauf, die Einladung anzunehmen; die diplomatischen Beziehungen sollten aber nur dann aufgenommen werden, wenn die Kriegsgefangenenfrage befriedigend gelöst würde. Eine Anerkennung der DDR komme nicht in Betracht.

Die Verhandlungen zwischen der Sowjetunion und der Bundesrepublik Deutschland fanden vom 9. bis 13. September 1955 in Moskau statt. Die Delegation der Bundesrepublik, der unter anderen Heinrich von Brentano, Walter Hallstein, Wilhelm Grewe, Kurt Georg Kiesinger und Carlo Schmid (dieser in seiner Eigenschaft als stellvertretender Vorsitzender des Auswärtigen Ausschusses) angehörten, wurde von Konrad Adenauer geleitet, die der Sowjetunion von Ministerpräsident Bulganin und Generalsekretär Chruschtschow. Die sowjetrussische Delegation wollte sich auf keinerlei Vorbedingungen für die Aufnahme der diplomatischen Beziehungen einlassen, während Adenauer darauf beharrte, dass mit der Aufnahme dieser Beziehungen die Entlassung der Kriegsgefangenen und Verschleppten verbunden sein müsse. Die Konferenz, während der es des öfteren zu heftigen Zusammenstößen kam, drohte mehr als einmal sich in einer Sackgasse festzufahren, und Adenauer hatte bereits die Flugzeuge zur vorzeitigen Rückkehr nach Bonn bestellt, als Bulganin und Chruschtschow ihr mündliches Ehrenwort gaben, dass die festgehaltenen Deutschen unmittelbar nach der Aufnahme diplomatischer Beziehungen entlassen würden. Innerhalb der deutschen Delegation gab es tief greifende Meinungsverschiedenheiten darüber, ob man dem Wort der Russen trauen könne. Brentano und Hallstein waren unter allen Umständen dagegen. Aber „ich ließ mich nicht beirren. Ich war nicht gewillt, die armen Menschen, die sich in russischem Gewahrsam befanden, völkerrechtlichen Erwägungen zu opfern", schreibt Adenauer in seinen Erinnerungen, und er akzeptierte das mündliche Versprechen. Eine schriftliche Festlegung lehnten die Russen kompromisslos ab.

Das zweite bei der Moskauer Konferenz erörterte Thema war die Wiedervereinigung; es war auf Adenauers ausdrücklichen Wunsch auf die Tagesordnung gesetzt worden. „Die Hoffnung, daß man bei direkten sowjetisch-deutschen Verhandlungen der Wiedervereinigung näherkommen würde, war nicht groß." Dafür waren nach Adenauers Meinung uneingeschränkt die „Siegermächte" zuständig. Die Diskussion dieser Frage erwies sich denn auch als fruchtlos. Die sowjetische Delegation ging von den nach dem Krieg geschaffenen und nach ihrer Meinung unverrückbaren Grenzen aus, einschließlich der Oder-Neiße-Linie, und Adenauer blieb nichts anderes übrig, als bei Abschluss der Konferenz einseitig gegenüber den Russen zu erklären, daß „die Aufnahme diplomatischer Beziehungen keine Anerkennung des derzeitigen beiderseitigen territorialen Besitzstandes bedeutet. Die endgültige Festsetzung der Grenzen Deutschlands bleibt dem Friedensvertrag vorbehalten." In der gleichen Erklärung machte er auch deutlich, dass „die Aufnahme diplomatischer Beziehungen keine Änderung des Rechtsstandpunktes hinsichtlich der Alleinvertretung bedeute" – aber der erste Einbruch in die bis dahin penibel durchgehaltene Hallstein-Doktrin war gleichwohl erfolgt, wenn auch die Aufnahme der diplomatischen Beziehungen zwischen der Sowjetunion und der Bundesrepublik Deutschland sehr beflissen als „Ausnahmeregelung" hingestellt wurde.

Ein glatter Tauschhandel bezeichnet das Ergebnis der Konferenz: Die diplomatischen Beziehungen wurden aufgenommen, und Bulganin und Chruschtschow hielten ihr Wort. Die Sowjetunion schickte 12 000 Kriegsgefangene und 20 000 Zivilinternierte nach Hause. Im Aufnahmelager Friedland spielten sich im Herbst 1955 unbeschreibliche Wiedersehensszenen ab. Allerdings wurden auch viele Hoffnungen endgültig zunichte; in vielen Fällen wurde der Tod eines nahen Angehörigen durch mitgebrachte Nachrichten der Heimkehrer schmerzliche Gewissheit. – Die Heimholung dieser Zehntausende war eines der erregendsten Ereignisse der Kanzlerschaft Adenauers.

Der Zufall will es, dass in der im Folgenden wiedergegebenen kurzen Rede Adenauers in Bochum außer der Moskaureise auch ein anderes Thema von größtem Gewicht auftaucht: die Saarfrage. Als Adenauer in dieser Rede der Saarbevölkerung empfahl, dem so genannten Saarstatut zuzustimmen – das die „Europäisierung" des Saarlandes vorsah; sie hätte zu einer definitiven Loslösung der Saar von Deutschland führen können –, wurden von allen Richtungen aus ganze Breitseiten gegen ihn abgefeuert: „Adenauer verkauft die Saar!" Es dauerte lange, bis sich der Sturm der Entrüstung, der durch die deutschen Lande fegte, einigermaßen beruhigte. Die Bundestagsdebatte vom 29. November 1956, in der die Rückkehr der Saar – nach erfolgter Ablehnung des Statuts durch eine Volksabstimmung und anschließenden erfolgreichen Neuverhandlungen mit Frankreich – diskutiert wurde, zeigt, dass Adenauers Spiel mit sehr hohem Einsatz nicht von allen Beteiligten durchschaut worden war.

Konnte Adenauer, der das Saarstatut – als Bestandteil des am 23. Oktober 1954 unterzeichneten geänderten Deutschlandvertrags –

unterschrieben hatte, schweigen? Konnte er tatsächlich anders handeln, als er es tat, als sich nämlich – wenn auch etwas matt, aber unzweideutig – für die Annahme des Statuts einzusetzen?

Wenn es je in der Nachkriegsgeschichte ein Beispiel für ein Problem gegeben hat, das nur mit „mephistophelischer Dialektik" (Ewald Bucher) gelöst werden konnte – die Saarfrage mit all ihren Facetten war ein solches Beispiel. Frankreich betrachtete ja nach dem Zusammenbruch Deutschlands die Saar als legitime Kriegsbeute und wurde darin von den Vereinigten Staaten und Großbritannien unterstützt. In Saarbrücken herrschte ein französischer Hoher Kommissar, und die Bevölkerung wurde von einer Regierung vertreten, die äußerlich viel Ähnlichkeit mit einem der damaligen französischen Protektoratsregime, z.B. in Tunesien, hatte. Die für die Rückkehr des Saargebiets zu Deutschland eintretenden Parteien waren verboten. Noch zu Beginn der 50er-Jahre war Frankreich die „Verantwortung für die Ausbeutung der Kohlenvorkommen im Saargebiet übertragen worden", wie es in der Saarkonvention vom 3. März 1950 hieß. Feierliche Proteste der Bundesregierung und des Bundestages beeindruckten die Franzosen nicht sonderlich; sie konnten sich damit beruhigen, daß im Jahre 1947 91,6% der Saarländer für den wirtschaftlichen Anschluß des Saargebiets an Frankreich gestimmt hatten, und in der Saarverfassung war die „politische Unabhängigkeit des Saarlandes vom Deutschen Reich" festgelegt worden. Es ist das Verdienst des Europarates, in die festgefahrene Situation Bewegung gebracht zu haben, allerdings mit einem untauglichen Mittel, dem Entwurf eines Saarstatuts des holländischen Delegierten van der Goes van Naters, aufgrund dessen die Saar „europäisches Territorium" werden sollte. Aber immerhin, die Angelegenheit wurde im Rahmen der Beratungen des geänderten Deutschlandvertrags von den Regierungen aufgenommen, und die Entscheidung fiel in einem dramatischen Gespräch Adenauers mit dem französischen Ministerpräsidenten Mendès-France am 21. Oktober 1954 in Paris. Nach „äußerst hartem Ringen" (Adenauer), das sich bis Mitternacht hinzog, gelang dem Bundeskanzler ein diplomatisches Meisterstück. Mendès-France wollte zunächst mit allen Mitteln die endgültige Abtrennung der Saar von Deutschland sicherstellen, womit sich Adenauer nicht einverstanden erklären konnte. Schließlich vereinbarten die Regierungschefs, daß die Saarbevölkerung sowohl über das die „Europäisierung" vorsehende Saarstatut abstimmen sollte als auch, auf Vorschlag Adenauers, über ihre definitive Zugehörigkeit im Falle des Abschlusses eines Friedensvertrags. Für Adenauer war es eine sehr zweischneidige Lösung: „Würde die Saarbevölkerung das europäische Statut annehmen, so bestand doch gewisse Hoffnung, daß die Pläne zur europäischen Einigung, wenn sie auch durch das Scheitern der EVG einen schweren Rückschlag** erlitten hatten, über kurz oder lang ihre Verwirklichung finden würden. Die Europäisierung der Saar würde einen wichtigen Schritt in diese Richtung bedeuten. .... Würde die Saarbevölkerung das Saarstatut ablehnen, nun: hier lag meine Hoffnung. Ich konnte mir nicht denken, daß Frankreich, wenn sich die Saarbevölkerung für den Anschluß an Deutschland aussprechen und dies durch einen freigewählten Landtag bestätigen würde, an derartigen Wünschen vorbeigehen konnte."

Und diese Hoffnung Adenauers wurde nicht enttäuscht. Am 23. Oktober 1955 lehnten fast 68% der Saarländer die „Europäisierung" ab, und Frankreich trat in Verhandlungen mit der Bundesrepublik ein, die zur Rückgliederung des Saarlandes an Deutschland am 1. Januar 1957 führten. Für die Aufnahme und den positiven Ausgang der Verhandlungen war von großer Bedeutung, daß Adenauer loyal und in einer weithin beachteten Rede - in Bochum - der Vereinbarung mit Mendès-France zugestimmt hatte. Der F.D.P.-Abgeordnete Bucher, der spätere Justizminister, hatte nicht so ganz unrecht, wenn er behauptete, daß es eine „mephistophelische Dialektik" war, „wenn nun die damaligen Befürworter des Saarstatuts heute sagen: ,Wir haben euch Saarländer in die Versuchung geführt' – wahrlich in die Versuchung geführt, nicht nur vor die Wahl gestellt –, ,und ihr habt der Versuchung widerstanden, ihr habt anders entschieden, und das ist unser Verdienst, die wir euch in die Versuchung geführt haben!',. In der Tat war es das unstreitige Verdienst Adenauers, die Saarländer „in Versuchung geführt zu haben" – ohne das Saarstatut hätte eben die festgefahrene Situation überhaupt nicht aufgebrochen werden können, und so konnte der Abgeordnete Kiesinger in der Saardebatte im November 1956 mit Recht feststellen, dass „die Rückkehr des Saarlandes gewiß der Treue der Saarbevölkerung, aber auch der Richtigkeit der von der Bundesregierung vertretenen Politik zu verdanken" sei. „Wir konnten also, wenn es nach den Plänen des Ab-

---

* Kurz davor, am 30. August 1954, hatte die französische Nationalversammlung den EVG-Plänen ein, schon rein geschäftsordnungsmäßig, schimpfliches Ende bereitet:: sie ging über den Punkt „EVG-Vertrag" zur Geschäftsordnung über, hielt also die Angelegenheit nicht einmal für so bedeutungsvoll, daß sich eine Aussprache in der Sache lohnen könnte.

168

kommens gegangen wäre und wenn die Saarbevölkerung das Saarstatut bejaht hätte, mit folgenden zwei Etappen rechnen: erstens mit der Wahl eines freien Landtages in der Hoffnung, daß die überwältigende Mehrheit dieses Landtages ein eindeutiges Bekenntnis der Saarbevölkerung zu Deutschland repräsentieren würde, zweitens, daß am Ende der Entwicklung jenes Plebiszit der Saarbevölkerung stünde, mit dem die Saarbevölkerung nach diesem Abkommen Rechtens zu Deutschland zurückkehren würde."

Beide Vorgänge, die Moskaureise und die Lösung der Saarfrage, zeigen den 80-jährigen Adenauer auf dem Zenit seiner Verhandlungskunst und seiner Fähigkeit, zum Erfolg führende Entscheidungen zu konzipieren, auch wenn er dabei die Intentionen seiner engsten Berater scheinbar übergehen und zunächst eine gewisse Unpopularität der von ihm angestrebten Lösungen in Kauf nehmen mußte. Aber es wäre unzulänglich, die Ergebnisse nur seiner meisterhaften Steuerung der Gespräche, seiner List und seinem Stehvermögen – auch beim Wodka – zuzuschreiben. Er hat in der Saarfrage lange und aufs ernsthafteste mit sich gerungen, ob er diese „schwere Bürde", die ihn vor der Öffentlichkeit zunächst einmal ins Unrecht setzte, auf sich nehmen solle. Auch der Reise nach Moskau gingen eingehende Gewissensprüfungen voraus. Wie berichtet wird, ließ er sich in der Pfarrkirche von Sachseln (Schweiz) eine Nacht lang einschließen und betete dort am Grab des Schweizer Nationalheiligen und Friedensstifters Nikolaus von Flüe. - Beide Aktionen waren risikoreich; ein Scheitern hätte weit reichende innen- und außenpolitische Folgen nach sich gezogen. Aber sie verliefen erfolgreich, und der Ertrag blieb nicht aus. In der Bundestagswahl 1957 errang Adenauers Partei erst- und einmalig die absolute Mehrheit (50,2% der Stimmen); im Saargebiet votierten 54,5% für die CDU/CSU.

Diplomatische Beziehungen zur Sowjetunion?
„Europäisierung" der Saar?

Rede Adenauers anläßlich des 10. Jahrestages der Gründung der CDU Westfalen-Lippe, am 2. September 1955 in Bochum, aus: Bulletin des Presse- und Informationsamtes der Bundesregierung vom 6. September 1955 (1389–1390)

Meine beiden Vorredner haben schon angedeutet, daß Sie füglich nicht von mir erwarten können, daß ich so kurz vor dem Abflug nach Moskau große Ausführungen über die Dinge mache, die sich voraussichtlich in Moskau ereignen werden. Selbst wenn ich wollte, könnte ich es nicht, denn ich weiß nicht, wie sich die Sache mit Moskau abspielen wird. Aber einige Worte möchte ich immerhin zu Ihnen sagen.

Ich möchte Sie zunächst bitten, diese Moskauer Gespräche nicht zu betrachten, ohne den Zusammenhang mit anderen wichtigen außenpolitischen Ereignissen dieser letzten Wochen und Monate zu sehen. Vorangegangen ist die erste Genfer Konferenz, die Konferenz, auf der die Regierungschefs der vier Siegermächte versammelt waren. Ich gebrauche das Wort „Siegermächte" hier in voller Absicht. Der Begegnung in Moskau wird die Außenministerkonferenz der vier Siegermächte Ende Oktober folgen. Das Moskauer Gespräch liegt also mitten zwischen diesen beiden Konferenzen, und ich bitte Sie, wenn Sie demnächst über das, was in Moskau vor sich gegangen ist, über das, was da gesprochen worden ist, hören und lesen, das wohl im Auge behalten.

Warum habe ich von Siegermächten gesprochen? Warum habe ich so betont, daß die Moskauer Unterhaltungen zwischen diese beiden Konferenzen fallen? Die vier Siegermächte haben die von ihnen selbst anerkannte Verpflichtung, die Einheit Deutschlands in Freiheit wiederherzustellen. Daraus ergibt sich zwangsläufig, daß zwischen der deutschen Delegation und den Vertretern Sowjetrußlands in Moskau diese Frage der Einheit Deutschlands nur erörtert werden kann, daß aber ihre Lösung eine Pflicht der vier Siegermächte ist.

Wir haben in Moskau auch noch andere Themen zu besprechen und namentlich ein Thema, das uns allen besonders am Herzen liegt. Das ist die Frage der Freilassung der noch in Sowjetrußland oder im Machtbereich Sowjetrußlands zurückgehaltenen Deutschen. Das ist nicht in erster Linie eine politische Frage. Es ist eine Frage des Menschentums, ob diese armen Menschen noch länger der Freiheit beraubt und ihren Familien entzogen werden sollen, und das ist eine Frage, die wohl niemanden in Deutschland unberührt läßt. Wir können nur - und ich weiß, daß Sie und das ganze deutsche Volk mir darin zustimmen, gleichgültig, welcher Partei der einzelne angehört – die dringende und herzliche Hoffnung haben, daß von den Vertretern der Sowjetunion dieses Problem als ein menschliches Problem aufgefaßt und gelöst wird.

Das Gebiet der Außenpolitik kann ich nicht verlassen, ohne einer Aufgabe zu gedenken, die der Lösung erst langsam entgegengeführt wird. Das ist die Frage Europa. Unsere Aufgabe ist es und muß es bleiben, dieses Europa zu schaffen. Wir dürfen nicht nachlassen, trotz aller Entmutigungen, trotz der Schwierigkeiten, die die Lösung dieser Frage bereitet. Es ist selbstverständlich, daß es nicht möglich ist, europäische Völker, die sich jahrhundertelang politisch und wirtschaftlich auseinandergelebt haben, sofort wieder zu einer großen Einheit zusammenzuführen, aber die Lösung dieser Frage ist unsere Aufgabe und die große Aufgabe unserer Jugend. Wie sich nun die Dinge in der Welt gestaltet haben, wird kein europäisches Volk ein freies und ein gesundes Leben führen können, wenn es nicht gelingt, die Völker Europas zu einer Einheit zusammenzufassen. Ich glaube daran, daß dieser Arbeit letzten Endes doch der Erfolg beschieden sein wird.

Nun, da ich von Europa spreche, lassen Sie mich hier in aller Offenheit und mit allem Freimut etwas sagen. Ich bin in großer Sorge wegen der Vorgänge an der Saar. Ich verstehe, daß sich die Empörung gegen die Unterdrückung durch die Regierung Hoffmann, die nun zehn Jahre gedauert hat, in emotionaler Weise Luft macht. Aber in der Politik darf man nicht nur emotional denken. In der Politik muß man sich dann und wann sicher mal Luft machen, aber dann muß man wieder mit kühlem Kopfe die ganze Sachlage überlegen. An die Bevölkerung an der Saar habe ich die herzliche Bitte zu richten: Ich verstehe, daß sie die Regierung Hoffmann nicht mehr will, und ich bin der Auffassung, die Regierung Hoffmann hat im Saargebiet keinen Boden mehr bei der Bevölkerung. Aber der Weg, zu einer anderen Regierung zu kommen, ist gerade, dieses Statut anzunehmen und dann in der darauf stattfindenden Landtagswahl einen Landtag zu wählen, der in seiner Mehrheit gegen die Regierung Hoffmann gerichtet ist. Wenn man das tut, dann wahrt man gleichzeitig auch die europäischen Interessen, die es nicht vertragen, daß ausgerechnet in diesem Augenblick und in diesen Wochen, wenige Wochen vor der zweiten Genfer Konferenz, in Europa zwischen Deutschland und Frankreich wieder ein Unruheherd geschaffen wird.

Tapferster der Tapferen:
FRANZ BÖHM
1895–1977

aus Konstanz, nach Kriegsdienst 1914 bis 1918 juristisches Studium in Freiburg, 1922 erste, 1924 zweite juristische Staatsprüfung. 1924 Staatsanwalt in Freiburg, 1925 bis 1932 Mitarbeiter im Kartellreferat des Reichswirtschaftsministeriums in Berlin, 1933 Habilitation in Freiburg, Privatdozent bis 1936, 1936 bis 1938 Wahrnehmung eines Lehrstuhls für bürgerliches Recht in Jena. 1936 bis 1940 mehrere Verfahren wegen Böhms Kritik an der Judenpolitik des NS-Staates, 1940 Versetzung in den Wartestand. 1945 Prorektor der Universität Freiburg, 1945/46 hessischer Kultusminister. 1946 bis 1962 Professor in Frankfurt am Main, 1952 Leiter der deutschen Delegation bei den Wiedergutmachungsverhandlungen mit Israel. MdB (CDU/CSU) 1953 bis 1961.

Das Schwerste klar und allen faßlich sagen,
Heißt aus gediegnem Golde Münzen schlagen.

Geibel

Es ist Franz Böhms geschichtliche Leistung, trotz scheinbar un-
überbrückbarer Schwierigkeiten das Wiedergutmachungsabkommen mit Israel unter Dach und Fach gebracht zu haben. Adenauer
hätte nicht leicht einen Würdigeren als Böhm für die Leitung der
Verhandlungsdelegation der Bundesrepublik finden können; der
angesehene Wirtschaftsrechtler hatte sich durch zahlreiche Veröffentlichungen als erstrangiger Experte ausgewiesen, und seine sachverständige Mitwirkung im Wissenschaftlichen Beirat des Bundes-
wirtschaftsministeriums wurde hoch geschätzt. Aber noch viel
wichtiger war, dass Franz Böhm ein Mann von seltener persönlicher Lauterkeit und Integrität war, der in der Zeit des „Dritten Reiches" wegen seines unerschrockenen Eintretens für verfolgte Juden
schwere persönliche Nachteile erlitten hatte und sich nach Kriegsende
die Wiedergutmachung des während der Herrschaft des Ungeistes be-
gangenen Unrechts zum Lebensziel gesetzt hatte. Von welcher Gesinnung er sich dabei leiten ließ, geht aus einem Brief hervor, den er während der Verhandlungen mit Israel an Bundeskanzler Adenauer richtete. Es heißt dort: „Im Vordergrund der Betrachtung sollte meines
Erachtens der konstruktive Zukunftsaspekt stehen. Die Überwindung
der unvorstellbaren Bitterkeit, die das nationalsozialistische Verbrechen bei den Juden in aller Welt und bei allen Gutgesinnten hervorgerufen hat, aber auch die Überwindung des furchtbaren Schlages, den
dieses Verbrechen dem deutschen Ansehen zugefügt hat, ist wohl die
wichtigste und dringlichste Aufgabe der deutschen Politik." Hierin
stimmte er mit Adenauer völlig überein, der dem Vertrag mit Israel die
gleiche Bedeutung wie dem Deutschlandvertrag beimaß und immer
wieder auf die Beschleunigung und den Abschluss des Vertrages
drängte.

Seit Übernahme des Kanzleramtes war Adenauer um die Regelung dieser Frage bemüht, und nach entsprechenden Sondierungen
gab er im September 1951 in einer Regierungserklärung bekannt,
dass die Bundesrepublik Deutschland bereit sei, mit den Israelis
über das materielle Wiedergutmachungsproblem zu verhandeln.
Ein erster Kontakt Adenauers mit Dr. Nahum Goldmann, dem
Vertreter der Conference on Jewish Material Claims against Germany, fand wenige Monate später statt, und nachdem das israelische Parlament beschlossen hatte, das Angebot zur Aufnahme von

Verhandlungen anzunehmen, traten die Delegationen der Bundesrepublik und Israels in Wassenaar (bei Den Haag) am 20. März 1952 zusammen. Wenige Tage später wurde im Bundeskanzleramt in Bonn ein an Adenauer adressiertes Paket eingeliefert, das beim Öffnen explodierte und einen Mitarbeiter tötete. Dieses Attentat zeigt, unter welcher politischen Hochspannung die Verhandlungen standen. Die latente Gefahr gewalttätiger Störungen durch israelische Radikale, die jede Verbindungsaufnahme mit Deutschland ablehnten, war immer gegeben, sodass die Gespräche in völliger Abgeschiedenheit abgewickelt wurden.

Mit der Aufnahme der Verhandlungen war die Stunde Franz Böhms gekommen. Der bedächtige und gründliche Alemanne wurde schnell zum geachteten und vertrauenswürdigen Gesprächspartner der israelischen Seite. Die mit der Wiedergutmachungsfrage verbundenen Wirtschafts- und Finanzprobleme waren überaus kompliziert; die „Umwandlung moralischer Ansprüche in geltendes Völkerrecht" (Adenauer) erwies sich als eine viele Monate in Anspruch nehmende äußerst schwierige Aufgabe. Naturgemäß drängten die Israelis auf möglichst baldige und hohe Zahlungen, und naturgemäß musste die deutsche Seite geltend machen, dass die Leistungsfähigkeit eines eben erst gegründeten und unter gewaltigen Kriegsschäden leidenden Staates wie der Bundesrepublik begrenzt war. Böhm ließ jedoch nie einen Zweifel daran, dass der legitime Wiedergutmachungsanspruch des jüdischen Volkes Vorrang vor noch so begründeten wirtschaftlichen und finanziellen Erwägungen habe. In die Beratungen waren auch die bei der gleichzeitig stattfindenden Londoner Schuldenkonferenz an die Bundesrepublik Deutschland gerichteten Forderungen einzubeziehen; dahin gehende Überlegungen des dortigen deutschen Delegationsleiters Hermann Josef Abs, die zu einer Reduzierung des ursprünglich ins Auge gefassten Wiedergutmachungsvolumens geführt hätten, verursachten ein ernsthaftes Stocken der Verhandlungen. Böhm ergriff sofort die Initiative, arbeitete einen klugen Vermittlungsvorschlag aus, Adenauer selbst schaltete sich ein, und nach einer Reihe von Einzelgesprächen, die außerhalb der Delegationsverhandlungen geführt wurden, wurde das auf Grund gelaufene Verhandlungsschiff wieder flott gemacht. Die Unterzeichnung des Vertrags in Luxemburg hat Adenauer in seinen Erinnerungen anschaulich geschildert; auch hier musste ein Versteckspiel inszeniert werden, um den störungsfreien Ablauf der Zeremonie zu sichern. Der Deutsche Bundestag stimmte dem Vertragswerk am 18. März 1953 zu.

Es war selbstverständlich, dass Böhm nach seinem Eintritt in den Bundestag im Jahre 1953 im Wiedergutmachungsausschuss mitarbeitete; die Fraktion der CDU/CSU entsandte ihn als stellvertretenden Vorsitzenden in dieses Gremium, dessen Vorsitz der sozialdemokratischen Fraktion zufiel. (Ironie des Schicksals: Ausgerechnet dieser noble Mann musste zwei Jahre lang mit einem Vorsitzenden namens Alfred Frenzel zusammenarbeiten, der im Jahre 1960 als tschechischer Spion entlarvt und zu einer hohen Freiheitsstrafe verurteilt wurde.) In den acht Jahren seiner Zugehörigkeit zum Bundestag bemühte sich Böhm mit Erfolg um die Regelung der brennenden Probleme auf dem Gebiet der Wiedergutmachung. Die Alterspräsidentin Marie-Elisabeth Lüders hatte bei Eröffnung der ersten Sitzung des 2. Bundestages mit Recht darauf hingewiesen, dass viele Gesetze des 1. Bundestages überhastet verabschiedet worden seien; in der Tat bedurften besonders die Wiedergutmachungsgesetze der Ergänzung und Verbesserung. Für die durch nationalsozialistisches Unrecht betroffenen Angehörigen des öffentlichen Dienstes brachte das am 14. Dezember 1955 verabschiedete Gesetz die erwünschten Korrekturen; was Franz Böhm anlässlich der Verabschiedung dieses Gesetzes im Plenum über die Verbrechen des NS-Staates bei der Verfolgung seiner Gegner, die Verwüstung der politischen Moral, die Notwendigkeit der Erstellung einer klaren Bilanz des Unheils und der Entschädigung des angerichteten Schadens sagte, hat den Rang einer Magna Charta der Wiedergutmachung.

Die Wiedergutmachung ist eine Lebensfrage unseres Staates

Rede Böhms im Bundestag, Bonn, am 14. Dezember 1955, aus: DBT 2. WP / 119. / 14. 12. 1955 / 6328 A–6330 C

Herr Präsident! Meine Damen und Herren! Die Novelle, die heute Gegenstand unserer Beratungen ist, hat ihren Anlaß in einem Ereignis, das wir als das weitaus größte Unglück unseres Volkes im Laufe seiner Geschichte überhaupt bezeichnen dürfen.

(Sehr richtig! bei der SPD)

Niemals im Laufe von zwei Jahrtausenden ist etwas geschehen, was den deutschen Namen, die Ehre unseres Volkes so furchtbar in

Mitleidenschaft gezogen hat wie die *Verfolgungsverbrechen des Dritten Reiches.*

(Zustimmung in der Mitte und links)

Das ist für ein Volk ein viel größeres Unglück als jede noch so schwere Niederlage in einem noch so großen Krieg, als ein noch so tiefes Sinken in seiner Macht, als der Verlust von Provinzen, als die Abspaltung, als die Teilung, als alles, was an Unglück und Unheil von außen ein Volk treffen kann. Denn hier ist das Furchtbare, daß dieses Unheil uns von innen her, aus uns selbst getroffen hat. Große Volksmassen haben eine politische Bewegung in den Sattel gesetzt und ihr zur Macht verholfen, die in ihrem Programm die Absicht, grausamste Mittel anzuwenden und jede Menschlichkeit beiseite zu setzen, offen angekündigt hat, die unter der Parole „Deutschland erwache! Juda verrecke!" in die Macht marschiert ist, die durch die beispiellose Roheit dieses Satzes „Juda verrecke!" schon deutlich machte und deutlich machen wollte, wes Geistes Kind sie war.

(Beifall bei der SPD)

Sie wollte von vornherein zeigen, welche Sorte von Mitbürgern sie um ihre Fahnen zu scharen wünschte.

(Beifall in der Mitte, links und rechts)

Ich erinnere mich dieser Zeiten noch durchaus. Niemand von uns, auch diejenigen nicht, die von tiefstem Abscheu gegen diese Bewegung ergriffen waren, haben jemals geglaubt, daß und in welchem Umfang diese Menschen mit ihrer Drohung „Juda verrecke!" und mit ihren Inhumanitätsparolen Ernst machen würden. Viele von uns haben geglaubt, es handle sich hier um eine wilde blutrünstige Propaganda, um ein Großsprechertum. Die eisige Kälte, mit der nachher diese Massenverbrechen vollzogen worden sind, hat niemand vorhergesehen.

Die Tatsache, daß wir eine Zeit so beispielloser Kollektiv- und Massenverbrechen, staatlich angeordneter und vollzogener Verbrechen von einem gewaltigen Massenumfang in unserem Volk haben erleben müssen, macht für uns die Frage der Wiedergutmachung, ich möchte sagen, zu einer innenpolitischen und verfassungspolitischen Lebensfrage.

(Beifall in der Mitte, rechts und links)

Ich denke jetzt nicht so sehr daran, daß wir das verlorene oder erschütterte Ansehen in der Welt wieder gewinnen wollen, sondern ich denke an die Beseitigung der demoralisierenden Wirkungen, die das Mitansehen dieser Verbrechen, das jahrelange Umjubeln einer verbrecherischen Regierung und eines verbrecherischen Systems bei uns, unter uns selbst hervorgerufen haben. Diese *Verwüstungen der politischen Moral*, des politischen Geistes und der politischen Ehrenhaftigkeit gehen niemals ohne Spuren an einem Volk vorbei.

(Sehr richtig! in der Mitte)

Diese Spuren durch einen politischen Gesundungsprozeß so schnell wie möglich zu beseitigen, muß unser erstes Anliegen sein. Von dem Erfolg, mit dem wir das tun, hängt das politische Gesicht unserer Bundesrepublik, unserer neuen Demokratie ab.

(Beifall im ganzen Hause)

Wir haben uns nach einer furchtbaren Krankheit neu zu konstituieren. Es ist menschlich, wenn ein Volk wie das unsere ungern an diese Verbrechen denkt; es ist menschlich, daß die meisten Menschen nicht gerne davon sprechen; es ist menschlich, daß sie versuchen, es zu verdrängen. Aber gerade dies ist es, was wir unter gar keinen Umständen tun dürfen. Es handelt sich nicht darum, daß wir immer wieder in den eigenen Wunden wühlen, sozusagen eine Art von Flagellantismus betreiben, aber es handelt sich darum, daß wir eine ganz klare Bilanz von dem Umfang des Unheils ziehen und daß wir uns ganz klar sind über das, was wir wollen. Wenn wir dieser Verpflichtung genügen, ist es unvermeidlich, daß wir nicht immer die äußerste Rücksicht auf Empfindlichkeiten nehmen können.

(Beifall bei Abgeordneten der CDU/CSU)

Das ist völlig ausgeschlossen. Es ist auch unehrenhaft, ganz abgesehen davon, daß es uns vor der Welt und im Inland in ein völlig falsches Licht rückt.

Eine der politischen Leistungen, die wir vollbringen müssen, um das politische Gesicht unseres Volkes wieder entscheidend zu ändern und den inneren Gesundungsprozeß vorwärtszutreiben, ist eine *ausreichende Entschädigung des angerichteten materiellen Unheils*. Ich spreche gar nicht – das ist ein noch schwierigeres Kapitel – von der Wiedergutmachung des *nichtmateriellen Leides*, die auch bewirkt werden kann, und zwar durch Güte, durch Liebe und durch freiwillige

Hilfsbereitschaft. Ich möchte nicht verfehlen, zu sagen, daß es vielfach beschämend ist, wenn die Opfer dieser Verfolgung in weiten Kreisen unserer Mitbürger, darunter auch wirklich gutartiger und wohlgesinnter Mitbürger, mit scheelen Augen angesehen werden.

(Sehr richtig! rechts)

Das hängt auch damit zusammen, daß man die Zeugen des Unrechts, das aus dem eigenen Volk hervorgegangen ist, nicht gerne sieht. Aber man hätte doch erwarten sollen, daß nach dem Zusammenbruch des Nazistaates die Herzen von Millionen Deutschen den Opfern der Verfolgung viel heißer entgegengeschlagen wären und daß das Renommieren mit dem eigenen Leid, mit den Bombennächten, mit der Ausbombung und mit dem Flüchtlingselend usw. nicht so in den Vordergrund getreten wäre, sondern vielmehr in allererster Linie unser Gefühl für diejenigen, die durch unsere Schuld, durch die Schuld eines deutschen Staates, auf verbrecherische Weise in das furchtbarste Unglück geraten sind.

(Zustimmung bei der CDU/CSU und bei der SPD)

Wir haben einige Aussprachen im Plenum gehabt, und ich glaube mich nicht zu täuschen, wenn ich hier sage, daß im vergangenen Jahre das *öffentliche Interesse*, auch das Interesse der Presse, *an Fragen der Wiedergutmachung* sichtbar zugenommen hat. Eigentlich habe ich befürchtet – und viele andere auch –, daß, je mehr wir die ärgste eigene Notlage überwunden haben, je mehr wir wieder in den Kreis der geachteten Völker einrücken, desto mehr das Interesse an der Wiedergutmachung abnehmen wird. Aber es ist zum großen Glück – und daraus schöpfe ich große Hoffnungen – nicht so gewesen. Im letzten Jahr sind ganz zweifellos in der öffentlichen Meinung ein größeres Interesse an der Wiedergutmachung und ein größerer Wiedergutmachungsernst zu beobachten gewesen.

Das betrifft auch die sehr vielen Personen, die in Bund und Ländern sowohl mit der gesetzgeberischen Arbeit als auch mit der *Anwendung der Gesetze in den Wiedergutmachungsbehörden* und mit der Auslegung der Gesetze bei den Gerichten befaßt sind. Bisher waren diese in dem Wiedergutmachungswerk tätigen Personen, viele, viele Tausende im Bund und in den Ländern, die einzigen, die unermüdlich an dem praktischen Werk der Wiedergutmachung gearbeitet haben. Sie haben von unserer Seite für Fehler, die hier unterlaufen sind, gelegentlich auch etwas skandalisierende

Fehler, manches kritische und herbe Wort zu hören bekommen. Mir scheint aber, daß wir den heutigen Tag zum Anlaß nehmen sollten, diesen vortrefflichen Tausenden, die in allen möglichen Ämtern, teilweise mit mangelnder Vorschulung, sich um den praktischen Vollzug der Wiedergutmachung bemüht haben, unseren Dank und unsere Hochachtung zu erweisen; denn sie waren lange und streckenweise die einzigen, die diese wichtigste Aufgabe unserer Nachkriegspolitik wirklich vorwärtsgetragen haben.

(Allseitiger Beifall)

Der Erfolg der Wiedergutmachung ist aber – das muß auch einmal festgestellt werden – nicht nur eine Frage des guten Willens und auch nicht nur eine Frage der Bereitstellung und Aufbringung der dazu notwendigen Mittel. Sehr viele Schwierigkeiten, namentlich die am meisten beklagte Schwierigkeit, die auch tragisch ist, nämlich das außerordentlich *langsame Arbeiten der Wiedergutmachungsmaschine*, hat ihre Hauptursache nicht in einem Mangel an gutem Willen, sondern in technischen Dingen, in der Schwierigkeit der Gesetzgebung, in der Schwierigkeit der Gesetzesanwendung, in der Schwierigkeit der Gesetzesauslegung, mit anderen Worten in der *Sachschwierigkeit des Problems*.

Hier kann nun sehr vieles geschehen. Wir haben uns in den letzten Sitzungen hauptsächlich mit den Behörden, die das Gesetz anzuwenden haben, und mit den Gerichten befaßt. Wir müssen uns heute mit uns selbst als dem Gesetzgeber befassen. Denn ganz zweifellos haben viele der von uns beklagten Mißhelligkeiten bei der Gesetzesanwendung und bei der Gesetzesauslegung ihre Quelle in *technischen Fehlern der Gesetzgebung*. Das ist kein Vorwurf, den man der Moral oder dem Fleiß oder der Geschicklichkeit der Menschen machen dürfte, die an diesem Werk gearbeitet haben, sondern wir müssen uns hier vergegenwärtigen, daß noch niemals in der *Geschichte* ein *Massenverbrechen* eine Wiedergutmachung solchen Umfangs nach sich gezogen hat. Es gibt in der Geschichte keine Vorbilder dafür. Das, was in dem Verhältnis zwischen Schottland und England in der Zeit der Stuarts an Restitutionen gemacht worden ist, und das, was im Anschluß an die französische Revolution später an Wiedergutmachung für politische Enteignungen geschehen ist, ist ein Kinderspiel gegenüber dem, was uns heute als Aufgabe obliegt. Wir haben kein historisches Beispiel, und die Verschiedenheit der Schädigungstatbestände und der Schicksale ist enorm.

Der *Arbeitskreis*, der zunächst einmal damit befaßt war, diesen Novellenentwurf vorzubereiten – den sich dann die Bundesregierung als Regierungsvorlage zu eigen gemacht hat –, stand nicht nur der Aufgabe gegenüber, die *Wiedergutmachung* in mancher Beziehung zu erweitern, die *Personenkreise* auszuweiten, mehr Entschädigungsleistungen zu gewähren und das Gesetz zu verfeinern, sondern auch vor der Aufgabe, das *Gesetz technisch möglichst praktikabel* zu machen. Auf diesem Gebiet wird nunmehr in unseren Ausschüssen [...] doch noch das eine oder andere zu leisten sein.

Trotzdem bleibt alles in allem die bestürzende und beklemmende Bilanz bisher ein schmerzliches *Zurückbleiben der Entschädigung hinter der Höhe des angerichteten Schadens* und eine sehr große *Langsamkeit der Wiedergutmachung*.

Wir sind aber noch nicht über den Berg, auch nicht in bezug auf ein Nachlassen des Wiedergutmachungsernstes. Sogar das, was wir als den spezifisch *fiskalischen Geist* in einigen unserer Sitzungen behandelt und gerügt haben, hat sich neuerdings trotz der im allgemeinen nicht schlechten Kassenlage unserer öffentlichen Stellen wieder gezeigt, allerdings nicht bei den Bundesstellen, aber bei den *Beschlüssen des Bundesrats*. Der Bundesrat hat mit Mehrheit eine Reihe der wesentlichsten Verbesserungen, der Kernstücke dieser Reform, die in der Novelle vorliegen, abgelehnt.

(Abg. Graf von Spreti: Das ist ein Skandal!)

Er ist dabei dem Votum seines Finanzausschusses gefolgt. [...]

In allen diesen Fällen haben der Wiedergutmachungsausschuß des Bundesrats und der Rechtsausschuß des Bundesrats den Vorschlägen des Finanzausschusses widersprochen und sich für die Regierungsvorlage eingesetzt. Trotzdem ist der Finanzausschuß mit seinem nicht zu verwerfenden – dazu ist er da! –, aber betont fiskalischen Standpunkt bei der Mehrheit der Landesregierungen durchgedrungen. Das ist umso beunruhigender, als es ja in der Vergangenheit der Bundesrat war, der sozusagen als Bahnbrecher, Schrittmacher und Fackelträger einer fortschrittlichen und guten Wiedergutmachungsgesetzgebung tätig geworden ist. Ja selbst als der *1. Bundestag* in seiner *letzten Sitzung* das Bundesentschädigungsgesetz angenommen hatte, hat am gleichen Tag der Bundesrat eine Kommission eingesetzt, um eine Novelle, eine Verbesserung zu diesem Gesetz zu beraten, weil er das Bundesentschädigungsgesetz für keine ausreichende Wiedergutmachung gehalten hat. Er hat diese Novellierungsarbeiten bis in den Mai des letzten Jahres hinein fortgesetzt. Dann hat er sie eingestellt, und seit dieser Zeit ist von seiten des Bundesrats keine Initiative mehr entfaltet worden,

(Abg. Dr. Greve: Doch, eine negative Initiative!)

– jetzt neuerdings eine negative Initiative in Gestalt dieser Beschlüsse.

Auch mancher Wermutstropfen ist in dem von unserem Arbeitskreis erarbeiteten und Ihnen heute vorliegenden Gesetzentwurf enthalten. Vielen berechtigten Ansprüchen konnten wir einfach aus Gründen der *begrenzten Leistungskraft* nicht entsprechen. Ein Umstand, der mich mit am meisten bekümmert und bedrückt, ist der, daß wir im wesentlichen nur denjenigen eine *Entschädigung* gewähren, die sich an einem bestimmten Stichtag im *Geltungsbereich des Gesetzes* befunden haben, daß wir dagegen *keine Entschädigung*, namentlich keine Vermögensentschädigung, keine Wiedergutmachung für diejenigen Verbrechen leisten, die *außerhalb des ehemaligen Reichsgebiets* während des Krieges in den besetzten Zonen verübt worden sind. Das sind mengenmäßig die meisten der Verbrechen gewesen. Wir haben uns auf den Standpunkt gestellt, der völkerrechtlich korrekt ist, daß hier Wiedergutmachung nicht an die geschädigten Individuen zu zahlen sein sollte, sondern daß die betreffenden Staaten, in denen diese Personen wohnen, im Wege von *Reparationsforderungen* diese Entschädigung verlangen können. Aber es sind in der Welt zerstreut zahllose Unglückliche, die von ihren eigenen Regierungen keine Entschädigung erwarten können. Es gibt auch Regierungen, die wenig Aussicht darauf haben, von uns zu irgendeinem Zeitpunkt noch Reparationen zu erhalten, aus denen sie Unterstützungen, die sie bisher freiwillig geleistet haben, nachher abdecken können. Und doch war das, was außerhalb unserer Grenzen geschehen ist, verursacht von dem gleichen Täter, innerhalb des gleichen politischen Machtbereichs, und es war die gleiche Tat.

Im übrigen sollten wir unsere Aufmerksamkeit auf diejenigen Verbesserungen richten, die uns möglich sind und die die Bundesregierung in ihrem Entwurf vorgeschlagen hat. Ich möchte hoffen, daß es uns bis zu der Verabschiedung dieses Gesetzes gelingen wird, auch in technischer Beziehung noch Verbesserungen in unserem Gesetz anzubringen, die auch eine *Beschleunigung der Abwicklung* und eine *Erleichterung* seiner Anwendung mit sich bringen. Es muß hier technische Filigranarbeit geleistet werden. Schließlich muß es unser Bestreben sein, dieses Gesetz so bald wie möglich in zweiter und dritter Lesung zu verabschieden; denn es soll am 1. April des kommenden Jahres in Kraft treten.

(Beifall auf allen Seiten des Hauses)

Gegenspieler Adenauers:
JAKOB KAISER
1888–1961

aus Hammelburg (Unterfranken), 1901 bis 1904 Buchbinderlehre, Mitglied des Katholischen Gesellenvereins, 1910 bis 1912 Militärdienst, seit 1912 führend in der Gewerkschaftsbewegung. 1914 bis 1918 Kriegsdienst, mehrfach verwundet. 1918 Geschäftsführer des Gesamtverbands der Christlichen Gewerkschaften, zunächst in Köln, ab 1921 in Berlin, 1924 bis1933 Landesgeschäftsführer für Westdeutschland, 1933 MdR (Zentrum). Verweigerte die Selbstauflösung der Gewerkschaften, Angehöriger des Arbeiterflügels der Widerstandsbewegung, 1938 sieben Monate Gestapohaft, nach dem 20. Juli 1944 in einem Versteck in Berlin-Babelsberg, im April 1945 Befreiung durch die Rote Armee. 1945 Mitgründer der CDU, Vorsitzender der Partei in Berlin und der Sowjetischen Besatzungszone, Dezember 1947 von den Sowjets abgesetzt. 1948 bis 1949 Mitglied des Parlamentarischen Rates, 1949 MdB (CDU), 1949 bis 1957 Bundesminister für Gesamtdeutsche Fragen; Stellvertretender, 1958 Ehrenvorsitzender der CDU. Verzichtete 1957 aus Gesundheitsgründen auf eine erneute Kandidatur zum Bundestag.

Wer seine Pflicht tut, ist ein getreuer Knecht,
hat aber keinen Anspruch auf Dank.

Otto von Bismarck

Am 5. Oktober 1945 erklärte Konrad Adenauer einem britischen
Journalisten, nach seiner Ansicht sei „der von Rußland besetzte Teil
(Deutschlands) für eine nicht zu schätzende Zeit für Deutschland
verloren" (Vgl. Seite ...). Auf dieser frühen Einsicht gründete Adenauer seine kompromisslose Politik der Westbindung und der Integration der Bundesrepublik Deutschland in die Europäische Gemeinschaft. Nicht nur in dieser wichtigsten Maxime seiner Deutschlandpolitik stand Adenauer in diametralem Gegensatz zu seinem Minister Jakob Kaiser, der zwar die europäische Einigung nicht ablehnte, aber darauf beharrte, dass „unsere Schuld da anfangen würde, wo
wir uns mit dieser Teilung abzufinden beginnen". Vor dem Ruf nach
den Vereinigten Staaten von Europa müsse das Schicksal gemeistert
werden, das Deutschland heiße. Kaiser hatte zwar als Mitglied des
Parlamentarischen Rates der Bildung der Bundesrepublik als des
deutschen „Kernstaates" zugestimmt, sagte aber, dass alle politischen
Aktionen der Bundesrepublik vom Blick auf die Wiedervereinigung
bestimmt sein müßten. Konsequenterweise nahm Kaiser an der Abstimmung des Bundestages über den Beitritt der Bundesrepublik zum
Europarat im Jahre 1950 nicht teil, und der Konflikt mit Adenauer
verschärfte sich noch, als dieser für die mit Frankreich abgesproche-
ne „Europäisierung" der Saar eintrat. In der Schlussabstimmung des
Bundestages über das von Adenauer ausgehandelte Saarabkommen
enthielt sich Kaiser der Stimme. Der „mephistophelischen Dialektik"
(Ewald Bucher) Adenauers, die schließlich zur Rückkehr der Saar
führte, war Kaiser in seiner Geradlinigkeit und Grundsatztreue nicht
gewachsen. Aber er hatte in dem der Abstimmung vom 23. Oktober
1955 vorhergehenden Wahlkampf die für die Rückkehr nach
Deutschland eintretenden Saarparteien kräftig unterstützt, und die
Ablehnung des Saarstatuts mit 67,7% der Stimmen war nicht zuletzt
ihm zuzuschreiben.

Selbstverständlich war Kaiser auch, im Gegensatz zu Adenauer,
für eine ernsthafte Prüfung der Stalin-Note vom März 1952 eingetreten; aber auch hier konnte er sich nicht durchsetzen und geriet
immer mehr in die Rolle des „politisch folgenlos Aufbegehrenden"
(Hans-Peter Schwarz).

Von seiner Überzeugung, dass die Regierung der Bundesrepublik auf der Grundlage einer Großen Koalition mit den Sozialde-

mokraten gebildet werden müsse, wich er nur einmal ab: in der berühmten Rhöndorfer Besprechung vom 24. August 1949 sprach er sich für die Bildung einer Kleinen Koalition aus, dazu veranlaßt durch einige kulturkämpferische Reden Kurt Schumachers. Aber schon bald nach der Regierungsbildung im September 1949 stritt er wieder für die Große Koalition, als deren Regierungschef er sich durchaus vorstellen konnte.

Jakob Kaiser war während des „Dritten Reiches" einer der unbeugsamsten Kämpfer gegen die Diktatur. Am 24. März 1933 war er zwar noch der Fraktionsdiziplin gefolgt und hatte für das Ermächtigungsgesetz gestimmt, als aber von ihm verlangt wurde, die Christlichen Gewerkschaften aufzulösen, weigerte er sich. Später war er Monate lang in Gestapohaft und musste sich nach dem 20. Juli 1944 zehn Monate lang in einem Versteck verbergen, da er mit Carl Goerdeler und vielen anderen Verschwörern in Verbindung stand. Sofort nach dem Zusammenbruch des Jahres 1945 nahm er die politische Arbeit wieder auf, gründete mit anderen die Christlich-Demokratische Union und versuchte als deren Vorsitzender in der „Sowjetzone", wie die spätere DDR seinerzeit im Westen genannt wurde, die Verlagerung des Schwergewichts der Partei nach Westen zu verhindern – aber schon hier traf er auf Konrad Adenauer. Nach der Absetzung durch die Sowjetrussen, die Kaisers unwandelbar auf die Wiedervereinigung gerichtete Politik verabscheuten, wurde er zu einem der Verfassungsväter im Bonner Parlamentarischen Rat und widmete sich acht Jahre lang als Bundesminister für gesamtdeutsche Fragen mit all seiner beträchtlichen Energie der, wie er sie nannte, zentralen Aufgabe der deutschen Politik, der Wiedervereinigung. Häufig geriet er, wie oben beschrieben, mit Konrad Adenauer in heftigen Streit, der jedoch, wie die mittlerweile edierten Protokolle der Kabinettssitzungen ausweisen, meist hinter verschlossenen Türen oder innerhalb der CDU/CSU-Fraktion ausgetragen wurde. Wie Adenauer viele Jahre später die Aktivitäten seines Gesamtdeutschen Ministers von 1949-1957 einschätzte, ergibt sich aus seinen vierbändigen Memoiren: Über eine dürre Gutheißung der Politik Kaisers in der „SBZ" hinaus finden sich noch zwei oder drei mehr statistische Erwähnungen, kein Wort des Dankes oder gar der Würdigung der oft verzweifelten Bemühungen Kaisers, die Wiedervereinigung im Bewusstsein der bundesrepublikanischen Öffentlichkeit, aber auch im Bewusstsein der seinerzeit 18 Millionen Deutschen unter sowjetischer Herrschaft lebendig zu erhalten.

Ein eindrucksvolles Zeugnis dieser nie nachlassenden Bemühungen Kaisers ist seine nachfolgend abgedruckte Antwort auf eine Große Anfrage aller seinerzeit im Bundestag vertretenen Fraktionen „betreffend Entwicklung in der Sowjetzone und Möglichkeiten engerer Verbindungen zwischen den beiden Teilen Deutschlands". Der Text der im Namen der Bundesregierung gegebenen Antwort bietet im Ganzen eine genaue und in den Einzelheiten bestürzende Innenansicht der Zustände in der „SBZ" in der ersten Hälfte der fünfziger Jahre – Zustände, wie sie noch Jahrzehnte andauern sollten. Gerade angesichts der heutzutage zuweilen anzutreffenden Verharmlosung jener Zustände während des fünfundvierzigjährigen Unrechtsregimes in der DDR sollten diese andauernden Verletzungen der elementaren Menschenrechte nicht aus dem Gedächtnis der Deutschen verschwinden. Als „Anfragender" im Namen der fünf Bundestagsfraktionen – CDU/CSU, SPD, FDP, GB/BHE (Gesamtdeutscher Block/Bund der Heimatvertriebenen und Entrechteten), DP (Deutsche Partei) – trat niemand anders auf als der Abgeordnete Willy Brandt (Berlin), dessen Kompetenz auf diesem Gebiet schon damals allgemein unbestritten war und dessen Anfrage, in der er das „Zonenregime durch seine Existenz und durch seine Aktivität als die denkbar brutalste Intervention in die inneren Angelegenheiten unseres Volkes" bezeichnete, mit „langanhaltendem Beifall auf allen Seiten des Hauses" bedacht wurde. Die Antwort Kaisers verschafft uns einen genauen Eindruck von dem unbeirrbar für die Wiedervereinigung streitenden Patrioten Jakob Kaiser. Der Deutsche Bundestag entsprach einer noblen Pflicht, als er eines der neuen Abgeordnetenhäuser in der Bundeshauptstadt des wiedervereinigten Deutschland nach diesem Politiker benannte.

Der Unrechtsstaat DDR

Rede Kaisers am 30. Mai 1956 im Bundestag, Bonn, aus: DBT/2. Wp/146./30. 5. 1956/7705A-7714D

Herr Präsident! Meine Damen und Herren! Die Bundesregierung begrüßt die Anfrage aller Fraktionen des Deutschen Bundestages, die Kollege Brandt eben begründet hat, über die jüngste Entwicklung in der Sowjetzone und die Möglichkeit engerer Verbindungen zwischen der Bundesrepublik, der deutschen Hauptstadt Berlin und Mitteldeutschland; denn damit wird die zentrale Aufgabe aller deutschen Politik, die Wiedervereinigung in Freiheit, in den Mittelpunkt der Aufmerksamkeit gerückt.

Die Bundesregierung verfolgt mit Sorgfalt die neuere Entwicklung in der sowjetischen Besatzungszone Deutschlands. Sie sucht ständig nach Möglichkeiten zu engerer Verbindung der Bevölkerung der getrennten Teile Deutschlands. Sie versucht zu ermitteln, ob – insbesondere entsprechend den Erklärungen von Spitzenfunktionären auf der 3. Parteikonferenz der SED im März dieses Jahres in Ost-Berlin – konkrete Anhaltspunkte dafür vorhanden sind, daß erstens in der Sowjetzone eine Hinwendung zu allgemein rechtsstaatlichen Prinzipien stattfindet, zweitens dort Erleichterungen im Verkehr der Menschen zwischen den beiden Deutschlands durchgeführt werden, drittens eine Normalisierung der Lage in der deutschen Hauptstadt Berlin erfolgt.

Zu den einzelnen Fragen der Großen Anfrage nimmt die Bundesregierung wie folgt Stellung.

Zu Frage 1:

Sind der Bundesregierung Tatsachen bekannt geworden, die auf eine Hinwendung zu allgemeinen rechtsstaatlichen Prinzipien in der Sowjetzone schließen lassen könnten?

Auf der 3. Parteikonferenz der SED im März 1956 ist sowohl von Ulbricht als auch von Grotewohl die Einhaltung der sogenannten demokratischen Gesetzlichkeit gefordert und auf ernsthafte Fehler in der Justiz hingewiesen worden. Die inzwischen verstrichene Zeit ist noch zu kurz, als daß sich die Bundesregierung abschließend äußern könnte, ob die Beschlüsse dieser Parteikonferenz der SED wirklich zu einer Hinwendung zu rechtsstaatlichen Prinzipien führen werden, zumal zu beachten ist, daß die Schlüsselfigur des unerbittlichen Stalinismus auf deutschem Boden, nämlich Ulbricht, nach wie vor die Geschicke der Zone in der Hand hält. Es ist zudem nicht zu übersehen, daß die Beschlüsse zur demokratischen Gesetzlichkeit auf der Parteikonferenz nur Wiederholungen dessen darstellen, was bereits im Rahmen des sogenannten Neuen Kurses und erneut nach dem Volksaufstand des 17. Juni 1953 versprochen worden war. Was insbesondere der Generalstaatsanwalt Melsheimer auf der 3. Parteikonferenz und am 10. Mai 1956 auf einer Arbeitstagung von Richtern und Staatsanwälten äußerte, ist zu einem wesentlichen Teil beinahe wörtlich das gleiche, was er bereits vor drei Jahren erklärt hatte. Melsheimer erklärte in der sowjetzonalen Zeitschrift „Neue Justiz" vom 20. September 1953 folgendes:

> Sorgfältigste Prüfung des Sachverhalts, eingehende Beschäftigung auch mit der Person des Beschuldigten sind oberste Pflicht des Staatsanwalts, bevor er anklagt oder gar richterlichen Haftbefehl erwirkt. Gesetzlichkeit und Schutz der Rechte der Bürger erfordern auch, daß Schluß gemacht wird mit der Verzögerung bei der Entlassung aus der Straf- und Untersuchungshaft. ... Aus den in der Vergangenheit gemachten Fehlern zu lernen und auf Grund der so gewonnenen Erkenntnisse den neuen Kurs kühn, verantwortungsbewußt und unbeirrt zu gehen, das lehrt uns die Entschließung der 15. Tagung des Zentralkomitees der SED.

Das war vor drei Jahren. Aber es änderte sich nichts. Auf der 3. Parteikonferenz 1956 erklärte der gleiche Dr. Melsheimer:

> Was die Verhaftungen und vorläufigen Festnahmen angeht – Genosse Grotewohl hat mit Recht hier eine Reihe unberechtigter Verhaftungen gerügt –, so muß sich in immer stärkerem Maße das Prinzip durchsetzen, erst zu ermitteln und auf Grund des Ermittlungsergebnisses und nur bei exakter Feststellung der gesetzlichen Voraussetzungen eine Verhaftung vorzunehmen.

Also 1956 stellt der Generalstaatsanwalt nach allem, was er 1953 über die obersten Pflichten eines Staatsanwalts gesagt hatte, fest: das Prinzip müsse sich durchsetzen, erst zu ermitteln und dann zu bestrafen.

Von bestimmten Grundsätzen der Rechtsstaatlichkeit war also schon 1953 einmal die Rede. Heute, 1956, ist erneut davon die Rede. Damals geschah nichts. Wie, so frage ich, könnten wir uns heute darauf verlassen, wenn die Worte aus dem gleichen Munde kommen wie damals! Zudem bestätigte Melheimer damals wie heute die Unterordnung der Justiz unter die Politik. 1953 sagte Mehlsheimer:

> Wir haben uns formal an die Gesetze gehalten und unterschiedslos, insbesondere ohne genügende Würdigung der Persönlichkeit des Beschuldigten, angeklagt, ohne zu beachten, daß wir als Staatsanwälte in einem Staat der Werktätigen dazu berufen sind, den Standpunkt der Arbeiterklasse durchzusetzen, und unser juristisches Denken sich nicht loslösen kann von dem obersten Gebot, für diesen Staat, für die Arbeiterklasse streng parteiisch zu denken.

Am 10. Mai 1956 sagte er:

> Es liegt auf der Hand, daß wir heute angesichts der politischen Entwicklung in der Welt vor neuen Aufgaben stehen, die es notwendig machen, zu anderen Maßstäben auch in der Strafjustiz zu kommen, als sie etwa in den Jahren 1946 oder 1952 den damaligen Bedingungen entsprechend angelegt werden mußten. Gewisse Entscheidungen insbesondere in dem Strafmaß hingen auf das engste

mit der auf dem XX. Parteitag der KPSU als falsch erkannten Theorie Stalins von der absoluten Verschärfung des Klassenkampfes beim erfolgreichen Aufbau des Sozialismus und seiner Vollendung zusammen.

Auch der Justizminister Hilde Benjamin hat sich damals wie heute ganz im gleichen Sinne geäußert. Sie führte nach der „Neuen Justiz" vom 20. April 1956 zu den von Grotewohl auf der Parteikonferenz erhobenen Vorwürfen u. a. aus:

> Wir, die wir auf dem Gebiete des Rechtes arbeiten, stehen vor der unausweichlichen Forderung, unsere gesamte Arbeit daraufhin zu überprüfen, ob wir unsere sozialistische Gesetzlichkeit mit dem Ernst und der Parteilichkeit wahren, wie es der Aufbau des Sozialismus erfordert.

Sie hat also erneut eine parteiliche Justiz gefordert und greift die unparteilich ergangenen Entscheidungen gerade deshalb an, weil sie die „sozialistische demokratische Gesetzlichkeit" verletzten. Dabei muß man hier „sozialistisch" selbstverständlich gleich „kommunistisch" setzen. Das ist mit den primitivsten Erfordernissen eines Rechtsstaates nach unser aller Überzeugung unvereinbar.

(Sehr richtig! in der Mitte.)

Die Bundesregierung kann angesichts dessen, was trotz der offiziellen Worte vom Jahre 1953 an Unrecht in der Zone geschehen ist, und der jetzigen Wiederholung der Worte von 1953 leider nicht der Überzeugung sein, daß sich bereits ein Weg zur Rechtsstaatlichkeit abzeichnet. Dem stehen zudem auch Personen wie Ulbricht, Benjamin und Melsheimer entgegen.

Zu Frage 2:

Wieviel politische Gefangene sind nach Kenntnis der Bundesregierung in den letzten Monaten freigelassen worden?

Nach Unterlagen der Bundesregierung sind Häftlinge, die in sowjetzonalen Zuchthäusern einsaßen, aber von sowjetischen Militärtribunalen verurteilt worden sind, in folgendem Umfang entlassen worden: Im Januar 1954 6143, April bis Juni 1954 1200, im Dezember 1955 etwa 2000, im Januar 1956 140, im April 1956 220. Insgesamt sind das etwa 9703 SMT-Häftlinge, d.h. Häftlinge, die von sowjetischen Militärtribunalen verurteilt waren.

(Hört! Hört!)

Im Rahmen des Waldheim-Komplexes – d.h. von der sowjetischen Besatzungsmacht Verhaftete, aber auf deren Weisung von sowjet-

191

zonalen Gerichten Verurteilte – sind entlassen worden: Im Oktober 1952 rund 1590 Häftlinge, im Juni 1954 850, zu Silvester 1955 500 Häftlinge. Insgesamt beträgt die Zahl der entlassenen Waldheim-Häftlinge danach etwa 2940. Ende April dieses Jahres wurden weitere 698 Gefangene entlassen. Bei ihnen handelt es sich um Männer und Frauen, die von sowjetischen Militärtribunalen oder von sowjetzonalen Gerichten zu langjährigen Zuchthausstrafen verurteilt worden waren. Ende April 1956 sind darüber hinaus weitere 87 Häftlinge zur Entlassung gekommen. Nach Kenntnis der Bundesregierung sind somit nach Januar 1954 bis heute insgesamt 13 428 Häftlinge entlassen worden, davon seit Dezember 1955 1285.

Auf Grund von allgemeinen Amnestien haben Entlassungen von Häftlingen, die durch sowjetzonale Gerichte verurteilt worden sind, in den letzten Jahren nicht stattgefunden. Von diesen politischen Gefangenen, die meistens nach der Kontrollratsdirektive 38 und später auch nach dem vom Kollegen Brandt vorhin schon erwähnten berüchtigten Art. 6 der sowjetzonalen Verfassung verurteilt wurden, sind lediglich einzelne auf Grund individueller Gnadenerweise und im Wege der bedingten Strafaussetzung nach Verbüßung von in der Regel mindestens der Hälfte der Strafe entlassen worden.

Zu Frage 3:

Wie groß ist die Zahl der aus politischen Gründen in der Sowjetzone noch immer Verurteilten bzw. Verhafteten? In welchen Gefängnissen und Zuchthäusern befinden sie sich?

Die Bundesregierung ist, soweit dies bei den Verhältnissen in der Zone überhaupt möglich ist, über die Zahl der aus politischen Gründen noch immer Verurteilten bzw. Verhafteten im allgemeinen unterrichtet. Sie ist im Besitz von beinahe vollständigen Namensunterlagen. Jede bekannt werdende oder bekundete Entlassung eines Häftlings wird vermerkt. Dabei muß berücksichtigt werden, daß Namen von Entlassenen zum Teil erst später bekanntwerden, vor allem wenn sie in der Zone bleiben.

Nach dem Stand von Anfang Mai 1956 ergibt sich – mit der erwähnten Einschränkung – noch immer eine Zahl von rund 18 900 politischen Häftlingen.

(Lebhafte Rufe: Hört! Hört! und Pfui!)

Das, meine Damen und Herren, ist eine einfach erschütterndeZahl von Menschen.

(Sehr richtig!)

Diese politischen Häftlinge befinden sich in den Strafvollzugsanstalten Bautzen, Berlin I und II, Brandenburg-Görden, Bützow-Dreibergen, Coswig, Cottbus, Döbeln, Dresden, Erfurt, Gotha, Gräfentonna, Halle, Hohenleuben, Luckau, Magdeburg, Neustrelitz, Plauen, Rostock, Sudenburg, Torgau, Untermaßfeld, Waldheim, Zwickau und den dazugehörenden Außenlagern.

Zur Vervollständigung des Bildes muß aber noch hinzugefügt werden: Seit dem 8. Mai 1945 sind insgesamt über 70 000 in sowjetzonalen Lagern und Haftanstalten Verstorbene ermittelt worden,

(lebhafte Rufe: Hört! Hört!)

darunter über 1000 Jugendliche unter 18 Jahren.

(Erneute lebhafte Rufe: Hört! Hört!)

Weiter ergeben die Namensunterlagen rund 23 500 Vermißte und rund 24 000 Verschollene. Bei den Vermißten handelt es sich um Verhaftete, bei denen seit der Verhaftung jeder Hinweis auf ihren weiteren Verbleib fehlt.

(Hört! Hört! in der Mitte.)

Die Verschollenen sind solche Inhaftierte, die sich nach Festnahme in der Zeit bis zum 31. Dezember 1949 noch einmal aus einer Haftanstalt meldeten oder als in einer Haftanstalt befindlich von Gewährsleuten bekundet worden sind.

Zu Frage 4:

Unter welchen Bedingungen leben diese Gefangenen? Seit wann dürfen ihnen keine Pakete mehr geschickt werden?

Die politischen Gefangenen leben oft sogar noch unter schlechteren Bedingungen als kriminelle.

(Hört! Hört! in der Mitte.)

Als Verpflegung gibt es morgens allgemein Wassersuppe aus Graupen, Haferflocken oder Gerstenmehl. Mittags wird Eintopf aus Trockengemüse und durchweg minderwertigen Kartoffeln ausgegeben. Fleisch gibt es nur selten. Die Abendverpflegung besteht aus Brot, 30 g Zucker, 30 g Marmelade, 30 g Margarine. Arbeitende

Gefangene erhalten jeden zweiten Tag eine Scheibe Wurst. Es mangelt an Eiweiß, Fett und Vitaminen. Entlassene Häftlinge erklären, daß Pakete mit konzentrierten Lebensmitteln für die Gefangenen das Rückgrat der Erhaltung ihres Gesundheitszustandes und überhaupt ihres Lebens bildeten.

Seit dem 1. November 1955 dürfen die politischen Häftlinge keine Pakete mehr empfangen. Nur in einzelnen Fällen werden heute noch Pakete ausgehändigt, so z.B. bei der Haftkrankenanstalt Klein-Meusdorf. Die Gefangenen dürfen statt der Pakete Geldbeträge erhalten, deren Höhe unterschiedlich ist, je nachdem, ob der Inhaftierte arbeitet oder nicht. Die zugelassenen Summen differieren zwischen 10 und 30 DM Ost im Monat. Mit diesen Beträgen können in den HO-Stellen der Haftanstalten etwas Lebensmittel wie Marmelade, Kunsthonig oder Margarine gekauft werden, daneben in beschränktem Umfang Zigaretten, die gemeinsam unter Aufsicht – die Gefangenen sind dabei meist stehend angetreten – geraucht werden dürfen. Aber diese Geldunterstützung stellt keinen angemessen Ersatz für das ausgefallene 6-Pfund-Paket dar. Als Ersatz für die Pakete müsste jeder Gefangene entsprechend den HO-Preisen mindestens 80 bis 100 DM Ost im Monat erhalten. Aber diese Summe kann die Großzahl der Angehörigen der Zone kaum aufbringen. Den in der Bundesrepublik wohnenden Angehörigen verweigern die zuständigen sowjetzonalen Behörden die Überweisung. Es besteht ernste Gefahr, daß sich der Gesundheitszustand aller politischen Gefangenen durch den Ausfall der Pakete wesentlich verschlechtert.

(Hört! Hört! in der Mitte.)

Die Krankenversorgung wird fast ausschließlich durch Ärzte wahrgenommen, die selbst inhaftiert sind. Die Versorgung mit Medikamenten hat sich in den letzten Jahren etwas gebessert. Dabei ist der Gesundheitszustand der entlassenen Häftlinge insgesamt schlechter als jener der Heimkehrer aus der Sowjetunion.

(Hört! Hört! in der Mitte und rechts.)

Das Deutsche Rote Kreuz in der Bundesrepublik hat sich bei dem sowjetzonalen Roten Kreuz für eine angemessene Regelung der Unterstützung der Gefangenen durch Pakete oder durch Zusendung von Geldmitteln eingesetzt. Die Angehörigen warten seit Monaten darauf, daß eine solche Regelung in Kraft gesetzt wird bzw. daß die Paketsperre und die Geldsperre wieder aufgehoben werden, solange man die Menschen noch gefangenhält.

Der weitaus größte Teil der Gefangenen befindet sich im Arbeitseinsatz in Zweigstellen volkseigener Betriebe innerhalb der Haftanstalten.

Jeder Häftling kann monatlich einen Brief von zwanzig Zeilen an einen Empfänger richten, von dem er im gleichen Zeitraum wiederum nur einen Antwortbrief von zwanzig Zeilen erhalten darf. Die in der Zone lebenden Angehörigen können den Häftling einmal im Vierteljahr für 30 Minuten in Gegenwart von Haftpersonal besuchen. Sprecherlaubnis für in der Bundesrepublik oder in West-Berlin lebende Angehörige erteilen die Ostberliner Zentralbehörden in Ausnahmefällen. Nicht unerwähnt soll bleiben, daß sich in letzter Zeit, was die Sprecherlaubnis angeht, gewisse Erleichterungen ergeben haben.

Zu Frage 5:

Auf Grund welcher Bestimmungen sind diese Gefangenen verurteilt worden?

Der überwiegende Teil der von Gerichten der Zone verurteilten politischen Gefangenen ist auf Grund der Kontrollratsdirektive 38 wegen angeblicher Erfindung und Verbreitung friedensgefährdender, tendenziöser Gerüchte und seit Inkrafttreten der sowjetzonalen Verfassung zugleich auf Grund des vorhin schon erwähnten Art. 6 dieser Verfassung – Boykotthetzte, Kriegshetze, Agententätigkeit, Verächtlichmachung staatlicher Einrichtungen und Organisationen und ähnliches – verurteilt worden.

Im übrigen sind zur Anwendung gelangt das Gesetz zum Schutz des Friedens vom 15. Dezember 1950, das Gesetz zum Schutz des Volkseigentums und anderer gesellschaftlicher Eigentums vom 2. Oktober 1952 und der Befehl 160 der SMAD. Auch der größte Teil der Verurteilungen wegen sogenannten Wirtschaftsverbrechens muß als Verstoß gegen rechtsstaatliche Grundsätze angesehen werden. Hier sind besonders zu nennen die Wirtschaftsstrafverordnung vom 28. September 1948, das Gesetz zum Schutz des innerdeutschen Handels vom 21. April 1950, das Gesetz zur Regelung des innerdeutschen Zahlungsverkehrs vom 15. Dezember 1950 und die Anordnung über die Ein- und Ausfuhr von Zahlungsmitteln der sowjetischen Besatzungszone Deutschlands und ausländischen Zahlungsmiteln aus und nach den westlichen Besatzungszonen Deutschlands und dem Ausland vom 30. März 1949.

Die zur Strafverbüßung in der Zone befindlichen SMT-Häftlinge sind überwiegend abgeurteilt nach Art. 58 Ziffer 6 – Spionage –,

Ziffer 10 – antisowjetische Propaganda – und Ziffer 11 – illegale Gruppenbildung – des Strafgesetzbuchs der UdSSR.

Die geringe Zahl der wegen angeblicher Straftaten, die im Zusammenhang mit den Kriegsereignissen stehen, jetzt noch festgehaltenen SMT-Häftlinge verbüßt fast ausschließlich Strafen nach Art. 58 Ziffer 2 des Strafgesetzbuchs der UdSSR und nach dem Kontrollratsgesetz Nr. 10 – Begehung von Kriegsverbrechen und Verbrechen gegen die Menschlichkeit –.

Die Waldheim-Verurteilten wurden auf Grund des SMAD-Befehls 201, der Kontrollratsdirektive 38 und teilweise auf Grund des Kontrollratsgesetzes Nr. 10 verurteilt.

Nun zu Frage 6:

Wie groß ist jetzt noch die Zahl der Gefangenen, die der Sowjetzonenverwaltung durch die sowjetischen Besatzungsbehörden zur Verurteilung bzw. zum Strafvollzug der durch Militärtribunale verhängten Strafen übergeben wurden?

Nach der Entlassung von weiteren 500 Waldheim-Häftlingen im Dezember 1955 betrug die Zahl der Zurückgehaltenen dieser Gruppe noch etwa 150. Im April 1956 wurden 698 Häftlinge entlassen, die zum Teil durch sowjetische Militärtribunale verurteilt, zum Teil aber Waldheim-Häftlinge waren. Die Ermittlungen, wieviel Häftlinge zu dem einen oder dem anderen Teil gehören, sind noch nicht abgeschlossen. Es ist möglich, daß die im Dezember 1955 noch zurückgehaltenen restlichen 150 Waldheim-Häftlinge sich unter den im April 1956 entlassenen 698 Häftlingen befinden.

Die Zahl der Häftlinge, die von sowjetischen Militärtribunalen verhängte Strafen verbüßen, beträgt daher gegenwärtig noch ungefähr 1200.

Zu Frage 7:

Befinden sich noch Verurteilte des 17. Juni 1953 in den Strafanstalten der sowjetisch besetzten Zone?

Von den der Bundesregierung bekanntgewordenen etwa 800 zu Freiheitsstrafen Verurteilten des 17. Juni 1953 befinden sich noch etwa 600 in Haft.

(Hört! Hört! in der Mitte.)

Die etwa 200 Entlassenen haben einzeln – meist mit bedingter Strafaussetzung – ihre Freiheit wiedererlangt. Es ist selbstverständlich, daß das deutsche Volk, daß die Weltöffentlichkeit die Entwicklung in der Zone nicht zuletzt auch am Schicksal dieser Männer und Frauen beurteilen und messen.

Zu Frage 8:

Liegen der Bundesregierung Unterlagen dafür vor, daß die angekündigten neuen Methoden auf dem Gebiete des Arbeitsrechts zu tatsächlichen Veränderungen geführt haben?

Meine Damen und Herren, der Bundesregierung liegen noch keine Unterlagen dafür vor, daß auf dem Gebiet des Arbeitsrechts in letzter Zeit Veränderungen eingetreten sind. Zwar ist seit längerer Zeit eine neues Arbeitsgesetz angekündigt worden. Dieses soll jedoch im wesentlichen nur eine Zusammenfassung der jetzt geltenden Bestimmungen bringen. Bemerkungen einzelner Funktionäre, z.B. daß Bezahlung von Ausschußware nicht mehr den gesellschaftlichen Erfordernissen entspricht, lassen erkennen, daß wahrscheinlich weitere Bestimmungen zuungunsten der Arbeiterschaft geändert werden dürften. Auch wurde auf der Dritten Parteikonferenz wie auch in der Presse besonders auf die Bedeutung der Arbeitsdisziplin hingewiesen. Da der Steigerung der Produktion durch Automatisierung und Rationalisierung insbesondere auch infolge Materialschwierigkeiten gewisse Grenzen gesetzt sind, zeichnet sich in solchen Hinweisen die Tendenz eines weiteren verschärften Druckes auf den Arbeiter ab.

Zu Frage 9:

Trifft es zu, daß seit Anfang dieses Jahres durch die Bildung von „Produktionsgenossenschaften" der Druck auf das Handwerk verschärft worden ist?

Durch die Bildung von Produktionsgenossenschaften ist nicht erst seit Anfang dieses Jahres, sondern bereits nach Erlaß der „Verordnung über Produktionsgenossenschaften des Handwerks" vom 18. August 1955 ein verschärfter Druck auf den selbständigen Handwerker ausgeübt worden. Als Mittel hierzu dienen:
1. Die Zwangseintreibung von Steuerrückständen. Durch sogenannte „Tiefenprüfungen" des Finanzamtes werden bei den selbständigen Handwerkern angebliche Steuerrückstände errechnet, deren sofortige Streichung für den Fall zugesagt wird, daß der Handwerker seine Selbständigkeit aufgibt und einer Produktionsgenossenschaft beitritt.

2. Die Materialkontingentierung. Die Produktionsgenossenschaften werden bevorzugt mit Material beliefert. Nur sie erhalten öffentliche Aufträge.

Auch diese Bestimmungen schränken die Selbständigkeit der Handwerker ständig weiter ein.

Zu Frage 10:

Wieviel Prozesse wegen sogenannter Abwerbung haben in den letzten Monaten in der Sowjetzone stattgefunden? Dauern solche Verfahren noch an?

Nach zuverlässigen Unterlagen sind von Juli 1955 bis Ende April 1956 55 Sowjetzonenbewohner in 40 Strafverfahren wegen sogenannter Abwerbung zu insgesamt 265 Jahren Zuchthaus verurteilt worden,

(Hört! Hört!)

also durchschnittlich zu je fast fünf Jahren. Zwei Todesurteile wurden nach dem Protest der gesamten freien Welt und insbesondere unseres Volkes in lebenslängliche Zuchthausstrafen umgewandelt. Außerdem wurde noch ein weiterer Häftling zu lebenslänglichem Zuchthaus verurteilt.

Aus Urteilsbegründungen ergibt sich, daß Artikel 6 der sowjetzonalen Verfassung nunmehr auch dazu benutzt wird, Menschen zu bestrafen, die einem Dritten lediglich mitteilen, daß die Arbeitsbedingungen in der Bundesrepublik in irgendeinem Gewerbe günstiger sind. Das gilt dann als „Abwerbung", als „Hetze gegen demokratische Einrichtungen", als „Boykotthetze".

Als eine der Hauptaufgaben wurde noch im Mai dieses Jahres die „Unschädlichmachung jener volksfeindlichen Elemente gefordert, die versuchen, Arbeitskräfte abzuwerben".

Es ist also nicht damit zu rechnen, daß die Strafverfolgung wegen sogenannter Abwerbung eingestellt wird. Wir stehen hier vor einem neuen und besonders krassen Verstoß gegen jedes rechtsstaatliche Denken. Der Gebrauch des natürlichen Rechtes auf Freizügigkeit und Wahl des Arbeitsplatzes im eigenen Land wird als Verbrechen geahndet.

Zu Frage 11:

Was ist in den letzten Monaten
a) seitens der Bundesrepublik,
b) seitens der Verwaltung der Sowjetzone geschehen,
um den Verkehr der Menschen zwischen den beiden Teilen Deutschlands zu erleichtern?

Seit Abschaffung des Interzonenpasses werden von den Behörden der Bundesrepublik keinerlei Reiseausweise für das Überschreiten der Sowjetzonengrenze verlangt, es genügt vielmehr, daß sich der Reisende durch einen Personalausweis als Deutscher ausweisen kann.

Im Eisenbahnverkehr hat sich die Deutsche Bundesbahn bemüht, zu Ostern dieses Jahres Entlastungszüge im Interzonenverkehr – die bereits in den Winterfahrplan 1955/56 aufgenommen waren – zu fahren. Diese Bemühungen führten nach langen Verhandlungen jedoch nur teilweise zum Erfolg. Infolgedessen konnte ein Teil der Züge im Bundesgebiet nur bis zur Sowjetzonengrenze verkehren. Für den Pfingstverkehr erreichte es die Bundesbahn, daß die notwendigen Entlastungszüge gefahren wurden.

Ob die neuerdings von der sowjetzonalen Reichsbahn gezeigte Bereitschaft, von Fall zu Fall Sonderzüge aus besonderen Anlässen einzulegen, anhalten wird, bleibt abzuwarten.

Auf die erneuten Vorschläge der Bundesbahn, zwischen Berlin und dem Bundesgebiet Schnelltriebwagenverbindungen einzurichten, ist die sowjetzonale Reichsbahn bisher leider nicht eingegangen. Auch konnte bisher trotz aller Bemühungen um eine Verkürzung der Reisezeiten nicht erreicht werden, daß die Kontrolle der Reisenden und ihres Gepäcks von den sowjetzonalen Grenzstellen während der Fahrt vorgenommen wird, wie es auf westdeutscher Seite geschieht. Infolgedessen entsteht ein zusätzlicher Stillstand der Züge von durchschnittlich einer Stunde.

Die Deutsche Bundesbahn läßt auf den Übergangsbahnhöfen Arbeiten durchführen, die der besseren Abwicklung des Interzonenverkehrs dienen sollen. In der Hauptsache handelt es sich um Befestigung, Verlängerung und Überdachung der Bahnsteige sowie Einrichtung oder Ausbau von Wartehallen.

Schließlich hat die Bundesregierung den Reiseverkehr dadurch weiter gefördert, daß einem großen Teil der Besucher aus der Zone auf Kosten des Bundes freie Rückfahrt gewährt wird.

Zu Frage 12:

Trifft es zu, daß die Behörden der sowjetisch besetzten Zone die Genehmigung zu Besuchen von Verwandten in der Bundesrepublik weiter eingeschränkt haben?

Übereinstimmende Berichte aus verschiedenen Bezirken der Zone lassen erkennen, daß die behördlichen Anweisungen für die Erteilung der Erlaubnis zur Ausreise in das Bundesgebiet sowohl schriftlich wie auch in den Dienstbesprechungen erheblich eingeengt worden sind. Nach wie vor müssen Sowjetzonenbewohner, die in das Bundesgebiet reisen wollen, ihren Personalausweis gegen eine Personalbescheinigung eintauschen. Ohne Zustimmung des Bürgermeisters, der vorher den Hausvertrauensmann zu hören hat, darf dem Antrag nicht entsprochen werden. Die Entscheidung trifft die Kreispolizeibehörde, d.h. praktisch der Staatssicherheitsdienst.

(Abg. Schütz: Sehr richtig!)

Im allgemeinen gilt die Personalbescheinigung für vier bis sechs Wochen. In letzter Zeit müssen die Antragsteller meistens ausdrücklich versichern, daß sie Verwandte in der Bundesrepublik besuchen wollen. Dabei müssen Alter und frühere Wohnsitze der zu Besuchenden angegeben werden. Anträge zum Besuch von Freunden oder Bekannten werden in den meisten Fällen abgelehnt. In manchen Fällen wird auch eine polizeilich beglaubigte Bescheinigung über den Wohnsitz des westdeutschen Gastgebers verlangt. Im übrigen scheinen den Verwaltungsbezirken Höchstzahlen für Ausreisegenehmigungen vorgeschrieben zu sein. An manchen Orten, in manchen Bezirken und Kreisen werden nur 10 bis 15 % der Ausreiseanträge genehmigt. Eine Begründung für die Ablehnung wird in den meisten Fällen nicht gegeben.

(Hört! Hört! in der Mitte.)

Häufig wird dem Antragsteller anheimgegeben, den Antrag später zu wiederholen. Oft wird auch Überlastung der Verkehrsmittel vorgeschützt.

Folgende Personengruppen sind besonderen Erschwerungen ausgesetzt:

— Eltern, deren Söhne oder Töchter seit 1953 in das Bundesgebiet geflohen sind; ihre Anträge werden mit der Begründung abgelehnt, die Familie könne am besten durch Rückkehr der „Republikflüchtlinge" wiedervereinigt werden;

- Antragsteller, von denen nahe Verwandte seit 1953 in das Bundesgebiet übergesiedelt sind;
- Eheleute, wenn sie die Reise gemeinsam unternehmen wollen;
- männliche Personen zwischen 18 und 30 Jahren, in Einzelfällen bis zu 35 Jahren;

(Abg. Lenze [Attendorn]: Hört! Hört!)

- Angehörige von Spezialberufen; vielfach bedarf es bei ihnen sogar einer Sondergenehmigung durch ein sowjetzonales Ministerium;
- Studenten, denen mitunter entgegengehalten wird, die Ferien seien nicht für Besuche, sondern zum Lernen bestimmt;
- Jugendliche unter 18 Jahren, denen neuerdings häufiger die Ausreisegenehmigung versagt wird, wenn sie die Reise nicht in Begleitung von Erziehungsberechtigten unternehmen;
- Angehörige der öffentlichen Verwaltung oder der Verwaltungen volkseigener Betriebe, insbesondere Techniker. In diesen Fällen muß der Verwaltungsleiter bescheinigen, daß der Antragsteller ein gesinnungstreuer Bürger der DDR ist und wieder in die Zone zurückkehren wird. Da der Dienststellenleiter befürchten muß, daß ihm für den Fall, daß der Antragsteller nicht von der Reise zurückkehrt, Unannehmlichkeiten entstehen werden, wird er die Zustimmung nur selten geben.

Was die Bewohner der Bundesrepublik angeht, so wird für sie zur Einreise in die Zone nach wie vor eine besondere Aufenthaltsgenehmigung gefordert. Sie muß von dem Sowjetzonenbewohner, der besucht werden soll, beim Bürgermeister beantragt werden. Immer stärker zeigt sich dabei die Tendenz, diesen Reiseverkehr einzuschränken. Einreisegenehmigungen sollen vorzugsweise Mitgliedern von sogenannten Delegationen, nicht aber Einzelreisenden erteilt werden. Es handelt sich natürlich dabei um das Bestreben, den Reiseverkehr in der Zone politisch zu kanalisieren.

Zu Frage 13:

Welche Schritte empfiehlt die Bundesregierung, um die innerdeutschen Beziehungen zu fördern?

Die Bundesregierung bezieht sich bei Beantwortung dieser Frage auf den einstimmigen Beschluß des Deutschen Bundestages vom 26. Mai 1955 und den dazu von mir erstatteten Bericht vom 12. November 1955, Drucksache 1856. Sie ist bestrebt, über die vorhandenen Kontaktstellen die Probleme technischer Art, die durch die Errichtung der Zonengrenze entstanden sind, zu regeln. Von den zahlreichen Vorschlägen zur Förderung der innerdeutschen Beziehungen seien hier die wichtigsten aufgeführt.

1. Abschaffung aller Sonderausweise, die die Sowjetzonenverwaltung im Personenverkehr noch verlangt,

(Sehr richtig!)

d.h. der Personalbescheinigungen, der Aufenthaltsgenehmigungen und der Passierscheine für Westberliner.

2. Wiedereröffnung sämtlicher Grenzübergange, die seit der Errichtung der Zonengrenze im Jahre 1945 gesperrt sind.

(Zustimmung bei der CDU/CSU.)

Es muß daran erinnert werden, daß damals 42 Eisenbahnstrecken und 157 Landstraßen, darunter 4 Autobahnen und 34 Reichs- bzw. Bundesstraßen, unterbrochen wurden, dazu Tausende von Gemeindewegen.

3. Aufhebung der Sperrzone. Der sowjetzonale Ministerrat hat am 3. Mai 1956 eine Verordnung erlassen, die angeblich der Erleichterung der Verhältnisse im Zonengrenzgebiet dienen soll. Danach bleiben aber der 10-m-Kontrollstreifen, der 500-m-Schutzstreifen und die 5-km-Sperrzone bestehen. Alle Bewohner der Sperrzone müssen sich nach wie vor besonders registrieren lassen. Sie müssen im Besitz besonderer Ausweise sein. Die scharfen Bestimmungen für die Einreise in die Sperrzone und den Schutzstreifen, wofür ein besonderer Passierschein notwendig ist, behalten weiterhin Gültigkeit.

(Hört! Hört!)

Auch ist wie bisher jedermann verpflichtet, Personen, die sich widerrechtlich in der Sperrzone aufhalten, sofort den zuständigen Grenzpolizeistellen zu melden. Eine Erleichterung des Verkehrs im Zonengrenzgebiet bringt die neue Verordnung somit nicht.

Den großen Schäden, die im Zonengrenzgebiet, insbesondere auch an der Grenze zwischen Westberlin und der Zone durch die völlige Unterbindung des sogenannten kleinen Grenzverkehrs seit 1952 laufend entstehen, könnten die Behörden der Zone dadurch vorbeugen, daß sie den Grundstücksbesitzern den freien Zutritt zu ihrem Grund und Boden und allen Arbeitnehmern die Erreichung ihrer Arbeitsstätte wieder gestatteten.

(Zustimmung bei der CDU/CSU.)

Als weitere Vorschläge sind zu nennen:

4. Erleichterung und Beschleunigung der unbedingt notwendigen Kontrollen durch die sowjetbedingt notwendigen Kontrollen durch die sowjetzonalen Grenzorgane sowie Angleichung dieser Kontrollen an das von den Behörden der Bundesrepublik angewandte Verfahren.

5. Erweiterung des Interzonenhandels.

6. Wiederherstellung und Verbesserung der Verkehrswege, Wiederaufbau von Eisenbahnstrecken und endlich Wiedereinbau der zweiten Gleise auf den Hauptstrecken; Förderung des Straßenverkehrs durch Wiederherstellung der noch zerstörten Brücken im Zuge wichtiger Durchgangsstraßen; gemeinsame Planung des Straßenbaues, um ein einheitliches deutsches Verkehrsnetz wieder zu erzielen; Zulassung neuer Kraftfahrlinien; Befreiung des Verkehrs mit Personenwagen von besonderen Erlaubnissen oder von besonderen Eintragungen in Reisepapiere usw.

7. Verhandlungen zwischen den Eisenbahnverwaltungen über die Vermehrung der Zahl der Reise- und der Güterzüge.

8. Technische Verbesserungen im Fernsprech-, Fernschreib- und Telegrammverkehr, Abschaffung der Zensur im Postverkehr.

9. Beseitigung der sowjetzonalen Bestimmungen über die Einschränkung des Paket- und Päckchenverkehrs, um den Versand von Liebesgaben und damit die Beziehungen von Mensch zu Mensch zu fördern.

Viele dieser Vorschläge könnten durch einseitigen Verwaltungsakt der sowjetzonalen Dienststellen verwirklicht werden.

(Sehr richtig! in der Mitte.)

Soweit Verhandlungen erforderlich sein sollten, wären sie von den beiderseitigen fachlich oder örtlich zuständigen Dienststellen zu führen.

Zu Frage 14:

Welche Schritte könnten insbesondere erfolgen, um den geistigen und kulturellen Zusammenhalt zwischen den beiden Teilen Deutschlands zu pflegen?

Meine Damen und Herren, die Wahrung des geistigen und kulturellen Zusammenhaltes ist Anliegen und Aufgabe aller Deutschen diesseits und jenseits der Zonengrenze.

(Sehr richtig! in der Mitte.)

Bund und Länder sind in dem Umfang, der ihnen durch Grundgesetz und Landesverfassungen zugewiesen ist, zu ihrem Teil stets darum bemüht gewesen, die geistige und kulturelle Verbundenheit zwischen den getrennten Teilen Deutschlands trotz aller Hindernisse zu erhalten. Bund und Länder handeln dabei gemäß den Richtlinien, wie sie in der Entschließung der Kultusministerkonferenz vom 4. März 1955 in Berlin zum Ausdruck kamen. Es heißt darin:

> Die Kultusminister der Länder der Bundesrepublik ... bekunden den Willen, alle Möglichkeiten kultureller Verbindung mit der Bevölkerung der sowjetischen Besatzungszone fruchtbar zu machen. Dagegen sind sie nicht bereit, mit solchen Stellen in Verbindung zu treten, die die Kultur in den Dienst ihrer politischen Absichten zwingen.
>
> In diesem Geiste sollen insbesondere die Beteiligung an wissenschaftlichen Kongressen, die Übernahme von Gastvorlesungen, die Beschickung von Kunstausstellungen, die Veranstaltung von Gastspielen und Studienreisen behandelt werden.
>
> Auch soll den Besuchern aus der sowjetischen Besatzungszone – sofern sie nicht politische Sendlinge sind – Gelegenheit geboten werden, am kulturellen Leben Westdeutschlands in voller Freiheit teilzunehmen.
>
> Gegen die dirigierten Aktionen des Ostens ist jeder einzelne Deutsche aufgerufen, in persönlicher Verantwortung seine Entscheidung so zu treffen, daß jede bewußte oder fahrlässige Unterstützungen des Regimes in der sowjetischen Besatzungszone vermieden und die Schärfe der Auseinandersetzungen zwischen Kultur und Unfreiheit nicht verwischt wird.
>
> Die Kultusministerkonferenz erkennt an, daß bei Anwendung dieser Grundsätze Berlin (West) in seinem Kampf um Selbstbehauptung durch solidarisches Handeln zu unterstützen ist.

Im Sinne dieser Entschließung haben Bund und Länder stets an der Festigung der geistigen und kulturellen Bande gearbeitet. Auf gemeinsamen Kongressen, Tagungen und sonstigen gemeinsamen Veranstaltungen haben sich die Bewohner der Bundesrepublik mit der Bevölkerung der Zone immer wieder zu den Grundlagen der deutschen Kultur bekannt.

Die menschliche Begegnung auf Kongressen, Tagungen, Festspielen und sonstigen Veranstaltungen wird auch weiterhin gepflegt und unterstützt werden.

Leider – leider, meine Damen und Herren! – unterliegt jedoch der Kontakt zu den Bewohnern der Zone in vielfacher Hinsicht willkürlichen Beschränkungen. Das gilt insbesondere auch für den Besuch von Wissenschaftlern und Künstlern in der Zone. Wissenschaftler und Künstler unterliegen ja den gleichen Beschränkungen wie alle übrigen Reisenden.

Insbesondere wird auch Journalisten in fast allen Fällen die Einreise in die Zone verweigert. In der Bundesrepublik herrscht keinerlei Beschränkung, auch nicht für Journalisten aus der Zone. Die Bundesregierung setzt sich für freie, ungehinderte Berichterstattung in ganz Deutschland ein.

Nichts wäre natürlicher als der freie Austausch von Zeitungen und Zeitschriften in ganz Deutschland. Wesentliche Voraussetzung dafür ist aber die Abschaffung des einseitigen Monopols der Postzeitungsliste in der Zone. Der freie Vertrieb und der freie Bezug aller Druckerzeugnisse muß für die Bevölkerung der Zone gewährleistet sein. Es ist selbstverständlich, daß die Bundesrepublik dem freien Austausch von Zeitungen und Zeitschriften keine Hindernisse in den Weg legen wird, wenn die Gegenseitigkeit gewährleistet und die Pressefreiheit wiederhergestellt wird.

Selbst der Bezug wissenschaftlicher Zeitungen und Zeitschriften unterliegt in der Zone heute noch einschränkenden Kontrollen.

(Hört! Hört!)

Wissenschaftliche Zeitungen und Zeitschriften aus der Zone können demgegenüber in der Bundesrepublik ungehindert bezogen werden.

Der freie Bezug von Büchern ist im Rahmen des Interzonenhandels geregelt. Darüber hinaus sollte jedermann, der in der Bundesrepublik nur immer in der Lage dazu ist, seinen Verwandten, seinen Freunden und Bekannten ab und zu ein gutes Buch schikken. Dabei ist allerdings von politischer Literatur abzusehen.

Was den Rundfunk angeht, so wird in der Bundesrepublik der Empfang keines Senders der Zone gestört. Dagegen wächst die Zahl der großen und kleinen Störsender in Mitteldeutschland ständig.

(Hört! Hört!)

Die Bundesregierung fordert im Interesse des freien geistigen Austausches die Beseitigung aller Behinderungen des freien Rundfunkempfangs.

(Sehr richtig! in der Mitte.)

Es ist von besonderer Bedeutung, daß vor allem für unsere Jugend die geistige und kulturelle Einheit Deutschlands erlebte Wirklichkeit bleibt. Deshalb begrüßt und fördert die Bundesregierung alle Bestrebungen, die der Jugend die Möglichkeit geben, sich gegenseitig kennenzulernen und Land und Leute diesseits und jenseits der Zonengrenze zu erleben.

Das gleiche gilt für die sportlichen Begegnungen, die dem gleichen Ziele dienen.

Das starke Echo, das alle kulturellen Bemühungen aus dem freien Teil Deutschlands bei der Bevölkerung der Zone finden, ermutigt zu weiteren Schritten, an denen sich alle kulturellen Einrichtungen des Bundes und der Länder, alle Universitäten, Rundfunkanstalten, geistes- und naturwissenschaftlichen Institute, Vereinigungen und Gesellschaften, unsere Theater und Orchester nach Möglichkeit beteiligen sollten.

Nun zu Frage 15:

Welche Vereinbarungen der Vier Kontrollmächte, die nach allen bekannten Verträgen die Verantwortung für ganz Deutschland behalten haben, untereinander oder mit deren Einverständnis zwischen deutschen Verwaltungsstellen wären geeignet, die innerdeutschen Verbindungen und damit die Wiedervereinigung Deutschlands zu erleichtern?

Vereinbarungen der Vier Mächte, die die innerdeutschen Verbindungen erleichtern sollen und die damit auch der Wiedereinigung förderlich sein können, sind insbesondere bei Beendigung der Blockade von Berlin im Jahre 1949 zustande gekommen. Damals haben sich die Vier Mächte untereinander verpflichtet, im innerdeutschen Güter- und Personenverkehr ein normales Funktionieren aller Verbindungswege für die deutsche Bevölkerung zu gewährleisten. Die Regierung der UdSSR hat zwar im vorigen Jahr die sogenannte Deutsche Demokratische Republik mit der Bewachung und Kontrolle der Verbindungswege zwischen der Bundesrepublik und Berlin beauftragt; ihre Verpflichtungen aus dem erwähnten Abkommen sind aber dadurch nicht berührt worden. Die Westmächte haben in verschiedenen Noten an die Sowjetunion darauf hingewiesen, daß diese auch weiterhin an die Verpflichtungen gebunden bleibt, die sie gegenüber den drei Westmächten in bezug auf Deutschland eingegangen ist. Dem hat die Sowjetunion nicht widersprochen.

Wenn Schwierigkeiten hinsichtlich der Durchführung des erwähnten Viermächteabkommens von 1949 aufgetreten sind, so ist dafür das Regime der Sowjetzone verantwortlich. Sie haben die zu einem reibungslosen Verkehr erforderlichen und weitgehend bestehenden Kontakte ihres technischen Charakters zu entkleiden versucht und sind bemüht, sie zu politisieren und sie von der Ebene unterer oder mittlerer Verwaltungsorgane auf Regierungsebene zu übertragen. Sie wollen die Bundesregierung zwingen, Schritte zu unternehmen, die sie dann als Anerkennung der Sowjetzonenregierung auslegen würden.

In den Vereinbarungen von 1948 ist vorgesehen, daß die Vier Mächte deutsche Sachverständige heranziehen können. Besprechungen zwischen Sachverständigen, d.h. Kontakte auf technischem Gebiet sind seit langem vorhanden. Die Bundesregierung ist an ihnen interessiert und wird sich dafür einsetzen, daß sie weitergeführt und intensiviert werden, soweit sie im Interesse der deutschen Bevölkerung diesseits und jenseits der Zonengrenze liegen. Die Bundesregierung muß aber nach wie vor Kontakte auf Regierungsebene ablehnen, weil sie in dem Regime der Sowjetzone keinen legitimen Vertreter der dortigen deutschen Bevölkerung erblicken kann.

(Beifall bei der CDU/CSU.)

Zu dem III. Abschnitt der Großen Anfrage erklärt die Bundesregierung nach eingehender Fühlungnahme und Beratung mit dem Senat des Landes Berlin das folgende:

Zu Frage 16:

Wie beurteilt die Bundesregierung die erwähnten Erklärungen, und welche Möglichkeiten sieht sie für eine Erleichterung des Verkehrs von und nach Berlin?

Die Bundesregierung vermag in den Erklärungen von sowjetzonalen Spitzenfunktionären keine Anzeichen wirklicher Entspannung in Berlin zu sehen, da ihnen bisher auf keinem Gebiet praktische Maßnahmen zur Normalisierung gefolgt sind.

(Sehr richtig! in der Mitte.)

Insbesondere kann von Erleichterungen im Personenverkehr zwischen Westberlin und der Sowjetzone nicht gesprochen werden. Westberliner dürfen nach wie vor das Gebiet der Sowjetzone nur betreten, wenn sie im Besitz eines Passierscheines sind, der persönlich bei einer der vier Ausgabestellen im Sowjetsektor beantragt werden muß. Passierscheine werden nur selten, praktisch nur bei Todesfällen und wichtigen, hauptsächlich familiären Anlässen erteilt. Selbst in solchen Fällen werden sie noch häufig verweigert.

Westberlin verlangt dagegen für den Personenverkehr in die Zone und in umgekehrter Richtung keinerlei Genehmigung; es findet auch keine Kontrolle der Personalpapiere an der Grenze statt. Lediglich für den Waren- und Geldverkehr bestehen allgemeingültige Vorschriften.

Bewohner der Zone bedürfen für eine Reise nach Berlin in der Regel keiner besonderen sowjetzonalen Genehmigung. Da innerhalb Berlins an der Sektorengrenze der Personenverkehr weder von der Ostberliner noch von der Westberliner Verwaltung kontrolliert wird, können Bewohner der Zone im allgemeinen auch Westberlin ungehindert besuchen. Lediglich für die Einreise mit Kraftwagen ist ein besonderer Ausweis erforderlich.

Stark behindert wird dieser Verkehr jedoch durch die regelmäßige, oft willkürlich gehandhabte Personen- und Gepäckkontrolle an der Zonengrenze und in den Verkehrsmitteln auf der Fahrt nach Berlin. Wer dabei auf die Frage nach den Reisegründen, der Art seines Gepäcks, den mitgeführten DM-Ost-Beträgen usw. keine befriedigende Erklärung abgeben kann, wird an der Weiterreise gehindert. Die letzte, plötzlich im ganzen Gebiet der Zone durchgeführte Behinderung des Reiseverkehrs nach Berlin war zur Zeit der „Grünen Woche" Anfang Februar 1956 zu verzeichnen. Auch auf der S-Bahn durften damals die Bewohner der Randgebiete um Berlin nur dann nach Westberlin weiterfahren, wenn sie berufliche Gründe nachzuweisen vermochten. Andere Reisende dagegen wurden aus den Zügen herausgeholt oder schon an den Fahrkartenschaltern abgewiesen. Nach Beendigung der „Grünen Woche" fielen diese Beschränkungen ebenso plötzlich wieder fort.

Die Bundesregierung hält es in Übereinstimmung mit dem Senat des Landes Berlin für durchaus möglich, daß die Verwaltungen in Ostberlin und der Zone durch Verwaltungsanordnungen erheblich zur Erleichterung des Verkehrs zwischen den beiden Stadtteilen und zwischen Westberlin und der Zone beitragen können. Vor allem könnte die Aufhebung des Passagierzwangs für Westberliner und die ausschließliche Beschränkung der Kontrollen auf den Waren- und Zahlungsmittelverkehr auf Grund klarer, allgemeingültiger und öffentlich bekanntgemachter Vorschriften den Verkehr wesentlich erleichtern. Es bleibt zu hoffen, daß diese Möglichkeiten bald genutzt werden.

Zu Frage 17:

Welche technischen Kontakte zwischen den beiden Teilen Berlins bestehen noch und welche – z.B. Straßenbahn, Telefon – könnten nach Kenntnis der Bundesregierung unverzüglich wiederhergestellt werden, wenn es die östliche Verwaltung zuließe?

Die zwischen den beiden Teilen Berlins bestehenden technischen Kontakte sind leider nicht zahlreich. Es handelt sich dabei in der Hauptsache um den durchgehenden Verkehr der Untergrundbahn, die trotz getrennter Verwaltungen technisch einheitlich betrieben wird, der S-Bahn, die in ganz Berlin unter sowjetischer Verwaltung steht, um sehr geringfügige technische Kontakte bezüglich der Entwässerungsanlagen und der Wasserversorgung, um den Post- und Paketaustausch und den Telegrammverkehr sowie um einen beschränkten Amtshilfeverkehr auf polizeilichem Gebiet und in der Rechtspflege.

Die Bundesregierung ist der Ansicht, daß sich bei gutem Willen der Ostberliner Stadtverwaltung diese Kontakte wesentlich erweitern ließen. Als besonders dringlich seien hier kurz folgende Möglichkeiten genannt: Wiederherstellung eines einheitlichen Fernsprechverkehrs, die Einrichtung durchgehender Straßenbahnlinien – wie sie bis Ende 1952 bestanden haben – sowie der notwendigen Omnibuslinien, ungehinderter Verkehr auf den Berliner Wasserstraßen, freie Wahl des Arbeitsplatzes für Ostberliner in Westberlin und umgekehrt, ferner ungehinderte Möglichkeit für Ostberliner, die vom Westberliner Senat die Zuzugsgenehmigung erhalten haben, ihr Umzugsgut mitzunehmen. Weiter ist zu denken an die Brandbekämpfung durch den gemeinsamen Einsatz der Feuerwehren, an eine engere Zusammenarbeit von Gesundheits- und Veterinärverwaltungen, an das Amtsvormundschaftswesen und die Regelung von Unterhaltsansprüchen und -zahlungen. Die Aufzählung der vielen sonstigen notwendigen und möglichen Verbindungen würde hier zu weit führen.

Zu Frage 18:

Wie beurteilt die Bundesregierung die serienmäßige Verhängung von Geldstrafen gegen Bewohner des Ostsektors, die in Westberlin arbeiten oder deren Kinder Westberliner Schulen besuchen?

Die Gesamtzahl der Bewohner Ostberlins und der Zone, die in Westberlin arbeiten und bestimmungsgemäß einen Teil ihres Arbeitsentgelts bei der Westberliner Lohnausgleichskasse in D-Mark (Ost) umtauschen, betrug Ende 1955 etwa 37 000 und hat bis Ende April 1956 um etwa 3000 oder um rund 8 % abgenommen. Neben anderen Gründen wird dies auf den verstärkten Druck zurückzuführen sein, dem in der letzten Zeit die in Westberlin arbeitenden Ostberliner und Sowjetzonenbewohner ausgesetzt waren. Bewohnern der Randgebiete wurde mit der Zwangsaussiedlung in abgelegene Gegenden der Zone gedroht.

Nach wie vor werden Erziehungsberechtigte in Ostberlin, die ihre Kinder Westberliner Schulen besuchen lassen, mit Geldstrafen belegt.

(Hört! Hört! rechts.)

Die Strafverfügungen setzen Strafen zwischen 90 und 500 DM fest.

Alle diese Bestrafungen und Drohungen, die in den letzten Monaten noch zugenommen haben, stehen im Gegensatz zu den von sowjetzonalen Spitzenfunktionären abgegebenen Erklärungen, mit denen der Eindruck erweckt werden soll, daß derartige Bestrafungen und Drohungen mit rechtsstaatlichen Grundsätzen nicht zu vereinbaren sind.

(Beifall in der Mitte.)

Zu Frage 19:

Sind noch in der letzten Zeit Fälle vorgekommen, in denen sich Angehörige Ostberliner Betriebe oder Verwaltungen schriftlich verpflichten mußten, Westberliner Boden nicht zu betreten?

In letzter Zeit werden, wie es scheint, Angehörige von Ostberliner Betrieben oder Verwaltungen nicht mehr schriftlich verpflichtet, Westberliner Boden nicht zu betreten. Nach wie vor besteht aber für Funktionäre der Parteien und Massenorganisationen, für höhere Angestellte der öffentlichen Verwaltung und der volkseigenen Betriebe, für die Bediensteten der Justiz und der Polizei sowie für die Angehörigen der sogenannten Nationalen Volksarmee das Verbot, sich nach Westberlin zu begeben. Wer zuwiderhandelt, wird wegen sogenannten undemokratischen Verhaltens mit der Entfernung aus dem Dienst bestraft.

(Hört! Hört! in der Mitte.)

Zu Frage 20:

Wie viele Fälle von Menschenraub aus Berlin-West sind nach Kenntnis der Bundesregierung in der letzten Zeit vorgekommen?

Der Polizeipräsident in Berlin hat für die Zeit vom 1. Januar bis 8. Mai 1956 drei Gewaltentführungen und vier Fälle versuchten Menschenraubes festgestellt.

Zu Frage 21:

Wie hoch ist die Zahl der Westberliner Siedler und Kleingärtner, denen seit Verhängung der Sperrmaßnahmen im Jahre 1952 die Nutzung ihrer Grundstücke in den Randgebieten der Sowjetzone verwehrt wird?

Die Zahl der in Berlin-West wohnenden Siedler und Kleingärtner, denen im Jahre 1952 die Nutzung ihrer Grundstücke in den Randgebieten der Stadt versagt wurde, beträgt nach Auskunft des Senats von Berlin rund 40 000. Selbst den Besitzern von Grundstücken, die unmittelbar an der Stadtgrenze liegen, wird die Bewirtschaftung ihres Grund und Bodens, ja, sogar dessen bloßer Besuch nicht gestattet.

In diesem Zusammenhang sollen aber auch die zahlreichen Westberliner nicht vergessen werden, die nur deshalb, weil sie ihre Wohnung in Westberlin hatten, von einem Tag zum anderen ihren in Ostberlin gelegenen Handwerksbetrieb, ihr Einzelhandelsgeschäft oder ihr sonstiges Unternehmen aufgeben mußten.

Zu Frage 22:

Werden die Westberliner noch immer daran gehindert, die in den Randgebieten der Stadt gelegenen Friedhöfe zu besuchen?

Der Besuch der Friedhöfe in den Berliner Randgebieten – das sind vor allem die Friedhöfe von Ahrensfelde, Glienicke, Staaken und Stahnsdorf – ist nur mit Passierschein möglich. Dieser wird aber seit längerer Zeit nur noch zu den Totengedenktagen und zu den großen kirchlichen Feiertagen, darüber hinaus nur zur Teilnahme an Beerdigungen, ausgegeben. Allerdings wurden in diesem Jahr zu Pfingsten aller Passierscheinanträge abgelehnt.

(Abg. Dr. Krone: Hört! Hört!)

Zu Frage 23:

Wie beurteilt die Bundesregierung das Mißverhältnis zwischen den Rechten und Pflichten, die die Vier Mächte für Berlin übernommen haben, und der Tatsache, daß im Ostsektor bewaffnete „Kampfgruppen" und Formationen der sowjetzonalen Streitkräfte aufmarschieren?

Die Bundesregierung beobachtet die Tatsache, daß im Ostsektor Berlins bewaffnete Kampfgruppen und Formationen der sowjetzonalen Streitkräfte aufmarschieren, mit wachsender Besorgnis. Sie hat es deshalb begrüßt, daß die Vertreter der drei Westmächte in verschiedenen Noten den für diese Fragen zuständigen Vertreter der Sowjetunion darauf hingewiesen haben, daß die demonstrativen und provokatorischen Aufmärsche von „Kampfgruppen" und militärischen Formationen im Sowjetsektor notwendigerweise zu einer Beunruhigung der Bevölkerung führen und die Spannungen in Berlin erhöhen müssen.

(Sehr richtig!)

Die Bundesregierung hat es ebenso begrüßt, daß die Vertreter der drei Westmächte die Sowjetunion auf ihre Verpflichtung hingewiesen haben, die Sicherheit und das Wohlergehen der Bevölkerung in ihren Sektoren gegen alle Angriffe, woher sie auch kommen mögen, zu schützen.

Wie bekannt, ist in Berlin der Zivilbevölkerung das Tragen von Waffen durch eine Reihe von Gesetzen, die von den Vier Mächten erlassen wurden, verboten. Die drei Westmächte messen diesen Gesetzen große Bedeutung bei und haben über ihre Befolgung sorgfältig gewacht. Das gleiche gilt für die deutschen Behörden. Die Bevölkerung von Berlin-West hat diese Gesetze genauestens beachtet. Die Bundesregierung kann nur hoffen, daß die Regierung der UdSSR als die verantwortliche Instanz das Ihre dazu beitragen wird, den Frieden in Berlin zu sichern. Die Bundesregierung wird in jedem Falle darauf hinweisen, daß die Duldung des Auftretens und der Betätigung derartiger bewaffneter Organisationen mit den Rechten und Pflichten, welche die Vier Mächte für Berlin übernommen haben, nicht vereinbar ist. Im übrigen steht die Bundesregierung hinsichtlich aller Fragen Berlins und seiner Verbindungswege dauernd in engem Kontakt mit den drei Westmächten und bringt ihnen ihre Wünsche und Auffassungen zu Gehör.

Soweit die Beantwortung der Fragen.

Und nun namens der Bundesregierung noch dieses: Die Große Anfrage aller Fraktionen des Bundestages gab Veranlassung, das tragische Geschick Deutschlands in seiner Zerrissenheit wenigstens in einigen Zügen erneut sichtbar zu machen. Dieses Geschick lastet besonders schwer auf den 18 Millionen in der Zone und in Ostberlin. Gewiß, meine Damen und Herren, zeichnen sich in der Politik der Sowjetunion und in den westöstlichen Beziehungen Veränderungen ab, die alle Aufmerksamkeit erfordern. Was Deutschland selbst betrifft, so müssen wir jedoch bei gewissenhafter Prüfung feststellen: Im sowjetischen Einflußbereich, in der Behandlung unserer 18 Millionen Menschen ist der Uhrzeiger kaum merklich über Stalin hinausgerückt.

(Sehr richtig!)

In der Zone sind immer noch die gleichen Männer und die gleichen Methoden.

(Zustimmung in der Mitte.)

Noch immer schmachten Tausende in den Zuchthäusern und in den Gefängnissen. In dieser Zeit, in der sich die Völker bemühen, zu einer allgemeinen Entspannung zu kommen, in dieser Zeit, in der auch im Ostblock viele Tausende von politischen Gefangenen entlassen werden, können die Tore der Zuchthäuser in Mitteldeutschland unmöglich geschlossen bleiben.

(Beifall im ganzen Hause.)

Das ist die Überzeugung der gesamten deutschen Öffentlichkeit, die in diesen Tagen und Wochen mit wachsendem Nachdruck immer wieder zum Ausdruck kam.

Unter diesem Druck hat das Regime der Zone versucht, eine Parallele zu ziehen zwischen der politischen und parteilichen Justiz auf der einen und der Justiz eines Rechtsstaates auf der anderen Seite. Eine solche Parallele gibt es nicht.

(Beifall in der Mitte und rechts.)

In der Bundesrepublik urteilen unabhängige Gerichte nach den Bestimmungen des Gesetzes, das vom Gesetzgeber, nämlich vom frei gewählten Parlament, nach rechtsstaatlichen Grundsätzen verabschiedet wurde. Dem Angeklagten stehen unabhängige und freie Rechtsanwälte als Verteidiger zur Seite. In der Zone – wir haben dafür das Zeugnis der führenden Funktionäre des Regimes – steht über der Justiz die Politik, über dem Gericht die Partei. Deshalb sind Argumente, wie sie Herr Pieck gegenüber dem Herrn Bundespräsidenten anwandte, bloße politische Propaganda.

(Sehr richtig! in der Mitte.)

Nach allen Grundsätzen von Recht, Gerechtigkeit und Menschlichkeit kann den politischen Gefangenen in Mitteldeutschland die Freiheit nicht mehr vorenthalten werden.

(Beifall im ganzen Hause.)

Die Entlassung der politischen Gefangenen in der Zone würde im übrigen einen Anhaltspunkt geben, daß sich der Uhrzeiger in Mitteldeutschland doch bewegt.

Die Frage von Gefangenen, die wegen Taten, die sich gegen den Bestand der freiheitlichen demokratischen Grundordnung unseres Staates richten, in Haft sind, kann nicht in Parallele zur Frage der politischen Gefangenen der Zone gestellt werden.

(Sehr richtig! in der Mitte.)

Diese Taten werden von unseren unabhängigen Gerichten auf Grund streng rechtsstaatlicher Gesetze beurteilt, die vom freiheitlich gewählten Deutschen Bundestag beschlossen sind.

Die Bundesregierung wird mit Aufmerksamkeit die weitere Entwicklung in der Zone verfolgen. Sie wird von sich aus alles tun, um die Freizügigkeit in ganz Deutschland zu fördern und die geistige und kulturelle Einheit Deutschlands zu stärken und zu vertiefen. Dabei ist sich die Bundesregierung im klaren darüber, daß alle Bemühungen vor allem Vorbereitungen bleiben für den Tag, an dem sich frei gewählte Repräsentanten aus beiden Teilen Deutschlands zusammenfinden, um gemeinsam das Werk der Einigung zu vollziehen.

(Beifall im ganzen Hause.)

Gegen den Strom:
RICHARD JAEGER
1913–1998

aus Berlin-Schöneberg, 1936 erste, 1939 zweite juristische Staatsprüfung in München, 1939 bis 1945 Kriegsdienst, 1947 Regierungsrat, 1948 Dissertation „Die staatsrechtliche Bedeutung der ministeriellen Gegenzeichnung" (München), 1948/49 1. Bürgermeister, dann Oberbürgermeister von Eichstätt. 1949 bis 1980 MdB (CDU/CSU), 1953 bis 1965 Vorsitzender des Verteidigungsausschusses, 1953 bis 1965, 1967 bis 1976 Vizepräsident des Bundestages, 1965/66 Bundesminister der Justiz. Präsident der Deutschen Atlantischen Gesellschaft, Mitglied der Parlamentarischen Versammlung des Europarates und der Versammlung der Westeuropäischen Union, Mitglied der Nordatlantischen Versammlung von 1955 bis 1980. Schrieb u. a. „Deutscher Bundestag", in: Staatslexikon 6. Aufl. (Freiburg 1958).

Die Politik, die Deutschland waffenlos läßt, ist
eine Politik des Selbstmords aus Angst vor
dem Tod.

(R. J. am 16.12.1955)

Es kommt nicht oft im Bundestag vor, dass ein Mitglied des Hauses einem seiner energischsten parteipolitischen Opponenten seine Reverenz erweist, zumal, wenn der Anlass dieser noblen Geste Jahrzehnte zurückliegt. Solches geschah am 10. September 1986 in dem zu dieser Zeit im Bonner Wasserwerk tagenden Zentralparlament; das Mitglied des Hauses war Helmut Schmidt, und der Opponent hieß Richard Jaeger. Schmidt bezog sich in seiner Abschiedsrede auf die „Große Verfassungsgebungskoalition" in der Mitte der 50er-Jahre, die beim Aufbau der Bundeswehr das Problem „Armee in Demokratie" löste, indem sie den Primat der Politik über die Streitkräfte und die Garantie der individuellen Grundrechte der Staatsbürger in Uniform sicherstellte. An erster Stelle nannte Schmidt in diesem Zusammenhang Richard Jaeger, seinerzeit Vorsitzender des Verteidigungsausschusses. Er hatte in dieser Schlüsselstellung Entscheidendes dazu beitragen können, dass die mit so vielen Vorbehalten von wirklich allen Seiten bedachte Wiederbewaffnung in demokratischen Bahnen verlief. Konrad Adenauer hielt es angesichts der grundsätzlichen Meinungsverschiedenheiten zwischen Regierungsparteien und Opposition über einen deutschen Verteidigungsbeitrag nicht für möglich, dass eine parteiübergreifende Koalition erzielt werden könne. Er hatte die Hartnäckigkeit und die, bei aller Prinzipientreue, elastische Verhandlungsführung Jaegers unterschätzt. Über den Primat der Politik war man sich relativ schnell einig; die Kommandogewalt über die Bundeswehr übt der dem Parlament verantwortliche Verteidigungsminister aus. Aber damit waren missbräuchliche Anwendungen der Kommandogewalt im Alltag des militärischen Dienstes nicht ausgeschlossen. Die Frage erhob sich, wie man den Schutz der Grundrechte des Staatsbürgers in Waffen sichern konnte.

Ein während des „Dritten Reiches" nach Schweden emigrierter SPD-Abgeordneter, Ernst Paul – auch er ein prominentes Mitglied jener „Verfassungsgebungskoalition" –, hatte dort die Institution des Ombudsmans kennengelernt, der, ohne die Schlagkraft der Truppe zu beeinträchtigen, eine wirkungsvolle Garantie für den Schutz der Freiheitsrechte der Soldaten bot, indem er den aus der Truppe kommenden Beschwerden auf diesem Gebiet nachging und für die Abstellung sorgte. Auch in der CDU/CSU gab es ähnliche

Überlegungen, und so brachten SPD und CDU/CSU kurz hintereinander entsprechende Gesetzentwürfe ein. Das am 11. April 1957 verabschiedete Gesetz stellt sicher, dass sich jeder Soldat ohne Einhaltung des Dienstwegs – und ohne dass er dafür gemaßregelt werden darf – an den Wehrbeauftragten wenden kann, wenn er sich in seinen Grundrechten beschwert fühlt. Der „Kronanwalt des Parlaments und der deutschen Soldaten" (Jaeger) hat in bald drei Jahrzehnten in herausgehobener Position seinen unentbehrlichen Beitrag zur Einordnung der Armee in den demokratischen Staat geleistet.

Natürlich benötigte eine in Form und Zielsetzung völlig neue Institution ihre Anlaufzeit, und nicht alle Amtsinhaber konnten den vom Bundestag in sie gesetzten Erwartungen voll entsprechen. Viel Aufregung entstand z.B. um den Admiral Hellmuth von Heye, einen hervorragenden früheren Marineoffizier und honorigen Demokraten. Auch er hatte an führender Stelle bei der Erarbeitung der Wehrverfassung im Rahmen des Grundgesetzes mitgewirkt; aber als er sich, inzwischen Wehrbeauftragter, wegen der Gravamina, die er in der Bundeswehr festzustellen glaubte, an die Öffentlichkeit wandte, geriet er in ein Kreuzfeuer der Kritik. Ungute Erinnerungen an Weimar wurden wach, als Heye sogar einen Trend „zum Staat im Staate" in der Bundeswehr vermutete, und als er dann seine Besorgnisse in einem Interview dem Publikum und dem Parlament präsentierte – es wurde in der üblichen marktschreierischen Form von einer Massenillustrierten publiziert –, musste er gehen. Die Bundeswehr musste sich in einem über viele Jahre erstreckenden Lernprozess mit der in der deutschen Militärgeschichte neuen Einrichtung vertraut machen; seit geraumer Zeit ist sie konsolidiert und hat sich in der Hand altgedienter früherer Parlamentarier mit militärischer Erfahrung wie Rudolf Schultz, Wilhelm Berkhan und Willi Weiskirch als wirkungsvolles Instrument für den Schutz der Grundrechte der Soldaten erwiesen.

Der bundesdeutschen Öffentlichkeit wurde Richard Jaeger besonders als Vizepräsident des Bundestages bekannt; er hat dieses Amt insgesamt 22 Jahre ausgeübt, länger als alle seine Kollegen im Präsidium des Hauses seit 1949. Einige Berichterstatter finden, dass seine Stimme manchmal etwas zu staatsanwaltschaftlich-schneidend geklungen habe, wenn er vom Präsidentenstuhl herab seine Entscheidungen verkündigte; aber in der Präzision und Souveränität seiner Schlüsse besonders in kniffligen geschäftsordnungsmäßigen Situationen war er unerreicht, auch in der Geschwindigkeit, eine Tagesordnung mit vielen nicht besonders bedeutenden Punkten in kürzester Frist abzuspulen. Weniger bekannt sind seine Aktionen auf dem interparlamentarischen Terrain, und hier besonders in der Nordatlantischen Versammlung, jener als NATO-Parlamentarierkonferenz im Jahre 1955 gegründeten Organisation, die man etwas ungenau den „parlamentarischen Arm" der NATO genannt hat. In einer militärischen Organisation mit einer Kommandostruktur wie der NATO ist aber für Mehrheitsentscheidungen kein Raum. Der Wert der Versammlung liegt in ihrer Funktion als einer Art permanenter parlamentarischer Brücke zwischen Europa und den nordamerikanischen Delegierten aus den USA und Kanada. Die Versammlung hat zwar nicht den offiziellen Status wie die europäischen parlamentarischen Gremien in Straßburg und Paris, aber nichtsdestoweniger spielt sie innerhalb des NATO-Bündnisses eine gewichtige Rolle, weil bei den regelmäßigen Zusammenkünften der Organe der Versammlung die Kontakte zwischen den Vertragspartnern Europas und Nordamerikas auf der parlamentarischen Ebene verdichtet und gefestigt werden. Die Bedeutung des „freien Meinungsaustauschs zwischen den gewählten Vertretern der Völker des Bündnisses" – so formulierte der NATO-Rat einmal die Aufgabe der Versammlung – für den Zusammenhalt der Allianz war für Jaeger Anlass genug, sich von vornherein für die Ziele dieser Organisation einzusetzen, und als Leiter der kombinierten Bundestags- und Bundesratsdelegation (12:6) hatte er während langer Jahre Gelegenheit, seine Verhandlungserfahrung bei der Führung der Geschäfte dieses Gremiums einzusetzen. Auch als Mitglied der Bundestagsdelegationen in der Parlamentarischen Versammlung des Europarates und der Versammlung der Westeuropäischen Union hat er, der überzeugte Europäer, viele Jahre lang regelmäßig originelle Beiträge bei der Diskussion insbesondere der anstehenden verteidigungspolitischen Fragen geleistet.

Niemals hat es Richard Jaeger auch nur das geringste ausgemacht, gegen den Strom zu schwimmen. Grundsatztreue ist für den „Preußen aus Bayern", wie er oft genannt wurde, kein leeres Wort. Vor allem erregte sein immer wiederholtes Bemühen um die Wiedereinführung der grundgesetzlich abgeschafften Todesstrafe Aufsehen, und als brillanter Jurist wusste er beachtliche Gründe dafür ins Feld zu führen. Modische Trends haben ihn nie gekümmert, und er hat in einer Zeit, als dies als höchst suspekt galt, Kontakte zur iberischen Halbinsel aufrechterhalten in der Absicht, die demokratischen Kräfte Spaniens und Portugals, die es ja schon vor der Revolution in Portugal und dem Ende der Franco-Diktatur gab, zu ermutigen. Eine Zustimmung zum Grundlagenvertrag zwischen der Bundesrepublik und der DDR war von Richard Jaeger nicht zu erwarten; „Einheit der Nation" war und ist für ihn keine Schimäre, sondern ein Ziel, das auch nicht einen Augenblick aus dem Auge verloren werden darf. Der Grundlagenvertrag schien ihm diesem Erfordernis nicht zu entsprechen. – Seine immense internationale Erfahrung setzte er auch noch nach Beendigung seines parlamentarischen Mandats im Jahre 1980 ein, als von der Bundesregierung bestellter Vertreter der Bundesrepublik Deutschland im Menschenrechtsausschuss der Vereinten Nationen.

In der im Folgenden wiedergegebenen Rede legt Jaeger die Gründe dar, die für den Vorschlag, die Institution des Wehrbeauftragten zu begründen, maßgeblich waren; seine Anregung, die Berufung in diese Position an die Befähigung zum Richteramt zu binden, fand im Bundestag allerdings keine Mehrheit.

Bürger in Uniform: Der Wehrbeauftragte als Kronanwalt des Parlaments

Rede Jaegers im Bundestag, Bonn, am 6. Juli 1956, aus: DBT / 2. WP / 159. / 6.7.1956 / 8765 C–8766 D

Herr Präsident! Meine Damen und Herren! Ich möchte es doch als ein gutes Omen nehmen, daß am Beginn des Tages, da hier endgültig über die Wehrpflicht entschieden wird, zwei Gesetzentwürfe zur Beratung in erster Lesung stehen, die an das Gemeinsame erinnern, an das, was die Koalition und die Opposition in der Wehrpolitik bei der Ergänzung des Grundgesetzes verbunden hat und hoffentlich auch bei ähnlicher Gesetzgebung und in der Praxis in Zukunft verbinden wird.

(Beifall in der Mitte)

Angesichts der Tatsache, daß man den Gedanken eines *Wehrbeauftragten zum Schutz der Grundrechte der Soldaten* als das gemeinsame Gut mehrerer Parteien des Hohen Hauses bezeichnen kann, möchte ich nicht in einen Autorenstreit mit dem Herrn Kollegen Paul, mit dem ich gerade in dieser Frage so oft freundschaftlich diskutiert habe, darüber eintreten, wer die Idee nun zuerst geboren hat. Ich könnte der von ihm erwähnten Tatsache, daß die Sozialdemokratie das Gesetz einige Tage vorher eingebracht hat, entgegenhalten, daß die Christlich-Soziale Union im Herbst in Kirchheim einige Tage vor der SPD über diese Frage beraten hat. Aber darüber wollen wir uns

nicht streiten, sondern wir wollen das Erstgeburtsrecht den Schweden geben, von denen diese Idee zweifellos stammt.

Wir haben uns der Institution eines Wehrbeauftragten aus der
Überlegung heraus zugewandt, daß das Grundgesetz aus guten
Gründen von der Regelung der Weimarer Verfassung abgegangen
ist, nach der die Grundrechte eine allgemeine Richtlinie der Gesetzgebung gewesen sind, also praktisch doch mehr oder weniger
zur Deklamation geworden sind, während das Grundgesetz darauf
hinweist, daß sie unmittelbar bindend sein sollen, nicht nur für die
Gesetzgebung, sondern auch für Verwaltung und Rechtsprechung.
Wir möchten, daß auch die Grundrechte des Staatsbürgers, der Soldat
wird und der damit zweifellos in seiner Freiheit nicht unerheblichen
Beschränkungen unterworfen sein wird, in ihrem Kern anerkannt und
geschützt werden. Wir möchten auch, daß durch diese Institution die
parlamentarische Kontrolle nicht eine abstrakte Angelegenheit bleibt,
sondern sich im Notfall auch auf den Kasernenhof erstrecken kann.
Der Art. 45 b des Grundgesetzes, den wir gemeinsam geschaffen haben, bietet dafür die Grundlage. Der gesetzgeberische Weg ist völlig
neu, da es eine ähnliche Institution in Deutschland bisher nicht gegeben hat. Jetzt ist aber der richtige Zeitpunkt, über diesen Gesetzentwurf zu diskutieren, da es sein Sinn ist, den Wehrpflichtigen zu schützen. Wir wünschen – ich möchte das ausdrücklich festhalten –, daß
dieser Gesetzentwurf spätestens dann in Kraft tritt, wenn die ersten
Rekruten durch das Kasernentor ziehen. Da dies, wie ich vor zwei Tagen auszuführen die Ehre hatte, vermutlich nicht vor einer Frist von
etwa neun Monaten der Fall sein kann – vielleicht dauert es auch länger; ich weiß es nicht –, haben wir ausreichend Zeit, diesen Gesetzentwurf gründlich zu beraten. Aber ich möchte mich der Meinung des
Herrn Kollegen Paul anschließen: Wir werden ebenfalls die Treiben-
den bei diesem Gesetzentwurf sein. Wir können also einmal gemeinsam „treiben", wenn Sie es so nennen wollen.

Meine Damen und Herren, der Hauptgrund für die Vorlage dieses Gesetzentwurfs besteht nicht in dem angeblich zu großen Mißtrauen des Parlaments gegenüber dem Offizierskorps oder dem
Unteroffizierskorps. Er besteht vielmehr darin, daß ein Mißtrauen
der jungen wehrpflichtigen Generation gegen all das herrscht, was
man meistens zu Unrecht unter dem Schlagwort Militarismus zu-
sammenfaßt. Dieses Mißtrauen der jungen Generation, auch dort,
wo sie die Wehrpflicht grundsätzlich bejaht, ist leider ein politisches
Faktum, es zu beheben, eine staatspolitische Pflicht. An diesem
Mißtrauen sind nicht zuletzt die Roman- und Filmfiguren eines

Himmelstoß und eines Platzek schuld. Sie stehen aber nun einmal im Bewußtsein und im Unterbewußtsein dieser Generation, die wehrpflichtig ist, und es lebt in ihr auch die Erfahrung der Älteren, daß das Beschwerderecht der alten Wehrmacht zwar theoretisch ausgezeichnet, in der Praxis aber oft recht problematisch gewesen ist. Hier möchten wir in Anknüpfung daran, daß jeder Bürger ein Petitionsrecht an das Parlament hat, den Wehrbeauftragten zu einem Organ des Deutschen Bundestages machen – er soll also von der Regierung und ihrer Verwaltung unabhängig sein – und wollen mit dem Wehrbeauftragten sozusagen Auge und Ohr dieses Parlaments schaffen, um all dem das Augenmerk zuzuwenden, was mit den Freiheits- und Grundrechten des Staatsbürgers in der Armee zusammenhängt. Wir möchten, daß ein qualifizierter Jurist mit militärischer Erfahrung, möglichst als Vorgesetzer, in dieses Amt gewählt wird, und wir wehren uns energisch gegen Absichten, die vielleicht irgendwo auftauchen könnten – ich hoffe, sie tauchen nicht auf –, daß dieser Mann selbst in die Hierarchie von Befehl und Gehorsam in der Armee eingreifen soll. Das kann nicht sein, weil die Armee immer auf Befehl und Gehorsam beruhen muß, wenn sie Armee bleiben soll. Das gilt auch von der Bundeswehr. Aber dieser Wehrbeauftragte soll das Recht der persönlichen Inspektion an Ort und Stelle haben, soll das Recht haben, sich aller Beschwerden anzunehmen und sie den zuständigen Stellen – meistens wird es das Verteidigungsministerium sein, mitunter werden es die Staatsanwälte sein – zur Erledigung zu geben. Er soll dabei die notwendige Unterstützung des gesamten Behördenapparats des Bundes, der Länder und Gemeinden finden.

Wir glauben, daß dieser Wehrbeauftragte, zumal in der heutigen Situation, gar nicht so viel Arbeit finden wird, wie man es auf allen Seiten vielfach befürchtet. Wir meinen, daß schon seine Existenz heilsam sein wird. Er wird denen, die vielleicht bei einem schnellen Aufbau der Armee in Vorgesetztenstellen kommen, ohne schon alle charakterlichen Voraussetzungen zu besitzen, das Rückgrat stärken, wo es eventuell noch schwach sein sollte. Wir wehren uns entschieden gegen den Vorwurf, der Wehrbeauftragte werde die Schlagkraft der Bundeswehr lähmen. Wir sind der Meinung, daß eine moderne Truppenführung an den einzelnen Mann, nicht nur auf dem Gebiet des Propagandakrieges, sondern auch auf dem Gebiet der taktischen Führung, wesentlich höhere Anforderungen stellt, als sie in vergangenen Zeiten gestellt worden sind. Es muß ihm also auch ein höheres Maß an Verantwortung und Freiheit gegeben sein, und wir sind der Ansicht, daß ein verantwortlich mitarbeitender und in seinen

Grundrechten geschützter Soldat mit viel größerer Überzeugung die Lebensordnung der Freiheit zu verteidigen in der Lage ist. Außerdem beweist das Beispiel Schwedens, daß die Schlagkraft der Armee eines Landes dadurch keinesfalls gemindert wird. Wir möchten außerdem der Auffassung Ausdruck geben, daß alles, was in diesem Augenblick das Mißtrauen der wehrpflichtigen Generation gegen Kommiß und Barras mindert, die Schlagkraft unserer Bundeswehr mehren wird.

In diesem Sinne bitte ich Sie, die beiden Gesetzentwürfe den Ausschüssen zu überweisen, damit wir aus ihnen das Beste herausarbeiten können und dadurch, wie ich hoffe, einen wesentlichen Beitrag dazu leisten, das Problem der Armee in der Demokratie diesmal befriedigend zu lösen.

(Beifall bei der CDU/CSU)

Versöhnende Begegnung:
HANS FURLER
1904–1975

aus Lahr (Schwarzwald), 1925 erste, 1928 zweite juristische Staatsprüfung, 1928 Dissertation „Das polizeiliche Notrecht und die Entschädigungspflicht des Staates" (Heidelberg), 1929 bis 1940 Rechtsanwalt in Pforzheim, 1941 bis 1944 dienstverpflichtet beim „Chef der Zivilverwaltung" (Finanz- und Wirtschaftsabteilung) in Straßburg, 1945 bis 1948 Justitiar in der Papierfabrik Koehler AG, Oberkirch, 1949 Rechtsanwalt und Privatdozent in Freiburg i. B., 1950 Professor. 1953 bis 1971 MdB (CDU/CSU), 1955 bis 1972 Mitglied der Gemeinsamen Versammlung für Kohle und Stahl bzw. des Europäischen Parlaments, 1956 bis 1958 Präsident der Gemeinsamen Versammlung, 1960 bis 1962 des Europäischen Parlaments, 1958 bis 1960, 1962 bis 1972 Vizepräsident. 1958 bis 1966 Präsident des Deutschen Rates der Europäischen Bewegung. Schrieb u.a. „Im neuen Europa" (Frankfurt/M. 1963).

> Concordia parvae res crescunt, discordia
> maximae dilabuntur
> (Durch Eintracht wächst das Kleine, durch
> Zwietracht zerfällt das Größte).
>
> *Sallust*

1956 war eines der dramatischsten Jahre der Nachkriegsgeschichte: die Rote Armee schlug den ungarischen Volksaufstand blutig nieder, der mühsam gebändigte Posener Aufstand warf grelles Licht auf die Lebensverhältnisse in der polnischen Volksdemokratie, und im Suez-Konflikt drohte Bulganin den intervenierenden Staaten Großbritannien und Frankreich mit dem Einsatz seiner militärischen Macht, wenn sie sich nicht aus Ägypten zurückzögen. Die USA und die Sowjetunion stimmten gemeinsam im Sicherheitsrat der Vereinten Nationen gegen diese beiden Länder, denen nichts anderes als der nicht sehr glorreiche Rückzug übrig blieb. Im Schatten dieser erregenden Ereignisse wurde die Wahl eines Deutschen zum Präsidenten der Gemeinsamen Versammlung der Europäischen Gemeinschaft für Kohle und Stahl in der Öffentlichkeit nur wenig beachtet – zu Unrecht. Wenn der Vorgang auch nicht, glücklicherweise, so spektakulär war wie die geschilderten weltpolitischen Ereignisse, die mehr als einmal das Kriegsgespenst am Horizont auftauchen ließen, so bezeichnet diese Wahl doch ein wichtiges Datum in dem Prozess der Eingliederung der Deutschen in die transnationalen europäischen Versammlungen. Eine derartige Wahl sollte sich übrigens auch nicht allzu oft wiederholen. Nur wenige Bundestagsabgeordnete haben das ehrenvolle Präsidentenamt an der Spitze von europäischen parlamentarischen Gremien ausgeübt: Hans Furler selbst wurde durch das Vertrauen seiner Kolleginnen und Kollegen als Nachfolger Robert Schumans, des ersten Präsidenten des Europäischen Parlaments, zum Präsidenten des 1958 neu gegründeten Parlaments der – jetzt aus zwölf Mitgliedern – bestehenden Sechsergemeinschaft berufen, Carlo Schmid (SPD) war von 1963 bis 1966, Kai-Uwe von Hassel (CDU/CSU) von 1977 bis 1980 Präsident der Versammlung der Westeuropäischen Union. Von 1971 bis 1973 amtierte Walter Behrendt (SPD) als Nachfolger Furlers, und mit Karl Ahrens (SPD) stand schließlich, 34 Jahre nach der Gründung der Parlamentarischen Versammlung des Europarates, erstmals ein Deutscher an deren Spitze (1983 bis 1986). Die Konkurrenz bei der Besetzung solcher Schlüsselpositionen ist immer lebhaft, und die Deutschen haben dabei nicht die allerbeste Ausgangsstellung.

Hans Furler war in einer Art Blitzkarriere in das Präsidentenamt gelangt. Nach dem Eintritt in den Bundestag wurde er von seiner Fraktion zunächst im Rechtsausschuss des Hauses eingesetzt, wo er im Unterausschuss für gewerblichen Rechtsschutz und Urheberrecht kurze Zeit ein ihm von seiner wissenschaftlichen Qualifikation her vertrautes Gebiet bearbeitete. Aber es zog ihn, den an einer der lange umstrittenen Grenzen Europas Geborenen, mit Macht zur Außenpolitik, in den Auswärtigen Ausschuss, und dort bestand er die erste große parlamentarische Bewährungsprobe. Seine Fraktion benannte ihn als Berichterstatter für die Pariser Verträge, und es gelang ihm, im damals „aufgewühlten Meer der Leidenschaften" durch die Klarheit und unbedingte Sachlichkeit seiner Argumentation „rechtlich und forensisch Ordnung zu schaffen", wie er sich ausdrückte. Damit trug er sein gerüttelt Maß zum erfolgreichen Abschluss der Ratifizierungsdebatte bei, und dieser Durchbruch hatte zur Folge, dass er in die Gemeinsame Versammlung der Europäischen Gemeinschaft für Kohle und Stahl (EGKS) entsandt wurde, wo er sich, einfallsreich und zäh, für die parlamentarische Absicherung jener verheißungsvollen Entwicklung einsetzte, die schließlich in den Römischen Verträgen kulminierte. Der parlamentarische Flankenschutz für diese Entwicklung kam in der Bundesrepublik vom „Sonderausschuß Gemeinsamer Markt/Euratom" des Deutschen Bundestages, Vorsitz: Hans Furler.

So war die Entscheidung der Christlich-Demokratischen Fraktion der Gemeinsamen Versammlung, Hans Furler im Herbst 1956 für das Präsidentenamt zu nominieren, nur konsequent, hatten doch die Mitglieder dieser Versammlung Furler in dem kurzen Jahr seiner Mitgliedschaft als engagierten Europäer schätzen gelernt, und das durch sein zielbewusstes und erfolgreiches Wirken, vor allem aber das durch seine Persönlichkeit vermittelte Bild eines anderen Deutschland schien ihnen glaubhaft. Einige Journalisten betrachteten unter diesen Umständen die einstimmige Wahl als reine Formsache – sie war es de facto natürlich nicht. Im Parlament der Montanunion saßen ja viele Abgeordnete aus Ländern, die erst wenig mehr als eine Dekade zuvor von der Hitlerherrschaft befreit worden waren, und viele hatten Verfolgung und Terror erlitten. Furler selbst war in einem der besetzten Länder „dienstverpflichtet" gewesen, aber die Elsässer haben ihm nach dem Krieg bestätigt, dass er sich immer darum bemüht hatte, Schäden von der Bevölkerung abzuwenden, und sinnlose Anordnungen hat er erst gar nicht ausgeführt. Zeitzeugen wissen, wie lebensgefährlich dies sein konnte.

Furler ging mit Leidenschaft und Augenmaß ans Werk. Der auch heute noch dem Europäischen Parlament immer wieder drohenden Gefahr der Aufsplitterung durch die Beratung büro- und technokratischer Details setzte er sein politisches Programm entgegen, das der Versammlung die Aufgabe zuwies, „eine neue, Gewalt und Unrecht ausschließende Ordnung zu wahren und den Geist der Gemeinschaft zu stärken in einem Raum, der durch tragische und nicht unverschuldete Kraftakte zerstört war". Diese Gefahr der Aufsplitterung bestand auch auf einem anderen Gebiet; bei den Verhandlungen über die Römischen Verträge hatten die Regierungen vereinbart, jeder der drei rechtlich getrennten Gemeinschaften – EWG, Euratom, Montanunion – eine eigene parlamentarische Versammlung zuzuordnen. Dies wäre die sicherste Methode gewesen, den sich entwickelnden transnationalen Parlamentarismus durch das Rangeln um die den drei Versammlungen zukommenden Kompetenzen abzuwürgen. Furler setzte durch, dass die Zuständigkeiten für die drei Gemeinschaften in einem einzigen Parlament konzentriert wurden, eine auch heute noch bestehende Regelung, die der Volksvertretung in der EG das wünschenswerte Gewicht verleiht.

Die in ihrer Wirkung nachhaltigste und die Jahrzehnte überdauernde Leistung Furlers war jedoch seine Initiative zur Einberufung einer „Parlamentarischen Konferenz der Assoziation mit den afrikanischen Ländern und Madagaskar". Ganz entgegen den Intentionen der Regierungen lud Furler Volksvertreter aus den früheren Kolonialgebieten Frankreichs, Belgiens und Italiens nach Straßburg ein, und in der Folge dieser erstmaligen Zusammenkunft im Juni 1961 entstanden die Abkommen von Yaounde, die in den heute über 60 assoziierten afrikanischen, karibischen und pazifischen Ländern an die Stelle der früheren mindestens partiellen Ausbeutung durch die Kolonialmächte die tätige Bereitschaft der Europäer zur sinnvollen Entwicklungshilfe setzten.

Glück hatte Furler auch, aber das gehört ja dem Tüchtigen. Seine wichtigsten Schaffensjahre fielen in eine Zeit des stürmisch wachsenden Aufbaus der Gemeinschaft: Die Binnenzölle wurden beseitigt, und ein gemeinsamer Außenzoll wurde geschaffen. Dieser ungeahnte Aufschwung in kürzester Zeit „war beinah ein Wunder", schrieb der deutsche EG-Kommissar Hans von der Groeben. Die Grundlagen für die gemeinsame Agrarpolitik entstanden, jener Agrarpolitik, die in der Zwischenzeit in der einschneidend veränderten Gemeinschaft zwischen Schottland und Sizilien, der Algarve und der Chalkidike zum Existenzproblem der EG geworden ist. Die Funktion des seit 1979 direkt gewählten Europäischen Parlaments ist im Gefüge der Organe der Gemeinschaft noch bedeutungsvoller geworden. Auch die Direktwahl war eines der von Furler anvisierten Ziele; er hat seine Verwirklichung nicht mehr erlebt. Dagegen konnte er noch an den Grundlagen der neuen Finanzverfassung von 1975 mitarbeiten, die in unseren Tagen eine substanzielle Ergänzung durch die „Einheitliche Europäische Akte" erfährt; sie sieht einen schrittweisen Ausbau des Integrationssystems vor.

Hans Furler, der beharrliche Schwarzwälder – „Mann des Grenzlandes und der versöhnenden Begegnung" (Kurt Georg Kiesinger) –, war in besonderer Weise für die sinnvolle Lösung der geschilderten Aufgaben auf dem Gebiet der interparlamentarischen Integration prädestiniert. Grundlage seiner Existenz war die Verwurzelung in seiner Heimat. Die ihm von daher zuströmenden Kräfte trugen seinen Elan, den er in den Dienst des europäischen Einigungswerkes stellte. „Bahnbrecher für Europa" nannte ihn sein Nachfolger im Präsidentenamt, der französische Sozialist Georges Spénale. Die Spuren von Hans Furlers Erdentagen sind in unserer rastlosen Zeit fast verweht, aber der in seiner Antrittsrede im Jahre 1956 niedergelegte Leitsatz bleibt überzeitlich gültig: „Wir wollen dem arbeitenden Menschen helfen und der Wohlfahrt der Völker dienen."

Europa muss zusammenwachsen – Die Gemeinschaft nimmt Gestalt an

Rede Furlers in der Gemeinsamen Versammlung der EGKS in Straßburg, 27. November 1956, aus: Europäische Gemeinschaft für Kohle und Stahl, Gemeinsame Versammlung, 27. November 1956 (10–12)

Verehrte Kollegen, Sie wählten mich zu Ihrem Präsidenten. Ich darf Ihnen meinen Dank aussprechen für diese Wahl und für die große Auszeichnung, die Sie damit einem noch jungen Mitglied dieses Hauses gewährten. Ich weiß, es wird für mich nicht leicht sein, die hohen Anforderungen zu erfüllen, die Sie mit Recht an denjenigen stellen, dem Sie dieses Amt übertragen. In diesem Augenblick kann ich Sie nur bitten, mir Ihr Vertrauen zu schenken.

Die Bedeutung dieses Amtes erscheint noch größer beim Rückblick auf die Männer, die vor mir Präsidenten dieser Versammlung waren.

Ich nenne zunächst den unvergeßlichen großen Staatsmann de Gasperi, einen Europäer, dessen Arbeit weit über sein Leben hinauswirkt und der uns allen eine Mahnung, ein Vorbild und eine ständige Verpflichtung ist.

Sodann sehe ich auf den Mann, der in den letzten Jahren diesem Hohen Hause präsidierte und der hier, in seiner Heimat und im größeren Europa, in den Ämtern sowohl wie im Geiste, der Nachfolger de Gasperis war. Herrn Pella spreche ich meine besondere Hochachtung aus, bitte ihn aber auch, mir seine Erfahrung und seinen Rat zur Verfügung zu stellen.

Der erste Präsident dieser Versammlung fördert und realisiert in diesen Tagen aktiv und unermüdlich die Gedanken, die uns hier leiten. Minister Spaak verkörpert das große Ziel, die Gemeinschaft auf die gesamte Wirtschaft unserer Staaten zu erweitern. Auf die Kraft seines Geistes und seiner Persönlichkeit baut auch unsere Hoffnung, wenn wir an die kommende europäische Entwicklung denken. Wir sind stolz darauf, daß dieser Gestalter europäischen Willens als erster dieses Haus geleitet hat.

Wir stehen in einer erregenden weltpolitischen Situation. Mit erschreckender Deutlichkeit offenbarte sich die unerbittliche Gewalt, mit der im Osten unseres Kontinents alten europäischen Völkern die Freiheit verweigert wird. Ich denke da in erster Linie an das stolze und tapfere Volk der Ungarn, für das unsere Herzen schlagen.

An den Grenzen des Mittelmeers zeigten politische und militärische Entwicklungen die Verwundbarkeit der noch freien Gebiete Europas. Nicht die in diesen Tagen eingetretenen Veränderungen allein sind es, die uns erschrecken. Die Bestürzung ergibt sich auch aus der Erkenntnis, wie sehr sich ganz allgemein die politischen Gewichte zuungunsten unseres Kontinents verschoben haben. Es wäre unfruchtbar, über Ursache und Schuld zu hadern.

Diese Schicksalsschläge zwingen uns, Lehren zu ziehen für das politische Wollen. Zwei Folgerungen scheinen mir unumgänglich zu sein.

Nur in einer Verbindung mit den Vereinigten Staaten von Amerika sind wir Europäer den weltpolitischen Gefahren gewachsen. Die zweite Erkenntnis aber ist die: Wenn Europa nicht stärker zusammenwächst – wirtschaftlich und politisch –, dann wird es die zur Verteidigung seiner Freiheit so notwendige eigene Kraft nicht länger aufbringen. Die Ereignisse der vergangenen Wochen rufen die europäischen Staaten auf, das Trennende zu überwinden. Sie erzwingen eine Schicksalsgemeinschaft, die wir auch aus freier Entschließung bejahen. Diese Ereignisse beweisen aber auch, wie richtig der Weg war, der mit der Gründung der Europäischen Gemeinschaft für Kohle und Stahl beschritten wurde. Die Montanunion schuf starke Bindungen. Durch dieses Parlament soll eine neue, Gewalt und Unrecht ausschließende Ordnung gewahrt und der Geist der Gemeinschaft in einem Raume gestärkt werden, der auch schon durch tragische und nicht unverschuldete Konflikte zerstört war.

Dieses erste und einzige Parlament, dessen Befugnisse über das Gebiet eines nationalen Staates hinausreichen, erwies sich als Hort europäischen Denkens und als Anreger großer Entwicklungen. Aus seiner Mitte kamen die Gedanken, die zu den Plänen führten, die in den Begriffen „Allgemeiner gemeinsamer Markt" und „Euratom" umschlossen sind. Seine Arbeitsgruppe gestaltete diese neuen Ideen zu realisierbaren Vorschlägen; sie gab den Regierungen der sechs Mitgliedstaaten entscheidende Anregungen.

Drei Prinzipien scheinen mir für die Arbeit der Montanunion und für die Gestaltung einer weiteren wirtschaftlichen Verbindung entscheidend zu sein.

Jede Gemeinschaft muß den in ihr vereinigten Völkern eine gleichmäßige, eine paritätische Entwicklung ermöglichen. Unvermeidbare Sondervorteile sind zugunsten aller auszugleichen und strukturelle Nachteile zu Lasten der Gemeinschaft zu überwinden. Nur dieser Ausgleich kann eine stabile Grundlage gemeinschaftlichen Lebens bilden.

Die noch kurze Geschichte der Montanunion überzeugt jetzt schon diejenigen, die zunächst in Sorge wegen befürchteter disparitätischer Entwicklungen waren. Wir danken dieses Ergebnis der guten Arbeit der Hohen Behörde und dem Willen dieses Hauses, streng darüber zu wachen, daß die großen Gedanken der ausgleichenden Gerechtigkeit und der Solidarität gewahrt bleiben. Je umfassender aber die wirtschaftliche Verbindung ist, desto leichter wird es sein, hier die richtigen Lösungen zu finden. Unter diesem so wichtigen Gesichtspunkt war und bleibt es Aufgabe der Europäischen Gemeinschaft für Kohle und Stahl, durch ihr Vorbild die Hemmungen gegenüber entstehenden größeren Gemeinschaften zu überwinden.

Das zweite, aber nicht minder gewichtige Prinzip ist dieses:

Die tiefste Begründung für unsere gegenwärtige und für eine zukünftige größere Gemeinschaft dürfen nicht äußere Ziele geben, seien es technische oder betriebswirtschaftliche Möglichkeiten einer Verbesserung, seien es Vorteile, die aus einer richtigen Gestaltung des unsere Kräfte fördernden Wettbewerbes kommen, seien es Fortschritte, wie sie eine Zusammenarbeit in der reinen oder der angewandten Naturwissenschaft notwendig mit sich bringt. Dies alles sind nur Mittel, um die großen und letzten Ziele zu erreichen, denen unser Streben gilt. Wir wollen dem arbeitenden Menschen helfen und der Wohlfahrt der Völker dienen. Montanunion, Euratom und Allgemeiner gemeinsamer Markt erfüllen ihren Sinn nur dann, wenn durch sie die sozialen Probleme einer großzügigeren und besseren Lösung zugeführt werden können. Nur dadurch können sichere Grundlagen für eine freiheitliche und die Würde des Menschen achtende politische Ordnung geschaffen werden.

Schließlich aber gilt es zu beweisen, daß unser Streben nach dem wirtschaftlichen Zusammenwachsen der sechs Länder Westeuropas nicht selbstsüchtig ist, nicht eine Autarkie zum Ziele hat. Es sind keine Ziele, die das übrige Europa ausschließen oder beeinträchtigen könnten. Der Sinn unserer Bemühungen ist nur, in einem begrenzten Raume unseres Kontinents und innerhalb eines sachlich beschränkten Bereiches eine Ordnung zu schaffen, die wirtschaftlich stabile Verhältnisse garantiert und die die Möglichkeit gewährt, den ökonomischen Forderungen unserer Zeit der technischen Umwälzungen gerecht zu werden. Diese Verbindung soll anregend und helfend auch auf die übrigen Länder Europas ausstrahlen, auf Staaten und Räume, denen Geschichte, politische Bindungen und geographisch-wirtschaftliche Sonderlagen ein so enges Zusammenwachsen noch nicht ermöglichen.

Aus diesem Grunde hat dieses Hohe Haus auch immer einen so großen Wert darauf gelegt, Mißdeutungen im Sinne autarker Bestrebungen zu widerlegen. Die von uns gebilligte Gestaltung der Außenbeziehungen der Gemeinschaft zeigt den Weg, der hier gegangen werden soll. Das wirtschaftliche Zusammenwachsen unserer sechs Staaten mit seinen das ganze Europa anregenden und kräftigenden Auswirkungen bildet nach meiner Überzeugung die einzige, aber auch die letzte Möglichkeit, die als Folge einer ebenso glanzvollen wie tragischen Geschichte nur scheinbar schicksalhafte politische Zersplitterung unseres Kontinents zu überwinden.

Die Grundlage unserer Arbeit bilden die Aufgaben, die uns das Vertragswerk überträgt. Wir werden es dabei nicht leicht haben. Die begrenzten sachlich-wirtschaftlichen Zuständigkeiten der Gemeinschaft beschränken die Befugnisse dieses Hauses ebenso wie zu enge, aber eindeutige Bestimmungen des Vertrages und überall noch vorhandene nationale Zuständigkeiten.

Es mag sein, daß eine Vertragsrevision nach Ablauf der Übergangszeit erweiterte Aufgaben auch für uns bringt. Wer jedoch die

Entwicklung der vergangenen Jahre betrachtet, muß feststellen, daß dieses Parlament sich durch eine klare, kraftvolle, aber auch maßhaltende Arbeit eine Stellung erworben hat, die bedeutsamer ist, als sie Skeptiker aus den Verträgen herauslesen mochten. Die Kraft der parlamentarischen Idee setzte sich durch, und ich hoffe, daß sie sich auch künftig durchsetzen wird.

Die bisherige Arbeit aber rechtfertigt das Vertrauen – und wir werden alles tun, um es noch zu stärken –, das notwendig ist, wenn diesem Hause jene parlamentarischen Funktionen übertragen werden sollen, die auszuüben in einer erweiterten oder neu entstehenden wirtschaftlichen Gemeinschaft erforderlich wird.

Es kann für Euratom, für die Montanunion und für den Allgemeinen gemeinsamen Markt nur eine einheitliche parlamentarische Institution geben, die aus unserer Gemeinsamen Versammlung hervorgehen muß.

Sie haben einen Deutschen zu Ihrem Präsidenten gewählt. Damit zeigen Sie, daß Sie Vertrauen zur deutschen Mitarbeit haben. Vertrauen aber auch darauf, daß mein Land – nicht nur aus einem Gefühl der Verpflichtung, sondern aus tiefer Überzeugung – gewillt ist, unsere Gemeinschaft zu tragen mit allen Konsequenzen und weiter zu entwickeln. Die Bundesrepublik – und sie spricht für das ganze Deutschland – bleibt über alle Tagesereignisse hinweg mit dem Westen, mit dem Geiste der Freiheit und der Menschenwürde unauflösbar verbunden.

Für mich aber ist es selbstverständlich, meine Arbeit und jede Entscheidung auszurichten nach den höheren, parteipolitische Erwägungen und die nationale Sphäre übersteigenden Interessen unserer Gemeinschaft. Aus diesem Geiste heraus verneige ich mich vor dem Mann, dem wir diese europäische Wirkungsmöglichkeit verdanken, vor dem großen Franzosen und Europäer Robert Schuman, der zwar nie Mitglied dieses Hauses, wohl aber sein Schöpfer war.

(Beifall)

Wir wollen jetzt die Arbeit aufnehmen. Es verbinden und führen uns der Wille zu selbständigem, unabhängigem und freiheitlichem Denken, die Verpflichtung für das Schicksal und die Wohlfahrt der Menschen, die in dem Gebiete unserer Gemeinschaft leben. Wir wollen nach unseren Möglichkeiten dazu beitragen, diesem Europa und mit ihm der ganzen Welt eine friedliche Entwicklung zu sichern.

(Lebhafter Beifall)

Hurrikan:
THOMAS DEHLER
1897–1967

aus Lichtenfels (Franken), juristisches Studium in München, Freiburg und Würzburg, Rechtsanwalt in Bamberg von 1926 bis 1945. Nach Kriegsdienst im Ersten Weltkrieg Mitglied der Deutschen Demokratischen Partei bis 1933, 1924 Mitgründer des Reichsbanners Schwarz-Rot-Gold. Gegner des Nationalsozialismus, 1944 Einweisung in ein Zwangsarbeitslager. 1945 bis 1949 Landrat, danach Oberlandesgerichtspräsident in Bamberg. 1948 bis 1949 Mitglied des Parlamentarischen Rates, MdB (F.D.P.) 1949 bis 1967, 1949 bis 1953 Bundesminister der Justiz, 1953 bis 1957 Fraktionsvorsitzender der F.D.P., 1954 bis 1957 Bundesvorsitzender der F.D.P. 1960 bis 1967 Vizepräsident des Deutschen Bundestages.

„Ha, könnt' ich ihn vor Gericht stellen, diesen Ton!"

Lessing, Emilia Galotti

In den politischen Debatten unserer Zeit taucht in unregelmäßigen Abständen die Behauptung auf, Stalin habe mit seiner Note vom 10. März 1952 an die USA, Großbritannien und Frankreich (wohlgemerkt nicht an die Bundesrepublik Deutschland) eine letzte, einzigartige Chance der Wiedervereinigung eines bündnisfreien, beschränkt bewaffneten Deutschlands geboten. Adenauer habe die Note als „Störmanöver" betrachtet, die lediglich von der damals in gutem Gang befindlichen Westintegration ablenken solle. Auch in neuester Zeit hat es wieder Auseinandersetzungen darüber gegeben, ob nicht Stalin – der ja schon von Roosevelt im privaten Kreis „Uncle Joe" genannt worden war, um den Partnern des Kriegsbündnisses seine Menschenfreundlichkeit darzutun – doch am letzten Ende ein solch verlockendes Angebot gemacht habe; es hätte nur mehr „ausgelotet" werden müssen.

Was stand nun eigentlich in der Note? Die entscheidenden Passagen* lauten:

Die Sowjetregierung hält es für notwendig, die Regierung der Vereinigten Staaten von Amerika darauf aufmerksam zu machen, daß, obwohl seit Beendigung des Krieges in Europa bereits etwa sieben Jahre vergangen sind, immer noch kein Friedensvertrag mit Deutschland abgeschlossen wurde.

Es versteht sich, dass ein solcher Friedensvertrag unter unmittelbarer Beteiligung Deutschlands, vertreten durch eine gesamtdeutsche Regierung, ausgearbeitet werden muss. Hieraus folgt, daß die UdSSR, die USA, Großbritannien und Frankreich, die in Deutschland Kontrollfunktionen ausüben, auch die Frage der Bedingungen prüfen müssen, die die schleunigste Bildung einer gesamtdeutschen, den Willen des deutschen Volkes ausdrückenden Regierung fördern.

Um die Vorbereitung des Entwurfs eines Friedensvertrages zu erleichtern, legt die Sowjetregierung ihrerseits den Regierungen der USA, Großbritannien und Frankreichs den beigefügten Entwurf für die Grundlagen eines Friedensvertrages mit Deutschland zur Prüfung vor.

In diesem Entwurf eines Friedensvertrags heißt es:

---

* Zitiert nach H. Hartl/W. Marx, Fünfzig Jahre sowjetische Deutschlandpolitik (Boppard 1967)

1. Deutschland wird als einheitlicher Staat wiederhergestellt. Damit wird der Spaltung Deutschlands ein Ende gemacht, und das geeinte Deutschland gewinnt die Möglichkeit, sich als unabhängiger, demokratischer, friedliebender Staat zu entwickeln.
2. Sämtliche Streitkräfte der Besatzungsmächte müssen spätestens ein Jahr nach Inkrafttreten des Friedensvertrages aus Deutschland abgezogen werden. Gleichzeitig werden sämtliche ausländischen Militärstützpunkte auf dem Territorium Deutschlands liquidiert.

Das Territorium:
Das Territorium Deutschlands ist durch die Grenzen bestimmt, die durch die Beschlüsse der Potsdamer Konferenz der Großmächte festgelegt wurden.

Militärische Leitsätze:
1. Es wird Deutschland gestattet sein, eigene nationale Streitkräfte (Land-, Luft- und Seestreitkräfte) zu besitzen, die für die Verteidigung des Landes notwendig sind.
2. Deutschland wird die Erzeugung von Kriegsmaterial und -ausrüstung gestattet werden, deren Menge oder Typen nicht über die Grenzen dessen hinausgehen dürfen, was für die Streitkräfte erforderlich ist, die für Deutschland durch den Friedensvertrag festgesetzt sind.

Einer, der es wissen muss, weil er zu den engsten Mitarbeitern Adenauers gehörte, Wilhelm Grewe, wirft vor allem die Frage auf, was Stalin unter einem „demokratischen Deutschland" verstand. Wollte er tatsächlich eine aus freien Wahlen hervorgehende gesamtdeutsche Regierung? Das Wort „freie Wahlen" kommt jedoch im Text nicht vor; es ist nur von der „Bildung einer Regierung" die Rede, und das dahinter stehende Modell ist unschwer auszumachen: die DDR bzw. die Volksdemokratien des Ostblocks. Ein anderer Kenner der sowjetischen Außenpolitik, Boris Meißner, meint, bei Stalins Vorstellung einer „neutralisierten Staatenzone" in Mitteleuropa habe es sich um eine „konstruktive Deutschlandpolitik" gehandelt, die damals für kurze Zeit betrieben worden sei. – Aber in der Bundesrepublik wollte zu jener Zeit niemand, auch die Opposition nicht, eine Neutralisierung, und die Westalliierten wollten dies schon gar nicht. Zu befürchten war jedenfalls, dass die Wiedervereinigung unter den Voraussetzungen der sowjetischen Note nur um den Preis der Neutralisierung, vor allem aber um den Preis des freiheitlichen Systems der Bundesrepublik zu verwirklichen war – wenn überhaupt. Jedoch gibt es nach wie vor andere Meinungen; selbst ein Sachkenner vom Range Johann Baptist Gradls vertrat noch kürzlich die Ansicht, man hätte „in gediegenem Meinungsaustausch ernsthaft klären sollen, was wirklich in dem Vorschlag steckte ... Kein Staat offenbart schließlich mit dem ersten Schritt das ganze Maß etwaiger Bereitschaft."

Im Bundestag war die Stalin-Note im Jahre 1958 Gegenstand einer der leidenschaftlichsten Reden, die je dort gehalten worden sind, und auch die turbulenten Lärmszenen, die sie hervorriefen, können einen besonderen Platz in der an heftigen Zusammenstößen nicht armen ersten Dekade des Bundestages beanspruchen. Der Redner hieß Thomas Dehler. Er war eine der großen Gestalten jener Tage, ein mehr als nur mit einem Tropfen demokratischen Öls gesalbter streitbarer Urliberaler. Seine rednerische Begabung riss ihn allerdings von Zeit zu Zeit mit sich fort und ließ ihn Maß und Ziel vergessen. „Und da bin ich Hegelianer: In der Welt geschieht nichts, was nicht mit Leidenschaft gefühlt, gewollt, durchgesetzt wird, nicht mit Nüchternheit, wahrlich nein!" Den ob seiner „Sonntagsreden" besonders während der ersten Legislaturperiode gefürchteten Justizminister Dehler musste Adenauer vier Jahre lang aushalten; in der zweiten Hälfte des Jahrzehnts gab es mehr als einmal ein erbittertes Hauen und Stechen zwischen diesen beiden. Auch Theodor Heuss, der die Mitarbeit Dehlers im Parlamentarischen Rat hoch schätzte, wandte sich später wegen dessen riskanter Kapriolen mehr und mehr von ihm ab. Aber Dehlers Leistung bleibt bestehen. Er hat in den schwierigen Jahren des Anfangs die Neuordnung auf dem Gebiete des Rechts eingeleitet; alle bedeutenden Gesetzentwürfe auf diesem Gebiet – etwa der Gerichtsverfassung, der obersten Bundesgerichte, der Strafrechtsreform – tragen seine persönliche Handschrift. Mit besonderem Nachdruck setzte er sich immer gegen die Bestrebungen ein, die die Wiedereinführung der Todesstrafe zum Ziel hatten; die „Abschreckungswirkung ist zweifelhaft, der Sicherheitsgedanke vermag sie nicht zu rechtfertigen, die Gefahr von Justizirrtümern lässt sich nicht ausschalten. Da die Todesstrafe danach weder notwendig noch nützlich ist, sollte der Staat auf sie verzichten." In der umstrittenen Frage der Verjährung von NS-Verbrechen wandte er sich gegen Ausnahmerecht im Sinne einer uferlosen Verfolgung; dies entspreche nicht dem rechtspolitischen Sinn des Instituts der Verjährung. Der Saarpolitik

Konrad Adenauers setzte er erbitterten Widerstand entgegen und ließ es dabei auf eine „Zerreißprobe" (Adenauer) der Koalition ankommen; bei seiner Forderung nach einer Volksabstimmung an der Saar übersah er freilich, dass sie nur auf dem listigen Umweg zu bekommen war, den Adenauer eingeschlagen hatte – einschlagen musste.

Wenn Dehler in rednerischen Flammen stand – und er loderte oft –, waren Löschversuche verlorene Liebesmüh. Diese Erfahrung musste auch Bundestagspräsident Gerstenmaier machen, der sich die Geschäftsleitung nicht so leicht aus der Hand nehmen ließ. Des Öfteren, aber vergeblich versuchte er, auf Dehler während dessen Rede über das Stalin-Angebot mäßigend einzuwirken. Die Situation wurde noch dadurch verschärft, dass manche Mitglieder des Hauses weniger durch das, was er sagte, als vor allem dadurch, wie er seine Anklagen hinausschleuderte, in helle Aufregung versetzt wurden. Dehler beschwor einen Eklat herauf, als er die unmittelbar vor ihm sitzende Gruppe lauthals und anhaltend protestierender Zwischenrufer als „dieser ganze Haufe da" titulierte. Das Stenographische Protokoll weist aus, dass er wegen des über ihn hereinbrechenden stürmischen Unmuts nur noch unzusammenhängende Satzfetzen von sich geben konnte. Präsident Gerstenmaier, der sich endlich mit der ihm eigenen Stentorstimme Gehör verschafft hatte, befand, dass „der ganze Haufe da" für einen Ordnungsruf nicht ausreiche, es handle sich um eine „landläufig-burschikose Bezeichnung", die man nicht als Beleidigung ansehen könne. In der Tat, der Ton Dehlers ließ sich auch hier nicht vor Gericht stellen; aber die fast zynische Geringschätzung, die aus seinen Worten sprach, verursachte eine Eruption, bei der die Nadel der Bundestagslärmskala bedenklich im obersten Feld zitterte. Dehlers Rede riss einen Graben auf, der nie wieder ganz ausgefüllt wurde, und er wurde noch durch die ihr folgende Philippika Gustav Heinemanns über die – angeblich – verpasste Wiedervereinigung vertieft. Dessen Tonart war allerdings die des „kalten Schliffs" (Gerstenmaier), aber weder Dehlers Temperamentsausbrüche noch das eiskalte Plädoyer Heinemanns hatten auf Adenauer irgendeine sichtbare Wirkung. Er saß die ganze Nacht über regungslos auf seinem Sitz in der ersten Reihe des Plenums, und Beobachter der Szene mussten den Eindruck gewinnen, dass sein versteinerter Ausdruck mehr als nur eine Spur von Verachtung widerspiegelte.

Bot Stalin die Wiedervereinigung an?

Rede Dehlers am 28. Januar 1958 im Bundestag, Bonn, aus: DBT/3. WP / 9. / 28.1.1958 /384 D–399 C

[...]

Nun, ich will zu dem Entscheidenden kommen, was mir auf der Seele liegt.

(Zuruf von der Mitte: Wird aber Zeit! – Lachen und weitere Zurufe von der Mitte)

– Ach, glauben Sie, ich habe diese Aussprachen, wie sie heute wieder stattgefunden haben, bis hierher satt!

(Lachen und Zuruf von der Mitte: Wir auch!)

– Ach, da höre ich doch lieber auf?!

(Anhaltendes Lachen in der Mitte)

Nein, nein, so geht es nicht weiter. Seit 1950 immer dieselben Geschichten, dieselben Personen. Man kann sich ja wirklich beinahe gegenseitig nicht mehr hören. Man weiß, dann kommt der Herr Strauß usw. usw. Ja, meine Damen und Herren, glauben Sie, dadurch, daß wir fortgesetzt an den entscheidenden Dingen vorbeireden, machen wir in diesem Hause Politik?

Eines hat der Herr Bundeskanzler mir nie verziehen, nämlich das, was ich einmal auf unserem Oldenburger Parteitag im Jahre 1954 gesagt habe: Ein Volk, das sich nicht zu dem Ziel gemeinsamer Außenpolitik zusammenfindet, taugt politisch nichts. Ich habe gesagt: Da kann man natürlich den Kurt Schumacher beschuldigen, da kann man sagen, die Sozialdemokratie will nicht; aber am Ende trägt die geschichtliche Verantwortung der, der die Regierung führt. – Herr Dr. Adenauer hat mir das nicht verziehen. Ich halte den Vorwurf aufrecht.

(Zurufe von der Mitte)

Warum gibt es keine *gemeinsame Außenpolitik*? Herr Kiesinger hat heute das entscheidende Wort gesagt. Ach, er hat das natürlich in seiner bestrickenden Liebenswürdigkeit ganz anders gemeint. Er hat gesagt: Ihr lieben Sozialdemokraten, wir sind uns doch so einig; es ist doch nur ein Streit um die Methode. – Ist es nur ein Streit um die Methode? Sind wir uns alle einig in dem, was wir aktuell wollen?

Die *Einheit Deutschlands* angehen? Sie sagen: Sofort, selbstverständlich ohne ein Risiko unserer Freiheit. Ganz ohne Risiko wird es nicht gehen. Sind wir bereit, auch dieses Risiko zu tragen? Wollen wir zu diesem Zwecke alles unternehmen, was möglich ist, oder nicht?

Ich spreche darüber vor allem deswegen, meine Damen und Herren, weil diese Frage für meine Partei und mich schon in der Vergangenheit von großer Bedeutung war. Mein Bruch mit Dr. Adenauer beruht auf dieser Frage. Ich habe ihm nicht mehr geglaubt. Ich habe nicht mehr geglaubt, daß er das deutsche Ziel, die Wiedervereinigung, anstrebt.

(Zuruf von der Mitte: Und wir haben Sie nicht mehr ernst genommen!)

Meine Partei ist aus der Koalition herausgegangen, weil wir nicht mehr geglaubt haben, daß die CDU/CSU und die Bundesregierung die deutsche Einheit wollen.

(Zurufe von den Regierungsparteien)

Bis zum heutigen Tage noch bewegen uns diese Fragen und Zweifel. Das war und ist die Frage! Das liegt zwischen ihm und mir.

(Lachen in der Mitte)

Ich glaube ihm nicht.

Da gerade Herr Pferdmenges hinter Ihnen, Herr Bundeskanzler, sitzt: Sie wissen es vielleicht noch, es war für mich sehr eindrucksvoll. Wir haben damals – wann war das? im Herbst 1956, wir waren schon lange aus der Koalition ausgeschieden – erwogen, ob nicht aus bestimmten Gründen wieder ein Zusammenwirken möglich sei. Wir haben uns im Hause des Herrn Pferdmenges getroffen. In seiner sehr lockeren, überlegenen Art hat Dr. Adenauer dabei zu mir gesagt: Na also, Herr Dehler, wir wollen vergessen, was da alles vorgefallen ist! Aber eines hat mich schwer verletzt: daß Sie mir vorwerfen, ich wolle die Wiedervereinigung nicht. – Ich habe ihm geantwortet: Herr Bundeskanzler, Sie haben sich ein ganz bestimmtes Ziel gesetzt: diese Bundesrepublik, diese 50 Millionen Menschen zu Wohlfahrt zu bringen, ihnen Sicherheit zu geben. Das ist verständlich. Sie gehören einer anderen Generation an als ich. Mein Ziel ist ein anderes. – Er hat mir nicht mehr widersprochen. Aber darum geht es, meine Damen und Herren, und da kommt es nicht auf Alter und Generation an, sondern darauf, daß die uns vor der Geschichte jetzt aufgegebene Verantwortung getragen und die uns gestellte Aufgabe erfüllt wird.

Da muß ich nun ein klein wenig in die Vergangenheit zurückgehen. Wir handeln ja nicht nur aus der gegebenen Situation, sondern die gleichen Vorstellungen standen doch schon seit 1950 immer und immer wieder vor uns. Vieles wäre in einem kritischen Überblick hierzu zu sagen; ich will nur einige markante Ereignisse erwähnen.

Ich bedaure, Herr Kiesinger, daß ich Sie mitten im genußfrohen Gähnen stören muß.

(Abg. Kiesinger: Das ist leider nicht genußfroh!)

– Doch, Sie sahen sehr glücklich dabei aus, wie ein Kind vor dem Einschlafen.

(Heiterkeit)

Sie haben heute vormittag von dem Mythos gesprochen, den der Herr Sethe aufgerichtet hat von den Möglichkeiten des Jahres 1952, die außer acht gelassen worden sind usw. Meine Damen und Herren, ein Politiker, der nicht dauernd überdenkt, ob er nicht Fehler gemacht hat, der nicht zurückdenkt, der nicht beachtet, was ein anderer, der leidenschaftlich über diese Dinge nachdenkt, an Bedenken geltend macht, der ist fehl am Platze. Wenn wir überdenken, was wir 1952 ausgelassen haben!

(Abg. Stücklen: Da waren Sie noch Minister! Da waren Sie in der Regierung!)

– Ich erzähle Ihnen das genau, Herr Stücklen,

(Abg. Stücklen: Ja bitte!)

warten Sie nur, haben Sie nur Geduld, ich sage Ihnen genau, wie die Dinge waren.

Damals hatten wir ein *Angebot Stalins*, ein Jahr vor seinem Tod, am 10. März 1952. Man muß sich das wieder einmal in die Erinnerung zurückrufen, was dem deutschen Volke damals an Verhandlungsmöglichkeiten – mehr zu sagen wäre nicht zu verantworten – geboten war. Stalin hat uns damals angeboten: gesamtdeutsche freie Wahlen unter Viermächtekontrolle, Freiheit der Presse usw. usw., Friedensvertrag, Abzug aller Truppen innerhalb eines Jahres, nationale Bewaffnung des wiedervereinigten Deutschlands – von 300 000 Mann war die Rede –, eine Rüstungsproduktion für diese 300 000 Mann unter bestimmten Beschränkungen, keine Neutralisierung – nicht Neutralität war die Bedingung, sondern es war lediglich gefordert, daß Deutschland nicht in eine Militärallianz eintritt –,

(Abg. Stücklen: Da hatten wir ja gar keine!)

Einverständnis damit, daß eine gesamtdeutsche Regierung sofort, wenn sie gebildet ist, in Beziehungen zu allen anderen souveränen Völkern tritt.

Vom Abzug habe ich schon gesprochen. Was war damals die Gegenbedingung? *Verzicht auf EVG*! Das lag darinnen: Verzicht auf den Vertrag, der dann nach Jahr und Tag, am 30. August 1954, in der Französischen Nationalversammlung auf schändliche Weise vom Tisch gefegt wurde; man ging darüber zur Tagesordnung über. Hier hätte man eine Verhandlungsmöglichkeit gehabt.

(Abg. Stücklen: Was haben Sie getan, Herr Dehler? Sie waren in der Regierung!)

– Sie sind zu übereifrig, Herr Stücklen! Kümmern Sie sich um Ihre Post!

(Heiterkeit bei der F.D.P. und der SPD)

Ich sage es Ihnen: Der Herr Bundeskanzler – –

(Abg. Stücklen: Was haben Sie getan?)

– Schreien Sie nicht so; haben Sie doch Geduld! Ich weiche doch nicht aus. Ich war Mitglied des Kabinetts.

(Zurufe von der CDU/CSU: Na also!)

Der Herr Bundeskanzler hat uns damals erklärt: Das ist ein Störungsmanöver! – Genau das gleiche, was er heute erklärt. Ich habe ihm vertraut.

(Abg. Stücklen: Was haben Sie getan?)

– Ach Herr Stücklen, seien Sie doch – –

(Abg. Stücklen: Sie sind in der Regierung geblieben. Herr Dehler!)

– Ich bin in der Regierung geblieben. Ich schäme mich, ja!

(Beifall in der Mitte)

Ich beneide den Heinemann wegen seines Mutes.

(Lebhafter Beifall bei der SPD)

Aber Herr Heinemann, lieber Herr Stücklen, kannte seine Pappenheimer besser; er war ja in der CDU.

(Große Heiterkeit bei der SPD und der F.D.P.)

Ich war am Ende ein kleiner Mann, der glaubte, was dieser große, geniale Staatsmann uns sagt, sei richtig.

Aber das Entscheidende ist doch, daß sich erwiesen hat und daß jeder von Ihnen, selbst der Herr Stücklen, heute einsehen muß, was damals falsch gemacht, was geschadet worden ist. Wir wissen doch heute viel mehr. Wir haben inzwischen den 20. Bolschewistischen Kongreß erlebt, wir haben die Reden von Chruschtschow gelesen. Wir wissen jetzt, daß damals, im März 1952, Stalin innenpolitisch in einer verzweifelten Lage war. Das laste ich dem Herrn Bundeskanzler und den Westalliierten an. Damals war die Pause – die Pause, von der er uns heute etwas vorgaukelt –, die ihm geboten war, die er hätte benutzen müssen.

(Beifall bei der F.D.P. und der SPD)

Wir wissen heute, wie dieser so allmächtig erscheinende sowjetrussische Diktator in Wirklichkeit ein vereinsamter Mann war. Die Ärzteprozesse! Lesen Sie doch nach, was Chruschtschow gesagt hat! Er hat uns in dieser schwierigen inneren Lage,

(Zuruf von der CDU/CSU: Wer ist „Er"?)

um seine Schwierigkeiten nach außen abzulenken – gerade das, worauf Sie spekulieren –, diesen Vorschlag gemacht. Und was das Schlimme war: Man hat nicht einmal darüber debattiert; man hat nicht einmal versucht, ein Wort zu wechseln.

Das sage ich, ohne, so glaube ich, meine Pflicht zur Diskretion zu verletzen: daß die Haltung Dr. Adenauers auch für das Verhalten der drei Westmächte wesentlich war.

(Abg. Stücklen: In dieser entscheidenden Stunde haben Sie versagt!)

– Ich war nicht Außenminister, Herr Stücklen.

(Abg. Stücklen: Sie haben versagt, jawohl!)

– Versagt hat der, der die Verantwortung trug, der die Richtlinien der Politik gab.

(Erneuter Zuruf des Abg. Stücklen)

– Warten Sie doch erst einmal, welche Schlußfolgerung ich aus diesen Tatsachen ziehe, daß dieser Dr. Adenauer nicht nur versagte –

er war Bundeskanzler, er hatte die Richtlinien der Politik bestimmt –, sondern daß er uns auch nicht richtig ins Bild setzte, und ich frage Sie – deswegen sage ich es ja –: Welcher Wille stand dahinter?

Aber noch einmal etwas zu den Tatsachen. *Antwort der drei Westmächte* vom 25. März, maßgebend von Dr. Adenauer mitbestimmt: „Nicht zu billigen ist der sowjetische Vorschlag, Deutschland nationale Kräfte zu gewähren". – Meine Damen und Herren, stellen Sie sich einmal diese Illusion, nein, ich sage: diese Ironie der Situation vor. Die Sowjetunion bietet uns nationale Streitkräfte an, so wie wir sie heute auf Grund der Westeuropäischen Union und der Pariser Verträge haben, und die drei Westmächte lehnen dieses Angebot auf Veranlassung des Bundeskanzlers ab.

Aber ich will die ganze Geschichte nicht weiter verfolgen.

(Abg. Dr. Kliesing: Das ist nicht Geschichte, das ist Geschichtsklitterung, was Sie machen!)

– Herr Kliesing, was klittere ich? Bitte sagen Sie es mir! Sagen Sie mir, was ich klittere!

(Abg. Dr. Kliesing: Ihr Ziel ist hier heute abend eine neue Dolchstoßlegende! – Lebhafte Pfui-Rufe von der SPD) – Herr Kliesing, Sie sind ein Lügner!

(Pfui-Rufe von der CDU/CSU)

Sie sind ein Lügner! Sie machen mir den Vorwurf, ich klitterte, das heißt, ich stellte unwahre Behauptungen auf oder zöge bewußt unwahre Folgerungen. Dieser Vorwurf ist ungerechtfertigt, ist für mich beleidigend.

(Zuruf von der SPD: Sehr wahr! – Abg. Dr. Greve: Die Wahrheit ist Ihnen unangenehm, Herr Kliesing!)

In späteren Noten, die gewechselt worden sind, wieder die Erklärung der Sowjetunion: „Deutschland muß die zu seiner Verteidigung erforderlichen Streitkräfte haben." Dr. Adenauer hat es abgelehnt!

Nun mein Schluß aus diesem Tatbestand. Aber, Herr Stücklen, damit wir uns recht verstehen: Ich denke keinen Augenblick daran, meine Verantwortung, die ich damals trug, zu leugnen. Darum geht es doch nicht, sondern die Frage ist: Was damals beschlossen wurde – war es richtig, war es falsch? Welche Intentionen waren bei dem, der diese Entscheidung traf, maßgebend? Herr Stücklen, Sie sind ja jetzt Mitglied des Kabinetts. Ich weiß nicht, ob die Dinge sich geändert haben. Ich sage für das ganze Haus:

Dem Kabinett geht es um kein Haar besser als Ihnen, meine Damen und Herren.

(Heiterkeit bei der SPD)

Meine Erfahrung: Die eigentlichen Entscheidungen gehen wie am Parlament, so auch am Kabinett vorbei.

(Beifall bei der SPD)

Meine Schlußfolgerung aus dem, was damals geschah: Hier fehlte der Wille, das Mögliche zu tun, eine Chance zu ergreifen.

(Zuruf von der CDU/CSU: Das ist eine böse Entstellung!)

Das müssen Sie wissen. Da hat sich das Schicksal der Sibyllinischen Bücher wahrlich vollzogen. Von Jahr zu Jahr ist unsere Chance schlechter geworden. Und auch heute will die Bundesregierung die noch angebotenen letzten Bücher nicht ergreifen und nicht bezahlen.

Ich muß Ihnen natürlich auch ein bißchen aus meinen persönlichen Eindrücken erzählen. Ich war nicht mehr im Kabinett, da kam die *Berliner Konferenz*. Januar bis Februar 1954. Sehr wichtig! Was hat die Bundesregierung getan, damit etwas zustande kam? Ich will Ihnen nur eine Szene schildern. Ich bin damals im Auftrage meiner Fraktion nach Berlin gefahren. Beobachter bei dieser Konferenz war der jetzige Botschafter Blankenhorn. Er empfing mich mit den Worten: „Herr Dehler, Sie brauchen keine Angst zu haben; es kommt nichts zustande."

(Hört! Hört! bei der SPD)

Der Herr Bundeskanzler hat hinterher gesagt: „Da war nichts auszuhandeln, und da ist nichts einzuhandeln." Auch hochinteressant, was der Herr Bundeskanzler nach der Berliner Konferenz sagt! Es zeigt, welcher Geist, welcher Wille in ihm stecken: „Es ist nichts auszuhandeln und nichts einzuhandeln." „Die europäische Integration ist notwendiger denn je." „Ich bin bereit, die Einführung einer gemeinsamen deutsch-französischen Staatsbürgerschaft zu erwägen." – Das sind die Vorstellungen, in denen sich der Herr Bundeskanzler bewegt.

Was war die Folge der Berliner Konferenz, meine Damen und Herren? Die Folge, unter der wir leiden: die Erklärung der Sowjetunion, daß sie in Zukunft die Deutsche Demokratische Republik als souveränen Staat anerkennen werde. Das war die Konsequenz davon, daß wir, Herr Bundeskanzler, unsere Pflicht nicht erfüllten. Den Zustand haben wir mit verschuldet.

(Zuruf von der CDU/CSU: Unerhört!)

– „Unerhört!", sagen Sie. Bitterste Tatsache! Ich sage Ihnen doch nur, was geschehen ist, auch als Folge unseres Versagens.

Nur einige Tatsachen noch. Die Bindungsklausel! Wenn Sie erkennen wollen, was im Herzen dieses Mannes, der die deutsche Politik bestimmt, vorgeht, dann müssen Sie sich die Geschichte der *Bindungsklausel* vergegenwärtigen. Sie wissen, worum es geht. Im ursprünglichen *Deutschland-Vertrag* vom 26. Mai 1952 war vorgesehen: Bindung eines wiedervereinigten Deutschland an die Verträge. Professor Greve hat es einmal so umschrieben, daß diese ursprünglich vorgesehene Fassung auf eine automatische Bindung des wiedervereinigten Deutschlands an die Bonner Verträge sowie an die europäischen Integrationsverträge abzielte. Diese Bindungsklausel hat der Herr Bundeskanzler damals mit den Alliierten ausgehandelt. In letzter Stunde haben wir uns dagegen gestemmt. Sie wissen, was diese Bindungsklausel bedeutet hätte. Wenn im Falle einer Wiedervereinigung Mitteldeutschland ohne weiteres in sämtliche vertraglichen Verpflichtungen, damals die Europäische Verteidigungsgemeinschaft, in sämtliche Europaverträge eingetreten wäre, hätte die Sowjetunion niemals zustimmen können, die Zone freizugeben. Das ist selbstverständlich.

Der Herr Bundeskanzler hat diese Bindungsklausel, die die deutsche Wiedervereinigung unmöglich machte, gewollt.

(Abg. Huth: Unverschämtheit ist das!)

– Wie können Sie sagen „Unverschämtheit"?

(Beifall bei der SPD – Pfui-Rufe bei der CDU/CSU – Weitere Zurufe)

Dann sagen Sie wieder einmal, ich klittere. Das sind doch Tatsachen! Der Herr Bundeskanzler regt sich nicht so auf. Das ist sein Wille!

(Oho-Rufe bei der CDU/CSU – Beifall bei der SPD)

Er weiß, daß ich die Wahrheit sage.

(Lachen und Zurufe bei der CDU/CSU)

Ich rechne es mir, ich rechne es uns Freien Demokraten als ein geschichtliches Verdienst an, daß wir uns damals dagegen gewandt haben. Herr von Brentano war damals Vorsitzender der CDU/

CSU-Fraktion und ist in sehr loyaler und sehr kluger Weise – damals war er noch nicht im Joche des Kabinetts –

(Heiterkeit)

mit uns gegangen. Wir haben gemeinsam den Herrn Bundeskanzler bedrängt, auf diese Bindungsklausel zu verzichten. Er hat es abgelehnt; er hat es nicht getan.

Daraufhin sind wir – Herr von Brentano war dabei – unmittelbar an den damals schon anwesenden amerikanischen Staatssekretär Dean Acheson herangetreten, und, meine Damen und Herren, in kürzester Zeit – bitte, fragen Sie Herrn von Brentano – hat Dean Acheson gesagt: „Na selbstverständlich, gar keine Frage für uns!" Wir haben dann eine Formulierung gefunden, die er aus dem Handgelenk geschüttelt hat, die diese Bindungsklausel aufgehoben hat. Der Herr Bundeskanzler hat – Sie wissen ja, er ist ein Jupiter tonans –

(Heiterkeit)

noch monatelang den Beteiligten, auch Herrn von Brentano, besonders auch Herrn Blücher deswegen gezürnt. Nun gibt es etwas sehr Interessantes.

(Lachen und Rufe: Aha! bei der CDU/CSU)

Es gibt wunderbare Zusammenhänge, die es rechtfertigen, wenn ich sage, diese Bindungsklausel ist von ihm und nicht von den Westalliierten gewollt gewesen.

(Hört! Hört! bei der SPD)

Auch hier ist Herr von Brentano Zeuge. Er hat ja – wann war es? – am 29. Juli eine *Berliner Erklärung* der Vertreter der Vereinigten Staaten, des Vereinigten Königreichs, Frankreichs und der Bundesrepublik zur Frage der Wiedervereinigung abgegeben, eine schöne Deklamation, Makulatur, an sich längst in den Papierkorb gewandert. Wer glaubt, daß man so die Welt bewegen könnte, – was ist er für ein Illusionist! Aber da steht in Ziffer 8:

> Die Westmächte haben nie verlangt, daß ein wiedervereinigtes Deutschland der Organisation des Nordatlantikvertrages beitreten muß; die Bevölkerung eines wiedervereinigten Deutschlands wird durch ihre frei gewählte Regierung selbst bestimmen können, ob sie an den Rechten und Pflichten dieses Vertrages teilhaben will.

Das erklären die Westalliierten: Sie haben es niemals verlangt. Es stand aber in dem Vertrag. Wer hat es also verlangt? Ein Mann, Konrad Adenauer!

(Beifall bei der F.D.P. und SPD. – Zurufe von der CDU/CSU)

Ich sage es Ihnen, damit Sie wissen, was ich will. Es kommt doch nicht auf schöne Reden an. Der Mann der schönen Rede, Herr Kiesinger, ist schon geflüchtet, er war doch sehr müde von den Strapazen. Nein, nicht auf die Rede kommt es an. Hier, Herr Bundeskanzler Dr. Konrad Adenauer, haben Sie bewiesen, daß Sie alles taten, um die Wiedervereinigung zu verhindern.

(Abg. Stücklen: In Bamberg haben Sie gesagt, Adenauer sei ein Geschenk Gottes an das deutsche Volk!)

– Da war ich noch der gläubige Thomas!

(Lachen bei der CDU/CSU)

Herr Stücklen, stellen Sie sich einmal vor, was geschehen sein muß, daß ich, ein gläubiger Mann, ein Mann, der ihm auch vertraute, so erschüttert wurde, daß eine Welt zwischen ihm und mir liegt. Was mußte hier geschehen, daß es zu den Erkenntnissen führte, die ich unter Schmerzen gesammelt habe! Deswegen sollten Sie es mit ein bißchen Respekt anhören, meine Damen und Herren!

(Beifall bei der F.D.P. und der SPD – Zurufe von der CDU/CSU)

Der Herr Bundeskanzler ist ja ein, – – ach, er ist nicht nur ein charmanter Mann, er kann ja jonglieren, er kann heute das und er kann morgen jenes sagen mit einer Sicherheit, und wenn er dann die Stimme ein bißchen erhebt, – – dieser ganze Haufen da, – – er kann sagen, was er will, eine Oktave höher, – –

(Lebhafte Zustimmung und Beifall bei der F.D.P. und der SPD – Stürmische Zurufe und Lachen bei der CDU/CSU)

Ich will es Ihnen ja beweisen, – –

(Anhaltende lebhafte Zurufe von der CDU/CSU: Unerhört! Aufhören! – – Glocke des Präsidenten)

Präsident D. Dr. Gerstenmaier: Einen Augenblick!

(Anhaltende große Unruhe. – Glocke des Präsidenten)

– Einen Augenblick! Es ist mir völlig unmöglich, festzustellen, was gesagt worden ist, total unmöglich.

(Anhaltende lebhafte Zurufe)

Meine Damen und Herren, der Bundestagspräsident kann nur gegen etwas vorgehen, was er selber hört oder was er aus dem Protokoll entnimmt. Ich stelle fest, daß ich einfach nichts verstehen konnte.

Dr. Dehler (F.D.P.): Ich habe keinen beleidigenden Ausdruck gebraucht.

(Zurufe von der Mitte: Selbstverständlich! – Weitere lebhafte Zurufe von der CDU/CSU)

– Wer hat soeben gesagt: „unverfroren"?

Präsident D. Dr. Gerstenmaier: Herr Abgeordneter Dehler, ...

Dr. Dehler (F.D.P.): Wer hat soeben gesagt: „Narrenfreiheit"?

Präsident D. Dr. Gerstenmaier: Herr Abgeordneter Dehler, lassen Sie mich bitte ausreden. Ich werde im Stenogramm feststellen, worum es sich gehandelt hat.

Aber Herr Abgeordneter Dr. Dehler, ich möchte Sie doch dringend bitten, zum Schluß zu kommen. Wir haben noch immer eine Reihe von Rednern, und wir haben beschlossen, diese Tagesordnung heute zu erledigen. Ich darf deshalb bitten, zum Schluß zu kommen. Die Debatte – –

(Zuruf: Die Debatte geht weiter! – Abg. Wehner: Abgewürgt wird sie nicht! – Weitere Zurufe von der SPD)

– Einen Augenblick! Herr Abgeordneter Wehner, wollen Sie mir unterstellen, daß ich hier die Debatte abzuwürgen versuche?

(Abg. Wehner: Ich habe gesagt: Sie wird nicht abgewürgt!)

– Erstens wird sie nicht abgewürgt, aber nicht nach Ihrer Weisung! Wenn das eine Rüge sein soll, dann rufe ich Sie zur Ordnung; ich lasse mich hier nicht rügen.

(Abg. Wehner: Das können Sie sich ersparen!)

– Herr Abgeordneter Wehner, ich warne Sie. Ich lasse hier den Präsidenten nicht rügen. Das kommt Ihnen nicht zu!

Herr Dr. Dehler, ich muß Sie noch einmal dringend bitten, zum Schluß zu kommen. Fahren Sie bitte fort!

(Abg. Wehner: Mitternächtliche Provokationen! – Weitere Zurufe von der SPD)

Dr. Dehler (F.D.P.): Ich bin mitten in meinen Ausführungen, die mir wichtig sind. Ich will einen schweren Vorwurf begründen. Aber bitte, meine Damen und Herren: Ich habe den Vorwurf erhoben, daß die Behauptung des Herrn Kiesinger, es gehe nur um einen Streit über die Methode, falsch ist. Es geht um einen Streit in der Sache. Ich habe einen Vorwurf gegen die Bundesregierung erhoben, wie er schwerer gar nicht sein kann und den ich nicht erheben würde, wenn ich nicht in tiefstem Herzen überzeugt wäre, daß er berechtigt ist. Ob Sie es anhören oder nicht, der Vorwurf steht in der Welt.

Ich habe gesagt: Der Herr *Bundeskanzler* hat in ganz entscheidenden Fragen widerstreitende Angaben gemacht. Mein Freund Mende hat heute früh schon einen *Brief* zitiert, den der Herr Bundeskanzler damals auf dem Höhepunkt der Krisis zwischen ihm und mir und meiner Partei an mich geschrieben hatte, in der wir da gezwungen werden sollten, klein beizugeben und keine eigene Meinung mehr zu haben. Es ging ja gerade um diese Frage. Da schrieb er also am *22. November 1955*:

> Steht die *Bundestagsfraktion der F.D.P.* wie bisher auf dem Boden der Pariser Verträge, und zwar ohne Änderung? Von den Westmächten und den NATO-Mächten eine Änderung der Pariser Verträge zu verlangen, die Deutschland nach seiner Wiedervereinigung volle Freiheit geben, ob und wem es sich anschließen will, ist zwecklos und nur dazu geeignet, die ablehnende Haltung Sowjetrußlands zu stärken.

Also klarer Standpunkt des Herrn Bundeskanzlers: Bindung besteht; es gibt keine Entscheidungsfreiheit, sondern das wiedervereinigte Deutschland ist an die Bündnisse und Verträge der Bundesrepublik gebunden. Das sagte er in diesem Schreiben.

Am 5. November 1957 – ich glaube, der Herr Kollege Erler hat damals eine Frage an den Herrn Bundeskanzler gestellt – antwortete er in diesem Hause: „Es steht für mich fest, daß nach den Pariser Verträgen das wiedervereinigte Deutschland frei ist, seine Position selbst zu bestimmen."

(Hört! Hört! bei der SPD – Zuruf von der CDU/CSU: Das stimmt ja!)

So fahrlässig wird hier in den entscheidenden Fragen unserer Nation Politik getrieben, daß es möglich ist, daß in dieser entscheidenden Frage völlig widersprechende Erklärungen abgegeben werden!

Meine These ist: Man will nicht das Notwendige zur deutschen Wiedervereinigung tun. Gibt es einen besseren Beleg als die *Saarfrage*?

(Beifall bei der F.D.P. und der SPD)

Ich könnte viel erzählen. Diese erste Möglichkeit der deutschen Wiedervereinigung hat Dr. Adenauer, unser Bundeskanzler, mit allen Mitteln zu verhindern versucht.

(Beifall bei der F.D.P. und der SPD – Lebhafter Widerspruch und Pfui-Rufe bei der CDU/CSU – Abg. Dr. Hellwig: Sie haben die Saar beschimpft!)

– Sie haben die Saar beschimpft! Ich habe sie nicht beschimpft, sondern ich habe die Menschen an der Saar angerührt. Ich zeige Ihnen Hunderte von Briefen, die ich habe, in denen sie mir begeistert – –

(Fortgesetzte Zurufe von der CDU/CSU – Erregte Zurufe des Abg. Dr. Hellwig)

– Ach, das ist ja nicht wahr, was da behauptet wird. Ich habe die Menschen an der Saar in ihrer nationalen Verantwortung getroffen. So sind die Dinge!

(Weitere Zurufe von der CDU/CSU)

– Jetzt lassen Sie doch mal Ihr dummes Händewinken!

(Beifall bei der F.D.P. und der SPD)

Genfer Konferenz! Der *Eden-Plan* der Gipfelkonferenz, der sich selbstverständlich, Herr Bundesaußenminister, auf die *Wiedervereinigung* und vor allem auf die Wiedervereinigung bezog, ist bei der Außenministerkonferenz im Herbst 1955 unter den Tisch gefallen. Warum ist er unter den Tisch gefallen? Mein Freund Mende hat es in der Sitzung dieses Hohen Hauses vom 6. Juli 1956 schon erwähnt. Er hat berichtet, daß bei dem englisch-deutschen Gespräch in Königswinter im Jahre 1956 drei britische Unterhausabgeordnete – teilweise Minister, Elliot, Robins und Richard Crossman –, erklärt haben, daß die Zurückziehung des Eden-Plans ausschließlich auf den deutschen Bundeskanzler zurückging. Man stelle sich vor, ein ausländischer Regierungschef, der damalige Ministerpräsident Eden, kommt auf die Gipfelkonferenz in Genf und entwickelt einen ausgezeichneten Plan, einen Plan, der unseren Vorschlägen entsprach: selbstverständlich entmilitarisierte oder entschärfte, militärisch verdünnte Zone; selbstverständlich die beiden Militärblöcke auseinander – genau das, was heute von meinem Freund Mende gesagt worden ist –, ein Sicherheitsabkommen, dem gegenseitig – anders geht es doch gar nicht – die USA und die Sowjetunion beitreten. Das hat ein ausländischer Staatsmann vorgeschlagen. Der deutsche Bundeskanzler hat veranlaßt, daß dieser Plan, der eine echte Chance hatte, zurückgezogen wurde!

(Zurufe von der SPD: Unerhört!)

Glauben Sie noch, daß dieser Mann den Willen hat, die deutsche Einheit herbeizuführen?

(Beifall bei der F.D.P. und der SPD – Lebhafte Zurufe von der CDU/CSU: Unerhört! Pfui!)

– Unerhört? Ich will Ihnen einmal etwas sagen: ich war auf der zweiten Genfer Konferenz. Meine Damen und Herren, ich will Ihnen einmal die Tatsachen erzählen, damit Sie wissen, was gespielt wird. Sie haben doch keine Ahnung, was in Wirklichkeit vorgeht. Woher können Sie das denn haben?

(Fortgesetzte Zurufe von der CDU/CSU)

– Das könnte Ihnen so gefallen, weil Sie die Wahrheit nicht ertragen können!

(Beifall bei der F.D.P. und der SPD)

Ich will Ihnen ein persönliches Erlebnis von der zweiten *Genfer Konferenz*, von der Außenministerkonferenz im *Herbst 1955* erzählen. Ich bin damals zufällig mit Herrn von Brentano nach Genf gefahren. Vorher war die Reise des Bundeskanzlers mit einigen Abgeordneten nach *Moskau* gewesen. Dort ist der Beschluß gefaßt worden, *diplomatische Beziehungen* aufzunehmen. Der Herr von Brentano hat damals mit allen Außenministern der drei Westmächte – Macmillan, Antoine Pinay und Mr. Dulles – Gespräche geführt; mit Molotow, mit dem Außenminister, mit dem man diplomatische Beziehungen aufzunehmen beschlossen hatte, ist er nicht zusammengetroffen.

Glauben Sie, das ist eine Politik, hinter der der Wille zur Wiedervereinigung steht? Man hat damals die diplomatischen Beziehungen aufgenommen, doch nicht in dem Willen, sie zu nützen! Eine Ironie, wenn der Herr Bundeskanzler plötzlich in Paris entdeckt, daß man auch diplomatisch sprechen kann. Seit Juli 1955 diplomatische Beziehungen mit Moskau, und ein ernsthaftes Gespräch ist weder in Moskau durch den Botschafter Haas noch hier mit Sorin oder mit Smirnow geführt worden. Kein Gespräch fand statt, in dem man den Russen nahezubringen versuchte, was unser Anliegen ist, in dem man den russischen Willen zu beeinflussen versuchte, kein einziges.

Was sagte Herr Sorin unseren Freunden Frau Dr. Lüders und Dr. Mende? „Die Bundesregierung will ja nicht mit uns sprechen, die Bundesregierung will boxen. Boxen lassen wir mit uns nicht."

Und er zog ab, immerhin doch nicht der erste beste, sondern der Mann, der dann in London die Abrüstungsverhandlungen für die Sowjetunion führte.

Man hat bis heute Rußland niemals ein Konzept, niemals einen politischen Vorschlag vorgelegt, sondern man treibt Politik der Stärke, jetzt Politik der atomaren Raketen.

Die *Europapolitik*, meine Damen und Herren! Herr Strauß, ich würde ja gern mit Ihnen einmal die Hintergründe beleuchten. Daß diese Talmi-Europapolitik in Wirklichkeit nicht konstruktiv ist, wer hier zweifelt noch daran? Die EVG, an sich schon an den Franzosen gescheitert. Montanunion! Glauben Sie, die Montanunion hat wirtschaftlich irgendeinen Sinn gehabt oder hat gar ein europäisches Gefühl entstehen lassen? Glauben Sie, die anderen Verträge – wir haben sie bekämpft – führen zu Europa? Nein, sie führen noch einmal zur Aufspaltung von Europa. Aber für diese Bundesregierung war dieses Europa – mein Freund Reinhold Maier hat durchaus recht – doch nichts als ein Alibi. Bei jeder Gelegenheit, wenn eine politische Schwierigkeit kam, sagte man: Aber wir schaffen jetzt Europa, und wenn wir Europa geschaffen haben – in Wirklichkeit diese kleine Gruppe, dieses Sechstel von Europa –, dann kommt die Wiedervereinigung automatisch.

Was steckt denn hinter dem Ganzen, meine Damen und Herren? Was steckt denn hinter Ihrer Politik? Was wollen sie denn in Wirklichkeit? Wohin geht sie hinaus? Ich will einmal von dem Dilettantismus ganz absehen, von dem, was wir heute schon erlebt haben, diesen Glauben, es komme eine Pause, die man benützen könnte. Eine Zeitlang gab es im Kabinett einen großen Politiker, den Herrn Oberländer.

(Lachen bei der SPD.)

Er sagte dem Herrn Bundeskanzler, als er die Weisheit Starlingers erfuhr: Warten Sie nur, der Druck der Chinesen auf die Russen ist so stark, daß sie nachgeben müssen.

(Lachen bei der F.D.P. und SPD)

Mit solchem Dilettantismus werden die Schicksalsfragen des deutschen Volkes behandelt! So sind doch die Dinge.

(Beifall bei der F.D.P. und SPD – Gegenrufe von der Mitte)

Was steckt denn hinter dem Ganzen? Meine Damen und Herren, verkleinern Sie das Fuldaer Manifest – so heißt es doch – nicht,

Fulda ist bedeutend für jeden Katholiken. Es sind immerhin doch auch Personen aus diesem Hause, die es unterzeichnet haben. Daß manche zu klug waren, es zu unterzeichnen, ist auch verständlich. Dieses *Fuldaer Manifest* ist der Geist, der hinter Ihnen steckt.

(Zurufe von der CDU/CSU)

– Viele von Ihnen, meine Damen und Herren, sind nur nicht hellsichtig genug, das zu erkennen.

(Lebhafter Beifall bei der F.D.P. und SPD)

Ich will Ihnen noch etwas anderes erzählen. Die Welt ist ja kurios. Ich habe jetzt in Bayern einen Koalitionsfreund oder, wie will ich sagen, einen Koalitionskollegen, das ist Alois Hundhammer.

(Heiterkeit bei der SPD)

– So merkwürdig ist das Leben. – Der hat am Dreikönigstage in meiner Bamberger Heimat gesprochen – immerhin aktiver Minister, sitzt im Bundesrat –, und er hat folgendes gesagt: „Christ und Antichrist stehen sich augenblicklich stärker gegenüber als jemals in der Geschichte." – Christ und Antichrist! –

Der Glaube, man könnte eine Lösung dahin suchen, sich mit den Sowjets an einen Tisch zu setzen, der ist natürlich völlig verfehlt. Wer sich mit den Russen arrangieren will, ist irrgläubig; den muß man bekehren. Von den Russen werden solche Leute so behandelt, wie es der italienische Kommunist Togliatti gesagt hat: „Das sind nützliche Idioten."

Immerhin, ein aktiver Minister, aus Ihren Kreisen!

Aber, meine Damen und Herren, ich erinnere mich, daß einmal der Präsident der Vereinigten Staaten – es war am Beginn seiner Tätigkeit – davon sprach: „Die Heere Gottes und des Teufels stehen sich gegenüber." Das ist ein Geist, den Herr Dr. Adenauer maßgebend mit geschaffen hat in vielen, vielen Reden: Es geht um die ideologische Auseinandersetzung, den Kampf zwischen Christentum und Bolschewismus, zwischen Christ und Antichrist. – Wer so spricht – das ist die Schlußfolgerung, die ich ziehe –, will keine Politik. Er will sie nicht, er geht ihr aus dem Wege. Er sagt: Diese Menschen drüben sind Verbrecher, Gangster! – Wir haben es doch hier gehört. Ich weiß nicht, wer sich alles beteiligt hat; einige von ihnen sind in Formosa. So wurde gesagt: Mit denen kann man nicht verhandeln, die sind des Teufels. Was sind die Schlußfolgerungen? Keine Politik! Am Ende der Kreuzzug! Das steht hinter Ihrer Politik!

Ich muß noch einmal erwähnen, was im *„Neuen Abendland"*, in der zweiten Nummer des letzten Jahres, mit Wirkung auf die Wahl gesagt worden ist. Das ist ja nicht gleichgültig, was da geschrieben worden ist. Der Herr *Bundeskanzler* hat ein Vorwort zu dieser Nummer geschrieben, hat mit seinem Namen als Bundeskanzler und als Chef der CDU diese Nummer gedeckt, in dieser Nummer – Sie wissen es sicherlich noch –, in der gesagt wird: Dieses Gerede von der Wiedervereinigung. – Wie von einem Tabu! Es ist die Nummer, in der das Bestreben nach der deutschen Einheit lächerlich gemacht und herabgesetzt wird, in der ein ganz anderes Ideal aufgerichtet wird – und der Herr Bundeskanzler setzt seinen Namen davor! –: Es ist das Ideal, daß diese Bundesrepublik die Lösung ist, daß sie uns gerade recht ist, diese katholisch bestimmte und gebundene Bundesrepublik!

(Lebhafter Beifall bei der SPD und Abgeordneten der F.D.P. – Zurufe und Lachen bei den Regierungsparteien) –

Das ist es gewesen; lesen Sie es nach!

Das führt mich zu dem Schluß, zu sagen: hier geht es nicht um die Methode, hier geht es um die Sache; sie ist nicht die unsere.

(Beifall bei der SPD und bei Abgeordneten der F.D.P.)

Ich will noch ein Wort zum Abschluß sagen, aber auch ein sehr hartes Wort.

(Abg. Dr. Hellwig: Eine schlechte Wahlrede!)

In dem Entwurf der Regierungserklärung – ich weiß nicht, ob der Herr Bundesaußenminister diesen Passus so verlesen hat – heißt es:

Die Bundesregierung ist durch die eindeutige Entscheidung des deutschen Volkes vom 15. September gebunden und verpflichtet, und sie wird sich dieser Verpflichtung nicht entziehen.

Wie gesagt, ich weiß nicht, ob der Herr Außenminister es noch so vorgelesen hat. – Ja, der Herr Kiesinger hat es aufgenommen und hat erklärt, die *Wahl* habe der Bundesregierung eine *außenpolitische Weisung* gegeben, in dieser Wahl sei die außenpolitische Richtung der Bundesregierung bestätigt worden. Ich bestreite das nachdrücklich, nachdrücklich, meine Damen und Herren! Man muß sich vergegenwärtigen, wie diese Mehrheit hier zustande gekommen ist. Ich weiß wahrlich nicht, meine Damen und Herren, ob Sie stolz darauf sein sollten. Sie werden eines Tages die geschichtliche Verantwortung fühlen, die diese Mehrheitswahl Ihnen auflastet. Diese

Mehrheit ist nicht mit guten Mitteln erreicht worden. Das muß man schon sagen, wenn man überhaupt noch den Glauben haben kann, daß hier ein anständiger, sauberer, von einem klaren Willen der Staatsbürger getragener Staat, eine lebenskräftige Demokratie entstehen kann. Dieser Wahlsieg ist nicht mit guten Mitteln erstritten worden.

(Zuruf von der CDU/CSU: Von Ihrer Seite!)

Man hat heilige Gefühle für politische Zwecke verwendet: das Christentum, die Religion; Bamberger Rede, Nürnberger Rede. Es geht um *Christentum* oder *Politik*. Ich weiß nicht, ob sich das so fortsetzen soll, wie es jetzt immer war, daß die Kanzel für politische Zwecke mißbraucht wird. Es ist in massiver Weise geschehen. In der Woche vor der Wahl haben die Bischöfe ihre geistliche Autorität dafür eingesetzt, daß eine Partei gewählt wird.

(Unruhe bei der CDU/CSU)

Und die vielen anderen Reden! Wie können Sie behaupten, diese Wahl sei eine Entscheidung unseres Volkes für eine politische Sache gewesen?! Sie war doch das Gegenteil. Sie haben doch verhindert, daß unser Volk sich gerade über die außenpolitischen Dinge auch nur Gedanken gemacht hat!

(Widerspruch bei der CDU/CSU – Beifall bei der SPD und bei Abgeordneten rechts)

Sie haben unser Volk von der politischen Entscheidung weggeführt. So gewinnt man Wahlen, aber man verliert die Demokratie.

(Lebhafter Beifall bei der FDP und bei der SPD – Anhaltende stürmische Pfui-Rufe von der Mitte)

Zuchtmeister:
HERBERT WEHNER
1906–1990

aus Dresden, Industriekaufmann, Journalist, 1927 bis 1942 Mitglied der KPD, 1930 bis 1931 MdL (Dresden), stellvertretender Vorsitzender der KPD-Fraktion, 1932 Mitarbeiter Ernst Thälmanns. Von 1933 an Kampf gegen die NS-Herrschaft, verfolgt, 1935 Emigration, im Ausland wegen des Widerstands gegen das NS-Regime mehrfach verhaftet. 1937 in Moskau, seit 1942 in Schweden, Ausschluss aus der KPD, Viskose-Arbeiter, später wissenschaftlicher Hilfsarbeiter. 1946 Rückkehr nach Deutschland, Redakteur in Hamburg, Mitglied der SPD. MdB (SPD) 1949 bis 1983, Vorsitzender des Ausschusses für gesamtdeutsche Fragen 1949 bis 1966, 1966 bis 1969 Bundesminister für gesamtdeutsche Fragen, 1958 stellvertretender Vorsitzender der SPD-Fraktion, 1969 bis 1983 Vorsitzender. In den 50er-Jahren Tätigkeit in der Gefangenenkommission der Vereinten Nationen.

Die vielen Dinge, die du tief versiegelt,
durch deine Tage trägst in dir allein,
die du auch im Gespräche nie entriegelt,
in keinen Brief und Blick sie ließest ein, ...

Benn

Wenn je ein rhetorisches Ereignis die Republik bewegte, dann Herbert Wehners Aufsehen erregende Rede vom 30. Juni 1960. Eine der großen Tageszeitungen schrieb damals, „ob die Rede und die darin vertretenen Vorstellungen fortwirkende politische Gestaltungskraft haben werden, kann nur die Zukunft klären." – Diese Klärung ist inzwischen erfolgt, und die „fortwirkende Gestaltungskraft" der Rede erstreckte sich über mehrere Jahrzehnte und hat die deutsche Politik in einer Weise verändert, wie dies noch in der Mitte der 50er-Jahre nicht vorstellbar war. Aber zunächst einmal trauten viele Abgeordnete der Regierungsparteien ihren Ohren nicht, und auch manches Mitglied der SPD-Fraktion mag sich mehr als unbehaglich auf seinem Platz gefühlt haben, als ihr Sprecher im Plenum des Bundestages klipp und klar erklärte: „Wir bejahen die Landesverteidigung." Waren nicht erst acht oder neun Jahre vergangen, seit die Sozialdemokratische Partei Deutschlands zu einer „Volksbewegung" gegen die Wiederbewaffnung, von einem ehrwürdigen Ort aus, der Frankfurter Paulskirche, aufgerufen hatte? Korrigierte die Partei tatsächlich die „Fehlentscheidungen Schumachers aus den Jahren 1949/50", wie Eugen Gerstenmaier meint? Ist es kein „Umschwenken auf die Linie des politischen Gegners, wenn man die unvermeidlich gewordenen Konsequenzen aus dem durch seine Politik mitverschuldeten neuen Stand der Dinge zieht" (Carlo Schmid)? Helmut Schmidt, auch hier abseits jeder Rabulistik, hat die eingängigste Formel für dieses eine fundamentale Wende in der Geschichte der Bundesrepublik bezeichnende Ereignis gefunden: „Die deutsche Sozialdemokratie hat es für notwendig gehalten, ihre Politik auf den Boden der Tatsachen zu stellen."

Aber es war ein weiter Weg bis dahin. Unbarmherzig, kompromisslos, oft missionarisch eifernd hatte Kurt Schumacher den politischen Weg seiner Partei zu Beginn der 50er-Jahre vorgezeichnet, und er behielt bis zum Ende des Jahrzehnts dogmatische Gesetzeskraft: Alles, was der seinerzeit noch für möglich gehaltenen Wiedervereinigung Abbruch tun konnte, war des Teufels, und dazu gehörten Wiederbewaffnung und Westintegration in gleicher Weise. Aber sein großer Gegenspieler Konrad Adenauer hatte sich, um mit Schmidt zu sprechen, schon weit früher „auf den Boden der Tatsachen" gestellt, und ob er damit ein „Verschulden" (Schmid) auf sich geladen hat, kann dem Urteil der Geschichte überlassen bleiben. Für Herbert Wehner, den am schwersten zu durchschauenden Strategen der Bonner Szene, ging es vor bald 30 Jahren nur um eines, nämlich die Regierungsfähigkeit seiner Partei glaubwürdig zu machen, die Adenauer in der von ihm nicht selten beliebten Grobzeichnung („Die SPD ist der Untergang Deutschlands") unter gar keinen Umständen als gegeben ansah. Ein erstes und unverkennbares Vorzeichen des Einschwenkens auf die Linie der Regierungspolitik wurde am 4. Juli 1957 sichtbar, als die SPD den Verträgen zur Gründung der Europäischen Wirtschaftsgemeinschaft und der Europäischen Atomgemeinschaft zustimmte; den Beitritt zum Europarat und zur Montanunion hatte sie, im Zeichen der Schumacher-Doktrin, schroff abgelehnt. Einen grundlegenden Beitrag zum Abbau der bestehenden Vorurteile – „die Außenpolitik der SPD ist unzuverlässig" – und zur Überwindung des Schocks der Bundestagswahl im Jahr 1957, bei der die CDU/CSU die absolute Mehrheit erreichte, leistete jedoch das Godesberger Programm der SPD von 1959 mit seiner an den Realitäten orientierten Wandlung der Partei von einer Klassen- zu seiner Volkspartei. Ein weiteres Hindernis auf dem Weg zur Regierungsfähigkeit bildete der so genannte Deutschlandplan der SPD. Es war ein ehrenwerter, aber untauglicher Versuch, die Stagnation der Wiedervereinigungspolitik zu überwinden. Rückblickend ist daran bemerkenswert, dass die Autoren Wehner, Erler und Schmid als erste Phase eines „Stufenplans zur Wiedervereinigung" die Entsendung von Beauftragten beider deutscher Regierungen zu einer gesamtdeutschen Konferenz „auf der Grundlage der Parität" vorsahen. Damit war die bis dahin vielfach und feierlich bekräftigte erste Stufe einer jeden Wiedervereinigungspolitik, freie Wahlen in der „Sowjetischen Besatzungszone", aufgegeben, und die „Grundlage der Parität" weist auf eine Entwicklung hin, die zehn Jahre später im Grundlagenvertrag mit der DDR ihren Abschluss fand. Diesen Deutschland-Plan warf Herbert Wehner kurzerhand in den Papierkorb, „ja", wie er auf die ungläubigen Zwischenrufe von CDU-Abgeordneten antwortete, „mit allen seinen Elementen". „Der Begriff der Wiedervereinigung ist seit geraumer Zeit nicht mehr wörtlich brauchbar", erklärte er später. In seiner Rede ließ er auch nicht die Spur eines Zweifels daran, dass die mit dem Westen geschlossenen Verträge auch im Falle der Übernahme der Regierung durch die SPD eingehalten würden, und erfahrene Beobachter der Bonner Politik sahen einen kausalen Zusammenhang zwischen dieser unzweideutigen Erklärung und dem Verlust der absoluten Mehrheit der CDU/CSU in den folgenden Bundestagswahlen.

Die Rede war der nur vorläufige Endpunkt eines von Wehner, zusammen mit Ollenhauer, Schmid, Erler und anderen, über viele Jahre hinweg planmäßig und beharrlich gesteuerten Wandlungsprozesses; sechs Jahre später übernahm die SPD Regierungsverantwortung.

Nicht nur Anlage und Aussage der Rede, auch die Wahl des Zeitpunkts verraten den langfristig planenden und nichts dem Zufall überlassenden Strategen. Am 17. Mai 1960 hatte Chruschtschow die Pariser Gipfelkonferenz platzen lassen, nachdem schon die vorhergehende Außenministerkonferenz in Genf (vom 11. Mai bis 20. Juni und vom 13. Juli bis 5. August 1959) weitere Verhandlungen der vier Mächte in der Deutschlandfrage als aussichtslos hatte erscheinen lassen. Unter diesen Umständen konnte die Widersinnigkeit einer Fortsetzung der Wiedervereinigungspolitik alten Stils und das Einschwenken auf den „Boden der Tatsachen" der deutschen Öffentlichkeit gegenüber glaubhaft gemacht werden, ohne dass die Sozialdemokratische Partei das Gesicht verloren und ihre Anhänger in unüberwindliche Skrupel gestürzt hätte. Von da an gab es, wie Wehner formulierte, eine „demokratische Alternative zur gegenwärtigen Regierung".

Derjenige, der all dies bewirkte, ist übrigens auch Inhaber eines Bonner Rekords besonderer Art: Wenn für die beständige Anwesenheit im Plenum des Bundestages Medaillen verteilt würden, wäre Herbert Wehner gewiss längst im Besitz eines allerersten Preises. Meist saß er vom ersten bis zum letzten Augenblick einer Plenarsitzung mit undurchdringlichem Gesicht und mit nicht zu erratenden Gedanken auf seinem Platz in der ersten Bankreihe. Stundenlang schwieg er. Aber wie genau er zuhörte, mussten viele Redner schmerzhaft erfahren, wenn er mit einem urplötzlich abgefeuerten sarkastischen oder boshaften Zwischenruf in die rhetorischen Höhenflüge hineinfunkte. Solche Hiebe wurden auch des Öfteren mit dem dicken Knüppel ausgeteilt, was ihm eine stattliche Anzahl von Ordnungsrufen eintrug. Aber sein gutes Anwesenheitsvorbild hat leider nicht Schule gemacht. Mit ihm bezeugte er einen beispielhaften Respekt vor dem Organ Volksvertretung: „Das Volk ist in der Tat und nach dem Rechte die höchste Gewalt, über welche keine andere geht ... Durch seine Versammlung verliert die exekutive Gewalt die ihrige, in der Tat, und nach dem Rechte" (Johann Gottlieb Fichte). Diese „höchste Gewalt" war ihm nie Leerformel, sondern durch die Präsenz im Plenum zu bekundende Wirklichkeit.

Wehner hat hohe Ämter ausgeübt: Er war Bundesminister für gesamtdeutsche Fragen und lange Zeit stellvertretender Vorsitzender der Sozialdemokratischen Partei. Im Strom der Zeit sollte nicht versinken, dass er sich, öffentlich und im Verborgenen, in selbstverständlicher Solidarität der Opfer jenes Regimes annahm, das er leidenschaftlich bekämpfte, der Kriegsgefangenen, aber auch der politischen Gefangenen in der DDR. – Als barscher „Zuchtmeister" seiner Fraktion ist er in die Geschichte des Bundestages eingegangen; „wenige haben ihn geliebt" (Schmid), aber alle achteten ihn hoch, und einige haben ihn sicher auch gefürchtet. Der Achtzigjährige hat sich in die Stille seiner Einsiedlerklause auf einer schwedischen Insel zurückgezogen. Hinter ihm liegen Höhen und Tiefen, wie sie nur wenige andere Zeitgenossen zu durchschreiten hatten. Die Pfade des Wanderers zwischen zwei Welten waren schicksalhaft verschlungen; verschlossenes Schweigen machte ihn unnahbar, schwer zu enträtseln. Er weiß mehr als die meisten über die Hintergründe der deutschen Politik in den letzten Jahrzehnten; dieses Wissen ist gut bei ihm aufgehoben.

Die Verträge sind Grundlage der Deutschland- und Außenpolitik – und die Sozialdemokratie steht loyal dazu

Aus: DBT / 3. WP / 122. / 30.6. 1960 / 1052 A –1061 C

Herr Präsident! Meine Damen und Herren! Gleichviel, was auf den verschiedenen Seiten unseres Hauses von dieser Debatte erwartet wird, ich glaube, diese Debatte kann eigentlich nichts anderes sein als eine hoffentlich im Positiven bemerkenswerte Etappe im Ringen um das höchsterreichbare Maß an Übereinstimmung bei der Bewältigung der deutschen Lebensfragen. Mir ist es verständlich, daß dabei noch sehr stark Gefühle und Gedanken mitschwingen, die geprägt worden sind durch die jahrelangen Auseinandersetzungen über Abschnitte des Weges, den wir alle haben gehen müssen. Wie sehr das der Fall ist, zeigt sogar die Regierungserklärung des Herrn Bundesministers des Auswärtigen.

Die Frage – wechselseitig gestellt –: Werden die auf der anderen Seite des Hauses nun endlich einsehen, daß wir recht gehabt haben?, diese Frage wird immer wieder aufkommen. Unserem Klima entsprechend – da braucht man keine Angst zu haben – wird sie auch künftig noch oft die Form einer Forderung, je nach Temperament einer sehr barsch ausgesprochenen Forderung, annehmen.

So will ich mich angesichts dessen auch gar nicht damit aufhalten, das, was in dieser Beziehung vor der heutigen Bundestagsdebatte gesagt oder geschrieben worden ist, nochmals aufzugreifen, – nicht deswegen, ich bitte alle um Entschuldigung, weil ich es mißachten möchte; es waren sehr viele Anregungen und bemerkenswerte Gedanken auch in dieser Vordebatte. Aber ich meine, die Ereignisse nötigen uns, den Blick nach vorn zu richten.

Allerdings muß ich auf eine Vermutung, die bei manchem auch als eine Behauptung vertreten wird, eingehen. Der Herr Bundesminister für Verteidigung, Strauß, hat den Wunsch der Sozialdemokraten nach einer *gemeinsamen Außenpolitik* als einen bemerkenswerten Schachzug im Ringen um die Stimmen für die Bundestagswahl im kommenden Jahr bezeichnet. Das hat er am 24. Juni getan. Aber die CDU selbst nimmt für sich in Anspruch, alles, was sie selbst tut und noch tun wird, um diese Wahl zu gewinnen, sei – und hier zitiere ich sie – „von entscheidender Bedeutung für das nationale Schicksal."

(Lachen bei der CDU/CSU)

So am 22. Juni im „Deutschland-Union-Dienst". – Sie bestätigen es, es entspricht Ihren Empfindungen!

(Heiterkeit)

Da haben Sie in der gleichen Demokratie und vor dem gleichen Grundgesetz die unterschiedliche Bewertung des Strebens demokratischer Parteien nach der Mehrheit. In manchen Kommentaren und darunter auch in einigen Kommentaren bedeutender Auslandszeitungen ist um diese Debatte und um die ganze öffentliche Diskussion schließlich gerade das geschrieben worden, es handle sich eigentlich um bloße Taktik auf beiden Seiten. Das meine ich, und deswegen habe ich dieses Element aus dieser Vordiskussion doch aufgegriffen.

Ich meine, es kann nicht gut sein, die Volksvertreter, die Parteien und das Parlament selbst in den Geruch zu bringen, es werde von denen eigentlich gar nicht um die Sache selbst gerungen, sondern um etwas, das ganz parteiegoistischen Erwägungen entspringe.

Der Herr Bundeskanzler hat – und an diese Episode werde ich manchmal erinnert, auch in diesem Zusammenhang – im vergangenen Jahr – es muß genau vor einem Jahr gewesen sein – in einem Disput mit meinem Freund Fritz Erler gesagt, er, der Herr Bundeskanzler, sei genauso gut Demokrat wie jener, Fritz Erler nämlich, denn auch er wolle ihm ja so viel wie möglich Stimmen abjagen.

(Heiterkeit)

– Ich merke, Sie erinnern sich. Aber, wissen Sie, ich möchte nicht annehmen, daß damit allein zum Ausdruck gebracht werden sollte, was einen – um den Begriff des Herrn Bundeskanzlers zu verwenden – guten Demokraten ausmacht.

Wir stimmen wohl darin überein, daß unsere Verpflichtung auf das Grundgesetz als Wesentliches dazu gehört. Jede demokratische Partei hat das Recht und ist bestrebt, die Mehrheit der Wähler zu gewinnen. Wenn aber im politischen Kampf dieses Streben als Selbstzweck verdächtigt wird, statt den Kampf, soweit das überhaupt menschenmöglich ist – da gibt es wohl gewisse Grenzen –, um die sachlichen Streitfragen selbst zu führen, so kann es nicht ausbleiben, daß die Demokratie und die zur Demokratie gehörenden Parteien und Institutionen schließlich in den Verdacht geraten, der Sache selbst gar nicht zu dienen, sondern sich ihrer nur zu bedienen. Und ich denke: eigentlich kann das keiner wollen. So möchte ich meinen, Sie mögen immerhin auf dieser Seite, auf der großen Seite unseres Hauses, argwöhnen

(Lachen bei der CDU/CSU – Zuruf von der Mitte: Speckseite!)

– ja, sicher, meine Reverenz! –, was denn die Sozialdemokratische Partei eigentlich im Sinne habe und was sie vielleicht im Schilde führe, wenn sie dazu auffordere, ernstlich zu versuchen, herauszufinden, ob die demokratischen Kräfte in der Bundesrepublik nicht zu gemeinsamen Bemühungen um die Lösung der gesamtdeutschen Fragen imstande und fähig sind.

Aber was Sie auch dahinter vermuten, meine Damen und Herren, schlagen Sie bitte unsere Mahnungen nicht einfach in den Wind.

(Beifall bei der SPD – Zuruf von der Mitte: Tun wir ja auch nicht!)

Selbst wenn wir alle zusammen bei noch so großer Bemühung nicht imstande sein könnten, die derart gefährlich unübersichtlich gewordenen Fragen der eigentlichen Außenpolitik im Zuge einer solchen Debatte zu klären, sollten wir unter dem Eindruck der Er-

eignisse den Vorsatz zu fassen imstande sein, unser innenpoliti-
sches Verhältnis zueinander in die Ordnung zu bringen, die uns be-
fähigen könnte, der gesamtdeutschen Verpflichtung der Bundesrepublik Deutschland gerecht zu werden.

(Erneuter Beifall bei der SPD)

Dabei sind wir alle, Sie auf der Seite der Regierungskoalition, wir
auf der schmaleren Seite der Opposition, dem Ganzen verpflichtet.

(Beifall bei der SPD)

Das, glaube ich, sind wir unseren Mitbürgern in der sowjetisch besetzten Zone schuldig; wir sind es Berlin schuldig, und wir sind es
der demokratischen Ordnung bei uns selbst schuldig, die so sein
muß, daß sie allen Belastungen gewachsen sein kann.

Wenn nicht alles trügt – auch das weiß man nicht –, so bedeutet
das *Scheitern der Gipfelkonferenz in Paris* wohl mehr als nur die zeit-
weilige Unterbrechung der Konferenzbrücke, die seit dem Ende
der Blockade Berlins zwischen West und Ost aufrechterhalten
wurde. Würde man mit der Lupe untersuchen, was meine verehrten
Vorredner in dieser Beziehung gesagt haben und was jetzt ich mit
diesen Bemerkungen gesagt habe, käme man hinsichtlich der Fakten schon zu einigen Unterschieden in der Betrachtung. Aber lassen Sie mich den Gedanken noch etwas weiter entwickeln.

Je mehr es offenbar wird, daß das Ringen um die Groß- und
Weltmachtansprüche des kommunistisch regierten China, das, wie
ich annehme, in ein entscheidendes Stadium getreten ist, das Verhältnis der traditionellen Weltmächte zueinander und zur übrigen
Welt beeinflußt, sogar bewegt, um so weniger brauchbar werden
Vorstellungen aus den vergangenen Etappen der Auseinandersetzungen, die wir gemeinsam oder im Gegensatz zueinander gehabt
haben, Vorstellungen, die vorher in manchen Fällen übereinstim-
mend, in anderen Fällen kontrovers als ausreichend angesehen werden
konnten oder vielleicht sogar mußten.

Wir – und da spreche ich nun von den Sozialdemokraten;
Sie haben ja Ihr Bedauern schon ausgedrückt – haben mit Sorge
mit ansehen müssen, wie der sowjetische Ministerpräsident
Chruschtschow die Pariser Konferenz unmöglich gemacht hat, die
er vorher selbst angestrebt hatte. ...

Wir Sozialdemokraten haben ebenso wie Sie vor einigen Tagen
mit Sorge und mit Bitterkeit miterlebt, wie die Vertreter der Ostblockstaaten die Konferenz von Genf abgebrochen haben, obwohl

sie ja hatten wissen müssen, daß man sich unmittelbar vor der Vorlage neuer amerikanischer Vorschläge befand. Offenbar legen es die *Sowjetregierung* und ihre Gefolgschaft darauf an, jetzt vor allem in Asien und in Afrika – aber auch Lateinamerika rückt schon in diese Reihe hinein – durch eine groß angelegte Propaganda Stimmungen aufzuwühlen und so die Vorbereitungen für die großen Auseinandersetzungen in der Vollversammlung der Vereinten Nationen zu treffen, deren Termin ja feststeht und deren Termin wiederum mit anderen Terminen zusammenfällt, wie Sie alle wissen. Wahrscheinlich hofft die Sowjetregierung samt Gefolgschaft, in dieser so vorbereiteten Diskussion im breiten Forum der Vereinten Nationen besonders auf die vielen neuen Mitglieder Eindruck zu machen, mit denen es die Vereinten Nationen dort zu tun haben.

Wenn der sowjetische Ministerpräsident Chruschtschow nach Paris davon gesprochen hat, in sechs bis acht Monaten könne eine Gipfelkonferenz stattfinden, so muß, denke ich, diese Bemerkung wohl so verstanden werden, daß wir in dieser Zeit allerlei zu erwarten haben. Das ist etwas anderes, als wenn man diese Frist als eine Art Stillhaltefrist betrachten würde.

Angesichts dieser Auffassung und Einsichten ist es immerhin beruhigend, folgende Worte des amerikanischen Präsidenten *Eisenhower*, die er unlängst in Manila sagte, zu hören:

Wir werden aber niemals die Tür zu friedlichen Verhandlungen schließen. Wir werden weiterhin deutlich darauf hinweisen, daß Vernunft und gesunder Menschenverstand über sinnlose Feindschaft und verzerrte Mißverständnisse und Propaganda die Oberhand gewinnen. Das Wettrüsten

– so fuhr er fort

muß unter Kontrolle, und die nukleare Drohung muß beseitigt werden. Dies kann nach meiner Auffassung ohne appeasement oder Kapitulation erreicht werden, indem man den Kurs geduldiger, einfallsreicher und sachlicher Verhandlungen mit den Sowjetführern weitergeht.

So Präsident Eisenhower am 16. Juni. Im Vertrauen darauf, daß die Vereinigten Staaten keine Mühe scheuen werden, müssen wir, wenn etwas daran ist, daß in diesen sechs bis acht Monaten allerlei erwartet werden kann, in diesem unserem Bereich das Unsere dazu beitragen, daß in der kritischen Zeit bei uns alles in Ordnung ist und in Ordnung bleibt.

(Beifall bei der SPD und des Abg. Majonica)

Wenn ich den Herrn Bundesminister des Auswärtigen kürzlich richtig verstanden habe, so hat er davon berichtet, daß auch die Außenminister der Westeuropäischen Union, als sie am 17. Juni zusammen waren, keine über Vermutungen und Annahmen hinausgehenden Anhaltspunkte dafür gehabt haben, was den sowjetischen Ministerpräsidenten Chruschtschow in seinem Verhalten in Paris einen Monat vorher letzten Endes bestimmt habe, es so und nicht anders zu gestalten. Angesichts dieser Feststellung finde ich es verständlich, daß man im Kreise der Außenminister der Westeuropäischen Union sehr vorsichtig war und sehr vorsichtig bleibt und daß man die Äußerung des sowjetischen Ministerpräsidenten bezüglich der in sechs bis acht Monaten möglichen Gipfelkonferenz nicht der eigenen Politik als eine Art von Versicherung zugrunde legen kann und will.

Wie unberechenbar die Lage angesicht des in seinen Einzelaktionen unberechenbaren Akteurs ist, das hat sich – ich folge hier, Sie mögen mir verzeihen, der Auffassung einer hervorragenden Journalistin, der man – deswegen nehme ich meine Zuflucht zu ihren Worten – schwerlich Wahlkampftaktik oder Wahlkampfabsichten unterstellen kann – in Paris gezeigt, wo nach ihren Worten dieselben Leute, die noch kurz zuvor sich sorgten, die Entspannungspolitik könne zu weit gehen, drei Tage später vor der Möglichkeit eines neuen Krieges zitterten; so Gräfin Dönhoff in der „Zeit".

(Abg. Dr. Krone: Wir haben es geraten!)

– Ich glaube, es gibt hier einige Feinschmecker.

(Heiterkeit)

Wenn – so möchte ich noch kurze Zeit ihren Gedanken folgen – der Begriff *„redliche Bestandsaufnahme"* – mein Begriff, wenn man so will – mißfällt, vielleicht weil ich ihn gebraucht habe oder weil die Bundesregierung, wie ich heute vernommen habe, meint, so etwas vertrage sich nicht mit ihrer Autorität, so sollte darüber kein Streit sein. Dann kann man ja das, worauf es ankommt, auch anders umschreiben. Da folge ich noch einmal den Worten der eben zitierten Journalistin, die geschrieben hat:

Es gilt jetzt, die eingetretene Pause zu nutzen und die politischen Generalstabspläne zu überprüfen, einzelne Versionen durchzuspielen, Ideen, Vorschläge, Möglichkeiten zu untersuchen.

(Zuruf von der CDU/CSU: Das ist doch klar!)

– Angenommen, daß das für Sie klar ist; wenn Sie entschuldigen, zitiere ich noch bis zu Ende:

Weder Rüsten noch Reisen

– zum Gipfel nämlich –

sind ein Ersatz für Politik.

(Beifall bei der SPD)

Und um das abzuschließen – ich stimme damit ganz überein –:

Daß äußere Festigkeit der einzig mögliche Ausgangspunkt in einer solchen Situation ist, das ist gewiß. Aber sie allein

– in Parenthese hinzugefügt: der Ausspruch, den man manchmal hört

genügt nicht: Wenn die Sowjets irgend etwas in Berlin ändern, dann knallt's.

Soweit Gräfin Dönhoff.

Meine Damen und Herren, wir haben nicht die Absicht, die Bundesregierung jetzt in dieser oder jener Einzelfrage auf diesen oder jenen Schritt festzulegen, sie auf einen Gesamtplan für einen längeren Zeitraum festzulegen oder ihr einen solchen abzufordern. Wir schlagen vor und wir mahnen, die Bundesregierung möge sich der in Wahrheit gefährlich unübersichtlichen Lage gewachsen zeigen und alles in ihren Kräften Stehende tun, um gemeinsam mit den Parteien der Opposition zu prüfen, erstens, was versucht, was in die Wege geleitet und was weitergeführt werden muß, damit wir alle zusammen sicher sein können, daß nicht durch einseitige Maßnahmen der anderen Seite die jetzige Lage im gespaltenen Deutschland noch weiter verschlechtert werden kann – das ganze Volk muß ja das, was sich daraus ergibt, tragen können –, zweitens, was ins Auge gefaßt und in gemeinsamen Bemühungen angestrebt werden muß, damit die deutschen Fragen ungeachtet aller erhöhten Schwierigkeiten in internationale Verhandlungen gebracht werden. Das sind zwei Dinge, aber zwei zusammengehörige Dinge, deren Prüfung wir vorschlagen, und das ist gemeint, wenn bisher die Rede war von außenpolitischer Bestandsaufnahme und von Bemühungen, das höchstmögliche Maß von Gemeinsamkeit in der Bewältigung der sich ergebenden Probleme zu erreichen – also vor allem gewissenhafte Prüfung der außenpolitischen Lage und all der Gegebenheiten, die für Deutschland von Bedeutung sein oder werden können.

Nun wird uns heute häufig vorgehalten, was alles an *Voraussetzungen für eine gemeinsame Außenpolitik* – ein ziemlich verpflichtender

Begriff – vorweg gefordert werden muß, mit der scharfen Betonung, daran sei nichts zu ändern, ja, daran brauche auch nichts geändert zu werden, denn die Voraussetzung für gemeinsame Politik sei die Fortsetzung der bisherigen Politik. Warum sollen wir nun darüber rechten? Diese Politik haben Sie bisher durchgeführt. Man muß sich nicht daran entzünden, zu fragen, ob zu erwarten sei, ob in der vor uns liegenden Periode die Resultate, sagen wir, der nächsten acht Jahre andere sein können oder sein werden als die der verflossenen acht Jahre, wenn nämlich zu dieser Politik lediglich unsere Stimmen hinzukommen. Das ist nicht das – wenn wir es in dieser Beziehung heute nicht zu einer übereinstimmenden Meinung bringen, werden wir es eines Tages zu einer solchen bringen –, was dieser Periode entspricht.

Es ist wichtig, daß wir an unsere künftigen Aufgaben mit einer konstruktiven Geisteshaltung herangehen.

(Sehr richtig! bei der CDU/CSU)

– Ich bedanke mich für das Kompliment. – Gegenseitige Anschuldigungen über vergangene Aktionen sind nutzlos.

(Aha! bei der CDU/CSU)

– Sie werden gleich noch mehr lachen, meine Herren, die Sie dazu geneigt sind; einen Moment! – Es hilft auch nichts, unsere Politik gegenüber der Sowjetunion als „hart" oder als „weich", je nachdem, wer sie vertritt, zu definieren, oder wenn wir den internationalen Konflikt als „schwarz" oder als „weiß" bezeichnen. Unsere Haltung sollte ruhig entschlossen und wachsam sein, während wir gleichzeitig jede Möglichkeit prüfen, unsere Beziehung zu einem hoffnungsvollen Plan zunehmender Verständigung und wechselseitiger Zusammenarbeit zu verbessern. – Bei den Herren, die sich bei Ihnen auf diese Debatte vorbereitet haben, hat es längst geklingelt: So sagte der amerikanische Außenminister Herter.

(Anhaltender lebhafter Beifall bei der SPD)

Ich mache mir das zu eigen.

Nun, meine Damen und Herren, der *amerikanische Außenminister Herter* hat zu Beginn dieses Jahres, der Übung folgend, die alle Männer in solchen Positionen einhalten müssen, in einem aber auch sachlich interessanten Jahresvorausblick etwas gesagt, an das man sich ab und zu erinnern sollte. Er sagte, 1960 werde ein außenpolitisch ereignisreiches Jahr werden, doch für die Lösung der

Probleme würden wahrscheinlich Generationen nötig sein. Ich habe das Wort nicht leicht genommen, weil ein Mann in solcher Position und bei solcher Gelegenheit und vor solchen Ereignissen, von denen er sagt, das Jahr wird voll von ihnen sein, das sicher nicht so hinsagt. Ich deute diese Worte wohl annähernd richtig, wenn ich aus ihnen heraushöre: Keine Seite der Weltmächte kann der jeweils anderen Seite ihre Lösungen aufzwingen, und jede Seite muß mit der anderen Seite rechnen. Das steckt wohl in diesem Wort von den „vielleicht Generationen", die man für die Lösungen brauchen werde. Vielleicht hat der Herr Bundeskanzler daran gedacht und hat es ähnlich gemeint, als er kürzlich sagte, wenn nicht wir die Wiedervereinigung verwirklichen könnten, so werde es die kommende Generation tun.

Jedenfalls muß man der deutschen Politik wünschen, dessen eingedenk sich so zu verhalten und so zu disponieren, daß wir, die Bundesrepublik, überall und in geeigneter Weise versuchen, unsere Fragen anzubringen, um Vertrauen zu werben und geachtet zu sein.

Der Regierende Bürgermeister von Berlin Willy Brandt hat vor einigen Tagen auf Berührungspunkte der Auffassungen der demokratischen Parteien hingewiesen, über die, wie er sich ausdrückte – und auch ich bin dieser Meinung –, es eigentlich keine Auseinandersetzungen bei uns in der Bundesrepublik zu geben brauchte. Ich nehme an, diese Berührungspunkte könnten, wenn man sich's genau überlegt, als *Aktivposten bei der außenpolitischen Bestandsaufnahme* von allen Seiten eingebracht werden; Bestandsaufnahme so verstanden, wie ich es vorhin versucht habe einschränkend zu sagen. Das sind:

Erstens: Berlin muß beim Bund bleiben. Aus einer Zweiteilung Deutschlands darf keine Dreiteilung werden.

Zweitens: Das deutsche Volk und die Bundesrepublik haben sich gegen jede Diktatur und für die westliche Gemeinschaft entschieden, d.h. für eine enge Zusammenarbeit mit den westlichen Nachbarn und der freien Welt.

Drittens: Die verantwortungsbewußten Kräfte Deutschlands haben sich gegen jede Form des Kommunismus und gegen die sowjetische Deutschlandpolitik entschieden.

Viertens: Es muß alles getan werden, um das Leben und das Los der 17 Millionen Landsleute im sowjetisch besetzten Teil Deutschlands zu erleichtern. Wir dürfen den Willen zur Selbstbestimmung in unserem Volk nicht erlahmen lassen und müssen uns ständig um neue Ansätze zur Lösung der deutschen Frage bemühen.

Fünftens: Nachdem Europa schon durch die Kommunisten gespalten ist, darf nicht dazu beigetragen werden, Europa noch einmal zu spalten. Vielmehr muß, soweit wir dazu etwas tun können, alles in die Wege geleitet werden, damit es in einer breiten Gemeinschaft zusammenarbeiten kann.

Sechstens: Bei aller Notwendigkeit, den Fragen der militärischen Sicherheit gerecht zu werden, muß die Bundesrepublik jede Anstrengung machen, um zur Sicherung des Friedens in der Welt beizutragen.

(Unruhe bei der CDU/CSU)

– Ich merke, es lockert sich auf.

(Heiterkeit)

meine Damen und Herren, ist das kein Programm für die Außenpolitik der nächsten Periode;

(Sehr wahr! bei der CDU/CSU)

sicherlich nicht, natürlich nicht. Dann stimmen wir ja in diesem Punkt sogar überein. Diesen Anspruch erhebt die Aufzählung auch gar nicht. Aber es sind Feststellungen, die für die praktischen Schritte der nächsten Periode positive Bedeutung haben. Jedenfalls sollten sich die Skeptiker unter Ihnen einmal überlegen, wie es denn wäre, wenn es in diesen Punkten kontroverse Auffassungen gäbe!

(Beifall bei der SPD – Zustimmung des Abg. Dr. Bucher)

Der Herr Bundesverteidigungsminister Strauß hat vor einigen Tagen in Schleswig gesagt, eine angestrebte gemeinsame Außenpolitik von Regierung und Opposition sei eine Frage von großer politischer Bedeutung, denn sie würde nicht nur der jetzt amtierenden Regierung, sondern auch künftigen Regierungen auf lange Sicht die politische Freundschaft der Verbündeten garantieren. Kurz darauf hat er in Erlangen von vier *Voraussetzungen für eine gemeinsame Außenpolitik* gesprochen. Ich habe sie auch im Deutschland-Union-Dienst wiedergefunden. Die vier Voraussetzungen, die er nennt – ich will ihn auf die Zahl genauso wenig festlegen, wie ich mir ganz klar darüber bin, wie viele Voraussetzungen eigentlich schon genannt worden sind –, sind:

a) Die Sozialdemokraten müßten gemeinsam mit der CDU anerkennen, daß die europäische Einheit und die atlantische Allianz Voraussetzungen für die Erhaltung der Freiheit und für die Erlangung der deutschen Wiedervereinigung sind.

(Sehr richtig! bei der CDU/CSU)

b) Die Sozialdemokratische Partei müsse sich von der alten These distanzieren, daß die Wiedervereinigung nur möglich sei, wenn die Bundesrepublik Deutschland aus der NATO und aus den europäischen Bündnissystemen ausscheide.

c) Die Sozialdemokraten müßten nicht nur in Worten, sondern auch in der Tat bereit sein, mit den Unionsparteien die Lasten und Bürden der Landesverteidigung zu tragen, gleichgültig wer in der Regierungsverantwortung und wer in der Opposition steht.

Dazu gibt es noch ein Anhängsel, das nicht numeriert ist, sondern sozusagen zwischen der dritten und der vierten Voraussetzung steht: Die Sozialdemokraten müßten alle irgendwie gearteten Disengagement-Pläne aufgeben.

d) Die Sozialdemokraten müßten den Begriff des Selbstbestimmungsrechts für ganz Deutschland, d.h. nach freien Wahlen für die Wiedervereinigung, uneingeschränkt anerkennen.

Das sind – mit der kleinen Unterteilung – die vier Voraussetzungen, von denen Herr Strauß gesprochen hat.

Nun etwas auf Vorschuß. Für eine Bestandsaufnahme und für eine Diskussion, bei der man eingehend in die Sachverhalte hineinleuchten und hineingehen kann, möchte ich doch heute schon sagen:

Zu a). Die Sozialdemokratische Partei Deutschlands geht davon aus, daß das europäische und das atlantische Vertragssystem, dem die Bundesrepublik angehört, Grundlage und Rahmen für alle Bemühungen der deutschen Außen- und Wiedervereinigungspolitik ist.

Zu b). Die Sozialdemokratische Partei Deutschlands hat nicht gefordert und beabsichtigt nicht, das Ausscheiden der Bundesrepublik aus den Vertrags- und Bündnisverpflichtungen zu betreiben. Sie ist der Auffassung, daß ein europäisches Sicherheitssystem die geeignete Form wäre, den Beitrag des wiedervereinigten Deutschlands zur Sicherheit in Europa und in der Welt leisten zu können.

(Sehr wahr! bei der SPD)

Zu c). Die Sozialdemokratische Partei Deutschlands bekennt sich in Wort und Tat zur Verteidigung der freiheitlichen demokratischen Grundrechte und der Grundordnung und bejaht die Landesverteidigung.

(Unruhe bei der CDU/CSU)

– Meine Damen und Herren, unterschiedliche Auffassungen über Zweckmäßigkeiten auf diesem Gebiet, die im demokratischen Staat legitim sind und die demokratisch-parlamentarisch ausgetragen werden, bedeuten doch nicht, daß die parlamentarische Opposition weniger verantwortungsfreudig wäre als die Regierung.

(Beifall bei der SPD und Abgeordneten der F.D.P.)

Nun zu der Unterfrage oder Untervoraussetzung, allen *Disengagement-Plänen* abzuschwören. Hierzu berufe ich mich auf folgende Erklärung, die ich wörtlich wiedergeben muß:

> Wir Deutschen wollen nicht als Störenfriede auf dem Wege zur Abrüstung erscheinen. Wir halten auch die Abrüstung für ein essentielles Moment auf dem Wege zur Entspannung. Es wäre selbstverständlich unehrlich, zu sagen: Es mag kontrolliert und inspiziert werden auf der Welt, nur nicht bei uns; sondern wir müssen hier das gute Beispiel geben, und wir sind bereit, die Bundesrepublik ganz oder teilweise zu einem Bestandteil einer Kontroll- und Inspektionszone zu machen – das heißt nicht, daß die Kontroll- und Inspektionszone identisch ist mit den geographischen Grenzen der Bundesrepublik –, aber die Bundesrepublik, ganz oder teilweise, zu einem Bestandteil einer Kontrollzone zu machen nach den Vorschlägen, die zwischen den Großmächten vereinbart werden können. Einigen sich die Großmächte nicht, so wäre ein solcher deutscher Vorschlag von sich aus wohl nicht von weltentscheidender Bedeutung. Einigen sich die Großmächte jedoch, so stehen wir nicht durch irgendwelche deutschen Sonderwünsche dieser Einigung im Wege.

Auf diese Erklärung des Herrn Bundesministers für Verteidigung vom Oktober 1959 nach seiner Rückkehr von einer Kanada-Reise berufe ich mich bei der Behandlung der Frage, was wir zu Disengagement-Plänen meinten.

(Beifall bei der SPD)

Vielleicht – die Sache ist ganz ernst –, vielleicht gibt es hier bei genauerem Besehen und bei genauerer Erörterung einen Berührungspunkt; vielleicht liegt er noch im weiten Feld. Aber bitte, das könnte man ja noch untersuchen.

Zu d) berufe ich mich auf den Wortlaut des Beschlusses, den der Bundestag am 1. Oktober 1958 einstimmig, mit den Stimmen der Sozialdemokraten, in Berlin gefaßt hat. Er lautet:

> Der Deutsche Bundestag erwartet die Wiederherstellung der staatlichen Einheit Deutschlands von einem unmittelbaren freien Willensentschluß des gesamten deutschen Volkes in seinen heute noch getrennten Teilen, der nach der Beseitigung der nicht in deutscher Zuständigkeit liegenden Hindernisse herbeizuführen ist.

Der Deutsche Bundestag erklärt seine Bereitschaft, jede Verhandlung zu unterstützen, die die Wege zu einem solchen Willensentscheid des deutschen Volkes ebnet, sobald eine Vereinbarung der Vier Mächte diese Möglichkeit erschlossen hat.

Das zu den vier Voraussetzungen oder Fragen.

Lassen Sie mich aber noch etwas zu den Fragen sagen, die ebenfalls vorher und nachher als Grundvoraussetzung oder was auch immer in die Diskussion gebracht worden sind. Der Herr Bundesminister Strauß z.B. hat gefragt, ob denn die SPD die Verträge der Bundesrepublik nur dem Buchstaben nach oder dem Sinne nach halten wolle. Der verehrte Kollege Höcherl, der auch in diese Debatte hineingesprungen ist, hat das nette, volkstümliche und etwas deftige Beispiel für seine Frage gewählt, ob wir es denn mit den Verträgen so halten wollten – Sie werden entschuldigen, wenn ich das nicht genau so wiedergeben kann, aber ungefähr war es wohl so – wie jene Schwiegermutter, die die unerbetene Schwiegertochter zwar nicht aus dem Hause schicken, sich aber vornehmen kann, sie allmählich hinauszugraulen.

(Heiterkeit)

So war es ungefähr; ich bin nicht ganz so volkstümlich wie Sie. Das war die zweite Variante.

Dann gab es die dritte Variante, die schon in der Gegenüberstellung von Herrn Strauß mit liegt: oder ob wir als loyale Vertragspartner diese Verträge einhalten würden. Lassen Sie mich ganz offen sagen: für Sozialdemokraten kommt nur dies in Frage!

Warum aber uns Fragen in dieser Weise stellen? Damit im Ausland Zweifel an der Vertragszuverlässigkeit der Deutschen oder wenigstens eines großen Teiles der Deutschen erweckt oder gar genährt werden? Ist das richtig, ist das klug?

(Lebhafter Beifall bei der SPD)

Ist das etwas, was der Lage entspricht?

Die reserviert kühle Haltung z.B. des Präsidenten eines befreundeten Staates zu den Europa-Verträgen, seine Sondervorstellungen und Anforderungen bezüglich der NATO, ihrer inneren Ordnung und der Streitkräfte in nationaler Zuständigkeit, oder auch seine politischen Erklärungen darüber, was z.B. hinsichtlich der deutschen Ostgrenzen längst erledigt und festgelegt sei, alles das wird hingenommen. Man vergleiche das mit der Art, mit der wir examiniert werden.

(Sehr richtig! und Beifall bei der SPD)

Meine Damen und Herren! Wenn Sie schon nicht geneigt sind, als Prüfstein für die Haltung der deutschen Sozialdemokraten andere Beispiele anzunehmen, weil Sie sagen: Das hat der sich ja alles nur so zusammengesucht, das ist ein ganz fauler Trick, dann sollten Sie doch gerechterweise die *Haltung der Sozialdemokraten in Berlin* als einen solchen Prüfstein anerkennen.

(Lebhafter Beifall bei der SPD)

Oder soll auch die noch allmählich in die Lauge hineinkommen?

Ich habe, was Berlin betrifft, aus der Feder eines Angehörigen der Christlich-Demokratischen Union gelesen, den ich als einen sachlichen innenpolitischen Gegner schätzengelernt und den ich als einen aufrechten Deutschen kennengelernt habe:

> Es gibt in Berlin keinen verantwortlichen Politiker, der jemals dazu geraten hat, die Zahl der westlichen Truppen in Berlin zu verringern oder das Recht auf freie Meinungsäußerung einzuschränken, wie es in Genf erörtert worden ist. Das geschah ohne unsere Beteiligung und gegen unsere Auffassung. Es hat auch keinen verantwortlichen Politiker in Berlin gegeben, der jemals dafür eingetreten wäre, die Rechtsgrundlagen der Anwesenheit westlicher Truppen in Berlin zu verändern oder sich auf eine Befristung dieser Rechte durch Interimsabkommen einzulassen. Wir hatten nicht die Absicht, uns stückweise der sowjetischen Herrschaft auszuliefern.

Kommt es nicht doch darauf an, die Berührungspunkte als Aktivposten zu hüten und zu pflegen, oder wäre es richtiger, nun wieder zu differenzieren – jetzt auf Berlin, auf den Prüfstein bezogen –, nicht nur zwischen Berliner Sozialdemokraten und den übrigen Sozialdemokraten, sondern auch zwischen Berlinern schlechthin – oder guthin – und sozialdemokratischen Berlinern?

Der Bundesverteidigungsminister – ich muß ihn noch einmal in Anspruch nehmen – hat gesagt, der erste Schritt zu einer gemeinsamen Außenpolitik sollte seines Erachtens eine geheime Debatte im Außenpolitischen Ausschuß des Bundestages sein; später könnten dann führende Körperschaften der Parteien in gemeinsamer Sitzung über die Außenpolitik beraten. Das wäre doch des Versuches wert. Oder was spricht dagegen, diesen Versuch zu machen?

Zu dem, was der Herr Bundesminister Strauß als denkbare Methode erkannt hat, möchte ich für den Anfang, nicht etwa weil wir eine Koalition mit Ihnen einzugehen beabsichtigen – keine Angst, nicht darum geht es am Schluß der Legislaturperiode,

(Heiterkeit und Beifall bei der SPD)

ich meine: vor den Wahlen –, sondern weil wir beabsichtigen, hier der *gemeinsamen Verpflichtung von Regierung und Opposition* gerecht zu werden, mit auf den Weg geben:

> Die politische Partei, die gerade an der Macht ist, kann nicht gut von der Oppositionspartei eine Mitverantwortlichkeit an der Außenpolitik verlangen, wenn nicht die Führer der Opposition vollen Einblick in unsere politischen Maßnahmen erhalten ... Das ausführende Organ der Regierung kann nicht eine wichtige politische Maßnahme, die die Zustimmung des Kongresses erfordert, ankündigen und erst danach den Führern der Opposition Einblick gewähren. ... Eine Politik, die den Kongreß umgeht, macht eine Zwei-Parteien-Politik unmöglich.

Diese paar Erkenntnisse aus der Praxis eines Mannes, der regieren gelernt hatte – von Byrnes –, darf man wohl mit auf den Weg geben.

Wir bestehen nicht darauf, daß unsere jeweils zu den Konferenzen vorgelegten Vorschläge der vergangenen Jahre, mit denen wir helfen wollten, den toten Punkt zu überwinden, nachträglich von Ihnen sanktioniert werden. Auch der heute wieder apostrophierte *Deutschlandplan* des Jahres 1959 war, was Sie von ihm auch immer halten mögen, aus der Sorge um Berlin und als ein Versuch zur Entlastung Berlins entstanden. Dieser Deutschlandplan – das habe ich ein Jahr nach der Übergabe der Vorschläge von 1959 an die Öffentlichkeit geschrieben – hat sich während der Genfer Konferenz ungeachtet mancher Berührungspunkte, die sich hinsichtlich der Methode und hinsichtlich des Geistes boten, in dem man an die schwierig gewordene Problematik der Wiedervereinigung herangehen muß – es gibt so ein „Paket", das der Westen dort vorgetragen hat –, hat sich nicht durchsetzen lassen. Damit ist er genau wie die Vorschläge, die wir zu anderen Außenministerkonferenzen gemacht haben, ein Vorschlag, der der Vergangenheit angehört. Wir kommen ja auch nicht mit den Vorschlägen von 1954 und 1955, an die sich – ich will ihn hier nicht apostrophieren oder kompromittieren – auch der Herr Bundesminister des Auswärtigen noch erinnern wird. Wir haben darüber einige Male gesprochen. Die stellen wir jetzt nicht als unsere Forderungen auf oder verlangen nachträglich, daß Sie sich ihnen anschließen. Aber, meine Damen und Herren, Deutschlandplan hin und Deutschlandplan her – er ist ja kein Plan, der irgendwo zur Entscheidung stünde und kann es nicht mehr sein.

(Abg. Majonica: In allen seinen Elementen!?)

Aber noch einmal: auch das, was Sie vom Deutschlandplan für so besonders angreifenswert halten, können Sie – ich will Ihnen nicht zureden – nicht nachträglich sanktionieren, nachdem ich selbst gesagt habe: er ist eine Sache der Vergangenheit.

(Abg. Dr. Krone: Völlig in allen Elementen!)

– Sicher! Wenn es aber darum geht, einmal die Frage der Wiederherstellung der Einheit Deutschlands wirklich in Angriff zu nehmen, dann möchte ich wissen, wie wir den Beschluß des Bundestages vom 1. Oktober in die Tat umsetzen wollen und wo wir dann überall Elemente hernehmen müssen. Aber es hat wohl noch Zeit; darüber werden wir dann reden.

Im übrigen ist die Sozialdemokratische Partei eine demokratische Partei. Auch das, was wir da vorgeschlagen haben, Herr Krone, wäre unserer inneren Verfassung nach nur durchzuführen gewesen als eine *Gemeinschaftsaufgabe der demokratischen Kräfte* in der Bundesrepublik.

(Beifall bei der SPD)

Ich rege mich nicht auf, wenn Sie das bezweifeln. Sie sollen nur wissen, was unsere Auffassung in dieser Frage ist. Und so sind wir wie bei einem Konvoi – entschuldigen Sie den militärischen Vergleich, er hat ja auch etwas mit dem Handel zu tun – gezwungen, uns nach der Geschwindigkeit und nach dem Vermögen jener zu richten, mit denen wir in dieser Frage gemeinsam stehen oder fallen. Das wäre doch nicht möglich gewesen für einen Alleingang der Sozialdemokraten, und ich werde Ihnen wohl kein Geheimnis verraten – das wissen Sie doch längst –, daß auch manches dazu geführt hat, ein Jahr nach der Veröffentlichung dieses Plans das so darzustellen, wie ich es getan habe. Das können Sie nachlesen. Es wäre dumm, wenn ich es hier noch einmal beibrächte.

(Zuruf von der Mitte: Das wird anerkannt!)

Sie lesen das ja meistens nur in Auszügen. Ich weiß, vielbeschäftigte führende Leute haben es schwer, der Sache auf den Grund zu kommen, weil sie nur die Auszüge lesen.

(Beifall und Heiterkeit bei der SPD)

Aber, meine Damen und Herren, dabei hat ja auch das eine Rolle gespielt, was jene Kraft auf der anderen Seite der Zonengrenze tat, die ursprünglich diesen Plan absolut verworfen und gesagt hat: Das ist ja nichts anderes als ein teuflischer Versuch, den Geltungsbereich der westdeutschen kapitalistischen Monopole auf die DDR zu erstrecken. So war das Ding bei ihnen abqualifiziert. Nach 14 Tagen haben sie dann gesagt: Vielleicht sollten wir den Sozialdemokraten einige Punkte so lange in die Schuhe drücken, bis sie der Schuh drückt.

(Heiterkeit)

Wir wollten das Ganze und jedes Mißverständnis nach jeder Seite hin ausschalten.

Und nun: warum sollten wir nicht versuchen, auf der Basis der Anerkennung der moralischen und der nationalen Integrität des innenpolitischen Gegners zu Resultaten zu kommen, die uns allen morgen oder übermorgen helfen könnten? Es bleiben dann noch genug Einzelfragen zu klären. Darunter sehe ich so gewichtige wie die, was von der deutschen Politik aus getan werden kann und was getan werden muß, damit nicht das nukleare *Wettrüsten* alle Aussichten auf friedliche Lösungen ebenso wie auf die für den sozialen Fortschritt notwendige *militärische Entspannung* verschlingt. Es kommt darauf an, ob der Versuch gemacht werden soll oder nicht. Ich meine, es ist eigentlich klar, daß der Versuch gemacht werden muß, weil es eben darauf ankommt, die Bundesrepublik nicht scheitern zu lassen in ihrer eigentlichen Aufgabe: der Erfüllung ihrer gesamtdeutschen Verpflichtung.

Eine der beiden letzten Schriften, die *Kurt Schumacher* vor seinem Tode 1952 schrieb, beginnt mit dem Satz: „Die Sozialdemokratische Partei Deutschlands ist nach 1945 von der Idee ausgegangen, ein Deutschland zu schaffen, das die Wiederholung der Schrecken der Vergangenheit ausschließt." Dann heißt es weiter: „Dazu war nach ihrer Meinung notwendig, die Zusammenarbeit mit den anderen freiheitlichen Faktoren in der Welt anzustreben, unter keinen Umständen aber die Deutschen in die Position der Unterworfenen sinken zu lassen."

Das war also die Grundvorstellung, von der aus dieser Mann, der geraume Zeit unserer Partei das Gepräge gegeben hat, aber – das werden Sie wohl nicht bestreiten –, klar und mit beiden Beinen im und zum Westen stehend, seine Ansichten entwickelt hat. Ich meine, statt immer wieder von vorn, mit dem Petersberger Abkommen und dem Folgenden anzufangen, während dann eben von sozialdemokratischer Seite immer wieder auf das hingewiesen wird, was schon vorher getan worden ist, auch von Sozialdemokraten mit sozialdemokratischer Beteiligung getan worden ist, sei es in Berlin, sei es an anderen Stellen, würde es nicht schaden, wenn Sie sich, meine Damen und Herren von den Regierungsparteien, meinetwegen in aller Stille, fragten, ob es nicht gut war, daß Sie es in dieser Periode mit einer demokratischen Opposition zu tun gehabt haben.

(Sehr richtig! bei der SPD – Abg. Dr. Krone: Das ist doch selbstverständlich!)

– Ich verlange nicht, daß Sie sich dazu äußern. Gut, alles ist selbstverständlich; es wäre manches selbstverständlich. Da wir aber schon von Selbstverständlichkeiten reden, möchte ich umgekehrt die Frage stellen, ob die sozialdemokratische Opposition bei aller Enttäuschung über so manches, was sie versucht und nicht erreicht hat, was sie sich gedacht und nicht verwirklicht gesehen hat, nicht auch froh darüber sein kann, vieles erreicht zu haben, sei es auch nur dadurch, daß Sie Zugeständnisse gemacht haben, um uns den Wind aus den Segeln zu nehmen. Ich will das im einzelnen nicht aufzählen, denn auf einigen Gebieten der Innen- und Sozialpolitik könnte dann zwischen Ihnen ein Streit entstehen. Ich will Sie nicht gegeneinander aufhetzen, sondern ich will den Versuch machen, ob wir uns nicht in anderen Fragen ein Stück näherkommen können. Ich möchte meinen, wir sollten bei dem Abstand, den wir von den Dingen haben, zeitbedingte Überspitzungen vernünftig betrachten. In Wirklichkeit sind die Auseinandersetzungen darum geführt worden, in welcher Weise wir den Westen, auf den wir beide, die Mehrheit und die Minderheit, angewiesen sind, für die deutschen Fragen bewegen können. Wenn ich sage „angewiesen sind", meine ich, daß wir beide bei allen unseren Gegensätzen auch geistig zum Westen gehören.

(Beifall bei der SPD)

Es gibt viele Gründe dafür, darüber in der Welt keine Zweifel aufkommen zu lassen oder gar zu nähren.

Mir hat heute ein Kollege einen Bericht aus einem Blatt gegeben, das in Bayern erscheint. Es ist der Bericht über einen Vortrag, den der Herr Kollege von Guttenberg bei einer Bonnfahrt der Jungen Union gehalten hat. Da heißt es:

Die Bundesregierung legt viel mehr Wert auf ein absolutes Vertrauensverhältnis zu unseren NATO-Partnern als auf eine Zusammenarbeit mit den Sozialdemokraten.

(Hört! Hört! bei der SPD – Abg. Freiherr zu Guttenberg: Das habe ich nicht gesagt!)

– Mein sehr verehrter Herr Kollege, ich rege mich nicht darüber auf. Ich hätte das nicht geschrieben, weil das der NATO nicht gut tun kann

(Sehr gut! bei der SPD – Abg. Freiherr zu Guttenberg: Ich habe es auch nicht geschrieben!)

und weil es ihr nicht genehm sein kann und weil es eine falsche Fragestellung ist.

(Beifall bei der SPD – Zuruf des Abg. Freiherr zu Guttenberg)

Wenn ich Ihnen dazu helfen kann, von diesem Holzpferd herunterzukommen, indem ich Sie hier zitiert habe – liebend gern! Was immer uns hier zum Streit anregen oder sogar zwingen mag, es gibt Dinge, die ausgestritten werden müssen. Alle sollten helfen, es verständlich zu machen: In der Bundesrepublik Deutschland gibt es eine demokratische Alternative zur gegenwärtigen Regierung.

(Lebhafter Beifall bei der SPD)

Und das heißt: Die *Bundesrepublik* ist ein *zuverlässiger Vertragspartner*, gleichgültig ob die jetzige Regierung oder die gegenwärtige Opposition als Regierung die Geschäfte führt.

(Lebhafter Beifall bei der SPD und bei der F.D.P.)

Ich freue mich, daß im Unterschied zu manchen früher geübten Gepflogenheiten jetzt bei Auslandsreisen schon mehr in dieser Richtung argumentiert wird. So darf ich – ich möchte den Herrn *Bundesminister des Innern* nicht in diese außenpolitische Debatte hineinziehen, ich weiß, er mag das nicht –

(Heiterkeit)

sagen, das hat er richtig gemacht, als er in Argentinien in der Pressekonferenz nach dem Bericht des dpa-Korrespondenten auf die Frage antwortete – –

(Abg. Dr. Jaeger: Auch ein Auszug?)

– Sie können, sehr verehrter Herr, das Exemplar dann sehen, und im übrigen bitte ich Sie, mir doch die gleiche Langeweile zu gönnen, die wir bisher alle haben genießen dürfen.

(Heiterkeit und Beifall bei der SPD)

Auch wenn – so hat der Herr Bundesminister des Innern gesagt – die SPD die nächste Regierung bilden sollte, würde sich die Bonner

Außenpolitik in den Grundfragen trotz aller derzeitigen Unterschiede in der Beurteilung der Methoden und der Einschätzung der Weltlage wahrscheinlich nicht ändern.

Der Herr Bundesminister hat hinzugefügt – Sie brauchen ihm also deswegen keinen Vorwurf zu machen –:

(Heiterkeit)

Vorläufig werden meine Freunde ihr Bestes tun, um einen Wahlsieg der Opposition zu verhindern.

(Erneute Heiterkeit)

Das ist ja klar. Warum sollte er das auch nicht sagen, warum sollte er das auch nicht tun? Dazu gehört er ja Ihrer Partei an.

(Anhaltende Heiterkeit)

Die Frage, meine Damen und Herren: Finden die demokratischen Kräfte in der Bundesrepublik ungeachtet ihrer Gegensätze, die weder bagatellisiert werden sollen noch bagatellisiert werden dürfen, das Verhältnis zueinander, das von der Verantwortung jeder einzelnen Partei gegenüber dem Volksganzen in unserem geteilten Vaterland bestimmt wird!, – diese Frage wird, was wir heute auch noch darüber streiten werden oder streiten müssen, in Wirklichkeit das bestimmende Thema der deutschen Politik werden. Angesichts seiner Bedeutung werden heute noch mancherorts mit Eifer betriebene Versuche schließlich scheitern, und – da wir hier schon manchmal von den Generationen gesprochen haben, die nach uns kommen, darf ich es in diesem Zusammenhang auch einmal tun – den Nachkommen werden diese Versuche in einer gewissen Kläglichkeit vor Augen stehen, die darauf hinauslaufen, die SPD an die Seite der Kommunisten zu drücken oder an ihrer Seite zu zeigen oder – Sie erinnern sich – den linken Flügel herauszukitzeln oder zu provozieren, damit die Sozialdemokratische Partei daran flügellahm werde. Kurz, nachdem in der Bundesrepublik die Kommunistische Partei mit Verbot belegt und damit auch der Kontrolle durch Wahlen und der Kontrolle durch die breite Öffentlichkeit leider entzogen worden ist hält man sich nun stellvertretend an den Sozialdemokraten schadlos und übt kalten Krieg. Das sollten wir nicht zum Ernstfall werden lassen.

Nach unserer Ansicht jedenfalls sind die Zeichen der Zeit so zu deuten: nicht Selbstzerfleischung, sondern Miteinanderwirken im Rahmen des demokratischen Ganzen, wenn auch in sachlicher innenpolitischer Gegnerschaft. Innenpolitische Gegnerschaft belebt die Demokratie. Aber ein Feindverhältnis, wie es von manchen gesucht und angestrebt wird, tötet schließlich die Demokratie,

(Beifall bei der SPD und bei Abgeordneten der F.D.P.)

so harmlos das auch anfangen mag. Das geteilte Deutschland – meine Damen und Herren, ich will Sie damit nicht belehren; Sie wissen das wahrscheinlich zum größten Teil selbst – kann nicht unheilbar miteinander verfeindete christliche Demokraten und Sozialdemokraten ertragen. – Ich danke Ihnen für Ihre Geduld.

(Langanhaltender Beifall bei der SPD und bei Abgeordneten der F.D.P.)

Das Recht auf unserer Seite:
KONRAD ADENAUER
(II)

Chruschtschows Berlin-Ultimatum vom 27. November 1958 sollte
den definitiven Übergang ganz Berlins in die sowjetische Machtsphäre einleiten, stieß aber auf entschlossene Gegenwehr der drei
Mächte, die keinen Zweifel daran ließen, dass eine gewaltsame An-
nexion den großen Krieg auslösen würde. So landete das Ultimatum schließlich auf dem Müllhaufen der Geschichte, aber die Situation wurde für die DDR von Monat zu Monat unhaltbarer. Eine
Massenflucht ihrer Bürger bedrohte die Existenz des DDR-Staates.
Hunderttausende strömten in Richtung Westen; allein im Juli 1961
waren es 30 000, die über Berlin in die Bundesrepublik kamen. Der
Ostblock beschloss auf einer Konferenz in Moskau vom 3. bis 5.
August 1961, dem „Grenzgängerunwesen" ein Ende zu bereiten,
und Ulbricht erklärte am 11. August 1961, „die Regierung der
DDR hat Maßnahmen gegen den Menschenhandel beschlossen".
Am 11. August 1961 tagte die Volkskammer der DDR, vor der Mi-
nisterpräsident Stoph erklärte, dass Schutzmaßnahmen gegen
„Menschenhändler, Abwerber und Saboteure" ergriffen würden,
und Außenminister Bolz teilte mit, dass Verhandlungen mit den
Warschauer-Pakt-Staaten über „wirtschaftliche Maßnahmen" – das
heißt die völlige Eingliederung der DDR in das Wirtschaftssystem
des Ostblocks – aufgenommen worden seien.
Alle diese Ankündigungen und Erklärungen wurden in Presse,
Rundfunk und Fernsehen verbreitet, und jeder Politiker konnte
wissen, dass sich Unheil zusammenbraute. Aber die endgültige Abriegelung West-Berlins durch Stacheldrahtverhaue – später durch
die Mauer – in der Nacht vom 12. auf den 13. August 1961 traf den
Westen wie ein Blitz aus heiterem Himmel. Allerdings: Ulbricht hatte
noch am 15. Juli 1961 in einer Pressekonferenz versichert, niemand
habe die Absicht, eine Mauer zu errichten, und mit dieser Ankündi-

gung beruhigten sich offensichtlich viele. Es gab ein jähes Erwachen, als die Pioniere der „Nationalen Volksarmee" scheinbar urplötzlich ihre Sperren errichteten.

„Der Kampf um solche Dinge wird in den ersten Stunden entschieden. Doch diese wurden verschlafen. Als man von 'Handeln' sprach, verstand man darunter Proteste, und die Mächte wussten nicht einmal, bei wem sie protestieren sollten" (Michael Freund). Es ist Gegenstand vielfacher Spekulation, welche Folgen ein anderes „Handeln" als die Versendung papierener Proteste ausgelöst hätte – Freund selbst lieferte die nicht bestreitbare Einsicht: „Die Beseitigung der Mauer, die vielleicht möglich gewesen wäre, wäre allerdings kein echter Sieg gewesen, denn die Abriegelung der Zone war nie zu verhindern." Die drei Mächte standen Gewehr bei Fuß.

Und die Bundesregierung? Konrad Adenauer war auf Wahlreise; die Bundestagswahlen 1961 standen unmittelbar bevor. Man hat ihm damals und in der Folge sehr oft vorgeworfen, dass er seine Wahlreise durch das Bundesgebiet ungerührt fortgesetzt und „die Berliner sich selbst überlassen habe" (Carlo Schmid). Kritik wurde vor allem daran geübt, dass er den von Kennedy entsandten Vizepräsidenten Johnson bei dessen Berlin-Reise am 19. August 1961 nicht begleitet habe. Adenauers Verteidigung, die Kriegsgefahr wäre durch sein Erscheinen in Berlin erhöht worden, klang für weite Kreise, auch in der CDU, nicht überzeugend. Erst am 22. August 1961 erschien der Kanzler am Tatort.

Eine späte Rechtfertigung des Verhaltens Adenauers kam 1987, als sein damaliger persönlicher Referent im Fernsehen mitteilte, „dass die Amerikaner Adenauer nicht erlaubt hätten, (unmittelbar nach den Abriegelungsmaßnahmen) nach Berlin zu gehen. Dies führe zu emotionalen Aufständen in Berlin, die nicht verantwortet werden könnten". Johnson habe es abgelehnt, sich von Adenauer nach Berlin begleiten zu lassen. – Sei wie dem sei, in der Öffentlichkeit der Bundesrepublik entstand damals der Eindruck, Adenauer habe im Zusammenhang mit dem Bau der Mauer „versagt", und das erst kurze Zeit zurückliegende verwegene Jonglieren mit dem höchsten Staatsamt, das Adenauer betrieben hatte, war noch in frischer Erinnerung. Er war lange unschlüssig, ob er die ihm angetragene Kandidatur für das Amt des Bundespräsidenten annehmen sollte, und lehnte dann nach peinlichem Hin und Her ab, nachdem er eingesehen hatte, dass die verfassungsmäßigen Einflussmöglichkeiten des Bundespräsidenten nicht dem entsprachen, was er sich erhofft hatte. Immer unüberhörbarer wurde die Kritik, auch aus seiner eigenen Partei, der Fünfundachtzigjährige habe nun wirklich den Zenit seiner politischen Laufbahn überschritten. Aber der Abschied von der Macht zog sich hin, quälend und in nichts der Größe des „Befreiers und Erbauers seines Landes" (André François-Poncet), des „Größten seit Bismarck" (Winston Churchill) entsprechend. Als die absolute Mehrheit in den Bundestagswahlen 1961 dahin war, erhielt die Bundesrepublik einen Kanzler auf Abruf. Er musste darin einwilligen, das Amt nach zwei Jahren abzutreten, überdies an einen ungeliebten Nachfolger. Geschichtliche Größe hat eben auch ihre sehr ärgerlichen Komponenten – war tatsächlich „der Glanz des Außerordentlichen immer um ihn" (Günther Gillessen)? Aber er prägte die Ära, und sie trägt seinen Namen.

Bundestagspräsident Gerstenmaier berief auf den 18. August 1961 eine Bundestagssitzung nach Bonn ein, in der Adenauer die im Folgenden wiedergegebene Regierungserklärung abgab. „Mit einer Sondersitzung über die bisher wohl trostloseste Situation der deutschen Nachkriegszeit hat sich der Bundestag einer Pflichtübung in würdiger Form entledigt", befand die „Süddeutsche Zeitung".

Die Mauer – Bankrotterklärung der Gewaltherrschaft

Rede Adenauers am 18. August 1961 im Bundestag, Bonn. aus: DBT / 3.WP/ 167. / 18.8.1961 / 9769 B – 9772 B

Herr Präsident! Meine Damen und meine Herren! Namens der Bundesregierung gebe ich folgende Erklärung ab:

Die Machthaber in der sowjetisch besetzten Zone Deutschlands haben seit den frühen Morgenstunden des 13. August den Verkehr zwischen dem sowjetischen Sektor und den drei westlichen Sektoren Berlins fast völlig zum Erliegen gebracht. Entlang der Sektorengrenze wurden Stacheldrahtverhaue errichtet; starke Verbände der Volks- und Grenzpolizei bezogen ihre Stellungen an der Sektorengrenze, um die *Abriegelung des Verkehrs zwischen Ost- und Westberlin* durchzuführen. Gleichzeitig wurden Truppen der Nationalen Volksarmee in Ostberlin eingesetzt.

Diese Abriegelungsmaßnahmen wurden auf Grund eines Beschlusses der Zonenmachthaber vom 12. August ergriffen. Mit ihrer Durchführung hat das *Ulbricht-Regime* gegenüber der gesamten

Welt eine klare und unmißverständliche politische Bankrotterklärung einer 16jährigen Gewaltherrschaft abgegeben.

Mit diesen Maßnahmen hat das Ulbricht-Regime eingestehen müssen, daß es nicht vom freien Willen der in der Zone lebenden Deutschen getragen und gestützt wird. Mit diesen Maßnahmen hat das Ulbricht-Regime bestätigt, daß die Ausübung des Selbstbestimmungsrechts durch das deutsche Volk zur Erhaltung des Weltfriedens unaufschiebbar geworden ist!

Diese widerrechtlichen Maßnahmen, die die Bundesregierung mit Sorge und mit Abscheu zur Kenntnis genommen hat, stehen in flagrantem Widerspruch zu den *Viermächtevereinbarungen* über die Bewegungsfreiheit innerhalb Groß-Berlins und denjenigen Viermächtevereinbarungen, die die Regelung des Verkehrs zwischen Berlin und der Zone zum Gegenstand haben.

Mit der Abriegelung des Verkehrs zwischen Ost- und Westberlin hat das Zonenregime die bestehenden und von der *Regierung der UdSSR* bis auf den heutigen Tag anerkannten Viermächtevereinbarungen betreffend Berlin einseitig und mit brutaler Gewalt verletzt.

Die Bundesregierung stellt mit großem Bedauern fest, daß dieser Willkürakt mit Billigung der Regierung der UdSSR als Führungsmacht des Warschauer Paktes erfolgt ist. Mit dieser Billigung hat sich die sowjetische Regierung in Gegensatz zu ihren ständigen Beteuerungen gestellt, die Deutschland- und Berlin-Frage auf dem Verhandlungswege zu lösen. Während der amerikanische Präsident in seiner letzten Pressekonferenz vom 10. August erneut die Bereitschaft der Regierung der Vereinigten Staaten von Amerika zum Ausdruck gebracht hat, über die Deutschland- und Berlin-Frage Verhandlungen zu führen, reagieren die Zonenmachthaber auf diesen westlichen Friedens- und Verhandlungswillen mit militärischen Maßnahmen. Diese Reaktion führt der gesamten Weltöffentlichkeit – mehr als Worte dies zu tun vermögen – vor Augen, daß die gegenwärtige Krise einzig und allein durch die sowjetische Deutschland- und Berlin-Politik ausgelöst wurde.

Die Regierung der Sowjetunion hat am 10. November 1958 durch ihre Erklärungen die Berlin-Krise ausgelöst. Sie hat in der Zwischenzeit in zahllosen Noten und Erklärungen darauf hingewiesen, daß sie, was auch sonst ihr Ziel sei, nicht daran denke, die Freiheit Westberlins anzutasten, die vielmehr von ihr feierlich garantiert werden solle. Wie lassen sich diese Erklärungen mit den Ereignissen der letzten Tage vereinbaren? Die Abmachungen der Sowjetunion mit den drei westlichen Mächten wurden zerrissen. Die Panzer der Volksarmee, die Volkspolizei und die Betriebskampfgruppen, die in und um Ostberlin zusammengezogen wurden, um einen rechtswidrigen Angriff gegen den Status der Stadt Berlin militärisch zu unterstützen, geben eine Vorahnung dessen, wie die Garantie einer sogenannten Freien Stadt beschaffen sein würde.

(Beifall bei der CDU/CSU und bei Abgeordneten der SPD sowie rechts)

Die Welt war am 13. August 1961 Zeuge des ersten Schrittes auf dem Wege zur Verwirklichung der angekündigten Ziele. Das nach den Regeln des Völkerrechts gültige *Viermächtestatut der Stadt Berlin* ist erneut gebrochen worden. Die jüngste Maßnahme ist zugleich die schwerwiegendste und die brutalste. Die von den Behörden der sowjetischen Besatzungszone auf Weisung ihrer Auftraggeber durchgeführten Absperrungsmaßnahmen innerhalb der Stadt Berlin und zwischen der Stadt und der sowjetisch besetzten Zone sollen offensichtlich der Auftakt sein für die Abschnürung des freien Teiles der deutschen Reichshauptstadt von der freien Welt.

Das Marionettenregime in der Zone macht in seinem Beschluß vom 12. August den vergeblichen Versuch, die angebliche Notwendigkeit dieser Abriegelungsmaßnahmen zu begründen. Die Bundesregierung hält es für unter ihrer Würde, auf diese Verdrehungen und unwahren Behauptungen näher einzugehen. Diese Behauptungen werden von der Wirklichkeit selbst gerichtet. Die Bundesregierung möchte jedoch mit allem Nachdruck klarstellen, daß diese illegale Aktion der Zonenmachthaber ein für allemal der Weltöffentlichkeit zeigt, in welchem Teil Deutschlands „*Militarismus und Aggression*" praktiziert werden.

(Lebhafter Beifall im ganzen Hause)

Noch in ihrer letzten Note vom 3. August 1961 hat die Sowjetunion erneut ihre Forderung nach Abschluß eines sogenannten Friedensvertrages und nach Umwandlung des geltenden Viermächtestatus der Stadt Berlin, und zwar nur des westlichen Teils von Berlin, in eine sogenannte freie Stadt mit der Behauptung begründet, daß diese Maßnahme notwendig sei, um dem angeblichen Militarismus und Revanchismus in der Bundesrepublik zu begegnen. Sie hat erneut versucht, den Eindruck zu erwecken, als ob verantwortliche Kreise in der Bundesrepublik die Absicht hätten, gegen die Sowjetunion oder irgendeinen anderen Staat der Welt kriegerische Maßnahmen vorzubereiten. Jeder, der in die Bundesrepublik kommt, kann sich von dem Gegenteil überzeugen, und die überwältigende Mehrheit aller Staaten der Welt stimmt mit uns in der *Bewertung* unserer friedlichen und ausschließlich auf die Verteidigung unserer Lebensinteressen ausgerichteten Politik überein.

(Beifall bei der CDU/CSU und bei Abgeordneten der SPD sowie rechts)

Jeder, der heute nach Ostberlin und in die Zone geht, kann sich durch Augenschein davon überzeugen, daß dort Maßnahmen getroffen worden sind, die im wahren Sinne des Wortes die Bezeichnung militaristisch verdienen.

(Beifall) [...]

Es mutet wie eine makabre Groteske an, wenn sich die Vertreter des Ulbricht-Regimes heute hinstellen und erklären, daß die Deutschen in der Zone das *Selbstbestimmungsrecht* bereits ausgeübt hätten.

Der ständige *Flüchtlingsstrom* der vergangenen Wochen und Jahre spricht eine andere Sprache, die Sprache der Wirklichkeit. Es ist aufschlußreich, sich in das Gedächtnis zurückzurufen, wann dieser verstärkte Flüchtlingsstrom erneut einsetzte. Er setzte ein, als die massiven Drohungen des sowjetischen Ministerpräsidenten, einen Friedensvertrag mit der Zone abzuschließen, den Menschen in der Zone die Hoffnungslosigkeit ihrer Situation vor Augen führten. Für diese Menschen wurde der angekündigte Separationsvertrag ein Alpdruck, dem sie unter allen Umständen entrinnen wollten. In ihrer seelischen Verzweiflung sahen diese Menschen keinen anderen Ausweg als ihre Heimat in der Zone unter Aufgabe von Hab und Gut und unter Gefährdung ihres Lebens zu verlassen, um in der Bundesrepublik ein neues Leben in Freiheit zu beginnen und aufzubauen. Ihr freier Entschluß, ihre Heimat aufzugeben, war die einzige Form, in der sie das ihnen verbliebene persönliche Selbstbestimmungsrecht ausüben konnten. Es blieb ihnen nichts anderes übrig als die „Abstimmung mit den Füßen", um diesen Ausdruck Lenins zu gebrauchen. Mit dieser Abstimmung haben diese Menschen der Welt gezeigt, was sie wirklich wollen: Sie wollen die Freiheit und nicht die Unfreiheit.

(Beifall bei der CDU/CSU)

292

Die Bundesregierung hat sichere Unterlagen dafür, daß trotz einer 16jährigen Terrorherrschaft kommunistischer Funktionäre in der Zone über 90% der dort lebenden Deutschen das Regime, welches sie unterdrückt, ablehnen, den Sklavenstaat, den man ihnen aufgezwungen hat, verachten und nichts sehnlicher als die Vereinigung mit den in der Freiheit lebenden Deutschen wünschen.

Die Sowjetunion, meine Damen und Herren, behauptet immer wieder, daß der jetzt gültige *Status der Stadt Berlin* eine der Ursachen für die bestehenden Spannungen sei. Es ist nicht nötig zu wiederholen, daß diese Behauptung unrichtig ist. Wohl aber ist es angebracht, nachdrücklich darauf hinzuweisen, daß eine Lösung des Deutschlandproblems auf der Grundlage der Selbstbestimmung der beste, ja der einzige Weg ist, um die Spannungen und Schwierigkeiten auszuräumen.

(Beifall bei der CDU/CSU)

Eine solche Lösung wäre wirklich ein echter Beitrag zur Erhaltung und Sicherheit des Friedens in der Welt.

In dieser ernsten Lage, die durch die Zonenmachthaber heraufbeschworen worden ist, steht die Bundesregierung mit ihren drei westlichen Verbündeten in engster Verbindung. Sie wird gemeinsam mit ihnen die erforderlichen Maßnahmen vorbereiten und durchführen. Die Bundesregierung und ihre Verbündeten sind sich in der Bewertung der der freien Welt drohenden Gefahren einig. Die *Außenminister* der drei Westmächte und der Bundesrepublik sind vor zwei Wochen *in Paris* zu *Beratungen* zusammengetreten. Ich kann, meine Damen und Herren, mit besonderer Genugtuung feststellen, daß diese Beratungen im Geiste vollen gegenseitigen Einvernehmens geführt wurden. Diese Beratungen wurden ergänzt und bestätigt durch eine ausführliche *Konsultation* zwischen den vier Mächten und allen *NATO-Partnern*. Auf diese Weise ist es möglich gewesen, über die Grundlage der westlichen Haltung eine *volle Übereinstimmung* nicht nur zwischen den an der Lösung der Deutschlandfrage unmittelbar beteiligten Westmächten und uns, sondern auch zwischen allen NATO-Partnern zu erzielen. Der amerikanische Außenminister Rusk hat im Anschluß an die mit den Außenministern Frankreichs, Großbritanniens und der Bundesrepublik geführten Besprechungen den NATO-Rat unterrichtet, der bei dieser Gelegenheit erneut und unzweideutig die Entschlossenheit aller NATO-Staaten zum Ausdruck gebracht hat, die Freiheit Berlins aufrechtzuerhalten.

(Beifall auf allen Seiten des Hauses)

Zugleich hat der NATO-Rat wiederholt die Überzeugung ausgedrückt, daß eine friedliche und gerechte Lösung der deutschen Frage einschließlich Berlins nur auf der Grundlage des Selbstbestimmungsrechtes des gesamten deutschen Volkes herbeigeführt werden kann.

(Erneuter Beifall)

Wir werden diese engen Kontakte und die Zusammenarbeit in den nächsten Wochen und Monaten fortsetzen und werden im engsten Einvernehmen miteinander gemeinsam die Schritte ergreifen, die zur Abwehr etwaiger sowjetischer Versuche, die Freiheit Berlins zu beeinträchtigen, erforderlich sind. [...]

Auch die Bundesrepublik Deutschland wird im Rahmen der Atlantischen Verteidigungsorganisation ihrerseits Maßnahmen zur Stärkung der militärischen Bereitschaft ergreifen müssen, um die Anstrengungen, die insbesondere durch die Vereinigten Staaten, aber in erheblichem Umfange auch von den anderen NATO-Partnern unternommen werden, zu unterstützen und zu ergänzen. Es ist für uns, meine Damen und Herren, ein Gebot der Selbsterhaltung, daß wir uns in diesem Augenblick, in dem es um Berlins Schicksal, um unser Schicksal, geht, mit unseren westlichen Verbündeten solidarisch erklären und mit ihnen gemeinsam die Anstrengungen unternehmen, die erforderlich sind, um der Gefahr zu begegnen.

(Beifall)

Wir sind jedoch weit davon entfernt, in militärischen Maßnahmen eine Lösung der künstlich von der Sowjetunion erzeugten Krise zu erblicken. Die Bundesregierung ist nicht davon überzeugt, daß der sowjetische Ministerpräsident einen Krieg auslösen will, der auch sein Land vernichten würde. Die Bundesregierung glaubt, daß es nach wie vor möglich ist, aus der Lage, in der die Welt sich befindet, durch *Verhandlungen* einen Ausweg zu finden.

(Beifall bei der CDU/CSU)

Sie ist bereit, jeden Ansatz für Verhandlungen zwischen den vier für Berlin und Deutschland als Ganzes zuständigen Mächten zu unterstützen. Die Bundesregierung erachtet es jedoch für unerläßlich, darauf hinzuweisen, daß das einseitige Vorgehen der Zonenmachthaber, das mit Zustimmung der Regierung der UdSSR erfolgt ist, eine Belastung der vom Westen gezeigten Verhandlungsbereitschaft darstellt.

Die Bundesregierung wird aber die Hoffnung nicht aufgeben, daß alsbald Verhandlungen aufgenommen werden und daß durch sie eine Lösung des Deutschlandproblems und damit der Berlin-Frage auf der Grundlage des Selbstbestimmungsrechts der Völker ermöglicht wird. Das Prinzip, daß den Völkern das Recht gegeben werden muß, über ihre staatliche Ordnung selbst zu entscheiden, hat seinen Siegeszug über die ganze Welt angetreten. Die Bundesregierung vertraut darauf, daß es auch im Herzen Europas, wo zur Zeit immer noch 16 Millionen Deutschen dieses Recht verweigert wird, durchgesetzt werden kann.

(Beifall)

Die Bundesregierung hat mehrfach erklärt und wiederholt es bei dieser Gelegenheit, daß sie bereit ist, an Plänen mitzuwirken, die für den Fall der Wiedervereinigung Deutschlands der *Sowjetunion Sicherheitsgarantien* geben. Zuletzt habe ich noch hier an dieser Stelle am 17. Juni dieses Jahres diese Bereitschaft bekräftigt. An dieser Absicht der Bundesregierung hat sich nichts geändert. Die Wiederherstellung der deutschen Einheit würde nicht nur dem Frieden, sondern auch dem richtig verstandenen Sicherheitsinteresse der Sowjetunion und allen anderen Völkern dienen.

(Beifall bei der CDU/CSU und Abgeordneten der SPD und F.D.P.)

Die drei westlichen Verbündeten, die im Rahmen der Viermächtevereinbarung eine besondere Verpflichtung für Berlin und für Deutschland übernommen haben, haben einen nachdrücklichen *Protest* und eine ernste Mahnung *an die Sowjetunion* gerichtet. Sie haben die ergriffenen Maßnahmen als illegal und als einen unverantwortlichen einseitigen Bruch der bestehenden Vereinbarungen bezeichnet. Sie haben mit Recht die verlogene Behauptung zurückgewiesen, die in der sogenannten Empfehlung der Staaten des Warschauer Paktes enthalten ist, daß nämlich diese Maßnahmen im eigenen Interesse des deutschen Volkes liegen; und sie haben betont, daß diese Behauptung nichts anderes darstellt als eine Einmischung in die inneren Verhältnisse des deutschen Volkes.

(Beifall bei der CDU/CSU und Abgeordneten der SPD und F.D.P.)

Wie das deutsche Volk über diese brutalen Maßnahmen denkt, wäre leicht zu ermitteln. Es würde genügen, alle Deutschen in der Bundesrepublik, in der sowjetisch besetzten Zone und in ganz Berlin darüber zu befragen. Die Antwort wäre eine leidenschaftliche Verurteilung durch die überwältigende Mehrheit des deutschen Volkes.

(Lebhafter Beifall auf allen Seiten des Hauses)

Die Bundesregierung hat das Recht und hat die Pflicht, für das ganze deutsche Volk zu sprechen, also auch für diejenigen Deutschen, die durch die Gewaltmaßnahmen in der sowjetischen Besatzungszone zum Schweigen verurteilt sind. Sie appelliert eindringlich an die Sowjetunion, in diesem kritischen Augenblick zu einer realistischen Betrachtung der Dinge zurückzufinden. Es sollte unter der Würde eines großen Volkes sein, Kreaturen zu schützen, die vom eigenen Volke verachtet werden.

(Lebhafter Beifall bei der CDU/CSU – Beifall bei Abgeordneten der anderen Fraktionen)

Die russische Regierung und das russische Volk sollten sich nicht dazu hergeben, daran mitzuwirken, daß ein Teil eines großen ihnen benachbarten Landes gegen den Willen der Bewohner in ein Konzentrationslager umgewandelt wird.

(Beifall bei der CDU/CSU und Abgeordneten der SPD und F.D.P)

Man sollte in Moskau erkennen, daß alle Menschen in der Welt, die sich zu dem mit der Charta der Vereinten Nationen anerkannten *Selbstbestimmungsrecht* der Völker bekennen, nur eine tiefe Verachtung für ein Regime haben können, das dieses Selbstbestimmungsrecht mit Füßen tritt. Eine Neuordnung der Beziehungen zwischen dem russischen Volk und dem deutschen Volk ist auf dem von den Behörden der Sowjetzone beschrittenen Wege nicht denkbar.

(Sehr richtig! bei der CDU/CSU)

Die Deutschen in der Zone empfinden Haß und Verachtung gegenüber denen, die sie in unmenschlicher Weise vergewaltigen. Und sie müssen ähnliche Gefühle denen gegenüber tragen, die dieses System unterstützen. Die Schließung der Grenzen ist eine beispiellose Bankrotterklärung; sie zeigt, daß die Menschen, die in diesem Teil Deutschlands zu leben gezwungen sind, nur unter Anwendung physischen Zwanges daran gehindert werden können, dieses Paradies der Arbeiter und Bauern zu verlassen.

(Beifall bei der CDU/CSU)

Es gibt nur eine Möglichkeit, die Beziehungen zwischen dem russischen und dem deutschen Volk auf eine neue Grundlage zu stellen. Dem deutschen Volk muß das Recht zurückgegeben werden, das man keinem Volk der Welt verweigert, durch freie und unbeeinflußte Willensentscheidung eine Regierung zu bilden, die dann den legitimen Auftrag besitzt, für das ganze deutsche Volk zu sprechen, zu handeln und zu entscheiden.

(Beifall bei der CDU/CSU und Abgeordneten der SPD und F.D.P.)

Die Bundesregierung appelliert aber auch an die Regierungen aller Nationen der Welt, die die Charta der Vereinten Nationen unterzeichnet oder anerkannt haben. Die Maßnahmen, die von den sowjetzonalen Behörden durchgeführt werden und angekündigt wurden, sind nichts anderes als ein flagranter Verstoß gegen dieses Grundgesetz, das für die innere Ordnung der Völker der Welt ebenso gültig sein soll wie für die Beziehungen zwischen den Nationen.

Mit tiefer Bewegung gedenkt die Bundesregierung aber auch der *persönlichen Schicksale* von vielen Millionen, die ein Opfer dieser unmenschlichen Maßnahmen geworden sind. Nahezu dreieinhalb Millionen sind in den zurückliegenden Jahren aus der Zone und dem Ostsektor von Berlin geflohen, weil ihnen keine andere Möglichkeit blieb, ein Leben in Freiheit zu führen. Unter Aufgabe ihres Berufes, unter Zurücklassung von Hab und Gut haben sie sogar die menschlichen Beziehungen abgebrochen, die sie mit ihrer Familie, mit ihren Verwandten, mit ihren Freunden verbanden. Für unzählige Menschen, die den gleichen Weg gehen wollten, ist nun die Tür zugeschlagen worden. Die Bundesregierung gibt der Hoffnung, aber auch der Überzeugung Ausdruck, daß am Beginn der auch von ihr gewünschten Verhandlungen die Aufhebung dieser Maßnahmen stehen wird.

(Beifall)

Nichts könnte das deutsche Volk besser davon überzeugen, daß solche Verhandlungen der Aufrechterhaltung des Friedens in der Welt und einer dauerhaften Neuordnung der Beziehungen zwischen den Völkern dienen, als eine solche Maßnahme.

Es genügt nicht, meine Damen und Herren, von Frieden zu sprechen; dem mündlichen Bekenntnis müssen Taten folgen,

(Sehr wahr! bei der SPD)

die erkennen lassen, daß der Friede nicht nur zwischen, sondern erst recht und ganz besonders in den Völkern bestehen muß.

(Beifall)

Jeder einzelne hat ein Recht darauf, in Frieden zu leben. Die Unfreiheit ist die schauerlichste Form der Friedlosigkeit.

Lassen Sie mich zum Schluß einige Sätze an *die Bewohner des Ostsektors von Berlin und der Zone* richten. Ihr Leid und Ihre Sorge ist unser Leid und unsere Sorge.

(Allgemeiner starker Beifall)

In Ihrer so besonders schweren Lage fanden Sie wenigstens in dem Gedanken Trost, daß Sie, wenn Ihr Los nicht mehr tragbar sei, ihm durch die Flucht entgehen könnten. Es sieht jetzt so aus, als wenn Ihnen auch dieser Trost genommen ist. Ich bitte unsere Brüder und Schwestern im Ostsektor von Berlin und in der Zone von Herzen: Geben Sie die Hoffnung auf eine bessere Zukunft für Sie und Ihre Kinder nicht auf.

(Beifall)

Wir sind überzeugt, daß es den Anstrengungen der freien Welt und insbesondere auch unseren Anstrengungen doch eines Tages gelingen wird, Ihnen die Freiheit wieder zu verschaffen.

(Erneuter Beifall)

Das Selbstbestimmungsrecht wird seinen Siegeszug durch die Welt fortsetzen und wird auch vor den Grenzen der Zone nicht haltmachen. Sie werden eines Tages – glauben Sie es mir – mit uns in Freiheit vereint sein. Wir stehen nicht allein in der Welt, das Recht steht auf unserer Seite, und auf unserer Seite stehen die Völker der Welt, die die Freiheit lieben.

(Anhaltender starker Beifall bei der CDU – Beifall bei Abgeordneten der SPD und der F.D.P.)

Repräsentant des anderen Deutschland:
WILLY BRANDT
(I)
1913–1992

aus Lübeck, 1930 Mitglied der SPD, 1931 der SAP (Sozialistische Arbeiterpartei), 1933 Flucht nach Kopenhagen und Oslo, Journalist, 1937 Berichterstatter für skandinavische Zeitungen im Spanischen Bürgerkrieg, 1938 Ausbürgerung durch die NS-Machthaber, norwegischer Staatsbürger, 1940 Flucht nach Schweden, 1944 Eintritt in die SPD in Stockholm. 1945 norwegischer Presseattaché in Berlin, 1947 Wiedereinbürgerung, 1948/49 Vertreter des Parteivorstands der SPD in Berlin, 1949 bis 1957, 1961, seit 1969 MdB (SPD), 1950 Mitglied des Berliner Abgeordnetenhauses, 1954 bis 1957 dessen Präsident, 1957 bis 1966 Regierender Bürgermeister von Berlin, 1961 und 1965 Kanzlerkandidat der SPD. 1964 bis 1987 Vorsitzender der SPD, 1966 bis 1969 Außenminister, 1969 bis 1974 Bundeskanzler, 1971 Friedensnobelpreis, seit 1976 Vorsitzender der Sozialistischen Internationale, 1977 Vorsitzender der Nord–Süd–Kommission (Neuordnung der Beziehungen zwischen Entwicklungs- und Industrieländern), 1979 bis 1983 Mitglied des Europäischen Parlaments. Autor zahlreicher Veröffentlichungen („Friedenspolitik in Europa", Frankfurt/M. 1968, „Erinnerungen", Frankfurt/M. 1989).).

Der Mensch ist frei geschaffen, ist frei,
Und würd' er in Ketten geboren.

Schiller

„Der Senat... hält nichts von sogenannten Gegenmaßnahmen, die ein schallendes Gelächter vom Potsdamer Platz bis nach Wladiwostok auslösen würden", erklärte Willy Brandt als Regierender Bürgermeister von Berlin am 18. August 1961 in der Diskussion des Bundestages über den Bau der Mauer, und in diesem Satz kommt eine unüberhörbare Kritik zum Ausdruck, die weit reichende Folgen haben sollte. Es war die Erkenntnis, dass sich, wie Brandt sagte, „die westlichen Schutzmächte aus den Viermächtevereinbarungen herausdrängen ließen", die sich auf Berlin als Ganzes beziehen. Dadurch seien die Spannungen in Berlin vergrößert worden. Am Tag nach dieser Bundestagssitzung wurde ein Brief Brandts an den amerikanischen Präsidenten bekannt, in dem er gegenüber Kennedy „Zweifel in die Reaktionsfähigkeit und Entschlossenheit der drei Mächte" anmeldete; „die ausgesprochen kühle Antwort Kennedys trug wesentlich zu einem Prozeß des Umdenkens bei Willy Brandt bei, der enttäuscht begann, eine ‚neue Ostpolitik' zu konzipieren" (Ottfried Hennig). Was aus dieser neuen Konzeption wurde, steht in den Geschichtsbüchern: die Ostpolitik der sozialliberalen Koalition. Wie tief die Enttäuschung bei Willy Brandt saß, wurde noch nach 26 Jahren deutlich: Als er eine Grußadresse an die Festversammlung richtete, die den 750. Geburtstag Berlins feierte, blieben die westlichen Schutzmächte unerwähnt.

Als Willy Brandt am 18. August 1961 im Bundestag sprach, konnte der 47-jährige Politiker auf einen Lebensweg zurückblicken, der sich von dem der allermeisten seiner Jahrgangsgenossen in jeder Hinsicht unterschied. Wie sich ein Neunzehnjähriger kompromisslos und eindeutig gegen den sich damals in Deutschland breit machenden Nationalsozialismus wenden konnte, wie er in einer scheinbar ausweglosen Situation und angesichts der augenscheinlich fest zementierten „Volksgemeinschaft" in einem Reich, das sich das „Tausendjährige" nannte, konsequent an dem einmal eingeschlagenen Weg festhielt und das bittere Emigrantenschicksal meisterte, bleibt herausragend und ungewöhnlich. Als ein glücklicher Umstand erwiesen sich dabei die Erfahrungen, die er mit den lebendigen Demokratien in Norwegen und Schweden machen sollte: Sie entsprachen seinen früh geformten politischen Überzeugungen vielfach. In kurzer Zeit wuchs er in die Position eines bekannten Publizisten hinein; dem den ersten schülerhaften journalistischen Gehversuchen in seiner Lübecker Zeit längst Entwachsenen stand die Macht des Wortes schon damals jederzeit zu Gebote, was umso erstaunlicher ist, als er sich nicht in der vertrauten Muttersprache ausdrücken konnte, sondern in einem fremden Idiom verständlich machen musste. „Mit der bemerkenswerten Zähigkeit, die eine seiner charakteristischsten Eigenschaften darstellt und die ihm noch in viel späterer Zeit oft genug für seine politische Laufbahn zugute kommen sollte, eignete er sich in kürzester Frist die Kenntnis der norwegischen Sprache so an, dass er sie nicht nur mühelos verstehen und sprechen, sondern dass er in ihr vor allen Dingen so geläufig schreiben konnte, als sei er mit ihr aufgewachsen" (Jan P. Berkandt). Aber trotz der Wurzeln, die er im Norden geschlagen hatte, und trotz der vielfachen Bindungen, die in den Jahren der Emigration in Skandinavien gewachsen waren, zog es ihn nach dem Krieg wieder nach Deutschland zurück. Im Oktober 1945 war er als Berichterstatter skandinavischer Zeitungen zum Nürnberger Prozess entsandt worden. „Das unmittelbare Erlebnis der grauenhaften Zerstörungen und des unermesslichen Elends, die geistige Verwirrung, die vielen komplexbeladenen Fehlurteile über den Nazismus, über Ursache und Verlauf des Krieges, vor allem aber die häufige Wiederbegegnung mit alten Freunden, die mit Mühe und Not der Hölle der Konzentrationslager, Zuchthäuser und Gefängnisse entronnen waren, das alles trug dazu bei, dass er sich mit der Frage auseinanderzusetzen begann, wann und wie er am deutschen Wiederaufbau mitwirken könne" (Berkandt). Im Mai 1946 nahm er am Gründungsparteitag der wiedererstandenen SPD in Hannover teil und erlebte den Einzug jener Berliner Delegation mit, die kurz zuvor die Zwangsverschmelzung mit den Kommunisten erfolgreich abgewehrt hatte. Die Begegnung mit Kurt Schumacher trug das Ihre dazu bei, den Entschluss zur Rückkehr immer gewisser werden zu lassen. – Allerdings gab es im Verhältnis zu Schumacher schon bald eine Ernüchterung, die darauf zurückging, dass Brandt jener Art von Opposition, wie sie Schumacher in Bonn praktizierte, wenig Sympathie entgegenbrachte. „Ich könnte nicht behaupten, dass ich mich mit Schumacher wesensverwandt gefühlt hätte." Die Neuorientierung der SPD, die Herbert Wehner 1960 verkündete, hatte Brandt schon zu einem sehr frühen Zeitpunkt ins Auge gefasst. – In Ernst Reuter, Emigrant wie er, lernte Brandt eine dominierende Persönlichkeit und einen prominenten Vertreter jenes anderen Deutschland kennen, dessen Bild er in vielen Veröffentlichungen während der ersten Hälfte der 40er-Jahre entworfen hatte.

Als Willy Brandt 1946 nach Berlin zurückkehrte, trug er noch die norwegische Uniform. Aber der Wunsch, das deutsche Schicksal in jeder Beziehung zu teilen, wurde immer dringlicher, und so folgte er mit Freuden Kurt Schumachers Angebot, die Vertretung des SPD-Parteivorstands in Berlin zu übernehmen. Am 1. Januar 1948 stieg er wieder in die deutsche Politik ein. Die Auslandserfahrungen, über die der Vierunddreißigjährige verfügte, erleichterten ihm das Fußfassen in der internationalen Atmosphäre Berlins. In jenen Jahren war ja die ehemalige Reichshauptstadt Sitz der Spitzen der alliierten Militärregierung, die das Restreich von dort aus regierten. In Berlin residierten zu jener Zeit auch zahlreiche Militärmissionen, die beim Kontrollrat akkreditiert waren.

In der örtlichen Parteiorganisation begann ein mühsames Ringen um den Platz an der Spitze. Durch Fehlschläge ließ Brandt sich nicht beirren; zweimal scheiterten Kandidaturen für das Amt des Landesvorsitzenden. Erst im dritten Anlauf, im Jahre 1958, war er erfolgreich. Aber schon 1954 war er der unbestrittene Kandidat für das Amt des Präsidenten des Abgeordnetenhauses. Ein schwerwiegender Konflikt bahnte sich freilich auch an: Im Gegensatz zur Haltung der sozialdemokratischen Bundestagsfraktion, die jede „europäische" Bindung der Bundesrepublik im Hinblick auf die dadurch gefährdete oder erschwerte Wiedervereinigung ablehnte, bewerteten viele Berliner Sozialdemokraten die sich verstärkende Einbindung der Bundesrepublik in das westliche Lager positiv. Das kam in einer fast eklatanten Weise beim Hamburger SPD-Parteitag des Jahres 1950 zum Ausdruck, als sich nur elf der etwa 370 Delegierten für den Eintritt der Bundesrepublik Deutschland in den Europarat und die Montanunion aussprachen – einer der elf war Willy Brandt. Genau zehn Jahre später konnte er sich durch den Ablauf der Ereignisse bestätigt sehen.

Im Jahre 1957 war das Votum der SPD-Fraktion des Abgeordnetenhauses fast einstimmig, als der Nachfolger von Otto Suhr zu bestimmen war. Willy Brandt wurde mit großer Mehrheit zum neuen Regierenden Bürgermeister von Berlin gewählt. Zu dieser Zeit war er längst der populärste Politiker Berlins, und keinem außer ihm wäre es gelungen, die zutiefst aufgewühlten Berliner in Stunden großer Erregung, etwa bei der Massenversammlung anlässlich des Volksaufstandes in Ungarn, von unbesonnenen Schritten abzuhalten. Auch beim Bau der Mauer folgten die Hunderttausende seinem beschwörenden Appell von den Stufen des Schöneberger Rathauses aus, Ruhe zu bewahren und die Stacheldrahtsperren nicht einzureißen. Der bewaffnete Konflikt, der ganz handgreiflich in der Luft lag und unabsehbare Folgen hätte haben können, blieb aus.

Nach diesen Ereignissen war der Weg an die Spitze der deutschen Politik nur noch eine Frage der Zeit.

Der Viermächtestatus
unter den Panzerketten der Volksarmee

Rede Brandts am 18. August 1961 im Bundestag, Bonn, aus: DBT/ 3. WP / 167. / 18.8.1961 / 9773C – 9777A

Herr Präsident! Meine Damen und Herren! Es kommt nicht häufig vor, daß vor diesem Hohen Hause von der Bundesratsbank aus das Wort ergriffen wird. Wenn ich heute namens des Landes *Berlin* vor Sie hintrete, dann spiegelt sich darin die außerordentliche Lage wider, in die wir gebracht wurden.

Es geht nicht um Berlin allein. Es geht um das kalte Ungarn, das sich im anderen Teil Deutschlands und im Ostsektor meiner Stadt vollzogen hat: Sie alle kennen die Bilder vom Stacheldraht, von den Betonpfählen und Betonmauern, von den Panzern, von den spanischen Reitern und von den feldmarschmäßig ausgerüsteten Soldaten. Was geschehen ist, ist mehr als ein schreiendes Unrecht.

Man muß die Unzahl menschlicher Tragödien im Auge haben, die sich in diesen Tagen abspielen. Mitten durch eine Stadt, in der es trotz der administrativen Teilung noch immer täglich vieltausendfache Verbindungen gab, sind die Betonpfähle einer Grenze eingerammt worden, die zu einer Art chinesischer Mauer ausgebaut wird.

Was zusammengehört, ist weiter auseinandergerissen, es wird brutal zerschlagen. Das *Recht auf Freizügigkeit* wurde zertrampelt. Dabei ist es primitives Menschenrecht, fliehen zu dürfen von einem Land in das andere. Um wieviel mehr gilt das erst, wenn es sich um die Flucht innerhalb eines Landes und innerhalb einer einzigen Stadt handelt.

Deshalb ist es die Meinung Berlins, daß vor allem eine Initiative ergriffen werden müßte, um die flagrante Verletzung der Menschenrechte international zu brandmarken. Der *Schutz der Menschenrechte* ist eine ureigene *Aufgabe der Vereinten Nationen*. Den Weg vor das Weltforum kann man sich nicht aufheben für den Fall, daß eine Welt zu brennen beginnt.

(Beifall bei der SPD und bei Abgeordneten der F.D.P.)

Es ist schon heute ein Zustand eingetreten, der das Eingreifen internationaler Institutionen notwendig macht, zumal die unmittelbar Betroffenen nicht mehr glauben, die Akte des Rechtsbruchs und der Aggression ohne Gefährdung des Friedens wirksam zurückweisen zu können.

Die Menschen in der von Ulbricht geknebelten und von sowjetischen Panzern in Schach gehaltenen Zone und in dem von Ulbricht besetzten und annektierten Ostberlin sind voll Haß und Verzweiflung. Sie befinden sich in einem Gefühl grenzenloser Verlassenheit.

(Sehr wahr! bei der SPD)

Sie müssen ihre Empörung unterdrücken. Niemand von uns wird sie der Verzweiflung preisgeben wollen.

Auch aus diesem Grund ist es gut, daß der Deutsche Bundestag zusammengetreten ist, und es ist erfreulich, daß sich in diesen Tagen manche Zeichen der Verbundenheit, der Solidarität gezeigt haben. Wir dürfen jetzt – das ist die Meinung Berlins – mit den Ulbricht-Leuten weder über Geschäfte reden noch sonst so tun, als sei nichts Besonderes passiert.

(Lebhafter Beifall im ganzen Hause)

Für die *Stadt Berlin* ist eine neue Lage entstanden. Als *Stätte täglicher menschlicher Begegnungen* zwischen West und Ost ist sie ausgeschaltet worden. Ausgeschaltet worden ist aber auch das Ventil, durch das bisher der Überdruck aus dem Ulbricht-Staat entweichen konnte.

Meine Damen und Herren, mehr als 9 Millionen Karten für kulturelle Veranstaltungen sind im letzten Jahr an Ostberliner und Bewohner der Zonenrandgebiete ausgegeben worden. 60 000 Bürger meiner Stadt, die ihren Wohnsitz in Ostberlin haben, haben ihre Arbeit in Westberlin gefunden. Ich kenne aus diesen letzten Tagen Fälle, in denen Menschen nachts durch den Stacheldraht gekrochen sind, um sich von ihren Arbeitskollegen zu verabschieden, und mit Tränen in den Augen hinter den Stacheldraht zurückgingen, weil ihre Frauen, ihre Kinder und ihre Eltern drüben sind. Berlin ist nicht mehr der Ort, zu dem die Menschen kommen konnten, um die Luft der Freiheit zu atmen, um sich neue Kraft zu holen, bevor sie in ihren grauen Zonenalltag zurückkehrten.

Der *Senat von Berlin* – und dieses möchte ich dem Hohen Hause in aller Form zur Kenntnis bringen – hat im Rahmen seiner begrenzten

Möglichkeiten getan oder eingeleitet, was die Lage erfordert. Er hat dafür gesorgt, daß die Ordnung in der Stadt aufrechterhalten wurde und daß das Wirtschaftsleben nicht in Unordnung geriet. [...]

Meine Mitbürger haben Vertrauen in die für die Freiheit der Bevölkerung Westberlins, die Anwesenheit der alliierten Truppen in Westberlin und den Zugang von und nach Westberlin gegebenen *alliierten Garantien*. Ich bin nicht nur überzeugt, ich weiß es – und ich habe es meinen Mitbürgern auf einer großen Kundgebung dieser Tage gesagt –, daß das Überschreiten der dadurch gezogenen Linie mehr als ein Risiko wäre. Die Garantien sind heute Garantien des Friedens. Sie sind die Basis unserer Existenz in Berlin. Aber das gilt auch für Westdeutschland und für den Westen überhaupt.

Die Berliner haben seit mehr als zwölf Jahren bewiesen, daß sie lieber Entbehrungen auf sich nehmen, als ihren Nacken unter das Joch einer neuen Diktatur zu beugen.

(Beifall im ganzen Hause)

Heute kommt es dort und anderswo trotz bitterer Enttäuschungen mehr denn je darauf an, daß wir fest und entschlossen an der Seite unserer Freunde stehen.

(Erneuter Beifall im ganzen Hause)

Gestern habe ich in einer Korrespondenz gelesen, was sich am Sonntag ereignet habe, sei „eine Maßnahme der Kommunisten in ihrem Machtbereich, nicht eine *Maßnahme gegen die Freiheit im Bereich des Westens*" gewesen. Ich halte diese Einschätzung für falsch.

(Sehr richtig! bei der SPD) [...]

Es ist schon einmal namenloses Unglück über unser Volk und über die Menschheit gekommen, weil wir *Gesetz und Moral* gering geachtet haben, weil wir geglaubt haben, daß das Schicksal anderer uns wenig angehe, solange es uns nur gut gehe.

(Beifall bei der SPD)

Der Regierende Bürgermeister von Berlin hat in diesen Tagen aus allen Teilen der Bevölkerung unzählige Beweise dafür erhalten, daß es falsch ist, zu glauben, die Menschen in der Bundesrepublik würden nicht verstehen, was seit dem Sonntag in Berlin und in der Zone passiert ist. Unser Volk ist nicht der Kühlschrank-Ideologie zum Opfer gefallen. Unser Volk hat sich den Sinn für die *gemeinsame*

Verantwortung bewahrt. Und das ist für unsere Landsleute drüben in der Zone wichtig zu wissen.

(Beifall bei der SPD und bei Abgeordneten der übrigen Fraktionen)

Was in Ostberlin geschehen ist, das ist der Einmarsch einer Armee in ein Territorium, in dem sie nichts zu suchen hat.

(Lebhafter Beifall im ganzen Hause)

Die sogenannte Volksarmee mit ihren Nebenorganisationen hat Ostberlin annektiert. Sie hat den *Viermächtestatus* unter ihren Panzerketten zermahlen.

(Zustimmung bei der SPD)

Die Anordnungen, die dazu geführt haben, stammen vom sogenannten „Ministerrat der Deutschen Demokratischen Republik". Die Anordnungen, die den S- und U-Bahnverkehr unterbrochen haben, sind vom sogenannten „Minister für Verkehrswesen der Deutschen Demokratischen Republik" unterzeichnet. Die Anordnungen, die den Bewohnern Ostberlins das Betreten Westberlins verboten haben, sind vom „Minister des Innern der Deutschen Demokratischen Republik" unterzeichnet. Die Erlaubnis für „friedliche Westberliner", den Ostsektor der Stadt zu betreten, stammt vom Innenminister der sogenannten „Deutschen Demokratischen Republik". Das gleiche gilt für die Anordnungen, die die Einwohner Westdeutschlands betreffen. Der Minister des Innern der sogenannten DDR hat den ausländischen Staatsangehörigen einschließlich der Angehörigen des Diplomatischen Corps und der Angehörigen der westlichen Besatzungsstreitkräfte gestattet, zunächst 13, im Augenblick 12 – ich weiß nicht, wie viele in Zukunft – Übergangsstellen in den Ostsektor zu benutzen. Für den Oberbürgermeister Ostberlins blieb die klägliche Aufforderung übrig, seinen Bürgern zu sagen, daß sie nicht mehr in Westberlin arbeiten dürfen, und sie aufzufordern, sich eine neue Arbeit zu suchen.

Die *Zonenregierung* hat ihre quasi-Souveränität voll auf Ostberlin ausgedehnt. Sie hat *Ostberlin annektiert*, und sie hat diese Souveränität ausgeübt über alle – ich wiederhole: über alle –, die in Frage kommen könnten, Ostberlin zu betreten.

(Abg. Wehner: Sehr richtig!)

Das sind die nackten Tatsachen, an denen es nichts zu beschönigen gibt, über die man nicht hinweggehen kann, wenn man sich nicht selbst betrügen will. [...] Es ist eine Selbstverständlichkeit, daß die,

die Verantwortung tragen in Deutschland – die Bundesregierung und auf unserer bescheideneren Ebene der Senat von Berlin –, nichts zu tun beabsichtigen, was die internationale Lage verschlechtert. Es kann keine Stadt geben und es kann kein Volk geben, die die Sicherung des Friedens mehr wünschten als Berlin und als das deutsche Volk; und ich bin überzeugt, es wird dabei bleiben. Aber die Regierung der Sowjetunion darf nicht glauben, uns ins Gesicht schlagen zu können, und wir lächelten noch dazu.

(Lebhafter Beifall bei der SPD – Beifall bei Abgeordneten der Mitte und rechts)

Die über eine Viertelmillion Menschen, die vorgestern in Berlin freiwillig vor dem Rathaus zusammengekommen sind und empört und erbittert die Schande der letzten Tage in alle Welt gerufen haben, diese Menschen haben gemeinsam mit meinem Kollegen Amrehn und mir bekundet, daß sie kein Verständnis hätten für eine Haltung – irgendwo in der Bundesrepublik oder irgendwo in der westlichen Welt –, der die primitivste Selbstachtung fehlt. Ein Wurm krümmt sich noch, wenn er getreten wird.

Für die *westlichen Schutzmächte* bedeutet der vergangene Sonntag, daß sie aus jenen Viermächtevereinbarungen herausgedrängt worden sind, die sich auf Berlin als Ganzes beziehen. Die Erklärung der Warschauer-Pakt-Staaten und das, was die Zonenregierung darauf gestützt, verkündet hat, bedeutet in Wirklichkeit auch, daß den Westmächten die *Mitverantwortung für Deutschland als Ganzes* streitig gemacht wird, und zwar noch vor dem vielerörterten separaten Friedensvertrag.

Unsere westlichen Schutzmächte haben in allem Ernst gestern auch in Moskau protestiert. Sie haben in voller Übereinstimmung mit uns die *Verantwortung der Sowjetunion* festgestellt. Sie haben diesen Einmarsch als illegal bezeichnet und die Rücknahme der damit verbundenen Maßnahmen verlangt. Das deckt sich auch mit der Meinung des Senats von Berlin und der Berliner Bevölkerung. Darüber hinaus haben die Westmächte in ihren Noten auf die Tatsache aufmerksam gemacht, „daß diese einseitige Abänderung des Vier-Mächte-Status von Berlin die Spannung und die bestehenden Gefahren nur vergrößern kann". Diese Vergrößerung der Spannung ist eingetreten. Sie liegt in der einseitigen Schuld der Regierung der Sowjetunion,

(Abg. Wehner: Sehr wahr!)

die nicht davon ablassen will, das aus Brutalität und Unfähigkeit zusammengesetzte Ulbricht-Regime zu stützen.

(Beifall)

Die Regierung der Sowjetunion muß nachdrücklich darauf hingewiesen werden, wie gefährlich es ist, wenn sie auf dem Bruch der Vier-Mächte-Vereinbarungen beharrt. Aber die von der Sowjetunion zerfetzten Vier-Mächte-Vereinbarungen dürfen, ehe sie nicht wiederhergestellt sind, nicht zu einem Selbsthindernis des Westens werden, wenn es sich darum handelt, das zu tun, was im Interesse des freiheitlichen Berlins als Teil des freien Deutschland erforderlich ist. Die *Verbindungen zwischen der Bundesrepublik und Westberlin* dürfen nicht gelockert, sie müßten eher gestrafft werden.

(Beifall bei der SPD, der F.D.P. und Abgeordneten der CDU/CSU)

Die Bundesrepublik, die die völkerrechtliche Vertretung des Landes Berlin übernommen hat, darf auch keine *internationalen Verträge* schließen, ohne daß die Interessen Berlins gesichert sind.

Der Senat von Berlin würde es für gut halten, wenn sichtbare *Zeichen der alliierten Präsenz* und der alliierten Rechte erfolgten und wenn alle möglichen politischen Initiativen ergriffen würden. Der Senat erwartet außerdem, daß eine weltweite Aufklärung dieses neuen Unrechts unternommen wird, und er ist selbstverständlich bereit, dabei mitzuwirken.

Der Senat von Berlin hat vor dem Abgeordnetenhaus, vor der Berliner Bevölkerung und gegenüber der Bundesregierung betont, daß überzeugende, *nichtmilitärische Maßnahmen* ergriffen werden sollten. Er verbindet damit keine Vorwürfe an die Adresse der westlichen Verbündeten. Er hält nur nichts von sogenannten Gegenmaßnahmen, die ein schallendes Gelächter vom Potsdamer Platz bis Wladiwostok auslösen würden.

(Beifall bei der SPD und der F.D.P.)

Er hält nichts von Ankündigungen, denen nichts folgt.

(Erneuter, lebhafter Beifall bei der SPD und der F.D.P.)

Er hält mehr davon, daß unserem ganzen Volk ein möglichst klares Bild vermittelt wird von den tatsächlichen Gegebenheiten und von der veränderten Wirklichkeit, mit der wir es zu tun haben, wenn es nicht gelingt, den Rechtsbruch rückgängig zu machen. Alle Beteiligten müssen sich völlig darüber im klaren sein, daß die Maßnahmen des letzten Sonntags nur ein Auftakt gewesen sind. Sie waren der erste Akt eines Dramas, dessen zweiter Akt bereits angekündigt ist.

Der sowjetische Ministerpräsident hat die Hälfte seiner Forderungen für das, was er eine „Freie Stadt Westberlins" nennt, verwirklicht. Er hat sich, was er gefordert hat, selbst genommen. Durch derartige Teilerfolge ist der Appetit noch jeder Diktatur größer geworden.

(Beifall bei der SPD, der F.D.P. und der Abgeordneten der CDU/CSU)

Das ist das eigentliche Gefährliche der Lage.

Der Regierende Bürgermeister von Berlin kann nur vor einer Haltung warnen, die eine Prämie für Vertragsbruch, eine Belohnung für Gewalt sein würde. Sie wäre eine Einladung für Ulbricht, die *Politik der vollendeten Tatsachen* fortzusetzen. Die Spannung wird nicht verschärft, indem man die Wahrheit sagt, sondern die Spannung wird verschärft, indem einseitige Akte des Unrechts begangen werden.

(Beifall)

Wir haben in der Zeit vor diesen Ereignissen oft und wiederholt gehört, daß Verhandlungen nicht unter Drohungen stattfinden dürfen. So hieß es seinerzeit, das Ultimatum müsse weg, bevor man verhandeln könne. Der Westen wird unserer Meinung nach zu sichern haben, daß er nun nicht bei kommenden Verhandlungen den Zustand der vollendeten Erpressung akzeptiert.

(Beifall bei der SPD sowie bei Abgeordneten der CDU/CSU und der F.D.P.)

Wir haben gehört, daß bei der Pariser Konferenz auch über eine westliche Verhandlungsinitiative gesprochen worden ist. Es müßte absolut klar sein, daß *Verhandlungen nur auf einer eindeutigen Rechtsbasis* stattfinden können, es sei denn – was keiner von uns glauben darf –, man wäre bereit, in Anerkennung vollendeter Tatsachen über einen verschlechterten Status für Westberlin zu verhandeln.

Was am Sonntag geschehen ist – ich sage es noch einmal –, das ist keine unmittelbare Bedrohung Westberlins. Aber es ist ein tiefer Einschnitt im Leben unseres Volkes, und es ist auch ein Anschlag auf die westliche Gemeinschaft. Ich meine, daß es um die Glaubwürdigkeit geht, um die *Glaubwürdigkeit der westlichen Politik*.

Der zweite Akt der Erpressung, der *separate Friedensvertrag*, den ich nur *Teilungsdiktat* nennen kann, wird in aller Offenheit angedroht. Ein Teilungsdiktat bringt uns mehr als das Problem der

Agententheorie. Es geht dabei nicht um Stempelfragen, sondern um das Ansinnen, daß die Bundesrepublik meineidig werden soll an den Landsleuten in der Zone.

Die Berliner stehen ganz gewiß nicht allein, wenn sie sagen:

Die Bundesrepublik wird sich mit einem Teilungsdiktat nicht abfinden können.

(Beifall im ganzen Hause)

Sie wird es niemals anerkennen können, nicht nur, weil sie ihre eigene Verfassung nicht brechen darf, die uns verbindlich auffordert, stellvertretend für alle Deutschen zu handeln. Das Grundgesetz verpflichtet die Bundesrepublik – wie es auch hier erneut gesagt worden ist –, sich um die Menschen in der sowjetisch besetzten Zone zu kümmern. Die Bundesrepublik kann und darf ein Teilungsdiktat nicht anerkennen, ohne die Verfassung zu brechen.

Wir sind uns mit den Verbündeten einig, die ebenfalls die *Wiedervereinigung* vertraglich zum Ziele ihrer Politik gemacht haben. Auch sie könnten sich nicht mit einem Vertrag abfinden, der das Gegenteil der gemeinsamen Politik bedeutet.

Die Preisgabe unserer Landsleute wird nicht stattfinden. Wir sind ein Volk – das haben die Berliner angesichts der Drohungen dieser Tage auf ihre Weise noch einmal zu zeigen gehabt –, ein Volk, das auch eine Selbstachtung hat. Recht und Moral verpflichten uns zu diesem Standpunkt. Diese Haltung ergibt sich aber auch aus unserer demokratischen Überzeugung; denn ohne diese integre und unerschütterliche Haltung würden wir selbst, aus Schwäche oder Opportunismus, Wegbereiter eines neuen Nationalismus werden. Und niemand, dem der Friede etwas wert ist, in Ost oder West, kann das wünschen.

Der Regierende Bürgermeister von Berlin weiß mit seinen Mitbürgern, daß wir vor schweren Monaten stehen. Hoffentlich werden wir uns darin bewähren.

(Anhaltender lebhafter Beifall bei der SPD – Beifall bei der CDU/CSU und rechts)

Preußisches Ethos:
FRITZ ERLER
1913–1967

aus Berlin, nach dem Abitur Kommunalbeamter bei der Berliner Stadtverwaltung, 1928 Mitglied der Sozialistischen Arbeiterjugend, 1931 der SPD. Nach 1933 im Widerstand gegen das Hitler-Regime, schied 1938 aus politischen Gründen aus dem Verwaltungsdienst der Reichshauptstadt aus, Verhaftung. 1939 vom „Volksgerichtshof" zu zehn Jahren Zuchthaus wegen „Vorbereitung zum Hochverrat" verurteilt; im April 1945 Flucht aus einem Gefangenentransport. 1945/46 Landrat in Biberach und Tuttlingen, MdL von Württemberg-Hohenzollern, 1949 bis 1967 MdB (SPD), Vorsitzender der SPD-Fraktion des Deutschen Bundestages von 1964 bis 1967.

So feiert ihn! Denn was dem Mann das Leben
Nur halb erteilt, soll ganz die Nachwelt geben.

Goethe

Fritz Erler darf mit einem Ereignis vorgestellt werden, das nicht besonders wichtig ist, aber ein sehr spezifisches Licht auf diesen Politiker wirft. Zu Beginn der 50er-Jahre herrschte in Bonn Aufregung über die Kosten der Unterbringung der obersten Bundesorgane, die wohl vor der Entscheidung des Bundestages für Bonn als vorläufige Bundeshauptstadt niedriger dargestellt wurden, als sie dann de facto waren. Der listige „Bonnifacius" Hermann Wandersleb* und seine Mannschaft waren Meister in den Rechenkünsten der Addition und Subtraktion, wobei diese Operationen stets unter dem Blickwinkel jener seinerzeit noch nicht getroffenen Bundeshauptstadt-Entscheidung vor sich gingen. Kurz und gut, der Souverän in Gestalt des Bundestages verordnete eine genaue Bestandsaufnahme dieser Kosten und setzte einen Untersuchungsausschuss „zur Überprüfung der im Raume Bonn vergebenen Aufträge" ein; Fritz Erler wurde stellvertretender Vorsitzender dieses Ausschusses. Es war für alle Beteiligten keine leichte Aufgabe. Improvisation hieß bei der Unterbringung der obersten Bundesbehörden in der rheinischen Mittelstadt Bonn, die aus allen Nähten zu platzen drohte, das Zauberwort, und die Aktenlage war dementsprechend, sagen wir einmal, unübersichtlich. Eines Tages kam Erler mit einem dicken Aktenbündel an, das er akribisch ausgewertet hatte, wie er meinte, und trug das Ergebnis der gespannt lauschenden Corona vor. Auf der Regierungsseite des Ausschusses begann man sorgenvoll die Köpfe zusammenzustecken und zu tuscheln. Nach einigem Hin und Her meldete sich ein Mitglied der Wandersleb-Seilschaft zu Wort, und der Mann machte seine Sache gut. Es stellte sich nämlich heraus, dass Erler von unzutreffenden Voraussetzungen ausgegangen war, bei dem jedenfalls partiellen Wirrwarr in Planung, Voranschlägen und Rechnungen nicht weiter verwunderlich. Erlers Reaktion: „Herr Vorsitzender, ich bitte um Entschuldigung, ich habe mich geirrt. Die Sache ist erledigt." Ein so bereitwilliges Eingeständnis eines Irrtums kommt im Hohen Hause nicht sehr oft vor. Noblesse und Fairness – wie sie aus dieser kleinen Begebenheit sprechen – waren wohl die tragenden Charakterzüge Fritz Erlers. Ein ungnädiges Schicksal hat ihn viel zu früh abberufen; er hätte wie nur wenige ein gewichtiges Wort in den großen Ausein-

---

* 1949-59 Staatssekretär im Bundesministerium für Wohnungsbau

andersetzungen der 70er-Jahre mitsprechen können. Politische Statur, Urteilsfähigkeit und Durchsetzungsvermögen machten ihn für Ämter wie die des Außen- und Verteidungsministers geeignet; leadership, Führungstalent war ihm angeboren. Nicht nur bei seinen politischen Freunden war er hoch angesehen; auch er zählt zu den Schöpfern der Wehrverfassung.

Als Erler im Herbst 1949 seine Arbeit im Bundestag aufnahm, lagen zwei Jahrzehnte härtester Prüfungen und randvoll mit schweren und zum Teil auch schmerzlichen Erfahrungen hinter ihm. Wie der fast gleichaltrige Willy Brandt kam auch Erler aus den so genannten kleinen Verhältnissen und stieß schon früh zur Sozialistischen Arbeiterjugend, und wie Brandt setzte auch er nach 1933 den Kampf gegen die NS-Herrschaft in der Illegalität fort. Man kann sich heute keine zutreffende Vorstellung mehr davon machen, auf welch gefährliches Versteckspiel er sich dabei einlassen musste, wie hieb- und stichfest die Tarnung und wie genau eingefädelt die Irreführung der Verfolger sein mussten. Die Gestapo lauerte immer im Hintergrund. Eine besonders einschneidende Erfahrung, die er bei Reisen zu Gesinnungsfreunden im Ausland machen musste, verdient Erwähnung: Es war bestürzend, wie wenig Resonanz die eindringlichen Warnungen der deutschen Widerstandskämpfer vor den Konsequenzen der Hitler-Herrschaft dort fanden; appeasement – Anpassung – hieß die Parole. „Mit Bitterkeit hat Erler noch Jahrzehnte später die Tatsache vermerkt, dass „dasselbe Bürgertum des Auslands, das heute dem deutschen Volk die Existenz seines Widerstandes bestreitet, sich damals geweigert (hat), die Gefahren für den Weltfrieden, die aus Deutschland drohten, zur Kenntnis zu nehmen. Das Bürgertum war glücklich darüber, daß die Nazis die Gewerkschaften und die Arbeiterbewegung zerschlagen hatten" (Hartmut Soell).

Im Jahre 1938 schlug die Falle zu; der Leidensweg durch die Gefängnisse und Konzentrationslager des „Dritten Reiches" begann. Dass er überlebte, ist nicht nur einem Bündel glücklicher Zufälle zu danken, sondern auch der strikten Selbstdisziplin, die ihn lebenslang auszeichnete, der Treue zu den in früher Jugend als richtig erkannten Idealen und der Solidarität, die er von seinen Schicksalsgefährten aus allen politischen Lagern empfing und die er ihnen erwies.

Fritz Erler war ein „Generalist" – im guten Sinne des Wortes. Er hatte das Talent, die hohe Intelligenz und den Sitzfleiß, sich in kürzester Frist in verwickelte Vorgänge einzuarbeiten, und beherrschte den Stoff dann in einer Weise, die ihn zum gefürchteten Gegner des jeweiligen politischen Kontrahenten werden ließ. Die folgende Rede, eine groß angelegte Auseinandersetzung mit der Regierungserklärung des Jahres 1961, gibt einen guten Begriff davon. Insbesondere die grundsätzlichen Ausführungen über die Rolle der Opposition – in denen der berechtigte Stolz auf deren Funktion im Rahmen des Staatsganzen mitschwingt –, über das Verhältnis von Regierung und Parlament und über den Föderalismus verdienen auch heute noch Aufmerksamkeit; die Wiedergabe der zeitgeschichtlich nicht mehr in der gleichen Weise relevanten innenpolitischen Darlegungen muss aus Raumgründen leider entfallen.

Die Opposition hat diesen Staat mitgeschaffen

Rede Erlers am 6. Dezember 1961 im Bundestag, Bonn, aus: DBT /4.WP/6./ 6.12.1961 /91 B – 104 B

Herr Präsident! Meine sehr verehrten Damen und Herren! Herr Kollege Dollinger hat zu Beginn seiner Ausführungen das Verhältnis der beiden *Teile der Arbeitsgemeinschaft CDU/CSU* in der einheitlichen *CDU/CSU-Bundestagsfraktion* erläutert. Das gibt mir Anlaß zu einer Feststellung. Der Kollege Dollinger hat soeben als zweiter Sprecher der Fraktion der CDU/CSU gesprochen. Damit das auch unter uns ganz klar ist: Wir hatten uns darauf geeinigt, daß die CDU/CSU-Fraktion sich nicht nach Bedarf in ihre Bestandteile zerlegen kann:

(Heiterkeit und Beifall bei der SPD)

mal ist sie eine einheitliche Fraktion, und mal spielt sie Doppelkopf; das geht nicht.

(Erneuter Beifall bei der SPD)

Ich sage das deshalb, damit wir uns darüber verständigen: Wenn wieder einmal die Fraktionsvorsitzenden zu Besprechungen beim Herrn Bundeskanzler erscheinen und der Fraktionsvorsitzende der CDU/CSU glaubt, er müsse noch jemanden mitnehmen, dann bitte ich, daß er uns das wissen läßt; dann nehmen wir auch noch jemanden mit, das ist selbstverständlich.

(Beifall und Heiterkeit bei der SPD – Abg. Dr. von Brentano: Mit Vergnügen!)

Nachdem wir uns einmal darüber verständigt haben, müssen wir die Spielregeln einhalten. Das ist das eine.

(Abg. Dr. von Brentano: In Ordnung!)

Nun ein Zweites! Was ist der Sinn einer Debatte, wie wir sie heute hier miteinander führen! Ich hatte vorhin bei dem Echo, das mein Freund Willy Brandt mit manchen Teilen seiner Rede auf der anderen Seite des Hauses fand, das Gefühl, daß man es als unziemlich oder beinahe als unziemlich betrachtet, wenn die *Opposition* sich herausnimmt, in manchen Punkten mit der *Bundesregierung* – mit der jetzigen oder auch der früheren – unzufrieden zu sein. Lassen Sie mich das hier ganz klar sagen: Es wäre eine ganz schlechte Opposition, die nicht auch die Regierung, die die Mehrheitsparteien durch ihre kritischen Einwände, vielleicht sogar einmal durch ihre zugespitzt kritischen Einwände immer wieder zur Überprüfung der Richtigkeit ihrer eigenen Auffassung zwingen würde.

(Beifall bei der SPD, in der Mitte und rechts)

Deshalb müssen wir aufeinander hören. Deshalb ist es sicher so, daß in manchen Dingen – ich spreche gar nicht von heute, sondern von vergangenen Debatten und von manchem, was auch im Lande losgeht – diejenige politische Gruppe, die nicht im Vollbesitz der Informationen der Regierung ist, in der einen oder anderen Frage einmal über das Ziel hinausschießt, in der einen oder anderen Frage einmal einen Pfeil losläßt, bei dem die Regierung nachher mit anderen Informationen aufwarten kann. Auch das ist ganz natürlich.

Diese Auseinandersetzungen zwischen Regierung, Regierungsparteien und Opposition sind das Salz einer parlamentarischen Demokratie.

(Beifall bei der SPD und bei den Regierungsparteien. – Abg. Niederalt: Aber das Salz darf sich nicht zu Klumpen versteinern!)

– Na, den Eindruck, daß ich so ein versteinerter Klumpen bin, habe ich bisher eigentlich nicht gehabt. Ich kenne da ganz andere, etwas umfangreicher geratene Exemplare von Volksvertretern;

(Heiterkeit)

aber darüber wollen wir nicht weiter reden.

Man kann es doch wohl offen aussprechen: Die Regierung sorgt schon dafür, daß ihr genug Lob gespendet wird; da muß sie gelegentlich auch einmal ein Quentchen Kritik und Tadel vertragen können.

(Abg. Niederalt: Da haben Sie recht!)

Aber noch ein weiteres Wort zur *Rolle der Opposition*. Es ist nicht nur ihre Aufgabe, Kritik zu üben – manchmal wird das aber, und deswegen habe ich das hier gesagt, als scheinbar nebensächlich, unerwünscht oder schädlich behandelt –, oh nein, sie muß noch mehr tun. Sie ist ein wesentlicher Faktor in unserem Staatsleben. Sie trägt diesen Staat mit,

(Sehr gut! In der Mitte)

auch wenn sie nicht auf den Bänken der Regierung sitzt. Sie hat diesen Staat mit geschaffen.

(Beifall bei der SPD und bei den Regierungsparteien)

Sie hat das Grundgesetz, in dessen Geist wir arbeiten, mit erarbeitet und mit beschlossen. Daran darf ich auch einmal erinnern. Sie trägt Verantwortung in Ländern und Gemeinden, auch in der unmittelbaren Ausführung von eigenem Mandat und nicht lediglich in der Rolle der Opposition. Soviel zu diesem Punkt.

Der Herr Kollege Mende hat einiges über die Entstehungsgeschichte der jetzigen *Bundesregierung* gesagt – auch die anderen Sprecher sind darauf eingegangen – und mit einem gewissen Stolz auf die sichere *Mehrheit* verwiesen: 309 Abgeordnete stünden hinter der Regierung, und die *Opposition* zähle deren 190. Er hat also dabei die Berliner einmal weggelassen. Meine Damen und Herren, der Herr Kollege Mende hat einen Zwischenruf überhört. Dieser Zwischenruf bezog sich nicht auf Wahlen draußen im Lande – wie die ausgegangen sind, das wissen Sie so gut wie wir; wir haben beide ungefähr die gleiche Stimmenzahl gewonnen; so ist das gar nicht –, sondern die Wahl, von der die Rede war, war die *Wahl des Bundeskanzlers*, und da machte unser Zwischenrufer nur ganz bescheiden darauf aufmerksam, daß es doch seltsam sei, daß der Bundeskanzler bei einem so klaren Mehrheitsverhältnis und bei einem so gutbesuchten Haus gerade acht Stimmen über das Existenzminimum hinaus bekommen hat.

(Beifall bei der SPD – Abg. Brandt [Berlin]: Mit den Berlinern von fünf Stimmen! – Gegenrufe von der Mitte Abg. Dr. Mende: Art.38 des Grundgesetzes! Ein Beweis für die Nichtverfassungswidrigkeit des Koalitionsabkommens!)

– Ich registriere auch nur. Mein Freund Willy Brandt hat sich vorhin dazu geäußert, wobei übrigens dann die Frage erlaubt sein mag, wozu Sie das Abkommen überhaupt geschlossen haben, wenn es heute nicht mehr gilt, obwohl es nicht verfassungswidrig ist.

(Beifall bei der SPD)

Bei der Erörterung der Entstehungsgeschichte ist nun gefragt worden, ob es richtig war, daß man sich in der Öffentlichkeit so hart dazu äußerte, daß es nun zu der engen Koalition und nicht doch zu einer *Allparteienregierung* gekommen sei. Zunächst: Wir nehmen den Tatbestand, wie er ist. Das hat mein Freund Willy Brandt gesagt: Dies ist jetzt die Bundesregierung für uns alle.

Trotzdem möchte ich mir die Bemerkung nicht ganz versagen, daß eigentlich angesichts der Lage, in der sich unser Volk auch heute noch befindet, nicht nur am 13. August und in den Wochen, die ihm folgten, befunden hat, ein unüberhörbares Signal für die Umwelt hätte aufgerichtet werden müssen, dem zu entnehmen ist: in diesen gefährlichen Stunden rücken die freien Deutschen in der Bundesrepublik Deutschland so eng zusammen, wie das zur Wahrung der Lebensinteressen unseres Volkes nur irgend möglich ist.

(Beifall bei der SPD)

Das wäre überlegenswert gewesen, und zwar zur Abwehr von Gefahren, die auch heute noch nicht ausgeräumt sind.

Vizepräsident Schoettle: Herr Abgeordneter, gestatten Sie eine Zwischenfrage?

Erler (SPD): Bitte.

Dr. Burgbacher (CDU/CSU): Sehr verehrter Herr Kollege Erler, glauben Sie nicht, daß der Eindruck von der Einheitlichkeit der freien Deutschen im Ausland noch größer sein könnte, wenn Sie in der Opposition in allen Grundfragen der Außenpolitik mit uns eine gemeinsame Haltung einnehmen?

(Lachen bei der SPD)

Erler (SPD): Herr Kollege Burgbacher, ich glaube das ehrlich gestanden nicht, einmal weil ich nach unseren bisherigen Erfahrungen loyalerweise Zweifel anmelden muß, ob das ehrliche Bemühen um die Erarbeitung einer gemeinsamen Linie und nicht nur der Wunsch, die Opposition möge sich hinten anschließen und dadurch die Gemeinsamkeit bekunden, ohne weiteres schon vorausgesetzt werden kann, zum zweiten, weil ich wirklich und wahrhaftig der Meinung bin

– gut, die Dinge sind vorbei; trotzdem sage ich es mit Bedauern –, daß man angesichts der außerordentlichen Umstände, in denen wir heute unser Staatsschiff zu steuern gezwungen sind, für die Zeit der Bewältigung dieser Umstände – weiß Gott nicht für alle Zeit, das ist selbstverständlich – auch der Umwelt gegenüber zu einer solchen Haltung der Entschlossenheit und der Demonstration mit Nutzen hätte kommen können. Ich entsinne mich, daß der Kollege Reinhold Maier hier einmal gesagt hat: was muß eigentlich in der Bundesrepublik alles passieren, damit einmal etwas passiert?

Der Kollege Katzer hat in der „Sozialen Ordnung" einen nachdenklichen Satz geschrieben:

> Wenn die außenpolitische Situation gegen eine Minderheitsregierung spricht, spricht sie dann nicht für eine Allparteienregierung? Darauf ist eine befriedigende Antwort ... nicht gegeben worden. Deshalb stellt sich doch wirklich die Frage, was muß denn noch passieren, um eine solche Rechtfertigung zu geben? ... Genügt die bedrängte Situation in Berlin nicht, genügt das harte Schicksal unserer Landsleute in der Zone nicht?

Diese Frage habe nicht ich gestellt, sie stammt aus Ihrer Mitte, meine sehr verehrten Damen und Herren! [...]

Meine Damen und Herren, ich bin nun einmal der Meinung, daß wir das, was in unserem Volke geschieht, nicht so eng sehen dürfen, daß nur, wenn unmittelbar Leib, Leben und Eigentum von Einwohnern der *Bundesrepublik Deutschland* bedroht seien, sich unser Volk in einer Notlage befinde. Denn was in *Berlin* und was in der *Zone* geschieht, das geschieht auch in Deutschland, meine Damen und Herren;

(Beifall bei der SPD)

das ist ein Vorgang, der sich in der ganzen Nation abspielt; und wir hier sprechen – das ist der Auftrag unseres Grundgesetzes – für jene Deutschen, die nicht in Freiheit sprechen können, und in dem bescheidenen Maße unserer Möglichkeiten sind wir aufgerufen, für sie zu wirken. Daraus aber hätte sich wahrscheinlich eben doch eine andere Konsequenz ableiten lassen müssen.

In dieser äußeren Lage nun, in diesen Drohungen, unter denen wir zu leben gezwungen sind, kommt es darauf an, dieses freie Stück unseres Vaterlandes, die Bundesrepublik Deutschland und den freien Teil unserer deutschen Hauptstadt Berlin, auch im Innern so stabil, so krisenfest, so sicher, so freiheitlich und so gerecht wie möglich zu gestalten. Ich will mich zu diesen verschiedenen Themen etwas äußern und bekenne offen, daß ich dabei keinen

Anspruch auf Vollständigkeit erhebe; das ist ausgeschlossen; man kann nur auf einige Probleme aufmerksam machen.

Wir haben in Deutschland auf sehr schmerzliche Weise alle miteinander eingeprügelt bekommen, wie wesentlich für die Bewahrung der *Freiheit* der Bürger unseres Landes es ist, daß *Macht* sich nicht in unguter und vielleicht noch dazu unkontrollierter Weise in zu wenigen Händen zusammenballt. In Stunden von Gefahren muß man Macht konzentrieren. Auch das ist eine Binsenweisheit. Aber der innere Zustand eines Staates ist um so freiheitlicher, je mehr wir noch über die klassischen Grundsätze der Gewaltenteilung hinaus versuchen, die Machtfaktoren einander in der Balance halten zu lassen.

(Abg. Dr. Dr. h. c. Dresbach: Aber, Herr Erler, eure Väter dachten etwas anders!)

– Entschuldigen Sie, unsere Väter haben auch noch keinen Adolf Hitler hinter sich gehabt. Es ist doch wohl erlaubt, aus der Geschichte zu lernen.

(Lebhafter Beifall bei der SPD)

Ich meine, es gibt andere, die waren früher Föderalisten und haben sich inzwischen in Zentralisten verwandelt. Aber das will ich nicht als einen grundsätzlichen Wandel ansehen, sondern das hängt so mit der zufälligen Regierungsverantwortung zusammen, das kann wieder vergehen.

(Heiterkeit bei der SPD)

Das Prinzip der *Gewaltenteilung* in unserer Gesellschaft reicht doch heute weit hinaus über die klassischen Regeln des Zusammenspiels von Legislative, Exekutive und Justiz. Sie haben die ganze bunte Fülle der Verbände, der Parteien, die alle ein Stück Einfluß auf den politischen Bereich ausüben. Sie sind nicht vom Übel, sondern in einer freiheitlichen und in einer pluralistischen Gesellschaft notwendig. Nur müssen wir wissen, daß das dort zu einem Übel werden kann, wo eine bestimmte Gruppe, ausgestattet mit einem Übermaß an Macht, versucht, ihr Gruppeninteresse dem Allgemeinwohl vorgehen zu lassen. Das wissen wir doch alle, und darum müssen wir also ringen, daß dies nicht eintreten kann.

Hierhinein gehört nun ein klares Bekenntnis zum machtverteilenden Prinzip des *Föderalismus* in einer demokratischen Gesellschaft. Jawohl, dazu sagen wir uneingeschränkt ja.

(Bravo! in der Mitte)

Das ist aber noch lange nicht identisch mit *Partikularismus*; denn beim Partikularismus streben die Teile vom Ganzen weg. Beim Föderalismus wissen sie, daß sie ans Ganze gebunden sind und eine untrennbare Schicksalsgemeinschaft bilden, Stücke des Ganzen sind. Das heißt, daß gerade der Föderalist überall dort, wo er wirkt, wissen muß, daß auch die Länder dem Ganzen verpflichtet sind, so wie das Ganze den Teilen. Sonst, meine Damen und Herren, könnte es z. B. nicht gehen, wie es unser Grundgesetz vorsieht, daß die Kulturpolitik von den Ländern in den entscheidenden Bereichen getragen wird, weil es sich doch wohl um eine „deutsche Kultur" handelt, eine Kultur, die dem ganzen Volke eigen ist, wenn sie auch in manchem Ausprägungen örtlicher Art hat.

Hierher gehört auch, daß wir das Prinzip der *Gemeindefreiheit* sehr ernst nehmen. Ich kenne Föderalisten, bei denen reicht das föderalistische Prinzip genau noch bis zum Verhältnis zwischen Land und Bund:

(Zuruf von der SPD: Genau!)

Aber im Land hätten sie ganz gern die französische Präfekturverfassung. Das sind mir schöne Föderalisten!

(Heiterkeit) [...]

Unsere Demokratie hat leider nicht die lange Geschichte, wie sie gewachsene Demokratien in manchen anderen europäischen und überseeischen Ländern haben. Da haben wir noch sehr viel nachzuholen. Wir werden erst dann festen Grund unter den Füßen haben, wenn unsere Mitbürger im Lande draußen weithin wirklich begriffen haben – und sich so verhalten –, daß sie keine *Untertanen* mehr, sondern *Staatsbürger* sind, die Rechte haben, aber auch korrespondierende Pflichten erfüllen müssen; das gehört zusammen.

(Beifall bei der SPD und bei Abgeordneten der F.D.P.)

Hier könnte, obwohl es nicht Sache der Bundesregierung ist, vielleicht eine Einrichtung wie die *Bundeszentrale für Heimatdienst* über den Rahmen des normalen Schulunterrichts hinaus, der ja in Länderhand liegt, einiges tun. Hier liegt die große Aufgabe politischer Bildung, die wir nicht verwechseln dürfen mit der Propaganda für eine bestimmte Partei, auch wenn sich diese Partei gerade in der Regierung befindet. [...]

Hierher gehört auch, meine Damen und Herren, daß wir mit unserem *Grundgesetz* so behutsam wie möglich umgehen. Es gab unter den Juristen dieses Hauses Erwägungen darüber, wie man dieses Haus davor bewahren kann, bei aller guten Absicht unter Umständen selber einmal verfassungsrechtlich danebenzutreten und nachher von Karlsruhe gerügt zu werden. – Das ist aber nur eine Nebenerwägung, mir geht es um etwas anderes. Das Grundgesetz sollte einen solchen Rang haben, daß man nicht im Laufe einer Legislaturperiode bei den verschiedensten Sachgesetzen zu den verschiedensten Terminen plötzlich entdeckt: da ist also noch rasch eine Grundgesetzergänzung mit hineinzuflicken, sondern daß sich die Regierung überlegt: wo mag es Notwendigkeiten geben, und daß sie das auf längere Zeit übersieht. Sie weiß, daß es zu *Grundgesetzergänzungen* oder -änderungen einer *Zweidrittelmehrheit* des Hauses bedarf. Darin steckt der Zwang zur Zusammenarbeit mit der Opposition, jetzt nun nicht als Opposition, als Gegenüberstehenden, sondern als Partner. Sonst bekommt man keine Grundgesetzergänzungen zustande. [...]

Lassen Sie mich noch auf ein anderes für unsere innere Stabilität wichtiges Gebiet eingehen. Es ist hier verschiedentlich vom *sozialen Bundesstaat* gesprochen worden. Auch der ist nie fertig, auch der ist eine mit dem sich verändernden Fluß unserer technischen und industriellen Entwicklung beständig neu gestellte Aufgabe. Auch der, verehrter Kollege Gerstenmaier, trifft in Wahrheit eben doch nie ganz an die Grenzen, von denen Sie gesprochen haben, sondern auch der muß in Bewegung gehalten werden und darf nicht erstarren.

(Abg. D. Dr. Gerstenmaier: Genau das ist gemeint, Herr Kollege Erler!)

– Das nehme ich mit Befriedigung zur Kenntnis.

Es ist eine Binsenwahrheit, daß ein Volk nur jene sozialen Leistungen erbringen kann, die sich aus einer gesunden und einer ständig wachsenden Wirtschaft herausarbeiten lassen. Daher wünschen wir, daß die Bundesregierung endlich auf die Forderung eingeht, in Form eines *Jahreswirtschaftsberichts* eine Übersicht über das, was war, und über das, was vermutlich kommt, sowie über die Ziele zu schaffen, die die Regierung selber mit dem Instrumentarium moderner Konjunkturpolitik erreichen will. Ich habe beide Ohren gespitzt, verehrter Herr Kollege Dollinger, als Sie davon sprachen, daß die Hochkonjunktur kein Naturgesetz sei. Jawohl! Gerade weil das so ist, brauchen wir einen solchen Jahreswirtschaftsbericht und ein Instrumentarium für aktive Konjunkturpolitik.

Hier war davon die Rede, daß die *Gewerkschaften* in den ersten Jahren nach der Währungsreform ein bemerkenswertes Maß an

Einsicht gezeigt hätten. Meine Damen und Herren, Hand aufs Herz! Inzwischen etwa nicht?! Ist die Bundesrepublik Deutschland nicht – bei allen Diskussionen und Auseinandersetzungen, die es natürlich zwischen den Gewerkschaften und ihren Vertragspartnern auch gibt – gleichzeitig dasjenige Land in der westlichen Welt mit dem geringsten Ausfall an Arbeitszeit durch Arbeitskämpfe?!

(Beifall bei der SPD)

Lohnt es sich nicht, einmal darüber nachzudenken,

(Erneuter Beifall bei der SPD)

ob hier eine volkswirtschaftliche Gesamtverantwortung zum Ausdruck kommt, die wir respektieren und anerkennen sollten?!
Und noch eine Bemerkung. Wo wären wir wohl geblieben, wenn nicht auch und gerade durch die Tätigkeit der Gewerkschaften mit den steigenden Produktionsmöglichkeiten und der effektiv gestiegenen Produktion unserer Wirtschaft einigermaßen, nicht einmal voll, das Arbeitnehmereinkommen, aber darüber hinaus auch durch unsere Tätigkeit das abgeleitete Einkommen der Empfänger von Leistungen aus der Sozialversicherung usw. mit der allgemeinen Entwicklung Schritt gehalten hätte?! Wir wurden hellhörig, als hier neulich in der Debatte – nicht über die Regierungserklärung, sondern über die neue Rentenanpassung – von den Sprechern der F.D.P. ziemlich deutlich zum Ausdruck gebracht wurde, daß man jetzt innerhalb der neuen Bundesregierung beginnt, den Grundsatz der automatischen Rentenanpassung an die Entwicklung der Löhne und Preise in Frage zu stellen. Meine Damen und Herren, seien wir hier wachsam! Unsere Binnenkonjunktur lebt davon, daß der gestiegenen Produktionsfähigkeit auf der einen Seite auf der anderen Seite auch immer die Kaufkraft des letzten Verbrauchers gegenüberstand. Dafür müssen wir nämlich auch sorgen.

(Beifall bei der SPD)

Ansonsten war Herr Kollege Dr. Mende zu den Gewerkschaften ziemlich freundlich; denn er hat die Gewerkschaften in seine Ahnenreihe einbezogen. Vielleicht gibt es dafür einmal eine Ehrenmitgliedschaft beim DGB.

(Heiterkeit)

Mal sehen, was sich tun läßt, Kollege Dr. Mende. Aber Sie haben hier eine Vokabel gebraucht, die mich etwas erschreckt hat. Sie haben schlicht Kapitalismus und freiheitliche Gesellschaft gleichgesetzt. Das ist genau jene Gegenüberstellung, die die Kommunisten haben wollen, damit sie dann der Gegenpol zum Kapitalismus seien. Verzeihen Sie, Kollege Dr. Mende, das ist noch 19. Jahrhundert! Wir sind inzwischen weiter.

(Beifall bei der SPD. – Abg. Dr. Mende: Kollege Erler, ich habe mich auf Chruschtschows Terminologie ausdrücklich bezogen!) [...]

Die Bundesrepublik, in der wir nicht regieren, sondern in der wir in der Opposition stehen, ist inzwischen, wie viele andere westliche Industriestaaten, in einen gesellschaftlichen Transformationsprozeß hineingeraten, bei dem verdammt wenig vom Kapitalismus des 19. Jahrhunderts übriggeblieben ist.

Wie wir das taufen, ist mir vollkommen gleichgültig. Entscheidend ist, daß uns der Durchbruch zu neuen Ufern gelingt und daß wir auf dem Wege dahin sind.

(Beifall bei der SPD)

Das Ziel – ich möchte nicht davon abgehen – steht im Grundgesetz. Da steht nicht „Kapitalismus", sondern da steht „der demokratische und soziale Bundesstaat".

(Sehr gut! bei der SPD)

Mir langt das völlig als Umschreibung dessen, was wir haben wollen.

(Beifall bei der SPD)

Das ist natürlich in dem Sinne zu verstehen, daß ein solches Ziel nie ganz erreicht wird. Es bleibt immer noch eine Menge zu tun übrig trotz vielem, was getan worden ist. [...]

Meine Damen und Herren, nach allen diesen Ausführungen noch zwei Schlußbetrachtungen. Ich glaube erstens, daß dieser Überblick über die Notwendigkeit, die Bundesrepublik gerade so hart am Rande der Demarkationslinie zwischen den beiden Welten in Ost und West so stabil und gesund und freiheitlich und gerecht wie möglich zu machen, gezeigt hat, daß die *Auseinandersetzung mit dem Kommunismus* natürlich auch ihre sicherheitspolitischen Aspekte hat, aber im übrigen viel weiter reicht, daß sie viel mehr ist als ein militärisches Problem. Wenn wir die Dinge – auch wenn wir uns um Einzelheiten streiten mögen – im Prinzip so sehen, dann wird es uns auch gelingen, die geistigen und seelischen Kräfte der Nation zum Bestehen dieser Auseinandersetzung zu mobilisieren.

Ich möchte in dieser weltweiten Auseinandersetzung einen Satz wiederholen, den mein Freund Willy Brandt hier gesprochen hat: daß wir uns alle miteinander schützend vor unser Volk stellen müssen, wenn die sowjetischen Politiker und ihre Gefolgsleute jenseits der Zonengrenze versuchen, ihre Geschäfte gegen das deutsche Volk dadurch zu betreiben, daß sie das deutsche Volk und die Bundesrepublik Deutschland diffamieren, es handle sich um Revanchisten, Militaristen, Kriegsbrandstifter und ähnliches Gelichter. Willy Brandt hat mit großem Nachdruck – ich glaube, wirklich im Sinne von uns allen – dargetan, daß wir Deutschen nach den schmerzlichen Erfahrungen mit unserer jüngsten Geschichte von keinem anderen Volk in der Einsicht uns übertreffen lassen, was ein militärischer Konflikt gerade für uns und auch für unsere Hauptstadt bedeuten würde, und in der Liebe zum Frieden, daß aber gleichzeitig diese Friedensliebe mit der Entschlossenheit gepaart ist, unsere Freiheit gegenüber jedem zu bewahren, der sie uns nehmen zu können glaubt, und mit dem Willen, mit politischen Mitteln, auf friedlichem Wege, nie erlahmend, immer wieder das Unsere dazuzutun, daß auch jenen Landsleuten die Freiheit wieder einmal zuteil wird, denen sie heute durch fremde Gewalt vorenthalten wird.

Wenn wir das so sehen, dann überkommt uns – mich jedenfalls – ein gewisses Bedauern darüber, daß der Abschnitt über die Gedanken der Bundesregierung zu dem wichtigen Weltproblem der kontrollierten Begrenzung der Rüstungen und der Abrüstung so mager ausgefallen ist. Es genügt nicht, daß wir uns nur allgemein zur *kontrollierten Abrüstung* bekennen und sagen: Die anderen haben einen guten Friedensplan, und dem schließen wir uns hinten an. Aus vielen, vielen Gesprächen weiß ich, daß die anderen darauf warten, daß auch wir beim Mitdenken helfen, daß auch wir unseren Regierungsapparat ein bißchen besser darauf einrichten müssen, als das zur Zeit geschieht. Denn allein das Durchdenken und Durcharbeiten der Literatur geht über die Kraft der wenigen Menschen, die in unseren Regierungsämtern damit befaßt sind.

Wir sollten uns, wenn wir nun schon nur zu allgemeinen Gedanken ja sagen, auf gar keinen Fall dazu verleiten lassen – wie es die Regierungserklärung tut –, zu spezifischen Gedanken nur blanko nein zu sagen, ohne das im einzelnen sorgfältiger durchzurechnen, als es in der Regierungserklärung geschehen ist. Ich halte es auch nicht für weise – um das ganz offen zu sagen –, daß die Regierungserklärung in einem viel härteren Wortlaut, als ihn der Verteidigungsminister in den Vereinigten Staaten gebraucht hat, der das Thema sehr behutsam behandelt hat, plötzlich unsere Verbündeten mit der Forderung überfällt, die *NATO* baldmöglichst zur *vierten Atommacht* zu machen. Sicher steckt darin – Willy Brandt hat darauf aufmerksam gemacht – ein wichtiger Punkt: Wenn es um Leben und Tod des eigenen Volkes gehen kann, dann ist es legitim, zu erwarten, daß derartige Entscheidungen nicht über den Kopf der eigenen Regierung hinweg gefällt werden können. Jawohl, darüber muß man mit den Verbündeten reden. Aber die Formel, die in der Regierungserklärung steht, ist vom Verteidigungsminister bei seinen Äußerungen in den Vereinigten Staaten von Amerika vermieden worden. Sie würde gerade dazu beitragen, jener, auch kommunistischen Propaganda gegen uns Nahrung zu geben, die leider in etwas leichtsinnigen Äußerungen des *Bundeskanzlers* während der Wahlzeit Nahrung gefunden hat, in der er eben zum Unterschied von seinem *Verteidigungsminister* – ich muß das doch noch einmal sagen – nicht zwischen den Atomwaffen und den Trägern unterschieden, sondern sich für die atomare Bewaffnung schlechthin ausgesprochen hat. Wer ein Pfund Literatur zu dem Zweck zu lesen wünscht, dem stelle ich sie gern zur Verfügung; ich will Sie hier mit den Zitaten gar nicht langweilen. Daher teile ich die Kritik, die im „Rheinischen Merkur" zu dem Thema ausgesprochen worden ist mit der Befürchtung, daß Berlin solche atomaren Hochsprünge mit einer weiteren Verschärfung der Krise bezahlen müsse.

Hier ist vorhin nach der Rede meines Freundes Brandt noch einmal gefragt worden: Wie ist denn das eigentlich mit eurer Haltung zu den größeren *Verteidigungsanstrengungen* der Bundesrepublik? Ich will darauf ganz unzweideutig antworten: Wir Deutsche können – auch im Hinblick auf unsere Verhandlungsposition – von unseren Verbündeten nicht verlangen, daß sie in einer Frage, in der unser Schicksal so auf dem Spiele steht wie das ihre, für uns Mehrleistungen auf dem Gebiet der Verteidigung erbringen, während wir mit den Händen in der Hosentasche danebenstehen. Das ist ausgeschlossen. Darüber herrscht in diesem Hause überhaupt kein Streit, und das möchte ich einmal klarstellen.

Herr von Brentano hat gesagt, die *Verteidigungsbemühungen*, die verstärkt werden müßten – damit hat er recht –, gälten auch der Bewahrung unserer Position in *Berlin*. Richtig! Aber da ist es lehrreich, wofür Verteidigungsbemühungen notwendig sind und was man unter Umständen nicht mit ihnen erreichen kann. In der Berliner Frage zeigt sich nämlich, daß man Positionen, die man politisch

geräumt hat, in dieser unserer Welt militärisch nicht mehr zurückgewinnen kann.

(Sehr wahr! bei der SPD)

Deshalb hat die Verteidigung eine doppelte Seite: die militärischen
Anstrengungen und eine zähe, einfallsreiche und auch tapfere Politik,
die auch dem Bundestag in der Berlin-Frage früher gemeinsames Bekenntnis war. Mir tut es leid, daß wir eine solche Debatte in den vergangenen Jahren nicht zwischendurch einmal in Berlin abgehalten
haben. Weil die Sowjetunion uns aus Berlin weggescheucht hat, ist
das heute soviel schwieriger geworden, meine Damen und Herren!

(Beifall bei der SPD) [...]

Die Sicherheit für die Bundesrepublik Deutschland, um die wir uns
in der jetzigen Lage bemühen, bleibt, auch wenn wir noch viel
mehr täten, als wir tun können, Stückwerk. Unser Land bleibt gefährdet, solange Deutschland gespalten ist – wir haben es mit der
Insellage unserer Hauptstadt zu tun – und solange jenseits der Zonengrenze ein unmenschliches Regime auf unsere Landsleute einen
solchen Druck ausübt, daß dort ein Überdruck im Dampfkessel mit
unberechenbaren Folgen entsteht. Deshalb gehört zur *Sicherheitspolitik* – ich wiederhole das noch einmal – außer der militärischen
Komponente auch die politische hinzu. Deshalb muß man sogar
dieses Berlin-Problem auch im Interesse unserer Sicherheit hinein-
stellen in die größeren Zusammenhänge, weil sonst die Gefahr bestehen bleibt. Deshalb sollte man etwas weniger selbstgerecht über
die Vergangenheit reden.

Ich will jetzt gar nicht den Geschichtsschreibern die Aufgabe
abnehmen; ich meine nur: Es steht doch leider fest, daß das, was
viele damals gesagt, angekündigt, erhofft, erstrebt haben, eben
heute nicht als Ergebnis auf unserem Tisch liegt, sondern leider das
Gegenteil.

Jetzt haben wir es zu tun mit einer *Sowjetunion*, die die Ergebnisse
des Zweiten Weltkrieges völkerrechtlich zu Papier bringen und in
der *Berlin-Frage* noch mehr nach Hause tragen will. Deshalb wird
drüben versucht, die *Sowjetzone* völkerrechtlich ins Spiel zu bringen,
und deshalb ist es gefährlich, die Gefahr einer Isolierung der Berlin-Frage leugnen zu wollen.

Leider laufen wir doch zunächst – auch wenn das von Herrn Dr.
Mende als Interimsgespräch bezeichnet wird – auf eine isolierte
Diskussion zu, bei der niemand weiß, wann und unter welchen

Umständen sie je weitergeht. Unter Umständen bezahlen dann wirklich die Falschen. Wir sollten uns da nicht zu Gefangenen eigener Wunschvorstellungen machen lassen.

Deshalb war es gut, daß der Bundestag in der Vergangenheit — und in Teilen klang das ja auch heute bei Ihnen erfreulicherweise noch durch — immer wieder auf den unlösbaren Zusammenhang zwischen Berlin, der ganzen deutschen Frage und dem Problem der europäischen Sicherheit aufmerksam gemacht hat.

Herr Kollege von Brentano hat davor gewarnt, die *europäische Sicherheit* mit der *Berlin-Frage* zu koppeln. Natürlich darf sie nicht mit der Berlin-Frage allein gekoppelt werden; das wäre falsch; sie ist zu koppeln auch mit der deutschen Frage; denn Berlin ist eingebettet in die deutsche Frage und von da her in die Frage der europäischen Sicherheit. Es handelt sich doch um den gesamten Zusammenhang, wie er sehr richtig auch von der NATO im Dezember 1958 unmittelbar nach Vorlage des russischen Ultimatums vorgetragen worden ist.

Heute haben wir es also leider nur noch mit dem Rest von West-Berlin zu tun. Jeder Versuch, die Viermächtediskussion über ganz Berlin wieder in Gang zu bringen, ist verdammt schwierig. Hier ist mit Recht vor dem falschen Status-quo-Denken angesichts der Mauer gewarnt worden. Der *Koalitionsvertrag*, von dem ja niemand weiß, was „geheime Kommandosache" ist und was nicht und welche Fassung die richtige ist — ich nehme einfach einmal die, die in den Zeitungen stand —, hat verlangt, daß die Bundesregierung hier die Initiative zurückgewinnen müsse, und hat sich dabei bezogen auf unsere gemeinsame Arbeit, die *Bundestagsentschließung vom 1. Oktober 1958*, und die Rede des Bundestagspräsidenten vom 30. Juni 1961.

(Abg. Dr. Mende: Richtig!)

Meine Damen und Herren, es ist schade, daß das, was also in dem Papier steht, eben nicht bis in die Regierungserklärung durchgedrungen ist, und ich wäre Ihnen sehr dankbar, Kollege Dr. Mende, wenn es Ihrem Einfluß gelänge, hier die Übereinstimmung von Geburtsurkunde und Taufschein in der praktischen Politik wiederherzustellen.

(Beifall bei der SPD)

Die Bundesregierung will sich nach der Regierungserklärung mit aller Kraft für das Zustandekommen des *Friedensvertrages* einsetzen. Da bleibt ein ganzes Kapitel offen. Wie? Welche Vorbereitungen trifft sie? Trifft das zu, was im Koalitionsvertrag darüber verabredet ist, oder nicht?

Hierher gehört noch, daß die Außenpolitik der Bundesrepublik im Zeichen wachsender europäischer Gemeinschaft sich nicht auf die Sorgen beschränken kann, die uns unmittelbar auf den Nägeln brennen. Ein Wort zur europäischen Zusammenarbeit. Wir haben mit Befriedigung registriert, daß sich die Bundesregierung über den Eintritt *Großbritanniens* freut. Ich glaube, es sollte gemeinsame Aufgabe aller kontinentalen Partner sein, das Ihre zu tun, die Briten nicht nur in die *Europäische Wirtschaftsgemeinschaft* hineingehen zu lassen und Hindernisse dagegen aus dem Wege zu räumen, sondern sie gleichzeitig auch in enger Fühlung mit allem zu halten, was sich auf dem Gebiet der *politischen Zusammenarbeit* entspinnt. Denn es wäre verhängnisvoll, wenn wir eine politische Gemeinschaft ohne Großbritannien und eine wirtschaftliche mit Großbritannien hätten; schon wegen der Verteidigungsprobleme wäre das nahezu undenkbar. Gerade das Engagement der Briten ist ein wertvolles Sicherheitsunterpfand für uns alle. [...]

Und ein weiteres! Es gilt, die *Gemeinschaftseinrichtungen* zu stärken, daraufhin auch noch einmal die Pläne unserer französischen Freunde sich anzusehen. Es gilt, die Exekutiven zusammenzufassen und dafür zu sorgen, daß ihnen dann eine funktionierende *parlamentarische Kontrolle* gegenübersteht. Das Parlament hat eine ungeheuer integrierende Wirkung. Die Arbeit unserer sozialistischen Fraktion etwa ist ein gutes Beispiel dafür, und vielleicht kommen wir dann bald dahin, daß ein solches Parlament auch durch direkte Wahl der Abgeordneten besonders eng mit unseren Bevölkerungen verbunden wird. Denn bei den europäischen Gemeinschaften kommt es darauf an – auch hier spreche ich, glaube ich, für uns alle –, daß sie Gemeinschaften der Völker werden und nicht nur organisierte Bürokratien. Daher ist es wichtig, daß die Bundesregierung die deutschen Absichten auf diesem Gebiete klärt und das Parlament laufend informiert.

Meine Damen und Herren, damit habe ich den innen- und außenpolitischen Überblick abgeschlossen.

Im letzten Absatz der Regierungserklärung steht ein Satz, der nicht allzuviel Gutes verheißt. Da heißt es in Wahrheit, daß die *Bundesregierung* den Anschluß der *Opposition* an ihre Vorstellungen fordert, statt daß sie die Hand bietet zur gemeinsamen Erarbeitung der Vorstellungen, die wir zusammen verwirklichen wollen. Sie sagt dort, sie erwarte, daß alle Mitglieder dieses Hohen Hauses den Grundprinzipien der Politik der Regierung zustimmen. Nein, meine

Damen und Herren, wichtig sind Diskussion und Mitwirkung an der Entscheidung, bevor die Entscheidungen fallen, und nicht nur das Bitten um nachträgliche Zustimmung.

Und ein allerletztes, aus einem ganz anderen Thema! Eine persönliche Anmerkung. Herr Kollege von Brentano sprach von den sittlichen Grundlagen, die sich bei unserer Arbeit auf die verpflichtende Tradition christlichen Denkens gründen müssen. Er erwähnte dabei, daß in der Zeit der Verfolgung durch die nationalsozialistische Gewaltherrschaft die *Christen* beider Konfessionen sich zusammengefunden und dort also den Weg in die spätere Union vorbereitet hätten. Lassen Sie mich aus eigenem Erleben und Erleiden etwas hinzufügen. Am 15. September 1939, vor mehr als 22 Jahren, stand ich vor dem Volksgerichtshof in Berlin und wurde dort zusammen mit einem evangelischen Geistlichen zu zehn Jahren Zuchthaus wegen der Arbeit gegen das Hitlerregime verurteilt. Jawohl, es haben sich damals Christen aller Konfessionen über die trennenden Gräben hinweg gefunden, aber im Widerstand gegen das „Dritte Reich" und im Wirken für ein neues Deutschland – ich sage das ganz offen und ehrlich –, Christen und Nichtchristen. Was uns vorschwebte, uns, den Christen – zu denen zählte ich auch in jenen Jahren in Berlin im Kirchenkampf mit meinem Freunde –, das war ein demokratisches Deutschland, in dem es verschiedene Kräfte gibt, die miteinander ringen. Da gingen wir nicht von der Vorstellung aus, daß sich dann alle Christen etwa in einer Partei fänden. Deswegen wollte ich als Nachklang sagen: Ich sage ja zum Herausstellen der sittlichen Grundlagen, aber ich meine, daß das Christentum nicht auf ein bestimmtes gesellschaftspolitisches Ordnungsbild verpflichtet; es gibt konservative, liberale und sozialdemokratische Christen.

Das wollte ich hier nur gesagt haben, damit wir gar nicht erst falsche Akzente setzen. Die Christen als Salz der Erde wirken in verschiedenen politischen Parteien. Denn sobald sie sich in einem Volk mit unserer im wesentlichen durch das Christentum geprägten Tradition alle in einer Partei fänden, wäre das wieder ein Einparteienstaat, den wir alle nicht wollen. Deshalb wollte ich diese mahnende Bemerkung aus eigenem Erleben hier noch anschließen, weil ich der Überzeugung bin, daß unsere Demokratie der Vielfalt der Kräfte und des Wirkens von Christen in allen demokratischen Parteien bedarf.

(Lebhafter Beifall bei der SPD und einigen Abgeordneten der F.D.P.)

Protestant:
GUSTAV HEINEMANN
1899–1976

aus Schwelm (Westfalen), 1918 bis 1922 juristisches und staatswissenschaftliches Studium in Münster, Marburg, München, Göttingen und Berlin, 1921 Dr. rer. pol. (Marburg), 1922 erste, 1926 zweite juristische Staatsprüfung, 1929 Dr. jur. (München). Seit 1926 Rechtsanwalt in Essen, 1928 bis 1936 Justitiar, 1936 bis 1949 Bergwerksdirektor der Rheinischen Stahlwerke Essen. 1945 Mitgründer der rheinischen CDU, 1946 bis 1949 Oberbürgermeister von Essen, 1947 bis 1950 MdL (Nordrhein-Westfalen), 1947/48 Justizminister von Nordrhein-Westfalen, 1949 bis 1956 Präses der Gesamtdeutschen Synode der Evangelischen Kirche in Deutschland, 1949 bis 1950 Bundesminister des Innern. 1951 Mitgründer der „Notgemeinschaft für den Frieden Europas" (ging 1952 über in die „Gesamtdeutsche Volkspartei"). MdB (SPD) 1957 bis 1969, 1969 bis 1974 Bundespräsident.

Eines der wichtigsten Dokumente der deutschen Nachkriegsgeschichte ist die Stuttgarter Erklärung des Rates der Evangelischen
Kirche in Deutschland vom 19. Oktober 1945, deren Kernsätze
lauten: „Wir klagen uns an, daß wir nicht mutiger bekannt, nicht
treuer gebetet, nicht fröhlicher geglaubt und nicht brennender geliebt haben ... Der Rat hofft, daß durch den gemeinsamen Dienst
der Kirchen dem Geist der Gewalt und Vergeltung, der heute von
neuem mächtig werden will, in aller Welt gesteuert werde." Die Unterzeichner waren die Theologen Hans Asmussen, Otto Dibelius,
Wilhelm Hahn, Heinrich Held, Hanns Lilje, Hans Meiser, Martin Nie-
möller, Wilhelm Niesel, Theophil Wurm und die Juristen Gustav Heinemann und Rudolf Smend. Selten ist eine kirchliche Verlautbarung
so missverstanden worden wie dieses Dokument. Es ist damals behauptet worden – und das geschieht auch heute noch –, es handle sich
um das Bekenntnis einer politischen Kollektivschuld der Deutschen.
Das Dokument sagt aber einfach, dass alle, die in jener Zeit des Unheils in Deutschland lebten, individuelle persönliche Schuld insofern
auf sich geladen haben – also, gut lutherisch, simul iusti ut peccatores,
Gerechte und gleichzeitig Sünder sind –, als sie nicht „mutiger bekannt ..." haben. Diese individuelle Schuld kann nicht mit der, die
zweifellos andere außerhalb Deutschlands auf sich geladen haben,
„verrechnet" werden, und es geht auch nicht an, jene von dieser persönlichen Schuld zu entlasten, die erst nach dem Krieg von KZs und
anderen Untaten des Naziregimes erfahren haben. Diese Erklärung
des Rates der Evangelischen Kirche im Deutschland von 1945, die gegen den damals wie heute vielfach propagierten einfachen Übergang
zur Tagesordnung nach dem Geschehen des „Dritten Reiches" protestiert, entsprach Heinemanns Grundüberzeugung von der Fehlbarkeit
und Gebrechlichkeit der christlichen Existenz und der Notwendigkeit
des immer wiederholten Neubeginns und Versuchs der Aussöhnung.
Obwohl er selbst in der Bekennenden Kirche aktiv Widerstand gegen
Hitler geleistet hatte, äußerte er später, „daß wir als Christen der Situation nicht gewachsen waren, die mit dem Jahre 1933 heraufzog".
Er führte dies auf eine in Staat und Kirche weit verbreitete Untera-
nengesinnung zurück, gegen die man angehen, gegen die man prote-

stiere müsse. Die Haltung des Protests ist denn auch zu einem seiner
tragenden Lebenselemente geworden. Dabei ging es ihm jedoch nicht
um einen bloßen Negativeffekt, um des Effektes willen, sondern um
die Verwirklichung eines „reformerischen Impulses" (Gotthard Jas-
per), der, nach den Erschütterungen durch die Katastrophe des Jahres
1945, auf eine Strukturänderung von Kirche und Staat abzielte.

Der erste Protest Heinemanns, der in der bundesdeutschen Öffentlichkeit wie ein Paukenschlag wirkte, war der Rücktritt vom Amt
des Innenministers im ersten Kabinett Adenauer im Herbst 1950. In
Heinemanns Worten: „Damals ging es auch um Eigenmächtigkeiten
des Bundeskanzlers. Er war es ja, der ohne einen Beschluß der Bundesregierung den Westmächten westdeutsche Soldaten gegen die
vierte, östliche Besatzungsmacht anbot." Bei Konrad Adenauer liest
sich das so: „Heinemann vertrat nach seinen eigenen Worten den
Standpunkt, daß man, nachdem Gott den Deutschen zweimal die
Waffen aus der Hand geschlagen habe, sie nicht zum drittenmal ergreifen dürfe. Man müsse Geduld haben, um den Willen Gottes im
Weltregiment zu erkennen, und in Ruhe abwarten, wie sich alles entwickeln werde. Man könne zwar den Willen Gottes jetzt noch nicht
erkennen, aber nach seiner Überzeugung würde sich in einem bis eineinhalb Jahren eine klare Situation zeigen. – Ich möchte hier über
Gottvertrauen und über Frömmigkeit im allgemeinen nichts sagen,
aber ich hatte Herrn Heinemann, als er mich beschwor, in der Sache
der Verteidigung der Bundesrepublik nichts zu tun, erwidert, daß
nach meiner Auffassung Gott uns den Kopf zum Denken gegeben
habe und die Arme und Hände, um damit zu handeln."

Eine Szene aus der kurzen Amtszeit Heinemanns als Innenminister kehrt eine seiner Eigenschaften hervor, die nicht seine liebens-
würdigste war, aber sich vom Gesamtbild der Persönlichkeit nicht
ablösen läßt. Er konnte sehr sarkastisch sein. Bei den Haushaltsberatungen im Frühjahr 1950 im Innenausschuss des Bundestages
wurde Kapitel für Kapitel, Titel für Titel mit allen Details abgehandelt, und ein in den Siebzigern stehender Abgeordneter der „Nationalen Rechten" namens Leuchtgens – ob seines wallenden weißen Vollbartes lief er allgemein im Hause unter „Weihnachtsmann"
– meldete sich bei jedem, aber auch jedem Titel zu Wort mit Äußerungen etwa in folgender Preislage: „Ich sehe, daß hier für dieses
Gebäude 20 Pförtner beantragt sind. 15 tun's auch." Oder: „Hier
sind 30 Fahrräder veranschlagt. Wie! 20 genügen auch." Heinemann hörte sich, mit leise mahlenden Zähnen, aber beherrscht, alle
diese Vorschläge an, ging jedoch nicht darauf ein. Erst am Schluss

der Beratung sagte er mit höflicher, aber larmoyanter Eiseskälte: „Was die hilfreichen Vorschläge des Herrn Kollegen Leuchtgens anlangt, weiß ich darauf keine andere Antwort, als daß ich, nach Beendigung der Haushaltsberatungen, ihm ein vorteilhaftes Angebot machen werde, als Mitarbeiter in mein Haus einzutreten."

Heinemann verließ die CDU und gründete eine neue politische Partei, die Gesamtdeutsche Volkspartei. Dies erwies sich als Fehlschlag. Er kam zu der Überzeugung, dass er seinen Kampf gegen die nach seiner Meinung weitab von der Wiedervereinigung führende Bündnispolitik Adenauers am besten in der SPD fortführen könne, mit der ihn, den Direktor eines Industriekonzerns, von Hause aus nicht sehr viel verband. Der nächste Protest, der wieder bundesweites Aufsehen erregen sollte, kam bald: der „wilden" Rede Dehlers über die angeblich nicht genutzte Gelegenheit zur Wiedervereinigung im Jahre 1952 ließ er, unmittelbar darauf, im Bundestag einen „wütenden Angriff" auf die Adenauersche Politik folgen. Eugen Gerstenmaiers Charakterisierung dieser Rede braucht man nicht zuzustimmen. Enttäuschung, auch Zorn ließ sich Heinemann anmerken, aber er war viel zu beherrscht, um einfach auf seinen Gegner loszudreschen. Die Rede war eine in der Argumentation messerscharfe und in der Sache eisenharte Abrechnung mit Adenauer. Darin allerdings wird man Gerstenmaier zustimmen müssen, dass Heinemanns Vorwurf „an die falsche Adresse gerichtet" war. „Die Frage des militärischen Status des wiedervereinigten Deutschlands war zunächst Sache der ehemaligen Alliierten... Er warf uns, er warf der Sache nach Adenauer vor, dass wir die Einigung der alten, längst geplatzten Kriegsallianz gegen das Deutsche Reich nicht zustande gebracht hätten. Er machte uns darob bittere Vorwürfe, und er blieb taub und blind dafür, daß er unser Vermögen damit hemmungslos überforderte."

Ende der 60er-Jahre rannten Berliner Studenten, untergehakt und im Laufschritt, über den Kurfürstendamm, und in anderen Universitätsstädten bot sich dasselbe Bild. „Manche ... hielten es für ein elementar-demokratisches Freiheitsrecht, durch Nichtachtung staatlicher Ordnungsmaßnahmen die Aufmerksamkeit der Bürger auf die Unzulänglichkeit des „Systems" zu lenken ..." (Carlo Schmid). Die Unruhe wuchs, und das Dutschke-Attentat löste eine Welle von Gewalttätigkeiten aus. „Das Ausgangsproblem dieser Jugend, die Hochschulreform, wurde vorübergehend von einem politischen Aktionsdrang überlagert, der sich im Endziel auf eine Umgestaltung der Gesellschaft richtete ..." (Michael Freund).

Heinemanns, des Justizministers der Großen Koalition, im Folgenden wiedergegebene Fernsehansprache ließ viele der entfesselten Stürmer und gewaltsamen Dränger jener Tage innehalten – sie spürten, dass aus der mahnenden Stimme die Überzeugung eines Mannes sprach, der sich selbst und seine Generation bei seinen Vorhalten nicht ausnahm. „Wer mit dem Zeigefinger allgemeiner Vorwürfe auf den oder die vermeintlichen Anstifter und Drahtzieher zeigt, sollte daran denken, dass in der Hand mit dem ausgestreckten Zeigefinger zugleich drei andere Finger auf ihn selbst zurückweisen." Die wenigsten der Stürmer und Dränger mögen geahnt haben, wie diese Einstellung im Innersten mit der Stuttgarter Erklärung des Jahres 1945 zusammenstimmte, in der sich Gustav Heinemann und seine Mitunterzeichner furchtlos selbst in Frage stellten. „Die unruhige Jugend zur Mitarbeit im demokratischen Staat zu gewinnen, ist Heinemann auch als Bundespräsident nicht geglückt. Ein Teil glitt in die Terrorszene ab, das Gros hielt sich abseits von demokratischer Politik, und andere organisierten sich in der Anarchoszene der gewaltsamen Proteste und Krawalle" (Rudolf Wassermann).

Aber Zeichen gesetzt hat der Bundespräsident Heinemann auch in anderer Weise und auf anderen Gebieten. So zog es ihn etwa bei seinen nun einmal zu absolvierenden Staatsbesuchen nicht so sehr in ferne tropische Zonen, sondern in die unmittelbare Nachbarschaft, in die Niederlande, nach Belgien, Luxemburg und Norwegen. In diesen Ländern, die unter der deutschen Besatzung und Ausbeutung besonders gelitten hatten, hat er in seiner kühlen Gelassenheit und seinem trockenen Humor viel für das glaubwürdige Bild von einem anderen, besseren Deutschland bewirken können.

War der Bundespräsident Heinemann populär? Sicher nicht in der Weise wie Heuss. Was ein Churchill sich leisten konnte – den mehrfachen Parteiwechsel –, wird einem deutschen Politiker nicht so leicht zugestanden. In der deutschen Mentalität liegt bei Zusammenschlüssen – welcher Natur auch immer – das Ideologische immer in Reichweite, und die Parteien als Zweckverbände hohen Ranges zu betrachten, wie dies Heinemann tat, ist eine in Germanien nicht weit verbreitete Anschauung. Das kam bei der Bundespräsidentenwahl zum Ausdruck, wenn es vielleicht auch nur eines von mehreren Motiven für die Gegenstimmen war. Heinemann ging mit der knappsten Mehrheit aller Bundespräsidentenwahlen, mit ganzen sechs Stimmen durchs Ziel, im dritten Wahlgang. Aber dieser Bundespräsident hat mehr als nur die Erinnerung daran hinterlassen, dass nach 44 Jahren wieder ein Sozialdemokrat das höchste Staatsamt innehatte. Die Leute spürten seinen Abscheu vor jeder Art von Untertanengeist und jenem unseligen Bündnis von Thron und Altar, das noch zu seiner Jugend eine gottgegebene Selbstverständlichkeit zu sein schien, und sie spürten seine unverhüllte Abneigung gegen jenen zuweilen pompösen Stil der protokollarischen Bonner Haupt- und Staatsaktionen. Aber sie spürten auch, dass diesen Mann ein felsenfestes Vertrauen in „Gottes Weltregiment" erfüllte. Carola Stern berichtet, dass er einmal von Freunden gefragt worden sei, welchem Staatsmann er sich am nächsten fühle. „Zögernd kommt die Antwort: „vielleicht dem Papst", und als Erklärung zu den recht Erstaunten: „Der weiß vielleicht am ehesten, daß er einen über sich hat."

Die Studentenunruhen –
Drei Finger der deutenden Hand weisen zurück

Fernsehansprache Heinemanns am 14. April 1968, aus: Bulletin des Presse- und Informationsamtes der Bundesregierung vom 17. April 1968 (393–394)

Verehrte Mitbürger!
Diese Tage erschütternder Vorgänge und gesteigerter Unruhe rufen uns alle zu einer Besinnung. Wer mit dem Zeigefinger allgemeiner Vorwürfe auf den oder die vermeintlichen Anstifter oder Drahtzieher zeigt, sollte daran denken, daß in der Hand mit dem ausgestreckten Zeigefinger zugleich drei andere Finger auf ihn selbst zurückweisen.

Damit will ich sagen, daß wir alle uns zu fragen haben, was wir selber in der Vergangenheit dazu beigetragen haben könnten, daß ein Antikommunismus sich bis zum Mordanschlag steigerte und daß Demonstranten sich in Gewalttaten der Verwüstung bis zur Brandstiftung verloren haben.

Sowohl der Attentäter, der Rudi Dutschke nach dem Leben trachtete, als auch die elftausend Studenten, die sich an den Demonstrationen vor Zeitungshäusern beteiligten, sind junge Menschen.

Heißt das nicht, daß wir Älteren den Kontakt mit Teilen der Jugend verloren haben oder ihnen unglaubwürdig wurden? Heißt das nicht, daß wir Kritik ernst nehmen müssen, auch wenn sie aus der jungen Generation laut wird?

Besserungen hier und an anderen Stellen können nur dann gelingen, wenn jetzt von keiner Seite neue Erregung hinzugetragen wird. Gefühlsaufwallungen sind billig, aber nicht hilfreich – ja, sie vermehren die Verwirrung.

Nichts ist jetzt so sehr geboten wie Selbstbeherrschung – auch an den Stammtischen oder wo immer sonst das Geschehen dieser Tage diskutiert wird.

Das Kleid unserer Freiheit sind die Gesetze, die wir uns selber gegeben haben. Diesen Gesetzen die Achtung und Geltung zu verschaffen, ist Sache von Polizei und Justiz. Es besteht kein Anlaß zu bezweifeln, daß Polizei und Justiz tun, was ihre Aufgabe ist.

Wichtiger aber ist es, uns gegenseitig zu dem demokratischen Verhalten zu verhelfen, das den Einsatz von Justiz und Polizei erübrigt.

Zu den Grundrechten gehört auch das Recht zum Demonstrieren, um öffentliche Meinung zu mobilisieren. Auch die junge Generation hat einen Anspruch darauf, mit ihren Wünschen und Vorschlägen gehört und ernst genommen zu werden.

Gewalttat aber ist gemeines Unrecht und eine Dummheit obendrein. Es ist eine alte Erfahrung, daß Ausschreitungen und Gewalttaten genau die gegenteilige öffentliche Meinung schaffen, als ihre Urheber wünschen. Das sollten – so meine ich – gerade politisch bewegte Studenten begreifen und darum zur Selbstbeherrschung zurückfinden.

Unser Grundgesetz ist ein großes Angebot. Zum ersten Mal in unserer Geschichte will es in einem freiheitlich-demokratischen und sozialen Rechtsstaat der Würde des Menschen volle Geltung verschaffen. In ihm ist Platz für eine Vielfalt der Meinungen, die es in offener Diskussion zu klären gilt.

Uns in diesem Grundgesetz zusammenzufinden und seine Aussagen als Lebensform zu verwirklichen, ist die gemeinsame Aufgabe. Die Bewegtheit dieser Tage darf nicht ohne guten Gewinn bleiben.

Nobelpreis:
WILLY BRANDT
(II)

> Schädliche Wahrheit, ich ziehe sie vor dem
> nützlichen Irrtum.
> Wahrheit heilt den Schmerz, den sie vielleicht
> uns erregt.
>
> *Goethe*

„Aus dem Dornröschenschlaf erwacht, hat sich das deutsche Parlament die Müdigkeit aus den Augen gerieben und sich seiner eindrucksvollsten Zeit besonnen: der glorreichen 50er Jahre", jubilierte Eduard Neumaier, als er in „Publik" über die Regierungserklärung des Bundeskanzlers Willy Brandt am 28. Oktober 1969 und die Aussprache darüber im Bundestag berichtete. Andere Zeitungen schrieben über den „Frischen Wind im „Hohen Haus" am Rhein": „Wir haben wieder ein Parlament – mit allem, was dazugehört", „das Parlament funktioniert wieder" und so fort. Ein Aufbruch zu neuen Ufern schien bevorzustehen, und eine Welle des Überschwangs schwappte durch das Land. Viele Zeitgenossen erwarteten den Beginn einer neuen Epoche.

Dreh- und Angelpunkt dieser euphorischen Harfenklänge war ein Dokument, das gemeinhin nicht zu den Spitzenleistungen literarisch-politischer Prosa gerechnet werden kann: die Regierungserklärung vom 28. Oktober 1969. Normalerweise bekommt man beim Antritt einer Regierung einen ermüdenden und langatmigen Katalog von Absichtserklärungen für die bevorstehende Legislaturperiode zu hören. Der Sprachmächtigkeit Willy Brandts und seiner Überzeugungskraft gelang es aber, selbst in die sonst dürren Passagen dieses hochamtlichen Papiers Spannung und Leben hineinzuzwingen. Das Versprechen, „mehr Demokratie zu wagen", löste vielerorts Begeisterung aus; Protestrufe wurden überhört. – Was ist aus alledem geworden?

Eine inhaltliche Analyse des Dokuments ergibt Erstaunliches. Der weitaus größte Teil der programmatischen Ankündigungen ist gesellschafts- und wirtschaftspolitischen Themen gewidmet. Einen besonders breiten Raum nehmen dabei Fragen der Bildungs- und Sozialpolitik ein. Die Außenpolitik ist ziemlich kurz abgehandelt, und jene inhaltlich kargen Absätze, in denen Verhandlungen mit Moskau, Warschau, Prag und der DDR angekündigt werden, umfassen nur wenige Zeilen. „Die Bundesregierung verzichtet heute bewußt darauf, über den in dieser Erklärung gesetzten Rahmen hinaus Festlegungen vorzunehmen." – Das, was von dieser Regierungserklärung in die Wirklichkeit einging – die „Ostpolitik" –, macht kaum ein Zehntel des Inhalts aus.

Bei der pauschalen Ankündigung, die Regierung werde der Volksrepublik Polen einen Vorschlag zur Aufnahme von Gesprächen zugehen lassen, unterbrach ein besonders aufmerksamer Zuhörer den Bundeskanzler nicht weniger als fünfmal mit Zwischenrufen, in denen er genauere Auskünfte über das Polen zu machende Angebot forderte. Es war der Abgeordnete Rainer Barzel. Der Bundeskanzler gab eine ausweichende Antwort – „Ich habe Ihnen gesagt, was heute zu sagen ist" –, aber was dann angeboten wurde, ergab sich ja schon aus der Ankündigung Brandts auf dem SPD-Parteitag von Nürnberg vom 17. bis 21. März 1968: „... die Anerkennung bzw. Respektierung der Oder-Neiße-Linie bis zur friedensvertraglichen Regelung". Und auch Helmut Schmidt hatte schon 1968 davon gesprochen, dass die DDR „ein Staat" sei, mit dessen ungeliebter Regierung man verhandeln müsse. – So alarmierend neu war das also nicht.

„Ostpolitik" ist mittlerweile als deutsches Lehnwort in fremde Sprachen eingegangen; damals aber konnten nur die Kundigen unter den deutschen Politikern die Tragweite der Ankündigungen, die sehr geschickt verpackt waren, sofort übersehen. Brandt erklärte: „Die Bundesregierung setzt die im Dezember 1966 durch Bundeskanzler Kiesinger und seine Regierung eingeleitete Politik fort und bietet dem Ministerrat der DDR erneut Verhandlungen beiderseits ohne Diskriminierung auf der Ebene der Regierungen an, die zu vertraglich vereinbarter Zusammenarbeit führen sollen. Eine völkerrechtliche Anerkennung der DDR durch die Bundesregierung kann nicht in Betracht kommen. Auch wenn zwei Staaten in Deutschland existieren, sind sie doch füreinander nicht Ausland; ihre Beziehungen zueinander können nur von besonderer Art sein."

Nach dem „Beifall bei den Regierungsparteien" – SPD und F.D.P. – verzeichnet das Protokoll an dieser Stelle „Unruhe bei der

CDU/CSU". Sie war begründet. Mit der Formulierung von den „zwei in Deutschland existierenden Staaten" hatte Brandt ja die Politik der Großen Koalition – „ein zweiter souveräner Staat deutscher Nation kommt nicht in Betracht" – definitiv verlassen und war in jene Straße eingebogen, die geradewegs zu der „Anerkennung der Realitäten" führte. „Eine Fundamentalthese unserer Außenpolitik löst sich auf", stellte Eugen Gerstenmaier fest.

Was aber geschah mit den angekündigten Reformen? Wir wissen mittlerweile, dass nur ein Bruchteil verwirklicht werden konnte, und viele üben noch heute bittere Kritik an den Folgen jener im großen Stil angekündigten Reformen, jenen Folgen, die sich in einer veränderten Einstellung vieler Bürger gegenüber dem Staat zeigten. Eine „Anspruchsmentalität sei erzeugt worden, die die Investitionsperspektive verschüttet habe" ... „Bald wich die Reformbegeisterung einem Katzenjammer, der auch durch den inflatorischen Gebrauch des Wortes „Reform" für alle möglichen Gesetzesänderungen kaum gemildert werden konnte" (Eckhard Fuhr).

Aber auf dem Gebiet der Ostpolitik gingen Brandt und seine Mitarbeiter, vor allem Egon Bahr, mit vorwärtsstürmendem Elan, der die Opposition nicht wenig beunruhigte, ans Werk. Im März und Mai 1970 fanden die spektakulären Treffen Brandts mit dem DDR-Ministerpräsidenten Stoph in Erfurt und Kassel statt, mit den bewegenden Szenen vor dem Erfurter Hotel, als die Volksmassen „Willy, Willy" riefen und damit sicher nicht Willi Stoph meinten. Nur ein einziges Mal hat sich die DDR den Luxus einer solchen von ihrem Standpunkt aus mangelhaft vorbereiteten Manifestation geleistet; als viele Jahre später Bundeskanzler Helmut Schmidt Güstrow besuchte, fand er sich in menschenleeren Straßen hermetisch abgesperrt. In Staunen erregend kurzen Fristen wurden die Verträge mit den Ostblockstaaten paraphiert. Damit fanden die Realitäten, wie sie sich nun einmal darstellen, einen völkerrechtlichen Niederschlag. Welch weiter, weiter Weg war zurückgelegt worden, seit Kurt Schumacher noch um jeden Quadratmeter deutschen Bodens jenseits der Oder-Neiße kämpfen wollte! Brandts unmittelbarer Amtsvorgänger Kiesinger hatte von der DDR noch als einem „Phänomen" gesprochen ... In wenigen Jahren wurde Willy Brandt einer der auch international angesehensten europäischen Politiker, dessen Popularität sich nur mit der Konrad Adenauers vergleichen ließ. Die Verleihung des Friedensnobelpreises im Jahre 1971 rückte ihn in eine Reihe mit berühmten deutschen Vorkämpfern für den Frieden, die ebenfalls mit diesem Preis ausgezeichnet worden waren: Ludwig Quidde, Gustav Stresemann und Carl von Ossietzky.*

Bei diesem Werk, das komplementär zur Adenauerschen Westintegration die politische Landschaft Europas veränderte, hatte es auch Brandt, wie seinerzeit Adenauer, mit einer schlagkräftigen Opposition zu tun. Darüber hinaus glaubten auch einige seiner prominenten Gefolgsleute aus der eigenen Fraktion, diese von ihnen als kurzatmig empfundene Strategie der Ostpolitik nicht verantworten zu können. Die Vorgänge, die über den Abschluss der Ostverträge zum gescheiterten Misstrauensvotum und zu den für die SPD erfolgreichen Bundestagswahlen des Jahres 1972 führten, werden an anderer Stelle geschildert. Hier soll nur noch von der Erfahrung die Rede sein, die Brandt mit Adenauer verbindet und die der junge Goethe so beschrieb: „... denn wenn es einem auf seinem Gang noch so lange glückt, fällt er doch endlich, und oft im Augenblick des gehofften Zwecks, in eine Grube, die ihm, Gott weiß wer, gegraben hat, und wird für nichts geachtet". Wie bei Adenauer im Jahre 1961 waren auch bei Brandt, und dies bei mehreren Gelegenheiten, einige Prokonsuln und andere Togaträger mit dem Dolch im Gewande unterwegs, und bei beiden vollzog sich der Rücktritt in Raten, nur zog er sich bei Brandt viel länger hin. Es waren 1974 und 1987 vergleichsweise läppische Anlässe, die den tiefen Sturz in die Goethesche Grube, in das „für nichts gerechnet werden" bewirkten; freilich waren 1974 und 1987 dem tiefen Fall lang währende persönliche Krisen vorangegangen. Und wieder hatte, wie bei Adenauer, die unzweifelhaft geschichtliche Größe ihre ärgerliche Seite; Willy Brandt setzte sich mit ihr in der bei ihm gewohnten Meisterschaft der Diktion bei seiner großen Abschiedsrede in Bonn am 14. Juni 1987 auseinander: „Einige schienen mir zwischenzeitlich die Rolle eines Sündenbocks vom Dienst zugedacht zu haben. Dazu war ich nicht gewählt und nicht gewillt. Ich habe meine Fehler gemacht. Ich habe nicht immer alles bedacht, was hätte bedacht werden sollen. Das tut mir leid, und das ist es denn auch."

Aber ein wesentlicher Unterschied bleibt, wenn man Konrad Adenauer mit Willy Brandt vergleichen will: Der Steuermann hat zwar die Kommandobrücke verlassen, bleibt aber, nach eigener

---

* Quidde (1858-1941), Historiker, Pazifist, Friedensnobelpreis 1927; Stresemann (1878–1929), Reichsaußenminister 1923–1929, Friedensnobelpreis 1926; Ossietzky (1889-1938), Journalist, Pazifist, Friedensnobelpreis 1935.

Bekundung, „an Deck". „Das Buch ist jedoch noch nicht zu Ende, ein neues Kapitel beginnt – immer noch oder jetzt erst recht unter dem Gesamttitel: frei und links."

1987 war Willy Brandt just in dem Alter, in dem Konrad Adenauers Karriere so richtig begann.

Ostpolitik
Regierungserklärung Brandts am 28. Oktober 1969 im Bundestag, Bonn,

aus: DBT / 6. WP / 5. / 28. 10. 1969 / 20 A–34 C

Herr Präsident! Meine Damen und Herren! Wir sind entschlossen, die Sicherheit der Bundesrepublik Deutschland und den Zusammenhalt der deutschen Nation zu wahren, den Frieden zu erhalten und an einer europäischen Friedensordnung mitzuarbeiten, die Freiheitsrechte und den Wohlstand unseres Volkes zu erweitern und unser Land so zu entwickeln, daß sein Rang in der Welt von morgen anerkannt und gesichert sein wird. Die Politik dieser Regierung wird also im Zeichen der Kontinuität und im Zeichen der Erneuerung stehen.

Unser Respekt gebührt dem, was in den vergangenen Jahren geleistet worden ist – im Bund, in den Ländern und in den Gemeinden, von allen Schichten unseres Volkes. Ich nenne die Namen Konrad Adenauer, Theodor Heuss und Kurt Schumacher stellvertretend für viele andere, mit denen die Bundesrepublik Deutschland einen Weg zurückgelegt hat, auf den sie stolz sein kann. Niemand wird die *Leistungen der letzten zwei Jahrzehnte* leugnen, bezweifeln oder geringschätzen. Sie sind Geschichte geworden.

Die Beständigkeit unserer freiheitlichen Grundordnung ist am 28. September erneut bestätigt worden. Ich danke den Wählern für die eindeutige *Ablehnung des Extremismus*, den es weiterhin zu bekämpfen gilt.

(Beifall bei den Regierungsparteien sowie bei der CDU/CSU)

Unsere *parlamentarische Demokratie* hat 20 Jahre nach ihrer Gründung ihre Fähigkeit zum Wandel bewiesen und damit ihre Probe bestanden. Dies ist auch außerhalb unserer Grenzen vermerkt worden und hat unserem Staat zu neuem Vertrauen in der Welt verholfen.

Die strikte Beachtung der Formen parlamentarischer Demokratie ist selbstverständlich für politische Gemeinschaften, die seit gut 100 Jahren für die deutsche Demokratie gekämpft, sie unter schweren Opfern verteidigt und unter großen Mühen wieder aufgebaut haben. Im sachlichen Gegeneinander und im nationalen Miteinander von Regierung und Opposition ist es unsere gemeinsame Verantwortung und Aufgabe, dieser Bundesrepublik eine gute Zukunft zu sichern.

Die Bundesregierung weiß, daß sie dazu der loyalen Zusammenarbeit mit den gesetzgebenden Körperschaften bedarf. Dafür bietet sie dem Deutschen Bundestag und natürlich auch dem Bundesrat ihren guten Willen an.

Unser Volk braucht wie jedes andere seine innere Ordnung. In den 70er Jahren werden wir aber in diesem Lande nur so viel Ordnung haben, wie wir an Mitverantwortung ermutigen. Solche demokratische Ordnung braucht außerordentliche Geduld im Zuhören und außerordentliche Anstrengung, sich gegenseitig zu verstehen.

Wir wollen mehr Demokratie wagen. Wir werden unsere Arbeitsweise öffnen und dem kritischen Bedürfnis nach Information Genüge tun. Wir werden darauf hinwirken, daß nicht nur durch Anhörungen im Bundestag,

(Abg. Dr. Barzel: Anhörungen?)

sondern auch durch ständige Fühlungnahme mit den repräsentativen Gruppen unseres Volkes und durch eine umfassende Unterrichtung über die Regierungspolitik jeder Bürger die Möglichkeit erhält, an der Reform von Staat und Gesellschaft mitzuwirken.

(Abg. Dr. Barzel: Die Regierung will uns gnädigst anhören?! – Abg. Wehner: Beruhigen Sie sich! Das heißt neudeutsch „Hearing", nichts anderes! – Abg. Dr. Barzel: Dann soll er es doch richtig sagen!)

Wir wenden uns an die im Frieden nachgewachsenen Generationen, die nicht mit den Hypotheken der Älteren belastet sind und belastet werden dürfen; jene jungen Menschen, die uns beim Wort nehmen wollen – und sollen. Diese jungen Menschen müssen aber verstehen, daß auch sie gegenüber Staat und Gesellschaft Verpflichtungen haben.

Wir werden dem Hohen Hause ein Gesetz unterbreiten, wodurch das aktive *Wahlalter* von 21 auf 18, das passive von 25 auf 21 Jahre herabgesetzt wird.

(Beifall bei den Regierungsparteien)

Wir werden auch die Volljährigkeitsgrenze überprüfen. Aufgabe der praktischen Politik in den jetzt vor uns liegenden Jahren ist es, die Einheit der Nation dadurch zu wahren, daß das *Verhältnis zwischen den Teilen Deutschlands* aus der gegenwärtigen Verkrampfung gelöst wird. Die Deutschen sind nicht nur durch ihre Sprache und ihre Geschichte – mit ihrem Glanz und Elend – verbunden; wir sind alle in Deutschland zu Haus. Wir haben auch noch gemeinsame Aufgaben und gemeinsame Verantwortung: für den Frieden unter uns und in Europa. 20 Jahre nach Gründung der Bundesrepublik Deutschland und der DDR müssen wir ein weiteres Auseinanderleben der deutschen Nation verhindern, also versuchen, über ein geregeltes Nebeneinander zu einem Miteinander zu kommen. Dies ist nicht nur ein deutsches Interesse, denn es hat seine Bedeutung auch für den Frieden in Europa und für das Ost-West-Verhältnis. Unsere und unserer Freunde Einstellung zu den internationalen Beziehungen der DDR hängt nicht zuletzt von der Haltung Ost-Berlins selbst ab. Im übrigen wollen wir unseren Landsleuten die Vorteile des internationalen Handels und Kulturaustausches nicht schmälern.

Die Bundesregierung setzt die im Dezember 1966 durch Bundeskanzler Kiesinger und seine Regierung eingeleitete Politik fort und bietet dem Ministerrat der DDR erneut Verhandlungen beiderseits ohne Diskriminierung auf der Ebene der Regierungen an, die zu vertraglich vereinbarter Zusammenarbeit führen sollen. Eine völkerrechtliche Anerkennung der DDR durch die Bundesregierung kann nicht in Betracht kommen. Auch wenn zwei Staaten in Deutschland existieren, sind sie doch füreinander nicht Ausland; ihre Beziehungen zueinander können nur von besonderer Art sein.

(Beifall bei den Regierungsparteien – Unruhe bei der CDU/CSU)

Anknüpfend an die Politik ihrer Vorgängerin erklärt die Bundesregierung, daß die Bereitschaft zu verbindlichen Abkommen über den gegenseitigen Verzicht auf Anwendung oder Androhung von Gewalt auch gegenüber der DDR gilt.

Die Bundesregierung wird den USA, Großbritannien und Frankreich raten, die eingeleiteten Besprechungen mit der Sowjetunion über die Erleichterung und *Verbesserung der Lage Berlins* mit Nachdruck fortzusetzen. Der Status der unter der besonderen Verantwortung der Vier Mächte stehenden Stadt Berlin muß unangetastet bleiben. Dies darf nicht daran hindern, Erleichterungen für den Verkehr in und nach Berlin zu suchen. Die Lebensfähigkeit Berlins werden wir weiterhin sichern. West-Berlin muß die Möglichkeit bekommen, zur Verbesserung der politischen, wirtschaftlichen und kulturellen Beziehungen der beiden Teile Deutschlands beizutragen.

Wir begrüßen es, daß der *innerdeutsche Handel* wieder zunimmt. Hierzu haben auch die Erleichterungen beigetragen, die durch die Vereinbarung am 6. Dezember 1968 eingetreten sind. Die Bundesregierung hält einen weiteren Ausbau der nachbarlichen Handelsbeziehungen für wünschenswert.

Wir haben das bisherige Ministerium für gesamtdeutsche Fragen entsprechend seinen Aufgaben in *Ministerium für innerdeutsche Beziehungen* umbenannt. Die Deutschlandpolitik insgesamt kann nicht Sache eines Ressorts sein. Sie ist eine ständige Aufgabe der ganzen Regierung und umfaßt Aspekte der auswärtigen Politik, der Sicherheits- und Europapolitik, ebenso wie die Bemühungen um den Zusammenhalt unseres Volkes und um die Beziehungen im geteilten Deutschland.

Meine Damen und Herren, in unserer Bundesrepublik stehen wir vor der Notwendigkeit umfassender Reformen. Die Durchführung der notwendigen Reformen und ein weiteres Steigen des Wohlstandes sind nur möglich bei wachsender Wirtschaft und gesunden Finanzen. Doch diese Bundesregierung hat ein schwieriges wirtschaftspolitisches Erbe übernommen, das zu raschem Handeln zwang:

(Beifall bei den Regierungsparteien – Lachen und Widerspruch bei der CDU/CSU)

Seit gestern ist die *Parität der Deutschen Mark* um 8,5% verbessert. Die *außenwirtschaftliche Absicherung* auf steuerlichem Wege wurde endgültig aufgehoben.

Wir werden die Forderungen des Gesetzes zur *Förderung der Stabilität und des Wachstums* erfüllen. Dieses Gesetz, eine der großen Reformleistungen des 5. Deutschen Bundestages, verpflichtet zum Handeln, wenn das gesamtwirtschaftliche Gleichgewicht gefährdet ist. Diese Pflicht war seit dem Frühjahr 1969 vernachlässigt worden.

(Lebhafter Beifall bei den Regierungsparteien)

Der Beschluß der Bundesregierung vom letzten Freitag, vom 24. Oktober, beendet eine Phase der Unsicherheit und beseitigt das fundamentale Ungleichgewicht in unserer Zahlungsbilanz.

(Zuruf von der CDU/CSU: Abwarten!)

Außenwirtschaftlich haben wir damit einen entscheidenden Beitrag geleistet, um den Welthandel weiter zu liberalisieren und das Weltwährungssystem zu stabilisieren.

Binnenwirtschaftlich wird die Aufwertung die Preisentwicklung des Jahres 1970 dämpfen.

(Abg. Dr. Müller-Hermann: Abwarten!)

Allerdings wäre mehr zu erreichen gewesen, wenn die vorige Bundesregierung rechtzeitig gehandelt hätte.

(Beifall bei den Regierungsparteien – Zurufe von der CDU/CSU)

Der Höhepunkt der Preisentwicklung kann wegen dieses Versäumnisses sogar noch vor uns liegen.

(Lachen und Zurufe von der CDU/CSU)

Ohne Aufwertung wäre eine weitere Zuspitzung der Konjunkturlage mit der Gefahr einer nachfolgenden Rezession kaum vermeidbar gewesen.

(Beifall bei den Regierungsparteien)

Unser Ziel lautet: Stabilisierung ohne Stagnation. Diesem Ziel dient unser *wirtschafts- und finanzpolitisches Sofortprogramm*. Es enthält:

1. Eine Finanzpolitik, die eine graduelle Umorientierung des Güterangebots auf den Binnenmarkt hin fördert.

(Zuruf von der CDU/CSU: Sehr bedenklich!)

2. Weitere Konsultationen mit der Bundesbank über eine der neuen Lage nach der DM-Aufwertung angemessene Linie der Geld- und Kreditpolitik.
3. Die Fortsetzung und Intensivierung der bewährten Zusammenarbeit mit den Gewerkschaften und Unternehmensverbänden im Rahmen der Konzertierten Aktion, an der in Zukunft auch Vertreter der Landwirtschaft teilnehmen werden.

(Beifall bei den Regierungsparteien)

4. Die Intensivierung der Zusammenarbeit zwischen Bund, Ländern und Gemeinden im Konjunkturrat der öffentlichen Hand.
5. Die aktive Mitarbeit der Bundesregierung an einer stärkeren Koordinierung der Wirtschafts- und Finanzpolitik in den Mitgliedstaaten der Europäischen Gemeinschaft und an der notwendigen Weiterentwicklung des Weltwährungssystems.

Die *Aufwertung der D-Mark* verlangt von uns einen *Einkommensausgleich für die Landwirtschaft.* Unsere Verpflichtung gegenüber den deutschen Bauern müssen wir jedoch mit den Römischen Verträgen über den Gemeinsamen Markt in Einklang bringen. Der *Rat der Europäischen Gemeinschaften* hat anerkannt, daß der Einkommensverlust der deutschen Landwirtschaft voll ausgeglichen werden muß. Nach stundenlangen Beratungen hat er – der Rat – in den heutigen Morgenstunden folgendes beschlossen: Auf Antrag der deutschen Delegation wurde zunächst eine Übergangsregelung für die Dauer von 6 Wochen getroffen.

(Zuruf von der CDU/CSU: Was kommt danach?)

Während dieser Zeit werden die Preise nach der bisherigen Parität aufrechterhalten und durch ein Grenzausgleichssystem abgesichert. Nach dieser Zeit erhält die Landwirtschaft den Einkommensausgleich. Dieser Ausgleich kann zum Teil durch eine Änderung des Mehrwertsteuergesetzes herbeigeführt werden.

(Unruhe bei der CDU/CSU)

Wie das im einzelnen geschieht, darüber wird dieses Hohe Haus in Kürze beraten müssen.

(Abg. Dr. Barzel: Was machen die Bauern so lange? – Weitere Zurufe von der CDU/CSU)

Der Rest wird durch direkte Ausgleichszahlungen gedeckt, an denen sich die Gemeinschaft beteiligen wird. Der Rat der Europäischen Gemeinschaften wird in Kürze erneut zusammentreten, um die Einzelheiten der langfristigen Regelung festzulegen.

(Abg. Rasner: Also, wir wissen noch nichts!)

Dieser Kompromiß zeigt deutlich, meine Damen und Herren, daß ein Widerspruch zwischen der weit vorangetriebenen Integration des Agrarmarktes und der mangelnden Koordinierung der Konjunktur- und Währungspolitik besteht. Eine *Weiterentwicklung der Agrarpolitik im Rahmen der EWG* muß daher in Zukunft stärker auf Fortschritt bei der Wirtschafts- und Währungspolitik abgestimmt werden.

(Beifall bei den Regierungsparteien)

Es bleibt das Ziel der Bundesregierung, die nationale Verantwortung für die landwirtschaftliche Strukturpolitik zu erhalten. Bei der notwendigen Strukturverbesserung der Landwirtschaft muß vermieden werden, daß eine Politik des Preisdrucks betrieben wird.

Unser Sofortprogramm, wie ich es in fünf Punkten skizziert habe, ist ein klares Angebot der Bundesregierung an alle, die unsere Wirtschaft tragen. Eine *stetige Wirtschaftsentwicklung* ist die beste Grundlage des gesellschaftlichen Fortschritts. Sie schafft das Klima, in dem sich private Initiative, Risikobereitschaft und Leistungsfähigkeit entfalten können. Sie sichert die Arbeitsplätze, schützt die steigenden Einkommen und wachsenden Ersparnisse vor der Auszehrung durch Preissteigerungen.

Auf Dauer können Stabilität und Wachstum nur in einer funktionsfähigen marktwirtschaftlichen Ordnung erreicht werden. Ein wirksamer Wettbewerb nach innen und nach außen ist und bleibt die sicherste Gewähr für die Leistungskraft einer Volkswirtschaft. Allen protektionistischen Neigungen im In- und Ausland erteilen wir eine klare Absage.

(Beifall bei den Regierungsparteien) [...]

Die *Regierung* muß bei sich selbst anfangen, wenn von *Reformen* die Rede ist.

(Zuruf von der CDU/CSU: Allerdings!)

Die Zahl der Ministerien wurde vermindert,

(Lachen bei der CDU/CSU)

eine erste Flurbereinigung der *Ressortzuständigkeiten* vorgenommen. Wir werden diese Bemühungen fortsetzen, um Verantwortlichkeiten klarer festzulegen und Doppelarbeit zu vermeiden.

(Beifall bei den Regierungsparteien)

Das *Bundeskanzleramt und die Ministerien* werden in ihren Strukturen und damit auch in ihrer Arbeit modernisiert.

Dem Bundestag wird eine Übersicht vorgelegt werden, aus der sich die jetzt geltenden Zuständigkeiten ebenso ergeben wie die Zusammensetzung und Arbeitsgebiete der neu gebildeten Kabinettsausschüsse. [...]

Die Bundesregierung wird in dieser Legislaturperiode ein Gremium schaffen,

(Abg. Dr. Barzel: Noch eines!?)

dem Politiker aus Bund, Ländern und Gemeinden, Verwaltungsbeamte und Wissenschaftler angehören. Es soll Vorschläge zur Fortentwicklung der *bundesstaatlichen Struktur* ausarbeiten.

Die Bundesregierung wird die vom Herrn Bundespräsidenten als früherem Bundesminister der Justiz begonnenen *Reformen unseres Rechts* fortführen.

(Zurufe von der CDU/CSU)

Sie hofft, hierfür eine ebenso große Mehrheit über alle Parteien hinweg zu erhalten, wie sie die vom letzten Bundestag verabschiedeten Reformgesetze gefunden haben.

Im Zivilrecht ist die *Reform des Eherechts* dringend. Die Bundesregierung wird auf der Grundlage der Empfehlungen der eingesetzten Kommission im kommenden Jahr eine Reformnovelle vorlegen. Weltanschauliche Meinungsverschiedenheiten dürfen uns nicht daran hindern, eine Lösung zu finden, um die Not der in heillos zerrütteten Ehen lebenden Menschen zu beseitigen. Dabei muß verhindert werden, daß im Falle der Scheidung Frau und Kinder die sozial Leidtragenden sind.

(Beifall bei der SPD und Abgeordneten der F.D.P.)

Wir meinen, daß in dieser Legislaturperiode die *Strafrechtsreform* vollendet werden muß, der sich die Fortsetzung der *Reform des Strafvollzugs* anschließen wird. Mit der Verabschiedung der beiden Strafrechtsreformgesetze ist ein guter Anfang gemacht worden. Die Bundesregierung wird weitere Novellen zum Strafgesetzbuch so rechtzeitig vorlegen, daß sie zusammen mit dem bereits verabschiedeten Gesetz am 1. Oktober 1973 in Kraft treten können.

Die Bundesregierung weiß, daß unsere Soldaten in vielen Einheiten und in vielen Funktionen bis an die Grenzen der Leistungsfähigkeit gefordert werden. Die zur Ausführung nötige Zahl der Berufs- und Zeitsoldaten sowie der Stand der Ausbildung und Ausrüstung entsprechen nicht überall den Aufträgen. Wir wissen, daß darüber hinaus der Wandel unserer Gesellschaft und der Fortschritt der Technik, daß vor allem aber die praktische Erfahrung unserer Soldaten heute eine umfassende kritische *Bestandsaufnahme der Bundeswehr* nötig gemacht haben. Diese Bestandsaufnahme wird unverzüglich eingeleitet. Soldaten, Wissenschaft und Bundesregierung werden dabei zusammenwirken. Im Verteidigungs-Weißbuch 1970 werden dem Parlament die vorläufigen Ergebnisse dieser generellen Inventur und sogleich die beabsichtigten Veränderungen vorgelegt werden.

Wir müssen die Bundeswehr als integrierten Teil unserer Gesellschaft verstehen. Schon heute will ich in fünf Punkten die *Absichten der Bundesregierung* klar herausstellen:

1. Wir wollen ein Maximum an Gerechtigkeit durch Gleichbehandlung der wehrpflichtigen jungen Männer schaffen; Wehrdienstausnahmen und -befreiungen werden abgebaut. Ob sich daraus Konsequenzen für die Dauer des Grundwehrdienstes ergeben, werden wir prüfen.
2. Innerhalb des Verteidigungsministeriums sollen die Führungsstäbe die international übliche militärische Arbeitsweise anwenden; sie werden dazu von bürokratischem Ballast befreit.

(Beifall bei der SPD)

Technik und Beschaffung werden nach Methoden modernen industriellen Managements rationalisiert.

3. Wir werden die bisherigen Bemühungen um geeignete Ausbilder, Truppenführer und technische Fachleute fortsetzen und ausbauen. Auch aus diesem Grunde wird die Sorge für die Truppe im Zentrum unserer Bemühungen stehen.
4. Wir vertrauen auch auf die fruchtbare Arbeit des Wehrbeauftragten des Deutschen Bundestages. An den Grundsätzen der Inneren Führung, zu deren Innehaltung Inspekteure, Kommandeure und Soldaten aller Rangstufen sich verpflichtet wissen, werden wir festhalten.

(Beifall bei den Regierungsparteien)

Wir wissen, daß auf dem Boden der feststehenden rechtlichen und sittlichen Maßstäbe Anpassungen einzelner Regelungen an Entwicklung und Erfahrung nötig sein können.

5. Wir halten am Recht der Kriegsdienstverweigerung aus Gewissensgründen fest. Für sie gilt das Prinzip gerechter Gleichbehandlung. Das Verfahren soll entbürokratisiert werden.

(Beifall bei den Regierungsparteien)

Die Leistungen der Soldaten und Zivilisten in der Bundeswehr, meine Damen und Herren, werden nur dann voll wirksam, wenn sie von der Anerkennung durch die öffentliche Meinung getragen werden.

(Beifall bei den Regierungsparteien und bei Abgeordneten der CDU/ CSU)

Meine Damen und Herren, *Bildung und Ausbildung, Wissenschaft und Forschung* stehen an der Spitze der Reformen, die es bei uns vorzunehmen gilt. Wir haben die Verantwortung, soweit sie von der Bundesregierung zu tragen ist, im Bundesministerium für Bildung und Wissenschaft zusammengefaßt.

Mit diesem Hohen Haus sind wir uns wohl darin einig, daß die Aufgaben von Bildung und Wissenschaft nur gemeinsam von Bund, Ländern und Gemeinden gelöst werden können. Der 5. Deutsche Bundestag hat für die Zusammenarbeit von Bund und Ländern eine Reihe neuer Möglichkeiten geschaffen, die diese Bundesregierung voll ausschöpfen will; sie will den Ländern – ohne deren Zuständigkeiten anzutasten – helfen.

Schwere Störungen des gesamten Bildungssystems ergeben sich daraus, daß es bisher nicht gelungen ist, die vier Hauptbereiche unseres Bildungswesens – *Schule, Hochschule, Berufsausbildung und Erwachsenenbildung* – nach einer durchsichtigen und rationalen Konzeption zu koordinieren. Solange aber ein *Gesamtplan* fehlt, ist es nicht möglich, Menschen und Mittel so einzusetzen, daß ein optimaler Effekt erzielt wird.

Die Bundesregierung hat auf Grund des Art. 91 b des Grundgesetzes eine klare verfassungsrechtliche Grundlage für eine Bildungsplanung gemeinsam mit den Ländern erhalten. Besonders dringlich ist ein *langfristiger Bildungsplan* für die Bundesrepublik für die nächsten 15 bis 20 Jahre. Dieser dem Bundestag und den Länderparlamenten vorzulegende Plan soll gleichzeitig erklären, wie er verwirklicht werden kann. Gleichzeitig muß ein nationales *Bildungsbudget* für einen Zeitraum von 5 bis 15 Jahren aufgestellt werden.

(Beifall bei den Regierungsparteien) [...]

Unter Erhaltung der *Priorität Berlins und des Zonenrandgebiets* bleibt die Stärkung der *Leistungskraft ländlicher Gebiete* ein strukturpolitischer Schwerpunkt. Die Konzentration der Mittel auf entwicklungsfähige Standorte sichert die höchste Effizienz. Die Gemeinschaftsaufgabe der Verbesserung der regionalen Wirtschaftsstruktur verlangt dabei neue Formen der Zusammenarbeit von Bund und Ländern. Ich sage noch einmal: Eine große strukturpolitische Aufgabe ist die Modernisierung unserer Landwirtschaft. [...]

Meine Damen und Herren, die *Außenpolitik* dieser Bundesregierung knüpft an die *Friedensnote vom März 1966* und die *Regierungserklärung vom Dezember 1966* an. Die in diesen Dokumenten niedergelegte Politik hat damals die Zustimmung aller Fraktionen dieses

Hauses erhalten. Der Wille zu Kontinuität und konsequenter Weiterentwicklung gestattet es, auf manche Wiederholung zu verzichten. Die Bundesregierung beabsichtigt, in den Vereinten Nationen, in ihren Sonderorganisationen und in anderen internationalen Organisationen verstärkt mitzuarbeiten. Dies gilt auch für weltweite Abkommen der *Abrüstung* und *Rüstungsbegrenzung*, die zunehmend Bedeutung gewinnen. Die Bundesregierung wird dabei die Politik fortsetzen, die ich als Außenminister am 3. September 1968 auf der Konferenz der Nichtnuklearmächte in Genf entwickelt habe.

Wir unterstreichen die grundsätzliche Bereitschaft, mit allen Staaten der Welt, die unseren Wunsch nach friedlicher Zusammenarbeit teilen, diplomatische Beziehungen zu unterhalten und die bestehenden Handelsbeziehungen zu verstärken. Die Bundesregierung lehnt jede Form von Diskriminierung, Unterdrückung und fremder Beherrschung ab, die das friedliche Zusammenleben der Völker auch in unseren Tagen immer von neuem gefährdet.

(Beifall bei den Regierungsparteien)

Meine Damen und Herren, das *nordatlantische Bündnis*, das sich in den 20 Jahren seiner Existenz bewährt hat, gewährleistet auch in Zukunft unsere Sicherheit. Sein fester Zusammenhalt ist die Voraussetzung für das solidarische Bemühen, zu einer Entspannung in Europa zu kommen. Welche der beiden Seiten der Sicherheitspolitik wir auch betrachten, ob es sich um unseren ernsten und nachhaltigen Versuch zur gleichzeitigen und gleichwertigen Rüstungsbegrenzung und Rüstungskontrolle handelt oder um die Gewährleistung ausreichender Verteidigung der Bundesrepublik Deutschland: Unter beiden Aspekten begreift die Bundesregierung ihre Sicherheitspolitik als *Politik des Gleichgewichts und der Friedenssicherung*. Und ebenso versteht sie unter beiden Aspekten die äußere Sicherheit unseres Staates als eine Funktion des Bündnisses, dem wir angehören und als dessen Teil wir zum Gleichgewicht der Kräfte zwischen West und Ost beitragen.

Wir brauchen zu unserer Sicherheit Freunde und Verbündete, so wie sie zu ihrer Sicherheit uns und unseren Beitrag brauchen. Ohne gegenseitiges Vertrauen in die politische Stabilität dieser Einsicht sind weder Bündnis noch Sicherheit aufrechtzuerhalten. Wir werden deshalb in und gegenüber dem Bündnis die bisherige Politik fortsetzen und erwarten dies auch von unseren Bündnispartnern und von ihren Beiträgen zur gemeinsamen Sicherheitspolitik und zu den vereinbarten gemeinsamen Sicherheitsanstrengungen.

So wie das westliche Bündnis defensiv ist, so ist auch unser eigener Beitrag dazu defensiv. Die *Bundeswehr* ist weder nach ihrer Erziehung und Struktur noch nach ihrer Bewaffnung und Ausrüstung für eine offensive Strategie geeignet. Die Bundesregierung wird an dem ihrer Verteidigungspolitik zugrunde liegenden *Defensivprinzip* keinen Zweifel lassen.

Meine Damen und Herren, die engen Bindungen zwischen uns und den *Vereinigten Staaten von Amerika* schließen für die Bundesregierung jeden Zweifel an der Verbindlichkeit der Verpflichtungen aus, die von den USA nach Vertrag und Überzeugung für Europa, für die Bundesrepublik und für Berlin übernommen worden sind. Unsere gemeinsamen Interessen bedürfen weder zusätzlicher Versicherungen noch sich wiederholender Erklärungen.

(Beifall bei den Regierungsparteien und bei Abgeordneten der CDU/CSU)

Sie sind tragfähig für eine selbständigere deutsche Politik in einer aktiveren Partnerschaft.

(Erneuter Beifall)

Die Bundesregierung wird sich gemeinsam mit ihren Verbündeten konsequent für den *Abbau der militärischen Konfrontation in Europa* einsetzen. Sie wird zusammen mit ihnen auf gleichzeitige und ausgewogene Rüstungsbeschränkung und Truppenreduzierung in Ost und West hinwirken.

Zur Thematik einer *Konferenz, die der europäischen Sicherheit dienen soll*, bekräftigt die Bundesregierung die Haltung, die in dem am 12. September dieses Jahres in Helsinki übergebenen Memorandum eingenommen worden ist. Eine derartige Konferenz kann nach sorgfältiger Vorbereitung eine wichtige Etappe auf dem Wege zu größerer Sicherheit bei geringerer Rüstung und zu Fortschritten zwischen den Partnern Ost- und Westeuropas werden.

Unter den gegenwärtigen Spannungsherden ist der Konflikt im *Nahen Osten* besonders besorgniserregend. Die Bundesregierung meint, daß es im Interesse der betroffenen Völker läge, eine Lösung zu finden, wie sie in der Entschließung des Sicherheitsrates der Vereinten Nationen vom 22. November 1967 angeboten wurde. Wir wünschen gute Beziehungen zu allen Staaten dieser Region und bestätigen zugleich die Entschlossenheit, keine Waffen in Spannungsgebiete zu liefern.

(Beifall bei den Regierungsparteien und bei Abgeordneten der CDU/ CSU)

Wir vereinigen uns mit allen Staaten und nicht zuletzt mit den ge-
quälten, betroffenen Menschen in dem Wunsch, daß der *Krieg in
Vietnam* endlich beendet wird durch eine politische Lösung, die von
allen Beteiligten gebilligt werden kann. Wir bekräftigen unsere Bereitschaft, dann, wenn es soweit ist, am Wiederaufbau beider zer-
störter Landesteile mitzuwirken.

(Beifall bei den Regierungsparteien und bei Abgeordneten der CDU/CSU)

Meine Damen und Herren, der bevorstehenden *Konferenz der Sechs in
Den Haag* kommt eine besondere Bedeutung zu. Diese Konferenz
der Sechs kann darüber entscheiden, ob Europa in den sachlich
miteinander verknüpften Themen des inneren Ausbaus, der Vertiefung und der Erweiterung der Gemeinschaft entweder einen mutigen Schritt nach vorn tut oder aber in eine gefährliche Krise gerät.
Die Völker Europas warten und drängen darauf, daß die Staatsmänner der Logik der Geschichte den Willen zum Erfolg an die
Seite stellen.

(Beifall bei den Regierungsparteien und bei Abgeordneten der CDU/ CSU)

Der deutsch-französische Gleichklang kann dabei auschlaggebend
sein. Die Bundesregierung ist bereit, den engen vertraglichen Bindungen jene Unverbrüchlichkeit zu verleihen, die beispielgebend
sein sollte für die Art der Beziehungen, die zwischen europäischen
Partnern heute hergestellt werden können.

Meine Damen und Herren, die *Erweiterung der Europäischen Gemeinschaft* muß kommen. Sie, die Gemeinschaft, braucht Großbritannien ebenso wie die anderen beitrittswilligen Länder. Im Zu-
sammenklang der europäischen Stimmen darf die britische keineswegs fehlen, wenn Europa sich nicht selbst schaden will.

(Beifall bei den Regierungsparteien und bei Abgeordneten der CDU/ CSU)

Wir haben mit Befriedigung verfolgt, daß für die ausschlaggeben-
den Kräfte der britischen Politik weiterhin die Überzeugung gilt,
Großbritannien brauche seinerseits Europa. Es ist an der Zeit, so
meinen wir, den sicher schwierigen und vermutlich auch zeitrauben-
den Prozeß einzuleiten, an dessen Ende die Gemeinschaft auf einer
breiteren Grundlage stehen wird.

Im Zusammenhang damit wird die Bundesregierung darauf hinwirken, daß die Gemeinschaft *neue Formen wirtschaftlicher Zusammenarbeit* mit den Staaten Europas entwickelt, die ihr nicht beitreten
können oder wollen.

Die Bundesregierung wird die Entwicklung einer engeren *politischen Zusammenarbeit in Europa* mit dem Ziel fördern, eine gemeinsame Haltung dieser Staaten in weltpolitischen Fragen Schritt um Schritt aufzubauen. Wir wissen uns darin auch besonders einig mit Italien und den Benelux-Staaten.

Unser nationales Interesse erlaubt es nicht, zwischen dem *Westen* und dem *Osten* zu stehen. Unser Land braucht die Zusammenarbeit und Abstimmung mit dem Westen und die Verständigung mit dem Osten.

Aber auf diesem Hintergrund sage ich mit starker Betonung, daß das deutsche Volk Frieden braucht – den Frieden im vollen Sinne dieses Wortes – auch mit den Völkern der Sowjetunion und allen Völkern des europäischen Ostens.

(Beifall bei allen Fraktionen)

Zu einem ehrlichen Versuch der Verständigung sind wir bereit, damit die Folgen des Unheils überwunden werden können, das eine verbrecherische Clique über Europa gebracht hat.

Dabei geben wir uns keinen trügerischen Hoffnungen hin:

Interessen, Machtverhältnisse und gesellschaftliche Unterschiede sind weder dialektisch aufzulösen, noch dürfen sie vernebelt werden. Aber unsere Gesprächspartner müssen auch dies wissen: Das *Recht auf Selbstbestimmung*, wie es in der Charta der Vereinten Nationen niedergelegt ist, gilt auch für das deutsche Volk.

(Beifall bei allen Fraktionen)

Dieses Recht und der Wille, es zu behaupten, können kein Verhandlungsgegenstand sein.

(Allgemeiner Beifall)

Wir sind frei von der Illusion, zu glauben, das Werk der Versöhnung sei leicht oder schnell zu vollenden. Es handelt sich um einen Prozeß; aber es ist an der Zeit, diesen Prozeß voranzubringen.

In Fortsetzung der Politik ihrer Vorgängerin erstrebt die Bundesregierung gleichmäßig verbindliche Abkommen über den gegenseitigen *Verzicht auf* Anwendung von oder Drohung mit *Gewalt*. Die Bereitschaft dazu gilt – ich darf es wiederholen – auch gegenüber der DDR. Ebenso unmißverständlich will ich sagen, daß wir gegenüber der uns unmittelbar benachbarten Tschechoslowakei zu den Abmachungen bereit sind, die über die Vergangenheit hinausführen.

(Beifall bei Abgeordneten der SPD)

Die Politik des Gewaltverzichts, die die territoriale Integrität des jeweiligen Partners berücksichtigt, ist nach der festen Überzeugung der Bundesregierung ein entscheidender Beitrag zu einer Entspannung in Europa. Gewaltverzichte würden eine Atmosphäre schaffen, die weitere Schritte möglich macht.

Diesem Zweck dienen auch gemeinsame Bemühungen, um den Handel, die technische Kooperation und den kulturellen Austausch zu fördern.

Die Bundesregierung verzichtet heute bewußt darauf, über den in dieser Erklärung gesetzten Rahmen hinaus Festlegungen vorzunehmen

(Abg. Dr. Barzel: Hört! Hört!)

oder Formeln vorzutragen, welche die von ihr erstrebten Verhandlungen erschweren könnten.

(Beifall bei den Regierungsparteien)

Sie ist sich bewußt, daß es Fortschritte nur geben kann, wenn es neben unserer Bereitschaft auch eine kooperative Haltung in den Hauptstädten der Staaten des Warschauer Vertrages gibt.

Meine Damen und Herren, kurzfristig wird die Bundesregierung eine Reihe von Entscheidungen treffen, die ihren Willen zur kontinuierlichen und konsequenten Weiterführung der bisherigen Politik beispielhaft deutlich machen:

Erstens. Die Bundesregierung wird auf der Konferenz in Den Haag darauf hinwirken, daß wirksame Maßnahmen zur *Vertiefung und Erweiterung der Gemeinschaft* und zur verstärkten politischen Zusammenarbeit eingeleitet werden.

Zweitens. Sie wird das Angebot der Vereinigten Staaten von Amerika aufgreifen, die deutsche industrielle Leistungskraft auf begrenzten Gebieten der *Weltraumforschung* zu beteiligen.

Drittens. Sie wird sich aktiv an den Arbeiten des vom Rat der Nordatlantikpaktorganisation eingesetzten Ausschusses für die *Probleme der modernen Gesellschaft* beteiligen.

Viertens. Sie wird demnächst das sowjetische Aide-mémoire zum Thema *Gewaltverzicht* beantworten und einen Termin für die von der Sowjetunion angeregten Verhandlungen in Moskau vorschlagen.

Fünftens. Sie wird der Regierung der Volksrepublik Polen einen Vorschlag zur Aufnahme von Gesprächen zugehen lassen, mit dem sie die Ausführungen Wladislaw Gomulkas vom 17. Mai dieses Jahres beantwortet.

(Abg. Dr. Barzel: Dazu hätte das Parlament gern etwas gehört!)

Sechstens. Sie wird den Vertrag über die *Nichtverbreitung von Atomwaffen* unterzeichnen, sobald – entsprechend den Beschlüssen der letzten Bundesregierung – die noch ausstehenden Klärungen herbeigeführt sind.

(Beifall bei den Regierungsparteien. – Lachen bei der CDU/CSU)

Meine Damen und Herren, wenn nicht gerade heute darüber in Washington gesprochen würde, würde ich auf die höhnischen Zurufe von soeben antworten. Ich verzichte darauf, zu antworten, weil mir am Erfolg der Verhandlungen liegt und nicht an der Polemik in diesem Augenblick. Das können wir auch morgen noch machen.

(Beifall bei den Regierungsparteien)

Polemisieren dazu können wir auch noch morgen oder übermorgen.

(Zuruf von der CDU/CSU: Schulmeister! – Abg. Dr. Barzel: Herr Kollege Brandt, bringen Sie bitte eins nicht durcheinander: Wir legen Wert darauf, zu wissen, welches Angebot Sie Polen machen werden! – Weitere Zurufe von der CDU/CSU)

– Es ging jetzt nicht um Polen, es ging um den NV-Vertrag.

(Abg. Dr. Barzel: Unsere Unruhe begann bei Polen, wo wir etwas mehr wissen wollen!)

– Ich habe Ihnen das dazu gesagt, was heute im Rahmen der Regierungserklärung zu sagen ist.

(Beifall bei den Regierungsparteien – Abg. Dr. Barzel: Aber zu wenig!)

Meine Damen und Herren! Diese Regierung redet niemandem nach dem Mund.

(Lachen bei der CDU/CSU)

Sie fordert viel, nicht nur von anderen, sondern auch von sich selbst.

(Beifall bei den Regierungsparteien)

Sie setzt konkrete Ziele. Diese Ziele sind nur zu erreichen, wenn sich manches im Verhältnis des Bürgers zu seinem Staat und seiner Regierung ändert.

Die Regierung kann in der Demokratie nur erfolgreich wirken, wenn sie getragen wird vom *demokratischen Engagement* der Bürger. Wir haben so wenig Bedarf an blinder Zustimmung, wie unser Volk Bedarf hat an gespreizter Würde und hoheitsvoller Distanz.

(Lebhafter Beifall bei den Regierungsparteien)

Wir suchen keine Bewunderer; wir brauchen Menschen, die kritisch mitdenken, mitentscheiden und mitverantworten.

(Beifall bei den Regierungsparteien)

Das Selbstbewußtsein dieser Regierung wird sich als Toleranz zu erkennen geben.

(Lachen bei der CDU/CSU)

Sie wird daher auch jene Solidarität zu schätzen wissen, die sich in Kritik äußert. Wir sind keine Erwählten; wir sind Gewählte.

(Lebhafter Beifall bei den Regierungsparteien)

Deshalb suchen wir das Gespräch mit allen, die sich um diese Demokratie mühen.

Meine Damen und Herren, in den letzten Jahren haben manche in diesem Land befürchtet, die zweite deutsche Demokratie werde den Weg der ersten gehen. Ich habe dies nie geglaubt. Ich glaube dies heute weniger denn je.

Nein: Wir stehen nicht am Ende unserer Demokratie, wir fangen erst richtig an.

(Abg. Dr. Barzel: Aber Herr Brandt! – Weitere Zurufe von der CDU/ CSU)

Wir wollen ein Volk der guten Nachbarn sein und werden, im Inneren und nach außen.

(Anhaltender lebhafter Beifall bei den Regierungsparteien. – Abg. Dr. Barzel: Das ist ein starkes Stück, Herr Bundeskanzler! Ein starkes Stück! Unglaublich! Unerhört!)

Adenauers Schüler:
KARL THEODOR VON UND ZU GUTTENBERG
1921–1972

aus Weisendorf (Bayern), 1938 Berufsoffizier, nach dem Kriegsdienst (1939 bis 1945) Übernahme des Familienbesitzes. 1945 Mitglied der CSU, 1952 bis 1957 Landrat, MdB (CDU/CSU) 1957 bis 1972, 1966 bis 1969 Parlamentarischer Staatssekretär im Bundeskanzleramt.

Nicht so vieles Federlesen!
Laßt mich immer nur herein:
Denn ich bin ein Mensch gewesen,
Und das heißt ein Kämpfer sein.

Goethe

Der Nonkonformismus des jungen fränkischen Edelmanns fiel schon während seiner Militärzeit unangenehm auf; es sollte denn auch die Eigenschaft bleiben, die Freunde und Gegner während seiner politischen Laufbahn des Öfteren in Verwirrung geraten ließ. Irgendeine Form von Übereinstimmung mit dem Nationalsozialismus war von Familie und Herkommen aus bei Guttenberg nicht zu erwarten. Er folgte dem Rat seines Vaters und wurde Offizier, was für ihn eine Form der inneren Emigration darstellte, die viele seiner Altersgenossen wählten, um dem Gleichschritt in den braunen Bataillonen zu entgehen. Mehr als einmal eckte er wegen „staatsfeindlicher Äußerungen" an; in einem Fall hatte er es nur dem Verständnis eines wohlwollenden Kriegsgerichtsrats zu danken, dass er mit einer gelinden Strafe davonkam. Es lag nur in der Logik seiner persönlichen Entwicklung, dass er nach der Gefangennahme bei der Invasion im Jahre 1944 dem Angebot der Engländer folgte, in der BBC und dem Soldatensender Calais an der psychologischen Kriegsführung, wie man heute sagen würde, teilzunehmen und seine Waffenkameraden vor der Weiterführung des sinnlos gewordenen Kampfes eindringlich zu warnen. Dies hatte Folgen: Des Öfteren ist ihm später „Verrat des Vaterlandes im Dienst des Feindes" vorgeworfen worden; aber es war nichts anderes als die Einsicht in die Demagogie und Menschenverachtung eines totalitären Staates und die aus dieser Einsicht herrührende Umsetzung einer immer schon vorhandenen Widerstandshaltung gegen das NS-Regime in die kriegspolitische Wirklichkeit und Notwendigkeit. Dazu gehörte freilich Mut, aber den hatte er.

Eine zweite Folge: Guttenberg entdeckte, dass er gut reden, schnell formulieren und flüssig schreiben konnte, dass ihm jene Eigenschaften eigen waren, die ihm sogleich nach seiner Rückkehr bei seinem Debüt als Kommunalpolitiker zustatten kamen. Innerparteiliche Gegner regten sich umgehend, insbesondere einige Urenkel Josef Filsers fanden die Herkunft Guttenbergs aus dem Hochadel, seinen Reichtum und seinen unabhängigen Geist suspekt, und in der Tat, in den eher schlicht-ländlich geprägten Reihen einer demokratischen Volkspartei mit starker regionaler Bodenhaftung wirkte Guttenberg auf den einen oder anderen als nicht ganz passender exotischer Import. Aber der junge Politiker machte seinen Weg und wurde nach einigen Jahren zum Landrat gewählt, „ohne studiert zu haben!", riefen die empört aus, die ihm nicht wohl wollten, und davon gab es da schon mehrere, die sich auch seiner Nominierung als Bundestagskandidat im Jahre 1957 lebhaft widersetzten. Da hatte er sich jedoch bereits durch die von ihm ausgehende Kraft der persönlichen Überzeugung und durch emsige Sacharbeit das Vertrauen des Wählervolks erworben. Er gewinnt den Wahlkreis Kulmbach sicher mit 59% der Erst- und 58,1% der Zweitstimmen.

In Bonn gelingt es ihm auf Anhieb, in den Auswärtigen Ausschuss des Bundestages einzurücken, wo er sich gleich kopfüber ins Getümmel stürzt. In einer viel beachteten Jungfernrede im Plenum nimmt er den Deutschlandplan der SPD unbarmherzig auseinander. Konrad Adenauer wird auf den Neuling aufmerksam, der sich gleich so wirkungsvoll in Szene zu setzen weiß. Ein persönliches Vertrauensverhältnis zwischen dem alten Kanzler und dem noch nicht Vierzigjährigen entsteht. Golo Mann sollte später Guttenberg als den „begabtesten und geistvollsten Schüler Adenauers" bezeichnen. Wenige Jahre darauf setzt der Kanzler in einem kritischen Moment große Hoffnungen auf Guttenberg. In der Koalitionskrise des Jahres 1962 beauftragt er ihn, mit der SPD wegen der Bildung einer Großen Koalition Verbindung aufzunehmen. Es geht manchmal in der Politik absonderlich zu: ausgerechnet den Mann schickt er als Parlamentär aus, den viele in der SPD-Bundestagsfraktion, man darf sagen, von Herzen hassen und von dem Helmut Schmidt einmal im Bundestag sagte, es falle schwer,... nicht zu beklagen, dass die Deutschen niemals eine Revolution zustande gebracht hätten, die dieser Art von Großgrundbesitzern die materielle Grundlage entzogen hätte. Der Baron ist allerdings auch ein Freund spitziger Formulierungen, bekannt geworden ist sein Bonmot: „Rechts und links sind Etiketten, die klebt man nur auf Flaschen" – gesprochen aus der Position der Mitte. Guttenbergs Gegenüber ist – Herbert Wehner, mit dem jedoch, nach anfänglich beiderseitiger unverhüllter Abneigung, im Jahre 1960, nach Wehners berühmter Rede, Beziehungen entstanden waren. Die Koalitionsverhandlungen scheitern – es darf angenommen werden, dass Adenauer sie auch – oder nur? – eingeleitet hatte, um den Koalitionspartner F.D.P. unter Druck zu setzen. Aber wenige Jahre später, im Jahre 1966, erreichen die beiden ungleichen Gesprächspartner Guttenberg und Wehner das schon zu Beginn des Jahrzehnts, übrigens unter gewahrter Geheimhaltung auf beiden Seiten, anvisierte Ziel. Die Große

Koalition zwischen CDU/CSU und SPD, unter Ausschaltung der F.D.P., wird etabliert. Die Motive dafür sind bei Guttenberg und Wehner so grundverschieden wie möglich: Wehner kommt es zuerst und zuletzt auf den Eintritt der SPD in die Regierung an, um den Nachweis der Regierungsfähigkeit zu führen, und Guttenberg hofft, unter anderem, sich mit der SPD auf eine gemeinsame Außenpolitik verständigen zu können.

Kiesinger beruft den unentwegten Streiter für die Große Koalition in die Regierung. Natürlich erheben sich dagegen heftige Widerstände; aber Kiesinger gibt nicht nach. Schnell wächst Guttenberg in die Rolle des unentbehrlichen Beraters und Gehilfen des Regierungschefs hinein. Doch plötzlich schlägt das Schicksal zu: Bei Guttenberg wird ein unheilbares Rückenmarksleiden festgestellt, das ihn mehr und mehr in seiner Bewegungsfähigkeit behindert. Er tut mit Würde und Besonnenheit, was unter diesen Umständen getan werden muss, gibt seinen Wahlkreis auf und bestellt sein Haus. 1969 zieht er noch einmal über die Landesliste in den Bundestag ein und nimmt, seine letzten Kräfte zusammenraffend, von den Oppositionsbänken aus den Kampf gegen die Ostverträge Willy Brandts auf. Hier werden nach seiner Meinung Positionen aufgegeben – Hallstein-Doktrin, Alleinvertretungsanspruch etc. –, die niemals hätten aufgegeben werden dürfen. Ein letztes Mal versucht er, unter Einsatz seiner außerordentlichen Rednergabe und Überzeugungskraft, dem Lauf des Geschicks eine andere Wendung zu geben. Es ist vergeblich. Das Bild des Schwerkranken, den seine Parteifreunde nach seiner letzten großen Rede am 27. Mai 1970 stehend mit Ovationen ehren, den Fraktionskollegen mühsam auf seinen Platz im Plenum zurückbringen, geht in die Geschichte des Bundestages ein.

Preisgabe deutscher Interessen?

Rede Guttenbergs am 27. Mai 1970 im Bundestag, Bonn, aus: DBT / 6. WP / 53. / 27. 5. 1970 / 2692 B–2698 B

Frau Präsidentin! Meine Damen und Herren! Lassen Sie mich bitte zunächst eine kurze Bemerkung zu den Reden machen, die die beiden Herren Fraktionssprecher der Regierungskoalition gehalten haben. Ich sage nur dies: Mir scheint, daß beide Reden dem Ernst der Sache nicht angemessen waren.

(Beifall bei der CDU/CSU)

Lassen Sie mich dann auf das eingehen, was der Herr Außenminister hier soeben erklärt hat. Er hat einiges gesagt, was festgehalten werden muß; z.B. daß nichts in diesem Vertrag mit Moskau stehen darf, was die deutsche Option behindert. Wir werden Sie, Herr Außenminister, an diese Worte erinnern.

(Abg. Dr. Barzel: In diesem Vertrag!)

Sie haben zweitens, Herr Außenminister, ein Wort gesagt in Zurückweisung dessen, was Herr Stoph zu *Westberlin* geäußert hat, und Sie haben Herrn Stoph mit Recht des Annexionismus beschuldigt. Aber, Herr Außenminister, ich möchte Sie in diesem Zusammenhang darauf hinweisen, daß die Sowjetunion von uns verlangt, die Formel zu akzeptieren, daß wir, die Bundesregierung, die Bundesrepublik, keine Gebietsansprüche hätten. Das, was die Sowjetunion hiermit sagt, ist nicht mehr und nicht weniger, als daß wir unsere Bindungen zu Berlin lösen sollten; denn sie versteht unter dieser Formel der „Gebietsansprüche" unsere Bindungen zu Berlin. Diese, sagt sie, seien widerrechtliche Ansprüche; und ich frage Sie, Herr Außenminister, ob Sie es zulassen werden, daß eine solche Formel, ohne daß die Sowjetunion für alle erkennbar und verbindlich sagt, daß die bisherige Auslegung, die sie dieser Formel gegeben hat, nicht mehr gültig sei, in den Vertrag aufgenommen wird.

Ein dritter Punkt. Herr Außenminister, Sie haben gesagt, Berlin werde natürlich in die Verhandlungen in Moskau eingeschlossen sein. Sie haben dann aber erklärt, es gebe keine zeitliche Priorität der Berlin-Verhandlungen für Vereinbarungen mit Moskau. Herr Außenminister, ich antworte Ihnen, daß es hier der Natur der Sache nach nur dann eine Sachpriorität für Berlin geben kann, wenn es auch eine zeitliche Priorität gibt.

(Beifall bei der CDU/CSU)

Denn sonst, Herr Minister, wären in Moskau präjudizielle Entscheidungen gefallen, von denen Sie schwerlich wieder herunterkommen werden.

Ein Viertes. Herr Außenminister, Sie haben gesagt – und darüber war ich in der Tat sehr erstaunt –, die Sowjetunion wolle vollenden, was seinerzeit Adenauer und Bulganin mit der Aufnahme diplomatischer Beziehungen begonnen haben. Sie haben erklärt, die Sowjetunion habe also die Absicht, die *„Normalisierung" der Beziehungen zwischen der Sowjetunion und der Bundesrepublik* zu erreichen. Herr Außenminister, was meinen Sie damit? Wissen Sie denn nicht, was die Sowjetunion unter Normalisierung versteht? Genau das, was

Breschnew, wie Herr Barzel heute zitiert hat, in Prag gesagt hat: die Unterwerfung der Bundesrepublik unter den sowjetischen Machtwillen. Dies wäre die Normalisierung à la Breschnew.

(Beifall bei der CDU/CSU)

Fünftens. Herr Außenminister, ich habe mit gespitzten Ohren gewartet, daß Sie, der Außenminister und Vorsitzende der Koalitionspartei F.D.P., die Frage des Herrn Barzel beantworten würden, ob Sie damit einverstanden waren oder heute einverstanden sind, daß der Bundeskanzler in Kassel die *völkerrechtliche Anerkennung der DDR* als nicht mehr ausgeschlossen bezeichnet hat. Sie haben dazu nichts gesagt. Ihr Schweigen mag beredt sein.

(Abg. Dr. Barzel: Qui tacet, consentire videtur!)

Sechstens. Sie haben viel zu Europa gesagt, und ich bestätige, daß ich Sie, Herr Außenminister, als jemanden ansehe, der in der Tat mit dem Herzen *Europapolitik* macht. Aber, Herr Außenminister, ich weiß nicht, ob Sie das wissen: Es gibt ein Papier der deutschen Sozialdemokratischen Partei,

(Abg. Dr. Barzel: Aha!)

welches auf Anforderung anderer europäischer Sozialisten Antworten auf einen Katalog zu Europafragen enthält. Darin hat Ihre Partei, Herr Bundeskanzler, Antworten auf diese Fragen gegeben, Antworten, die z. B. sinngemäß sagen, Haag sei deshalb so sehr zu begrüßen, weil man dort nicht utopischen Vorstellungen gehuldigt, sondern Realismus betrieben habe und weil man dafür gesorgt habe, daß der wirtschaftlichen Integration lediglich politische Kooperation zugesellt werden solle.

(Abg. Dr. Barzel: Hört! Hört!)

Herr Bundeskanzler, ich glaube, Sie wissen auch, daß es andere europäische sozialistische Parteien gibt, die über dieses Papier der deutschen Sozialdemokraten keineswegs erfreut waren. Anders gesagt: Ihre Partei wäre in guter sozialdemokratischer Gesellschaft, wenn sie ein wenig mehr – entschuldigen Sie – europäischen Mumm beweisen würde.

(Beifall bei der CDU/CSU – Zuruf von der SPD: Zerbrechen Sie sich doch nicht den Kopf über uns! – Abg. Rasner: Schade, daß Mommer nicht mehr da ist!)

Herr Außenminister, Sie haben eine letzte Frage in Ihren Ausführungen nicht beantwortet, von der ich gehofft habe, Sie wären näher darauf eingegangen. Es ist das, was der Fraktionsvorsitzende der CDU/CSU zum Problem des *sowjetischen Gewaltvorbehalts* im Rahmen eines Gewaltverzichtsvertrags gesagt hat. Herr Außenminister, kann die Bundesregierung auf Grund der bisherigen Sondierungen und Textentwürfe dem deutschen Volk wirklich guten Gewissens verkünden, auch die Sowjetunion verzichte auf Gewalt? Kann sie das? Kann sie verkünden, daß der bisherige Gewaltvorbehalt gegen die Bundesrepublik, d. h. die rechtswidrige sowjetische Auslegung der Art. 53 und 107 der UN-Satzung, eindeutig ausgeräumt ist? Können Sie das? Oder ist es nicht vielmehr so, daß auch in dieser Frage leider Schein und Mehrdeutigkeit herrschen?

(Abg. Dr. h.c. Kiesinger: Feigenblätter!)

Ist es nicht so, daß die Sowjetregierung in Wirklichkeit doch an ihrer Rechtsauffassung und politischen Begründung festhält, die sie uns in den Jahren 1967 und 1968 von sich aus in aller Form schriftlich übermittelt hat?

(Abg. Dr. Barzel: Sehr wahr!)

Gilt die politische Qualifikation der rechtswidrigen sowjetischen Thesen durch die Regierung der Großen Koalition nicht mehr? Wenn nein, frage ich, was sich geändert hat? Etwa nur die des raschen Wechsels fähige Meinung der Bundesregierung oder auch die der Sowjetregierung?

Ich sage hier – und ich weiß, was ich sage –: Eine reine Hervorhebung des Art. 2 der UN-Charta im bilateralen Verhältnis zwischen Sowjetunion und Bundesrepublik ist ungenügend,

(Lebhafter Beifall bei der CDU/CSU)

solange die Sowjetunion nicht expressis verbis darauf verzichtet, unsere friedlichen Bemühungen um Wiedervereinigung in Freiheit als – ich zitiere die UN-Charta – „Erneuerung aggressiver Politik" zu bezeichnen und dann aus Art. 53 ihren Gewaltvorbehalt zu folgern. Wir benötigen, Herr Bundeskanzler, in dieser nur scheinbar juristischen, in Wirklichkeit hochpolitischen und für die Zukunft weittragenden Frage eine klare Antwort der Bundesregierung.

Meine Damen und Herren, die Opposition hatte nur einen einzigen Grund für ihre Große Anfrage, über die wir heute hier debattieren, nämlich die tiefe Sorge, wohin die Reise führen soll, die die Bundesregierung nach Osten angetreten hat.

(Beifall bei der CDU/CSU)

Man hat uns andere, nämlich billige parteipolitische oder personale Motive unterstellt. So hat heute Herr Apel hier gesagt, es sei nicht die Sache, es seien Personalprobleme, die die CDU zu dieser Großen Anfrage veranlaßt hätten.

(Abg. Rasner: Dummes Zeug!)

Herr Apel, ich sage hier für mich: Dies ist eine Kränkung der führenden Männer der CDU/CSU.

(Beifall bei der CDU/ CSU)

Für uns sind die Dinge unserer Nation keine Parteipolitik, sondern Sache des Gewissens. Das nehmen Sie bitte zur Kenntnis!

(Lebhafter Beifall bei der CDU/CSU – Zurufe von der SPD)

Meine Damen und Herren! Ein Minister der SPD sagte mir vor kurzem etwa wörtlich: „Ihr – CDU/CSU – macht das falsch, wenn ihr Wähler gewinnen wollt, dann dürft ihr euch nicht auf die Außenpolitik stürzen, dann müßt ihr Finanz- und Wirtschaftspolitik machen."

(Zuruf von der SPD: Können!)

Dieser Mann merkte noch nicht einmal, meine Damen und Herren, daß er uns damit unfreiwillig selber bestätigt hat, daß es uns also um diese Sache geht, wenn wir nicht nachlassen, die Regierung auf diesem Felde zu bedrängen.

(Beifall bei der CDU/CSU)

Auch wir kennen die Meinungsumfragen, Herr Außenminister. Dennoch sagen wir hier unsere Meinung. Ist dies nicht der beste Beweis dafür, daß wir die Dinge, die Sache meinen und nichts anderes?

(Erneuter Beifall bei der CDU/CSU)

Ich will die Sache, die hier auf dem Spiele steht, um deretwillen wir schwerste, sage ich, Sorge haben, gleich bei ihrem Namen nennen. Diese Sache ist nicht mehr und nicht weniger als das Recht der Deutschen – aller Deutschen –, frei zu sein und selbst über sich zu bestimmen.

(Beifall bei der CDU/CSU)

Dies war, dies ist und dies wird bleiben der feste, unveränderliche Kern und Auftrag aller konkreten deutschen Politik, wo und solange sie von Demokraten geführt wird und solange diese Demokraten sich selbst erkennen.

(Beifall bei der CDU/CSU)

Ich sage: aller konkreten deutschen Politik, denn meine Freunde und ich sind nicht willens, dieses unveräußerliche Freiheitsrecht zu einer – und diejenigen, die es angeht, mögen dies in ihren Ohren klingen lassen – salvatorischen Klausel, zu einer abstrakten Maxime werden zu lassen,

(Beifall bei der CDU/CSU)

die allen Bezug auf das aktuelle, auf das tägliche politische Handeln verloren hat, ja gegen welche zu handeln heute sogar erlaubt sei, da doch – und ich zitiere wieder einen amtierenden Minister der SPD – dies – nämlich die Selbstbestimmung der Deutschen – „bestenfalls eine Sache des Jahres 2030 sei".

(Abg. Dr. Stoltenberg: So sind die Herren! – Abg. Rasner: So sind sie!)

Ich sage noch einmal, meine Damen und Herren: aller *konkreten* deutschen Politik, weil ein Handeln gegen das *Freiheitsrecht aller Deutschen* zugleich ein Handeln gegen den Frieden in Europa ist.

(Beifall bei der CDU/CSU)

Denn, um es einfach und wiederum konkret zu sagen, wer Unterdrückung legitimierte, der ermunterte die Unterdrücker

(Abg. Lücke [Bensberg]: Sehr richtig!)

und damit die Friedensstörer.

(Sehr gut! bei der CDU/CSU)

Wer hingegen für seine und seiner Nachbarn Freiheitsrechte einsteht, der stärkt jene Kräfte, die in Wahrheit den Frieden tragen.

(Beifall bei der CDU/CSU)

Ist nicht eben dies die wahre Lehre aus jener schrecklichen Zeit, als Adolf Hitler durch brutale Gewalt,

(Abg. Dr. Barzel: Sehr wahr!)

wenn auch zunächst ohne Blut, Grenzen in Europa zu seinen Gunsten verrückte, um dann die europäischen Demokratien einzuladen, feierlich und durch Vertrag diese Unrechtsgrenzen zu achten?

(Zustimmung bei der CDU/CSU)

Wo, meine Damen und Herren, ist der qualitative Unterschied, wo, frage ich, ist dieser Unterschied,

(Sehr wahr! bei der CDU/CSU)

wenn heute Moskau von uns fordert, jene *Unrechtsgrenzen*, die Moskau auf deutschem und auf anderem Boden für sein und innerhalb seines Imperiums erzwungen hat, zu respektieren und als unabänderlich zu erklären?

(Beifall bei der CDU/CSU)

Ich sage hier für meine Freunde und für mich mit allem Nachdruck, mit allem Ernst und leider auch mit der heute nötigen Sorge: Wir, die CDU/CSU, sind nicht bereit, sogenannte Realitäten zu achten, zu respektieren oder gar anzuerkennen, die den Namen „Unrecht" tragen.

(Lebhafter Beifall bei der CDU/CSU)

Wer immer dieser Debatte hier oder im Lande oder draußen in der Welt zuhört, muß wissen, daß dies das letzte, das entscheidende, und das nicht aufhebbare Motiv für die Deutschlandpolitik der Christlich-Demokratischen und der Christlich-Sozialen Union ist.

(Beifall bei der CDU/CSU)

Ich setze die Frage hinzu: Ist hier einer, der ernsthaft vorbringen wollte, daß Unrecht dadurch Recht würde, daß es Jahre, ja Jahrzehnte dauert? Ich bitte jeden in diesem Haus, sich zu prüfen. Meine Damen und Herren von der SPD, dies gilt besonders für Sie, weil Sie als Partei die Ehre für sich in Anspruch nehmen dürfen, unter Hitler Tausende von Märtyrern gestellt zu haben. Meine Frage heißt: Ist einer hier bereit, wäre einer hier bereit, seinen Frieden mit Adolf Hitler zu machen, wenn es diesem Mann gelungen wäre, 37 Jahre durchzuhalten? Ich sage nein, ich sage dreimal nein.

(Beifall bei der CDU/CSU – Zurufe von der SPD)

Aus dem gleichen Grunde kann es keine Anerkennung für neues Unrecht auf deutschem Boden, für Herrn Ulbricht geben.

(Lebhafter Beifall bei der CDU/CSU)

Vielleicht fragen Sie mich jetzt, warum ich dies sage, und ich werde Ihnen offen und ohne Rückhalt antworten. Aber lassen Sie mich zuvor erklären, daß ich bei dem, was ich jetzt sagen werde, mit keinem Gedanken an polemische Anklage oder gar an Verketzerung denke; anders als Sie, Herr Kollege Apel, der Sie uns vorgeworfen haben, daß wir hier wider besseres Wissen Unterstellungen betrieben. Dieser Satz allein, Herr Kollege Apel, disqualifiziert Ihre Rede.

(Beifall bei der CDU/CSU)

Ich bin nicht der Meinung, daß wir uns hier gegenseitig die guten und honorigen Motive absprechen dürfen oder können. Aber ich bin der Auffassung, daß wir ehrlich und frei unsere Meinung sagen sollen, wohin die Politik des anderen führt, die wir für falsch halten. Ich will mir daher heute den Mut und die Freiheit nehmen, an unser aller – aller in diesem Hause – Gewissen zu appellieren, und ich will gleichzeitig ins Bewußtsein rufen, daß auch der, der besten Willens dem Frieden zu dienen meinen mag, gefährlich irren kann.

(Zustimmung bei der CDU/CSU)

Er irrte dort am gefährlichsten, wo er sich verleiten ließe,

(Zurufe von der SPD)

einer militanten totalitären Ideologie mit jenem wertfreien bloßen Pragmatismus begegnen zu können, der für das tägliche Geschäft unter Demokraten selbstverständlich durchaus angemessen ist.

(Abg. Dr. h. c. Kiesinger: Sehr gut!)

Dies vorausgeschickt, sage ich jetzt, Herr Bundeskanzler, offen und deutlich: Ich bin davon überzeugt, daß Ihre Regierung auf *Anerkennungskurs* liegt. Dieser Kurs wird dazu führen, daß eines Tages der Schutz der NATO zerbröckeln

(Sehr richtig! bei der CDU/CSU)

und die Sowjetunion ihre Vorherrschaft über ganz Europa gewinnen kann.

(Beifall bei der CDU/CSU. – Abg. Dr. Apel: Unterstellungen! – Gegenruf des Abg. Dr. h. c. Kiesinger)

Herr Bundeskanzler, um dies über allen Zweifel deutlich noch einmal zu sagen: gewiß nicht, weil Sie das so wollen – –

(Abg. Dr. Barzel: Hier spricht ein Mann mit letzter Kraft, und der Bundeskanzler lacht darüber! – Weitere Zurufe und Unruhe bei der CDU/CSU)

Lassen Sie mich noch einmal sagen, Herr Bundeskanzler: gewiß nicht, weil Sie das so wollen, aber weil es nach unserer gewissenhaften Prüfung Ihrer Politik in der Logik dieser Politik liegt.

Herr Bundeskanzler, ich habe in diesem Hause einmal vor langen Jahren gesagt, daß ein damals von Ihren Freunden vorgetragener Kurs zur Einheit Deutschlands führen möge, daß ich aber fürchtete, daß dann die Trümmer unserer Freiheit am Wege liegen würden. Ich habe auch damals nicht gesagt, daß Sie das wollten, um Himmels willen, nein. Aber ich glaube, daß das gegen Ihren Willen geschähe, wenn Sie nicht rechtzeitig haltmachen.

Sie, Herr Bundeskanzler, sind dabei, das *Deutschlandkonzept des Westens* aufzugeben und in jenes der Sowjetunion einzutreten.

(Beifall bei der CDU/CSU – Abg. Dr. Stoltenberg: Sehr wahr! – Lebhafte Pfui-Rufe von der SPD – Abg. Dr. Apel: Ein unanständiger Mensch! – Unruhe)

– Meine Damen und Herren, da sagt jemand „pfui", da sagt jemand, dies sei „unanständig". Ich sage hier, daß ich bereit wäre, in dieses sowjetische Deutschlandkonzept einzutreten, wenn ich davon überzeugt wäre, daß man mit dem Status quo den Frieden gewönne. Ich, Herr Apel, werde niemandem den guten Willen abstreiten, wenn er diese Meinung hat. Ich habe sie nicht, und deshalb widersetze ich mich dieser Meinung.

(Beifall bei der CDU/CSU)

Herr Bundeskanzler, nicht anders als so, wie ich es gesagt habe, ist es zu werten, daß Ihr Unterhändler in Moskau, wie es nach allem, was wir hören, scheint, weitgehend – wir werden es bald erfahren; wir reden ja nicht in den Wind – jene altbekannten *sowjetischen Teilungs- und Anerkennungsformeln* akzeptiert hat. Nicht anders ist es zu werten, daß Sie selbst in Kassel die Möglichkeit völkerrechtlicher Anerkennung angedeutet haben und daß Ihre Regierung in Warschau dabei ist, eine Anerkennungsformel für die Oder-Neiße-Grenze zu suchen.

Was aber wäre denn die unausweichliche Konsequenz eines solchen, ich sage es so, Herr Außenminister, *Scheinfriedens* auf der Basis einer sanktionierten Teilung Deutschlands und Europas? Die erste Konsequenz wäre die, daß viele, allzu viele dann in Amerika sagen würden, nun sei das entscheidende Problem in Europa gelöst; wozu also noch amerikanische Truppen in Europa?

(Abg. Dr. Barzel: Sehr wahr! – Zurufe von der SPD)

Die zweite Konsequenz wäre die, daß die Sowjetunion in der wichtigsten und zentralen Auseinandersetzung in Europa über den Westen einen entscheidenden politischen Sieg errungen hätte und daß sich der Wind dann in Europa zugunsten der Sowjetunion drehen würde.

Die dritte Konsequenz wäre die, daß das Ergebnis dieses politischen Sieges der Sowjetunion eben nicht die von vielen, die guten Willens sind, erhoffte – ich sage dies noch einmal nach den Pfui-Rufen von dieser Seite – Festigung des Friedens, sondern die Ermutigung und Bestärkung jener notorischen Friedensstörer wäre, deren – vorerst? – letztes Opfer die ČSSR im Jahre 1968 gewesen ist.

(Beifall bei der CDU/CSU)

Gewiß, Herr Bundeskanzler, werden Sie mein Wort bestreiten, daß Ihre Regierung auf Anerkennungskurs liege. Sie werden darauf hinweisen, daß Sie die alliierten Vorbehalte und damit den Friedensvertragsvorbehalt respektierten. Sie werden sagen, daß Sie am *Selbstbestimmungsrecht* festhielten und daß Sie vorhätten, den Sowjets wenigstens einseitig zu erklären, Ihr Ziel sei nach wie vor die Wiedervereinigung Deutschlands durch Selbstbestimmung. Aber, Herr Bundeskanzler, all das ist – erlauben Sie mir, ein Wort von Ihnen aufzugreifen – nun wirklich Formelkram. Denn diesen theoretisch-abstrakten Rechten und Zielsetzungen steht Ihre konkrete Politik gegenüber, die diesen theoretischen Maximen diametral entgegensteht. Denn wie kann man glaubhaft vom Selbstbestimmungsrecht aller Deutschen reden, wenn man die staatsrechtliche Anerkennung Ost-Berlins bereits zugestanden und sich in Kassel nun auch der völkerrechtlichen Anerkennung genähert hat? Oder wie kann man glaubhaft davon sprechen, daß erst ein Friedensvertrag die Ostgrenze Deutschlands festlegen könne, wenn man gleichzeitig bereit ist, die Anerkennung von Oder und Neiße als polnische Westgrenze zwischen Bonn und Warschau festzulegen? Und dient es, Herr Bundeskanzler, dieser Glaubhaftigkeit Ihrer Selbstbestimmungspolitik, wenn wir mehr und mehr und öfter und öfter hören, daß der Deutschlandvertrag und sein Art. 7 eine Einengung – ein bedauerliches Faktum also –, eine Einengung der Handlungsfreiheit der Bundesregierung sei,

(Sehr richtig! bei der CDU/CSU)

jener Art. 7 des Deutschlandvertrags, der eine der größten und geschichtlich wirksamsten Errungenschaften Adenauers war, weil mit diesem Art. 7 die Westmächte die Verpflichtung auf sich genommen haben, für die Freiheitsrechte der Deutschen einzutreten?

(Lebhafter Beifall bei der CDU/CSU)

Spüren Sie nicht selbst, Herr Bundeskanzler, daß diese und andere Widersprüche Ihnen selbst und Ihrer Regierung in ständig steigendem Maße eine Sprache aufzwingen, die viele – und ich zähle mich dazu – schlechterdings erschrecken läßt? Dort nämlich, wo Ihre Regierung offenbar versucht, einen Vertrag mit der Sowjetunion durch Formeln zustande zu bringen, die von beiden Seiten mit verschiedenen Inhalten gefüllt werden.

(Abg. Dr. Barzel: Sehr wahr!)

Denn was bedeutet in der sowjetischen Terminologie z. B. – ich zitiere – „die Achtung der territorialen Integrität der DDR"? Doch nichts anderes als den endgültigen und ausnahmslosen Verzicht, der uns auferlegt werden soll, auf jede Forderung nach freiheitlichen *Veränderungen im anderen Teil Deutschlands*. Dies, Herr Bundeskanzler, kann doch nicht Ihre Interpretation sein und ist es auch nicht. Was also, wenn diese Formel dennoch im Vertrag erschiene, angesichts dessen, Herr Außenminister, was Sie begrüßenswerterweise in Ihrer Antwort auf unsere Anfrage gesagt haben, daß – ich zitiere – über den „Inhalt dieser Begriffe volle Klarheit bestehen müsse"

(Abg. Dr. Barzel: Hört! Hört!)

und daß ein „offener oder versteckter Dissens in einem Vertrag mit Moskau das Verhältnis weiter belasten müßte?"

Oder ein anderer Begriff, den wir täglich hören, jener von der „*Normalisierung*". Ich habe schon davon gesprochen. Meine Damen und Herren, wann wird es denn in Deutschland wieder normal sein – es sei denn, man setzt die Sprache außer Kraft – ? Doch erst dann, wenn es keine Mauer mehr gibt und keine Schüsse mehr in der Nacht, sondern Menschenrechte für alle Deutschen.

(Lebhafter Beifall bei der CDU/CSU)

Ist dies mit dem Wort von der Normalisierung gemeint oder etwa ein Vertrag, in dem uns sage und schreibe, wenn Worte noch einen Sinn haben, zugemutet wird, zu respektieren, was die Männer, die drüben Verantwortung haben, in ihrem Hoheitsbereich geregelt haben? So steht es in Punkt 5 der Vorschläge des Bundeskanzlers in Kassel.

(Abg. Dr. Barzel: Sehr wahr!)

Ein drittes Beispiel für diese neue, diese erschreckende Sprache. Diese Bundesregierung sagt, sie spreche nur für die Bundesrepublik. Ich widerspreche, Herr Bundeskanzler. Nicht weil ich alte Formulierungen wie etwa jene des *Alleinvertretungsrechts* für bessere Juristerei hielte als Ihre neuen Formeln; auch nicht deshalb, weil ich etwa einem Völkerrechtsgelehrten mehr glaubte als einem anderen. Nein, Herr Bundeskanzler, ich brauchte noch nicht einmal eine Verfassung, ich brauche nur mein Gewissen, das mir sagt, daß ich als Abgeordneter in diesem Hause Verantwortung für mein ganzes Volk trage

(lebhafter Beifall bei der CDU/CSU)

und damit also auch und vor allem für jene, die zum Schweigen verurteilt sind. Deswegen wehre ich mich gegen jenen Trick – Trick sage ich –, nach welchem die Bundesregierung die *Oder-Neiße* als polnische Westgrenze deshalb anerkennen könne, da sie ja nur für die Bundesrepublik und eben nicht und in keiner Weise für alle Deutschen sprechen könne; denn niemand kann uns, die frei gewählten Abgeordneten des deutschen Volkes, aus der Pflicht entlassen, uns um das Schicksal unseres ganzen Volkes zu kümmern. Wir sollten auch keinen Augenblick vergessen, daß unter dieser Chiffre der Oder-Neiße mehr und anderes verstanden werden muß als eine bloße Grenzfrage, nämlich vor allem *verletztes Menschenrecht*.

(Beifall bei Abgeordneten der CDU/CSU)

Deshalb sollte man endlich überall begreifen, daß unsere strikte Weigerung, einer friedensvertraglichen Regelung heute vorzugreifen, nichts, aber auch gar nichts mit Nationalismus zu tun hat. Das Gegenteil ist der Fall. Jene, die heute glauben, dieses ganze komplexe, große Problem der Gebiete jenseits der Oder-Neiße und der Menschen, die von dort stammen, und jener, die dort heute ihre Heimat haben, mit dem einfachen Rezept des Festnagelns von Grenzpfählen bewältigen und lösen zu können, die so denken, meine Damen und Herren, denken in alten nationalstaatlichen überholten Schemata.

(Lebhafter Beifall bei der CDU/CSU)

Noch auf einem weiteren Gebiet wird heute von unserer Regierung eine neue, eine andere und eine nach meiner Überzeugung falsche und gefährliche Sprache gesprochen; dort nämlich, wo man glaubt, die Wirklichkeit, die volle Wirklichkeit jedenfalls, verschweigen oder beschönigen zu müssen, weil man fürchtet, die ganze Wahrheit auszusprechen könne der erwünschten Zusammenarbeit und Verständigung mit den Machthabern drüben im Wege stehen. Aber, Herr Bundeskanzler, bei allem Verständnis für Ihr politisches Argument, es gibt ein Argument, das weit, weit mehr wiegt, das Argument nämlich, daß die Demokratie davon lebt, daß die Demokraten die Wahrheit sagen, und zwar die ganze Wahrheit.

(Beifall bei der CDU/CSU – Zurufe von der SPD)

Glauben Sie mir, Herr Bundeskanzler, glauben Sie mir, Demokraten können nicht straflos ständig von der *Gleichberechtigung* zwischen diesem freien Deutschland hier und einem kommunistischen Zwangsregime drüben auf deutschem Boden reden.

(Zustimmung bei der CDU/CSU)

Und glauben Sie mir auch, es kann nur wie ein schleichendes Gift im Körper unserer Demokratie wirken, wenn einerseits führende Männer – Sie selbst, Herr Bundeskanzler, haben das leider mehrfach getan; ich erspare mir die Zitate – sich immer wieder der verbalen Verwischung der fundamentalen Unterschiede zwischen drüben und hier schuldig machen und wenn andererseits jene, die das aussprechen, was ist, die also Terror Terror und Mord an der Mauer Mord an der Mauer nennen, als unbelehrbare kalte Krieger verschrieen werden.

Die deutsche Demokratie ist schon einmal zugrunde gegangen, jawohl, Herr Dorn, deshalb, weil damals unter Deutschen eine geistig-moralische Verwirrung angestiftet und die Grenze zwischen demokratischer Rechtsstaatlichkeit und totalitärem Verbrecherregime verwischt wurde.

(Beifall bei der CDU/CSU – Zurufe von der SPD)

Es gibt leider Grund, davor zu warnen, daß diese Grenze erneut vernebelt werden könnte, und diesmal durch Demokraten.
Sagen Sie mir nun nicht, meine Damen und Herren von der Koalition, ich hätte hier nur Kritik geübt, aber nicht gesagt, was wir eigentlich wollten. Sie haben diese Torheit immer und immer wieder vorgebracht, auch heute wieder. Denn, meine Damen und Herren von der SPD: Haben wir nicht zusammen eine Politik gehabt: Die kennen Sie doch. War es nicht eine große und nützliche Sache, daß es gelungen war, in der Großen Koalition diese Gemeinsamkeit zu konkretisieren? Dies ist unsere Politik; denn wir haben diese Politik für richtig, nützlich und für erfolgreich gehalten.

(Beifall bei der CDU/CSU)

Sie, meine Damen und Herren von der SPD, haben diese gemeinsame Politik ohne Not, ohne überzeugende Begründung verlassen. Sie gehen heute einen anderen, einen gefährlichen Weg. Wir, die Union, wir bleiben bei dieser Politik, die wir gemeinsam mit Ihnen geführt haben. Ich bin sicher, daß Sie von mir keine Nachhilfestunde wünschen, was diese Politik war. Sie kennen sie.

Wir bleiben bei der Politik des Angebots der *Verständigung mit dem Osten* unter strikter *Wahrung der Freiheitsrechte unserer Nation*.

(Beifall bei der CDU/CSU)

Wir bleiben bei der Politik der Beharrlichkeit, des langen Atems und der zähen Geduld. Wir wenden uns gegen jene Geschichtsklitterung, die es dauernd gibt, auch heute wieder hier gegeben hat, nämlich daß die CDU/CSU lange Jahre auf falschem Wege gewesen sei und die Lage verhärtet habe und daß nun erst die neue Alternative komme. Die Wahrheit ist doch die, daß Sie, meine Damen und Herren von der SPD und von der F.D.P., mit uns zusammen zwei Jahrzehnte lang die Grundpositionen dieser Politik getragen und geteilt haben.

(Beifall bei der CDU/CSU)

Sie haben Ihren neuen Weg angetreten mit dem Vorwurf an uns, unsere Politik – jene, deren Grundlagen durch 20 Jahre auch die Ihren waren – habe nichts bewegt. Sie haben den Eindruck zu erwecken versucht, als verfügten Sie über die Alternative, die die Dinge in Bewegung bringen könne.

Lassen Sie mich ganz nüchtern sagen: ist es nicht so, daß Sie in Kassel gelernt haben sollten, daß es eben nicht stimmt, was Sie behauptet haben, nämlich daß es die starre *Politik der CDU* gewesen sei, die allen Fortschritt bisher unmöglich gemacht habe? Den Fortschritt verweigert hat bisher nichts anderes als die Intransigenz der SED.

Heute reden Sie selbst von der notwendigen Geduld und von den langen Jahren, die Sie benötigen. Damit nehmen Sie für sich in Anspruch, was Sie uns verwehrten; mit einem Unterschied allerdings: Sie haben, um diese bittere Erfahrung zu machen, Preise aus unserem gemeinsamen nationalen Schatz bezahlt, und ich fürchte, Sie sind bereit, noch weiter diesen Schatz zu leeren.

(Beifall bei der CDU/CSU)

Denn leider haben wir nicht den Eindruck, daß Sie aus Kassel auch jene andere Lehre gezogen haben, die da heißt, daß sich – ich weiß,

Sie mögen das Wort nicht, aber gewöhnen Sie sich bitte daran, daß wir es aussprechen, weil es den Tatsachen entspricht – *Vorleistungen* und Vorauszahlungen gegenüber totalitären Regimen nie bezahlt machen.

(Zustimmung bei der CDU/CSU)

Lassen Sie mich nun am Ende mit allem mir zur Verfügung stehenden Ernst ausdrücken – –

(Beifall und Zurufe von der SPD)

– Ich verstehe, daß Sie dort gerufen haben: „Gott sei Dank!" Ich hätte mir an Ihrer Stelle meine Rede auch ungern angehört, und deshalb habe ich sie gehalten.

(Beifall bei der CDU/CSU – Abg. Dr. Apel: Nur keine Selbstüberschätzung!)

Lassen Sie mich also sagen, wo ich den eigentlichen Unterschied sehe zwischen dem, was Sie heute versuchen, und der Haltung der CDU und CSU. Einer Ihrer Minister, Herr Bundeskanzler, der von mir sehr geschätzte Kollege Helmut Schmidt, hat mir vor einigen Tagen in einer Fernsehdiskussion sinngemäß geantwortet, daß der *Friedensvertragsvorbehalt* für ganz Deutschland und für seine östlichen Grenzen zwar rechtlich nötig sei; er – dieser Friedensvertragsvorbehalt – aber habe viele bei uns verleitet, Lebenslügen aufrechtzuerhalten, die 26 Jahre nach dem Krieg nun als solche erkannt werden müssen. Meine Damen und Herren, ich habe lange über diesen Satz von Herrn Schmidt nachgedacht. Ich komme zu dem Schluß, daß dieser Satz, so, wie er ihn da gesagt hat, nichts anderes bedeuten kann als die Aufforderung, wir sollten vor Macht und Gewalt resignieren.

(Widerspruch bei der SPD)

Wir, die Union, resignieren nicht.

(Lebhafter Beifall bei der CDU/CSU)

Wir hoffen darauf und wir wirken dahin und dafür, daß unser Volk, daß unser ganzes Volk – allen modischen Strömungen zum Trotz – jene moralische Widerstandskraft aufbringt, die notwendig ist, um wenn es sein muß, durch eine ganze Generation und, wenn es nötig ist, noch länger für *Recht, Freiheit und Menschenwürde* aller Deutschen einzustehen.

(Lebhafter Beifall bei der CDU/CSU)

Auch wir wissen und brauchen darüber keine Belehrung, daß *Rechtstitel* allein noch keine Politik sind; wohl aber, daß Rechtstitel unverzichtbare Instrumente einer Freiheitspolitik sind; denn das Recht war immer die Waffe der Schwachen und der Friedfertigen.

(Lebhafter Beifall bei der CDU/CSU)

Wir weisen auch jene zurück, die uns einreden wollen, die Deutschen drüben hätten bereits ihren inneren Frieden mit Fremdherrschaft und Unterdrückung gemacht.

(Sehr gut! bei der CDU/CSU)

Wer in diesem Hause wagte dies zu sagen, solange eine fremde Macht den Menschen drüben verwehrt, ihren politischen Willen zweifelsfrei zu sagen!

Und weiter: Ist einer hier – einer! –, der mir widerspräche, wenn ich sage, daß keiner ein Recht hat, die Freiheitsliebe der Deutschen in der Zone geringer einzuschätzen als jene der Tschechen und der Slowaken, die im Frühjahr 1968 das Gewissen der Welt erschüttert haben?

(Lebhafter Beifall bei der CDU/CSU)

Auch wir, die CDU und CSU, wissen nicht, wann die Stunde der Freiheit jenseits von Mauer und Stacheldraht wieder schlagen wird. Wir wissen aber dies: daß sie dann nie wieder schlagen würde, wenn wir, die freien Deutschen, bereit wären, vor schierer Macht und bloßer Gewalt in die Knie zu gehen.

(Zustimmung bei der CDU/CSU)

Und wir wissen, daß unsere Unterwerfung unter den Willen der Sowjetmacht dieser den Weg öffnen würde hinein ins freie Europa. – Ich danke Ihnen.

(Anhaltender stürmischer Beifall bei der CDU/CSU – Ein Teil der Abgeordneten der CDU/CSU erhebt sich)

Grandseigneur:
Carlo Schmid
1896–1979

aus Perpignan (Frankreich), seit 1908 in Stuttgart, Kriegsdienst 1914 bis 1918, nach dem juristischen Studium in Tübingen und Frankfurt 1921 erste, 1924 zweite juristische Staatsprüfung in Tübingen, 1923 Dr. jur. (Dissertation „Die Rechtsnatur der Betriebsvertretungen nach dem Betriebsrätegesetz"), 1925 bis 1940 Richter in Tübingen, 1927/28 delegiert an das Kaiser-Wilhelm-Institut für Völkerrecht in Berlin, 1929 Habilitation („Die Rechtsprechung des Ständigen Internationalen Gerichtshofs"), Privatdozent, die Ernennung zum außerordentlichen Professor wurde ihm nach 1933 aus politischen Gründen verweigert. 1940 bis 1945 Kriegsverwaltungsrat bei der Oberfeldkommandantur in Lille (Frankreich). 1945 bis 1953 Professor (Tübingen), 1945 Staatsrat des Landes Württemberg-Baden und gleichzeitig des Landes Württemberg-Hohenzollern, 1946/47 Staatspräsident, 1947 bis 1950 stellvertretender Staatspräsident von Württemberg-Hohenzollern, 1948/49 Mitglied des Parlamentarischen Rates, Vorsitzender des Hauptausschusses, 1949 bis 1972 MdB (SPD), 1949 bis 1953 Vorsitzender des Auswärtigen Ausschusses, 1949 bis 1966, 1969 bis 1972 Vizepräsident des Bundestages, 1950 bis 1966, 1969 bis 1973 Mitglied der Parlamentarischen Versammlung des Europarates und der Versammlung der Westeuropäischen Union, 1963 bis 1966 Präsident der WEU-Versammlung, 1949 bis 1973 Mitglied des Parteivorstandes der SPD, 1953 bis 1966 Professor (Politikwissenschaft, Frankfurt), 1966 bis 1969 Bundesminister für Angelegenheiten des Bundesrates und der Länder, 1969 bis 1979 Koordinator der Bundesregierung für die deutsch-französische Zusammenarbeit. Hinterließ „Erinnerungen" (Bern/München/Wien 1979).

Goethe hat ihn gelobt.
Das heißt: er hat ihn geadelt,
Hat zum Baron ihn gemacht.
Fürsten erlauben sich viel.

Hebbel

Entstehen und Werden der Bundesrepublik Deutschland sind untrennbar mit dem Lebenswerk von fünf großen Deutschen verbunden, die mit schöpferischer Fantasie Struktur und Form des Staates planten und die Buchstaben der Verfassung mit dem Gewicht ihrer Persönlichkeiten in die lebendige Wirklichkeit einer funktionierenden parlamentarischen Demokratie umsetzten: Konrad Adenauer, Kurt Schumacher, Theodor Heuss, Ludwig Erhard und Carlo Schmid. So verschieden diese fünf nach Herkunft, Lebenslauf und parteipolitischer Ausrichtung sein mögen, sie waren, bei allen Divergenzen, die festen Säulen jenes nach der Katastrophe des Jahres 1945 in unglaublich kurzer Zeit errichteten staatlichen Neubaus im westlichen Teil des früheren Reiches. Und nach dieser ersten Generation fanden sich, jedenfalls teilweise, gleichrangige Nachfolger, die auf den von ihren Vorgängern errichteten Fundamenten weiterbauen konnten.

Carlo Schmid darf im Kreis dieser fünf insofern einen Sonderplatz beanspruchen, als er als einziger zwei Vaterländer hatte, oder besser: ein Vater- und ein Mutterland, sein Vater war Deutscher, die Mutter Französin. Darauf, dass er das in ihm angelegte Spannungsverhältnis zwischen zwei Kulturen fruchtbar zu machen verstand, beruht zum großen Teil die Lebensleistung dieses außergewöhnlichen Mannes. Ebenso kluge wie hoch kultivierte Eltern steuerten ihr gut Teil dazu bei, dass dem jungen Kriegsfreiwilligen von 1914 nach seiner Entscheidung für die deutsche Staatsangehörigkeit die Haltung des spöttischen Renegaten oder gar Chauvinisten lebenslang wesensfremd blieb. In seltener Symbiose fügten sich in seiner geistigen Welt französische Intellektualität, deutsche denkerische Tiefe und das klassische Erbe aus Athen und Rom, vor allem überliefert durch Friedrich Hölderlin, nahtlos zusammen. Sonderbar genug wird sich allerdings der dem mediterranen Roussillon entstammende junge Kriegsfreiwillige vorgekommen sein, als er in der Uniform eines Ludwigsburger Ulanen in den Krieg zog gegen ein Land, das Teil seiner physischen und geistigen Heimat war ... Er überlebte, und die Welt der Wissenschaft, lebenslang ein Zentrum seiner Existenz, eröffnete sich ihm, schlug ihn in Bann.

Nachdem er sich in kurzer Zeit das handwerkliche Instrumentarium seines juristischen Berufs angeeignet hatte, ging er, ohne hektische Betriebsamkeit, in langen Jahren wachsender Reife auf das angestrebte Amt eines Hochschullehrers zu, dessen Ausübung ihm aber die NS-Machthaber verweigerten, beim geistigen Habitus und intellektuellen Zuschnitt des Privatdozenten Schmid nicht weiter erstaunlich. So näherte er sich bereits den Fünfzigern, als er endlich die erstrebte Lehrkanzel im heimatlichen Tübingen übernehmen konnte, in einer nach 1945 völlig veränderten Umwelt. Aber zu dieser Zeit hatte schon eine sein Leben einschneidend wendende Erkenntnis von ihm Besitz ergriffen: „Pure Betrachtung gibt dem Leben keinen Sinn, Sinn ist allein, wo einer das durch Betrachtung Ergriffene begreift und nach den Notwendigkeiten der Zeit in Taten umsetzt, die die Nöte der Zeit zu wenden vermögen ... Ich werde also in die Politik gehen müssen."

Was dann in den wenigen Jahren bis zum Einzug in den Bundestag im Jahre 1949 folgte, war, in mehrfacher Hinsicht, die erfüllteste Epoche im Leben Schmids. Ein staatsrechtliches Unikum ist dafür bezeichnend: die einzigartige Doppelstellung, die er als Simultanmitglied zweier Landesregierungen – von Württemberg-Baden und Württemberg-Hohenzollern, mit den Regierungssitzen in Stuttgart und Tübingen – einnahm, wo er im Sinne eines schwäbischen „Up ewig ungedeelt" als Verbindungsmann zwischen Nord- und Südwürttemberg für die Zusammenführung und Wiedervereinigung der durch die Kriegsereignisse getrennten Landesteile eintrat, in seiner imposanten Erscheinung den Zusammenhang der getrennten Landesteile unübersehbar repräsentierend. „Das Staatssekretariat (in Tübingen) betrachtet sich nur als Abwesenheitspflegschaft für die an der Ausübung ihrer Rechte und Pflichten verhinderte Landesregierung." Die Verfassungsgesetzgebung der beiden Länder Württemberg-Baden und Württemberg-Hohenzollern geht weitgehend auf ihn zurück, ohne dass er mit allen seinen Vorstellungen durchgedrungen wäre. Erstmals erschien in einer deutschen Landesverfassung das „konstruktive Mißtrauensvotum". Später wurde es in das Grundgesetz übernommen. Beim Entstehen dieser freiheitlichsten deutschen Verfassung, die sich in nun vierzigjähriger Praxis bewährt hat, gab Schmid als Vorsitzender des Hauptausschusses des Parlamentarischen Rates entscheidende Impulse. Aber vor allem: Schmid konnte von 1945 bis 1949 jene Tätigkeit ausüben, an die er mit heimlicher Sehnsucht in den langen Jahrzehnten zurückdachte, in denen er in der Bonner Volksvertretung ein ganz und gar nicht wegzudenkender Pfeiler im Strom der Ereignisse war: Er konnte damals regieren, er konnte das „durch Betrachtung Ergriffene nach den Notwendigkeiten der Zeit in Taten umsetzen". Dort, wo sich die Aktion ereignet und weniger das unentbehrliche Vor- oder Nachkarten, dort fühlte er sich an seinem angestammten Platz. Dieses Glück wurde ihm nicht wieder zuteil. Er hat zwar einmal als Bundesminister amtiert, in jenem von Adenauer aus koalitionsarithmetischen Gründen gebastelten Ministerium für Angelegenheiten des Bundesrates, und dieses Haus gewann sofort einen anderen Rang, als Carlo Schmid sein Chef wurde, aber bewegen, „in Taten umsetzen" ließ sich da beim besten Willen nicht viel. Schon besser stand es mit den Möglichkeiten des Handelns im Amt des Regierungskoordinators für die deutsch-französischen Beziehungen, das er bis zum Ende seiner Tage ausübte; wer anders als Carlo Schmid, der Deutsch-Franzose, hätte hier ersprießlicher wirken können? Aber in diesem Amt war er in der Regierung, in das Netzwerk des Außenministeriums eingebunden, kein Vergleich mit der gestalterischen Unabhängigkeit jener frühen Jahre nach dem Krieg.

Da er nun einmal weitgehend von der exekutiven Quelle der Macht abgeschnitten war, nutzte er seine repräsentativen Ämter so gut, wie es eben ging, und lehrte, redete und schrieb. Die Liste seiner Veröffentlichungen und die Vielzahl der Sujets ist imponierend; besonders stolz war Schmid – und ließ es sich anmerken – etwa auf seine Verdeutschung der als unübersetzbar geltenden „Anti-Memoiren" von André Malraux. Arnulf Baring beim Vergleich der beiden Kandidaten Lübke und Schmid bei der Bundespräsidentenwahl 1959: „Er (Lübke) lag ihnen (den SPD-Mitgliedern) mehr, war für sie auch tatsächlich ungleich besser als ihr eigener Paradiesvogel (Schmid), dieser bildungsprunkende, anspruchsvolle Individualist und Genußbürger." Nun, das unterschätzt doch vielleicht ein wenig den unangefochtenen Platz Schmids innerhalb der SPD, in der Hierarchie und im Unterbau, während langer Jahre, und außerdem: „Fürsten erlauben sich viel", vor allem, wenn sie im Reich des Geistes auf hohem Kothurn stehen.

In der Erinnerung der Deutschen lebt Carlo Schmid vor allem als Vizepräsident des Bundestages weiter. Viele Jahre leitete er mit ruhiger Gelassenheit, immer aus dem vollen Born seiner eminenten Sachkenntnis schöpfend und mit nie versiegendem Humor, die Sitzungen des Hohen Hauses am Rhein. Gelegentlich leistete er sich in vorgerückter Stunde den Spaß, in etwas gestelzter und dem Hexameter angenäherter Form Fragen zu stellen, wobei er die dak-

tylischen Längen und Kürzen korrekt betonte: „Wünschen Sie nochmals das Wort zu er-greifen, Fürst zu Oet-tingen-Wal-lerstein?"

Auch in seiner Partei, bei den Sozialdemokraten, war er ein po-
tentes und mit hohen Ämtern bedachtes Mitglied. Grundsätzliches
hat er insbesondere bei der Umwandlung der Sozialdemokratischen
Partei zu einer Volkspartei neuen Stils im Jahre 1959 geleistet.
(Thomas Dehler indessen nannte Carlo Schmid einen „verirrten Liberalen".) Weniger jedoch sind seine Tätigkeiten im interparlamentarischen Bereich bekannt geworden. Als erstmals im Jahre
1950 eine Bundestagsdelegation in den Europarat einzog, war
Schmid vom ersten Tag an, wieder zufolge seiner deutsch-französischen Herkunft und persönlichen Disposition, einer der wichtigsten Sprecher. Drei Jahre lang präsidierte er die Versammlung
der Westeuropäischen Union in Paris, und es war ernst gemeint, als
ein italienischer Abgeordneter, der Marchese Roberto Lucifero
d'Aprigliano, vorschlug, ihn als Präsident auf Lebenszeit zu wählen;
auch dieser Versammlung hatten die Ausstrahlung seiner Persönlichkeit und seine profunde Erfahrung auf der internationalen
Bühne ein anderes, besseres Gewicht im Verhältnis zu den die Geschicke der WEU leitenden Regierungen verliehen. Leise Wehmut
schwingt im Bericht Schmids über seine letzte Funktion im Europarat
mit: „Alterspräsident ... so weit war ich also jetzt." Mehr als nur ein
Hauch von Resignation und ein bitterer Vergleich jenes frühlinghaften
Aufbruchs im Europa der frühen 50er-Jahre mit der lähmenden Stagnation, die damals (1970) einzelne Bereiche der europäischen Zusammenarbeit erfasst hatte, ist erkennbar: „Diese Woche in Straßburg ließ
mir nicht viel Hoffnung." Aber Carlo Schmid war nicht der Mann, der
die Flinte ins Korn warf. Davon wie auch von der Weite seines Bil-
dungshorizonts und der Meisterschaft seiner Eloquenz legt seine
zweite Rede als Alterspräsident, die er im Jahre 1971, wieder zur Eröffnung der Sitzungsperiode der Parlamentarischen Versammlung des
Europarates in Straßburg, hielt, beredtes Zeugnis ab (siehe unten).
Auch in ihr mangelt es nicht an den melancholischen Untertönen der
Altersweisheit, aber das Ziel bleibt unverrückbar vor Augen: „Unsere
Arbeit dient den Menschen, den Bürgern Europas." Noch einmal be-
steigt der bejahrte Haudegen, der in so vielen Sätteln so viele Lanzen
für Recht und Gerechtigkeit eingelegt hatte, sein Schlachtross und ent-
rollt das Panier: „Man braucht nicht den Erfolg vor Augen zu haben,
um durchzuhalten!"

„Wackre neue Welt" – im Smog

Rede Schmids in der Beratenden Versammlung des Europarats in Straßburg am 10. Mai 1971, aus: Assemblée consultative, Vingt-troisième Session ordinaire (Première partie), Compte rendu officiel de la première séance, 10 mai 1971 (2–4)

Sehr verehrte Kolleginnen und Kollegen! Zum zweiten Mal verdanke ich den tristen Privilegien des Alters die Ehre, eine Sitzungsperiode der Beratenden Versammlung eröffnen zu dürfen. Diese Ehre erfüllt mich mit Freude, einer Freude freilich, der es an elegischen Komponenten nicht mangelt, zeigt doch das Amt des Alterspräsidenten an, daß sein Inhaber Wegmarken hinter sich gelassen hat, deren Passieren allen anderen Kollegen noch bevorsteht. Ich wünsche ihnen viel Glück dabei!

Daß diesmal ein Deutscher die Sitzungsperiode eröffnet, ist ein Zufall, aber dieser Zufall gibt mir Gelegenheit, daran zu erinnern, daß auf den Tag genau zwanzig Jahre seit dem Tag vergangen sind, an dem die Bundesrepublik Deutschland Vollmitglied unserer Organisation wurde. Hat es nicht etwas Bewegendes an sich, etwas, das auch die heutige Generation junger Politiker erschüttern müßte, daß die Deutschen vor zwanzig Jahren in diesem Saal auf die internationale Bühne zurückgekehrt sind? Daß ihnen dabei Männer und Frauen halfen, die selbst unter jener Herrschaft des Ungeistes, die von Deutschland aus vielen Völkern Europas unsägliches Leid brachte, gelitten haben? Noch jetzt sind Kollegen in diesem Saal, die selbst verfolgt worden sind. Kein Deutscher wird ihnen die Großherzigkeit vergessen, mit der sie damals ihre helfende Hand ausstreckten. Ich selbst war Zeuge dieses generösen Aktes; denn ich war damals Mitglied der ersten deutschen Delegation in der Beratenden Versammlung, und ich bin es, als letzter dieser Delegation des Anfangs, noch heute.

Das liegt zwanzig Jahre zurück, und zwanzig Jahre lang haben sich die großen Hoffnungen jener Zeit des Anfangs nur zum Teil erfüllt. Soll ich nun mit Heinrich Heine sagen: „Ach, ich habe seitdem erfahren, daß es eine undankbare Tollheit ist, wenn man die Zukunft allzu frühzeitig in die Gegenwart einführen will?" Doch im Bewußtsein dessen, worauf wir noch warten, kehre ich heute zu den Hoffnungen der „heroischen" Tage zurück, Hoffnungen, die nicht nur aufleuchteten, weil Versäumnisse der Vergangenheit nicht wiederholt werden sollten, sondern die uns bestimmen, schnell das Notwendige möglich zu machen, und dies wird uns von der Zukunft aufgegeben. Diese Zukunft hat nicht nur begonnen; sie ist im

Begriff, uns einzuholen. Ich denke dabei nicht nur an Kriegsgefahren. Überall künden Zeichen davon, daß eine technologisch hochgerüstete Welt im Begriff steht, sich selbst zugrunde zu richten und unsere Erde unbewohnbar zu machen. Bei unserem Kampf für eine bessere Umwelt, für bessere Lebensbedingungen geht es darum ja nicht nur um den „Ankampf gegen die schweren Interessen des Tages", wie Heine sagte. Es handelt sich dabei nicht um einen Traum; es geht ums nackte Überleben. Ich stelle mit Genugtuung fest, daß es der Europarat war, der den Ernst dieser Situation zuerst voll erkannt hat. Sie kennen den Beschluß unseres Ministerkomitees, das Naturschutzjahr 1970 nicht auslaufen zu lassen, sondern eine permanente Kampagne gegen jene verderbenbringende Flut von Umwelteinflüssen zu führen, die Smog, Ölpest, Wasserverschmutzung oder wie auch immer heißen. Aber hinter den grausigen Bildern der Menschen mit Gasmasken in den Häuserschluchten unserer großen Städte erhebt sich nur ganz zögernd die Vision jener „wackren neuen Welt", von der schon Shakespeare träumte. „O Wunder! Was gibt's für herrliche Geschöpfe hier! Wie schön der Mensch ist!" Ist dieses Bild eine Fata Morgana? Oder die erreichbare Wirklichkeit von morgen?

Auch in diesem Jahr richtet sich bei Beginn einer neuen Session unser Blick auf unsere vielgeliebten, nun längst erwachsenen Kinder, die Europäischen Gemeinschaften – es muß von Zeit zu Zeit darauf verwiesen werden, daß sie aus dieser Versammlung hervorgingen. Für sie hat ein entscheidendes Jahr begonnen. In ihm muß und wird die Frage des Beitritts neuer Mitglieder gelöst werden. Ich erinnere mich noch gut jener Frage Winston Churchills, als unsere Versammlung im Jahre 1949 begann: „Dies ist eine illustre Gesellschaft", sagte er, „aber wo sind die Deutschen?" Die Europäischen Gemeinschaften sind tatsächlich eine illustre Gesellschaft geworden; aber wie Churchill damals frage ich heute: „Wo bleiben die Briten?" Premierminister Heath hat es kürzlich so formuliert: „Die Diskussion über Föderation und Konföderation erscheint mir schon seit langem steril und der Vergangenheit der Gemeinschaft unwürdig." Aber vielen erscheint die Idee Europa, erscheinen die Impulse des Herzens weniger bedeutsam als die Agrarpreise, der Umgang mit Zucker und Milch, als die Modalitäten einer gemeinsamen Agrarpolitik, als Präferenzen und Übergangszeiten.

Ich verkenne gewiß nicht die Bedeutung dieser Fragen. Niemand wird mir jedoch einreden können, sie seien unlösbar, wenn die politisch Verantwortlichen der Wille bewegt, auf dem Weg nach Europa voranzuschreiten und dabei das Wissen um die politischen Notwendigkeiten höherzustellen als technische Bedenken. Erste Schritte können ihre eigene Logik haben, schon dadurch, daß sie nicht reversibel sind. Man kann sie nicht wegargumentieren; man muß ihr Gewebe weiter wirken. Von der politischen Wirklichkeit der europäischen Gemeinschaften läßt sich in der europäischen Landschaft nichts mehr abstrahieren. Denken Sie an die wahrhaft epochemachenden Beschlüsse des Ministerrats über die Wirtschafts- und Währungsunion! Hier werden sich in einem überschaubaren Zeitraum die Wirtschaften von sechs, hoffentlich bald von zehn Ländern zusammenschließen. Sie werden sich zu einer gemeinsamen Konjunkturpolitik verpflichten – welch einmaliger Vorgang! Vergeblich suche ich in der Geschichte unseres Kontinents nach einem vergleichbaren Beispiel politischer Vernunft auf lange Sicht. Die Ereignisse der letzten Woche haben uns unzweideutig die Notwendigkeit eines Übereinkommens in der Währungsfrage auf Gemeinschaftsgrundlage gezeigt, aber auch die Schwierigkeiten, dahin zu gelangen.

Angesichts dieser Perspektiven stellt sich allerdings immer dringender und unausweichbarer die Frage nach einer demokratischen Teilung der Gewalten der Organe. Sie alle kennen die Vielzahl von parlamentarischen Initiativen in den Mitgliedsländern der EWG, die auf eine direkte Wahl des Europäischen Parlaments hinauslaufen. Wir hatten kürzlich in Bonn die Freude, das Monnet-Komitee, jene unverzagte Schar auserwählter europäischer Protagonisten, begrüßen zu können. Ich teile völlig Herrn Monnets Meinung, „daß man sich keine europäische politische Autorität vorstellen kann, die nicht auf organisierten gemeinsamen Interessen beruht und aus allgemeinen direkten Wahlen hervorgegangen ist".

Wenn dieses Nahziel der Erweiterung der Gemeinschaften einmal erreicht sein wird, für das sich unsere Versammlung so oft und so eindringlich eingesetzt hat, welche Probleme werden dann, so frage ich schon heute, unsere Versammlung befassen? Es bleiben natürlich die ureigenen Gebiete des Rechts und der Kultur. Aber darüber hinaus hat sich die Politik des Europarates seit langem über Westeuropa hinaus auf andere Ziele gerichtet. Die Debatten unserer Versammlung spiegeln diese Entwicklung getreu wider. Sie alle entsinnen sich der großen Auseinandersetzungen über die Entwicklungshilfe, an den Meinungsaustausch mit amerikanischen und kanadischen Kollegen. Diesmal haben wir die Freude, neuseeländische Kollegen in unserer Mitte zu haben. Gibt es außer unserer Versammlung ein anderes Forum der freien Welt, in dem diese Problematik so ungeschminkt und offen zur Sprache kommen kann?

Ich denke in diesem Zusammenhang auch an jenen Prozeß, den man sich angewöhnt hat, „Öffnung nach dem Osten" zu nennen. Unser Ausschuß für Nichtmitgliedsländer vermittelt uns wichtige Informationen über jene europäischen Länder, die noch nicht unserer Organisation angehören. Darin liegt keine Anmaßung und kein irgendwie gearteter Bevormundungsanspruch. Nur: Europa ist keine beliebig teilbare Rechnung. Die Idee Europa erträgt Differenzierungen, sie erträgt aber nicht, daß genuin Europäisches aus dem Verbund ausgeschlossen wird. „Tout ce qui est européen est nôtre" wage ich in Abwandlung eines Wortes zu sagen, das einmal in Frankreich für die Einheit der Nation eine Rolle gespielt hat. Tolstoi, Mussorgski, Chopin, Solschenizyn und sogar der brave Soldat Schwejk gehören genausogut dazu wie Proust, Mallarmé oder Thomas und Heinrich Mann und wie die großen Briten, Skandinavier, Italiener und Spanier ... Der Europarat ist Sachwalter des gesamten kulturellen Erbes unseres Kontinents, und von daher leitet er das Recht ab, sich an Hand von Berichten über die Entwicklung in jenen Ländern des Ostens und des äußersten Westens unseres Kontinents informieren zu lassen, die ihm leider noch nicht angehören.

Wir haben in diesem Zusammenhang auch an den Europarat selber zu denken. Der Zeitpunkt, an dem wir über einigermaßen erträgliche Arbeitsbedingungen in diesem Hause verfügen werden, rückt näher. Die Baupläne haben sich konkretisiert; der erste Spatenstich steht bevor. Ein anderes Problem – das zwei große Delegationen unserer Versammlung über viele Jahre hinweg beschwerte – ist gelöst; dank einer wirklich europäischen und nicht von Partikularinteressen bestimmten Kooperation aller Betroffenen sind wir in der Sprachenfrage zurecht gekommen. Sicher wird sich die Einführung der italienischen und deutschen Sprache als Arbeitssprachen positiv auf die Ergiebigkeit unserer Versammlung auswirken.

Lassen Sie mich noch eine abschließende Bemerkung machen. Unsere Arbeit dient dem Menschen, den Bürgern Europas, die wir von Fesseln und Schranken befreien wollen, die sie in Jahrzehnten nationalistischer Überheblichkeit eingeengt haben. Es geht dabei nicht nur um Rechts- oder Wirtschaftsprobleme. Eine sehr große Zahl von Ihnen, meine sehr verehrten Kolleginnen und Kollegen, hat sich vor kurzem nachhaltig und eindrücklich in einer Berlinerklärung für jene Politik der Entspannung auf unserem Kontinent eingesetzt, die einzig und allein zu einer dauerhaften europäischen Friedensordnung führen kann. Hier, bei der Lösung der Probleme dieser bedrängten und so vielfach bewährten europäischen Stadt, wird sich zunächst und zuerst entscheiden, ob es tatsächlich Erfolgschancen für die von uns allen gewünschte europäische Friedensordnung gibt. Hier wird sich erweisen, wieviel der so oft bekundete Wille zur Entspannung wert ist. Hier wird sich erweisen, ob die großangelegte Strategie des Friedens ihr Fernziel erreichen kann. Die Sehnsucht unserer Völker nach Frieden unter dem Schirm der Menschenrechte ist oft enttäuscht worden. Dies wird uns nicht hindern voranzuschreiten. Keineswegs ist es nötig, zu hoffen, wenn man etwas unternehmen will, und man braucht auch nicht den Erfolg vor Augen zu haben, um durchzuhalten.

(Beifall.)

(Original französisch, Übers. des Herausgebers)

Säule der Exekutive:
GERHARD SCHRÖDER (Düsseldorf)
1910–1989

aus Saarbrücken, juristisches Studium in Königsberg, Edinburgh, Berlin und Bonn, 1932 erste, 1936 zweite Staatsprüfung, 1933 Dr. jur. (Bonn), 1933 bis 1936 Assistent an der Juristischen Fakultät der Universität Bonn, Assistent des Kaiser-Wilhelm-Instituts für ausländisches und internationales Privatrecht in Berlin, 1939 dort Rechtsanwalt. 1939 bis 1945 Kriegsdienst. 1945 Oberregierungsrat in der Landesregierung Nordrhein-Westfalen, 1947 Rechtsanwalt in Düsseldorf, seit 1972 in Bonn. 1947 bis 1953 Mitwirkung bei der Neuordnung der Montanindustrie. MdB (CDU/CSU) von 1949 bis 1980, 1953 stellvertretender Vorsitzender der CDU/CSU-Fraktion, 1953 bis 1961 Bundesinnenminister, 1961 bis 1966 Bundesminister des Auswärtigen, 1966 bis 1969 Bundesminister der Verteidigung. 1969 bis 1980 Vorsitzender des Auswärtigen Ausschusses des Bundestages.

In oratione apud populum qui dignitatem se-
qui videtur magis movet quam qui utilitatem
(Wer in einer Rede vor dem Volk offenkundig
nach Würde strebt, macht größeren Eindruck
als der, der den Nutzen hervorhebt).

Cicero

„Volksgenossen habt Vertrauen, einer ist schon abgehauen" pin-
selten Berliner Kommunisten nach der Flucht von Rudolf Heß an
Mauern in Pankow und Kreuzberg, und ein etwas zwielichtiger
Zeitgenosse, Rudolf Diels, erinnerte daran mit süffisanter Schaden-
freude, als der erste Präsident des Bundesamtes für Verfassungs-
schutz, Otto John, im Jahre 1954 unter auch heute noch nicht ganz
geklärten Umständen in Richtung DDR „verreiste, entführt wurde
oder davonlief" („Daily Telegraph"). Gerhard Schröder war gerade
etwas über ein halbes Jahr im Amt des Bundesinnenministers, als er
sich mit dieser Affäre, die „wie ein Blitz in das Treibhaus einschlug"
(Diels), befassen musste. Rudolf Wenzel meint, Schröder habe diese
Affäre „nicht sonderlich geschickt bewältigt", aber der junge Minister
hat sich in den aufgeregten Debatten der Bundestagsgremien über diesen Fall tapfer geschlagen und bei denen, die ihn damals noch nicht
kannten, eine Visitenkarte abgegeben, die von durchdringendem
Sachverstand, Gelassenheit und gedanklicher Schärfe sprach. In den
folgenden 16 Amtsjahren als Bundesminister ist dieser Eindruck vielfach bestätigt worden. Sicher, einige Male in seiner langen Laufbahn
übersah Schröder den wichtigsten Umstand bei jeder politischen Aktion, die Wahl des geeigneten Zeitpunkts, so etwa im Falle der Notstandsverfassung, die dann zehn Jahre später von der Großen Koalition verabschiedet wurde. Ähnlich wie Richard Jaeger machte es auch
Schröder nie etwas aus, gegen den Strom zu schwimmen. Beharrungs-
vermögen, taktisches Geschick und strategischer Weitblick machten
ihn für Jahrzehnte zu einem der Stars auf der politischen Bonner
Bühne. Lange Zeit hatte er mit seinen 16 Kabinettsjahren einen Re-
kord inne, der erst 1985 von Hans-Dietrich Genscher überboten wurde. Während Genscher aber, gewieft und gewiegt, die Balancestange in
der politischen Drahtseilakrobatik eher tänzelnd führt, schreitet
Schröder auch auf dem Drahtseil sicher aus. Nur wenige von den wesentlichen Entscheidungen der Bundesregierung sind in den Jahren
zwischen 1953 und 1969 ohne seine Mitwirkung zustande gekommen,
und wenige Ministersessel standen auf so sicherem Grund wie der seine, ganz ohne zu wackeln, auch wenn Stürme aufzogen.

Man tut Gerhard Schröder sicher nicht unrecht, wenn man ihn einen Mann der Exekutive nennt. Bei aller Zuwendung zum Parlament war er immer mehr der Funktion der Regierungsorgane im Staatsganzen benachbart, wie er überhaupt bei seiner Tätigkeit von sehr bestimmten konservativen Leitvorstellungen von der Rolle des Staates ausging. Die Sporen im Parlament hatte er sich bei der Regelung der Mitbestimmungsfrage im Jahre 1950 erworben, als er die ausschlaggebende Fraktionsvorlage zu diesem Problem redigierte. Der kommunistische Abgeordnete Renner, einer der originellsten Redner des l. Bundestages – nicht in Bezug auf den Inhalt seiner Diskussionsbeiträge, sondern die Form –, pflegte Schröder den „jungen Mann Adenauers" zu nennen, und das war er sicher auch einige Zeit, bevor er, etwa zu Beginn der 60er-Jahre, doch sehr dezidiert aus dessen Schatten heraustrat. Adenauer und ihn trennte fortan jenes Etikett „Atlantiker", das Schröder umgehängt wurde. Die „Europäer" fürchteten, daß die von den „Atlantikern" verfolgten Ziele – Konzentration auf die enge Verbindung zu den USA, Stärkung der NATO, Vertiefung der europäischen Integration unter Einbeziehung Großbritanniens – eine Vernachlässigung der europäischen, besonders der deutsch-französischen Binnenbeziehungen mit sich bringen würden. Vielen ist die berühmte Szene im Januar 1963 in Erinnerung geblieben, als der deutsch-französische Vertrag von de Gaulle und Adenauer in Paris unterzeichnet wurde. Adenauer und de Gaulle thronten dabei an der Breitseite des Tisches, während die Außenminister Schröder und Couve de Murville an den Kopfenden saßen (am Katzentisch war es nicht gerade, ging aber in die Richtung), wodurch das rigorose französische Protokoll die Gehilfenfunktion der beiden im Vergleich zu den Chefs gebührend zum Ausdruck brachte. Nach der Unterzeichnung folgte die feierliche Accolade (Umarmung) der Regierungschefs, und de Gaulle wandte sich sehr zeremoniös an Schröder, den „Atlantiker": „Sie umarme ich noch nicht."

Er hat die Nichtumarmung überstanden und hat in der Mitte der 60er-Jahre im Hinblick auf die „weißen Flecken auf der Landkarte im östlichen Teil unseres Kontinents", wie er sich ausdrückte, Vorarbeit für das, was später Ostpolitik genannt wurde, geleistet, allerdings unter Wahrung der bis dahin die bundesdeutsche Politik gegenüber dem Ostblock beherrschenden Prinzipien (Hallstein-Doktrin). In Polen, Rumänien, Ungarn und Bulgarien richtete er 1963 Handelsmissionen ein, in Rumänien zog – kurz nach der Amtszeit Schröders, aber noch von ihm eingeleitet – im Jahre 1967 der erste bundesdeutsche Botschafter auf. Diese vorsichtigen Schritte in Richtung des späteren „Wandels durch Annäherung" (Egon Bahr) blieben allerdings in sich begrenzt, konnten nicht weiterführen, da Schröder niemals Neigung zur späteren „Anerkennung der Realitäten" zeigte.

Niederlagen blieben Schröder nicht erspart. Dass er das Amt des Bundeskanzlers anstrebte, lag in der Konsequenz seines Wegs seit 1949, und es zeigte sich bei der Abstimmung in der Unionsfraktion über die Nachfolge Erhards im Jahre 1966, dass er über eine gewisse Anhängerschaft verfügte; seit 1955 war er auch noch Vorsitzender des einflussreichen Evangelischen Arbeitskreises innerhalb der Union. Die 81 Stimmen, die er erhielt, reichten jedoch nicht aus, Kiesinger bekam 137. 1969 wurde er ganz knapp, mit 6 Stimmen, von Heinemann bei der Wahl zum Bundespräsidenten geschlagen. Einem unbeherrschteren oder sensibleren Gemüt als dem Schröders hätten solche Faillites sehr zu schaffen gemacht; aber beim Machtwechsel im Jahre 1969 nahm er ungerührt auf der Oppositionsbank Platz und übernahm das Amt des Vorsitzenden des Auswärtigen Ausschusses des Bundestages, das er elf Jahre lang als „elder statesman" bis zu seinem Ausscheiden aus der Politik im Jahre 1980 sachkundig und überlegen verwaltete.

Eine Zustimmung zu den Ostverträgen oder zum Grundlagenvertrag mit der DDR – den er das „Anerkennungsdiplom" nannte – kam natürlich bei Schröder nicht in Betracht. Die Situation auf diesem Gebiet hatte sich für die Regierung Brandt/Scheel seit Herbst 1971 gefährlich zugespitzt. Nachdem mehrere prominente Abgeordnete – Erich Mende, Heinz Starke, Siegfried Zoglmann – schon bald nach der Bildung der sozialliberalen Koalition die F.D.P. verlassen hatten, schmolz die Regierungsmehrheit auf sechs Stimmen zusammen. Für die Opposition war dies der Anlass, erstmals in der Geschichte des Bundestages das konstruktive Misstrauensvotum ins Auge zu fassen. Sie wurde in dieser Absicht bestärkt, als der aufsehenerregende Schritt eines Berliner SPD-Abgeordneten zwar das Stärkeverhältnis im Bundestag noch nicht änderte, aber doch weitere Gefahr im Verzug andeutete: Der Europapolitiker Klaus-Peter Schulz verließ am 14. Oktober 1971 die SPD, der er 40 Jahre lang angehört hatte. Ihm folgte am 29. Februar 1972 der Vertriebenenpolitiker Herbert Hupka, dem sich am 2. März 1972 ein weiterer Berliner SPD-Abgeordneter, Franz Seume, früherer Mitarbeiter Kurt Schumachers, anschloss. Das Schicksal der Regierung Brand/ Scheel stand auf des Messers Schneide, als weitere F.D.P.-Abgeordnete die Möglichkeit des Ausscherens aus der Koalition bei Verabschiedung des Grundlagenvertrags durchblicken ließen, und die Fraktionsführung der CDU/CSU glaubte, bei der Abstimmung über einen Nachfolger Bundeskanzler

Brandts – in Gestalt des Vorsitzenden der Fraktion der CDU/CSU, Rainer Barzel – über die erforderlichen 249 Stimmen zu verfügen. Bei der Debatte über das Misstrauensvotum, der die deutsche Öffentlichkeit mit atemloser Spannung folgte, schickte die CDU/CSU Gerhard Schröder und Kurt Georg Kiesinger, den Vorgänger Brandts, ins Rennen, die beide auf ihre Weise die Notwendigkeit des Regierungswechsels begründeten. Die Koalition hatte, verständlicherweise, nichts unversucht gelassen, um den Sturz der Regierung zu verhindern; die dabei angewandten Mittel waren, sagen wir einmal, nicht gerade konventionell. So beschloss die SPD-Fraktion auf Vorschlag des Vorsitzenden Herbert Wehner, zwar an der Plenarsitzung, während der die Abstimmung stattfand, teilzunehmen, aber der Abstimmung selbst geschlossen fernzubleiben. Damit war sichergestellt, dass kein Fraktionsmitglied aus der Reihe tanzen konnte; aber einer traute sich, den Spießrutengang zur Urne anzutreten: der Abgeordnete Günther Müller, der denn auch am 17. Mai 1972 die SPD verließ.

Aber Rainer Barzel erhielt nur 247 Stimmen, 2 zu wenig. Zwei CDU/CSU-Abgeordnete hatten ihm in der geheimen Abstimmung ihre Stimme verweigert; einer davon war, mit ziemlicher Sicherheit, der Abgeordnete Julius Steiner, der in dem vom Bundestag nach jener Affäre eingesetzten Untersuchungsausschuss bezeugte, von dem SPD-Abgeordneten Karl Wienand 50 000 Mark für die Stimmabgabe zugunsten der Regierungskoalition erhalten zu haben. Wienand bestritt dies; es stand Aussage gegen Aussage. Das andere Unterseeboot wurde nie entdeckt.

Versuch eines Regierungssturzes

Rede Schröders am 27. April 1972 im Bundestag, Bonn,
in: DBT/6. WP / 183. / 27. 4. 1972 / 10706 A–10707 D

Herr Präsident! Meine Damen und Herren! Die Rede, die wir gerade gehört haben, ist in vielerlei Beziehung, scheint mir, sehr bedauerlich gewesen.

(Beifall bei der CDU/CSU)

Sie hat den Graben, der uns trennt, eher tiefer gemacht als im Interesse des Ganzen zugeschüttet.

(Beifall bei der CDU/CSU)

Der Kollege Scheel hat es unternommen, die Mehrheit, die sich ergeben mag, von vornherein zu diffamieren. Dagegen müssen wir uns energisch zur Wehr setzen.

(Beifall bei der CDU/CSU)

Er hat den Anfang einer Legendenbildung versucht, diese Regierung sei kurz vor dem Ziel gewesen und sei nicht weitergekommen. Meine Damen und Herren, diese Regierung hat 30 Monate regiert. Wir haben diese 30 Monate mit Gelassenheit,

(Lachen bei der SPD)

– mit großer Gelassenheit –, aber in vielem mit energischem Widerstand betrieben. Wir sind jetzt der Meinung, daß 30 Monate dieser Regierung auf jeden Fall genug sind.

(Beifall bei der CDU/CSU)

Meine Damen und Herren, wenn wir auch in dieser Debatte über die Ostverträge sprechen und sprechen müssen – dies ist vorhin mehrfach getan worden –, so sind wir uns gewiß alle der Verantwortung bewußt, die auf uns liegt, morgen vielleicht noch schwerer und noch drückender als heute. Wir haben oft gesagt, daß *Außenpolitik* einschließlich der Deutschlandpolitik, *Verteidigungs- und Sicherheitspolitik* und die Bündnispolitik nach Möglichkeit, ungeachtet der Zusammensetzung der Opposition, auf eine *breite Basis* gestellt werden sollten. Das gilt heute, das gilt morgen. Wenn eine Regierung – wie die derzeitige Bundesregierung – gegen diesen Grundsatz verstößt, dann geschehen die beklagenswerten Ereignisse, mit denen wir es jetzt zu tun haben.

Wir sind hier sicherlich nicht in einer zweiten Vertragsdebatte. Ich muß aber zwei Dinge herausgreifen, die gestern vom Bundeskanzler und Bundesaußenminister zwischen vielen anderen Themen behandelt worden sind. Der eine Streit geht um die Frage, ob die *Verträge* von beiden Seiten in derselben Weise aufgefaßt werden. Sie hängt eng mit der Frage der *Einsichtnahme in die Unterlagen* zusammen. Diese bestehen, wie wir von dem Bundeskanzler selbst wissen, aus zwölf Aktenordnern, sind also nicht etwa riesig. Ursprünglich hatte sich die Regierung bemüht, mehr genaue Information und wirkliche Einsicht zu gewähren als irgendeine Regierung vor ihr. Heute sträubt sie sich dagegen unter Berufung auf die angebliche internationale Praxis und die Gefährdung ihrer internationalen Handlungsfähigkeit. Sie verschweigt, daß ihr von uns angeboten worden ist, die Einsichtnahme unter Geheimschutz zu vollziehen. Die Regierung hat aber selbst Stücke aus den Unterlagen in der Ratifizierungsdrucksache veröffentlicht. Ich stütze mich hier auf die Bundestagsdrucksache VI/3156. Dort heißt es zur Frage der *Anerkennung der Grenzen* – Äußerung des sowjetischen Außenministers –:

Zur Frage der Anerkennung der Grenzen:

Wir sind Ihnen entgegengekommen in der Grenzfrage, als wir den *Begriff* Anerkennung fallen gelassen haben. Das war für uns ein sehr komplizierter und politisch schmerzhafter Prozeß.

Nun hören Sie ein einziges weiteres Zitat aus den von der Bundesregierung selbst veröffentlichten Unterlagen. Es sind hier die Ost-Informationen vom 13. April. Dort wird Gromyko im Obersten Sowjet von dem Abgeordneten Abusow gefragt:

Einige Vertreter der CDU/CSU haben erklärt, daß der Vertrag zwischen der UdSSR und der Bundesrepublik Deutschland sich auf Bestimmungen bezüglich des Verzichts auf Gewaltanwendung beschränken sollte. Was könnten Sie zu dieser Auslegung der Frage sagen?

Die Antwort Gromykos:

Der Vertrag wäre für die Sowjetunion einfach sinnlos, wenn sich sein Inhalt auf die Verpflichtung der Vertragspartner beschränken würde, auf Gewaltanwendung oder Gewaltandrohung zu verzichten, während die Bundesrepublik Deutschland fortfährt, die Unverletzlichkeit der bestehenden Grenzen der Bundesrepublik Deutschland in Europa in Frage zu stellen. Die Normalisierung der Beziehungen der Bundesrepublik Deutschland zu anderen Ländern ist nur auf der Grundlage der Anerkennung und Respektierung der europäischen Realitäten durch die Bundesrepublik möglich.

Meine Damen und Herren! Ich bin sicher, daß Sie diese Zitate so sorgfältig angehört haben, wie das die Sache verlangt. Sie zeigen ganz klar den Weg, den die Bundesregierung vor Moskau und in Moskau gegangen ist. Wir wollen die Sache jetzt nicht im Licht der Verfassung weiter beleuchten. Ich bin mir auch wegen morgen und übermorgen der Notwendigkeit bewußt, möglichst die Auslegung zu wählen, die die deutschen Interessen am ehesten wahrt, auch unter Umständen, für die wir zwar keine eigene Verantwortung tragen, aber als Deutsche möglicherweise haften müssen. Jedem sollte jetzt verständlich sein, daß sich die Opposition nicht damit zufrieden geben kann, daß ihr die Regierung Auskunft zu geben bereit ist. An den Kern ist eben nicht oder nicht mehr durch Auskunft, sondern nur durch die tatsächliche Einsichtnahme in die genannten zwölf Ordner heranzukommen.

(Beifall bei der CDU/CSU)

Ich möchte noch ein Wort an den Kollegen Mischnick sagen und zum wiederholten Male betonen: Berlin steht für uns im Zentrum unserer Politik.

(Beifall bei der CDU/CSU – Abg. Wehner: Man merkt es!)

Der Sowjetunion und allen osteuropäischen Nachbarn, allen unseren Freunden und Verbündeten müssen wir dies sagen. Sie können sich auf das verlassen, was wir wieder und wieder gesagt haben und sagen werden: Wir sind für eine Politik des Friedens und einer friedlichen Entwicklung, wir sind für einen Verzicht auf Gewalt, wir sind für eine wirkliche Entspannung, wir sind für wirtschaftliche Zusammenarbeit,

(Abg. Wehner: Aber?)

wir sind für eine gegenseitige Unterstützung in dem Ringen der Völker für das bessere Leben von morgen.

(Beifall bei der CDU/CSU – Abg. Wehner: Aber?)

So werden wir die Interessen unseres ganzen Landes auf einer möglichst breiten Basis zu wahren haben.

(Abg. Wehner: Wie immer!)

Heute entscheiden wir über einen neuen Kanzler und, wie ich überzeugt bin, eine bessere Politik. Ich bin sicher, daß das nicht nur unser gutes Recht, sondern unsere Pflicht ist.

(Beifall bei der CDU/CSU)

Ich möchte schließen mit dem Satz: Ich vertraue auf Barzels bessere Politik.

(Lebhafter Beifall bei der CDU/CSU)

Erste Dame:
ANNEMARIE RENGER

geboren 1919 in Leipzig, wuchs in Berlin auf, Lehrzeit im Verlagswesen, 1945 bis 1952 Mitarbeiterin von Kurt Schumacher, seit 1953 MdB (SPD), Vorsitzende der Deutschen Gesellschaft für die Vereinten Nationen, 1959 bis 1967 Mitglied der Beratenden Versammlung des Europarates und der Versammlung der Westeuropäischen Union, 1961 bis 1973 Mitglied des Parteivorstands, 1970 bis 1973 des Präsidiums der SPD, 1972 bis 1976 Präsidentin, seit 1976 Vizepräsidentin des Deutschen Bundestages, 1979 Kandidatin für das Amt des Bundespräsidenten. Schrieb u.a. „Fasziniert von Politik" (Stuttgart 1981), „Ein politisches Leben" (Stuttgart 1993).

> Von allen früheren Demokratien unterscheidet
> sich die moderne dadurch, daß sie die bisher
> ausgeschlossene Hälfte der Bevölkerung, in
> manchen Punkten vielleicht wirklich die beste,
> nämlich die Frauen, miteinbezieht.
>
> *Ricarda Huch*

„Lauter Männer stehen uns vor Augen, wenn wir die Geschichte der Rede bedenken. Gewiß gibt es auch redetüchtige Frauen ... im ganzen ist der Frau der rauhe und alloffene Bereich, in dem die Rede gedeiht, nicht angemessen; ihre Stimme wirkt sanft stärker als tönend, im Hause ist sie in Stille mächtiger als auf der Rostra." So schrieb der große Kunstgelehrte und Kenner der rheinischen Volksseele Heinrich Lützeler noch vor wenigen Jahren. Ob er auch heute noch diesen Satz schreiben würde? Inzwischen haben die Frauen viele Bezirke – noch nicht alle – des „rauhen und alloffenen Bereichs" erobert. Aus der Welle der Gleichberechtigung in Marie-Elisabeth Lüders' Zeiten ist eine mächtige Woge geworden, die in immer neuen Anläufen gegen die männlichen Bastionen anbrandet. Ein Aufstieg in hohe Staatsstellungen, wie ihn eine Reihe von Parlamentarierinnen vorexerziert haben, wäre noch in der patriarchalisch geprägten Epoche Konrad Adenauers undenkbar gewesen. Inzwischen haben mehrere Ministerinnen und eine Reihe von Parlamentarischen Staatssekretärinnen ihre Ämter erfolgreich verwaltet; die Wahl eines zeitweise ausschließlich weiblichen Fraktionsvorstands der Grünen im Bundestag oder eine nur aus Frauen bestehende Grünen-Fraktion im Hamburger Landesparlament bezeichnen allerdings nicht mehr als Übersteigerungen in dieser Entwicklung. Die, die es angeht, werden sich mit der Frage auseinander setzen müssen, ob eine simple Umkehrung der bisherigen Vorzeichen das Problem löst. Immer noch gibt es einen inneren Ring bei der Vorherrschaft der Politiker, in den das andere Geschlecht bis jetzt noch nicht eindringen konnte: In die höchsten Staatsstellungen wie Bundespräsident und Bundeskanzler ist bis jetzt noch keine deutsche Indira Gandhi, Margaret Thatcher oder Corazón Aquino eingerückt, auch nicht in die „klassischen" Ministerien für Äußeres oder Inneres, für Finanz, Justiz und Wirtschaft. Eine Quotenregelung ist hier nicht in Sicht. Nur im Parlament gab es einmal einen Durchbruch, als Annemarie Renger 1972 zur Bundestagspräsidentin gewählt wurde und damit das zweithöchste Staatsamt innehatte. Sie brachte dafür Voraussetzungen mit, wie sie vergleichsweise nur wenige besaßen. Zum einen war und ist sie eine Vorkämpferin und „Symbolfigur der Emanzipation" (Peter Eickenboom). Sie war und ist auch eine der besten Kennerinnen des Bundestags von innen. Sie hat die bewegten Anfangsjahre des Hohen Hauses miterlebt, hat sich als junge Abgeordnete heraufgedient und sich besonders intensiv der auswärtigen Politik angenommen, als eifriges Mitglied der Bundestagsdelegationen bei Europarat und WEU und im Auswärtigen Ausschuss. Bei ihren Gesprächspartnern auf der internationalen Ebene erwarb sie sich dank ihrer Sachkompetenz, ihrer Intelligenz und ihres Charmes rasch Geltung und Ansehen. Als Geschäftsführerin der Fraktion gehörte sie von 1967 an zu dem kleinen Kreis jener Mitglieder des Bundestages, die die vielfältigen Prozesse der Entscheidungsfindung des Hauses dirigieren. Aber die allerwichtigste Voraussetzung für die erfolgreiche Bewährung im hohen Amt der Präsidentin waren jene sieben Jahre im Dienst Kurt Schumachers, dessen engste Mitarbeiterin und Vertraute die junge Kriegerwitwe zunächst in Hannover, von 1949 an in Bonn war. Die Zusammenarbeit mit dem tragisch Unvollendeten, von dem in den kurzen Jahren seines öffentlichen Wirkens nach dem Krieg so viele nachhaltige und weiterwirkende Impulse ausgingen, sowie der reiche Schatz an Erfahrungen, die sie in dieser Zeit gesammelt hat, haben ihren politischen Weg bestimmt.

Die Wahl Annemarie Rengers zur Bundestagspräsidentin markiert eine wichtige Station in der Nachkriegsentwicklung der parlamentarischen Demokratie in der Bundesrepublik. „Erst von dem Augenblick an, da die Bürger in der parlamentarischen Minderheit nicht mehr die bloße Negation sahen und den Wechsel von Regierung und Opposition als etwas Selbstverständliches begriffen, war die Funktion des parlamentarischen Systems gewährleistet" (A. Renger). Dieser selbstverständliche Wechsel, der auf der Ebene der Regierung erstmals im Jahre 1969 stattgefunden hatte, trat nun auch auf der Ebene des Parlaments ein, und er vollzog sich reibungslos. Nach einer ungeschriebenen Regel stellt die stärkste Fraktion des Hauses den Präsidenten. Diese Regel wurde bei den Bundestagspräsidentenwahlen im Ergebnis stets respektiert. Es gab immer Gegenstimmen und Enthaltungen, die in einigen Fällen auf mangelnde Absprachen zwischen den Fraktionen, in anderen auf das Bedürfnis von Mitgliedern des Hauses, dem Kandidaten einen Denkzettel zu verpassen, zurückzuführen waren. Bei der Wahl Annemarie Rengers war das Ergebnis überraschend klar: 438 Mitglieder des Hauses, die übergroße Mehrheit, hatten im ersten und einzigen Wahlgang für sie votiert, das heißt, dass ihr auch die Mehrheit der der Opposition angehörenden Mitglieder das Vertrauen ausgesprochen hatte. Die Zahl der Denkzettel war gering – 45 Nein-

Stimmen, 30 Enthaltungen und 3 ungültige Stimmen –, und es darf vermutet werden, dass diese Stimmen nur zum Teil von missvergnügten Oppositionsmitgliedern kamen, zum anderen Teil aber von jenen, die sie, die gerade gewählte Repräsentantin der SPD im zweithöchsten Staatsamt, wenige Monate später auf dem SPD-Parteitag in Hannover gnadenlos aus dem Präsidium der Sozialdemokratischen Partei Deutschlands herauswählten. Dabei spielte sicher auch mit, dass sich Annemarie Renger nie gescheut hat, ihre Meinung eindeutig und ohne Ansehen der Person, der sie gegenüberstand, zu vertreten; dies nennen manche „autoritär". Die Gegenstimmen und Enthaltungen sind sicher auch der Tatsache zuzuschreiben, dass sie als profilierte Vertreterin des „rechten" Flügels der SPD galt (und gilt).

Wie alle Politikerinnen und Politiker, die Grundsatztreue und persönlicher Glaubwürdigkeit den Vorrang vor opportunistischen Erwägungen einräumen, geriet auch Annemarie Renger in Turbulenzen. Innerhalb ihrer eigenen Partei war sie nie unumstritten. Das kam bei verschiedenen Anlässen wie etwa der erwähnten Abwahl zum Ausdruck; aber auch bei ihrer Aufstellung als Wahlkreiskandidatin oder dem Gerangel um einen sicheren Listenplatz knisterte es immer wieder hörbar. Frau Renger ist eine „Godesbergerin", weil sie in dem im Jahre 1959 von der SPD beschlossenen Parteiprogramm die Zusammenfassung und Vollendung früher Zielprojektionen ihres Meisters Kurt Schumacher erblickt. „Für die Sozialdemokratie war das Godesberger Programm das Dokument, das die von Schumacher gewollte Aussöhnung von Arbeiterbewegung, Staat und Nation zu einem Abschluss brachte" (P. Eickenboom). Diese Linie vertritt Annemarie Renger auch noch heute und ebenso nachdrücklich wie vor zwanzig oder dreißig Jahren: „Immer werde ich gegen jene Kräfte kämpfen, die von den Rändern her versuchen, das Wesen der Partei zu verändern."

Als Bundestagspräsidentin in den Jahren von 1972 bis 1976 war sie vor allem und mit Erfolg darum bemüht, das Bild, das der Bundestag nach außen bot, zurechtzurücken. Dies geschah insbesondere in unzähligen Kontakten mit den den Bundestag besuchenden Gästen aus dem Lande, aber auch bei vielen Reisen in die „Provinz". Für diese Bemühungen war sie wohl in besonderer Weise prädestiniert, von der Sicherheit ihres Auftretens her, der Gewandtheit im Gespräch und der Eleganz ihrer Erscheinung. Auch hat sie eine Reihe von wichtigen Initiativen zur Förderung der Parlamentsreform – der immer währenden Aufgabe jedes Bundestages – aufgegriffen; sie wurden zum Teil während ihrer Amtszeit, zum Teil erst danach verwirklicht, etwa was die Besteuerung der Diäten und die überfällige Neuordnung der Geschäftsordnung des Bundestages angeht. Aber die für ihre Amtszeit wegweisende Devise ist in einem Satz ihrer Antrittsrede als Präsidentin enthalten:

„Lassen wir es bei aller Härte und allem Ernst menschlich zugehen!" Das hat sie praktiziert.

Frauen wünschen keine Ausnahmestellung

Antrittsrede Frau Rengers als Bundestagspräsidentin am 13. Dezember 1972 im Bundestag, Bonn, in: DBT/ 7. WP / 1. / 13. 12. 1972 / 3C–5D

Meine sehr verehrten Damen und Herren! Sie haben mir Ihr Vertrauen ausgesprochen. Dafür danke ich Ihnen. Es wird mir helfen, meinen Pflichten nachzukommen, diesem Hause zu dienen, allen Gerechtigkeit widerfahren zu lassen und das Ansehen des Deutschen Bundestages zu mehren. In der Erfüllung dieser Aufgaben werde ich mich bemühen, meinem hochverehrten väterlichen Freund Paul Löbe, dem Präsidenten des Deutschen Reichstages, nachzueifern.

Erlauben Sie mir aber ein ganz persönliches Wort. Die *Wahl einer Frau*, meine Damen und Herren, für dieses Amt hat verständlicherweise einiges Aufsehen erregt. Das Erstmalige und mithin Ungewohnte gerät in die Gefahr, zum Einmaligen und Besonderen erhoben zu werden. Damit wäre niemandem gedient, nicht diesem Amt und schon gar nicht der Abgeordneten aus Ihrer Mitte, die es verwaltet. Ich meine, daß die Frauen unter den Mitgliedern des Hohen Hauses, auch wenn Sie zahlenmäßig nicht so stark vertreten sind, wie es ihre Rolle in Staat und Gesellschaft erfordern würde, keine Ausnahmestellung wünschen. Vielleicht kann gerade deshalb die Tatsache, daß einer Frau zum ersten Male in der deutschen Geschichte das Amt des Parlamentspräsidenten übertragen worden ist, dazu beitragen, Vorurteile abzubauen, die einer unbefangenen Beurteilung der Rolle der Frau in unserer Gesellschaft noch immer entgegenstehen. Insofern hoffe ich, durch meine Bemühungen, dem Amt nach besten Kräften gerecht zu werden, zugleich auch der Sache der Frauen einen Dienst leisten zu können.

Nun darf ich Ihnen, sehr geehrter Herr *Professor Erhard*, der Sie als Alterspräsident den 7. Deutschen Bundestag eröffnet haben, für

Ihre Rede, die Ihren Lebensweg gekennzeichnet hat, im Namen des ganzen Hauses herzlichen Dank sagen.

(Allseitiger Beifall)

Vor allem aber Ihnen, meinem Vorgänger im Amt, sehr verehrter Herr *von Hassel*, gilt der herzliche Dank aller Mitglieder dieses Hohen Hauses.

(Erneuter allseitiger Beifall)

Durch Ihre menschlich noble Art haben Sie es immer verstanden, auch in heiklen Auseinandersetzungen ausgleichend zu wirken. Besonders dankbar sind wir Ihnen aber für Ihre Initiativen auf dem Gebiete der Parlamentsreform.

Mein Dank gilt auch allen *ausgeschiedenen Mitgliedern* des vorigen Deutschen Bundestages. Dort oben auf der Tribüne habe ich gerade Frau Minister Strobel gesehen, die hier für alle stehen mag.

(Beifall)

In unserer Mitte begrüße ich die *neuen Mitglieder* dieses Hauses, die mit ihrer großen Anzahl jüngerer Abgeordneter zum erstenmal das Durchschnittsalter des Bundestages unter die 50-Jahres-Grenze gedrückt haben. Davon profitieren wir alle.

(Heiterkeit und Beifall)

Meine sehr verehrten Damen und Herren, daß es bis heute nicht gelungen ist, unsere *Berliner Kollegen und Kolleginnen* noch stärker in den Entscheidungs- und Meinungsbildungsprozeß der Bundesrepublik einzubeziehen und ihre gleichberechtigte Teilnahme in diesem Haus durchzusetzen, erfüllt uns alle mit tiefem Bedauern. Es ist meine Überzeugung, daß dieses Problem eine positive Lösung finden muß.

(Beifall)

Nicht versäumen möchte ich auch an dieser Stelle, sehr herzlichen Dank dem *Bundesrat* für seine immer verständnisvolle Zusammenarbeit zu sagen, um die ich auch für die Zukunft bitte.

Meine Damen und Herren, dieser 7. Bundestag ist aus einem Wahlkampf hervorgegangen, der zum Teil mit äußerster Härte geführt worden ist. Das *Votum der Wähler* hat klare Mehrheitsverhältnisse ergeben, eine Voraussetzung für die Arbeitsfähigkeit dieses Hohen Hauses. Damit ist eine Periode der Unsicherheit beendet, die das Parlament in den Augen der Bevölkerung zunehmend belastet hatte.

Die Bürger unseres Staates bejahen das *parlamentarische System* im Wechselspiel von Regierung, Mehrheit und Opposition. Sie wünschen die Kontrolle der Exekutive durch das Parlament. Sie bejahen die großen Debatten, in denen der Streit der Meinungen ausgetragen wird. Doch, meine Damen und Herren, seien wir uns bewußt, daß es Grenzen gibt, die nicht überschritten werden dürfen, wenn das Ansehen der Volksvertretung nicht Schaden nehmen soll.

(Beifall)

Kurt Schumacher sagte 1950 in einer seiner Reden in Berlin:

> „Das Wesen des Staates ist nicht die Regierung, und das Wesen des Staates ist nicht die Opposition. Das Wesen des Staates ist die Regierung und die Opposition".

Das verdeutlicht und mit Leben erfüllt zu haben, gehört zu den großen Erfolgen der demokratischen Kräfte unseres Staates. Erst von dem Augenblick an, da die Bürger in der parlamentarischen Minderheit nicht mehr die bloße Negation sahen und den Wechsel von Regierung und Opposition als etwas Selbstverständliches begriffen, war die Funktionsfähigkeit des parlamentarischen Systems gewährleistet.

Der *Rolle der Opposition* kommt eine entscheidende Bedeutung zu; denn sie trägt durch ihre prinzipielle Gegenposition zur Regierungspolitik zu jener Transparenz der politischen Verhältnisse und Verdeutlichung der politischen Alternativen bei, auf die der Bürger einen berechtigten Anspruch hat und die ihm erst die Entscheidung ermöglichen.

In den 23 Jahren unserer parlamentarischen Arbeit sind immer wieder Zweifel an der *Verwurzelung des demokratischen Gedankens in der Bevölkerung,* an der Stabilität der verschiedenen Institutionen geäußert worden. Vom Ausland teils beargwöhnt, teils beneidet, ist der demokratische Staat hierzulande manchmal als Schönwetterdemokratie abgetan worden. Selbstkritik ist stets geboten, aber mir scheint, daß auch ein Staatswesen einmal erwachsen werden muß und wir mit einem vernünftigen Selbstbewußtsein auf unser Staatswesen blicken können. Mit der hohen Beteiligung an den Wahlen zu diesem Bundestag, die in der westlichen Welt kein Beispiel hat, und mit der totalen Absage an extreme Parteien haben die Bürger unseres Landes ihre Mündigkeit bewiesen.

(Beifall)

Die Wähler wollen eine Regierung, die regiert, aber auch ein Parlament, das mit verteilten Rollen seiner Aufgabe gerecht wird.

Meine Damen und Herren, nicht ohne Grund ist vor Jahren, als die nichtkommunistische Welt von Berlin über Washington bis Tokio mit einer Jugendrevolte konfrontiert wurde, hier der Begriff der außerparlamentarischen Opposition geprägt worden. Sie war der Ausdruck von Enttäuschung und eines tiefen Mißverständnisses vom Wesen und den Möglichkeiten des Parlamentarismus. Sie war eine Absage an die parlamentarische Demokratie und damit an die Grundlage unseres Staates. Wenn die *junge Generation* für den Staat gewonnen werden soll, muß sie zunächst einmal für den Parlamentarismus gewonnen werden. Gerade weil sie in so hohem Maße politisch interessiert ist, müssen wir dafür sorgen, daß sie in der Volksvertretung die Tribüne erkennt, auf der mit ihr und auch für sie um die besten Lösungen in den öffentlichen Angelegenheiten gerungen wird.

(Beifall)

In der *Integrationskraft des Parlaments*, in der Fähigkeit, alle politischen Kräfte aufzunehmen und ihnen Ausdruck zu verleihen, liegen seine Stärke und seine ständige Bewährung. Dies gerade den jungen Wählerinnen und Wählern deutlich zu machen, die am 19. November mit einem Engagement ohnegleichen an der demokratischen Entscheidung mitgewirkt haben, ist unsere Aufgabe, wenn wir die hohen Erwartungen nicht enttäuschen wollen, die diese an die Abgabe ihres Stimmzettels geknüpft haben.

(Beifall)

Meine Damen und Herren, hierbei werden uns Älteren besonders die jungen Kollegen helfen können. Sie stehen mit für eine suchende und drängende Generation, die es gewiß nicht leicht hat, mit ihren Problemen fertig zu werden. Aber nicht nur sie hat Probleme! Irrtum und menschliche Unzulänglichkeit, zumal in der Politik, sind keine Frage der Generation. Aber es liegt im Wesen des Parlamentarismus, und es macht seinen Wert aus, daß sie sichtbar gemacht und korrigiert werden können. Dazu gehören ein Höchstmaß an Durchschaubarkeit des parlamentarischen Geschehens und die Zurückweisung jeden Versuchs, hinter den Kulissen anders zu handeln, als im Scheinwerferlicht der Öffentlichkeit gesagt wird. Dazu gehört aber auch, schwierigen und unbequemen Fragen nicht auszuweichen. Das, meine Damen und Herren, was die Menschen draußen beschäftigt, muß hier gelöst werden.

Meine Damen und Herren, sechs Legislaturperioden sind auch im Leben eines jungen Staatswesens eine lange Zeit. Der Bundestag ist durch die Umstände zu einem *Arbeitsparlament* geworden, dessen Beanspruchung oft bis an die äußerste Grenze der Belastbarkeit ging. Auch nach der hektischen Phase eines in vieler Beziehung überstürzten Wiederaufbaus war keine Zeit für jene Besinnung und Sammlung, wie sie vielleicht wünschenswert gewesen wäre. Dieser Aufbau – materiell und politisch – ist aber kein Mythos, sondern eine der glänzendsten Leistungen unseres Volkes. Damit hat der freie Teil Deutschlands sein Bekenntnis zur Demokratie in einer gesicherten Ordnung verankert. Es ist dies aber auch ein wichtiger Beitrag zum Frieden auf dem europäischen Kontinent gewesen. Dafür haben wir nicht zuletzt auch nationale Opfer gebracht.

Der Alltag der politischen und parlamentarischen Arbeit in einem demokratischen Staat mag ohne besonderen Glanz sein. Das nimmt dieser Arbeit nicht ihre Bedeutung und schmälert nicht ihre Würde. Die Anforderungen wachsen nicht nur dem Umfang nach. Die praktischen Probleme sind schwer genug zu bewältigen; aber immer stärker fragen wir uns wohl alle auch nach dem Sinn des Ganzen. Der Fortschritt ist kein Wert an sich. Jede Veränderung muß danach bemessen und beurteilt werden, ob sie zum Wohle des Ganzen die Existenzbedingungen des einzelnen verbessert und dies gewiß nicht nur in einem materiellen, sondern auch im sozialen und moralischen Sinne.

Um die Fülle der Aufgaben zu bewältigen, meine Damen und Herren, braucht dieses Haus das notwendige Handwerkszeug. Nach Lage der Dinge kann es sich meiner Meinung nach nicht um eine zeitlich begrenzte *Parlamentsreform* handeln, vielmehr müssen wir unseren Arbeitsstil und unsere Methoden ständig den neuen Notwendigkeiten anpassen. Nur wenn wir uns den Kopf für das Wesentliche freihalten, wird der Bundestag seinen Aufgaben gewachsen sein, sich gegenüber den anderen Gewalten behaupten zu können und auf der Höhe der Zeit zu sein; das heißt sicherlich auch, die *Arbeitsmöglichkeiten* für die Abgeordneten zu verbessern, ihnen Hilfskräfte und Räumlichkeiten zur Verfügung zu stellen, wie sie in vergleichbaren Bereichen von Wirtschaft, Wissenschaft und Bürokratie selbstverständlich sind.

(Lebhafter Beifall)

Sage da niemand, das sei übertrieben! Glauben Sie mir: Nach nahezu zwanzig Jahren Parlamentszugehörigkeit weiß ich, wovon ich rede. Die das sagen, sind meistens diejenigen, die bereits alles Notwendige haben und sich darüber wundern, daß die anderen darauf nicht verzichten wollen.

(Heiterkeit und Beifall)

Meine Damen und Herren, für uns als Volksvertretung ist es unerläßlich, eng mit der Bevölkerung verbunden zu sein. Die Arbeitsfülle bringt uns aber in Gefahr, diese Verbindung zu verlieren. Sie kann nur erhalten bleiben, wenn der Bürger das Parlament tatsächlich als das *politische „Forum der Nation"* betrachtet, d. h. wenn von diesem Hause die entscheidenden Impulse ausgehen. Darin liegt die große und schwierige Aufgabe, die uns ständig beschäftigen wird.

Meine Damen und Herren, die *Politik* ist, wie man so sagt, ein hartes Geschäft. Wer wüßte das nicht! Aber muß eigentlich bei diesem Geschäft der Spaß ganz aufhören?

(Heiterkeit und Beifall)

Lassen wir es bei aller Härte und bei allem Ernst menschlich zugehen! Zur Glaubwürdigkeit unserer Arbeit gehört auch unsere eigene *Menschlichkeit* mit allen Fehlern und Schwächen, die wir nun einmal haben, und die Toleranz, eine Grundvoraussetzung der Demokratie, bedeutet nicht nur Duldung und Versöhnlichkeit, sondern auch Nachsicht.

Ich danke Ihnen.

(Lebhafter Beifall)

Nachfahr der Schwertschmiede:
WALTER SCHEEL

geboren 1919 in Solingen, Abitur, Banklehre, Kriegsdienst 1939 bis 1945. 1945 bis 1953 Geschäftsführer einer Stahlwarenfabrik, danach Wirtschaftsberater. 1950 MdL (F.D.P.) Nordrhein-Westfalen, 1953 bis 1974 MdB (F.D.P.), 1961 bis 1966 Bundesminister für wirtschaftliche Zusammenarbeit, 1968 Vorsitzender der F.D.P., 1969 bis 1974 Vizekanzler und Bundesaußenminister in der Sozialliberalen Koalition, 1974 bis 1979 Bundespräsident.

Er wußte die Menschen zu brauchen,
wies jedwedem den Platz, welcher ihm eignete, an,
Knüpfte, was rings geschah, mit klugem Geiste zusammen,
Nutzte es listig – und hieb endlich darein mit dem
Schwert.

Hebbel

Wie nur wenige andere – Konrad Adenauer, Ludwig Erhard, Willy Brandt, Helmut Schmidt – hat Walter Scheel die Geschichte der Bundesrepublik Deutschland beeinflusst, bewegt, gestaltet. Dass er aus dem Zentrum des einstigen Schwertschmiedehandwerks im Bergischen Land, aus Solingen stammt, hat mehr als nur symbolische Bedeutung; denn die scharfe Klinge, die er während seiner eindrucksvollen politischen Laufbahn führte, war immer aus blankem, hartem Stahl, und im eleganten Hieb und Stich tat es ihm so leicht keiner nach. Die erste Talentprobe, mit der er bundesweites Aufsehen erregte, legte er im Jahre 1956 in Düsseldorf ab, als Mittelpunkt einer nicht unpassend „Jungtürken"* genannten Gruppierung der nordrhein-westfälischen Liberalen. Mit einem wohlgezielten Schwertstreich legte er dem darob sprachlosen Ministerpräsidenten Karl Arnold das Haupt nicht gerade vor die Füße, stürzte ihn aber durch ein erfolgreiches konstruktives Mißtrauensvotum – das erste in der Geschichte der Bundesrepublik – und begründete eine sozialliberale Koalition – die erste.

Niemand hätte gewagt, dem Sohn eines Stellmachers, der in ganz beengten Verhältnissen aufwuchs, den Weg an die Spitze des Staates zu prophezeien. Aber er bahnte sich, zäh und beharrlich, seinen Weg, schaffte das Abitur und fand sich wie alle seiner Generation an der Ostfront und anderen Schauplätzen des Krieges wieder. Er überstand alles, zuletzt noch bei einem ausgesprochenen Himmelfahrtskommando, der Nachtjagd in der Luftwaffe. Die Anfänge nach der Katastrophe des Jahres 1945 waren auch für ihn beschwerlich, mühsam schlug er sich als Geschäftsführer eines kleinen Fabrikbetriebs durch. Die Nachkommen der bergischen Schwertschmiede vertrieben keine Degen mehr, aber ebenso Scharfes: Rasierklingen.

---

* Die Gruppe bestand fast ausnahmslos aus jungen früheren Kriegsoffizieren. Eine Vereinigung junger türkischer Offiziere, eben die Jungtürken, war seinerzeit gegen die nach ihrer Meinung unhaltbaren Zustände im Osmanischen Reich aufgestanden.

Zu dieser Zeit hatte ihn die Politik schon fest in ihren Händen. 1946 war er der F.D.P. beigetreten und gelangte über die Kommunalpolitik bereits 1950 in den nordrhein-westfälischen Landtag, 1953, vierunddreißigjährig, in den Bundestag. Der steile Höhenflug begann. Insider wurden erstmals auf Scheel aufmerksam, als er während der ersten Sitzung des Bundestages in Berlin im Oktober 1955 eine glänzende Rede über wirtschaftspolitische Themen hielt, und der Coup d'état in Nordrhein-Westfalen, von dem oben die Rede war, festigte seine Reputation als die eines der kommenden Hoffnungsträger – damals herrschten in Bonn ja noch die Veteranen und Patriarchen der Weimarer Republik. 1955 wurde er, seine europäische Berufung erkennend, Mitglied des Montanparlaments, der Gemeinsamen Versammlung der Europäischen Gemeinschaft für Kohle und Stahl, des Vorläufers des Europäischen Parlaments, und brachte es schnell zum Vorsitzenden des Ausschusses für Entwicklungshilfe. Seine politische Statur hatte zu dieser Zeit schon solche Konturen angenommen, dass niemand überrascht war, als er, zweiundvierzigjährig, im Jahre 1961 als erster Minister für Entwicklungshilfe der Bundesrepublik Deutschland in das vorletzte Kabinett Adenauers einzog. Auch der letzten Adenauer-Regierung – 1961 bis 1963 – gehörte er an, erwarb sich auf dem Neuland der internationalen Politik, das mit der Entwicklungshilfe damals betreten wurde, Weltläufigkeit und umfangreiche Kenntnisse der internationalen Interdependenzen und steuerte die Orientierung des neu gegründeten Ministeriums in der ihm eigenen praktischen und wirklichkeitszugewandten Weise. Im Kabinett Erhard (1965) tat er noch kurze Zeit Dienst, aber da waren die Konvergenzen beiderseits, beim Kanzler und seinem Minister, schon recht begrenzt, und außerdem war längst die Zeit für einen neuen und überraschenden Schwertstreich gekommen.

Bei den Haushaltsberatungen hatte es erhebliche Dissonanzen unter den Koalitionspartnern gegeben, und die zur Lösung der wirtschaftlichen Probleme vorgeschlagenen Steuererhöhungen schienen dem jungen Minister, der sich zu einem der Kundigen in Wirtschaftsfragen entwickelt hatte, das Verabscheuungswürdigste zu sein, was in dieser Lage angeboten werden konnte. Er trat zurück, und zwar in einer Weise, die mit dem blitzartigen Niedersausen der Guillotine verglichen werden kann: urplötzlich, ohne Ankündigung und ohne langes Feilschen. Seine liberalen Kabinettskollegen mussten sich, ob sie wollten oder nicht, anschließen, und die CDU/CSU/F.D.P.-Koalition brach auseinander. In der darauf folgenden

Zeit der Großen Koalition übernahm die F.D.P. die ungewohnte Rolle der Opposition, aber nicht lange. Willy Brandt und Walter Scheel hatten seit den Anfangsjahren des Bundestags immer den Kontakt gehalten, und nach wenigen kargen Jahren auf den unbequemen Bänken der Opposition holte Walter Scheel einmal mehr mit seinem guten Schwert aus, beidhändig, und diesmal wurde es ein Meisterstreich in Form eines Rundumschlags. Die Auguren wussten schon, was kommen würde, als, unter intensiver Mitwirkung Scheels, im Frühjahr 1969 Gustav Heinemann mit knapper Mehrheit und den wahlentscheidenden Stimmen der F.D.P.-Abgeordneten zum Bundespräsidenten gewählt wurde. Man hätte auch mehr als zufällige Übereinstimmung der Standpunkte registrieren können, als Walter Scheel den staunenden Delegierten des IV. Kongresses der Ostdeutschen Landesvertretungen am 31. August 1969 in Bad Godesberg erklärte, „daß es die zur Zeit wichtigste Aufgabe sei, die Hallstein-Doktrin zu Fall zu bringen". „Auch der Alleinvertretungsanspruch, verstanden als Recht, auch für die Deutschen in der DDR ... zu sprechen, wird zwangsläufig falsch." Hans Edgar Jahn: „Von Landesverrat wurde nach dem Vortrag Scheels in Teilnehmerkreisen gesprochen."

Der jähe Hieb in der Wahlnacht des 29. September 1969, in der Scheel mit Willy Brandt das sorgfältig geplante und in kürzester Zeit vollzogene Bündnis schloss, ist in manchen Gemütern noch heute höchst gegenwärtig – und nicht in besonders angenehmer Erinnerung. Bundeskanzler Kurt Georg Kiesinger stand genauso perplex da wie 14 Jahre zuvor Karl Arnold. Die Schwertschmiede können den Degen eben auch führen. Manche, so auch Scheel, geben sich übrigens dabei stets heiter, konziliant und gut gelaunt und strahlen einen ansteckenden Optimismus aus, und wenn da noch einer „hoch auf dem gelben Wagen" Platz nimmt und mit klangvoller Stimme den zweiten Tenor eines Düsseldorfer Männergesangvereins verstärkt, übersehen undifferenziert denkende Zeitgenossen zuweilen den eisenharten Willen, der den Urenkel der Schwertschmiede in Solingen beseelt. „Heiterkeit und Härte" akzeptierte Walter Scheel denn auch in einem Fernsehgespräch als die seiner Persönlichkeit entsprechende Spitzmarke.

Fünf Jahre lang waltete und schaltete er im Amt des Vizekanzlers und Außenministers. Sich gegen den übermächtigen Nimbus des Bundeskanzlers Brandt durchzusetzen war auch für Scheel eine der anspruchsvollsten Bewährungsproben, in die er sich hineingestellt sah; aber er schaffte auch dies – bei einem Bundeskanzler, der die Außen- und Deutschlandpolitik als seine ureigenste Domäne ansah, kein einfaches Unterfangen. Scheel bekam, nach gehöriger Anlaufzeit, den komplizierten Apparat des Auswärtigen Amtes in den Griff und erwies sich in den Verhandlungen mit den Vertragspartnern des Ostblocks, insbesondere dem sowjetrussischen Außenminister Gromyko, als kompetenter Sachwalter der neuen Ostpolitik und wuchs in die Rolle des ebenbürtigen Architekten der von Willy Brandt initiierten Ostpolitik hinein. In der elastischen Geschmeidigkeit und Festigkeit der Verhandlungsführung stand er seinen Kontrahenten in Moskau und Warschau in nichts nach.

1968 hatte er den Vorsitz der F.D.P. übernommen, die 1969 noch so eben über die Fünfprozenthürde rutschte; aber 1972 sah es mit 8,4% schon ganz anders aus. Die sozialliberale Koalition schien konsolidiert, und Walter Scheel fand, dass es Zeit war, ein letztes Mal sein Schwert aus dem Schrank zu holen. Befriedigt stellte er fest, dass es nicht rostig geworden war, er rieb es blank und sah, dass die Schneide noch so messerscharf war wie die Rasierklingen, um deren Absatz er sich in frühen Jahren bemüht hatte. Arnulf Baring/Daniel Koerfer berichten, dass Scheel einmal wegen seiner Zugehörigkeit zu bestimmten Gruppierungen innerhalb der Partei befragt worden sei und die Auskunft gegeben habe: „Weder noch. Meine Richtung heißt Scheel." Getreu dieser Maxime ernannte er sich jetzt zum Kandidaten für das Amt des Bundespräsidenten, und er bekam es, natürlich, auch. Wieder standen viele staunend vor der Kunstfertigkeit des geübten Solinger Degenfechters, doch einige schüttelten auch die Köpfe.

Aber nun war er Bundespräsident, und in seine Amtsperiode fielen jene „schlimmsten Wochen in der Geschichte der Bundesrepublik", wie er selbst sie nannte. Die dramatischen Vorgänge im Herbst 1977, als der Staat von einer Handvoll zu allem entschlossener gewissenloser Gewalttäter durch eine Flugzeugentführung erpresst werden sollte, um die Freilassung der in Stuttgart-Stammheim einsitzenden Anführer der Terroristenbande zu erzwingen, die Befreiung der Flugzeuginsassen in Mogadischu durch eine Sondereinheit des Bundesgrenzschutzes, der folgende Selbstmord von dreien der erbarmungslosen Verbrecher in Stammheim und der kaltblütige Mord an dem Arbeitgeberpräsidenten Hanns Martin Schleyer nach sechswöchiger Isolationsfolter in den Händen der Gangster zitterten im aufgewühlten Bewusstsein der aufs tiefste erregten Öffentlichkeit und der Teilnehmer an der Trauerfeier für Schleyer in Stuttgart schreckhaft nach, als Bundespräsident Walter Scheel das Wort zu der folgenden Ansprache nahm.

Terrorismus – Grimasse der Freiheit

Ansprache Scheels am 25. Oktober 1977 in Stuttgart in der St. Eberhard-Kirche, aus: Bulletin des Presse- und Informationsamtes der Bundesregierung vom 26. Oktober 1977 (973–976)

Sehr verehrte Frau Schleyer,
meine lieben Angehörigen der Familie Schleyer,
Herr Bundeskanzler,
meine sehr verehrten Damen und Herren!

Keiner von uns kann ermessen, was der Tote, um den wir hier trauern, in den letzten Wochen erlitten hat.

Wir sahen ihn zuletzt auf dem Fernsehschirm, eine Schrifttafel um seinen Hals – ein Videoband der Terroristen. Wir werden diesen Anblick nicht vergessen.

Keiner wird die Gefühle nachempfinden können, die dieser Anblick bei seiner Familie erweckte. Diese Gefühle sind auch kein Gegenstand öffentlicher Erörterung. Was Sie jetzt mit Ihrem Mann, mit Ihrem Vater verbindet, ist ein Schmerz, der Ihnen ganz allein gehört, ein Schmerz, vor dem wir uns verneigen.

Im Namen aller Bürger spreche ich hier noch einmal auch den Angehörigen von Jürgen Schumann, Reinhold Brändle, Helmut Ulmer, Roland Pieler und Heinz Marcisz meine tiefe Anteilnahme aus.

Hanns Martin Schleyer war einer der führenden Männer unserer Wirtschaft. Ja, man kann sagen, daß er seit Anfang dieses Jahres der anerkannte Repräsentant der Unternehmer unseres Landes war. Seit dem 1. Januar 1977 war er, in Personalunion, der Präsident der Bundesvereinigung der Deutschen Arbeitgeberverbände und der Präsident des Bundesverbandes der Deutschen Industrie.

Wie kam es dazu, daß man ihm diese beiden Ämter anvertraute? Der junge Jurist wollte zunächst Anwalt werden, dann zog es ihn in die Industrie. 1951 trat er in den Automobilkonzern Daimler Benz AG hier in Stuttgart ein. 1959 wurde er in den Vorstand berufen. Ihm unterstand die Zentralverwaltung mit den Arbeitsgebieten Personal-, Sozial- und Bildungsfragen.

Hanns Martin Schleyer war der Öffentlichkeit als konsequenter Vertreter der Unternehmerinteressen bekannt. Weniger bekannt aber ist, daß er sich in seinem Betrieb hauptsächlich mit sozialen Fragen befaßte. Die Welt des Arbeiters war ihm nicht unbekannt.

Er hatte täglich mit ihnen zu tun. Wenn er mit den Gewerkschaften über die Verbesserungen der Arbeits- und Lebensbedingungen der Arbeitnehmer verhandelte, dann wußte er, wovon er sprach. Es ging ihm durchaus darum, im Rahmen des ihm wirtschaftlich vertretbar Erscheinenden die Position der Arbeitnehmer zu verbessern. Und in der Firma, der er angehörte, hat er eine ganze Menge in dieser Richtung getan.

Nein, die Terroristen haben keinen eiskalten Kapitalisten entführt, wie sie vergeblich die Welt glauben machen wollten.

Worum es ihm ging, war eine freie Wirtschaftsordnung, deren Früchte allen zugute kommen sollten. Freilich war er der Auffassung, daß das freie Unternehmertum ein wesentlicher und unabdingbarer Bestandteil dieser Wirtschaftsordnung ist. Dieser Überzeugung hat er zeit seines Lebens mit großer Klarheit und Entschiedenheit vertreten. Sie führte ihn dazu, seinen Beitrag in den sozialpolitischen Auseinandersetzungen unseres Landes zu leisten.

Hanns Martin Schleyer hatte seine Überzeugung nicht, weil er in hohe Ämter gerufen wurde, sondern er wurde in seine Ämter berufen, weil er Überzeugungen hatte, die er entschieden vertrat. Man konnte sich darauf verlassen, daß er nicht nachgeben würde, wenn er mit Überzeugung „nein" sagte. Dann vertrat er dieses „Nein" mit aller Konsequenz, häufig nicht zur Freude der Gewerkschaften. Er war es, der das Mittel der Aussperrung, das die Arbeitgeber zeitweilig kaum noch anzuwenden wagten, wieder zu einem Instrument des Arbeitskampfes machte. Er hat es häufiger als andere Arbeitgeberführer eingesetzt.

So sehr man sich bei ihm darauf verlassen konnte, daß Nein auch Nein bedeutete, so sehr konnte man auch auf seine Zusagen vertrauen. Hanns Martin Schleyer war bereit, für die Interessen der Arbeitgeber zu kämpfen, und es schien ihm selbstverständlich, daß auch die Gewerkschaften für ihre Interessen kämpften. Er bejahte die tarifpolitische Auseinandersetzung, ja den tarifpolitischen Konflikt. Er war in manchen Fällen durchaus bemüht, den von ihm vertretenen Unternehmern Mut zum Konflikt zu machen. Aber er bejahte auch den Kompromiß, und er hielt sich an ihn.

Kurz, er war ein Mann, auf dessen Wort man sich verlassen konnte. Kein bequemer Mann, kein Mann, dessen Ansichten man in jedem Punkt beipflichten konnte; aber ein Mann, der gute Gründe für jede seiner Ansichten hatte. Ein Mann, der nie die Spielregeln verletzte, ein guter Gegner. Die Achtung seiner tarifpolitischen Partner war ihm sicher.

Hanns Martin Schleyer hat seine wichtige Rolle in unserer Gesellschaft mit Klarheit, Würde und Mut gespielt. Er betrachtete es nicht als Makel, eindeutig ohne Wenn und Aber, ohne Entschuldigungen, für die Interessen einer gesellschaftlichen Gruppe einzutreten. Er war Repräsentant einer offenen Gesellschaft, die auf den vernünftigen Ausgleich von Interessen angelegt ist.

Seine Entschiedenheit, seine Besonnenheit hat er in den letzten sechs Wochen seines Lebens unter Beweis gestellt. Selbst die Terroristen konnten ihn nicht zu Worten bringen, die seine Würde verletzten. Was sich in diesen sechs Wochen zwischen ihm und seinen Entführern abspielte, muß auch ein geistiger Kampf gewesen sein. Die Tatsache, daß die Terroristen diesen Kampf nur durch nackte Gewalt beenden konnten, zeigt, auf welcher Seite die besseren Argumente lagen.

Wie der Mann und Vater, so haben auch Sie, verehrte Frau Schleyer, und Sie, seine Söhne, in diesen Wochen ein Höchstmaß an Würde bewiesen. Sie haben, wie es Ihr selbstverständliches Recht ist, das höchste Gericht des Landes angerufen, um das Leben Hanns Martin Schleyers zu retten. Sie haben den Spruch des Gerichts, der Ihre Hoffnungen nicht erfüllte, mit Würde hingenommen. Sie haben sich nicht, trotz unermeßlicher seelischer Belastung, in eine Gegenposition zum Staat drängen lassen. Das Mitgefühl unserer Bürger war auf Ihrer Seite. Es lag in Ihrer Hand, Emotionen in Bewegung zu setzen, die den Handlungsspielraum der Verantwortlichen entscheidend eingeengt hätten. Sie haben es nicht getan.

Im Namen aller Bürger möchte ich Ihnen dafür danken.

Wenn wir unsere eigenen Gefühle prüfen, dann fallen uns Worte ein, die in den letzten Tagen schon sehr häufig ausgesprochen wurden, Worte wie: Zorn, Wut, Empörung, Abscheu. Diese Worte bewegen uns nur noch wenig. Die Sprache ist ohnmächtig vor dem, was in diesen Tagen geschehen ist.

Ich möchte ein Wort hinzufügen: die Scham. In unserer Gesellschaft geschehen Dinge von einer Schändlichkeit, daß man ihren Anblick kaum erträgt, Dinge, die einen mit furchtbarer Deutlichkeit wieder auf etwas hinstoßen, was man so gerne vergessen mag: wie böse der Mensch sein kann. Ich schäme mich für die Bosheit dieser jungen verirrten Menschen. Sie selbst können sich wohl nicht mehr schämen. Es gibt wohl kaum noch etwas, was diese jungen Menschen achten, was sie ehren, was ihnen heilig ist. Sie lachen über solche Worte. Sie sind stolz darauf, daß sie morden, rauben, erpressen können, daß sie für sich persönlich das Gewissen abgeschafft haben. Sie sind frei von jeder Hemmung, frei von jedem Tabu. Sie haben alle Werte einer 2000jährigen Kultur auf den Müll gekippt. Sie sind frei von ihnen. Aber was für eine furchtbare Grimasse der Freiheit schaut uns da an? Das ist die Freiheit der Bosheit, die Freiheit der Zerstörung.

Die Zerstörung, die Verwirrung, Angst und Schrecken – das heißt ja Terror –, das wollen sie. Und all dem liegt ein tiefer Haß auf die Welt und auf sich selbst zugrunde. Sie sind nicht nur Feinde der Demokratie – sie sind Feinde jeder menschlichen Ordnung. Diese Feindschaft ist die nackte Barbarei. Diese jungen verirrten Menschen bedrohen nicht nur demokratische Freiheiten. Sie sind die Feinde jeder Zivilisation.

Die Weltgemeinschaft hat zu lange nach Entschuldigungen für Unentschuldbares gesucht, sie hat die Mauer gegen den Terrorismus mit zu viel Wenn und Aber durchlöchert. Wenn irgendwo, dann ist hier die Solidarität der zivilisierten Staatengemeinschaft gefordert, die ein kleines Land wie Somalia so hervorragend praktiziert hat.

Ich danke noch einmal all den vielen Regierungen in West und Ost, in Nord und Süd für die Unterstützung, die unser Land in diesen Tagen erfahren hat.

Dieser gemeinsame Kampf gegen die Barbarei wird etwas zutage fördern, was bisher im Kampf der ideologischen und politischen Auseinandersetzungen unseren Blicken meist verborgen war: daß es, unbeschadet der großen weltpolitischen, weltanschaulichen, sozialen und wirtschaftlichen Unterschiede, gemeinsame Ordnungsvorstellungen gibt, die alle Völker der Welt zu verteidigen haben.

Hanns Martin Schleyer ist tot. Mußte er sterben? Man kann darüber nachdenken, ob er vielleicht noch am Leben wäre, wenn die Verantwortlichen alle Forderungen der Terroristen hätten erfüllen können. Solche Gedanken werden vor allem Sie, die Angehörigen, heute bewegen. Wir wissen, daß die Verantwortlichen sich in diesen sechs Wochen Tag und Nacht darum bemüht haben, das Leben Hanns Martin Schleyers zu retten. Sie standen vor dem furchtbaren Dilemma, daß es einen richtigen, des Erfolgs sicheren Weg überhaupt nicht gab. Es ist die vielleicht überschwere Pflicht des Politikers, in einer solchen Lage die Verantwortung auf sich nehmen zu müssen.

Wir, die Bürger dieses Landes, haben Anlaß, den Politikern aller Parteien, die sich gemeinsam den Entscheidungen gestellt haben, zu danken. Sie haben unter einer Verantwortung gestanden und gehandelt, deren Gewicht ein Außenstehender nur schwer ermessen kann.

Hätten die gefangenen Terroristen freigegeben werden können, so wäre das wohl der Beginn jenes Flächenbrandes gewesen, von dem ich sprach. Das aber ist nicht geschehen. Hanns Martin Schleyer ist gestorben. Für uns alle, nicht nur für uns Deutsche, ist die Chance erhalten geblieben, die Gefahr des Terrorismus zu bannen.

Wir neigen uns vor dem Toten. Wir alle wissen uns in seiner Schuld. Im Namen aller deutschen Bürger bitte ich Sie, die Angehörigen von Hanns Martin Schleyer, um Vergebung.

Die Wochen, die wir durchlebt haben, sind gewiß die schlimmsten in der Geschichte der Bundesrepublik gewesen. Wir waren alle getroffen. Das hat auch dazu geführt, daß bei uns, wie selten zuvor, tief gefragt, verantwortlich gedacht und besonnen gehandelt wurde. Die von allen demokratischen Parteien getragenen Entscheidungen haben gezeigt, daß sich die demokratischen Kräfte ihrer gemeinsamen Pflicht bewußt sind, die Feinde der Demokratie, der Freiheit, ja jeder menschlichen Ordnung zu bekämpfen.

Diese gemeinsame Pflichterfüllung hat unsere Demokratie gestärkt. Die Bürger vertrauen nun darauf, daß bei ähnlichen Bedrohungen die gleiche Gemeinsamkeit herrschen wird.

Ich danke an dieser Stelle noch einmal dem Herrn Bundeskanzler, den Partei- und Fraktionsführern, den Politikern aus Bund und Ländern, den Kristenstäben für die Erfüllung ihrer Pflicht. Ich danke ebenfalls dem Bundeskanzler und den Fraktionsvorsitzenden für die Erklärungen, die sie am Donnerstag morgen im Deutschen Bundestag abgegeben haben. Sie alle waren ermutigend, weil sie dem Bürger vor Augen führten, daß alle im Kampf gegen den Terrorismus zusammenstehen.

Auch das, ebenso wie die Befreiungsaktion von Mogadischu, war ein Erfolg für die Demokratie. Es ist ja ganz offensichtlich ein Ziel der Terroristen, die Solidarität der Demokratie zu sprengen. Es ist ihnen nicht gelungen, und es wird ihnen nicht gelingen. Seit langem geschah es wieder im Deutschen Bundestag, daß die Abgeordneten der Regierungskoalition dem Oppositionsführer Beifall spendeten – und umgekehrt. Auch das war ein gutes Zeichen.

Aber nicht nur Politiker haben sich in diesen Tagen bewährt. Die Kirchen haben in wichtigen Erklärungen zur Besinnung aufgerufen. Selten konnte man auch in den Zeitungen, im Radio, im Fernsehen so deutlich den Willen zur Selbstbesinnung wahrnehmen wie in diesen Tagen und Wochen. Dafür danke ich allen, die dazu beigetragen haben.

Aber nun dürfen wir nicht einfach wieder zur Tagesordnung übergehen und so tun, als wäre nichts gewesen. Die Prüfung, die wir zu bestehen hatten, muß fruchtbar werden für unsere Zukunft. In dieser Trauerstunde für Hanns Martin Schleyer bitte ich die Politiker, die Journalisten, die Schriftsteller und alle, die auf die öffentliche Meinung Einfluß ausüben, ihre Haltung zu überprüfen. Wenn wir uns gegenseitig die Schuld am Terrorismus in die Schuhe schieben, werden wir nicht weit laufen können, werden wir unser Ziel nicht erreichen. Dieser Stein ist zu groß.

Wir alle bejahen den demokratischen Kampf, den Kampf der Meinungen und Argumente. Aber dieser Kampf beruht auf der Achtung vor den Überzeugungen des politischen Gegners. Wohin es in letzter Konsequenz führt, wenn der Kampf seinen Ursprung in Haß und Feindschaft hat, haben wir in diesen Tagen nur zu deutlich erfahren.

Uns allen ist bekannt, daß die Terroristen ihre Verbrechen nur ausführen können, weil es Menschen gibt, die ihnen helfen. Für diese Helfer ist das Wort „Sympathisanten" in Umlauf gekommen. Doch die Grenzen dieses Wortes haben sich verwischt. Das ist nicht gut, denn gerade hier kommt es darauf an, daß wir sorgfältig unterscheiden.

Da sind zunächst diejenigen, die die Terroristen direkt unterstützen, ihnen Wohnungen verschaffen, Autos, Waffen, falsche Pässe und so weiter zur Verfügung stellen. Es mag sein, daß die Terroristen ihre Helfer nicht in alle Einzelheiten ihrer Vorhaben einweihen, ja, daß die Helfer häufig gar nicht wissen, zu welchem Zweck diese oder jene Hilfeleistung verlangt wird. Es sollte mittlerweile jedoch allen Bürgern klargeworden sein, wozu sie mit solcher Hilfe beitragen können. Die Entschuldigung „davon habe ich nichts gewußt – das habe ich nicht gewollt" gilt nicht mehr.

Wer solche Hilfe leistet – ist schuldig.

Dann gibt es die Gruppe derer, die sich jetzt wieder, nach den Ereignissen in Stammheim, im In- und Ausland betätigen, indem zum Beispiel sie die Terroristen unterstützende Parolen an die Wände schmieren. Sie helfen den Boden bereiten, auf dem die böse Saat aufgehen kann.

Auch sie sind deshalb mitschuldig.

Was müssen die Terroristen eigentlich noch tun, damit allen jungen Menschen die Augen aufgehen?

Dann gibt es die Menschen, die ihre blinde Abneigung gegen die Demokratie dazu führt, die Ziele der Terroristen – was eigentlich sind diese Ziele? – in Wort und Schrift öffentlich zu unterstützen, wenn sie selbst auch die Anwendung von terroristischer Gewalt für ihre eigene Person mißbilligen. Es sollte inzwischen klargeworden sein, daß die Ziele der Terroristen von der gleichen kalten Menschenverachtung sind wie ihre Methoden. Das eine ist vom anderen nicht zu trennen.

Auch diese Gruppe ist, so meine ich, mitschuldig. Menschen, die sich in den beschriebenen Weisen verhalten, müssen mit allen rechtsstaatlichen Mitteln bekämpft werden. Sie haben, davon bin ich fest überzeugt, im öffentlichen Dienst nichts zu suchen. Sie sind nicht qualifiziert, zum Beispiel unsere Kinder auf den Schulen und den Universitäten zu unterrichten.

Nur wenn es uns gelingt, die Tätigkeiten dieser Gruppen zu unterbinden, können wir den Terrorismus endgültig besiegen. Dies geschieht am besten dadurch, daß wir sie von der Würde einer freiheitlichen Ordnung überzeugen. Lassen sie sich nicht überzeugen, müssen wir uns mit der Strenge der Gesetze wehren.

Von den beschriebenen Gruppen sind diejenigen zu unterscheiden, die weder die Ziele noch die Methoden der Terroristen billigen, die jedoch verstehen möchten, was die Terroristen zur Gewalt treibt; diejenigen, die auf der Menschenwürde auch dessen bestehen, der selbst unmenschlich handelt. Haben diejenigen, die die Terroristen geistig oder materiell unterstützen, überhaupt noch nicht begriffen, was eine demokratische Lebensordnung ist, so haben diejenigen, die auf der menschlichen Würde auch des Terroristen bestehen, die Demokratie zu Ende gedacht.

Und dann gibt es die große und respektable Gruppe derer, die etwas an diesem Staat, an dieser Gesellschaft auszusetzen haben.

Wir können diesen Staat nicht verbessern, wenn wir auf seine Fehler nicht aufmerksam gemacht werden. Die legitime Kritik hat nichts, aber auch gar nichts, mit dem Terrorismus zu tun. Die Kritik ist das Lebenselixier der Demokratie. Wir würden einem schicksalhaften Irrtum unterliegen, wenn wir dieses Lebenselixier mit dem tödlichen Gift des Terrorismus verwechselten.

Ich habe vor einigen Tagen hier in Stuttgart die Journalisten gebeten, in dieser Zeit mit den Worten besonders verantwortlich umzugehen. Diese Bitte richtet sich an alle. Unklare Begriffe, aus der Angst, der Empörung, dem Zorn und der Not der Stunde geboren, können unserer Gemeinschaft Schaden zufügen.

Wir werden über die Ursachen des Terrorismus ausführlich nachdenken und sprechen müssen. Nur wenn wir seine Ursachen kennen, können wir ihn an seiner Wurzel bekämpfen. Dazu muß es erlaubt sein, Fehler und Versäumnisse, die wohl auf allen Seiten zu finden sind, aufzuzeigen. So gefährlich es ist, zwischen bestimmten Zitaten und dem Terrorismus allzu einfache Zusammenhänge herzustellen, so gefährlich ist es andererseits, eine solche Kritik in die Nähe des Nationalsozialismus zu stellen. Die Diskussion wird nicht dadurch besser, daß man den Spieß jetzt umdreht und auf die andere Seite zeigt.

Ich sprach am Anfang von dem furchtbar verzerrten Gesicht der Freiheit, mit dem uns der Terrorismus anstarrt. Unsere Aufgabe ist es, unser Bild der Freiheit vor Entstellungen zu bewahren. Uns schaudert vor dem Gesicht des Terrorismus. Aber wir sollten öfter in den Spiegel sehen. Mit moralischer Empörung allein ist es nicht getan. Wir müssen aus dieser moralischen Empörung die Nutzanwendung für uns selber ziehen.

Der Tod Hanns Martin Schleyers ist, so meine ich mit nachdenklichen Menschen in unserem Land, ein Einschnitt in der Geschichte der Bundesrepublik Deutschland. Wir müssen ihn als Einschnitt begreifen. Von dieser Stunde der Trauer und der Besinnung muß eine verwandelnde Kraft ausgehen. Wir dürfen nicht zulassen, daß sein Tod sinnlos wird.

Das sind wir Hanns Martin Schleyer schuldig.

Alles hört auf mein Kommando:
HELMUT SCHMIDT

geboren 1918 in Hamburg, nach dem Abitur (1937) Wehr- und Kriegsdienst bis 1945. 1946 bis 1949 Studium (Staatswissenschaften) in Hamburg, Diplom-volkswirt. 1946 Eintritt in die SPD; 1949 bis 1952 in der Hamburger Verwaltung (Verkehrsdezernent), 1953 bis 1962 und 1965 bis 1987 MdB (SPD), 1961 bis 1965 Hamburger Innensenator. 1967 bis 1969 Vorsitzender der SPD-Fraktion des Bundestages, seit 1968 stellvertretender Vorsitzender der Sozialdemokratischen Partei Deutschlands. 1969 bis 1972 Bundesminister der Verteidigung, 1972 bis 1974 Bundesminister für Finanzen. 1974 bis 1982 Bundeskanzler, seit 1986 Mitherausgeber der „Zeit".

Die Spannweite der Pole in der Person Helmut Schmidts illustrieren zwei grundverschiedene Vorgänge: Als im Jahre 1962 eine Sturmflut Hamburg heimsuchte, wie sie in jedem Jahrhundert nur einmal eintritt, und die schmutzigen Wassermassen sich bis in die Innenstadt wälzten, entstanden bei den die Katastrophe bekämpfenden Behörden Unstimmigkeiten über die Kompetenzverteilung, die der Innensenator Schmidt mit einem energischen Machtspruch beendete. Er zog die Oberleitung aller Abwehrmaßnahmen an sich, und es gelang, die Folgen der verheerenden Naturkatastrophe zu begrenzen.

20 Jahre später: Derselbe Helmut Schmidt traf sich im Jahre 1982 mit zwei berühmten Künstlern, Christoph Eschenbach und Justus Frantz, in einem Tonstudio zur Aufnahme des Konzerts für drei Klaviere und Orchester in F-Dur von Wolfgang Amadeus Mozart (Köchel-Verzeichnis 242). Der Zwanzigjährige hatte dieses Konzert für eine Gräfin, die eine ausgezeichnete Pianistin war, und ihre beiden Töchter komponiert. Dieses Stück „aus der heiteren Umwelt der adeligen Salzburger Amateure stellt, bei aller frischen Musizierfreude, geringe Anforderungen an die Ausführenden" (Bernhard Paumgartner), aber rein technisch schon überschreiten diese Anforderungen doch sehr weit das heutzutage bei einem Dilettanten zu erwartende Maß an Fingerfertigkeit und Musikalität. Helmut Schmidt konnte sich im erlauchten Kreis der Berufspianisten und -orchestermusiker gut behaupten, und so konnten sich die musikinteressierten Deutschen eine Schallplatte kaufen (Reinerlös an amnesty international), auf der ihr Bundeskanzler keine Rede hielt, sondern sich als Konzertpianist produzierte. Solche musischen Qualitäten sind bei einem Bundeskanzler, der sich in der Stunde der Gefahr als entschlossener Tatmensch präsentiert hatte, nicht unbedingt zu vermuten.

Die beiden Vorgänge beleuchten gut die beiden Pole in Helmut Schmidts Wesen: sein herausragendes Führungstalent, die felsenfeste Überzeugung, anderen Wege weisen zu können, gepaart mit Geistesgegenwart, Entschlussfreude und einer Art von Sachkompetenz, die manchmal auf Außenstehende erkältend wirkt, da Schmidt sich keine sonderliche Mühe gibt, seine meist bessere Information und Beschlagenheit vor seinem Gesprächspartner zu verbergen. Arnulf Baring nennt dies „intellektuelle Überheblichkeit" und bescheinigt ihm außerdem „grenzenlosen Ehrgeiz", und

Walter Scheel spricht von „ruhelosem Geltungsbedürfnis". Wenn all dies auch nicht grundfalsch sein mag, sorgt doch der zweite Pol in Schmidts Persönlichkeit, eben der musisch-literarisch-philosophische, für eine sonst unter Politikern nicht oft vorzufindende Balance und einen bei anderen schmerzlich vermissten Facettenreichtum. Hier liegt übrigens einer der Berührungspunkte zu einem seiner Vorgänger als Bundeskanzler, Kurt Georg Kiesinger. Während sich dieser zu dem französischen Protagonisten der Gewaltenteilung und der Stärkung der Rechte des Staatsbürgers, Alexis de Tocqueville, hingezogen fühlt, hat sich Helmut Schmidt, nicht zufällig, einen der großen Philosophen der Gegenwart, Karl Popper, und seinen „undogmatischen liberalen Fortschrittsoptimismus" (Irmgard Wagner) als Leitstern erwählt: „Schmidt gehört zu den entschiedenen Befürwortern einer breiten theoretischen Fundierung der Sozialdemokratie, die dem pluralistischen Konzept nicht nur Kurt Schumachers, sondern vor allem des Godesberger Programms entspricht. Eine solche Theorieverbreiterung schien ihm ... der Kritische Rationalismus (Karl Poppers) mit der Ablehnung einer Systemveränderung auf einen Schlag sowie der Hochschätzung der ‚offenen Gesellschaft' als Ziel und Weg der Demokratisierungsbemühungen anzubieten" (Michael Schneider). Ein bevorzugtes Interessengebiet Schmidts ist die moderne Malerei, besonders die Expressionisten – Kirchner, Heckel, Schmidt-Rottluff und Barlach zum Beispiel – schätzt er hoch. Eine kostbare Henry Moore-Plastik vor dem Neubau des Bundeskanzleramtes erinnert an den Hausherrn von 1974 bis 1982.

Als Helmut Schmidt 1953 in den Bundestag einzog, machten ihn seine sprudelnde Eloquenz, die Selbstverständlichkeit seiner Sachkunde und seine kecken oratorischen Ausfälle schnell bekannt und nicht bei allen beliebt. Im Verteidigungsausschuss des Bundestages traf er allerdings auf einen der wenigen, die ihm in der Unerschrokkenheit seiner Frontalangriffe und der nadelspitzen Argumentation voll gewachsen waren, den Verteidigungsminister Franz Josef Strauß. Die Rededuelle, die sich Strauß und Schmidt in der zweiten Hälfte der 50er-Jahre lieferten, fanden in der späteren Geschichte des Bundestages wenig Wiederholungen. Aber die im Spiel der demokratischen Kräfte unentbehrliche Funktion der Opposition behagte Schmidt auf die Länge wenig, da sie dem Tatendurst und Aktionsradius seines Wesens nicht entsprach. Er wollte wirken, gestalten, regieren. Außerdem zeichneten sich damals keinerlei Veränderungen am politischen Horizont ab; Konrad Adenauer hielt, auf scheinbar unabsehbare Zeit, die Zügel des Geschehens noch fest in seinen Händen.

So folgte er im Jahre 1961 dem Ruf in die Hamburgische Landesregierung, wo er als Innensenator nützliche und ihm später zustatten kommende Erfahrungen auf der regionalen Ebene sammeln konnte. Dieses Intermezzo dauerte aber nur vier Jahre, dann wurde er in Bonn wieder gebraucht. Seine Stunde kam, als Fritz Erler erkrankte. Die Leitung der Fraktion fiel ihm nicht gerade automatisch zu, aber doch ohne große Widerstände.

Und nun ereignete sich etwas, was sich in dieser spezifischen Form in Bonn nicht wiederholen sollte: Zwischen den Vorsitzenden der die Regierung während der Großen Koalition tragenden Fraktionen, Schmidt und Barzel, entwickelte sich eine einträchtige und von gegenseitigem Vertrauen bestimmte Zusammenarbeit, die die parlamentarische Infrastruktur der Koalition sicherte und ohne die schwierige Gesetzesvorhaben, wie etwa die Notstandsverfassung, nicht hätten durchgezogen werden können. Diese Kooperation war damals umso bedeutungsvoller, als in jenen Jahren der aufgeregten Studentenunruhen und der so genannten außerparlamentarischen Opposition eine besonnene und stabile Staatsführung, gestützt von einer zuverlässigen und breiten parlamentarischen Mehrheit, das Gebot der Stunde war. Es wird Helmut Schmidt nachgesagt, dass er die Fortsetzung dieser Zusammenarbeit in der 1969 beginnenden Legislaturperiode nicht ungern gesehen hätte; frühere Mitglieder der SPD-Fraktion denken übrigens an die Fairness und die unauffällige Direktion der Geschäfte des Vorsitzenden Schmidt gerne zurück. Es darf gemutmaßt werden, dass ihn nicht nur Begeisterung erfüllte, als er, dem Wunsch seiner Partei folgend, das Verteidigungsministerium in der ersten Regierung Brandt/Scheel übernahm. Allerdings, gerade für dieses Amt war er glänzend präpariert: 1958 hatte er als erster sozialdemokratischer Politiker eine Wehrübung absolviert, und mit seinem Buch „Verteidigung und Vergeltung" hatte er sich schon 1961 als hochkarätiger Experte in den schwierigen Fragen ausgewiesen, die sich dem NATO-Bündnis stellen. Auch vom persönlichen Zuschnitt her mag ihm das Haus auf der Hardthöhe eher als andere Ministerien entsprochen haben, und als erster sozialdemokratischer Verteidigungsminister konnte er Wesentliches dazu beitragen, daß sich die Beziehungen zwischen der SPD und der Bundeswehr normalisierten. Bei turnusmäßigen Konferenzen der NATO-Verteidigungsminister und auf vielen Auslandsreisen erwarb er sich schnell internationalen Respekt und Ansehen, das auch einem Umstand zuzuschreiben war, dessen Bedeutung nicht alle mit der auswärtigen Politik befassten Bonner Politiker richtig einschätzen: Er spricht ein makelloses Englisch. Aber schon nach drei Jahren wurde er, nach dem Rücktritt Karl Schillers, noch dringender als im Verteidigungsministerium an anderer Stelle gebraucht, im kombinierten Finanz- und Wirtschaftsministerium und, einige Monate darauf, im zweiten Kabinett Brandt/Scheel im Jahre 1972 als Finanzminister. Hier bewegte sich der Diplomvolkswirt auf vertrautem Feld und konnte der sich in der Oppositionsrolle etablierenden CDU/CSU vorexerzieren, „daß er der erste Finanzminister einer sozialdemokratisch geführten Bundesregierung war, der nicht an der Aufgabe gescheitert ist, Reformziele und Finanzierungsrahmen einander anzunähern, und auch sein wirtschaftliches Konzept ... erwies sich in der ersten Hälfte der 70er-Jahre keineswegs als erfolglos" (Michael Schneider). In dieser Zeit verkündete Helmut Schmidt, in der Verfremdung einer musikalisch unterlegten „Politparade", sein „persönliches Langzeitmotto": „Etwas lernen, etwas leisten, gut verdienen, anständig und ehrlich seine Steuern bezahlen, ordentlich was auf die hohe Kante legen und im übrigen das alles nicht übertreiben, damit man genug Zeit und Muße hat, sich der angenehmen Seiten – die es weiß Gott ja auch noch gibt – des Lebens zu erfreuen. Wenn das jedermann täte – und ich darf hinzufügen: außerdem noch SPD wählen und die Gewerkschaft stützen –, dann wäre die Gesellschaft besser dran." Aber in der zweiten Hälfte der 70er-Jahre war die Gesellschaft nicht mehr ganz so gut dran, und es drehte sich der Wind; nur kurz war die Zeit, während der Helmut Schmidt, scheinbar einleuchtend, verkünden konnte: „3% Inflation sind mir lieber als 3% Arbeitslose ..."

Natürlich hatte er seit geraumer Zeit das politische Lebensziel, das Kanzleramt, anvisiert; das lag in der geradlinigen Logik seines politischen Lebenswegs. Aber als es ihm im Jahre 1974 nach dem Rücktritt Willy Brandts zufiel, konnte er infolge der krisenhaften Umstände, unter denen sich dieser Amtswechsel vollzog, wenig Genugtuung empfinden. Als erster Kanzler setzte er die von Adenauer begründete und bis Brandt fortgesetzte Tradition der völlig selbstverständlichen und eigentlich auch bewährten Personalunion zwischen den beiden Ämtern des Vorsitzenden der stärksten Regierungspartei und dem Kanzleramt nicht fort; Helmut Kohl hat diese Tradition, aus guten Gründen wohl, wieder aufgenommen.

Nach der Bundestagswahl des Jahres 1976 wurde Schmidt mit dem knappsten Ergebnis seit der Wahl Adenauers zum Bundeskanzler gewählt; dieser hatte im Jahre 1949 genau die im l. Bundestag erforderliche Stimmenmehrheit – 202 – erzielt, und Schmidt erreiche 250 Stimmen, eine mehr als die in der 8. Wahlperiode erforderliche Mehrheit der Stimmen – 249 –. Ein Jahr später meisterte er als Leiter des Krisenstabes mit der schon von der Hamburger Sturmflut her bekannten Entschlossenheit die gefährliche und das Leben vieler Menschen bedrohende Situation, die durch die Entführung eines Lufthansa-Flugzeugs nach Mogadischu entstanden war. In der Bundestagswahl 1980 wurde die CDU/CSU wieder stärkste Fraktion (226 Mitglieder); aber mit 218 SPD- und 53 F.D.P.-Abgeordneten schien sich Helmut Schmidt auf eine die Legislaturperiode überdauernde stabile Mehrheit stützen zu können. Die Differenzen zwischen den Koalitionspartnern jedoch, besonders auf wirtschaftlichem Gebiet, die schon die vorige Legislaturperiode überschattet hatten, erwiesen sich bald als unüberbrückbar. Aber auch in seiner eigenen Partei erwuchsen Schmidt als Urheber des so genannten NATO-Doppelbeschlusses – Fortsetzung der Abrüstungsgespräche in Genf, bei Fehlschlag Stationierung von Mittelstreckenraketen in Europa als Gegengewicht zu den sowjetrussischen SS 20 – ernsthafte Schwierigkeiten. Am 17. September 1982 traten die vier F.D.P.-Minister Genscher, Graf Lambsdorff, Baum und Ertl zurück, die Koalition zerbrach. CDU/CSU und F.D.P. einigten sich auf ein Sachprogramm, und am 1. Oktober 1982 wurde Bundeskanzler Schmidt durch ein konstruktives Misstrauensvotum gestürzt. 235 Abgeordnete, unter ihnen annähernd ein Drittel der F.D.P.-Fraktion, votierten für Helmut Schmidt, Helmut Kohl erhielt 256 Stimmen und wurde Bundeskanzler.

In der Debatte über das Misstrauensvotum am 1. Oktober 1982 trafen zwei alte Bekannte aus den Zeiten der Großen Koalition als Hauptredner aufeinander: Helmut Schmidt und Rainer Barzel. Schmidt zog die im Folgenden abgedruckte, in ihrer Geschlossenheit und rhetorischen Präzision eindrucksvolle Bilanz seines Dienstes in den 13 Jahren der sozialliberalen Koalition. Das unmittelbar danach von dem Oppositionssprecher Rainer Barzel entworfene Gegenbild folgt auch hier in diesem Buch nach den Ausführungen von Schmidt. Trotz aller Schärfe der Gegensätze, wie sie in diesen beiden Reden unverhüllt zum Ausdruck kommt, sah sich Schmidt in seiner Abschiedsrede am 10. September 1986, vier Jahre später, veranlasst, der Zusammenarbeit mit Barzel folgende Betrachtung zu widmen: „Ich habe die vertrauenswürdige, zuverlässige Zusammenarbeit mit Rainer Barzel in der Zeit der Großen Koalition und seit der Zeit der Großen Koalition nie vergessen. In solchen persönlichen Erlebnissen spiegelt sich für mich eine Grundeinsicht wider, die ich hier gewonnen habe: Kein Parlament, keine demokratische Ordnung kann überleben ohne ein gewisses Maß an Gemeinsamkeit."

Mißtrauensvotum legal, aber moralisch gerechtfertigt?

Rede Schmidts im Bundestag, Bonn, am 1. Oktober 1982, aus: DBT/9. WP /118. /1. 10. 1982 /7159 B– 7166 C

Herr Präsident! Meine Damen und Herren! Die sozialliberale Koalition, deren gewählter Bundeskanzler heute durch ein Mißtrauensvotum gestürzt werden soll, hat 1980 durch die Wählerinnen und Wähler eine überzeugende Bestätigung und einen Auftrag für weitere vier Jahre bekommen.

(Beifall bei der SPD und bei Abgeordneten der F.D.P.)

Die Mehrheit der Wähler hatte weder 1976 Herrn Dr. Kohl noch 1980 Herrn Strauß in das Amt des Bundeskanzlers berufen wollen.

(Beifall bei der SPD)

Der Vorsitzende der F.D.P. hatte auf dem Wahlparteitag seiner Partei am 6. Juni 1980 erklärt: „Wer F.D.P. wählt, garantiert, daß Schmidt Bundeskanzler bleibt ... der Wähler soll wissen, woran er ist,... ohne Wenn und ohne Aber ... Die Entscheidung über uns (die F.D.P.) ist die Entscheidung über die Fortführung der Koalition."

(Beifall bei der SPD und bei Abgeordneten der F.D.P.)

Mit meinem Namen, auch auf ihren Wahlplakaten, hat die F.D.P. im Oktober 1980 ein sehr gutes Wahlergebnis erzielt, und unmittelbar nach der Wahl haben die Parteivorsitzenden von SPD und F.D.P. in einer gemeinsamen Verlautbarung den Willen zum Zusammenwirken und zur gemeinsamen Verantwortung „für Freiheit und sozialen Fortschritt" auch für die kommenden vier Jahre ausdrücklich bekräftigt.

Seit dem August des vorigen Jahres ist der Vorsitzende der F.D.P. zielstrebig und schrittweise von allen früheren Erklärungen abgerückt. Am 9. September habe ich ihn von dieser Stelle aus zu einer klaren Antwort aufgefordert. Es hätte zu der Antwort nur eines einzigen Satzes bedurft. Aber dieser eine Satz „Wir stehen fest zur sozialliberalen Koalition" wurde absichtsvoll vermieden.

Statt dessen hat die F.D.P. acht Tage später, in der Bundestagssitzung am Freitag, dem 17. September, diesem Haus und dem
deutschen Volk sehr fadenscheinige Erklärungen vorgetragen. Über
viele Jahre, Herr Kollege Genscher, werden die Bürger dieses Verhalten nicht vergessen.

(Anhaltender lebhafter Beifall bei der SPD)

Am letzten Sonntag hatten die hessischen Wählerinnen und Wähler
Gelegenheit, hierzu ihre Meinung zu sagen. Jeder weiß: Die katastro-
phale Niederlage der F.D.P. in Hessen war die Antwort der Wähler
auf das Verhalten der F.D.P.-Führung hier in Bonn.

(Beifall bei der SPD und bei Abgeordneten der F.D.P.)

Mehr als drei Viertel der Bürgerinnen und Bürger sind für Neuwahlen zum Bundestag. Sie empfinden die Art des Wechsels, der
heute von Ihnen in geheimer Abstimmung herbeigeführt werden
soll, als Vertrauensbruch.

(Lebhafter Beifall bei der SPD und Beifall bei Abgeordneten der F.D.P.)

Sie sind bitter darüber, vorausgegangene Erklärungen nachträglich
als Täuschung bewerten zu müssen.

(Beifall bei der SPD und bei Abgeordneten der F.D.P.)

Dabei wissen die Bürger, daß das Grundgesetz Ihnen diese Handlungsweise ermöglicht. Ihre Handlungsweise ist zwar legal, aber sie
hat keine innere, keine moralische Rechtfertigung.

(Anhaltender lebhafter Beifall bei der SPD) [...]

Dieser Regierungswechsel, den Sie anstreben, berührt die Glaubwürdigkeit unserer demokratischen Institutionen.

(Lebhafter Beifall bei der SPD und Beifall bei Abgeordneten der F.D.P. –
Oho-Rufe von der CDU/CSU)

Aber auch andere Werte könnten auf dem Spiele stehen. Ich habe
die Absicht, mich dazu in zwölf Punkten zu äußern.

Erstens. *Glaubwürdigkeit der Institutionen und der handelnden Personen* ist
eine der unverzichtbaren Voraussetzungen für die Lebensfähigkeit
einer demokratischen Gesellschaft und eines demokratischen Staates.
Wenn die Bürger nicht an die ehrlichen Absichten der an der Spitze des
Staates handelnden Personen glauben können, dann wird es den Bürgern sehr schwer gemacht, überhaupt an die Demokratie zu glauben.

(Lebhafter Beifall bei der SPD und Beifall bei Abgeordneten der F.D.P.)

Je größer die Glaubwürdigkeitslücken, desto geringer die Handlungsfähigkeit von Parlament und Regierung. –

(Beifall bei der CDU/CSU)

Aber umgekehrt gilt auch: Je klarer die moralische Legitimation einer Regierung –

(Zurufe von der CDU/CSU)

– Je klarer ihre moralische Legitimation, desto größer ihre Fähigkeit, auch in kritischen Situationen die Bürger innerlich für die Regierungshandlungen aufzuschließen und zu gewinnen.

(Lebhafter Beifall bei der SPD)

Zur Glaubwürdigkeit der Demokratie gehört der Wechsel der Regierungen. Deshalb beklage ich mich nicht, wenn die sozialliberale Bundesregierung ihre Verantwortung abgeben muß. Was ich jedoch beklage, ist der Mangel an Glaubwürdigkeit dieses Wechsels und dieser Art eines Regierungswechsels.

(Beifall bei der SPD und bei Abgeordneten der F.D.P.)

Der Stil, die Hektik und Geschäftigkeit, die Hast und Eile, in der unzureichende Grundlagen einer neuen Regierung aufs Papier gebracht worden sind, offenbart eine Geringschätzung der Wähler.

(Beifall bei der SPD)

Zweitens. Die Nation hat verstanden, daß ihr Lebensinteresse eine *Politik der guten Nachbarschaft* in Mitteleuropa gebietet. Die Erfahrungen des Zweiten Weltkrieges und der Teilung Deutschlands haben in uns Deutschen eine starke Sehnsucht nach der Dauerhaftigkeit des Friedens bewirkt. Deutsche Außenpolitik muß vom Geist der Friedensbereitschaft und der Friedfertigkeit geprägt sein und bleiben. [...]

Drittens. Wir halten fest an der *Europäischen Gemeinschaft* und am *Nordatlantischen Bündnis*. Nur gemeinsam können wir unsere Freiheiten wahren und unseren wirtschaftlichen Wohlstand mehren. Diese Gemeinschaften sind und wollen sein Gemeinschaften von liberalen, von rechtsstaatlichen Demokratien. Sie sind von gemeinsamen Werten geprägt. Dies ist und bleibt, wie ich denke, gemeinsame Auffassung aller Parteien dieses Bundestages.

(Beifall bei der SPD und der F.D.P.)

Zugleich ist die Allianz eines der wichtigsten Verbindungsglieder für die *deutsch-amerikanische Freundschaft.* Wir Deutsche haben die Freiheitsrechte des einzelnen als geistiges Erbe aus der großen amerikanischen Revolution übernommen. Wir sind einander durch Grundwerte verbunden – so sehr wir uns auch voneinander unterscheiden. In solcher Freundschaft ist gegenseitige Kritik notwendig und hilfreich. Wer gegenüber dem Freunde Kritik unterdrückt, kann auf die Dauer kein guter Freund bleiben.

(Beifall bei der SPD)

Wer seine eigenen Interessen gegenüber dem Freunde nicht vertritt, kann eben dadurch Respekt und Freundschaft verlieren.

(Beifall bei der SPD)

Gerade weil ich vier amerikanischen Präsidenten und Administrationen ein kritischer Partner gewesen bin, bekenne ich mich in dieser Stunde noch einmal zur deutsch-amerikanischen Freundschaft.

(Beifall bei der SPD und der F.D.P.)

Auch die *deutsch-französische Zusammenarbeit* – vor 20 Jahren von Adenauer und de Gaulle durch den Elysée-Vertrag, durch die Umarmung in der Kathedrale von Reims eingeleitet – muß ein tragender Pfeiler in der Politik beider Staaten bleiben,

(Beifall bei der SPD und bei Abgeordneten der F.D.P.)

und zwar unabhängig davon, wer in Paris und wer in Bonn die Regierungen führt. Die außerordentlich enge Zusammenarbeit mit den französischen Präsidenten Giscard d'Estaing und François Mitterrand hat mich mit großer politischer und ebenso mit menschlicher Befriedigung erfüllt. Wir Sozialdemokraten werden auch in Zukunft beharrlich für eine Ausweitung der deutsch-französischen Zusammenarbeit eintreten.

(Beifall bei der SPD)

Viertens. *Deutsche Außenpolitik* muß die Aussöhnung mit den Nachbarn im Osten weiterhin vertiefen. Ungeachtet aller ideologischen, aller außenpolitischen Meinungsunterschiede brauchen wir ein Verhältnis guter Nachbarschaft. Die Ostverträge müssen nicht nur eingehalten, sondern sie müssen auch praktisch angewendet und weiterhin entfaltet werden.

(Beifall bei der SPD und bei Abgeordneten der F.D.P.)

Ich füge hinzu: Dazu gehört auch das auf 25 Jahre angelegte wirtschaftliche Kooperationsabkommen mit der Sowjetunion.

(Beifall bei Abgeordneten der SPD und der F.D.P.)

Aber die Völker der Sowjetunion, die Völker Osteuropas und wir im Westen, wir haben einander mehr zu bieten als Erdgas und als Röhren und als Weizen.

(Beifall bei der SPD und der F.D.P.)

Wir haben uns zu bieten die gemeinsame Erfahrung aus dem bisher schrecklichsten Kriege, und – dies ist dann eines der versöhnlichen Elemente – wir haben uns zu bieten wechselseitige Beiträge zur Kultur Europas.

(Beifall bei der SPD und bei Abgeordneten der F.D.P.)

Auch unsere tiefe Bedrückung über das Kriegsrecht in der Volksrepublik Polen darf und wird unseren Willen zur Versöhnung mit der polnischen Nation nicht beeinträchtigen.

(Beifall bei der SPD und bei Abgeordneten der F.D.P.)

Eingedenk der Höhen und schlimmen Tiefen über zehn Jahrhunderte deutsch-polnischer Geschichte haben mein Amtsvorgänger Willy Brandt und später auch ich einen neuen Anfang in den deutsch-polnischen Beziehungen eingeleitet, diese bedürfen auch in Zukunft aufrichtiger, nicht nachlassender Bemühungen.

(Beifall bei der SPD und vereinzelt bei der F.D.P.) [...]

Fünftens. Der Sinn unserer *Deutschlandpolitik*, der innerste Kern, ist die Erhaltung der Einheit der Nation. Beide deutschen Staaten sind sich ihrer Verantwortung für den Frieden bewußt. Die Bundesrepublik darf den Dialog mit der Führung der DDR nicht abreißen lassen. Wir müssen alle Chancen wahrnehmen, die Zusammengehörigkeit aller Deutschen zu stärken und praktisch erlebbar zu machen.

Wir dürfen die Hoffnungen der *Deutschen in der DDR* nicht enttäuschen: Die Bürgerinnen und Bürger der DDR müssen täglich spüren können, daß wir sie nicht nur unsere Landsleute nennen, sondern daß wir ihnen täglich als Landsleute gegenübertreten, daß wir zu ihnen gehören. Daß sie Bürger eines anderen Staates sind, darf unsere Haltung nicht beeinträchtigen.

Ich füge hinzu: Herr Dr. Kohl, Ihre Koalitionsvereinbarung, die in allen Zeitungen veröffentlicht wurde, enthält bisher zur Deutschlandpolitik nur ein leeres Blatt.

(Dr. Wörner [CDU/CSU]: Das stimmt doch nicht!)

Ich bitte Sie eindringlich, dieses Blatt auszufüllen und sich dabei nicht auf die Wiederholung alter Formeln zu beschränken.

(Beifall bei der SPD)

Sie haben meinen *Besuch bei dem Generalsekretär der SED* kritisiert. Ich aber weiß, daß dieser Besuch Millionen Deutschen Mut gemacht hat, der Abgrenzungsideologie der Funktionäre zu widerstehen.

(Beifall bei der SPD)

Auch ich werde den Besuch im Dom zu Güstrow nicht vergessen, umgeben von all diesen Sicherheitsbeamten, in einer Kirche, in der Bischof Rathke zu Herrn Honecker und zu mir über die Friedenspflicht des Christenmenschen gesprochen hat.

Es ist wahr, wir haben an die DDR nichts zu verschenken. Auch in Zukunft muß zäh verhandelt werden. Aber Deutschlandpolitik muß auch in Zukunft durch die sprichwörtlichen kleinen Schritte dazu helfen, daß Deutsche sich treffen können, daß sie miteinander reden können

(Beifall bei der SPD und der F.D.P.)

und daß sie sich praktisch als Angehörige eines und desselben Volkes erleben.

Sechstens. Mit der *Bundeswehr* leisten wir unseren Beitrag zur gemeinsamen westlichen Verteidigung. Sie hat Gewicht im Kräftefeld zwischen West und Ost; sie ist ein unübersehbares Element der Friedenssicherung. Solange ein einvernehmlich begrenztes, niedrigeres Gleichgewicht der Streitkräfte nicht erreicht ist, mindestens so lange muß es bei der gemeinsamen westlichen Strategie der Abschreckung bleiben. Das heißt mit anderen Worten: Unsere Bundeswehr muß kämpfen können, damit sie niemals wirklich zu kämpfen braucht.

(Beifall bei der SPD und bei Abgeordneten der F.D.P.)

Siebtens. Der weltweite *Rüstungswettlauf* bedroht den Frieden. Zur Politik der vereinbarten schrittweisen *Abrüstung*, des vereinbarten Gleichgewichts auf niedrigerer Ebene, gibt es keine vernünftige friedenspolitische Alternative.

(Beifall bei der SPD und bei Abgeordneten der F.D.P.)

Denn weder der Westen noch der Osten kann allein seinen Frieden garantieren. Sicherer Friede bedarf der Sicherheitspartnerschaft beider Seiten, der Partnerschaft zum Frieden.

Ich füge hinzu, als ein Land, das sich verpflichtet hat, eigene Atomwaffen weder zu besitzen noch anzustreben, muß die Bundesrepublik hartnäckig auf unserem vertraglichen Anspruch bestehen, daß die Großmächte ihre Kernwaffenarsenale abrüsten.

(Lebhafter Beifall bei der SPD und Beifall bei der F.D.P.)

Als ein Stationierungsland haben wir Deutschen ein vitales Interesse besonders an den *Genfer INF-Verhandlungen über Mittelstreckenwaffen.* Wir müssen diese Verhandlungen kritisch und anregend begleiten. Wenn aber die Verhandlungen trotz größter Anstrengungen unserer amerikanischen Freunde dennoch erfolglos bleiben sollten, so brauchen wir ein entsprechendes Gegengewicht gegen die uns bedrohenden sowjetischen SS-20-Raketen.

(Beifall bei der SPD und vereinzelt bei der F.D.P. und bei der CDU/CSU) [...]

Achtens. Alle *Volkswirtschaften* befinden sich gegenwärtig in einem tief *krisenhaften Anpassungsprozeß.* Dabei hat für uns der Kampf gegen die Arbeitslosigkeit – und das heißt, der Kampf für ein neues Wirtschaftswachstum – den Vorrang. Auch aus eigenem Interesse an Arbeitsplätzen und am Wachstum muß die Bundesrepublik fortfahren, ihr internationales Gewicht gegen den Protektionismus in die Waagschale zu werfen, der sich heute über die ganze Welt ausbreitet.

Binnenwirtschaftlich dürfen weder Bundesregierung noch Landesregierungen und Städte durch eine deflationistische *Haushaltspolitik* zur Schrumpfung der Nachfrage beitragen.

(Beifall bei der SPD)

Nachfrageschrumpfung wird nicht zur Belebung der Investitionstätigkeit führen. Die *Bundesbank* muß endlich entschieden zur Zinssenkung beitragen. Sie hat ihren Spielraum bisher keineswegs ausgenutzt.

(Beifall bei der SPD – Zurufe von der CDU/CSU)

Ich füge hinzu: Die *Spitzenposition unserer Volkswirtschaft* kann nur dann behauptet werden, wenn Leistungswille und Verantwortungsbereitschaft der Arbeitnehmer und ihrer Gewerkschaften gestärkt

werden; nicht aber darf man sie schwächen. Die Bewahrung eines stabilen sozialen Sicherungsnetzes als Ausdruck einer solidarischen Gesellschaft und der soziale Konsens sind unerläßliche Voraussetzungen dafür. [...]
Neuntens. Wir alle spüren, wie im Westen, in den kommunistischen Ländern, auch in der Dritten Welt Millionen Menschen sich immer stärker um ihre natürliche Umwelt sorgen. Jeder verantwortliche Politiker und Unternehmensleiter, auch wenn es unbequem ist, muß in jedem Einzelfall einen vertretbaren *Ausgleich zwischen ökonomischen und Umweltschutzinteressen* zustande bringen. Wer in Zukunft sichere Arbeitsplätze will, der muß deren Auswirkungen auf die Umwelt berücksichtigen.

(Beifall bei der SPD und bei Abgeordneten der F.D.P.)

Wer das Recht auf eine lebensfähige Umwelt vertritt, der muß gleichzeitig für Arbeitsplätze sorgen, die ihrerseits lebensfähig sind.

(Beifall bei der SPD)

Ich füge hinzu: Umweltschutz gehört zu den Kernbereichen sozialliberaler Übereinstimmung. Im Koalitionspapier von CDU/CSU und F.D.P. finde ich dazu fast überhaupt nichts.

(Hört! Hört! bei der SPD – Zustimmung bei Abgeordneten der F.D.P.)

Zehntens. In aller Welt gefährdet die Stagnation der Wirtschaft oder zu geringes Wachstum die Finanzierung der *sozialen Sicherungssysteme*. Die Dynamik dieser Systeme muß deshalb begrenzt werden. Dies darf aber nicht so weit gehen, daß die Lebensrisiken auf den einzelnen zurückgewälzt werden. Das Prinzip der *Solidarität mit dem Schwächeren* darf nicht außer Kraft gesetzt werden.

(Beifall bei der SPD)

Ich füge hinzu: Wir haben die höchsten realen Renten und fast die höchsten Sozialleistungen in Europa erreicht. Sie sollten und dürfen nicht stärker eingeschränkt werden, als dies aus finanziellen Gründen unerläßlich ist. Eine Einschränkung aus ideologischen Gründen hat keinerlei Rechtfertigung.

(Beifall bei der SPD)

Wir Sozialdemokraten warnen vor einer Umverteilung von unten nach oben!

(Erneuter Beifall bei der SPD) [...]

Elftens. Das Grundgesetz verpflichtet unseren Staat zur Gerechtigkeit. Notwendige Opfer sind moralisch und politisch nur dann zu vertreten, wenn sie gerecht verteilt werden, d. h. hier: Wenn jedermann nach Maßgabe seiner wirtschaftlichen Leistungsfähigkeit herangezogen wird. Wir Sozialdemokraten werden jedem Versuch entgegentreten, *soziale Gerechtigkeit* zurückzudrängen und durch das Ellbogenprinzip zu ersetzen.

(Lebhafter Beifall bei der SPD)

Zwölftens. Eine menschliche Gesellschaft bedarf der *inneren Liberalität*. Über die Qualität unserer Demokratie entscheidet zuallererst der Respekt vor der Freiheit und der Würde des anderen, d. h. entscheidet zuallererst das Maß an innerer Liberalität, die wir tatsächlich üben und bewahren. Ohne gelebte Freiheit gibt es keine politische Kultur.

(Beifall bei der SPD und der F.D.P.)

Ich wurde dieser Tage gebeten – das füge ich hinzu –, meine Empfindungen während der lang andauernden Entführung von Hanns Martin Schleyer und der damit verbundenen Verbrechen zu beschreiben. Ich habe sicherlich für die Kollegen aus der CDU/CSU und der F.D.P., die daran beteiligt waren, mit geantwortet. Es schien dem Fragesteller unvermeidlich, danach zu fragen, ob wir uns damals an der *Staatsräson* ausgerichtet hätten. Aber in Wirklichkeit hat sich unser Handeln nicht an Staatsräson orientiert, sondern an unseren Grundwerten, an der Notwendigkeit, die innere Freiheitlichkeit unseres Gemeinwesens zu verteidigen, die wir nur durch Festigkeit gegenüber ihren Verächtern und ihren Feinden verteidigen können.

(Beifall bei der SPD) [...]

Die meisten jungen Menschen sind sich der Freiheitlichkeit unseres Staates bewußt, auch wenn sie keineswegs allem zustimmen, was in unserem Staat geschieht; das tun wir ja auch nicht, und sie tun es noch weniger. Aber es gibt auch Gruppen, die den *Wert der Freiheit* unterschätzen. Wir wollen jene neue Gruppe, die jetzt in den Hessischen Landtag einziehen wird, nicht unter Quarantäne stellen. Aber die Wortführer der Grünen müssen wissen, daß die freiheitlich-demokratische Ordnung nicht zur Disposition steht.

(Beifall bei der SPD und der F.D.P.)

Sie müssen Klarheit darüber gewinnen, daß die Demokratie Gewalt als Mittel zur Durchsetzung eines politischen Zieles nicht verträgt,

(Beifall bei der SPD und Abgeordneten der F.D.P.)

ja, daß die *Demokratie* sich gegen *Gewaltanwendung* zu wehren hat.

(Beifall bei der SPD)

Zum Schluß, meine Damen und Herren: Wir Sozialdemokraten haben – bei wachsenden wirtschaftlichen und sozialen Schwierigkeiten in der ganzen Welt – unseren Kurs des Ausgleichs zwischen den sich widerstreitenden Interessen seit langen Jahren beharrlich und kontinuierlich verfolgt. Die Thesen, die ich Ihnen heute vorgetragen habe, habe ich als Sozialdemokrat in ähnlichen Worten schon vor achteinhalb Jahren in die damaligen Koalitionsverhandlungen eingebracht, genau wie die damaligen Koalitionspartner ihre Vorstellungen eingebracht haben. Daraus ist dann ein gemeinsamer Weg geformt worden. Diese Thesen, die schon damals galten, gelten ebenso für die Gegenwart und sie gelten ebenso für die überschaubare Zukunft.

(Beifall bei der SPD)

Ich weiß, daß viele treue Liberale unseren und meinen Kurs innerlich bejahen. Tausende haben mir in den letzten Tagen in diesem Sinne geschrieben und telegrafiert.

Ich habe Anlaß, mich weiterhin vielen Männern und vor allem Frauen in der *F.D.P.* – meinen Respekt vor den wackeren Frauen der F.D.P.-Fraktion! –

(Anhaltender lebhafter Beifall bei der SPD)

politisch, aber auch persönlich verbunden zu fühlen, mit denen ich seit 1969 an der Seite Willy Brandts, an der Seite Herbert Wehners zusammengearbeitet habe. Die hier gewachsenen *politischen und menschlichen Gemeinsamkeiten* können durch taktische Wendemanöver nicht ausgelöscht werden,

(Lebhafter Beifall bei der SPD)

sondern sie werden fortbestehen und gewiß auch wieder erlebbar werden.

(Beifall bei der SPD)

Ich habe der sozialliberalen Koalition 13 Jahre lang gedient. Ich habe dies aus Überzeugung und mit innerer Befriedigung getan, weil ich wußte, daß dies ein notwendiger Dienst an unserem Land und an der geteilten Nation war.

(Beifall bei der SPD)

Ich habe unserem Land, unserem Staat in verschiedenen Ämtern dienen dürfen. Dabei kommt viel politische Erfahrung, viel Lebenserfahrung zusammmen. Ich denke in Dankbarkeit an diejenigen, die mich in diese Ämter berufen haben, und in Dankbarkeit an jene, die mir in meinem Dienst geholfen haben.

Aber heute richten wir Sozialdemokraten den Blick nach vorne. Wir wissen, daß Millionen von Arbeitnehmern ihre Hoffnung auf die Sozialdemokratische Partei Deutschlands als diejenige Kraft setzen, die beharrlich für soziale Gerechtigkeit kämpfen wird.

(Lebhafter Beifall bei der SPD)

Wir wissen, daß Hunderttausende Menschen in schreibenden und lehrenden Berufen, Gewerbetreibende, Selbständige, Menschen in helfenden und heilenden Berufen, in künstlerischen Berufen ihr Vertrauen in unsere *Liberalität* gesetzt haben.

(Beifall bei der SPD)

Wir wissen, daß nicht nur Millionen junger Menschen, sondern auch Millionen alter Menschen uns mehr *Chancengleichheit* verdanken und daß sie deshalb auch weiterhin auf uns Sozialdemokraten rechnen.

(Beifall bei der SPD)

Ein letztes Wort: Ich weiß, daß diese Stunde von den Deutschen in der DDR und ebenso in der Bundesrepublik mit Besorgnis im Fernsehen verfolgt wird. Sie alle vertrauen unserer Politik der guten Nachbarschaft und unserer Friedenspolitik.

(Beifall bei der SPD)

Wir Sozialdemokraten sind für dieses *Vertrauen* dankbar. Wir werden es auch in Zukunft nicht enttäuschen. Jedermann darf und jedermann muß mit unserer Stetigkeit rechnen. – Herzlichen Dank.

(Langanhaltender lebhafter Beifall bei der SPD – Die Abgeordneten der SPD erheben sich – Beifall bei Abgeordneten der F.D.P.)

Steiler Aufstieg, jäher Fall:
RAINER BARZEL

geboren 1924 in Braunsberg (Ostpreußen), wuchs in Berlin auf, 1941 bis 1945 Kriegsdienst, 1945 bis 1948 juristisches Studium in Köln, erste Staatsprüfung, 1949 Dr. iur. (Dissertation „Die verfassungsrechtliche Regelung der Grundrechte und Grundpflichten des Menschen. Zugleich eine rechtsvergleichende Studie"). Seit 1949 im Dienst des Landes Nordrhein-Westfalen, Vertreter des Ministers für Bundesangelegenheiten in Bonn. 1957 bis 1987 MdB (CDU/CSU), 1962 bis 1963 Bundesminister für gesamtdeutsche Fragen, 1963 stellvertretender Vorsitzender, 1964 bis 1973 Vorsitzender der Fraktion der CDU/CSU, 1971 bis 1973 Vorsitzender der Christlich-Demokratischen Union Deutschlands. 1972 Kanzlerkandidat. 1979 Vorsitzender des Wirtschaftsausschusses des Bundestages, 1980 Koordinator für die deutsch-französische Zusammenarbeit, 1980 bis 1982 Vorsitzender des Auswärtigen Ausschusses des Bundestages, 1982 bis 1983 Bundesminister für innerdeutsche Beziehungen, 1983–1984 Präsident des Deutschen Bundestages. Zahlreiche Veröffentlichungen, Selbstbiographie „Auf dem Drahtseil" (München 1978), weitere Werke: „So nicht! Für eine bessere Politik in Deutschland" (1993); „Die Tür blieb offen. Ostverträge, Mißtrauen, Kanzlersturz" (1998).

Macht der eine mit dem stärksten
Wandertrieb sich auf, so hat der
andere Siebenmeilenstiefel an,
überschreitet ihn, und zwei
Schritte des letzten bezeichnen
die Tagreise des ersten.

Goethe

Bei den Verhandlungen des Verteidigungsausschusses des Bundestages über die Ergänzung des Grundgesetzes durch die Wehrverfassung im Jahre 1955 trat als Bevollmächtigter des Bundesrates ein junger Mann auf, der die allgemeine Aufmerksamkeit auf sich zog. Er gab sich sportlich-drahtig, zusammengefasst, selbstsicher, und seine wohlabgerundeten, knappen Diskussionsbeiträge hatten Hand und Fuß und waren von der gleichen ästhetischen Präzision, mit der er, ein gewandter Schlittschuhläufer (wie man später erfuhr), seine Pirouetten auf dem Eis zog. In dem mit prominenten Politikern – Jaeger, Kliesing, Arndt, Erler, Mende – besetzten Gremium horchte man auf, steckte die Köpfe zusammen: Wer ist das? Der junge Mann hieß Rainer Barzel, weiland mit 31 Jahren jüngster Ministerialrat der Bundesrepublik, und von diesen ersten Auftritten auf der bundespolitischen Szene an war allen, die sie miterlebten, klar, dass der jugendliche Bundesratsemissär von sich reden machen würde. Es sprach sich schnell herum, dass zwei Mächtige in der nordrhein-westfälischen Landespolitik, Carl Spieker und Karl Arnold, seine Ziehväter waren und dass er bei ihnen das politische Handwerk erlernt hatte. Es dauerte denn auch nur zwei kurze Jahre, bis er, 1957, in das Hohe Haus am Rhein einzog: Der Höhenflug konnte beginnen.

Der schnelle Aufstieg war jedoch, wie kaum bei einem anderen, von jähen Abstürzen unterbrochen. Einige überstand er glimpflich, mit einem auch unter den hartgesottenen Bonner Profis seltenen Durchstehvermögen, und die Siebenmeilenstiefel blieben sein bevorzugtes Gehwerkzeug. Aber die Blessuren, die er von der letzten Bruchlandung am 25. Oktober 1984 davontrug, schlossen eine Wiederkunft wohl aus, worüber sich viele freuten, während andere bedauerten, dass die mit Vollblutpolitikern nie überreich bedachte Bundesrepublik eines ihrer fähigsten Talente verloren hatte.

Mit Verve machte sich der dreiunddreißigjährige Abgeordnete des Wahlkreises Paderborn im Jahre 1957, dem Jahr des größten Adenauer-Triumphs – der absoluten Mehrheit der CDU/CSU –, an die Arbeit, aber gleich bei Beginn der kurzen Reise nach oben hakte es. Barzel verschrieb sich einer seltsamen, wie behauptet wurde, parteiübergreifenden Volksbewegung mit dem marktschreierischen Titel „Rettet die Freiheit", die, wie sich dann schnell herausstellte, auf eine öde Kommunistenjagd im Stil des amerikanischen Großinquisitors Joseph McCarthy hinauslief. Als Barzel erkannte, in was er da hineingeraten war, distanzierte er sich eilig von diesem Unternehmen, das denn auch so rasch, wie es gekommen war, von der Bildfläche verschwand. So war der Start wenig verheißungsvoll, aber Konrad Adenauer war auf das junge Talent aufmerksam geworden, und der fast 50 Jahre Ältere holte ihn im Jahre 1962 in sein letztes Kabinett als Bundesminister für gesamtdeutsche Fragen, wie es damals noch hieß. Barzel sammelte grundlegende erste Kabinettserfahrungen in der sich langsam ihrem Ende zuneigenden Adenauer-Ära, entschied sich dann aber, nach nur einem kurzen Jahr in der Exekutive und nach genauem Abwägen der Möglichkeiten, auf den Ablauf der Ereignisse einzuwirken, für das andere Machtzentrum im Parlament: die Fraktion. In der neunjährigen Leitung dieses Gremiums liegt denn wohl auch seine wichtigste Lebensleistung. Hier konnte er sein Führungstalent, seine feine und frühzeitige Witterung für sich abzeichnende Umschichtungen im politischen Spektrum und die ihm eigene Fähigkeit zur blitzschnellen Reaktion einsetzen; das Urteil des politischen Gegners Helmut Schmidt, gekleidet in die Epitheta ornantia „vertrauenswürdig und zuverlässig", konnte nicht überzeugender ausfallen. Barzel führte die CDU/CSU-Fraktion während der für sie schwierigsten Periode der Nachkriegsgeschichte. Er brachte es fertig, diesem Gremium, das durch den unerwarteten Regierungswechsel des Jahres 1969 aufgescheucht worden war, nachdem es 20 Jahre lang an der Macht partizipiert hatte – allerdings in den „guten" Zeiten der Adenauer-Ära mehr oder weniger mit kargen Brocken abgespeist worden war –, den Stempel einer politischen Eigenpersönlichkeit aufzudrücken.

Vor allem gelang es ihm, die verschiedenen auseinander strebenden Richtungen, wie es sie in jeder Fraktion gibt, unter einen Hut zu bringen, und mit dieser gebündelten Phalanx trat er dann, gespornt und gewappnet, gegen die Heerscharen der Regierung an, die mehr als einmal in die Defensive gedrängt wurden.

Die härtesten Bewährungsproben für die Geschlossenheit der Fraktion wurden ihr bei der Verabschiedung der Ostverträge abverlangt. CDU und CSU waren sich über Annahme oder Ablehnung nicht einig, die CDU war mehrheitlich für die Annahme, die

CSU dagegen. Barzel hatte die rettende Idee, gewissen Bedenken – unter anderem hinsichtlich des vorläufigen Charakters der Verträge und der Nichtbehinderung des grundgesetzlichen Wiedervereinigungsgebots – durch eine vom Bundestag zu verabschiedende Entschließung gerecht zu werden. „Es ist Rainer Barzels Verdienst, auf dem Wege über die Bundestagsresolution der Parteien eine alternative, das heißt rechtliche und politische Verbesserung der Ostverträge versucht zu haben" (Christian Hacke). Die Entschließung wurde denn auch tatsächlich vom Bundestag einmütig gebilligt, und Barzel schaffte es, seine Fraktion bei der Verabschiedung der Vertragsgesetze selbst auf Stimmenthaltung einzuschwören. Hätte sie dagegen gestimmt, wären die Verträge gescheitert. Die Zahlen: Für die Annahme des Vertrags mit der Sowjetunion stimmten 248 Abgeordnete, 10 waren dagegen, und 238 enthielten sich. Die Annahme des Vertrags hing an einem der dünnsten seidenen Fäden, die je gesponnen wurden. Bundeskanzler Willy Brandt mag sich am 17. Mai 1972 wie der legendäre Reiter über den Bodensee vorgekommen sein, der glaubte, über das Eis des Sees geritten zu sein, während ihm die Landleute am anderen Ufer, starr vor Entsetzen, versicherten, das Eis sei schon geschmolzen. Dem Gesetz zu dem Vertrag zwischen der Bundesrepublik Deutschland und Polen stimmten 248 Mitglieder des Hauses zu, 17 waren dagegen, und 231 enthielten sich der Stimme. Auch dieser Vertrag wäre, wenn die CDU/CSU-Opposition geschlossen dagegen gestimmt hätte, bei Stimmengleichheit gescheitert.

Wie bei früherer Gelegenheit seien auch hier die abweichenden Voten festgehalten. Folgende Abgeordnete stimmten gegen die Annahme des Vertrags mit der Sowjetunion: Becher (Pullach), Czaja, Götz, Freiherr von und zu Guttenberg, Hermesdorf (Schleiden), Hupka, Jaeger, Wittmann (München), Zoglmann (Gast) von der CDU/CSU, Freiherr von Kühlmann-Stumm von der F.D.P.. Gegen den Vertrag mit Polen stimmten von der CDU/CSU: Becher (Pullach), Czaja, von Fircks, Götz, Freiherr von und zu Guttenberg, Hermesdorf (Schleiden), Hupka, Jaeger, Frau Kalinke, Mende, Rock, Stahlberg, Storm, Windelen, Wittmann (München), Zoglmann (Gast), von der F.D.P.: Freiherr von Kühlmann-Stumm. Aber im Jahr darauf – 1973, nach der verlorenen Kanzlerwahl – wendete sich das Blatt. Barzels Überzeugungskraft reichte nicht mehr aus, die Union in einer entscheidenden Frage zu einer einheitlichen Stimmabgabe zu bewegen. Sie stimmte am 8. Mai 1973 mit 101:93 Stimmen gegen seinen Vorschlag, dem von der Regierung vorgelegten

Gesetzentwurf über den Beitritt zu den Vereinten Nationen zuzustimmen. Am folgenden Tag trat er zurück – in einer Trotzreaktion? Oder hatte er das auch für ihn gültige unerbittliche Gesetz der ablaufenden Zeit erkannt? Nur er selbst weiß es. Der Bundestag billigte den Beitritt zu den Vereinten Nationen mit 364 gegen 121 Stimmen, das heißt, dass die Fraktion der CDU/CSU bei der Abstimmung auseinandergefallen war. Wenige Tage darauf, während des interimistischen Fraktionsvorsitzes von Kurt Georg Kiesinger, wurde der Grundlagenvertrag mit der DDR verabschiedet; 248 Mitglieder der Regierungsfraktionen stimmten dafür, 217 Abgeordnete der oppositionellen CDU/CSU dagegen, Enthaltungen: keine. Die Geschlossenheit war wiederhergestellt, und der neue Fraktionsvorsitzende Karl Carstens konnte im Jahre 1976 dem Nachfolger Helmut Kohl eine gut funktionierende Oppositionstruppe übergeben. Aber es sollte im Ganzen noch neun Jahre dauern, bis die nun wieder im Gleichschritt marschierende Truppe unter dem Kommando Kohls in der offenen Feldschlacht des konstruktiven Misstrauensvotums den Machtwechsel im Jahre 1982 bewirkte.

Nachzutragen ist, dass vor der Abstimmung über die Ostverträge der für Barzel negative Ausgang des konstruktiven Misstrauensvotums vom 27. April 1972 lag; er kostete ihn viele Sympathien auch in der eigenen Fraktion. Seine bis dahin nie bestrittene Reputation als Meister der kühlen Kalkulation war von da an erschüttert, sein Ansehen bekam Risse. Es war schon einmal erschüttert worden, bei dem vorzeitigen Versuch des gerade Einundvierzigjährigen, den Bundeskanzler Erhard zu stürzen und die Nachfolge anzutreten. Auch hier war er mit seinen Siebenmeilenstiefeln viel zu früh in die Zielgerade eingebogen. Nun, das lag sieben Jahre zurück, und er hatte das ihm seinerzeit entgegenschlagende Misstrauen längst durch gediegene Sacharbeit ausgeräumt. 1973 war es anders, seine Uhr schien abzulaufen.

Aber Leute mit Siebenmeilenstiefeln haben wenig Zeit, nach der Uhr zu sehen. Außerdem war Rainer Barzel nicht der Mann, der sich durch solche Rückschläge entmutigen ließ. Die Siebenmeilenstiefel stellte er allerdings eine Zeit lang, genauer: sechs Jahre, in die Ecke, bevor es ihm angebracht schien, sich wieder eine neue Position aufzubauen und als Seiteneinsteiger in die vertraute Atmosphäre des inneren Bonner Machtzirkels zu gelangen. Dem nicht sehr anspruchsvollen Wunsch des langjährigen früheren Fraktionsvorsitzenden, ihm im Jahre 1979 den Vorsitz im Wirtschaftsausschuss des Bundestages zu übertragen, wurde natürlich entsprochen, und auch der Vorsitz im Auswärtigen Ausschuss fiel ihm im Jahre 1980, nach dem Ausscheiden Gerhard Schröders, sozusagen automatisch zu. Zwei Jahre darauf, nach dem geglückten Misstrauensvotum gegen Helmut Schmidt, konnte er alte Erinnerungen auffrischen, als er wieder, nach 20 Jahren, im Sessel des Ministers für innerdeutsche Beziehungen saß, wie es jetzt hieß. Aber sein Kompass zeigte in andere, in die angestammte Richtung: Nach der Bundestagswahl 1983 wurde er zum Präsidenten des Bundestages gewählt, und wer hätte ihn zu dieser Zeit an Kenntnis des Hauses, der Bonner Politik im Allgemeinen und der Mechanismen innerhalb der Legislative im Besonderen übertreffen können? Er erhielt auch gleich auf Anhieb einen überzeugenden Vertrauensbeweis: 407 Mitglieder des Hauses, genau 80%, gaben ihm ihre Stimme, und die Zahl der Denkzettel war – wenn man bedenkt, wie oft er im Streit der Meinungen gestanden hatte – gering: Man zählte nur 88 Nein-Stimmen, 13 Enthaltungen und eine ungültige Stimme. Jedermann sah dieses hohe repräsentative Amt als die logische Schlussstation in der Laufbahn eines zuweilen exzentrischen, aber im ganzen hoch verdienten Politikers und bei vielen beliebten Kollegen an, und da er in dem auch heute noch für Bonner Verhältnisse nachgerade jugendlichen Alter von 59 Jahren stand, stellten sich viele auf ein langes Verweilen Rainer Barzels auf dem zweiten Platz in der protokollarischen Hierarchie der Bundesrepublik ein.

Doch da krochen plötzlich dicke Nebelschwaden durch das Land, und eine Reihe von bekannten Politikern geriet in deren Ausläufer: die Flick-Affäre brachte die sowieso ewig feuchtwarmen Luftmassen über der Bundeshauptstadt zum Dampfen. Die Öffentlichkeit war bestürzt, als auch der Name von Rainer Barzel in diesem Zusammenhang genannt wurde. Er war für eine ihm verbundene Anwaltskanzlei in Frankfurt gutachtlich tätig geworden, und in den Medien wurde behauptet, die von ihm gelieferten Dokumentationen stünden in keinem Verhältnis zur Höhe des gezahlten Honorars, das überdies von Flick „subventioniert" worden sei. Die Aufregung war beträchtlich. Die von Karl Schiller seinerzeit so genannten „Kanalarbeiter" (gewisse Fernsehjournalisten) stürzten sich auf den sensationellen Fall und bauschten ihn auf, die Gerüchteküche brodelte, scharfzüngige moraltheologische Kasuistik – „inordinatus appetitus divitiarum" (ungezügeltes Streben nach Reichtum) – wurde ins Feld geführt, die Meldungen vom Tatort überschlugen sich, und in dieser aufgeheizten Atmosphäre stellte sich Rainer Barzel am 24. Oktober 1984 den Fragen des vom Bundestag eingesetzten Flick-Untersuchungsausschusses. Am folgenden Tag gab er auf, das Unvermeidliche mit Würde tragend. Im

dürren Amtsdeutsch des Bundestagsdatenhandbuchs: „Bundestagspräsident Rainer Barzel (CDU/CSU) stellt sein Amt zur Verfügung, nachdem er am Vortage von dem Flick-Untersuchungsaus-
schuss wegen des Vorwurfs vernommen worden war, über ein
Frankfurter Anwaltsbüro Geld vom Flick-Konzern erhalten zu haben." Der See hatte gerast, und er hatte sein Opfer.

In der 204. Sitzung des Bundestages (10. Wahlperiode) am 23.
März 1986 gab Bundestagspräsident Dr. Philipp Jenninger folgende
Erklärung ab:

Herr Präsident! Meine Kolleginnen und Kollegen! Sie werden vielleicht erstaunt sein, daß ich in dieser Debatte noch kurz das Wort
ergreife. Aber die Arbeit des 10. Deutschen Bundestages wird nicht
zuletzt daran gemessen werden, wie wir den Auftrag des l. Untersu-
chungsausschusses bewältigt haben.

(Mann [GRÜNE]: Sehr wahr!)

Denn es ging ja nicht nur darum, Vorwürfe zu klären, die gegen
einzelne Kollegen erhoben worden sind, sondern es ging – und es
geht – auch um unsere Glaubwürdigkeit als Politiker und gewählte
Abgeordnete und damit um das Ansehen dieses Hauses insgesamt.
    Mein Amtsvorgänger, der Kollege Dr. Barzel, hat, nachdem auch
ihm gegenüber Vorwürfe im Zusammenhang mit dem Gegenstand
der Untersuchung erhoben worden waren, aus eben diesen Gründen der Glaubwürdigkeit und des Ansehens dieses Hauses sein
Amt – wie Sie wissen – zur Verfügung gestellt. Er hat dies am 25.
Oktober 1984 mit den Worten getan:
    Der Deutsche Bundestag muß dringend zur sachlichen Arbeit
zurückfinden. Meiner Verantwortung bewußt will ich dazu beitragen und bitte Sie, einen anderen Bundestagspräsidenten zu wählen.
    Ich habe in meiner Antrittsrede am 5. November unter Zustim-
mung des Hauses festgestellt:
    Ich möchte deshalb meinem Amtsvorgänger, unserem Kollegen
Dr. Barzel, an dieser Stelle ausdrücklich meine Hochachtung und
meinen Respekt vor seiner Entscheidung bekunden.

(Beifall bei der CDU/CSU und der F.D.P.)

Mit seinem Schritt hat er ein Zeichen für die Glaubwürdigkeit unserer Ordnung und für die Fähigkeit des demokratischen Systems
gesetzt, sich selbst zu korrigieren.
    Meine Damen und Herren, es hat sich bei uns leider weithin ein-
gebürgert, daß Vorwürfe gegen Repräsentanten des öffentlichen

Lebens, auch gegen Kolleginnen und Kollegen des Deutschen Bundestages, die größte denkbare Resonanz finden; daß aber, wenn sich einzelne Vorwürfe als nicht berechtigt erweisen, davon in der Öffentlichkeit vergleichsweise kaum Notiz genommen wird.

(Beifall bei der CDU/CSU, der F.D.P. und des Abg. Wolfram [Recklinghausen] [SPD])

Ich habe darüber nicht zu richten. Aber ich darf nach dem Ergebnis der Überprüfungen, jedenfalls was einzelne Vorwürfe gegenüber dem Kollegen Dr. Barzel anbetrifft, zweierlei feststellen: Erstens. Der Kollege Dr. Barzel hat nicht gegen die Verhaltensregeln für Mitglieder des Deutschen Bundestages verstoßen. Er ist seiner Mitteilungspflicht gegenüber dem Präsidenten des Deutschen Bundestages nachgekommen.

(Hört! Hört! bei der CDU/CSU)

Zweitens. Der Kollege Dr. Barzel hat zu keinem Zeitpunkt auf Entscheidungen über Anträge des Flick-Konzerns nach § 6b des Einkommensteuergesetzes und § 4 des Auslandsinvestitionsgesetzes eingewirkt oder einzuwirken versucht. Das wird auch im Minderheitenvotum der SPD zum Ausdruck gebracht.

Meine Damen und Herren, das vor der deutschen Öffentlichkeit im Rahmen dieser Debatte festzustellen, halte ich einem verdienten Kollegen und meinem geschätzten Amtsvorgänger gegenüber für meine Pflicht.

Ich danke Ihnen für die Aufmerksamkeit.

(Beifall bei der CDU/CSU, der F.D.P. und bei Abgeordneten der SPD)

Aber auch dem achten Bundestagspräsidenten, Rainer Barzel, blieb die traurige Erfahrung seines Vorgängers Eugen Gerstenmaier nicht erspart, dass immer etwas hängenbleibt. –
Die im folgenden wiedergegebene Rede Barzels vermittelt einen Eindruck von seinem immer kämpferischen und offensiven Redestil. Seine Argumentationsketten sind dicht, die Wortwahl ist meist originell, der Aufbau ist darauf angelegt, das Publikum zu gewinnen, zu überzeugen. Gegen Zwischenrufe wendet er sich schnell; es scheint manchmal, er warte nur darauf. Zuweilen tönt er mit erhobener Stimme, präzeptorial, ex cathedra; dies als „papierenes Pathos" (Arnulf Baring) zu bezeichnen, geht ein wenig zu weit. Der Bundestag hatte in langen Jahren nur wenige Redner, die sich mit der Schärfe seines Intellekts und der Durchschlagskraft seiner oratorischen Brisanz

messen konnten. In seiner Abschiedsrede am 10. September 1986, vier Jahre später, fand er versöhnliche Worte: „Zum Schluß danke ich für 30 nicht nur mit Terminen und Verantwortung aufgefüllte und angefüllte, sondern erfüllte, herausfordernde Jahre hier im Deutschen Bundestag. Hätte ich jemanden persönlich verletzt, so bitte ich, weil es nie meine Absicht war, um ein generöses Pardon. Glückauf denen, die uns folgen, und Segen und Glück für unser Vaterland."

Wende nach vorn

Rede Barzels am 1. Oktober 1982 im Bundestag, Bonn, aus: DBT/9. WP /118. /1. 10. 1982 /7166 D–7173 A

Herr Präsident! Meine Damen und Herren! Sie haben, Herr Bundeskanzler, mit wohlgesetzten Worten noch einmal die Leitlinien Ihrer Politik vorgetragen. Das ist Ihr gutes Recht. Demjenigen, der diese Leitlinien nun seit Jahren kennt, fällt aber auf, daß Sie es soeben unterlassen haben, zwei Ihrer Prinzipien und Versprechungen in Erinnerung zu rufen: die *Vollbeschäftigung* und die *Stabilität*.

(Beifall bei der CDU/CSU)

Dazu schweigen Sie sich aus Gründen aus, auf die ich noch zu sprechen kommen werde.

Ich möchte zunächst nur die Frage stellen, Herr Bundeskanzler: In dieser Stunde wäre es doch besser, redlicher und – um Ihr Wort aufzunehmen – würdevoller gewesen, wenn der Kanzler der Bundesrepublik Deutschland hier Rechenschaft gegeben hätte.

(Beifall bei der CDU/CSU)

Rechenschaft über Soll und Haben, über Versprochen und über Gehalten. Statt dessen polemisiert der Bundeskanzler gegen uns in der Opposition. [...]

Meine Damen und Herren, dieses Volk, dem wir dienen und für das zu handeln wir gewählt sind, hat Anspruch auf eine Regierung mit einer Mehrheit und mit einer qualitativen Leistung. Die alte Mehrheit zerbrach. CDU/CSU und F.D.P. haben durch gemeinsame Antworten auf anstehende Fragen eine *neue Mehrheit* gebildet. Entsprechend haben wir fristgerecht den Antrag gestellt, der Ihnen auf Drucksache 9/2004 vorliegt.

Er lautet:

Der Bundestag wolle beschließen:

Der Deutsche Bundestag spricht Bundeskanzler Helmut Schmidt das Mißtrauen aus und wählt als seinen Nachfolger den Abgeordneten Dr. Helmut Kohl zum Bundeskanzler der Bundesrepublik Deutschland. Der Bundespräsident wird ersucht, Bundeskanzler Helmut Schmidt zu entlassen.

So dieser Antrag.

(Beifall bei der CDU/CSU und bei Abgeordneten der F.D.P.)

Meine Damen und Herren! Ich bitte die Mehrheit dieses Hauses, diesen Antrag anzunehmen und so den Weg freizumachen für einen neuen Anfang.

Und wenn Sie hier über *Wahlen* sprechen, Herr Bundeskanzler, so kennen Sie unsere schriftlich vorliegende Verabredung, und Sie kennen das Grundgesetz und das Parteiengesetz und die notwendige Frist von 60 Tagen.

Wir halten es für erforderlich, vorher das Signal der Wende zu geben, um deutlich zu machen: Hier beginnt eine neue Politik, die nicht nach mehr Staat, sondern nach mehr Bürgerfreiheit und mehr realer sozialer Gerechtigkeit verlangt.

(Lebhafter Beifall der CDU/CSU – Beifall bei Abgeordneten der F.D.P. – Zurufe von der SPD: Neuwahlen! – Weitere Zurufe von der SPD)

– Das haben wir doch beantwortet! Das ist doch alles vorgelegt!

(Anhaltende Zurufe von der SPD)

Meine Damen und Herren, mit diesem Antrag kehren wir zur Normalität zurück, indem die stärkste Fraktion den Kanzler stellt.

(Lebhafter Beifall bei der CDU/CSU – Beifall bei Abgeordneten der F.D.P.)

Unser Volk wählt Abgeordnete. Unser Volk wählt am Wahltag nicht den Kanzler. Der Kanzler stellte das soeben alles auf den Kopf.

(Dr. Dregger [CDU/CSU]: So ist es!)

Deshalb ist es notwendig, den Art. 38 des Grundgesetzes noch einmal in die Erinnerung zu rufen. Da heißt es:

Die Abgeordneten des Deutschen Bundestages werden in allgemeiner, unmittelbarer, freier, gleicher und geheimer Wahl gewählt. Sie sind Vertreter des ganzen Volkes, an Aufträge und Weisungen nicht gebunden und nur ihrem Gewissen unterworfen.

(Lebhafter Beifall bei allen Fraktionen)

Allein das, was hier steht und dem wir soeben mit Recht alle zugestimmt haben – wie sollte es anders sein! –, allein das ist der Wähler-
auftrag.

(Unruhe bei der SPD)

Wenn wir also heute einen anderen Bundeskanzler wählen, so machen wir legitimen Gebrauch von Art. 67 des Grundgesetzes.
Auf eben diese Weise hat die SPD im Lande Nordrhein-Westfalen,

(Dr. Kohl [CDU/CSU]: Sehr gut!)

das eine ähnliche Verfassung wie der Bund hat,

(Dr. Kohl [CDU/CSU]: Ja!)

früher die CDU-Ministerpräsidenten Karl Arnold und Franz Meyers
ersetzt durch die SPD-Ministerpräsidenten Steinhoff und Kühn. Wir,
meine Damen und Herren, haben da nicht „Verrat!" gerufen. Wir haben das als Demokraten respektiert, weil das Grundrecht der *Gewis-
sensfreiheit der Abgeordneten* den ersten Rang in diesem Staat haben muß.

(Anhaltender lebhafter Beifall bei der CDU/CSU und der F.D.P.)

Wenn Sie jetzt hier so ganz anders reagieren und reagieren lassen –
gestern auf dem Bonner Marktplatz; das gehört ja wohl alles dazu,
meine Damen und meine Herren –,

(Sehr richtig! bei der CDU/CSU)

dann offenbart das – es tut mir leid – doch eine Moral zur Auswahl, Herr Kollege Brandt, nicht wahr: Wenn wir etwas machen, ist
es verwerflich; wenn Sie das Recht anwenden, ist das natürliche
Moral. Das ist eine doppelte Moral und verrät – es tut mir leid – eine gespaltene Zunge.

(Anhaltender lebhafter Beifall bei der CDU/CSU – Beifall bei Abgeordneten
der F.D.P. – Zurufe von der SPD)

Und wenn der Bundeskanzler *die Glaubwürdigkeit der deutschen Politik*
hier so groß herausstellt – was ich sehr gut finde –, dann sollten
sich doch einmal die beiden Kollegen, die da nebeneinander sitzen:
der Parteivorsitzende und der Fraktionsvorsitzende der SPD, darüber unterhalten, was es hier eigentlich in diesem Hause früher
einmal zu einem Zeitpunkt im Jahre 1972 gegeben hat, meine Damen und meine Herren.

(Beifall bei der CDU/CSU)

Meine Damen und Herren, es kann niemand übersehen – wir haben dies ja schon in früheren Debatten hier ausgeführt –, daß die *Sozialdemokratische Partei Deutschlands regierungsunfähig* geworden ist. Trotzdem finden Sie den traurigen Mut, auf uns zu schimpfen – denken Sie mal an das Flugblatt von gestern –, die nun wieder in Ordnung bringen müssen, was Sie hinterlassen. Sie hinterlassen, meine Damen und Herren, geplünderte Kassen, und Sie hinterlassen Massenarbeitslosigkeit und die um die bessere Zukunft geprellten jungen Menschen.

(Lebhafter Beifall bei der CDU/CSU)

Aber Sie verunglimpfen uns – –

(Brandt [SPD]: War das an die Adresse der F.D.P. gerichtet?)

– Sie machten krank, Herr Kollege Brandt. Und nun wird man schimpfen auf die Ärzte und die Schwestern und die Pfleger, die da ankommen, um das wieder in Ordnung zu bringen. Sie sind verantwortlich für die Übel. Sie kamen, meine Damen und Herren – das war Ihr lautstarkes Versprechen, Sie erinnern sich doch noch, Herr Kollege Brandt –, um das „moderne Deutschland" zu bauen. Nun gehen Sie, weil Sie ein *blühendes* Gemeinwesen, das Sie übernahmen, in ein *krisengeschütteltes* Land verwandelt haben. Das ist die Lage.

(Lebhafter Beifall bei der CDU/CSU – Zurufe von der SPD)

Und ich sage, meine Damen, meine Herren, egal, wie Sie darauf reagieren, weil dies meine Meinung ist, ich sage von dieser Stelle: Hut ab vor Herrn Genscher, der gehandelt hat, damit nicht alles noch schlimmer wird und weiter bergab geht.

(Anhaltender lebhafter Beifall bei der CDU/CSU – Zuruf von der SPD: Das glauben Sie ja selber nicht! – Weitere Zurufe von der SPD)

Hätten Sie, Herr Bundeskanzler, mit gleicher Härte und Konsequenz die verabredete Politik in Ihrer Partei durchgesetzt, Sie wären nicht an dem Tag, den Sie heute erleben müssen.

(Lebhafter Beifall bei der CDU/CSU)

Herr Kollege Brandt, auch wenn Sie, was Sie offenbar wollen, aus einer früheren – ich weiß nicht genau –, aus einer bisherigen Arbeiterpartei – ich sage das mit Respekt – eine schwammige Bewegung machen wollen, es bleiben diese Schatten von enttäuschten jungen Menschen, von Reformruinen, von Arbeitslosen, die diesen Weg säumen.

Das bleibt Ihnen lange, lange Zeit erhalten, und ich glaube eben nicht, Herr Bundeskanzler, daß diese Menschen noch das Vertrauen in *sozialdemokratische Politik* haben. [...]

Meine Damen, meine Herren, ich weiß natürlich zu schätzen, was der Kanzler gestern hier in Bonn und Herr Wischnewski gestern in New York über die *künftige Verläßlichkeit der deutschen Politik* gesagt haben. Nur, was die SPD gleichzeitig hier in Bonn veranstaltete, das kann ich auch nicht übersehen. Meine Damen und Herren, wer gestern abend die Nachrichten hörte und sah, konnte unschwer erkennen, warum auch aus *außenpolitischen Gründen* die alte Koalition zerbrach. Hie Brandt und Eppler, da Schmidt und Wischnewski, so kann Deutschland nicht gut regiert werden.

(Lebhafter Beifall bei der CDU/CSU und bei der F.D.P.)

In der Welt um uns reden ja nicht nur Diplomaten. Da fragt man doch laut und seriös in allen großen Zeitungen: Was ist mit den Deutschen los? Die Verläßlichkeit unseres Wortes wird doch angezweifelt wie die Berechenbarkeit unserer Haltung.

Meine Damen und Herren, auf diese Weise ist der Friede nicht sicherer geworden.

Hundert sogenannte lokale Kriege mit 35 Millionen Kriegstoten gab es rund um die Welt seit dem Zweiten Weltkrieg, also nach 1945. Hier in Europa gab es das nicht, weil in seinem freien Teil – und das ist der eine Grund – unter Adenauer eine *europäische Friedensordnung* geschaffen wurde, die einen Krieg im freien Europa untereinander oder gegeneinander nicht nur undenkbar, sondern unmöglich macht,

(Beifall bei der CDU/CSU)

und weil – und das ist das andere –, auch unter Adenauer, die auf der militärischen Anwesenheit der USA beruhende Abschreckung hier Frieden sichert. Meine Damen und Herren, solange wir kontrollierte Abrüstung, die wir wollen, nicht haben, brauchen wir *Frieden durch Abschreckung*. Wer diese Abschreckung beschädigt, gefährdet den Frieden.

(Beifall bei der CDU/CSU und bei Abgeordneten der F.D.P.) [...]

Wer, Herr Kollege Brandt, die mögliche *Abrüstung* verhindert oder erschwert, indem er die westliche Position unterläuft, der verhindert nicht nur die Abrüstung, der erhöht die Gefahr. Die neue Mehrheit ist ja nicht zufällig die, welche – gegen die deutschen Sozialdemokraten – diesen freien Staat in den Schutz und die Sicherheit des Bündnisses gebracht hat, meine Damen und Herren.

Und ich füge hinzu: Wir sind bedächtig, erfahren und friedfertig genug, um Frieden hier weiter zu sichern. Dieses Versprechen steht, des bin ich gewiß, hinter dem Namen Kohl. Deshalb, weil ich das weiß, rede ich hier heute und begründe diesen Antrag, meine Damen und Herren.

Frieden wird bleiben. Am besten ist er gesichert, wo *Freizügigkeit* für Menschen, Informationen und Meinungen, hin und her, ihn sichern. Und da ist noch viel zu tun auch zwischen beiden Staaten in Deutschland.

Auch die *Ostverträge* gelten. Wir werden sie als Instrumente einer aktiven, nüchternen, friedfertigen Politik nutzen. Wie gesagt, die Füße fest im Westen und die Hand ausstrecken nach Osten – kein Zweifel, so werden wir es machen. Und daß wir an *EG* und *Bündnis* festhalten wie an *deutsch-französischer Freundschaft*, dies versteht sich, glaube ich, von selbst.

Ich muß in diesem Zusammenhang, Herr Bundeskanzler, noch einen Punkt aus Ihrer Erklärung eben zur Sprache bringen. Sie sagten, der Friede müsse insbesondere gestiftet werden zwischen solchen Staaten, „die sich gegenseitig mißtrauten und sich gegenseitig bedrohten".

Wen bedrohen wir?

An dieser Stelle hat der Präsident der USA gesprochen und feierlich versichert, was die NATO unterstützte: Der erste Schuß wird kein NATO-Schuß sein. Wir bedrohen niemanden.

Dies gleichsetzen ist unerträglich, Herr Bundeskanzler.

Nun das andere: Wir sind heute, meine Damen und Herren, von der *sozialen Gerechtigkeit*, dem nächst Frieden und Freiheit wichtigsten Wert, weiter entfernt als 1969.

(Beifall bei der CDU/CSU – Zurufe von der SPD) [...]

In dieser Lage ist es nun eben dringend nötig, daß eine *neue Mehrheit* mit einer neuen Regierung ein neues Programm vorlegt und sich dann den Wählern stellt.

(Löffler [SPD]: Jetzt zitieren Sie Strauß aus Augsburg?– Weitere Zurufe von der SPD)

– Bemerkenswert ist Ihre Unruhe. Ich kann das gut verstehen. Aber Sie werden mich doch nicht daran hindern – nicht, lieber Herr Löffler?

Die Frage, vor der unser Land steht, heißt doch nicht,

(Brandt [SPD]: So schwach waren Sie noch nie!)

Herr Kollege Brandt: Wie schrumpfen wir uns durch immer mehr Rotstift gesund? Sondern die Frage heißt: Wie werden wir wieder flott? Wie werden aus Arbeitslosen wieder Arbeiter, die Lohn erhalten und davon Steuern, Beiträge und Abgaben entrichten? Allein das ist die richtig gestellte Frage.

(Beifall bei der CDU/CSU)

Die konkreten Antworten, soweit sie nicht schon in den Koalitionsverabredungen vorliegen, wird die neue Bundesregierung, eine *Koalition der Mitte*, alsbald in der Regierungserklärung, einem ersten Einstieg, konkret und präzise, berechenbar, nachprüfbar, solide, verläßlich, mit zukunftsweisender Perspektive hier im Haus abgeben. Dann können wir diskutieren, und dann können wir entscheiden. So ist der Gang der Dinge.

(Beifall bei der CDU/CSU – Zurufe von der SPD)

Wenn Sie nun aus dem Amt scheiden – Herr Kollege Ehmke, ich meine den Bundeskanzler –, dann ist als ein Zweites daran nichts so sehr schuld wie Ihre eigene Partei

(Beifall bei der CDU/CSU)

und – es tut mir leid – auch deren Vorsitzender. Es wäre unserem Lande sicher gut bekommen, wenn Sie so geschlossen, wie Sie eben aufgestanden sind, immer gehandelt hätten, wenn der Bundeskanzler der Bundesrepublik Deutschland seine Politik hier durchzuhalten versucht hat.

(Beifall bei der CDU/CSU – Zurufe des Abg. Brandt [SPD])

Man hat aus Ihren eigenen Reihen, Herr Bundeskanzler, Ihre Energiepolitik verhindert, indem man aus Notwendigkeiten Optionen machte. Ihre Sicherheitspolitik wurde unterlaufen, indem Ihre Partei eine feste Zusage im Bündnis in eine offene Frage verwandelte. Man hinderte Sie, eine dem Jahreswirtschaftsbericht entsprechende Wirtschaftspolitik zu machen, indem man auf dem Parteitag das Gegenteil von dem beschloß, was Ihr Jahreswirtschaftsbericht mit Recht forderte. Man kündigte Koalitionsabreden zum Haushalt auf. Man streichelte die sogenannte Friedensbewegung, die sich klar gegen Ihre Politik richtete. Die Debatte hier vor der Herzerkrankung des Kanzlers war doch gespenstisch: Der erste Redner der Sozialdemokraten war deren Vorsitzender, und er ließ nicht nur den Kanzler allein, sondern malte eine ganz andere Politik. Das ist doch die Realität, an die wir uns hier alle erinnern, meine Damen und Herren.

(Lebhafter Beifall bei der CDU/CSU und bei Abgeordneten der F.D.P. – Brandt [SPD]: Er schlägt die Schlachten der Vergangenheit!)

Keiner von uns hat über Sie, Herr Bundeskanzler Schmidt, so beleidigend und herabsetzend gesprochen wie einige Ihrer Parteifreunde.

(Beifall bei der CDU/CSU und bei Abgeordneten der F.D.P. – Zuruf von der SPD)

Ich unterlasse es selbst in dieser Stunde, etwa die Herren Eppler oder Lafontaine noch zu zitieren oder aus dem Buch von Baring die Belege vorzulesen. Es ist bitter für Sie. Man hat Ihnen übel mitgespielt. Sozialisten haben, Herr Bundeskanzler, Ihr Gesicht zerkratzt. Herr Kollege Brandt, Sie haben dann als Parteivorsitzender den Schirm gespannt, als diese Beleidigungen kamen. Aber der war so löcherig, daß immer noch genug Spritzer auf den amtierenden Bundeskanzler durchkamen.

(Beifall bei der CDU/CSU)

Herr Kollege Brandt, bevor Sie anderen „Verrat" vorwerfen oder andere so öffentlich anprangern lassen, prüfen Sie selbst ihre Haltung zu Ihrem Nachfolger.

(Beifall bei der CDU/CSU – Zuruf von der SPD: Wann soll gewählt werden? – Weitere Zurufe von der SPD)

Auf die Frage der Menschen draußen – wir spüren das genauso, wie Sie das eben vorgetragen haben, Herr Bundeskanzler –: „Traut ihr euch zu, einen neuen Anfang zu mehr Freiheit durch soziale Gerechtigkeit wie zum gesicherten Frieden zu machen?",

(Zurufe von der SPD)

antworten wir gewissenhaft: Ja. Wir trauen uns das zu.

(Lebhafter Beifall bei der CDU/CSU und bei Abgeordneten der F.D.P.)

Mit Hilfe aller verantwortungsbewußten Deutschen, mit dem Dienst dieser Koalition der Mitte, wird Deutschland wieder dahin kommen, wohin es gehört, nach vorn. Wir wählen den neuen Anfang!

(Anhaltender lebhafter Beifall bei der CDU/CSU – Beifall bei Abgeordneten der F.D.P.)

Gewissen Deutschlands:
RICHARD VON WEIZSÄCKER

Geboren 1920 in Stuttgart, nach dem Abitur (1938) Wehr- und Kriegsdienst bis 1945, anschließend juristisches Studium in Oxford, Grenoble und Göttingen. 1950 erste, 1953 zweite Staatsprüfung, 1954 Dr. jur. (Dissertation: „Der faktische Verein"). 1955 bis 1969 Rechtsanwalt in der gewerblichen Wirtschaft. 1964 – 1970 und 1979 – 1981 Präsident des Deutschen Evangelischen Kirchentages, Mitglied der Synode und des Rates der Evangelischen Kirche in Deutschland. 1955 CDU-Mitglied, 1969 – 1984 MdB (CDU/CSU), 1972 – 1979 stellvertretender Fraktionsvorsitzender, 1979 – 1981 Vizepräsident des Deutschen Bundestages. 1969 erstmals Kandidat für das Amt des Bundespräsidenten, bei der innerparteilichen Abstimmung in der CDU/CSU unterlag er Gerhard Schröder. 1974 Gegenkandidat von Walter Scheel, der die Bundespräsidentenwahl gewann. 1981 – 1984 Regierender Bürgermeister von Berlin. 1984 – 1994 Bundespräsident. 1999 erarbeitete er im Auftrag des Kommissionspräsidenten Romano Prodi in einer Dreiergruppe Vorschläge für eine umfassende Reform des EU-Vertrags und übernahm im gleichen Jahr auf Wunsch des Bundesverteidigungsministers Rudolf Scharping den Vorsitz einer Kommission „Gemeinsame Sicherheit und Zukunft der Bundeswehr". Schrieb u. a. „Die deutsche Geschichte geht weiter" (1983), „Vier Zeiten. Erinnerungen" (1993).

"Das Geheimnis der Erlösung heißt Erinnerung."
Richard von Weizsäcker am 8. Mai 1985

Als Walter Henkels 1978 neue „Bonner Köpfe" beschrieb, beschloß er das Lebensbild Richard von Weizsäckers mit dem ahnungsvollen Satz: „Der Traum, Bundespräsident zu werden, ist noch nicht ausgeträumt." Der Instinkt des „Journalisten bei Hofe" erwies sich auch in diesem Fall als untrüglich: sechs Jahre später wurde Weizsäcker mit eindrucksvoller Mehrheit zum Bundespräsidenten gewählt. Ein Vergleich der Ergebnisse der Bundespräsidentenwahlen zeigt den großen Vertrauensvorschuß, der dem Kandidaten von Weizsäcker jeweils zuteil wurde (in der folgenden Übersicht sind das Jahr der Wahl, der Name des gewählten Kandidaten, die Zahl der Mitglieder der Bundesversammlung , die von den gewinnenden Kandidaten erreichten Voten und die Zahl der erforderlichen Wahlgänge aufgeführt):

1949	Theodor Heuss	804	377	2
1954	Theodor Heuss	1018	871	1
1959	Heinrich Lübke	1038	517	2
1964	Heinrich Lübke	1042	710	1
1969	Gustav Heinemann	1036	512	3
1974	Walter Scheel	1036	530	1
1979	Karl Carstens	1032	528	1
1984	Richard von Weizsäcker	1028	832	1
1989	Richard von Weizsäcker	1022	881	1
1994	Roman Herzog	1320	696	3
1999	Johannes Rau	1332	690	2

Weizsäcker entschied sich verhältnismäßig spät, als er schon auf die Fünfzig zuging, für die Karriere des „Berufspolitikers", und noch vor seinem Eintritt in den Bundestag wurde er als innerparteilicher Gegenkandidat Gerhard Schröders für die Bundespräsidentenwahl aufgestellt. Er unterlag, stand aber von da an im hellen Scheinwerferlicht der Öffentlichkeit. Viele kannten ihn schon vorher, etwa als Präsidenten des Deutschen Evangelischen Kirchentags, wo er überzeugende Proben seines Talents, integrierend zu wirken, abgelegt hatte.

Mit Richard von Weizsäcker betrat 1969 ein Mann das Bonner Bundeshaus, dessen Weltbild wesentlich durch Funktionen außerhalb der Politik geformt worden war und der die gewonnenen Erfahrungen als ein „Fertiger" in die politische Alltagsarbeit einbringen konnte. Nach wenigen Jahren schon wurde er stellvertretender Fraktionsvorsitzender, dann Vizepräsident des Bundestages, und um die dann folgenden erfolgreichen drei Jahre als Regierender Bürgermeister von Berlin zu charakterisieren genüge der Hinweis, dass er, nach jahrzehntelanger sozialdemokratischer Vorherrschaft, aus einem Wahlkampf, den die Ausstrahlung seiner Persönlichkeit bestimmte, als erster christlich-demokratischer Politiker in diesem Amt hervorging. Er war übrigens der erste Regierende Bürgermeister, der von Honecker empfangen wurde. Aber das „Traumziel" verlor er auch als erfolgreicher Bürgermeister keineswegs aus den Augen, und mit dem Abstimmungsergebnis in der Bundespräsidentenwahl von 1984 konnte er sich in dieser Intention bestätigt fühlen.

Der große Wurf gelang ihm schon kurz nach der Amtsübernahme mit der im folgenden wiedergegebenen Rede vor Bundestag und Bundesrat zum 40. Jahrestag der Beendigung des Krieges in Europa und der nationalsozialistischen Gewaltherrschaft. „Die Kenntnis der Geschichte ... ist die Voraussetzung, den Staat Bundesrepublik Deutschland zu begreifen, denn er ist die historische Antwort auf die Zeit davor" (Weizsäcker). Diese Kenntnis der Geschichte, insbesondere der Zeit zwischen dem 30. Januar 1933 und dem 8. Mai 1945, war zweifellos in den Wiederaufbaujahren der Bundesrepublik dem allgemeinen Bewusstsein weitgehend entschwunden, war vernachlässigt, verdrängt, vergessen worden; im Vordergrund stand in jenen Jahren die Bewältigung der Folgen der Gewaltherrschaft und der Katastrophe. Hier ist Bedeutendes geleistet worden. Das Grundgesetz schuf eine neue staatliche Ordnung, die Lastenausgleichsgesetzgebung verordnete eine in der Geschichte einmalige Solidarität derer, die der Katastrophe ohne Verluste entronnen waren, mit denen, die durch Bombenteppiche alles verloren hatten, und den zwölf Millionen, die als besitzlose Flüchtlinge in das Bundesgebiet strömten. Das Londoner Schuldenabkommen von 1951 verhinderte Reparationen im Stil von Versailles und sicherte den Wiederaufbau, und das Wiedergutmachungsabkommen mit Israel mit seinen in der ersten Phase des Wiederaufbaus für die Bundesrepublik beträchtlichen finanziellen Leistungen konnte auch als Zeichen einer Neubesinnung gewertet werden. Die Westintegration Adenauers und die Ostpolitik Brandts schufen für die Bundesrepublik ein Maß an Sicherheit und Freiheit, wie es die Deutschen im Bannkreis des Zusammenbruchs von 1945 nach so kurzer Zeit nicht für möglich gehalten hatten. Aber die Ursachen, die tiefer liegenden Gründe für die Katastrophe waren weithin verschüttet. Weizsäcker zog sie ans Tageslicht, hob sie nüchtern, ohne Pathos, ins Bewusstsein, aber mit einer aus jeder Zeile seiner Rede vom 8. Mai 1985 sprechenden Leidenschaft für Wahrheit und Gerechtigkeit. Er zitierte eine jüdische Weisheit: „Das Vergessenwollen verlängert das Exil, das Geheimnis der Erlösung heißt Erinnerung."

Das Echo dieser Rede war weltweit. Die breite Vertrauensbasis, die sich Weizsäcker damit auch im Ausland erwarb, illustrieren am besten die ihm verliehenen Ehrendoktorate von Universitäten in Städten, denen im Blick auf die deutsche Vergangenheit des 20. Jahrhunderts eine zum Teil neuralgische oder gar fatale Bedeutung innewohnt: Grenoble (1984), Löwen(1985), Oxford (1988), Sofia (1988), Rotterdam (1991), Prag (1996), Danzig (1997).

Besonders gefordert sah sich der Bundespräsident, als die Wiedervereinigung, das Ende des kalten Krieges und der folgende Zerfall des sowjetischen Imperiums die Weltpolitik von Grund auf veränderten. Immer wieder erinnerte Weizsäcker daran, dass die Deutschen in der DDR nach 1945 die größeren Lasten getragen hätten und dass sie sich selbst ihre Freiheit erkämpft hätten. Beim Staatsakt am 3. Oktober 1990 in Berlin formulierte er die eindringliche Mahnung, „sich zu vereinen, heißt teilen lernen". Widerspruch in den starken Bonnfraktionen aller Parteien, aber auch in vielen westdeutschen Medien erregte er , als er, noch vor dem Bundestagsbeschluß vom 20. Juni 1991 zugunsten Berlins, die Stadt als gesamtdeutsche Hauptstadt proklamierte . 1993/94 verlegte er den Sitz des Bundespräsidenten als erste bundesstaatliche Institution nach Berlin. Immer wieder mischte er sich in die Diskussion umstrittener politischer Fragen ein. Die heftige Kritik am Zustand der Parteien gipfelte schließlich in dem massiven Vorwurf, die „Politikerschicht" erliege einer „Machtversessenheit in bezug auf Wahlkampferfolge". Das Echo in der deutschen Öffentlichkeit war zum Teil gereizt; Weizsäcker wurde vorgeworfen, er trage mit solchen Betrachtungen zur „Parteienverdrossenheit" bei. Aber er war nicht der Mann, der sich durch solche Vorwürfe von seinem einmal eingeschlagenen Kurs abbringen ließ, und beharrte darauf, dass sich gewisse Themen – etwa Arbeitslosigkeit, Haushaltsdefizite – nicht dazu eigneten, „parteipolitisch instrumentalisiert" zu werden. Der inzwischen erworbene Ruf des"politischsten" Präsidenten der Bundesrepublik seit 1949 beeinträchtigte nicht die Bundespräsidentenwahl des Jahres 1989, als Weizsäcker zum zweiten Mal für das höchste Staatsamt kandidierte. Mit 881 Stimmen im ersten Wahlgang überbot er sogar noch Theodor Heuss, der 1954 871 Stimmen erreicht hatte.

Die Neigung vieler Institutionen, Weizsäcker auch nach dem Ausscheiden aus dem Amt des Bundespräsidenten als Berater, als Sprecher oder als Vorsitzenden für Aufgaben in verschiedenen Bereichen zu gewinnen, blieb unverändert. Genannt seien nur der Vorsitz im Bergedorfer Gesprächskreis der Hamburger Körber-Stiftung, der Kuratoriumsvorsitz der Theodor-Heuss-Stiftung und der Ko-Vorsitz einer internationalen Arbeitsgruppe, die Empfehlungen zur Reform der UNO erarbeitete. Aufgaben besonderer Tragweite übernahm er mit dem Vorsitz der Reformkommission der Bundeswehr und mit der Mitgliedschaft in der internationalen Dreiergruppe, die Vorschläge für eine Reform des EU-Vertrags vorlegte.

Was Richard von Weizsäcker von den anderen Bundespräsidenten unterscheidet: „Ein Parteipolitiker im engeren Sinne ist er zu keiner Zeit seines Lebens gewesen" (Rupert Scholz). War dies der Grund dafür, dass er so viel Anerkennung erfuhr wie vielleicht nur noch Theodor Heuss? Während Weizsäckers – des ersten gesamtdeutschen Bundespräsidenten – zweiter Amtsperiode belief sich die durch Meinungsumfragen ermittelte Zustimmung zu seiner Amtsführung auf 91 Prozent der Befragten.

Nach vierzig Jahren

Rede Weizsäckers vor Bundestag und Bundesrat, Bonn am 8. Mai 1985, aus: „Gedenkstunde im Deutschen Bundestag", herausgegeben vom Presse- und Informationszentrum des Deutschen Bundestages, Referat Öffentlichkeitsarbeit (Bonn 1985)

Meine Herren Präsidenten, Herr Bundeskanzler, Exzellenzen, meine Damen und Herren, liebe Landsleute!
Viele Völker gedenken heute des Tages, an dem der Zweite Weltkrieg in Europa zu Ende ging. Seinem Schicksal gemäß hat jedes Volk dabei seine eigenen Gefühle. Sieg oder Niederlage, Befreiung von Unrecht und Fremdherrschaft oder Übergang zu neuer Abhängigkeit, Teilung, neue Bündnisse, gewaltige Machtverschiebungen – der 8. Mai 1945 ist ein Datum von entscheidender historischer Bedeutung in Europa.

Wir Deutsche begehen den Tag unter uns, und das ist notwendig. Wir müssen die Maßstäbe allein finden. Schonung unserer Gefühle durch uns selbst oder durch andere hilft nicht weiter. Wir brauchen und wir haben die Kraft, der Wahrheit so gut wir es können ins Auge zu sehen, ohne Beschönigung und ohne Einseitigkeit. Der 8. Mai ist für uns vor allem ein Tag der Erinnerung an das, was Menschen erleiden mußten. Er ist zugleich ein Tag des Nachdenkens über den Gang unserer Geschichte. Je ehrlicher wir ihn begehen, desto freier sind wir, uns seinen Folgen verantwortlich zu stellen.

Der 8. Mai ist für uns Deutsche kein Tag zum Feiern. Die Menschen, die ihn bewußt erlebt haben, denken an ganz persönliche und damit ganz unterschiedliche Erfahrungen zurück. Der eine kehrte heim, der andere wurde heimatlos. Dieser wurde befreit, für jenen begann die Gefangenschaft. Viele waren einfach nur dafür dankbar, daß Bombennächte und Angst vorüber und sie mit dem Leben davongekommen waren. Andere empfanden Schmerz über die vollständige Niederlage des eigenen Vaterlandes. Verbittert standen Deutsche vor zerrissenen Illusionen, dankbar andere Deutsche für den geschenkten neuen Anfang.

Es war schwer, sich alsbald klar zu orientieren. Ungewißheit erfüllte das Land. Die militärische Kapitulation war bedingungslos. Unser Schicksal lag in der Hand der Feinde. Die Vergangenheit war furchtbar gewesen, zumal auch für viele dieser Feinde. Würden sie uns nun nicht einfach entgelten lassen, was wir ihnen angetan hatten?

Die meisten Deutschen hatten geglaubt, für die gute Sache des eigenen Landes zu kämpfen und zu leiden. Und nun sollte sich herausstellen: Das alles war nicht nur vergeblich und sinnlos, sondern es hatte den unmenschlichen Zielen einer verbrecherischen Führung gedient. Erschöpfung, Ratlosigkeit und neue Sorgen kennzeichneten die Gefühle der meisten. Würde man noch eigene Angehörige finden? Hatte ein Neuaufbau in diesen Ruinen überhaupt Sinn? Der Blick ging zurück in einen dunklen Abgrund der Vergangenheit und nach vorn in eine ungewisse dunkle Zukunft.

Und dennoch wurde von Tag zu Tag klarer, was es heute für uns alle gemeinsam zu sagen gilt: Der 8. Mai war ein Tag der Befreiung. Er hat uns alle befreit von dem menschenverachtenden System der nationalsozialistischen Gewaltherrschaft.

Niemand wird um dieser Befreiung willen vergessen, welche schweren Leiden für viele Menschen mit dem 8. Mai erst begannen und danach folgten. Aber wir dürfen nicht im Ende des Krieges die

Ursache für Flucht, Vertreibung und Unfreiheit sehen. Sie liegt vielmehr in seinem Anfang und im Beginn jener Gewaltherrschaft, die zum Krieg führte.

Wir dürfen den 8. Mai 1945 nicht vom 30. Januar 1933 trennen. Wir haben wahrlich keinen Grund, uns am heutigen Tag an Siegesfesten zu beteiligen. Aber wir haben allen Grund, den 8. Mai 1945 als das Ende eines Irrweges deutscher Geschichte zu erkennen, das den Keim der Hoffnung auf eine bessere Zukunft barg.

Der 8. Mai ist ein Tag der Erinnerung. Erinnern heißt, eines Geschehens so ehrlich und rein zu gedenken, daß es zu einem Teil des eigenen Innern wird. Das stellt große Anforderungen an unsere Wahrhaftigkeit.

Wir gedenken heute in Trauer aller Toten des Krieges und der Gewaltherrschaft.

Wir gedenken insbesondere der sechs Millionen Juden, die in deutschen Konzentrationslagern ermordet wurden.

Wir gedenken aller Völker, die im Krieg gelitten haben, vor allem der unsäglich vielen Bürger der Sowjetunion und der Polen, die ihr Leben verloren haben.

Als Deutsche gedenken wir in Trauer der eigenen Landsleute, die als Soldaten, bei den Fliegerangriffen in der Heimat, in Gefangenschaft und bei der Vertreibung ums Leben gekommen sind.

Wir gedenken der ermordeten Sinti und Roma, der getöteten Homosexuellen, der umgebrachten Geisteskranken, der Menschen, die um ihrer religiösen oder politischen Überzeugung willen sterben mußten.

Wir gedenken der erschossenen Geiseln.

Wir denken an die Opfer des Widerstandes in allen von uns besetzten Staaten.

Als Deutsche ehren wir das Andenken der Opfer des deutschen Widerstandes, des bürgerlichen, des militärischen und glaubensbegründeten, des Widerstandes in der Arbeiterschaft und bei Gewerkschaften, des Widerstandes der Kommunisten.

Wir gedenken derer, die nicht aktiv Widerstand leisteten, aber eher den Tod hinnahmen, als ihr Gewissen zu beugen.

Neben dem unübersehbar großen Heer der Toten erhebt sich ein Gebirge menschlichen Leids,

Leid um die Toten,
Leid durch Verwundung und Verkrüppelung,
Leid durch unmenschliche Zwangssterilisierung,

Leid in Bombennächten,
Leid durch Flucht und Vertreibung, durch Vergewaltigung und Plünderung, durch Zwangsarbeit, durch Unrecht und Folter, durch Hunger und Not,
Leid durch Angst vor Verhaftung und Tod,
Leid durch Verlust all dessen, woran man irrend geglaubt und wofür man gearbeitet hatte.

Heute erinnern wir uns dieses menschlichen Leids und gedenken seiner in Trauer.

Den vielleicht größten Teil dessen, was den Menschen aufgeladen war, haben die Frauen der Völker getragen.

Ihr Leiden, ihre Entsagung und ihre stille Kraft vergißt die Weltgeschichte nur allzu leicht. Sie haben gebangt und gearbeitet, menschliches Leid getragen und beschützt. Sie haben getrauert um gefallene Väter und Söhne, Männer, Brüder und Freunde.

Sie haben in den dunkelsten Jahren das Licht der Humanität vor dem Erlöschen bewahrt.

Am Ende des Krieges haben sie als erste und ohne Aussicht auf eine gesicherte Zukunft Hand angelegt, um wieder einen Stein auf den anderen zu setzen, die Trümmerfrauen in Berlin und überall.

Als die überlebenden Männer heimkehrten, mußten Frauen oft wieder zurückstehen. Viele Frauen blieben auf Grund des Krieges allein und verbrachten ihr Leben in Einsamkeit.

Wenn aber die Völker an den Zerstörungen, den Verwüstungen, den Grausamkeiten und Unmenschlichkeiten innerlich nicht zerbrachen, wenn sie nach dem Krieg langsam wieder zu sich selbst kamen, dann verdanken wir es zuerst unseren Frauen.

Am Anfang der Gewaltherrschaft hatte der abgrundtiefe Haß Hitlers gegen unsere jüdischen Mitmenschen gestanden. Hitler hatte ihn nie vor der Öffentlichkeit verschwiegen, sondern das ganze Volk zum Werkzeug dieses Hasses gemacht. Noch am Tag vor seinem Ende, am 30. April 1945, hatte er sein sogenanntes Testament mit den Worten abgeschlossen:

„Vor allem verpflichte ich die Führung der Nation und die Gefolgschaft zur peinlichen Einhaltung der Rassengesetze und zum unbarmherzigen Widerstand gegen den Weltvergifter aller Völker, dem internationalen Judentum."

Gewiß, es gibt kaum einen Staat, der in seiner Geschichte immer frei blieb von schuldhafter Verstrickung in Krieg und Gewalt. Der Völkermord an den Juden jedoch ist beispiellos in der Geschichte.

Die Ausführung des Verbrechens lag in der Hand weniger. Vor den Augen der Öffentlichkeit wurde es abgeschirmt. Aber jeder Deutsche konnte miterleben, was jüdische Mitbürger erleiden mußten, von kalter Gleichgültigkeit über versteckte Intoleranz bis zu offenem Haß.

Wer konnte arglos bleiben nach den Bränden der Synagogen, den Plünderungen, der Stigmatisierung mit dem Judenstern, dem Rechtsentzug, den unaufhörlichen Schändungen der menschlichen Würde?

Wer seine Ohren und Augen aufmachte, wer sich informieren wollte, dem konnte nicht entgehen, daß Deportationszüge rollten. Die Phantasie der Menschen mochte für Art und Ausmaß der Vernichtung nicht ausreichen. Aber in Wirklichkeit trat zu den Verbrechen selbst der Versuch allzu vieler, auch in meiner Generation, die wir jung und an der Planung und Ausführung der Ereignisse unbeteiligt waren, nicht zur Kenntnis zu nehmen, was geschah.

Es gab viele Formen, das Gewissen ablenken zu lassen, nicht zuständig zu sein, wegzuschauen, zu schweigen.

Als dann am Ende des Krieges die ganze unsagbare Wahrheit des Holocaust herauskam, beriefen sich allzu viele von uns darauf, nichts gewußt oder auch nur geahnt zu haben.

Schuld oder Unschuld eines ganzen Volkes gibt es nicht. Schuld ist, wie Unschuld, nicht kollektiv, sondern persönlich.

Es gibt entdeckte und verborgen gebliebene Schuld von Menschen. Es gibt Schuld, die sich Menschen eingestanden oder abgeleugnet haben. Jeder, der die Zeit mit vollem Bewußtsein erlebt hat, frage sich heute im stillen selbst nach seiner Verstrickung.

Der ganz überwiegende Teil unserer heutigen Bevölkerung war zur damaligen Zeit entweder im Kindesalter oder noch gar nicht geboren. Sie können nicht eine eigene Schuld bekennen für Taten, die sie gar nicht begangen haben.

Kein fühlender Mensch erwartet von ihnen, ein Büßerhemd zu tragen, nur weil sie Deutsche sind. Aber die Vorfahren haben ihnen eine schwere Erbschaft hinterlassen.

Wir alle, ob schuldig oder nicht, ob alt oder jung, müssen die Vergangenheit annehmen. Wir alle sind von ihren Folgen betroffen und für sie in Haftung genommen.

Jüngere und Ältere müssen und können sich gegenseitig helfen, zu verstehen, warum es lebenswichtig ist, die Erinnerung wachzuhalten.

Es geht nicht darum, Vergangenheit zu bewältigen. Das kann man gar nicht. Sie läßt sich ja nicht nachträglich ändern oder ungeschehen machen. Wer aber vor der Vergangenheit die Augen verschließt, wird blind für die Gegenwart. Wer sich der Unmenschlichkeit nicht erinnern will, der wird wieder anfällig für neue Ansteckungsgefahren.

Das jüdische Volk erinnert sich und wird sich immer erinnern. Wir suchen als Menschen Versöhnung.

Gerade deshalb müssen wir verstehen, daß es Versöhnung ohne Erinnerung gar nicht geben kann. Die Erfahrung millionenfachen Todes ist ein Teil des Innern jedes Juden in der Welt, nicht nur deshalb, weil Menschen ein solches Grauen nicht vergessen können. Sondern die Erinnerung gehört zum jüdischen Glauben.

Das Vergessenwollen verlängert das Exil, und das Geheimnis der Erlösung heißt Erinnerung.

Diese oft zitierte jüdische Weisheit will wohl besagen, daß der Glaube an Gott ein Glaube an sein Wirken in der Geschichte ist. Die Erinnerung ist die Erfahrung vom Wirken Gottes in der Geschichte. Sie ist die Quelle des Glaubens an die Erlösung. Diese Erfahrung schafft Hoffnung, sie schafft Glauben an Erlösung, an Wiedervereinigung des Getrennten, an Versöhnung. Wer sie vergißt, verliert den Glauben.

Würden wir unsererseits vergessen wollen, was geschehen ist, anstatt uns zu erinnern, dann wäre dies nicht nur unmenschlich. Sondern wir würden damit dem Glauben der überlebenden Juden zu nahe treten, und wir würden den Ansatz zur Versöhnung zerstören.

Für uns kommt es auf ein Mahnmal des Denkens und Fühlens in unserem eigenen Inneren an.

Der 8. Mai ist ein tiefer, historischer Einschnitt, nicht nur in der deutschen, sondern auch in der europäischen Geschichte.

Der europäische Bürgerkrieg war an sein Ende gelangt, die alte europäische Welt zu Bruch gegangen. „Europa hatte sich ausgekämpft" (M. Stürmer). Die Begegnung amerikanischer und sowjetrussischer Soldaten an der Elbe wurde zu einem Symbol für das vorläufige Ende einer europäischen Ära.

Gewiß, das alles hatte seine alten geschichtlichen Wurzeln. Großen, ja bestimmenden Einfluß hatten die Europäer in der Welt, aber ihr Zusammenleben auf dem eigenen Kontinent zu ordnen, das vermochten sie immer schlechter. Über hundert Jahre lang hatte Europa unter dem Zusammenprall nationalistischer Übersteigerungen gelitten. Am Ende des Ersten Weltkrieges war es zu Friedensverträgen gekommen. Aber ihnen hatte die Kraft gefehlt, Frieden zu stiften. Erneut waren nationalistische Leidenschaften aufgeflammt und hatten sich mit sozialen Notlagen verknüpft.

Auf dem Weg ins Unheil wurde Hitler die treibende Kraft. Er erzeugte und er nutzte Massenwahn. Eine schwache Demokratie war unfähig, ihm Einhalt zu gebieten. Und auch die europäischen Westmächte, nach Churchills Urteil „arglos, nicht schuldlos", trugen durch Schwäche zur verhängnisvollen Entwicklung bei. Amerika hatte sich nach dem Ersten Weltkrieg wieder zurückgezogen und war in den 30er Jahren ohne Einfluß auf Europa.

Hitler wollte die Herrschaft über Europa, und zwar durch Krieg. Den Anlaß dafür suchte und fand er in Polen.

Am 23. Mai 1939 – wenige Monate vor Kriegsausbruch – erklärte er vor der deutschen Generalität:

Weitere Erfolge können ohne Blutvergießen nicht mehr errungen werden ... Danzig ist nicht das Objekt, um das es geht.

Es handelt sich für uns um die Erweiterung des Lebensraumes im Osten und Sicherstellung der Ernährung ...

Es entfällt also die Frage, Polen zu schonen, und bleibt der Entschluß, bei erster passender Gelegenheit, Polen anzugreifen ...

Hierbei spielen Recht oder Unrecht oder Verträge keine Rolle.

Am 23. August 1939 wurde der deutsch-sowjetische Nichtangriffspakt geschlossen. Das geheime Zusatzprotokoll regelte die bevorstehende Aufteilung Polens.

Der Vertrag wurde geschlossen, um Hitler den Einmarsch in Polen zu ermöglichen. Das war der damaligen Führung der Sowjetunion voll bewußt. Allen politisch denkenden Menschen jener Zeit war klar, daß der deutsch-sowjetische Pakt Hitlers Einmarsch in Polen und damit den Zweiten Weltkrieg bedeutete.

Dadurch wird die deutsche Schuld am Ausbruch des Zweiten Weltkrieges nicht verringert. Die Sowjetunion nahm den Krieg anderer Völker in Kauf, um sich am Ertrag zu beteiligen. Die Initiative zum Krieg aber ging von Deutschland aus, nicht von der Sowjetunion.

Es war Hitler, der zur Gewalt griff. Der Ausbruch des Zweiten Weltkrieges bleibt mit dem deutschen Namen verbunden.

Während dieses Krieges hat das nationalsozialistische Regime viele Völker gequält und geschändet.

Am Ende blieb nur noch ein Volk übrig, um gequält, geknechtet und geschändet zu werden: das eigene, das deutsche Volk. Immer wieder hat Hitler ausgesprochen: wenn das deutsche Volk schon nicht fähig sei, in diesem Krieg zu siegen, dann möge es eben untergehen. Die anderen Völker wurden zunächst Opfer eines von Deutschland ausgehenden Krieges, bevor wir selbst zu Opfern unseres eigenen Krieges wurden.

Es folgte die von den Siegermächten verabredete Aufteilung Deutschlands in verschiedene Zonen. Inzwischen war die Sowjetunion in alle Staaten Ost- und Südosteuropas, die während des Krieges von Deutschland besetzt worden waren, einmarschiert. Mit Ausnahme Griechenlands wurden alle diese Staaten sozialistische Staaten. Die Spaltung Europas in zwei verschiedene politische Systeme nahm ihren Lauf. Es war erst die Nachkriegsentwicklung, die sie befestigte. Aber ohne den von Hitler begonnenen Krieg wäre sie nicht gekommen. Daran denken die betroffenen Völker zuerst, wenn sie sich des von der deutschen Führung ausgelösten Krieges erinnern.

Im Blick auf die Teilung unseres eigenen Landes und auf den Verlust großer Teile des deutschen Staatsgebietes denken auch wir daran. In seiner Predigt zum 8. Mai sagte Kardinal Meisner in Ostberlin: „Das trostlose Ergebnis der Sünde ist immer die Trennung."

Die Willkür der Zerstörung wirkte in der willkürlichen Verteilung der Lasten nach. Es gab Unschuldige, die verfolgt wurden, und Schuldige, die entkamen. Die einen hatten das Glück, zu Hause in vertrauter Umgebung ein neues Leben aufbauen zu können. Andere wurden aus der angestammten Heimat vertrieben.

Wir in der späteren Bundesrepublik Deutschland erhielten die kostbare Chance der Freiheit. Vielen Millionen Landsleuten bleibt sie bis heute versagt.

Die Willkür der Zuteilung unterschiedlicher Schicksale ertragen zu lernen, war die erste Aufgabe im Geistigen, die sich neben der Aufgabe des materiellen Wiederaufbaus stellte. An ihr mußte sich die menschliche Kraft erproben, die Lasten anderer zu erkennen, an ihnen dauerhaft mitzutragen, sie nicht zu vergessen. In ihr mußte die Fähigkeit zum Frieden und die Bereitschaft zur Versöhnung nach innen und außen wachsen, die nicht nur andere von uns forderten, sondern nach denen es uns selbst am allermeisten verlangte.

Wir können des 8. Mai nicht gedenken, ohne uns bewußtzumachen, welche Überwindung die Bereitschaft zur Aussöhnung den ehemaligen Feinden abverlangte. Können wir uns wirklich in die Lage von Angehörigen der Opfer des Warschauer Ghettos oder des Massakers von Lidice versetzen?

Wie schwer mußte es aber auch einem Bürger in Rotterdam oder London fallen, den Wiederaufbau unseres Landes zu unterstützen, aus dem die Bomben stammten, die erst kurze Zeit zuvor auf seine Stadt gefallen waren. Dazu mußte allmählich eine Gewißheit wachsen, daß Deutsche nicht noch einmal versuchen würden, eine Niederlage mit Gewalt zu korrigieren.

Bei uns selbst wurde das Schwerste den Heimatvertriebenen abverlangt. Ihnen ist noch lange nach dem 8. Mai bitteres Leid und schweres Unrecht widerfahren. Um ihrem schweren Schicksal mit Verständnis zu begegnen, fehlt uns Einheimischen oft die Phantasie und auch das offene Herz.

Aber es gab alsbald auch große Zeichen der Hilfsbereitschaft. Viele Millionen Flüchtlinge und Vertriebene wurden aufgenommen. Im Laufe der Jahre konnten sie neue Wurzeln schlagen. Ihre Kinder und Enkel bleiben auf vielfache Weise der Kultur und der Liebe zur Heimat ihrer Vorfahren verbunden. Das ist gut so, denn das ist ein wertvoller Schatz in ihrem Leben.

Sie haben aber selbst eine neue Heimat gefunden, in der sie mit den gleichaltrigen Einheimischen aufwachsen und zusammenwachsen, ihre Mundart sprechen und ihre Gewohnheiten teilen. Ihr junges Leben ist ein Beweis für die Fähigkeit zum inneren Frieden. Ihre Großeltern und Eltern wurden einst vertrieben, sie jedoch sind jetzt zu Hause.

Früh und beispielhaft haben sich die Heimatvertriebenen zum Gewaltverzicht bekannt. Das war keine vergängliche Erklärung im anfänglichen Stadium der Machtlosigkeit, sondern ein Bekenntnis, das seine Gültigkeit behält. Gewaltverzicht bedeutet, allseits das Vertrauen wachsen zu lassen, daß auch ein wieder zu Kräften gekommenes Deutschland daran gebunden bleibt.

Die eigene Heimat ist mittlerweile anderen zur Heimat geworden. Auf vielen alten Friedhöfen im Osten finden sich heute schon mehr polnische als deutsche Gräber.

Der erzwungenen Wanderschaft von Millionen Deutschen nach Westen folgten Millionen Polen und ihnen wiederum Millionen Russen. Es sind alles Menschen, die nicht gefragt wurden, Menschen, die Unrecht erlitten haben, Menschen, die wehrlose Objekte der politischen Ereignisse wurden und denen keine Aufrechnung von Unrecht und keine Konfrontation von Ansprüchen wiedergutmachen kann, was ihnen angetan worden ist.

Gewaltverzicht heute heißt, den Menschen dort, wo sie das Schicksal nach dem 8. Mai hingetrieben hat und wo sie nun seit Jahrzehnten leben, eine dauerhafte, politisch unangefochtene Sicherheit für ihre Zukunft zu geben. Es heißt, den widerstreitenden Rechtsansprüchen das Verständigungsgebot überzuordnen.

Darin liegt der eigentliche, der menschliche Beitrag zu einer europäischen Friedensordnung, der von uns ausgehen kann.

Der Neuanfang in Europa nach 1945 hat dem Gedanken der Freiheit und Selbstbestimmung Siege und Niederlagen gebracht. Für uns gilt es, die Chance des Schlußstrichs unter eine lange Periode europäischer Geschichte zu nutzen, in der jedem Staat Frieden nur denkbar und sicher schien als Ergebnis eigener Überlegenheit und in der Frieden eine Zeit der Vorbereitung des nächsten Krieges bedeutete.

Die Völker Europas lieben ihre Heimat. Den Deutschen geht es nicht anders. Wer könnte der Friedensliebe eines Volkes vertrauen, das imstande wäre, seine Heimat zu vergessen?

Nein, Friedensliebe zeigt sich gerade darin, daß man seine Heimat nicht vergißt und eben deshalb entschlossen ist, alles zu tun, um immer in Frieden miteinander zu leben. Heimatliebe eines Vertriebenen ist kein Revanchismus.

Stärker als früher hat der letzte Krieg die Friedenssehnsucht im Herzen der Menschen geweckt. Die Versöhnungsarbeit von Kirchen fand eine tiefe Resonanz. Für die Verständigungsarbeit von jungen Menschen gibt es viele Beispiele. Ich denke an die „Aktion Sühnezeichen" mit ihrer Tätigkeit in Auschwitz und Israel. Eine Gemeinde der niederrheinischen Stadt Kleve erhielt neulich Brote aus polnischen Gemeinden als Zeichen der Aussöhnung und Gemeinschaft. Eines dieser Brote hat sie an einen Lehrer nach England geschickt. Denn dieser Lehrer aus England war aus der Anonymität herausgetreten und hatte geschrieben, er habe damals im Krieg als Bombenflieger Kirche und Wohnhäuser in Kleve zerstört und wünsche sich ein Zeichen der Aussöhnung.

Es hilft unendlich viel zum Frieden, nicht auf den anderen zu warten, bis er kommt, sondern auf ihn zuzugehen, wie dieser Mann es getan hat.

In seiner Folge hat der Krieg alte Gegner menschlich und auch politisch einander nähergebracht. Schon 1946 rief der amerikanische Außenminister Byrnes in seiner denkwürdigen Stuttgarter Rede zur Verständigung in Europa und dazu auf, dem deutschen Volk auf seinem Weg in eine freie und friedliebende Zukunft zu helfen.

Unzählige amerikanische Bürger haben damals mit ihren privaten Mitteln uns Deutsche, die Besiegten, unterstützt, um die Wunden des Krieges zu heilen.

Dank der Weitsicht von Franzosen wie Jean Monnet und Robert Schuman und von Deutschen wie Konrad Adenauer endete eine alte Feindschaft zwischen Franzosen und Deutschen für immer.

Ein neuer Strom von Aufbauwillen und Energie ging durch das eigene Land. Manche alte Gräben wurden zugeschüttet, konfessionelle Gegensätze und soziale Spannungen verloren an Schärfe. Partnerschaftlich ging man ans Werk.

Es gab keine „Stunde Null", aber wir hatten die Chance zu einem Neubeginn. Wir haben sie genutzt so gut wir konnten. An die Stelle der Unfreiheit haben wir die demokratische Freiheit gesetzt. Vier Jahre nach Kriegsende, 1949, am heutigen 8. Mai, beschloß der Parlamentarische Rat unser Grundgesetz. Über Parteigrenzen hinweg gaben seine Demokraten die Antwort auf Krieg und Gewaltherrschaft im Artikel 1 unserer Verfassung:

Das deutsche Volk bekennt sich darum zu unverletzlichen und unveräußerlichen Menschenrechten als Grundlage jeder menschlichen Gemeinschaft, des Friedens und der Gerechtigkeit in der Welt.

Auch an diese Bedeutung des 8. Mai gilt es heute zu erinnern.

Die Bundesrepublik Deutschland ist ein weltweit geachteter Staat geworden. Sie gehört zu den hochentwickelten Industrieländern der Welt. Mit ihrer wirtschaftlichen Kraft weiß sie sich mitverantwortlich dafür, Hunger und Not in der Welt zu bekämpfen und zu einem sozialen Ausgleich unter den Völkern beizutragen.

Wir leben seit vierzig Jahren in Frieden und Freiheit, und wir haben durch unsere Politik unter den freien Völkern des Atlantischen Bündnisses und der Europäischen Gemeinschaft dazu selbst einen großen Beitrag geleistet.

Nie gab es auf deutschem Boden einen besseren Schutz der Freiheitsrechte des Bürgers als heute. Ein dichtes soziales Netz, das den Vergleich mit keiner anderen Gesellschaft zu scheuen braucht, sichert die Lebensgrundlage der Menschen.

Hatten sich bei Kriegsende viele Deutsche noch darum bemüht, ihren Paß zu verbergen oder gegen einen anderen einzutauschen, so ist heute unsere Staatsbürgerschaft ein angesehenes Recht.

Wir haben wahrlich keinen Grund zu Überheblichkeit und Selbstgerechtigkeit. Aber wir dürfen uns der Entwicklung dieser 40 Jahre dankbar erinnern, wenn wir das eigene historische Gedächtnis als Leitlinie für unser Verhalten in der Gegenwart und für die ungelösten Aufgaben, die auf uns warten, nutzen.

– Wenn wir uns daran erinnern, daß Geisteskranke im Dritten Reich getötet wurden, werden wir die Zuwendung zu psychisch kranken Bürgern als unsere eigene Aufgabe verstehen.

– Wenn wir uns erinnern, wie rassisch, religiös und politisch Verfolgte, die vom sicheren Tod bedroht waren, oft vor geschlossenen Grenzen anderer Staaten standen, werden wir vor denen, die heute wirklich verfolgt sind und bei uns Schutz suchen, die Tür nicht verschließen.

– Wenn wir uns der Verfolgung des freien Geistes während der Diktatur besinnen, werden wir die Freiheit jedes Gedankens und jeder Kritik schützen, so sehr sie sich auch gegen uns selbst richten mag.

– Wer über die Verhältnisse im Nahen Osten urteilt, der möge an das Schicksal denken, das Deutsche den jüdischen Mitmenschen bereiteten und das die Gründung des Staates Israel unter Bedingungen auslöste, die noch heute die Menschen in dieser Region belasten und gefährden.

– Wenn wir daran denken, was unsere östlichen Nachbarn im Kriege erleiden mußten, werden wir besser verstehen, daß der Ausgleich, die Entspannung und die friedliche Nachbarschaft mit diesen Ländern zentrale Aufgabe der deutschen Außenpolitik bleiben. Es gilt, daß beide Seiten sich erinnern und beide Seiten einander achten. Sie haben menschlich, sie haben kulturell, sie haben letztes Endes auch geschichtlich allen Grund dazu.

Der Generalsekretär der Kommunistischen Partei der Sowjetunion Michail Gorbatschow hat verlautbart, es ginge der sowjetischen Führung beim 40. Jahrestag des Kriegsendes nicht darum, antideutsche Gefühle zu schüren. Die Sowjetunion trete für Freundschaft zwischen den Völkern ein.

Gerade wenn wir Fragen auch an sowjetische Beiträge zur Verständigung zwischen Ost und West und zur Achtung von Menschenrechten in allen Teilen Europas haben, gerade dann sollten wir dieses Zeichen aus Moskau nicht überhören. Wir wollen Freundschaft mit den Völkern der Sowjetunion.

40 Jahre nach dem Ende des Krieges ist das deutsche Volk nach wie vor geteilt.

Beim Gedenkgottesdienst in der Kreuzkirche zu Dresden sagte Bischof Hempel im Februar dieses Jahres:

Es lastet, es blutet, daß zwei deutsche Staaten entstanden sind mit ihrer schweren Grenze. Es lastet und blutet die Fülle der Grenzen überhaupt. Es lasten die Waffen.

Vor kurzem wurde in Baltimore in den Vereinigten Staaten eine Ausstellung „Juden in Deutschland" eröffnet. Die Botschafter beider deutscher Staaten waren der Einladung gefolgt. Der gastgebende Präsident der Johns-Hopkins-Universität begrüßte sie zusammen. Er verwies darauf, daß alle Deutschen auf dem Boden derselben historischen Entwicklung stehen. Eine gemeinsame Vergangenheit verknüpfte sie mit einem Band. Ein solches Band könne eine Freude oder ein Problem sein – es sei immer eine Quelle der Hoffnung. Wir Deutschen sind ein Volk und eine Nation. Wir fühlen uns zusammengehörig, weil wir dieselbe Geschichte durchlebt haben. Auch den 8. Mai 1945 haben wir als gemeinsames Schicksal unseres Volkes erlebt, das uns eint. Wir fühlen uns zusammengehörig in unserem Willen zum Frieden. Von deutschem Boden in beiden Staaten sollen Frieden und gute Nachbarschaft mit allen Ländern ausgehen. Auch andere sollen ihn nicht zur Gefahr für den Frieden werden lassen.

Die Menschen in Deutschland wollen gemeinsam einen Frieden, der Gerechtigkeit und Menschenrecht für alle Völker einschließt, auch für das unsrige.

Nicht ein Europa der Mauern kann sich über Grenzen hinweg versöhnen, sondern ein Kontinent, der seinen Grenzen das Trennende nimmt. Gerade daran mahnt uns das Ende des Zweiten Weltkrieges.

Wir haben die Zuversicht, daß der 8. Mai nicht das letzte Datum unserer Geschichte bleibt, das für alle Deutschen verbindlich ist.

Manche junge Menschen haben sich und uns in den letzten Monaten gefragt, warum es 40 Jahre nach Ende des Krieges zu so lebhaften Auseinandersetzungen über die Vergangenheit gekommen ist. Warum lebhafter als nach 25 oder 30 Jahren? Worin liegt die innere Notwendigkeit dafür?

Es ist nicht leicht, solche Fragen zu beantworten. Aber wir sollten die Gründe dafür nicht vornehmlich in äußeren Einflüssen suchen, obwohl es diese zweifellos auch gegeben hat.

40 Jahre spielen in der Zeitspanne von Menschenleben und Völkerschicksalen eine große Rolle.

Auch hier erlauben Sie mir noch einmal einen Blick auf das Alte Testament, das für jeden Menschen unabhängig von seinem Glauben tiefe Einsichten aufbewahrt. Dort spielen 40 Jahre eine häufig wiederkehrende, eine wesentliche Rolle.

40 Jahre sollte Israel in der Wüste bleiben, bevor der neue Abschnitt in der Geschichte mit dem Einzug ins verheißene Land begann.

40 Jahre waren notwendig für einen vollständigen Wechsel der damals verantwortlichen Vätergeneration.

An anderer Stelle aber (Buch der Richter) wird aufgezeichnet, wie oft die Erinnerung an erfahrene Hilfe und Rettung nur 40 Jahre dauerte. Wenn die Erinnerung abriß, war die Ruhe zu Ende.

So bedeuten 40 Jahre stets einen großen Einschnitt. Sie wirken sich aus im Bewußtsein der Menschen, sei es als Ende einer dunklen Zeit mit der Zuversicht auf eine neue und gute Zukunft, sei es als Gefahr des Vergessens und als Warnung vor den Folgen. Über beides lohnt es sich nachzudenken.

Bei uns ist eine neue Generation in die politische Verantwortung hereingewachsen. Die Jungen sind nicht verantwortlich für das, was damals geschah. Aber sie sind verantwortlich für das, was in der Geschichte daraus wird.

Wir Älteren schulden der Jugend nicht die Erfüllung von Träumen, sondern Aufrichtigkeit. Wir müssen den Jüngeren helfen zu verstehen, warum es lebenswichtig ist, die Erinnerung wachzuhalten. Wir wollen ihnen helfen, sich auf die geschichtliche Wahrheit nüchtern und ohne Feindseligkeit einzulassen, ohne Flucht in utopische Heilslehren, aber auch ohne moralische Überheblichkeit.

Wir lernen aus unserer eigenen Geschichte, wozu der Mensch fähig ist. Deshalb dürfen wir uns nicht einbilden, wir seien nun als Menschen anders und besser geworden.

Es gibt keine endgültig errungene moralische Vollkommenheit – für niemanden und kein Land! Wir haben als Menschen gelernt, wir bleiben als Menschen gefährdet. Aber wir haben die Kraft, Gefährdungen immer von neuem zu überwinden.

Hitler hat stets damit gearbeitet, Vorurteile, Feindschaften und Haß zu schüren.

Die Bitte an die jungen Menschen lautet:

Lassen Sie sich nicht hineintreiben in Feindschaft und Haß gegen andere Menschen,
gegen Russen oder Amerikaner,
gegen Juden oder Türken,
gegen Alternative oder Konservative,
gegen Schwarz oder Weiß.
Lernen Sie, miteinander zu leben, nicht gegeneinander.
Lassen Sie auch uns, als demokratisch gewählte Politiker dies immer wieder beherzigen und ein Beispiel geben.
Ehren wir die Freiheit.

Arbeiten wir für den Frieden.
Halten wir uns an das Recht.
Dienen wir unseren inneren Maßstäben der Gerechtigkeit.

Schauen wir am heutigen 8. Mai, so gut wir es können, der Wahrheit ins Auge.

Fehlschlag – die „erlebte" Rede:
PHILIPP JENNINGER

geboren 1932 in Rindelbach (jetzt Ellwangen/Jagst, Baden-Württemberg), studierte Rechtswissenschaft an der Universität Tübingen von 1952 bis 1955; 1955 Referendar, 1957 Dr. jur., 1959 Assessor. 1960 bis 1963 Dezernent bei der Wehrbereichsverwaltung Stuttgart, anschließend Referent des Personalchefs im Bundesverteidigungsministerium, 1964 bis 1966 Kabinettsreferent des Bundesministers für besondere Aufgaben Heinrich Krone, 1966 bis 1969 Kabinettsreferent des Bundesfinanzministers Franz Josef Strauß. 1969 bis 1990 CDU-MdB, 1973 Parlamentarischer Geschäftsführer der CDU/CSU-Fraktion, 1975 Erster Geschäftsführer, 1982 Staatsminister im Bundeskanzleramt, 1984 Nachfolger Rainer Barzels (Seite ...) als Bundestagspräsident, 11. November 1988 Rücktritt. 1991 Botschafter der Bundesrepublik Deutschland in Wien, 1995 bis 1997 Botschafter im Vatikan. Jenninger ist Herausgeber von Gedenkschriften für Alois Mertes (1921 bis 1985) und Kai-Uwe von Hassel (1913 bis 1997).

Reden, die nicht wohl bedacht,
Haben Tadel oft gebracht.
Freidanks Bescheidenheit (1229)

Bis zum 8. November 1988 war die Laufbahn des schwäbischen CDU-Politikers Philipp Jenninger nicht nur geradlinig, sondern immer steiler werdend verlaufen: dem zügig absolvierten Studium folgten schnell Bonner Aufstiegsämter, und schon wenige Jahre nach dem Eintritt in das Hohe Haus übernahm er leitende Positionen in der CDU/CSU-Fraktion, ehe er nach einem Zwischenspiel im Kanzleramt, wo er als für die Deutschland-Politik zuständiger Staatsminister die Kreditverhandlungen mit der DDR führte, 1984 zum Nachfolger Rainer Barzels als Bundestagspräsident gewählt und 1987 mit beachtlichem Ergebnis – 393:89:29 – im Amt bestätigt wurde.

Auf die Gedenkfeier des Bundestages anlässlich der 50. Wiederkehr des Tages der schändlichen Pogrome im Jahre 1938 war die nationale und internationale Aufmerksamkeit gerichtet, und Jenninger hatte sich in wochenlanger Vorbereitung dieser schwierigen Aufgabe gewidmet. Er wollte nicht mehr und nicht weniger, als den Zuhörern des Jahres 1988 verdeutlichen, wie der Jubel der Deutschen über die von ihrem „Führer" vollbrachten Taten zu erklären sei, und wollte damit die zeitgeschichtliche Entwicklung verdeutlichen, die zu den Untaten des November-Pogroms geführt hatte. Damit wollte er aus einem bei solchen Rückblicken auf die Untaten des „Dritten Reiches" in der Bundesrepublik rituell gewordenen Schema ausbrechen und sich nicht einfach auf Klage und Anklage mit folgendem Schuldbekenntnis beschränken. Bei seiner Darlegung bediente er sich eines erprobten oratorischen Stilmittels, der „erlebten" Rede, vor allem in der Form der rhetorischen Frage: „Und was die Juden anging: Hatten sie sich nicht in der Vergangenheit eine Rolle angemaßt, die ihnen nicht zukam?" „Mussten sie nicht endlich einmal Einschränkungen auf sich nehmen?" Um die Verbrechen der Nationalsozialisten wirkungsvoll zu beschreiben, verwendete Jenninger laufend deren Vokabular, sprach von „Rassenschande", von „jüdischem Ungeziefer" und verwendete ähnliche Begriffe aus dem Wörterbuch des Unmenschen. Natürlich standen alle diese Begriffe im Manuskript seiner Rede in Anführungszeichen; aber die waren ja nicht zu hören, und leider gelang es dem Redner nicht, seine Distanz zu diesen Begriffen durch entsprechenden Vortrag klarzumachen. Fassungslos musste er feststellen, dass diese Wertungen ihm selbst zugeschrieben wurden und als seine eigenen Meinungsäußerungen verstanden wurden. Jahre später meinte Ignatz Bubis, der Vorsitzende des Zentralrats der deutschen Juden, Jenninger habe „eine über weite Strecken hervorragende Rede einfach nur rhetorisch miserabel vorgetragen". Die Bundestagsstenographen haben nachgerechnet, dass er mit gleich bleibender, relativ hoher Geschwindigkeit von 250 bis 300 Silben in der Minute sprach. Die einschläfernde Wirkung monoton vorgetragener oder flott heruntergelesener Reden ist bekannt, und wenn, wie in Jenningers Rede, jeder Satz eine dichte Informationsfülle enthält, ist die negative Wirkung einer solchen Verlesung mit Händen zu greifen. Dazu kamen noch oratorische Fehlgriffe, wenn er etwa feststellte, dass Himmler und andere „die an Idiotie grenzenden Vorstellungen" von Euthanasie „mit der ermüdenden Eintönigkeit von Geisteskranken" verkündeten – zur moralischen Verurteilung der eugenischen Wahnvorstellungen der Täter mussten also die Opfer herhalten.

Schon zu Beginn der Rede entstand durch Zuspätkommende Unruhe; einzelne Abgeordnete verließen während der Verlesung protestierend den Sitzungssaal. In der Bundesrepublik und im Ausland erhob sich ein einziger Schrei der Entrüstung. Jenninger wurde vor allem vorgehalten, dass er, sich des Stilmittels der „erlebten" Rede bedienend, die Zuhörer in die NS-Verbrechen mit hineinzog: „Der Ankläger sah sich plötzlich in die Rolle des Verbrechers gedrängt. Und das war für einen Teil der Zuhörer eine unerträgliche Herausforderung" (Yasushi Suzuki).

Am Tag nach der Rede trat Jenninger zurück. 1990 verzichtete er, enttäuscht und verbittert, auf eine weitere Bundestagskandidatur. Immerhin berief ihn die Bundesregierung – die während der Affäre eindrucksvoll schwieg – in das Auswärtige Amt; als Botschafter in Wien und beim Vatikan erntete er Anerkennung. Wie tief aber der „Jenninger-Schock" auch viele Jahre nach der Rede noch saß – die wie kaum eine zweite die Öffentlichkeit der Republik bewegte –, wurde deutlich, als Jenninger 1997 seine Kandidatur für den Vorsitz des Instituts für Auslandsbeziehungen in Stuttgart aufgrund neuerlicher heftiger öffentlicher Kritik zurückzog.

Der Staat als Organisator des Verbrechens

Rede Jenningers in der Gedenkveranstaltung des Bundestages aus Anlass der Pogrome des nationalsozialistischen Regimes gegen die jüdische Bevölkerung vor 50 Jahren am 10. November 1988 im Bundestag, Bonn, in: DBT/11. WP/10.11.1988/7270 A – 7276 A

Meine Damen und Herren! Die Juden in Deutschland und in aller Welt gedenken heute der Ereignisse vor 50 Jahren. Auch wir Deutschen erinnern uns an das, was sich vor einem halben Jahrhundert in unserem Land zutrug, und es ist gut, daß wir dies in beiden Staaten auf deutschem Boden tun; denn unsere Geschichte läßt sich nicht aufspalten in Gutes und Böses, und die Verantwortung für das Vergangene kann nicht verteilt werden nach den geographischen Willkürlichkeiten der Nachkriegsordnung.

Ich begrüße zu dieser Gedenkveranstaltung im Deutschen Bundestag den Herrn Bundespräsidenten und den Herrn Botschafter des Staates Israel. Mein besonderer Gruß gilt an diesem Tag allen jüdischen Mitbürgerinnen und Mitbürgern in Deutschland, vor allem denen, die als unsere Ehrengäste an dieser Gedenkstunde teilnehmen, dem Vorsitzenden und den Mitgliedern des Direktoriums des Zentralrates der Juden in Deutschland und den Vertretern der christlichen Kirchen. Mein herzlicher Gruß und mein Dank gelten auch Ihnen, sehr verehrte Frau Professor Ehre.

Viele von uns haben gestern auf Einladung des Zentralrates der Juden in Deutschland an der Gedenkveranstaltung in der Synagoge in Frankfurt am Main teilgenommen. Heute nun haben wir uns im Deutschen Bundestag zusammengefunden, um hier im Parlament der Pogrome vom 9. und 10. November 1938 zu gedenken, weil nicht die Opfer, sondern wir, in deren Mitte die Verbrechen geschahen, erinnern und Rechenschaft ablegen müssen, weil wir Deutsche uns klarwerden wollen über das Verständnis unserer Geschichte und über Lehren für die politische Gestaltung unserer Gegenwart und Zukunft.

(Zuruf)

– Bitte lassen Sie diese würdige Stunde in der vorgesehenen Form ablaufen!

(Fortsetzung des Zurufs)

– Haben Sie Verständnis dafür, daß ich Sie herzlich bitte, sich jetzt ruhig zu verhalten!

Die Opfer – die Juden überall auf der Welt – wissen nur zu genau, was der November 1938 für ihren künftigen Leidensweg zu bedeuten hatte. – Wissen auch wir es?

Was sich heute vor 50 Jahren mitten in Deutschland abspielte, das hatte es seit dem Mittelalter in keinem zivilisierten Land mehr gegeben. Und, schlimmer noch: Bei den Ausschreitungen handelte es sich nicht etwa um die Äußerungen eines wie immer motivierten spontanen Volkszorns, sondern um eine von der damaligen Staatsführung erdachte, angestiftete und geförderte Aktion.

Die herrschende Partei hatte in Gestalt ihrer höchsten Repräsentanten Recht und Gesetz suspendiert; der Staat selbst machte sich zum Organisator des Verbrechens. An die Stelle von gezielten Gesetzen und Verordnungen, mit deren Hilfe über Jahre hinweg die schleichende Entrechtung der Juden betrieben worden war, trat jetzt der offene Terror. Eine noch immer nach Hunderttausenden zählende Minderheit war zum Freiwild erklärt worden, ihr Hab und Gut der Zerstörungswut eines organisierten Mobs anheimgegeben.

Weit über 200 Synagogen wurden niedergebrannt oder demoliert, jüdische Friedhöfe verwüstet, Tausende von Geschäften und Wohnungen zerstört und geplündert. Rund hundert Juden fanden den Tod, etwa 30 000 wurden in Konzentrationslager verschleppt; viele von ihnen kehrten nicht mehr zurück. Nicht in Zahlen zu fassen waren die menschlichen Qualen, die Drangsalierungen, Demütigungen, Mißhandlungen und Erniedrigungen.

Goebbels, der eigentliche Regisseur der ganzen Aktion, hatte sich insofern in seiner Kalkulation geirrt, als niemand im In- oder Ausland an die Fiktion des „spontanen Volkszorns" glaubte. Dafür sorgten schon die untätig herumstehenden Polizisten und Feuerwehrleute, die die Synagogen niederbrennen ließen und nur eingriffen, wenn „arisches" Eigentum in Gefahr geriet.

Die späteren Parteigerichtsverfahren bestätigten denn auch mit zynischer Offenheit, daß die uniformierten SA-Trupps und die anderen Brandstifter und Mörder nur den „Willen der Führung" in die Tat umgesetzt hatten; bestraft wurden am Ende nur diejenigen, die sich der „Rassenschande" schuldig gemacht hatten.

Kein Zweifel, die in der Bevölkerung alsbald mit dem Begriff „Reichskristallnacht" belegten Ereignisse markierten einen entscheidenden Wendepunkt in der Judenpolitik der NS-Herrscher. Die Zeit der scheinlegalen Verbrämungen des Unrechts ging zu Ende; nun begann der Weg in die systematische Vernichtung der Juden in Deutschland und in weiten Teilen Europas.

Die Bevölkerung verhielt sich weitgehend passiv; das entsprach der Haltung gegenüber antijüdischen Aktionen und Maßnahmen in vorangegangenen Jahren. Nur wenige machten bei den Ausschreitungen mit – aber es gab auch keine Auflehnung, keinen nennenswerten Widerstand. Alle sahen, was geschah, aber die allermeisten schauten weg und schwiegen. Auch die Kirchen schwiegen. Der Begriff „Reichskristallnacht" wird heute zu Recht als unangemessen betrachtet. Doch gab er die damals herrschende Stimmungs- und Gefühlslage ziemlich zutreffend wieder: eine Mischung aus Verlegenheit, Ironie und Verharmlosung; vor allem war er Ausdruck peinlichen Berührtseins und der Ambivalenz des eigenen Empfindens angesichts der offen zutage liegenden Verantwortung der Partei- und Staatsführung.

Am 30. Januar 1933 hatten die Nationalsozialisten die Macht im Deutschen Reich übernommen. Die fünfeinhalb Jahre bis zum November 1938 reichten aus, um die in anderthalb Jahrhunderten errungene Gleichstellung der Juden auszulöschen. Es begann mit dem Boykott jüdischer Geschäfte im April 1933, dem alsbald die Zwangspensionierung jüdischer Staatsbediensteter und noch im selben Jahr erste Berufsverbote für jüdische Künstler und Journalisten folgten. Die „Nürnberger Gesetze" von 1935 machten die Juden zu Menschen zweiter Klasse ohne staatsbürgerliche Rechte; mit dem „Gesetz zum Schutz des deutschen Blutes und der deutschen Ehre" hielt das unsägliche Delikt der „Rassenschande" seinen Einzug.

Mit der Ausschaltung aus dem staatlichen und kulturellen Leben gingen immer stärkere Einengungen der beruflichen Betätigungsmöglichkeiten einher, die in Berufsverbote für jüdische Ärzte und Rechtsanwälte, Schauspieler, Makler und Heiratsvermittler mündeten. Ab dem Frühjahr 1938 konzentrierten sich die NS-Herrscher verstärkt auf die „Arisierung" der deutschen Wirtschaft – sprich: auf die Enteignung und Ausplünderung der Juden.

Göring war als Beauftragter für den Vierjahresplan unzufrieden mit den Resultaten der Novemberpogrome. Im Gespräch mit Goebbels und Heydrich entfuhr ihm der Satz: „Mir wäre lieber gewesen, ihr hättet 200 Juden erschlagen und hättet nicht solche Werte vernichtet." – Doch wie um die Juden auch noch zu verhöhnen, wurde ihnen eine „Sühneleistung" in Höhe von einer Milliarde Reichsmark auferlegt; die Schäden des Pogroms hatten sie auf eigene Kosten unverzüglich zu beseitigen, die Versicherungsansprüche fielen an den Staat. Gleichzeitig wurden Verordnungen zur völligen Ausschaltung

der Juden aus dem Wirtschaftsleben ab dem 1. Januar 1939 bekannt-
gegeben. Was dann nachfolgte, waren Maßnahmen zum vollständigen
Ausschluß der Juden aus der Gesellschaft. Ziel war ihre totale Isolierung und völlige Verbannung aus allen Bereichen des öffentlichen Lebens. – Für alle, denen die Möglichkeit versperrt blieb,
durch Auswanderung dem Regime zu entkommen, war der Rest
des Weges vorgezeichnet: Judenstern, Ghetto, Deportation, Zwangsarbeit – und dann Vernichtung.

Im Rückblick wird deutlich, meine Damen und Herren, daß zwischen 1933 und 1938 tatsächlich eine Revolution in Deutschland
stattfand – eine Revolution, in der sich der Rechtsstaat in einen
Unrechts- und Verbrechensstaat verwandelte, in ein Instrument zur
Zerstörung genau der rechtlichen und ethischen Normen und Fun-
damente, um deren Erhaltung und Verteidigung es dem Staat – seinem Begriffe nach – eigentlich gehen sollte.

Am Ende dieser Revolution war die NS-Herrschaft entscheidend
gefestigt und war im Rechtsbewußtsein der Menschen weit mehr
vernichtet worden, als es nach außen hin erkennbar sein mochte.

Deutschland hatte Abschied genommen von allen humanitären
Ideen, die die geistige Identität Europas ausmachten; der Abstieg in
die Barbarei war gewollt und vorsätzlich. Zu denen, die dafür das
theoretische Rüstzeug lieferten, zählte Roland Freisler, damals
Staatssekretär im Reichsjustizministerium. „Grundlage des neuen
deutschen Rechtes" war laut Freisler „die durch die nationalsozialistische Revolution gewandelte deutsche Lebensanschauung ... Das
Rechtswollen des Volkes äußert sich autoritativ in den Kundge-
bungen des Willensträgers des Volkes", so sagte er, „des Führers.
Das hieß schlicht: Die Rechtsprechung hatte der NS-Ideologie zu
folgen, denn das Wort des Führers war Gesetz.

Für das Schicksal der deutschen und europäischen Juden noch
verhängnisvoller als die Untaten und Verbrechen Hitlers waren
vielleicht seine Erfolge. Die Jahre von 1933 bis 1938 sind selbst aus
der distanzierten Rückschau und in Kenntnis des Folgenden noch
heute ein Faszinosum insofern, als es in der Geschichte kaum eine
Parallele zu dem politischen Triumphzug Hitlers während jener ersten Jahre gibt.

Wiedereingliederung der Saar, Einführung der allgemeinen
Wehrpflicht, massive Aufrüstung, Abschluß des deutsch-britischen
Flottenabkommens, Besetzung des Rheinlandes, Olympische Som-
merspiele in Berlin, „Anschluß" Österreichs und „Großdeutsches

Reich" und schließlich, nur wenige Wochen vor den Novemberpogromen, Münchener Abkommen, Zerstückelung der Tschechoslowakei – der Versailler Vertrag war wirklich nur noch ein Fetzen Papier und das Deutsche Reich mit einem Mal die Hegemonialmacht des alten Kontinents.

Für die Deutschen, die die Weimarer Republik überwiegend als eine Abfolge außenpolitischer Demütigungen empfunden hatten, mußte dies alles wie ein Wunder erscheinen. Und nicht genug damit: aus Massenarbeitslosigkeit war Vollbeschäftigung, aus Massenelend so etwas wie Wohlstand für breiteste Schichten geworden. Statt Verzweiflung und Hoffnungslosigkeit herrschten Optimismus und Selbstvertrauen. Machte nicht Hitler wahr, was Wilhelm II. nur versprochen hatte, nämlich die Deutschen herrlichen Zeiten entgegenzuführen? War er nicht wirklich von der Vorsehung auserwählt, ein Führer, wie er einem Volk nur einmal in tausend Jahren geschenkt wird?

Sicher, meine Damen und Herren, in freien Wahlen hatte Hitler niemals eine Mehrheit der Deutschen hinter sich gebracht. Aber wer wollte bezweifeln, daß 1938 eine große Mehrheit der Deutschen hinter ihm stand, sich mit ihm und seiner Politik identifizierte? Gewiß, einige „querulantische Nörgler" wollten keine Ruhe geben und wurden von Sicherheitsdienst und Gestapo verfolgt, aber die meisten Deutschen – und zwar aus allen Schichten: aus dem Bürgertum wie aus der Arbeiterschaft – dürften 1938 überzeugt gewesen sein, in Hitler den größten Staatsmann unserer Geschichte erblicken zu sollen.

Und noch eines darf nicht übersehen werden: Alle die staunenerregenden Erfolge Hitlers waren insgesamt und jeder für sich eine nachträgliche Ohrfeige für das Weimarer System. Und Weimar war ja auch ein Synonym für Demokratie und Parlamentarismus, für Gewaltenteilung und Bürgerrechte, für Presse- und Versammlungsfreiheit und schließlich auch für ein Höchstmaß jüdischer Emanzipation und Assimilation.

Das heißt, Hitlers Erfolge diskreditierten nachträglich vor allem das parlamentarisch verfaßte, freiheitliche System, die Demokratie von Weimar selbst. Da stellte sich für sehr viele Deutsche nicht einmal mehr die Frage, welches System vorzuziehen sei. Man genoß vielleicht in einzelnen Lebensbereichen weniger individuelle Freiheiten; aber es ging einem persönlich doch besser als zuvor, und das Reich war doch unbezweifelbar wieder groß, ja, größer und mächtiger als je zuvor. – Hatten nicht eben erst die Führer Großbritanniens, Frankreichs und Italiens Hitler in München ihre Aufwartung gemacht und ihm zu einem weiteren dieser nicht für möglich gehaltenen Erfolge verholfen?

Und was die Juden anging: Hatten sie sich nicht in der Vergangenheit doch eine Rolle angemaßt – so hieß es damals –, die ihnen nicht zukam? Mußten sie nicht endlich einmal Einschränkungen in Kauf nehmen? Hatten sie es nicht vielleicht sogar verdient, in ihre Schranken gewiesen zu werden? Und vor allem: Entsprach die Propaganda – abgesehen von wilden, nicht ernstzunehmenden Übertreibungen – nicht doch in wesentlichen Punkten eigenen Mutmaßungen und Überzeugungen?

Und wenn es gar zu schlimm wurde, wie im November 1938, so konnte man sich mit den Worten eines Zeitgenossen ja immer noch sagen: „Was geht es uns an! Seht weg, wenn euch graust. Es ist nicht unser Schicksal."

Meine Damen und Herren, Antisemitismus hatte es in Deutschland – wie in vielen anderen Ländern auch – lange vor Hitler gegeben. Seit Jahrhunderten waren die Juden Gegenstand kirchlicher und staatlicher Verfolgung gewesen; der von theologischen Vorurteilen geprägte Antijudaismus der Kirchen konnte auf eine lange Tradition zurückblicken.

Um so dankbarer sind wir heute, daß die christlichen Konfessionen und die Juden seit dem Ende des Krieges zum Dialog gefunden haben und ihn offen und freundschaftlich miteinander führen.

Es gab auch andere Beispiele in der Geschichte: Preußen etwa, das nicht nur für französische Hugenotten, salzburgische Protestanten und schottische Katholiken, sondern eben auch für viele verfolgte Juden zur neuen Heimstatt wurde. Praktisch bis zu Hitlers Machtübernahme zeigte sich der deutsche Antisemitismus eher verhalten gegenüber der in Ost- und Südosteuropa herrschenden militanten Judenfeindschaft.

Ein anderer Aspekt ist noch, daß sich der deutsche Nationalismus in spezifischer Weise von dem Nationalismus anderer Länder unterschied. Aus Gründen, die hier nicht zu untersuchen sind, war die parlamentarische, liberale und demokratische Komponente eher unterentwickelt, während auf der gemeinsamen Herkunft und Abstammung, auf der gemeinsamen Geschichte, auf dem „Deutsch-Sein" besondere Betonung lag. Dies zeigte sich nach den napoleonischen Kriegen ebenso wie 1848/49 und erst recht im Kaiserreich.

Die Folge war – nach außen – ein zunehmend aggressives Nationalbewußtsein bei gleichzeitiger Hinnahme obrigkeitsstaatlicher Strukturen im Innern, wo sich die Aggressivität gegen damalige Minderheiten wie Katholiken, Sozialisten und Juden richtete. Andere Dinge traten hinzu. Die rasante Industrialisierung und Verstädterung insbesondere nach 1871 führte zu einem weitverbreiteten, diffusen Unbehagen an der Moderne überhaupt. Gerade in diesem Umwälzungsprozeß, der von vielen Menschen als bedrohlich empfunden wurde, spielten die Juden eine ganz herausgehobene, oftmals glänzende Rolle: in der Industrie, im Bankenwesen und Geschäftsleben, unter Ärzten und Rechtsanwälten, im gesamten kulturellen Bereich wie in den modernen Naturwissenschaften. Das weckte Neid und Inferioritätskomplexe, und die Zuwanderung von Juden aus dem Osten wurde mit äußerstem Mißfallen beobachtet.

Eine Flut von Schriften und Traktaten befaßte sich mit der angeblich verderblichen Rolle „des" Juden, und neben unbekannten Autoren und bekannten, wie Gobineau und Chamberlain, waren es eben auch Größen des deutschen Geistes- und Kulturlebens, wie Heinrich von Treitschke und Richard Wagner, die das antijüdische Ressentiment salonfähig machten. Die Juden wurden zu gesellschaftlich erlaubten Haßobjekten.

Als besonders verhängnisvoll erwies sich die Instrumentalisierung der Darwinschen Lehre durch die Propagandisten des Antisemitismus. Hier war endlich das Rüstzeug, um dem Geraune von der jüdischen Weltverschwörung und dem ewigen Kampf der Rassen ein wissenschaftliches Mäntelchen umzuhängen; hier das Gesunde, Starke, Nützliche, dort das Krankhafte, Minderwertige, Schädliche, die jüdische „Verwesung", das „Ungeziefer", von dem es sich durch „Ausmerzung" und „Vernichtung" zu befreien galt.

Hitlers sogenannter „Weltanschauung" fehlte jeder originäre Gedanke. Alles war schon vor ihm da: der zum biologistischen Rassismus gesteigerte Judenhaß ebenso wie der Affekt gegen die Moderne und die Utopie einer ursprünglichen, agrarischen Gesellschaft, die zu ihrer Verwirklichung des „Lebensraumes" im Osten bedurfte. Sein eigener Beitrag bestand außer in der weiteren Vergröberung, Vereinfachung und Brutalisierung des von anderen übernommenen Weltbildes im wesentlichen in der fanatischen Besessenheit und massenpsychologischen Begabung, mit der er sich selbst zum wichtigsten Propagandisten und Programmatiker des Nationalsozialismus emporhob.

Waren die Juden in früheren Zeiten für Seuchen und Katastrophen, später für wirtschaftliche Not und „undeutsche" Umtriebe verantwortlich gemacht worden, so sah Hitler in ihnen die Schuldigen für schlechthin alle Übel: sie standen hinter den „Novemberverbrechern" des Jahres 1918, den „Blutsaugern" und „Kapitalisten", den „Bolschewisten" und „Freimaurern", den „Liberalen" und „Demokraten", den „Kulturschändern" und „Sittenverderbern", kurz sie waren die eigentlichen Drahtzieher und Verursacher allen militärischen, politischen, wirtschaftlichen und sozialen Unglücks, das Deutschland heimgesucht hatte.

Die Geschichte reduzierte sich auf einen Kampf der Rassen; zwischen Ariern und Juden, zwischen „germanischen Kulturspendern" und „jüdischen Untermenschen". Die Rettung für das deutsche Volk und die endgültige Niederwerfung des Menschheitsverderbers konnten nur in der Erlösung der Welt vom jüdischen Blut als dem bösen Prinzip der Geschichte liegen.

Das Gegenbild war der Krieger und Bauer, der in den Weiten des Ostens im steten Kampf gegen asiatische Horden die Grenzen des germanischen Kulturlandes immer weiter ausdehnte und gleichzeitig mittels Zucht und Veredelung die germanische Rasse in einsame Höhen hinaufmendelte. – Noch als anderswo am Bau der Atombombe gearbeitet wurde, verkündeten Himmler und andere diese an Idiotie grenzenden Vorstellungen mit der ermüdenden Eintönigkeit von Geisteskranken.

Gleiches galt für Hitlers Zwangsvorstellung des schwarzhaarigen, hakennasigen Juden, der die weiße, blondgelockte germanische Frau mit seinem Blut schändet und damit für immer ihrem Volk raubt. Schon in „Mein Kampf" findet sich wieder und wieder diese Wahnvorstellung, die sich in einer endlosen Litanei über „Unzucht" und „Bastardisierung", „Vergewaltigung" und „Blutschande" bis in sein Testament hinein fortsetzt.

Das Elend der Kindheit, die Demütigungen der Jugend, die ruinierten Träume des gescheiterten Künstlers, die Deklassierung des stellungs- und obdachlosen Herumtreibers und die Obsessionen des sexuell Gestörten – das alles fand Hitler ein Ventil: seinen unermeßlichen und niemals endenden Haß auf die Juden. Der Wunsch, zu demütigen, zu schlagen, auszutilgen und zu vernichten, beherrschte ihn bis zum letzten Augenblick.

Mit dem Überfall auf die Sowjetunion bot sich die Möglichkeit, beides miteinander zu verbinden: die Eroberung von „Lebensraum" im Osten und die schon am 30. Januar 1939 öffentlich angedrohte „Vernichtung der jüdischen Rasse in Europa". Bereits im Vorfeld des Ostfeldzuges zeichnete sich – Stichworte „Kommissarbefehl" und „Einsatzgruppen" – ein gigantisches Morden ab, das selbst das, was zuvor in Polen geschehen war, weit in den Schatten stellen mußte. In den Monaten nach dem 22. Juni 1941 werden unter dem Vorwand der Partisanen- und Bandenbekämpfung Hunderttausende jüdischer Männer, Frauen und Kinder von hinter der Front tätigen Einsatzgruppen erschossen. Die „Endlösung" hatte begonnen – lange bevor sie am 20. Januar 1942 auf der „Wannsee-Konferenz" aktenkundig wird.

In der Folge entstehen die Fabriken des Todes; aus den „Gaswagen" werden Gaskammern und Verbrennungsöfen, während die Erschießungen weitergehen. Den unschuldigen Opfern wird selbst der Scharfrichter verweigert; die Täter ersetzen den Henker durch die ins Monströse gesteigerten, industrialisierten Methoden des Kammerjägers – getreu ihrer Sprache, es gelte „Ungeziefer auszutilgen".

Und auch vor diesem letzten, schrecklichsten wollen wir am heutigen Tag nicht die Augen verschließen.

Hören wir dazu einen Augenzeugen der deutschen Wirklichkeit des Jahres 1942:

Die von den Lastwagen abgestiegenen Menschen, Männer, Frauen und Kinder jeden Alters, mußten sich auf Aufforderung eines SS-Mannes, der in der Hand eine Reit- oder Hundepeitsche hielt, ausziehen und ihre Kleider nach Schuhen, Ober- und Unterkleidern getrennt an bestimmten Stellen ablegen ... Ohne Geschrei oder Weinen zogen sich diese Menschen aus, standen in Familiengruppen beisammen, küßten und verabschiedeten sich und warteten auf den Wink eines anderen SS-Mannes, der an der Grube stand und ebenfalls eine Peitsche in der Hand hielt ... Ich beobachtete eine Familie von etwa acht Personen, einen Mann und eine Frau, beide von ungefähr 50 Jahren, mit deren Kindern, so ungefähr 1-, 8- und 10jährig, sowie zwei erwachsene Töchter von 20 bis 24 Jahren. Eine alte Frau mit schneeweißem Haar hielt das einjährige Kind auf dem Arm und sang ihm etwas vor und kitzelte es. Das Kind quietschte vor Vergnügen. Das Ehepaar schaute mit Tränen in den Augen zu. Der Vater hielt an der Hand einen Jungen von etwa 10 Jahren, sprach leise auf ihn ein. Der Junge kämpfte mit den Tränen. Der Vater zeigte mit dem Finger zum Himmel, streichelte ihn über den Kopf und schien ihm etwas zu erklären. Da rief schon der SS-Mann an der Grube seinem Kameraden etwas zu. Dieser teilte ungefähr 20 Personen ab und wies sie an, hinter den Erdhügel zu gehen ... Ich ging um den Erdhügel herum und stand vor einem riesigen Grab. Dicht aneinandergepreßt lagen die Menschen so aufeinander, daß nur die Köpfe zu sehen waren. Von fast allen Köpfen rann Blut über die Schultern. Ein Teil der Erschossenen bewegte sich noch. Einige hoben ihre Arme und drehten den Kopf, um zu zeigen, daß sie noch lebten. Die Grube war bereits dreiviertel voll. Nach meiner Schätzung lagen darin bereits ungefähr 1 000 Menschen. Ich schaute mich nach dem Schützen um. Dieser, ein SS-Mann, saß am Rand der Schmalseite der Grube auf dem Erdboden, ließ die Beine in die Grube herabhängen, hatte auf seinen Knien eine Maschinenpistole liegen und rauchte eine Zigarette. Die vollständig nackten Menschen gingen an einer Treppe, die in die Lehmwand der Grube gegraben war, hinab, rutschten über die Köpfe der Liegenden hinweg bis zu der Stelle, die der SS-Mann anwies. Sie legten sich vor die toten oder angeschossenen Menschen, einige streichelten die noch Lebenden und sprachen leise auf sie ein. Dann hörte ich eine Reihe Schüsse. Ich schaute in die Grube und sah, wie die Körper zuckten oder Köpfe schon still auf den vor ihnen liegenden Körpern lagen ... Schon kam die nächste Gruppe heran, stieg in die Grube hinab, reihte sich an die vorherigen Opfer an und wurde erschossen.

Dazu sagte der Reichsführer SS in seiner Rede vor SS-Gruppenführern in Posen im Oktober 1943:

Ich will hier vor Ihnen in aller Offenheit auch ein ganz schweres Kapitel erwähnen. Unter uns soll es einmal ganz offen ausgesprochen sein, und trotzdem werden wir in der Öffentlichkeit nie darüber reden ... Ich meine jetzt die Judenevakuierung, die Ausrottung des jüdischen Volkes. Es gehört zu den Dingen, die man leicht ausspricht. – „Das jüdische Volk wird ausgerottet", sagt ein jeder Parteigenosse, „ganz klar, steht in unserem Programm, Ausschaltung der Juden, Ausrottung, machen wir." Und dann kommen sie alle an, die braven 80 Millionen Deutschen, und jeder hat seinen anständigen Juden. Es ist ja klar, die anderen sind Schweine, aber dieser eine ist ein prima Jude. Von allen, die so reden, hat keiner zugesehen, keiner hat es durchgestanden. Von Euch werden die meisten wissen, was es heißt, wenn 100 Leichen beisammen liegen, wenn 500 daliegen oder wenn 1 000 daliegen. Dies durchgehalten zu haben und dabei – abgesehen von Ausnahmen menschlicher Schwäche – anständig geblieben zu sein, das hat uns hart gemacht. Dies ist ein niemals geschriebenes und niemals zu schreibendes Ruhmesblatt unserer Geschichte ... Insgesamt können wir sagen, daß wir diese schwerste Aufgabe in Liebe zu unserem Volk erfüllt haben. Und wir haben keinen Schaden in unserem Inneren, in unserer Seele, in unserem Charakter daran genommen.

Wir sind ohnmächtig angesichts dieser Sätze, wie wir ohnmächtig sind angesichts des millionenfachen Untergangs. Zahlen und Worte helfen nicht weiter. Das menschliche Leid ist nicht rückholbar; und jeder einzelne, der zum Opfer wurde, war für die Seinen unersetzlich. So bleibt ein Rest, an dem alle Versuche scheitern, zu erklären und zu begreifen.

Das Kriegsende 1945 bedeutete für die Deutschen in mehrfacher Hinsicht einen tiefen Schock. Die Niederlage war total, die Kapitulation bedingungslos. Alle Anstrengungen und Opfer waren sinnlos gewesen. Zu der entsetzlichen Wahrheit des Holocaust trat die vielleicht bis heute nicht völlig verinnerlichte Erkenntnis, daß die Planung des Krieges im Osten und die Vernichtung der Juden unlösbar miteinander verbunden gewesen waren, daß das eine ohne das andere nicht möglich gewesen wäre.

Die Deutschen waren auf ihre bare Existenz zurückgeworfen; niemand wußte angesichts Millionen Toter und der zerbombten Städte sowie der Millionen, die flüchten mußten, wie es weitergehen sollte. Alle Werte, an die man geglaubt hatte, alle Tugenden und Autoritäten waren kompromittiert. Die Abkehr von Hitler erfolgte beinahe blitzartig; die zwölf Jahre des „Tausendjährigen Reichs" erschienen bald wie ein Spuk. Darin äußerte sich gewiß nicht nur die vollständige Desillusionierung hinsichtlich der Methoden und Ziele des Nationalsozialismus, sondern auch die Abwehr von Trauer und Schuld, der Widerwille gegen eine schonungslose Auseinandersetzung mit der Vergangenheit.

Die rasche Identifizierung mit den westlichen Siegern förderte die Überzeugung, letzten Endes – ebenso wie andere Völker – von den NS-Herrschern nur mißbraucht, „besetzt" und schließlich befreit worden zu sein. – Auch dies gehörte zu den Grundlagen, auf denen eine ungeheure Wiederaufbauleistung das von der Welt ungläubig bestaunte deutsche Wirtschaftswunder hervorbrachte.

Heute, meine Damen und Herren, stellen sich für uns alle Fragen im vollen Wissen um Auschwitz. 1933 konnte sich kein Mensch ausmalen, was ab 1941 Realität wurde. Aber eine über Jahrhunderte gewachsene Judenfeindschaft hatte den Nährboden bereitet für eine maßlose Propaganda und für die Überzeugung vieler Deutscher, daß die Existenz der Juden tatsächlich ein Problem darstellte, daß es so etwas wie eine „Judenfrage" wirklich gab. Die zwangsweise Umsiedlung aller Juden – etwa nach Madagaskar, wie von den NS-Herrschern vorübergehend erwogen – wäre damals vermutlich auf Zustimmung gestoßen.

Es ist wahr, daß die Nationalsozialisten große Anstrengungen unternahmen, die Wirklichkeit des Massenmordes geheimzuhalten. Wahr ist aber auch, daß jedermann um die Nürnberger Gesetze wußte, daß alle sehen konnten, was heute vor 50 Jahren in Deutschland geschah, und daß die Deportationen in aller Öffentlichkeit vonstatten gingen. Und wahr ist, daß das millionenfache Verbrechen aus den Taten vieler einzelner bestand, daß das Wirken der Einsatzgruppen nicht nur in der Wehrmacht, sondern auch in der Heimat Gegenstand im Flüsterton geführter Gespräche war. Unser früherer Kollege Adolf Arndt hat 20 Jahre nach Kriegsende in diesem Haus den Satz gesprochen: „Das Wesentliche wurde gewußt."

Schließlich hatten doch die Machthaber dies geplant. Am Ende standen die Juden allein. Ihr Schicksal stieß auf Blindheit und Herzenskälte.

Viele Deutsche ließen sich vom Nationalsozialismus blenden und verführen. Viele ermöglichten durch ihre Gleichgültigkeit die Verbrechen. Viele wurden selbst zu Verbrechern. Die Frage der Schuld und ihrer Verdrängung muß jeder für sich selbst beantworten.

Wogegen wir uns aber gemeinsam wenden müssen, das ist das Infragestellen der historischen Wahrheit, das Verrechnen der Opfer, das Ableugnen der Fakten.

Solche Bemühungen laufen nicht nur tendenziell auf eine Verleugnung der Opfer hinaus – sie sind auch ganz sinnlos. Denn was immer in der Zukunft geschehen oder von dem Geschehenen in Vergessenheit geraten mag: An Auschwitz werden sich die Menschen bis an das Ende der Zeiten als eines Teils unserer deutschen Geschichte erinnern.

Deshalb ist auch die Forderung sinnlos, mit der Vergangenheit „endlich Schluß" zu machen. Unsere Vergangenheit wird nicht ruhen, sie wird auch nicht vergehen. Und zwar unabhängig davon, daß die jungen Menschen eine Schuld gar nicht treffen kann. Renate Harpprecht, eine Überlebende von Auschwitz, hat dazu gesagt:

Man kann sich sein Volk nicht aussuchen. Ich habe mir damals manchmal gewünscht, nicht Jüdin zu sein, dann bin ich es aber in sehr bewußter Weise geworden. Die jungen Deutschen müssen akzeptieren, daß sie Deutsche sind – aus diesem Schicksal können sie sich nicht davonstehlen.

Sie wollen sich, meine Damen und Herren, auch nicht davonstehlen. Sie wollen vielmehr von uns wissen, wie es dazu kam, wie es dazu kommen konnte. So nimmt die Beschäftigung mit den nationalsozialistischen Verbrechen trotz des wachsenden zeitlichen Abstandes zu den Ereignissen nicht ab, sondern gewinnt an Intensität. Auch für die Psyche eines Volkes gilt, daß die Verarbeitung des Vergangenen nur in der schmerzlichen Erfahrung der Wahrheit möglich ist. Diese Selbstbefreiung in der Konfrontation mit dem Grauen ist weniger quälend als seine Verdrängung.

„Aus der Vergangenheit für die Zukunft zu lernen, ist das Verlangen vieler. Schon zu erkennen, was war, um zu verstehen, was ist, und zu erfassen, was sein wird, das scheint doch die Aufgabe zu sein, die der Geschichtserkenntnis zugeschrieben wird." Diese Sätze schrieb im Mai 1946 Leo Baeck, der dem Tod im Konzentrationslager Theresienstadt entronnen war.

Meine Damen und Herren, die Erinnerung wachzuhalten und die Vergangenheit als Teil unserer Identität als Deutsche anzunehmen – dies allein verheißt uns Älteren wie den Jüngeren Befreiung von der Last der Geschichte.

Vor dem Hintergrund der katastrophalen Irrwege unserer neueren Geschichte erwächst uns fast notwendig eine besondere ethische Verantwortung – eine neue „Ethik der Zukunftsverantwortung", wie sie uns Hans Jonas, der Friedenspreisträger des Deutschen Buchhandels von 1987 und selbst Jude, lehrt.

Im Zeitalter der Großtechnik, der Massengesellschaft und des Massenkonsums ist nicht nur die Bedrohung des einzelnen, sondern der Menschheit insgesamt gewachsen. Eine Bedrohung, die unseren Lebensbedingungen gelten kann, die aber auch die Wertgrundlagen der irdischen Daseinsordnung überhaupt in Frage zu stellen vermag.

Diese Bedrohung manifestiert sich in doppelter Hinsicht: einerseits in einem Katastrophenpotential – wie in einem möglichen Atomkrieg, aber auch der schleichenden Umweltzerstörung – und zum anderen in einem Manipulationspotential, das etwa durch ein genetisches Umkonditionieren unserer Natur, aber auch durch großbürokratische Herrschaftsformen zur ethischen Entmündigung des Menschen führen kann.

Beides fordert unsere Wachsamkeit heraus, eine Wachsamkeit im Gebrauch menschlicher Macht, die sich der Verantwortung gegenüber künftigen Generationen ebenso bewußt ist wie dessen, was der Mensch dem Menschen im Geist zügellosen und fanatischen Machtmißbrauches anzutun fähig war.

Auf den Fundamenten unseres Staates und unserer Geschichte gilt es eine neue moralische Tradition zu begründen, die sich in der humanen und moralischen Sensibilität unserer Gesellschaft beweisen muß.

Nach außen bedeutet dies die Pflicht zur kollektiven Friedensverantwortung, zur aktiven Befriedung der Welt. Dazu gehört für uns auch das Existenzrecht des jüdischen Volkes in gesicherten Grenzen. Es bedeutet die systemöffnende Kooperation zwischen West und Ost. Und es bedeutet eine Garantenpflicht für das Überleben der Dritten Welt.

Nach innen bedeutet es Offenheit und Toleranz gegenüber dem Mitmenschen ungeachtet seiner Rasse, seiner Herkunft, seiner politischen Überzeugung. Es bedeutet die unbedingte Achtung des Rechts. Es bedeutet Wachsamkeit gegenüber sozialer Ungerechtigkeit. Und es bedeutet das kompromißlose Eintreten gegen jede Willkür, gegen jeden Angriff auf die Würde des Menschen.

Dies ist das Wichtigste: Lassen wir niemals wieder zu, daß unserem Nächsten die Qualität als Mensch abgesprochen wird. Er verdient Achtung; denn er trägt wie wir ein menschliches Antlitz.

Einmalige Verdienste, spektakuläre Fehler:
HELMUT KOHL

geboren 1930 in Ludwigshafen a. Rh., 1947 Eintritt in die CDU, 1950 Abitur, anschließend Studium der Rechts-, Sozial- und Staatswissenschaften und der Geschichte in Frankfurt/Main und Heidelberg; 1958 Dr. phil. (Dissertation: „Die politische Entwicklung in der Pfalz und das Wiedererstehen der Parteien nach 1945"). 1959 CDU-MdL in Rheinland-Pfalz, 1963 bis 1969 Vorsitzender der Landtagsfraktion, 1966 bis 1973 Landesvorsitzender der CDU von Rheinland-Pfalz, 1969 bis 1976 Ministerpräsident von Rheinland-Pfalz, 1976 MdB, bis 1982 Vorsitzender der CDU/CSU-Fraktion, 1982 bis 1998 Bundeskanzler, 1973 bis 1998 Bundesvorsitzender der CDU. 1998 Ehrenbürger Europas, Ehrenvorsitzender der CDU, 1999 Rücktritt vom Ehrenvorsitz.

Um ein öffentliches Amt glänzend zu verwalten,
braucht man eine gewisse Anzahl guter und schlechter
Eigenschaften.

Marie von Ebner-Eschenbach

Wenige deutsche Politiker sind bei ihrem Ausscheiden aus dem Amt in einer vergleichbaren Weise gefeiert worden wie Helmut Kohl am Ende seiner Kanzlerschaft: Ehrenbürger Europas, Ehrenvorsitzender der CDU, Träger einer Sonderanfertigung des Großkreuzes des Bundesverdienstordens – keiner ist aber unmittelbar nach solchen Ehrungen so tief gestürzt wie Helmut Kohl. Nicht nur seine Partei fiel aus allen Wolken, als er am 16. Dezember 1999 im Fernsehen, und nicht etwa vor Gremien der CDU, bekannte, er habe über 2 Millionen DM an Spenden erhalten und nicht entsprechend dem Parteiengesetz angemeldet. Den Spendern habe er das Ehrenwort gegeben, ihre Namen nicht zu nennen. Als er darauf vonseiten der CDU gebeten wurde, den Ehrenvorsitz bis zur Klärung der Angelegenheit „ruhen" zu lassen, trat er sofort zurück.

Es war das blamable Ende einer Laufbahn, die ansonsten nur mit der des Gründervaters Adenauer oder des Nobelpreisträgers Brandt verglichen werden kann. Eine Laufbahn, die so erfolgreich werden konnte, weil sie von vornherein auf zwei unverrückbaren Grundpfeilern ruhte: der Freundschaft mit Nahe- und Fernerstehenden und dem Talent, diese Menschen anzuleiten und zu führen. Wenn freilich einer der Freunde wagte, von der von Kohl vorgegebenen Linie abzuweichen und wider den Stachel zu löcken, ging das nicht gut aus. Dazu verfügte er über eine von seinen Gegnern oft unterschätzte Zähigkeit und einen ausgeprägten Instinkt für die Erringung der Macht und ihren Erhalt. Auf dieser Basis entwickelte sich seine Laufbahn: Er war mit 33 Jahren der jüngste Fraktionsvorsitzende in einem deutschen Landtag, und als er mit 39 Jahren Ministerpräsident wurde, wussten die, die ihn gut kannten, dass er auch dies nur als Zwischenstation ansah auf dem Weg an die Spitze. In den zum Teil dramatischen Jahren von 1976 bis 1982, in denen die RAF-Terroristen wüteten, erwies er sich als unbestrittener – wenn auch permanent von Strauß angefeindeter – Führer der Opposition – der Opposition als „Bestandteil des Staatslebens" (Kurt Schumacher) – und beteiligte sich an den damaligen schicksalhaften Entscheidungen der SPD/F.D.P.-Koalition, etwa im Falle Hanns Martin Schleyer. Als sich die Anzeichen verstärkten, dass die SPD ihrem Bundeskanzler Helmut Schmidt wegen des von diesem initiierten NATO-Doppelbeschlusses die Gefolgschaft verweigern würde, zögerte er nicht lange und nahm Verbindung mit der F.D.P. auf. Am 1. Oktober 1982 fand das bisher einzige erfolgreiche konstruktive Misstrauensvotum auf der Bundesbühne statt. Kohl war Bundeskanzler und blieb es 16 Jahre lang, länger als alle seine Vorgänger.

Was viele überraschte: Er übernahm nach seinem Amtsantritt die Grundzüge der Ostpolitik Willy Brandts, ohne allerdings je den geringsten Zweifel an seiner fundamentalen Bejahung der Wiedervereinigungsforderung der Präambel des Grundgesetzes zu lassen. Das hatte er noch gegenüber Erich Honecker bei dessen Staatsbesuch in Bonn 1987 unzweideutig festgestellt und damit den maßlosen Zorn des DDR-Potentaten herausgefordert. Dass es Kohl – trotz anfänglicher Ablehnung der Helsinki-Akte – gelang, die Westpolitik Adenauers und die Ostpolitik Brandts nicht mehr als schroffe Gegensätze bestehen zu lassen, sondern diese beiden Politiken zusammenzuführen, kann man als eine seiner herausragenden Leistungen registrieren. Sie war jedenfalls eine Grundlage für das sich am Ende der 80er-Jahre abzeichnende ruhmlose Ende der DDR, jenes Ende, das allein und ausschließlich die Bevölkerung der „Sowjetzone" durch ihren mutigen unblutigen Aufstand gegen die stalinistischen Herrscher des Landes erzwang. Doch den Protestrufen „Wir sind das Volk" auf den Massenkundgebungen folgte bald die Forderung „Wir sind e i n Volk", und hier kam die Stunde Helmut Kohls. Wenige Wochen nach der Öffnung der Grenzübergänge machte er sich mit seiner Zehn-Punkte-Erklärung vom 28. November 1989 die Forderung „Wir sind e i n Volk" zu Eigen und verkündete zur großen Überraschung der Deutschen und der Weltöffentlichkeit ein Programm „zur Überwindung der Teilung Deutschlands und Europas". In seinen wesentlichen Punkten sah dieses Programm als Ziel eine Föderation der Bundesrepublik Deutschland und der DDR vor, die Eingliederung der künftigen Architektur Deutschlands in die europäische und die Wiedervereinigung als bleibendes politisches Ziel der Bundesregierung.

Die Reaktionen im Hohen Hause auf den völlig überraschenden Zehn-Punkte-Plan waren, wie dem Bundestagsprotokoll zu entnehmen ist, uneinheitlich: Sie reichten von der begeisterten Zustimmung bei der CDU/CSU bis zum oft widerwilligen und zaghaften Applaus in den Reihen der Opposition. Es saßen ja Abgeordnete im Bundestag, die die Streichung des grundgesetzlichen Wiedervereinigungsgebots gefordert hatten, und andere hatten sich mit der Existenz zweier deutscher Staaten so gut wie abgefunden. Wieder andere waren in der – wie sich später herausstellte – vom Osten finanzierten „Friedensbewegung" marschiert. Wie dem auch immer sei: Der Sprecher der Opposition, Karsten Voigt (SPD), stimmte allen zehn Punkten zu, nachdem schon bei Beginn der Debatte Fraktionsvorsitzender Dr. Hans-Jochen Vogel ein mit Kohls zehn Punkten übereinstimmendes Konzept vorgetragen hatte. Damit war auch die Opposition an jener Politik beteiligt, die zum 3. Oktober 1990, dem Nationalfeiertag der Wiedervereinigung, führte.

Mit diesem Programm war nun der Weg, der über die ersten freien Wahlen in der DDR und den Einheitsvertrag zum Beitritt der DDR nach Artikel 23 des Grundgesetzes zur Bundesrepublik Deutschland führte, klar vorgezeichnet. Dass dieser Weg vollendet werden konnte, beruhte vor allem auf dem Netzwerk des internationalen Vertrauens, das Helmut Kohl aufzubauen verstanden hatte; für seine Partner Bush, Mitterrand und Gorbatschow – später Jelzin – war er dessen fester Pfeiler. Nur mithilfe dieses Netzwerks konnten noch im November 1989 als völlig unglaublich angesehene Aktionen wie die Einbeziehung des früheren DDR-Gebiets in die NATO, der Abzug aller sowjetischen Truppen aus der DDR und die sang- und klanglose Auflösung des Warschauer Paktes verwirklicht werden. Einen bedeutenden Beitrag zu dieser Entwicklung lieferte der Koalitionspartner, Außenminister Hans-Dietrich Genscher (F.D.P.), der in den Zwei-plus-Vier-Gesprächen für eine zügige Lösung des Souveränitätsproblems und der Grenzfragen sorgte.

Auch auf der europäischen Ebene konnte Kohl mit Hilfe dieses Netzwerks Unglaubliches zustande bringen: die Erweiterung der Europäischen Gemeinschaft, die Einführung des Euro und den Beitritt früherer Ostblockstaaten zunächst zur NATO und später zur EU. Als die NATO 1991 das Ende des Kalten Krieges verkündete, konnte sich Kohl einen wesentlichen Beitrag zu dieser weltgeschichtlichen Entwicklung zuschreiben.

„Kohl ist ein großer Kanzler, der für sein Land mehr erreicht hat als alle seine Vorgänger und mehr als ein Staatsmann seiner Generation anderswo; sein Regiment aber ist nicht stilbildend und stiftet keine Nachfolge" (Johannes Gross).

Vertragsgemeinschaft – Föderation – Wiedervereinigung

Rede Kohls am 28. November 1989 im Bundestag, in: DBT/11. WP/177./ 28.11.1989/13510 D – 13514 A

[...]

Der Weg zur deutschen Einheit, das wissen wir alle, ist nicht vom grünen Tisch oder mit einem Terminkalender in der Hand zu planen. Abstrakte Modelle kann man vielleicht polemisch verwenden, aber sie helfen nicht weiter.

Aber wir können, wenn wir nur wollen, schon heute jene Etappen vorbereiten, die zu diesem Ziel hinführen.

(Dr. Vogel [SPD]: Sehr gut!)

Ich möchte diese Ziele an Hand eines Zehn-Punkte-Programms erläutern.

Erstens. Zunächst sind Sofortmaßnahmen erforderlich, die sich aus den Ereignissen der letzten Wochen ergeben, insbesondere durch die Fluchtbewegung und die neue Dimension des Reiseverkehrs. Die Bundesregierung ist zu sofortiger konkreter Hilfe dort bereit, wo diese Hilfe jetzt benötigt wird. Wir werden im humanitären Bereich und auch bei der medizinischen Versorgung helfen, soweit dies gewünscht wird und auch nützlich ist.

Wir wissen auch, daß das Begrüßungsgeld, das wir für jeden Besucher aus der DDR einmal jährlich zahlen, keine Lösung für die Finanzierung von Reisen sein kann. Letztlich muß die DDR selbst ihre Reisenden mit den nötigen Devisen ausstatten.

Wir sind aber bereit, für eine Übergangszeit einen Beitrag zu einem Devisenfonds zu leisten. Voraussetzung dafür ist allerdings, daß der Mindestumtausch bei Reisen in die DDR entfällt, Einreisen dorthin erheblich erleichtert werden und die DDR einen eigenen substantiellen Beitrag zu einem solchen Fonds leistet.

(Beifall bei der CDU/CSU, der F.D.P. und der SPD – Frau Dr. Vollmer [GRÜNE]: Und wieviel zahlen Sie?)

Unser Ziel ist und bleibt ein möglichst ungehinderter Reiseverkehr in beide Richtungen.

(Beifall bei der CDU/CSU, der F.D.P. und der SPD)

Zweitens. Die Bundesregierung wird wie bisher die Zusammenarbeit mit der DDR in allen Bereichen fortsetzen, die den Menschen auf beiden Seiten unmittelbar zugute kommt. Das gilt insbesondere für die wirtschaftliche, wissenschaftlich-technologische und kulturelle Zusammenarbeit. Besonders wichtig ist eine Intensivierung der Zusammenarbeit im Bereich des Umweltschutzes. Hier kann schon in aller Kürze, wie immer sonst die Entwicklung sein mag, über neue Projekte entschieden werden.

(Beifall bei der CDU/CSU, der F.D.P. und der SPD)

Das gleiche gilt – der Bundespostminister hat die entsprechenden Gespräche eingeleitet – für einen möglichst baldigen umfassenden Ausbau der Fernsprechverbindungen mit der DDR und des Telefonnetzes der DDR.

(Beifall bei der CDU/CSU, der F.D.P. und der SPD)

Über den Ausbau der Eisenbahnstrecke Hannover-Berlin wird weiter verhandelt. Ich bin allerdings der Auffassung, daß dies zu wenig ist und daß wir angesichts der jetzt eingetretenen Entwicklung

(Zuruf von der SPD)

– nein; ich meine etwas anderes – uns einmal sehr grundsätzlich über die Verkehrs- und Eisenbahnlinien in der DDR und in der Bundesrepublik Deutschland unterhalten müssen.

(Lebhafter Beifall bei der CDU/CSU, der F.D.P. und der SPD sowie der Abg. Frau Garbe [GRÜNE])

Vierzig Jahre Trennung bedeuten ja auch, daß sich die Verkehrswege zum Teil erheblich auseinanderentwickelt haben. Das gilt nicht nur für die Grenzübergänge, sondern beispielsweise auch für die traditionelle Linienführung der Verkehrswege in Mitteleuropa, für die Ost-West-Verbindungen. Es ist nicht einzusehen, weshalb die klassische Route Moskau–Warschau–Berlin–Paris, die ja immer über Köln führte und zu allen Zeiten große Bedeutung hatte, im Zeitalter schneller Züge und am Vorabend des Ausbaus eines entsprechenden europäischen Verkehrswesens nicht mit eingebracht werden sollte.

(Beifall bei der CDU/CSU, der F.D.P. und der SPD)

Drittens. Ich habe angeboten, unsere Hilfe und unsere Zusammenarbeit umfassend auszuweiten, wenn ein grundlegender Wandel des politischen und wirtschaftlichen Systems in der DDR verbindlich beschlossen und unumkehrbar in Gang gesetzt wird. „Unumkehrbar" heißt für uns und vor allem für mich, daß sich die DDR-Staatsführung mit den Oppositionsgruppen auf eine Verfassungsänderung und auf ein neues Wahlgesetz verständigt.

Wir unterstützen die Forderung nach freien, gleichen und geheimen Wahlen in der DDR unter Beteiligung unabhängiger, das heißt selbstverständlich auch nichtsozialistischer, Parteien. Das Machtmonopol der SED muß aufgehoben werden.

(Beifall bei der CDU/CSU, der F.D.P. und der SPD sowie der Abg. Frau Garbe [GRÜNE])

Die geforderte Einführung rechtsstaatlicher Verhältnisse bedeutet vor allem die Abschaffung des politischen Strafrechts und als Konsequenz die sofortige Freilassung aller politischen Gefangenen.

(Beifall bei der CDU/CSU und der F.D.P. sowie der Abg. Frau Garbe [GRÜNE] und der Abg. Frau Eid [GRÜNE] – Frau Oesterle-Schwerin [GRÜNE]: In der Türkei sind Sie nicht so pingelig!)

– Daß Sie, die Sie hier eingezogen sind, Zeichen des Friedens zu setzen, protestieren, wenn ich über die Freilassung politischer Gefangener spreche, entspricht der Entwicklung, die Sie genommen haben.

(Beifall bei der CDU/CSU und der F.D.P.)

Herr Präsident, meine Damen und Herren, wirtschaftliche Hilfe kann nur dann wirksam werden, wenn grundlegende Reformen des Wirtschaftssystems erfolgen. Dies zeigen die Erfahrungen mit allen RGW-Staaten; mit Belehrungen von unserer Seite hat das nichts zu tun. Die bürokratische Planwirtschaft muß abgebaut werden.

Wir wollen nicht unhaltbar gewordene Zustände stabilisieren. Wir wissen: Wirtschaftlichen Aufschwung kann es nur geben, wenn sich die DDR für westliche Investitionen öffnet, wenn sie marktwirtschaftliche Bedingungen schafft und privatwirtschaftliche Betätigungen ermöglicht. Wer in diesem Zusammenhang den Vorwurf der Bevormundung erhebt, den verstehe ich nicht.

(Dr. Rose (CDU/CSU): So ist es!)

In Ungarn und in Polen gibt es jeden Tag Beispiele dafür, an denen sich doch die DDR – ebenfalls Mitgliedstaat des RGW – ohne weiteres orientieren kann.

(Beifall bei der CDU/CSU und der F.D.P. sowie des Abg. Stahl [Kempen] [SPD])

Unser und mein dringender Wunsch ist es, daß es möglichst rasch zu einer solchen Gesetzgebung kommt. Denn es wäre für uns ein wenig erfreulicher Zustand, wenn – was ich ebenfalls wünsche – Privatkapital aus der Bundesrepublik Deutschland in Polen und noch mehr – die Dinge entwickeln sich sehr erfreulich – in Ungarn investiert würde und mitten in Deutschland diese Investitionen ausbleiben. Wir wollen, daß möglichst viele derartige Investitionen von möglichst zahlreichen Unternehmen getätigt werden.

(Beifall bei der CDU/CSU und der F.D.P.)

Ich will es noch einmal klar unterstreichen: Dies sind keine Vorbedingungen, sondern das ist schlicht und einfach die sachliche Voraussetzung, damit Hilfe überhaupt greifen kann.

(Beifall bei der CDU/CSU, der F.D.P. und bei Abgeordneten der SPD)

Im übrigen kann kein Zweifel daran bestehen, daß dies auch die Menschen in der DDR wollen. Sie wollen wirtschaftliche Freiheit, und sie wollen damit die Früchte ihrer Arbeit endlich ernten und mehr Wohlstand gewinnen.

(Beifall bei der CDU/CSU und der F.D.P.)

Wenn ich heute die Diskussion zu diesem Thema – der künftigen Wirtschaftsordnung in der DDR – innerhalb der SED selbst verfolge – wir werden es in ein paar Tagen auf dem Parteitag der SED vor aller Öffentlichkeit erleben können –, dann kann ich beim besten Willen nicht erkennen, daß derjenige, der das hier ausspricht, sich in die inneren Angelegenheiten der DDR einmischt. Ich finde das ziemlich absurd.

(Beifall bei der CDU/CSU und der F.D.P. – Zurufe des Abg. Dr. Lippelt [Hannover] [GRÜNE])

– Es lohnt sich wirklich nicht, auf die Beiträge, die Sie dazwischenrufen, einzugehen. Bloß, es bedrückt mich, wie weit Sie in Tat und Wahrheit von der inneren Situation der Menschen in der DDR und in der Bundesrepublik Deutschland entfernt sind.

(Beifall bei der CDU/CSU und der F.D.P.)

Viertens. Ministerpräsident Modrow hat in seiner Regierungserklärung von einer Vertragsgemeinschaft gesprochen. Wir sind bereit, diesen Gedanken aufzugreifen. Denn die Nähe und der besondere Charakter der Beziehungen zwischen den beiden Staaten in Deutschland erfordern ein immer dichteres Netz von Vereinbarungen in allen Bereichen und auf allen Ebenen.

Diese Zusammenarbeit wird zunehmend auch gemeinsame Institutionen erfordern. Bereits bestehende Kommissionen könnten neue Aufgaben erhalten, weitere könnten gebildet werden. Ich denke dabei insbesondere an die Bereiche Wirtschaft, Verkehr, Umweltschutz, Wissenschaft und Technik, Gesundheit und Kultur. Ich brauche nicht zu betonen, daß bei all dem, was jetzt zu geschehen hat, für uns Berlin voll einbezogen bleiben muß. Das war, ist und bleibt unsere Politik.

(Beifall bei der CDU/CSU, der F.D.P. und der SPD)

Fünftens. Wir sind aber auch bereit, noch einen entscheidenden Schritt weiterzugehen, nämlich konföderative Strukturen zwischen beiden Staaten in Deutschland zu entwickeln mit dem Ziel, eine Föderation, d. h. eine bundesstaatliche Ordnung, in Deutschland zu schaffen. Das setzt aber eine demokratisch legitimierte Regierung in der DDR zwingend voraus.

Dabei könnten wir uns schon bald nach freien Wahlen folgende Institutionen vorstellen: einen gemeinsamen Regierungsausschuß zur ständigen Konsultation und politischen Abstimmung, gemeinsame Fachausschüsse, ein gemeinsames parlamentarisches Gremium – und manches andere mehr angesichts einer völlig neuen Entwicklung.

Die bisherige Politik gegenüber der DDR mußte sich angesichts der Verhältnisse im wesentlichen auf kleine Schritte beschränken, mit denen wir vor allem versuchten, die Folgen der Teilung für die Menschen zu mildern und das Bewußtsein für die Einheit der Nation wachzuhalten und zu schärfen. Wenn uns künftig eine demokratisch legitimierte, d. h. frei gewählte Regierung als Partner gegenübersteht, eröffnen sich völlig neue Perspektiven. Stufenweise können neue Formen institutioneller Zusammenarbeit entstehen und ausgeweitet werden.

Herr Präsident, meine Damen und Herren, ein solches Zusammenwachsen liegt in der Kontinuität der deutschen Geschichte. Staatliche Organisation in Deutschland hieß in unserer Geschichte fast immer auch Konföderation und Föderation. Wir können doch auf diese historischen Erfahrungen zurückgreifen.

(Beifall bei der CDU/CSU, der F.D.P. und der SPD)

Wie ein wiedervereinigtes Deutschland schließlich aussehen wird, das weiß heute niemand. Daß aber die Einheit kommen wird, wenn die Menschen in Deutschland sie wollen, dessen bin ich sicher.

(Lebhafter Beifall bei der CDU/CSU und der F.D.P. – Beifall bei der SPD)

Sechstens. Die Entwicklung der innerdeutschen Beziehungen bleibt eingebettet in den gesamteuropäischen Prozeß, d. h. immer auch in die West-Ost-Beziehungen. Die künftige Architektur Deutschlands muß sich einfügen in die künftige Architektur Gesamteuropas. Hierfür hat der Westen mit seinem Konzept der dauerhaften und gerechten europäischen Friedensordnung Schrittmacherdienste geleistet.

Generalsekretär Gorbatschow und ich sprechen in der Gemeinsamen Erklärung vom Juni dieses Jahres, die ich bereits zitiert habe, von den Bauelementen eines „gemeinsamen europäischen Hauses". Ich nenne beispielhaft dafür die uneingeschränkte Achtung der Integrität und der Sicherheit jedes Staates. Jeder Staat hat das Recht, das eigene politische und soziale System frei zu wählen. Ich nenne die uneingeschränkte Achtung der Grundsätze und Normen des Völkerrechts, insbesondere Achtung des Selbstbestimmungsrechts der Völker. Ich nenne die Verwirklichung der Menschenrechte. Ich nenne die Achtung und Pflege der geschichtlich gewachsenen Kulturen der Völker Europas. Mit alledem wollen wir – so haben es Generalsekretär Gorbatschow und ich festgeschrieben – an die geschichtlich gewachsenen europäischen Traditionen anknüpfen und zur Überwindung der Trennung Europas beitragen.

Siebtens. Die Anziehungs- und Ausstrahlungskraft der Europäischen Gemeinschaft ist und bleibt eine entscheidende Konstante der gesamteuropäischen Entwicklung. Wir wollen und müssen sie weiter stärken. Die Europäische Gemeinschaft ist jetzt gefordert, mit Offenheit und Flexibilität auf die reformorientierten Staaten Mittel-, Ost- und Südosteuropas zuzugehen. Dies haben die Staats- und Regierungschefs der EG-Mitgliedstaaten kürzlich bei ihrem Treffen in Paris ja auch so festgestellt.

Hierbei ist die DDR selbstverständlich eingeschlossen. Die Bundesregierung befürwortet deshalb den baldigen Abschluß eines Handels- und Kooperationsabkommens mit der DDR, das den Zugang der DDR zum Gemeinsamen Markt erweitert, auch was die Perspektive 1992 betrifft. Wir können uns für die Zukunft sehr wohl bestimmte Formen der Assoziierung vorstellen, die die Volkswirtschaften der reformorientierten Staaten Mittel- und Südosteuropas an die EG heranführen und damit das wirtschaftliche und soziale Gefälle auf unserem Kontinent abbauen helfen. Das ist eine der ganz wichtigen Fragen, wenn das Europa von morgen ein gemeinsames Europa sein soll.

(Beifall bei der CDU/CSU, der F.D.P. und der SPD)

Herr Präsident, meine Damen und Herren, den Prozeß der Wiedergewinnung der deutschen Einheit verstehen wir immer auch als europäisches Anliegen. Er muß deshalb auch im Zusammenhang mit der europäischen Integration gesehen werden. Ich will es ganz einfach so formulieren: Die EG darf nicht an der Elbe enden, sondern muß die Offenheit auch nach Osten wahren.

(Beifall bei der CDU/CSU, der F.D.P. und der SPD – Dr. Vogel [SPD]: Sehr gut!)

Nur in diesem Sinne – wir haben das Europa der Zwölf immer nur als einen Teil und nicht als das Ganze verstanden – kann die Europäische Gemeinschaft Grundlage einer wirklich umfassenden europäischen Einigung werden. Nur in diesem Sinne wahrt, behauptet und entwickelt sie die Identität aller Europäer. Diese Identität, meine Damen und Herren, ist nicht nur in der kulturellen Vielfalt Europas, sondern auch und vor allem in den Grundwerten von Freiheit, Demokratie, Menschenrechten und Selbstbestimmung begründet.

(Frau Dr. Vollmer [GRÜNE]: Was wird aus den anderen Teilen der Welt? – Unruhe)

Soweit die Staaten Mittel- und Südosteuropas die erforderlichen Voraussetzungen erfüllen, würden wir es auch begrüßen, wenn sie dem Europarat und insbesondere auch der Konvention zum Schutze der Menschenrechte und Grundfreiheiten beiträten.

(Beifall bei der CDU/CSU, der F.D.P. und der SPD)

Achtens. Der KSZE-Prozeß ist ein Herzstück dieser gesamteuropäischen Architektur. Wir wollen ihn vorantreiben und die bevorstehenden Foren nutzen: die Menschenrechtskonferenzen in Kopenhagen 1990 und in Moskau 1991, die Konferenz über wirtschaftliche Zusammenarbeit in Bonn 1990, das Symposion über das kulturelle Erbe in Krakau 1991 und nicht zuletzt das nächste Folgetreffen in Helsinki. Dort sollten wir auch über neue institutionelle Formen der gesamteuropäischen Zusammenarbeit nachdenken. Wir könnten uns eine gemeinsame Institution zur Koordinierung der West-Ost-Wirtschaftszusammenarbeit sowie die Einrichtung eines gesamteuropäischen Umweltrates sehr gut vorstellen.

(Beifall bei der CDU/CSU, der SPD und der F.D.P.)

Neuntens. Die Überwindung der Trennung Europas und der Teilung Deutschlands erfordern weitreichende und zügige Schritte in der Abrüstung und Rüstungskontrolle. Abrüstung und Rüstungskontrolle müssen mit der politischen Entwicklung Schritt halten und, wenn notwendig, beschleunigt werden. Dies gilt im besonderen für die Wiener Verhandlungen über den Abbau konventioneller Streitkräfte in Europa und für die Vereinbarung vertrauensbildender Maßnahmen ebenso wie für das weltweite Verbot chemischer Waffen, das, wie ich hoffe, 1990 kommen wird.

(Beifall bei der CDU/CSU und der F.D.P. sowie bei Abgeordneten der SPD)

Dies erfordert auch, daß auch die Nuklearpotentiale der Großmächte auf das strategisch erforderliche Minimum reduziert werden können. Das bevorstehende Treffen zwischen Präsident Bush und Generalsekretär Gorbatschow bietet eine gute Gelegenheit, den jetzt laufenden Verhandlungsrunden neue Schubkraft zu geben. Wir bemühen uns – auch in zweiseitigen Gesprächen mit den Staaten des Warschauer Paktes einschließlich der DDR –, diesen Prozeß zu unterstützen.

Zehntens. Mit dieser umfassenden Politik wirken wir auf einen Zustand des Friedens in Europa hin, in dem das deutsche Volk in freier Selbstbestimmung seine Einheit wiedererlangen kann. Die Wiedervereinigung, d. h. die Wiedergewinnung der staatlichen Einheit Deutschlands, bleibt das politische Ziel der Bundesregierung.

(Lebhafter Beifall bei der CDU/CSU und der F.D.P. – Beifall bei Abgeordneten der SPD)

Wir sind dankbar, daß wir in der Erklärung des Brüsseler NATO-Gipfels vom Mai dieses Jahres dafür erneut die Unterstützung unserer Freunde und Partner gefunden haben.

Meine Damen und Herren, wir sind uns bewußt, daß sich auf dem Weg zur deutschen Einheit viele schwierige Fragen stellen, auf die korrekterweise heute niemand eine abschließende Antwort geben kann.

(Zuruf von den GRÜNEN)

Dazu gehört vor allem auch – ich betone das – die ebenso schwierige wie entscheidende Frage übergreifender Sicherheitsstrukturen in Europa.

Die Verknüpfung der deutschen Frage mit der gesamteuropäischen Entwicklung und den West-Ost-Beziehungen – wie ich sie soeben in zehn Punkten erläuterte — ermöglicht eine organische

Entwicklung, die den Interessen aller Beteiligten Rechnung trägt und – dies ist unser Ziel – einer friedlichen und freiheitlichen Entwicklung in Europa den Weg bahnt. Nur miteinander und in einem Klima des wechselseitigen Vertrauens können wir die Teilung Europas, die immer auch die Teilung Deutschlands ist, friedlich überwinden.

Das heißt, wir brauchen auf allen Seiten Besonnenheit, Vernunft und Augenmaß, damit die jetzt begonnene – so hoffnungsvolle – Entwicklung stetig und friedlich weiterverläuft. Was diesen Prozeß stören könnte, sind nicht Reformen, sondern deren Verweigerung. Nicht Freiheit schafft Instabilität, sondern deren Unterdrückung.

(Lebhafter Beifall bei der CDU/CSU und der F.D.P. – Beifall bei den Abgeordneten der SPD)

Jeder gelungene Reformschritt bedeutet für ganz Europa ein Mehr an Stabilität und einen Zugewinn an Freiheit und Sicherheit.

Herr Präsident, meine Damen und Herren, in wenigen Wochen beginnt das letzte Jahrzehnt dieses Jahrhunderts, ein Jahrhundert, das so viel Elend, Blut und Leid sah. Es gibt heute viele hoffnungsvolle Zeichen dafür, daß die 90er Jahre die Chancen für mehr Frieden und mehr Freiheit in Europa und in Deutschland in sich tragen. Es kommt dabei – jeder spürt dies – entscheidend auch auf unseren, den deutschen Beitrag an. Wir alle sollten uns dieser Herausforderung der Geschichte stellen.

(Anhaltender lebhafter Beifall bei der CDU/CSU und der F.D.P., Beifall bei der SPD – Die Abgeordneten der CDU/CSU erheben sich)

Dauerläufer im Auswärtigen Amt:
HANS-DIETRICH GENSCHER

geb. 1927 in Reideburg (Saalkreis), 1943 Flakhelfer, 1944 Reichsarbeitsdienst, 1945 Kriegsdienst, nach kurzer Kriegsgefangenschaft Bauhilfsarbeiter in Halle, 1946 Abitur, 1946-1949 Studium der Rechtswissenschaft in Halle und Leipzig, 1949 Erste juristische Staatsprüfung in Leipzig, 1954 Zweite in Hamburg, 1956 Rechtsanwalt in einer Anwaltssozietät in Bremen. 1946 Mitglied der Liberal-Demokratischen Partei in Halle, 1952 der FDP. 1956 Wissenschaftlichter Angestellter der Bundestagsfraktion der FDP in Bonn, 1959 Geschäftsführer, 1962-1964 Bundesgeschäftsführer der FDP, 1965-1998 FDP-MdB, 1965-1969 Parlamentarischer Geschäftsführer der FDP-Fraktion. 1969 Bundesinnenminister in einer SPD/FDP-Koalition, 1974-1992 Bundesaußenminister, von 1982 an in einer CDU/CSU/FDP-Koalition. 1974-1985 Bundesvorsitzender der FDP. 1992 Ehrenvorsitzender der FDP, Präsident der Europäischen Bewegung Deutschland, ab 1994/95 Honorarprofessur im Fachbereich Politikwissenschaften an der Freien Universität Berlin. Veröffentlichte u.a. „Nach vorn gedacht ... Perspektiven deutscher Außenpolitik", 1986;"Unterwegs zur Einheit", 1991; „Erinnerungen", 1995.

> In der demokratischen Verfassung ist über-
> haupt der Entwicklung großer politischer Cha-
> raktere am meisten Raum gegeben; denn sie
> vornehmlich läßt die Individuen nicht nur zu,
> sondern fordert sie auf, ihr Talent geltend zu
> machen.
>
> *Hegel*

Er schlug alle Rekorde: Keine und keiner seiner 156 Kolleginnen und Kollegen in den Bundesregierungen von 1949 bis 1998 reicht auch nur annähernd an die 23 Bundesministerjahre Genschers heran. Auch langdienende Minister wie Gerhard Schröder (Düsseldorf) und Norbert Blüm bleiben mit 16 Ministerdienstjahren weit hinter Genscher zurück. Den Flakhelfer von 1943, den noch in den letzten Monaten des Krieges als achtzehnjähriger Soldat eingesetzten Sekundaner verschonte die Kriegsfurie, und danach galt es erst einmal die Notjahre der unmittelbaren Nachkriegszeit zu bewältigen. 1946 holte er das Abitur nach und hatte in den folgenden Jahren vor allem gesundheitliche Gravamina zu besiegen: Im ersten Nachkriegsjahrzehnt mußte er wegen Tuberkulose über drei Jahre in Kliniken und Heilstätten zubringen. Nach der Übersiedlung in die Bundesrepublik gelang der Aufstieg schnell; Thomas Dehler war auf den jungen Anwalt – den die demokratische Verfassung nicht sehr nachdrücklich aufzufordern brauchte, „sein Talent geltend zu machen" (Hegel) – aufmerksam geworden und lud ihn ein, in den Mitarbeiterstab der Bonner FDP-Fraktion einzutreten. Dort gewann er schnell Sitz und Stimme, übernahm hohe Parteiämter und begann 1965 seine parlamentarische Laufbahn, die bis 1998 dauern sollte. 1969 berief ihn Willy Brandt in das Innenministerium, ebenso 1972. 1974 wurde er unter Helmut Schmidt Außenminister, und dieses Amt behielt er auch nach dem dramatischen Koalitionswechsel im Jahre 1982.

Als Bundesinnenminister erwarb er sich den Ruf des ersten „Umweltschutzministers"; schon 1971 legte er ein Umweltschutzprogramm der Bundesregierung vor, in dem die deutsche Öffentlichkeit erstmals mit Begriffen wie „Vorsorge-, Verursacher- und Kooperationsprinzip" bekanntgemacht wurde. Die Schaffung des Umweltbundesamtes in Berlin schloß sich an, gegen damals erhebliche Widerstände. Die „schrecklichste Erfahrung seiner gesamten Ministerzeit" nannte er den verbrecherischen Überfall arabischer Terroristen auf die israelische Mannschaft während der Olympischen Spiele 1972 in München; er bot sich den Attentätern – vergeblich – als Geisel an. Das Potential des Bundeskriminalamtes zur

Verbrechensbekämpfung verstärkte er durch die Einführung der elektronischen Datenverarbeitung beträchtlich.

Als nur wenige Delegierte eines Bundesparteitags der SPD Bundeskanzler Schmidt bei der Verwirklichung des von ihm selbst inspirierten Nato-Doppelbeschlusses Folge leisteten und als die Gegensätze zwischen SPD und dem Koalitionspartner FDP wegen der Wirtschafts- und Gesellschaftspolitik unüberbrückbar wurden – die betriebliche Mitbestimmung war eines der umstrittensten Themen -, entschloß sich Genscher zum Koalitionswechsel. Am 1. Oktober 1982 wurde Schmidt beim ersten erfolgreichen Konstruktiven Misstrauensvotum als Bundeskanzler abgewählt, Kohl wurde Nachfolger. Aber dieser Wechsel des Koalitionspartners erwies sich als eine Zerreißprobe für die FDP: Prominente Parteimitglieder traten aus, und auf dem FDP-Parteitag 1982 erhielt Genscher magere 222 Stimmen – von 400 Delegierten – bei seiner Wiederwahl zum Bundesvorsitzenden.

In der Folge begann Genscher, seiner „empfindsamen Witterung für herannahende Wetteränderungen" – wie sie ein Journalist beschrieb – noch mehr als zuvor zu vertrauen und im Einvernehmen mit dem Bundeskanzler seine sehr aktive Entspannungspolitik zu intensivieren. Genscher und Kohl erkannten früher als andere, welche Chancen sich durch die Amtsübernahme des neuen sowjetischen Generalsekretärs Gorbatschow für Europa und insbesondere für das geteilte Deutschland eröffneten.

Als einen ersten Erfolg dieser Entspannungs- und Abrüstungspolitik konnte Genscher den Beschluss der Nato im Jahre 1989 buchen, vorerst auf die Modernisierung der Kurzstreckenraketen zu verzichten; es gelang ihm, auch Kohl zu diesem Verzicht zu bewegen. Kurz danach kam der „bewegendste Moment seines politischen Lebens" (Genscher), als er nach Verhandlungen mit der DDR, in denen er alle Register seiner virtuosen Gesprächsführung ziehen mußte, den in der Botschaft der Bundesrepublik in Prag festgehaltenen DDR-Flüchtlingen verkünden konnte, dass sie in die Bundesrepublik ausreisen dürften. Die nächsten Etappen seines politischen Lebensziels – in dem er sich mit Bundeskanzler Kohl einig war –, der Wiedervereinigung, folgten schon bald: Eine wichtige Vorstufe war die vom Bundestag mit großer Mehrheit angenommene Entschließung vom 8. März 1990, in der die künftige gesamtdeutsche Regierung bindend verpflichtet wurde, die bestehenden Grenzen in einem völkerrechtlichen Vertrag mit Polen anzuerkennen. – Welcher Weg bis zu dieser Entschließung zurückgelegt werden mußte, geht etwa aus einer Festlegung Kurt Schumachers aus der unmittelbaren Nachkriegszeit hervor: „Keine deutsche Regierung und keine deutsche Partei können bestehen, die die Oder-Neiße-Linie anerkennen ..." „Man wird um jeden Quadratmeter deutschen Bodens jenseits dieser Linie mit friedlichen Mitteln kämpfen." – Der in der Entschließung des Bundestages angekündigte völkerrechtliche Vertrag mit Polen wurde nach der Wiedervereinigung und der Erlangung der vollen Souveränität am 14. November 1990 abgeschlossen.

Nach der am 10. November 1990 Kohl gegebenen Zusicherung Gorbatschows, dass die Deutschen in einem vereinten Staat leben könnten, vereinbarten die Außenminister der vier ehemaligen Siegermächte und der beiden deutschen Staaten die Aufnahme von Gesprächen über die „abschließende Regelung in bezug auf Deutschland", d.h. die Lösung der mit den äußeren Aspekten der Einheit verbundenen Probleme. Die Verhandlungen fanden am 5. Mai in Bonn, am 22. Juni in Berlin, am 17. Juli in Paris und am 12. September 1990 in Moskau statt. In diesen Gesprächen war Genscher, wie gesagt werden darf, die beherrschende und sich gleichzeitig klug zurücknehmende Figur, gestützt auf seine Freunde Edward Schewardnadse und James Baker. In seiner Argumentation bezog er sich immer wieder auf die Helsinki-Schlußakte von 1975, in der die freie Bündniswahl für alle Unterzeichnerstaaten festgeschrieben war. Es ging vor allem um die Zugehörigkeit eines vereinten Deutschland zur Nato. Dass diese möglich sei, wurde im Juli 1990 im Kaukasus bei dem – von Genscher wohlvorbereiteten – Treffen zwischen Kohl und Gorbatschow definitiv bestätigt. Als am 15. März 1991 die Ratifikationsurkunden des 2+4-Vertrags in Moskau ausgetauscht wurden, konnten sich Genscher und seine Mitarbeiter im Auswärtigen Amt mit Genugtuung am Ziel jahrelanger intensiver Bemühungen sehen.

Am 5./6. Oktober diskutierte der Deutsche Bundestag den Vertrag über die „abschließende Regelung in bezug auf Deutschland". Außenminister Genscher leitete die Debatte mit der im folgenden abgedruckten Rede ein. Er hatte die Fraktionen des Bundestages über jede einzelne Phase der 2+4-Verhandlungen umfassend informiert, so dass jedermann wußte, worum es bei dem vorgelegten Vertragswerk ging: „um den wichtigsten und chancenreichsten Vertrag, den wir je geschlossen haben" (Genscher). Auf Grund der eingehenden Vorbereitung Genschers hatten die Koalitionsfraktionen und die oppositionelle SPD den Gesetzentwurf gemeinsam eingebracht, und für die Stimmung, die bei der Aussprache herrschte, sei ein Satz des SPD-Abgeordneten Ehmke zitiert: „Lieber Hans-Dieter, niemand hätte das besser machen können als Du." Genscher ließ wissen, dass er das Ergebnis der 2+4-Gespräche am 21. Oktober 1990 den Außenministern der KSZE-Staaten in New York mitgeteilt habe; das Verhandlungsergebnis sei als wichtiger Beitrag zur Stabilität, Zusammenarbeit und Einheit in Europa begrüßt worden. Besonders hob Genscher das Prinzip der Unverletzlichkeit der Grenzen hervor und erwähnte in diesem Zusammenhang den oben angeführten Vertrag mit Polen. Der Bundestag stimmte dem Gesetzentwurf über die „abschließende Regelung in bezug auf Deutschland" bei ganz wenigen Gegenstimmen zu.

Der Vollendung der gesamteuropäischen Einheit und dem Ausbau der Europäischen Gemeinschaft zu einer politischen Union widmete sich Genscher in der Folgezeit mit besonderem Nachdruck, wieder in vollem Einvernehmen mit Bundeskanzler Kohl. Schon 1981 hatte er mit dem italienischen Minister Colombo eine Initiative entwickelt, die schließlich 1986 zur Unterzeichnung der Einheitlichen Europäischen Akte und letztendlich 1992 zum Vertrag von Maastricht führte. Die europäische Wirtschafts- und Währungsunion waren während seiner ganzen Amtszeit als Außenminister immer energisch verfolgte Projekte. – Es ist unwahrscheinlich, dass Genscher seine hochgesteckten Ziele ohne die unzähligen Reisen in Europa und in alle Kontinente hätte erreichen können. Der Presse galt er als der „Weltmeister der Reisediplomatie". Allein von 1983-1988 verzeichnete die Flugbereitschaft der Bundeswehr 245 Dienstreisen. Bekannt geworden ist die gut erfundene Episode, Genscher sei sich bei seinen Weltreisen in einem in entgegengesetzter Richtung fliegenden Flugzeug selbst begegnet.

Das Krisenjahr 1991 – Golfkrieg, Zerfall Jugoslawiens – stellte den längst dienstältesten Außenminister der Welt noch einmal vor besonders schwerwiegende Bewährungsproben. Selbst aus Kreisen der Regierungskoalition sah er sich dem Vorwurf einer „verantwortungsneutralen" Politik ausgesetzt, da er im Golfkrieg lediglich zu einem – hohen – finanziellen Beitrag zur Unterstützung der den Krieg führenden Mächte, wie er von den USA gefordert wurde, bereit war. Auch in der Jugoslawienkrise, in der er sich um eine gemeinsame Politik der EG-Mitglieder bemühte, erntete er wegen der – nach Meinung vieler vorzeitigen – völkerrechtlichen Anerkennung Kroatiens und Sloweniens heftigen Widerspruch, während er in diesen beiden Ländern als Volksheld gefeiert wurde.

Am 27. April 1992 trat er überraschend zurück. Das Bedauern über diesen ganz unerwarteten Schritt war im In- und Ausland lebhaft. Die „Zeit" bescheinigte ihm, dass er für viele Jahre der „Stabilitätsfaktor der deutschen Diplomatie" gewesen sei, und ausländische Stimmen sprachen von einem „Verlust für Europa". Genscher wurde bei seinem Abschied in den deutschen Medien als einer der Architekten der deutschen Wiedervereinigung – neben Kohl – bezeichnet. Er selbst betrachtete allerdings die zum 3. Oktober 1990 führenden Ereignisse immer als ausschließlich im Rahmen der europäischen Einigung relevante Vorgänge.

Der wichtigste und chancenreichste Vertrag, den wir je geschlossen haben

Rede Genschers im Bundestag, Bonn, am 5. Oktober 1990, aus: DBT/11. WP/229./5.10.1990 18100B-18101C

Frau Präsidentin! Meine sehr verehrten Damen! Meine Herren! Das erste Ratifikationsgesetz, das der gesamtdeutsche Bundestag zu beraten hat, gilt dem Vertrag über die abschließende Regelung in bezug auf Deutschland. Der Vertrag ist am 12. September 1994 von zwei deutschen Staaten unterzeichnet worden; ratifiziert wird nun durch das vereinte Deutschland.

Ich danke den Fraktionen, die das Ratifizierungsgesetz gemeinsam eingebracht haben. Ich danke dem Hohen Haus für seine Bereitschaft, das Gesetzgebungsverfahren so zu gestalten, daß die Bundesrepublik Deutschland zu den ersten Vertragsparteien gehören wird, die die Ratifikation abgeschlossen haben werden. Ich danke allen Mitarbeitern, die an der Gestaltung dieses Vertragswerkes mitgewirkt haben. Den Namen von Herrn Ministerialdirektor Dr. Kastrup nenne ich besonders.

(Beifall bei der FDP, der CDU/CSU, der SPD und den GRÜNEN)

Der Vertrag regelt die *äußeren Aspekte der Herstellung der deutschen Einheit.* Die Rechte und Verantwortlichkeiten der Vier Mächte für Berlin und für Deutschland als Ganzes werden durch diesen Vertrag beendet. Am 1. Oktober wurde in New York das Dokument unterzeichnet, mit dem diese Rechte und Verantwortlichkeiten vom Tage der deutschen Einheit bis zum Inkrafttreten des Vertrages ausgesetzt werden. Das vereinte Deutschland hat volle Souveränität über seine inneren und seine äußeren Angelegenheiten. Die wiedergewonnene Souveränität wollen wir für ein neues Sonveränitätsverständnis nutzen. Wir wollen sie für eine neue Ordnung des Friedens in Europa und für eine neue Weltordnung nutzen, die ohne Übertragung von Souveränitätsrechten nicht entstehen können.

Am 1. Oktober habe ich in New York das Ergebnis der *Zwei-plus-Vier-Gespräche* den Außenministern der *KSZE-Staaten* vorgetragen. In dem Abschlußkommuniqué dieser Konferenz ist die abschließende Regelung als wichtiger Beitrag zu Stabilität, Zusammenarbeit und Einheit in Europa begrüßt worden. Das vereinte Deutschland hat als guter Nachbar seinen Platz in der Gemeinschaft der Völker Europas und der Welt eingenommen. Unsere Vereinigung ist Teil der *europäischen Vereinigung*. Wir verbinden mit unserer Vereinigung nicht den Anspruch auf mehr Macht. Aber wir sind uns der gestiegenen Verantwortung bewußt, die wir nun als Volk in einem Staat vereint zu tragen haben.

(Beifall bei der FDP und der CDU/CSU sowie bei Abgeordneten der SPD)

Der Wille und das Bewußtsein der gemeinsamen *Verantwortung* für eine friedliche europäische Zukunft verbinden uns mit den Völkern Europas und der Welt. Das *Vertrauen*, das die Völker dem vereinten Deutschland entgegenbringen, ist für uns Anlaß zu Dankbarkeit. Es war eine Grundvoraussetzung für die deutsche Einheit.

Dieses Vertrauen hat sich die Bundesrepublik Deutschland, unterstützt von ihren Partnern und Freunden, durch eine Politik der Zusammenarbeit und Verständigung erworben, durch ihre innere Liberalität und durch eine Ordnung sozialer Gerechtigkeit. Die friedliche Freiheitsrevolution in der früheren DDR hat dieses Vertrauen für alle Deutschen bekräftigt und verstärkt.

(Zustimmung des Abg. Inner [FDP])

Von Anfang an war uns der Zusammenhang von deutschem und europäischem Schicksal, die Verbindung von deutscher und europäischer Vereinigung bewußt. Wir haben den europäischen Weg nach Deutschland eingeschlagen. Europa ist und bleibt unser Ziel. Nur so werden wir der europäischen Berufung der Deutschen gerecht.

In dem Vertrag über die abschließende Regelung in bezug auf Deutschland bekennen wir uns zur Friedensverantwortung des vereinten Deutschland. Von deutschem Boden soll nur *Frieden* ausgehen. Wir bekennen uns zu einer Politik des guten Beispiels. Die abschließende Regelung bekräftigt das Prinzip der *Unverletzlichkeit der*

Grenzen als Kernelement der Friedensordnung in Europa. Das vereinte Deutschland hat keinerlei Gebietsansprüche gegen andere Staaten und wird solche auch in Zukunft nicht erheben. Es wird die bestehende deutsch-polnische Grenze in einem völkerrechtlich verbindlichen Vertrag bestätigen.

Wir Deutschen bekräftigen, daß wir unsere Waffen niemals einsetzen werden, es sei denn in Übereinstimmung mit unserer Verfassung und der Charta der Vereinten Nationen. Die Politik des guten Beispiels bedeutet auch: Wir verzichten auf Herstellung und Besitz von und auf Verfügungsgewalt über atomare, biologische und chemische Waffen. Wir bekennen uns zu den Rechten und Verpflichtungen aus dem Vertrag über die Nichtverbreitung von Kernwaffen. Wir wünschen, daß die deutsche Entscheidung, die Streitkräfte des vereinten Deutschlands auf 370 000 Mann zu reduzieren, ein Beitrag und ein Aufruf zu tiefgreifender *Abrüstung in Europa* werden möge.

(Beifall bei der FDP, der CDU/CSU und der SPD)

Frau Präsidentin, meine Damen und Herren. unsere Erklärungen und Verpflichtungen in diesem Vertrag sind unser Beitrag zu einer besseren Zukunft Europas.

(Beifall bei der FDP und bei Abgeordneten der CDU/CSU)

Sie sind uns nicht auferlegt worden, und sie mußten uns auch nicht abgerungen werden. Es entspricht der Würde und dem Friedenswillen unseres Volkes, daß wir sie in eigener freier Entscheidung und in eigener Verantwortung abgeben.

(Beifall bei der FDP und der CDU/CSU sowie des Abg. Kolbow [SPDJ)

So dienen wir als gleichberechtigtes Glied in einem vereinten Europa dem Frieden der Welt. Das entspricht unserem festen Willen, durch Kontinuität und Berechenbarkeit zur Stabilität in der Mitte Europas beizutragen. Das bedeutet, den Weg zur europäischen Einheit, zur politischen Union, zur Wirtschafts- und Währungsunion entschlossen fortzusetzen. Wir werden das in enger *Zusammenarbeit mit Frankreich* tun. Alle Deutschen nehmen nun an dem deutsch-französischen Freundschaftswerk teil. Wir haben uns für die Zugehörigkeit zum westlichen Bündnis entschieden.

Die staatliche Einheit der Deutschen ist vollendet. Die *gesamteuropäische Einheit* gilt es noch zu vollenden. Wir sind uns der Verantwortung für den Erfolg der Reformpolitik in Mittel- und Osteuropa bewußt. Der *deutsch-sowjetische Vertrag*, der am 13. September

1990 in Moskau paraphiert wurde, ist Ausdruck der Entschlossenheit, dieser Verantwortung gerecht zu werden. Die deutsch-sowjetischen Beziehungen werden niemandem etwas nehmen; aber sie werden ein Gewinn für ganz Europa sein. Sie haben deshalb auch zentrale Bedeutung.

In einem umfassenden Vertrag wollen wir die künftigen Beziehungen Deutschlands zu Polen regeln. Das *deutsch-polnische Verhältnis* ist ein Kernstück europäischen Friedens.

(Beifall bei der FDP, der CDU/CSU, der SPD und den GRÜNEN)

Wir werden den historischen Entwurf der *KSZE-Schlußakte* als Grundlage für die europäische Konföderation nutzen, von der Präsident Mitterrand sprach, und für die europäische Friedensordnung, die das westliche Bündnis schon 1967 gefordert hat.

Der Vertrag über die abschließende Regelung in bezug auf Deutschland hat den Weg für die staatliche Vereinigung Deutschlands freigegeben, für eine Vereinigung, die sich in Harmonie mit denen vollzieht, die 45 Jahre die Rechte und Verantwortlichkeiten in bezug auf Deutschland als Ganzes und auf Berlin getragen haben, und in Harmonie mit den Teilnehmerstaaten des KSZE-Prozesses und mit den Mitgliedstaaten der Vereinten Nationen. Unsere Unterschrift und die Ratifizierung dieses Vertrages erfolgt im Bewußtsein unserer geschichtlichen Verantwortung – auch im Bewußtsein von allem, was in deutschem Namen geschehen ist.

Dieser Vertrag, der uns mit Dankbarkeit und mit Freude erfüllt, ist auch Grund zur Besinnung. Er eröffnet uns eine neue Chance, und er eröffnet Europa die Möglichkeit eines umfassenden Neuanfangs. Diesen Zusammenhang zu erkennen und ihn zu gestalten ist unsere europäische Berufung.

Der Vertrag ist wohl der wichtigste und chancenreichste, den wir je geschlossen haben. Ob sich diese Erwartung erfüllen wird, wird die Geschichte entscheiden. In unserer Hand liegt es, wie das Urteil der Geschichte ausfallen wird.

(Beifall bei der FDP, der CDU/CSU und der SPD)

In Wahrheit geht es um die Zukunft Deutschlands:
WOLFGANG SCHÄUBLE

geboren 1942 in Freiburg i. B., 1966 erstes, 1970 zweites juristisches Staatsexamen, 1971 Dr. jur., Regierungsrat beim Finanzamt Freiburg i. B., 1978 bis
1984 Rechtsanwalt beim Landgericht Offenburg. 1965 Mitglied der CDU, 1972
MdB (Nachfolger von Hans Furler, Seite ....) im Wahlkreis Offenburg. Siebenmal – zuletzt 1998 – wiedergewählt mit Mehrheiten zwischen 52 und 64%.
1981 bis 1984 Parlamentarischer Geschäftsführer der CDU/CSU-Fraktion.
1984 bis 1989 Bundesminister für besondere Aufgaben und Chef des Bundeskanzleramtes, 1989 bis 1991 Bundesminister des Innern. 1991 bis 2000 Vorsitzender der CDU/CSU-Bundestagsfraktion, 1998 bis 2000 Bundesvorsitzender
der CDU. Schrieb „Der Vertrag – Wie ich über die deutsche Einheit verhandelte" (1991), „Und der Zukunft zugewandt" (1994), „Und sie bewegt sich
doch" (1998).

Die Wiege der deutsch-westlichen Freundschaft
stand an der Spree.

Willy Brandt am 20. Juni 1991

„Die Zeiten sind – leider! – vorbei, da man mit einer gewaltigen
Rede, die die einzelnen Abgeordneten erschütterte und umstimmte,
die Mehrheiten im Parlament verschieben konnte", schrieb einer
der besten Kenner des Bundesparlaments und dessen Vizepräsident von 1949 bis 1966 und von 1969 bis 1972, Carlo Schmid
(Seite ...), in seinem schon klassischen Essay über den Deutschen
Bundestag. Damit stellte er gewiss eine im Zeitalter der umfangrei-
chen und peniblen Vorbereitung von Beschlüssen in Arbeitskreisen
der Fraktionen, Ausschüssen und anderen Gremien allgemeingültige Regel auf; aber auch diese Regel gilt nicht ausnahmslos, wie die
Bundestagsrede Wolfgang Schäubles vom 20. Juni 1991 nach Meinung vieler kompetenter Beobachter beweist. Diese Rede im Bonner Wasserwerk habe, sagen sie, bei der Abstimmung über Bonn
und Berlin den entscheidenden Umschwung zugunsten Berlins bewirkt: 338 Mitglieder des Hauses stimmten für Berlin als Hauptstadt, 320 für Bonn. Unter denen, die diesen Meinungsumschwung
zugunsten Berlins ausgelöst haben, waren natürlich auch Redner
wie Willy Brandt, Helmut Kohl, Wolfgang Thierse und Hans-
Jochen Vogel, ohne dass dies im einzelnen beweisbar wäre, und
Letzteres gilt auch für die Rede Schäubles. Wie selbstverständlich
übrigens die allgemeine Überzeugung von der Rolle Berlins im
Falle der – von vielen freilich als unwahrscheinlich betrachteten –
Wiedervereinigung war, zeigt die Begrüßungsrede des Bonner
Oberbürgermeisters Hans Daniels (CDU-MdB von 1983 bis 1990)
für den sowjetischen Generalsekretär Gorbatschow im Jahre 1989.
In einem Augenblick, in dem sich die weltpolitischen Veränderungen schon abzuzeichnen begannen, erklärte er, Bonn werde die
Aufgaben der Hauptstadt nur so lange wahrnehmen, wie Berlin
daran gehindert sei. Damit entsprach er nur einer Vielzahl von feierlichen Entschließungen des Bundestages – beginnend 1949 – zugunsten der Etablierung Berlins als Bundeshauptstadt, sobald dies
irgend möglich sei.

In der entscheidenden Passage seiner Rede betonte Schäuble vor
allem, dass es nicht um einen Wettkampf zwischen zwei Städten,
sondern in Wahrheit um die Zukunft Deutschlands gehe. Die Mitglieder des Bundestages seien nicht nur Abgeordnete ihrer Wahl-
kreise, sondern Abgeordnete für das gesamte deutsche Volk. Als

Schäuble diese gesamtdeutsche Verpflichtung hervorhob, wusste er sich in einer guten Tradition seiner badischen Heimat: Die Verbundenheit mit dem Deutschen Reich, mit dem Reichsganzen war seit den Tagen der Reichsgründung ein besonderes Markenzeichen des Großherzogtums Baden und der späteren badischen Republik; in der etwas pathetischen Sprache der Zwanzigerjahre lautete dies, Baden sei „im Kreise der Mittelstaaten ein leuchtendes Vorbild nationaler Hingabe" (Willy Andreas). Die Bundesrepublik Deutschland sei, so erklärte Schäuble, mit ihrer provisorischen Hauptstadt Bonn für Freiheit, Demokratie und Rechtsstaat gestanden; aber sie sei immer für das ganze Deutschland, einschließlich der DDR, gestanden. Das Symbol für Einheit und Freiheit, für Demokratie und Rechtsstaatlichkeit sei wie keine andere Stadt immer Berlin gewesen.

Als Schäuble schloss, ereignete sich Ungewöhnliches: Viele Abgeordnete der CDU/CSU und SPD spendeten stehend Beifall, und Willy Brandt schüttelte dem Redner lange die Hand.

Dieser Tag war gewiss ein Höhepunkt im Leben Schäubles. Er konnte am 20. Juni 1991 auf Erfolge zurückblicken, mit denen er sich in die Geschichtsbücher eingetragen hat: mit Recht ist er der „Manager der Einheit" genannt worden. Als er am 31. August 1990 als Bundesinnenminister mit seinem DDR-Gegenüber, Günther Krause, dem Parlamentarischen Staatssekretär beim DDR-Ministerpräsidenten de Maizière, den Vertrag über die Herstellung der Einheit Deutschlands abschloss, konnte dies nach der unglaublich kurzen Zeit von nur acht Wochen nach dem Inkrafttreten der Währungs-, Wirtschafts- und Sozialunion erfolgen. In diesen wenigen Wochen musste die komplizierte und brisante Vertragsmaterie, die völlig unterschiedliche Rechts- und Gesellschaftsordnung der Bundesrepublik und der DDR, aufgearbeitet werden. Schon als Chef des Bundeskanzleramtes hatte Schäuble überzeugende Proben seines Verhandlungsgeschicks geliefert, so bei der Vorbereitung des Honecker-Besuchs 1987. 1990 gelang es ihm, ein neues Ausländerrecht durchzusetzen. Ähnlich erfolgreich war er 1993 bei der Verabschiedung des Asyl-Kompromisses, der Änderung des Art. 16 des Grundgesetzes. 1997 war Schäuble in Meinungsumfragen der beliebteste Politiker Deutschlands, aber als ihn Kohl, ohne einen Termin zu nennen – und ohne Konsultation der Parteigremien und der CSU –, als Nachfolger ins Gespräch brachte, entstand Widerspruch. Nach der verlorenen Bundestagswahl 1998 wurde Schäuble vom CDU-Bundesparteitag mit 827:53:23 Stimmen zum Bundesvorsitzenden gewählt.

Neben vielen Erfolgen gibt es auch viel Tragik in Schäubles Leben: Seit 1990 sitzt er, nach dem Attentat eines Geistesgestörten, querschnittgelähmt im Rollstuhl. Im Januar 2000 zerbrach seine über Jahrzehnte gepflegte Freundschaft mit Helmut Kohl, als dieser im Fernsehen von seinen Übertretungen des Parteiengesetzes berichtete. Als Schäuble selbst wenige Wochen später, ebenfalls im Fernsehen, überraschend von einer ihm übermittelten Spende eines Waffenhändlers sprach, musste er vom Vorsitz der CDU zurücktreten.

Die Entscheidung für Berlin ist eine Entscheidung für die Überwindung der Teilung Europas

Rede Schäubles im Bundestag, Bonn, am 20. Juni 1991, in: DBT/12. WP/34./ 20.6.1991/2746 A – 2747 B

Frau Präsidentin! Meine sehr geehrten Damen und Herren! Wir sind von manchem in den letzten Monaten überrascht worden. Daß wir im vergangenen Jahr die Einheit Deutschlands in Frieden und Freiheit erreichen würden, hat uns jedenfalls in der zeitlichen Abfolge gewiß überrascht. Daß wir danach so sehr über den Sitz von Parlament und Regierung würden miteinander ringen, hat mich jedenfalls auch überrascht.

Ich glaube, in den 40 Jahren, in denen wir geteilt waren, hätten die allermeisten von uns auf die Frage, wo denn Parlament und Regierung sitzen werden, wenn wir die Wiedervereinigung haben, die Frage nicht verstanden und gesagt: Selbstverständlich in Berlin.

(Beifall bei Abgeordneten der CDU/CSU, der F.D.P., der SPD und des Bündnisses 90/GRÜNE)

Die Debatte, die wir geführt haben und noch führen, hat natürlich auch dazu beigetragen, daß jeder die Argumente und die Betroffenheit der anderen besser verstanden hat. Auch ich bekenne mich dazu, daß ich die Argumente und die Betroffenheit derer, die für Bonn sind, heute besser verstehe als vor einigen Monaten. Ich will das ausdrücklich sagen und auch meinen Respekt dafür bekunden. Ich glaube auch, daß es deshalb verdienstvoll war, wenn sich viele – ich auch – bemüht haben, als Grundlage einen Konsens zu finden,

(Beifall bei der CDU/CSU und der F.D.P. sowie bei Abgeordneten der SPD)

um vielleicht zu vermeiden, was bei der einen oder anderen Entscheidung damit notwendigerweise an Folgen verbunden ist. Wir haben den Konsens nicht gefunden. Und auf der anderen Seite ist es vielleicht nun auch gut, daß wir heute entscheiden müssen. Für mich ist es – bei allem Respekt – nicht ein Wettkampf zwischen zwei Städten, zwischen Bonn und Berlin.

(Zuruf von der F.D.P.: Richtig!)

Es geht auch nicht um Arbeitsplätze, Umzugs- oder Reisekosten, um Regionalpolitik oder Strukturpolitik. Das alles ist zwar wichtig,

(Otto Schily [SPD]: Sehr wahr!)

aber in Wahrheit geht es um die Zukunft Deutschlands. Das ist die entscheidende Frage.

(Beifall bei der CDU/CSU, der F.D.P., der SPD und dem Bündnis 90/GRÜNE)

Mit allem Respekt darf ich einmal sagen: Jeder von uns – ich wohne ja weder in Bonn noch in Berlin; ich wohne auch nicht in Brandenburg oder in Nordrhein-Westfalen, sondern ich wohne ganz im Südwesten an der Grenze zu Frankreich – ist nicht nur Abgeordneter seines Wahlkreises und seines Landes, sondern wir sind Abgeordnete für das gesamte deutsche Volk.

(Anhaltender Beifall bei der CDU/CSU, der F.D.P., der SPD und dem Bündnis 90/GRÜNE)

Jeder von uns muß sich dieser Verantwortung bewußt sein, wenn er heute entscheidet.

Wir haben die Einheit unseres Volkes im vergangenen Jahr wiedergefunden. Das hat viel Mühe gekostet. Nun müssen wir sie erst noch vollenden. Auch das kostet noch viel Mühe.

Viele haben oft davon gesprochen, daß wir, um die Teilung zu überwinden, zu teilen bereit sein müssen. Das ist wahr. Aber wer glaubt, das sei nur mit Steuern und Abgaben oder Tarifverhandlungen und Eingruppierungen zu erledigen, der täuscht sich. Teilen heißt, daß wir gemeinsam bereit sein müssen, die Veränderungen miteinander zu tragen, die sich durch die deutsche Einheit ergeben.

(Anhaltender Beifall bei der CDU/CSU, der F.D.P., der SPD und dem Bündnis 90/GRÜNE)

Deswegen kann auch in den sogenannten elf alten Bundesländern – so alt ist Baden-Württemberg übrigens im Vergleich zu Sachsen nicht – nicht alles so bleiben, wie es war, auch nicht in Bonn und nicht im Rheinland.

Wenn wir die Teilung überwinden wollen, wenn wir die Einheit wirklich finden wollen, brauchen wir Vertrauen und müssen wir uns gegenseitig aufeinander verlassen können. Deshalb gewinnt in dieser Entscheidung für mich die Tatsache Bedeutung, daß in 40 Jahren niemand Zweifel hatte, daß Parlament und Regierung nach der Herstellung der Einheit Deutschlands ihren Sitz wieder in Berlin haben werden.

In diesen 40 Jahren – auch das ist wahr – stand das Grundgesetz, stand die alte Bundesrepublik Deutschland mit ihrer provisorischen Hauptstadt Bonn für Freiheit, Demokratie und Rechtsstaat. Aber sie stand damit immer für das ganze Deutschland. Und das Symbol für Einheit und Freiheit, für Demokratie und Rechtsstaatlichkeit für das ganze Deutschland war wie keine andere Stadt immer Berlin:

von der Luftbrücke über den 17. Juni 1953, den Mauerbau im August 1961 bis zum 9. November 1989 und bis zum 3. Oktober im vergangenen Jahr.

Die Einbindung in die Einigung Europas und in das Bündnis des freien Westens hat uns Frieden und Freiheit bewahrt und die Einheit ermöglicht. Aber auch diese Solidarität der freien Welt mit der Einheit und Freiheit der Deutschen hat sich doch nirgends stärker als in Berlin ausgedrückt. Ob wir wirklich ohne Berlin heute wiedervereinigt wären? Ich glaube es nicht.

Deutsche Einheit und europäische Einheit bedingen sich gegenseitig. Das haben wir immer gesagt, und das hat sich bewahrheitet. Meine Heimat, ich sagte es, liegt in der Nachbarschaft von Straßburg. Aber Europa ist mehr als Westeuropa.

Deutschland, die Deutschen, wir haben unsere Einheit gewonnen, weil Europa seine Teilung überwinden wollte.

Deshalb ist die Entscheidung für Berlin auch eine Entscheidung für die Überwindung der Teilung Europas.

(Beifall bei Abgeordneten der CDU/CSU, der F.D.P., der SPD und des Bündnisses 90/GRÜNE)

Ich sage noch einmal, liebe Kolleginnen und Kollegen: Es geht heute nicht um Bonn oder Berlin, sondern es geht um unser aller Zukunft, um unsere Zukunft in unserem vereinten Deutschland, das seine innere Einheit erst noch finden muß, und um unsere Zukunft in einem Europa, das seine Einheit verwirklichen muß, wenn es seiner Verantwortung für Frieden, Freiheit und soziale Gerechtigkeit gerecht werden will.

Deshalb bitte ich Sie herzlich: Stimmen Sie mit mir für Berlin.

(Langanhaltender Beifall bei Abgeordneten der CDU/CSU, der F.D.P., der SPD und des Bündnisses 90/GRÜNE – Abgeordnete der CDU/CSU und der SPD erheben sich – Abg. Willy Brandt [SPD] gratuliert Abg. Dr. Wolfgang Schäuble [CDU/CSU])

Bonn ist die Metapher für die zweite deutsche Republik:
PETER GLOTZ

geboren 1939 in Eger/Böhmen, 1945 Flucht seiner Familie nach Bayern. 1959 bis 1964 Studium der Zeitungswissenschaften, Philosophie, Germanistik und Soziologie in München und Wien, 1964 Magister, 1968 Dr. phil., 1965 Lehrbeauftragter, 1969 bis 1970 Konrektor der Universität München. 1961 SPD-Mitglied, 1970 bis 1972 Geschäftsführer eines Forschungsinstituts in München, Chefredakteur der Zeitschrift „Neue Gesellschaft/Frankfurter Hefte". 1970 MdL in München, Sprecher der SPD-Fraktion in hochschulpolitischen Fragen, 1972 bis 1976 stellvertretender Landesvorsitzender der bayerischen SPD. 1972 bis 1977 MdB, 1974 bis 1977 Parlamentarischer Staatssekretär im Bundesministerium für Bildung und Wissenschaft. 1977 bis 1981 Senator für Wissenschaft und Forschung in Berlin, 1980 bis 1981 Präsident der Kultusministerkonferenz. 1981 bis 1987 Bundesgeschäftsführer der SPD. 1983 bis 1998 wieder MdB, Leitung des Bundestagswahlkampfes der SPD 1986. 1987 Vorsitzender des SPD-Bezirks Südbayern, 1989 bestätigt. 1992 ergebnislose Kandidatur für das Amt des Präsidenten der Berliner Humboldt-Universität. 1994 bis 1996 forschungs- und bildungspolitischer Sprecher der SPD-Bundestagsfraktion. 1996 Gründungsrektor der Universität Erfurt; 1999 Übernahme des Lehrstuhls für Medien und Gesellschaft an der Universität von St. Gallen. Neben vielen Artikeln in Zeitungen und Zeitschriften veröffentlichte Glotz etwa 20 Bücher über aktuelle kommunikationswissenschaftliche und politische Themen, zuletzt „Die Jahre der Vergessenheit. Politisches Tagebuch 1989/1994" (1996); „Im Kern verrottet? Fünf vor Zwölf an Deutschlands Universitäten!" (1996); „ Die beschleunigte Gesellschaft. Kulturkampf im digitalen Kapitalismus" (1999).

„Warum willst du dich von uns allen
Und unserer Meinung entfernen?"
Ich schreibe nicht, euch zu gefallen,
Ihr sollt was lernen.

Goethe

Unorthodoxe Querdenker hat es im Deutschen Bundestag in allen
Wahlperioden gegeben; Peter Glotz ist ein später Nachfahr von Persönlichkeiten wie August Dresbach, Gerd Bucerius, Waldemar von
Knoeringen, Klaus-Peter Schulz, Marie Elisabeth Lüders, Hildegard
Hamm-Brücher, die stellvertretend für viele andere genannt seien.
Bei all den vielen hohen Ämtern, die Glotz während seiner eindrucksvollen Laufbahn als Bildungspolitiker und Hochschullehrer
übernahm, ging es dem „Intellektuellen vom Dienst" immer um programmatische Erneuerungen, um strukturelle Verbesserungen und
einen „Wettbewerb von Ideen und Personen" in der Partei- und Bil-
dungspolitik. Immer wieder geriet er dabei in Widerspruch zu den
Fraktionen und anderen Gremien, denen er angehörte, so etwa als er
als bildungspolitischer Sprecher der SPD-Bundestagsfraktion Studi-
engebühren in Höhe von 1 000 DM pro Semester und eine immer
weiter gehende Privatisierung der Ausgaben für Bildung forderte.
Solche und andere Aufsehen erregenden Vorschläge waren wohl
auch der Grund dafür, dass Glotz nie über eine innerparteiliche
„Hausmacht" verfügte, sondern immer wieder als brillanter Einzel-
kämpfer antreten musste. 1996 schied er aus der aktiven Politik aus
und übernahm als Gründungsrektor der Universität Erfurt den Aufbau der 1994 wieder gegründeten Hochschule. Beachtliche Erfolge
wurden ihm attestiert, die er auf der Grundlage der von ihm formu-
lierten Prinzipien „Multidisziplinarität, Internationalität und innovati-
ve Studienordnung" erreichen konnte. Umso größer war die Überraschung in der etwas verwirrten Öffentlichkeit, als er 1999 einen Me-
dienlehrstuhl an der Universität in St. Gallen übernahm.
Am 20. Juni 1991 stimmte er zwar mit der Mehrheit seiner
Fraktion – 126 für Bonn, 109 für Berlin – dafür, die Funktion als
Bundeshauptstadt weiterhin Bonn zuzuordnen, setzte sich aber
damit in Gegensatz zu seinen Freunden Willy Brandt und Hans-
Jochen Vogel: Brandt hatte ihn 1981 als Bundesgeschäftsführer
der SPD berufen. Aber solche am 20. Juni 1991 irritierenden Gegensätze gab es auch bei der CDU/CSU, wo ebenfalls die Mehrheit der Fraktion – 164 – für Bonn stimmte; 152 entschieden sich
für Berlin.

Kenner der Bonner Szene können sich nicht an ähnlich uneinheitliche Stimmabgaben in den großen Fraktionen erinnern. Für Bonn stimmten z. B. die CDU/CSU-Abgeordneten Dr. Blüm, Ost, Dr. Pflüger, Repnik, Dr. Rüttgers, Seehofer, Dr. Stercken, Frau Dr. Süssmuth, Dr. Waffenschmidt, Frau Dr. Wilms und die SPD-Abgeordneten Dreßler, Dr. Ehmke (Bonn), Frau Fuchs (Köln), Dr. Glotz, Dr. Holtz, Huonker, Klose, Kolbow, Frau Matthäus-Maier, Müntefering, Dr. Penner, Frau Schmidt (München), Verheugen, Dr. Wernitz. Für Berlin stimmten u. a. die CDU/CSU-Abgeordneten Dr. Dregger, Eppelmann, Frau Geiger, Dr. Geißler, Dr. Hennig, Dr. Köhler (Wolfsburg), Dr. Kohl, Dr. Krause (Börgerende), de Maizière, Frau Dr. Merkel, Frau Nolte, Reddemann, Dr. Riesenhuber, Frau Rönsch (Wiesbaden), Dr. Rose, Dr. Schäuble, Dr. Schneider (Nürnberg), Dr. Schwarz-Schilling, Dr. Stoltenberg und die SPD-Abgeordneten Brandt, Conradi, Frau Dr. Däubler-Gmelin, Duve, Gansel, Koschnick, Dr. Schmude, Frau Schulte (Hameln), Dr. Soell, Dr. Struck, Thierse, Dr. Vogel, Voigt (Frankfurt), Frau Wettig-Danielmeier.

Den Ausschlag gab wohl die F.D.P. mit 53 Stimmen für Berlin und nur 16 für Bonn. Mit Recht wies Dr. Hans-Jochen Vogel (SPD) darauf hin, dass auch bei Stimmenthaltung der PDS Berlin eine knappe Mehrheit gefunden hätte. Berlin hätte nur verhindert werden können, wenn die 17 PDS-Mitglieder, die für Berlin stimmten, für Bonn gestimmt hätten. 103 Reden wurden am 21. Juni 1991 gehalten, 106 Redner gaben ihre Ausführungen zu Protokoll, und 14 gaben Erklärungen zur Abstimmung ab.

In seiner Rede stellte Glotz besonders die Funktion Bonns als eines „manchmal armseligen" Neuanfangs heraus; Bonn sei nach den Katastrophen der deutschen Geschichte im 20. Jahrhundert zum Symbol dieses Neuanfangs geworden. Zu der Forderung Brandts „Wort halten" erklärte er, was 1949 selbstverständlich gewesen sei, könne 1991 unter Umständen falsch sein.

Bonn muss Regierungs- und Parlamentssitz bleiben

Rede von Dr. Peter Glotz im Bundestag, Bonn am 20. Juni 1991, in: DBT/12. WP/34./20.6.1991/2754 D – 2756 C

Herr Präsident! Meine sehr verehrten Damen und Herren! Hundertmal – auch heute vielmals – ist von bedeutenden Zeitgenossen gesagt worden, die Entscheidung für Berlin bedeute keinen Zentralisierungsschub, der Föderalismus stehe nicht in Frage. Ich bekenne, daß ich diese Beteuerungen für falsch halte.

Wer den Parlaments- und Regierungssitz in eine Metropole und dann noch in die größte des Landes legt, der organisiert einen Sog in diese Stadt, und der will auch einen Sog in diese Stadt organisieren.

Meine Damen und Herren, Berlin ist schon jetzt eine wunderbare Stadt. Wenn auch noch die Entscheidungen und das Zeremoniell der Demokratie von Berlin ausgehen, dann wird die Bedeutung der Landeshauptstädte heruntergedrückt. Das darf kein Föderalist riskieren; das darf kein Föderalist wollen.

Ich halte die Beispiele von Paris und Madrid, die der Kollege Brandt hier gebraucht hat, für eher erschreckend, weil Lyon und Barcelona neben Paris und Madrid eine viel zu geringe Rolle spielen. Auch wenn in einer Reihe von Landeshauptstädten und Landesparlamenten, meine Herren Ministerpräsidenten, noch nicht begriffen worden sein sollte, daß in der Tat das Herabdrücken der Landeshauptstädte droht, kann ich eine solche Entscheidung für mich jedenfalls nicht akzeptieren.

– Es rufen hier einige dazwischen. Ich möchte Ihnen ein Zitat zugänglich machen, das von dem großen deutschen Philosophen Helmuth Plessner stammt, der viele Jahrzehnte in Göttingen gelebt hat. Er schildert, was nach der Reichsgründung, 1871, passiert ist:
Die Residenzstädte hatten ihre Rolle ausgespielt. Dresden und München, Darmstadt und Weimar konnten ihre modernen Ansätze – Brücke und Blauer Reiter, Mathildenhöhe und van de Velde – gegen die Anziehungskraft Berliner Möglichkeiten nicht mehr weiterentwickeln.
Eine solche Entwicklung dürfen wir unter keinen Umständen noch einmal anstoßen.

Der deutsche Föderalismus hat im übrigen seine Entsprechung im europäischen. Die Bundesländer kämpfen, viele der anwesenden Ministerpräsidenten kämpfen um ein Mitwirkungsrecht der Länder bei der Legislatur, um eine zweite regionale Kammer. Dahinter steht die Vision eines Europas der Regionen.

Meine Damen und Herren, ich räume ein: Hinter diesem Europa der Regionen steht eine supranationale Europa-Idee, die von Jean Monnet, die von Konrad Adenauer, auch die bedeutender Sozialdemokraten wie Waldemar von Knoeringen. Das wäre in der Tat ein Europa mit einem supranationalen Entscheidungszentrum und vielen Hauptstädten.

Die Verlagerung des Regierungssitzes von Bonn nach Berlin würde dieser historischen Tendenz, die sich allerdings nicht naturwüchsig einstellt, sondern die man wollen muß, für die man kämpfen muß, nicht entsprechen, sondern widersprechen.

An dieser Stelle möchte ich mich an Sie persönlich wenden, Herr Bundeskanzler. Im parlamentarischen Alltag wird ja viel hin- und her gehöhnt. Wir Sozialdemokraten haben Ihnen häufig mit einer gewissen Häme das Etikett vom Enkel Adenauers vorgehalten. Mir geht heute kein Ton der Häme über die Lippen. Ich weiß, daß Sie ein regionalistisch verwurzelter Europäer und kein Nationalist sind. Ich muß auch zugestehen, daß Sie auf dem Weg nach Europa einiges erreicht haben.

(Beifall bei Abgeordneten der SPD, der CDU/CSU und der F.D.P.)

Aber bitte, Herr Bundeskanzler, machen Sie sich klar: Mit dem Votum für Berlin schwenken Sie ab zum Europa der Vaterländer. Vielleicht ist es in dieser Debatte erlaubt, über die Parteigrenzen hinweg und, so wie Sie es sagen würden, als eingefleischter Sozialdemokrat Ihnen zu sagen: Bewahren Sie die supranationale Europa-Idee Konrad Adenauers. Sie ist das wichtigste Erbe dieses großen Politikers.

(Beifall bei Abgeordneten der SPD, der CDU/CSU und der F.D.P.)

Damit bin ich bei der symbolischen Debatte und bei zwei Stellen dieser Debatte, die mich sehr bewegt haben, deren Pathos ich aber nicht akzeptiere. Herr Kollege Schäuble, ich bin um die Zukunft Deutschlands ebenso besorgt und kämpfe um sie, wie Sie – ich nehme an, alle in diesem Haus – das tun. Aber man sollte die Zukunft Deutschlands nicht mit einer noch so wichtigen Einzelentscheidung in Verbindung bringen.

(Beifall bei Abgeordneten der SPD, der CDU/CSU und der F.D.P.)

Wer Vichy und Bonn in einem Atemzug nennt, sollte einen großen Unterschied nicht vergessen: In den vier Jahren Vichy war die beherrschende Figur Pétain, in den 40 Jahren Bonn waren die beherrschenden Figuren Konrad Adenauer und Willy Brandt.

(Beifall bei Abgeordneten der SPD und der CDU/CSU)

Bonn ist für mich – weil Sie von Symbolen reden – das Symbol des Neuanfangs, eines notwendigerweise unprätentiösen, manchmal armseligen Neuanfangs aus den Trümmern. Ich beschwöre Sie, meine Kolleginnen und Kollegen, daß wir uns gemeinsam zu dem bekennen, was uns doch wahrscheinlich allen wirklich gemeinsam ist, daß nämlich nach den Katastrophen der deutschen Geschichte im 20. Jahrhundert ein Neuanfang notwendig war und daß Bonn das Symbol dieses Neuanfanges ist.

(Beifall bei Abgeordneten der SPD, der CDU/CSU und der F.D.P.)

Das Argument, das inzwischen zu einer Legende erstarrt, lautet: Wir werden unglaubwürdig. – Kollege Brandt hat es in die zwei wirksamen Worte gekleidet: Wort halten!

Meine Damen und Herren, natürlich gab es ganz selbstverständliche Versprechungen von allen Seiten der Politik in den vierziger und fünfziger Jahren. Es gab auch Lippenbekenntnisse danach. Aber ich möchte zuerst sagen: Was 1949 selbstverständlich war, kann 1991 unter Umständen falsch sein.

(Zuruf von der CDU/CSU: Aber nicht 40 Jahre lang!)

Ich könnte gegen die Legende, die jetzt aufgebaut wird, 40 Jahre hätten alle das gleiche gesagt, z. B. eine Reihe von Regierenden Bürgermeistern von Berlin zitieren. Klaus Schütz entwickelte das Konzept von der normalen Stadt West-Berlin. Eberhard Diepgen sagte am 26. Mai 1987: Berlin ist die Hauptstadt der deutschen Nation im Bereich der Kultur und Wissenschaften. Das ist wichtiger, als Sitz der Verwaltung und der Regierung zu sein. –

(Zuruf von der CDU/CSU: Das war aber auch ein anderer Zeitpunkt!)

Walter Momper sagte am 5. Oktober 1989: Mit dem Hauptstadtanspruch kann ich nichts anfangen. Wir wollen Metropole sein. – Ich zitiere das ohne jeden Unterton der Kritik.

(Lachen des Abg. Wolfgang Thierse [SPD] sowie bei Abgeordneten des Bündnisses 90/GRÜNE)

– Man mußte, lieber Kollege Thierse, für die Wirklichkeit planen. Wir sollten uns wenigstens in dieser Debatte eingestehen, daß für Millionen von Deutschen die Wiedervereinigung für viele Jahre nicht zur Wirklichkeit gehört hat. Geben Sie das bitte zu; geben wir es gemeinsam zu.

(Beifall bei Abgeordneten der SPD und der F.D.P.)

Ich will das einmal für mich zugeben, meine Damen und Herren: Als Axel Springer das große Haus seines Verlages an die Mauer gebaut hat, da haben ihn viele Deutsche und auch ich für einen Phantasten gehalten.

(Wolfgang Mischnick [F.D.P.]: Das war falsch!)

Ich bin bereit, einzuräumen, daß Springers Hoffnung größer war als das, was ich für meinen Realismus gehalten habe.

(Beifall bei Abgeordneten der CDU/CSU und der F.D.P.)

Aber ich bin nicht bereit, die Geschichtslegende zu akzeptieren, als hätten die Deutschen, verführt von Politikerreden, jahrzehntelang auf die Rückkehr der Regierung und des Parlaments nach Berlin gewartet.

Die Entscheidung für Berlin, Herr Kollege Vogel, hat konzeptionelles Gewicht. Die Moralisierung dieser Frage verrät unpräzises Denken

(Beifall bei Abgeordneten der SPD, der CDU/CSU und der F.D.P.)

und manchmal auch einen Hauch von Heuchelei.

(Widerspruch bei der CDU/CSU)

Lassen Sie mich zum Schluß kommen. Stilisieren wir uns nicht ins Einmalige. Wir treffen heute eine Entscheidung, wie sie häufiger getroffen worden ist, beispielsweise 1848, als die Entscheidung für Bern und gegen Zürich getroffen wurde. Ich sage es mit den Worten des Berlin-Befürworters Klaus von Beyme: Es gibt keine natürlichen Hauptstädte. Hauptstädte werden durch politische Entscheidungen geschaffen. – Das gleiche gilt für Regierungssitze.

(Beifall bei Abgeordneten der SPD und der CDU/CSU)

Mein letzter Satz lautet: Treffen wir heute die politische Entscheidung, daß jenes wunderbare Stück Europa, das wir Deutschland nennen, weiterhin aus der Stadt regiert wird, aus der Konrad Adenauer die Brücke zum Westen und Willy Brandt die Brücke zum Osten schlug.

(Widerspruch bei Abgeordneten der F.D.P.)

Bonn ist die Metapher für die zweite deutsche Republik. Bonn muß und soll Regierungs- und Parlamentssitz bleiben.

(Beifall bei Abgeordneten der SPD, der CDU/CSU und der F.D.P.)

Präsidentin, aber nicht Parteisoldatin: RITA SÜSSMUTH

geboren 1937 in Wuppertal, 1956 bis 1961 Studium der Romanistik und Geschichte an den Universitäten Münster, Tübingen und Paris, 1. Staatsexamen für das Lehramt an Gymnasien, Postgraduiertenstudium in Erziehungswissenschaft, 1964 Dr. phil., Assistentin in Stuttgart und Osnabrück, 1966 Dozentin an der Pädagogischen Hochschule Ruhr, 1969 Professorin für Internationale Vergleichende Erziehungswissenschaft an der Ruhr-Universität Bochum, 1971 Ordentliche Professorin für Erziehungswissenschaft an der Pädagogischen Hochschule Ruhr. 1979 bis 1991 Mitglied im Zentralkomitee der deutschen Katholiken; 1980 bis 1985 Vizepräsidentin des Familienbundes deutscher Katholiken; 1982 bis 1985 Vorsitzende der Kommission „Ehe und Familie" beim Zentralkomitee. 1981 Eintritt in die CDU, 1985 Bundesministerin für Jugend, Familie und Gesundheit, 1987 zusätzlich für Frauen. 1986 Vorsitzende der Frauenunion von CDU/CSU. In der Bundestagswahl 1987 Direktmandat in Göttingen – 44,9 % –, 1990 48,5 %. 1988 Bundestagspräsidentin (380:72:21 Stimmen), wiedergewählt 1990 (525:81:44) und 1994 (555:81:32). 1998 Verlust des Wahlkreises und des Präsidentenamtes; kehrte über die Landesliste in den Bundestag zurück.

Doch wanns Matthä am letzten ist,
trotz Raten, Tun und Beten,
da rettet oft noch Weiberlist
aus Ängsten und aus Nöten.

Gottfried August Bürger

Überblickt man die mehr als fünzigjährige Geschichte des Deutschen Bundestages, tauchen immer wieder Probleme auf, die weit über das Parlament hinaus die Leidenschaften in der Öffentlichkeit entfesselten: die Wiederbewaffnung in den Fünfzigerjahren, die Notstandsgesetzgebung in den Sechzigern, die Nachrüstung in den Achtzigern. Während aber der Gesetzgeber alle diese Konflikte in relativ kurzer Zeit schlichten konnte, stellte sich ein Problem als Dauerbrenner heraus, das innerhalb des Hohen Hauses, aber auch in allen Gruppierungen der Gesellschaft heftige Emotionen schürte: die Regelung des Schwangerschaftsabbruchs in § 218 des Strafgesetzbuchs. Es dauerte weit über 20 Jahre, bis endlich 1995 ein tragbarer Kompromiss gefunden werden konnte, der dann fast eine Dreiviertelmehrheit des Bundestages erzielte.

Zwar wurde in den frühen Siebzigerjahren ein erster, auf die Fristenlösung abstellender, Gesetzentwurf der SPD/F.D.P.-Koalition mit 247:233 Stimmen angenommen, doch dieser wurde in einem von der CDU/CSU beantragten Normenkontrollverfahren verworfen, da das Gesetz nach Meinung des Bundesverfassungsgerichts die erforderlichen medizinischen, eugenischen und sozialen Indikationen nicht ausreichend berücksichtigt hatte. Eine dieser Forderung des Gerichts entsprechende Vorlage der SPD/F.D.P.-Koalition wurde 1976 mit 284:181 Stimmen angenommen; aber die öffentliche Diskussion des Problems ging weiter und verschärfte sich noch nach dem Beitritt der DDR zur Bundesrepublik im Jahre 1990, da nun das uneingeschränkte Recht auf Schwangerschaftsabbruch in den fünf neuen Ländern mit dem Indikationengesetz unvereinbar war. Ein von Abgeordneten verschiedener Fraktionen eingebrachter Entwurf, der von einer Fristenregelung ausging und eine obligatorische Beratung der Schwangeren vorsah, wurde zwar mit 355:285 Stimmen angenommen, aber ein weiteres Urteil des Bundesverfassungsgerichts, veranlasst durch eine Klage der CDU/CSU, forderte, dass sich die Schwangerenberatung genauer am Schutz des ungeborenen Lebens orientiert. Ein diesem Urteil entsprechender Entwurf fand 1994 eine Mehrheit von 264:260 Stimmen, aber jetzt meldeten SPD und Bundesrat Einwände an, die sich nicht in einem Vermittlungsverfahren klären ließen. So kam nach der Bundestagswahl 1994 ein Kompromissentwurf der CDU/CSU, SPD und F.D.P. zustande, der in der Abstimmung am 29. Juni 1995 eine profunde Mehrheit von 485:145 Stimmen fand.

Dieser überlange und oft hitzige Streit wies einige Besonderheiten auf: Bei den jeweiligen Abstimmungen im Bundestag herrschte nicht die sonst übliche Fraktionsdisziplin, sondern die Abgeordneten waren in ihrer persönlichen Entscheidung frei, wie es im Übrigen Art. 38 des Grundgesetzes vorsieht. Kennzeichnend für die Schärfe, mit der die Diskussion geführt wurde, waren auch gegen das Bundesverfassungsgericht gerichtete Vorwürfe, es mische sich in die Gesetzgebungskompetenz ein; Justizminister Dr. Hans-Jochen Vogel etwa äußerte 1976 seine Sorge „vor einer allmählichen, aber spürbaren Grenzverschiebung zwischen Parlament und Bundesverfassungsgericht zu Lasten des Parlaments". Dieselbe Sorge kam auch bei abweichenden Minderheitsvoten von Richtern des Bundesverfassungsgerichts zum Ausdruck, in denen es hieß, das Gericht setze sich an die Stelle des Gesetzgebers. Jüngst machte Verfassungsrichter Hans-Jürgen Papier darauf aufmerksam, dass § 93 des Gesetzes über das Bundesverfassungsgericht dem Gericht „eine Teilhabe an der politischen Staatsleitung" gewähre; aber das Gericht könne niemals Gesetzgebungsakte, sondern nur Rechtsprechungsakte setzen. In diesem Sinne votierte 1995 auch der Gesetzgeber, als er in dem von CDU/CSU, SPD und F.D.P. eingebrachten Gesetzentwurf für den entscheidenden § 219 Abs. 1 – Schutz des ungeborenen Lebens – die sich aus dem Urteil des Bundesverfassungsgerichts ergebende Fassung wörtlich übernahm.

Eine weitere Besonderheit wurde in der sich über Jahrzehnte hinziehenden Diskussion augenfällig: die „Solidarisierung vieler weiblicher Abgeordneter" über die Parteigrenzen hinweg nennen dies Carl-Christian Kaiser/Wolfgang Kessel sehr diskret. Realistisch gesehen waren dies natürlich handfeste und oft auch listige Vereinbarungen weiblicher Abgeordneter aus verschiedenen Fraktionen, die in diametralem Gegensatz zu den konservativen Reformentwürfen standen, welche in der Regel von männlichen Abgeordneten stammten, den Fraktionskollegen der zielbewusst auf den Kompromiss hin arbeitenden Frauenriege.

Eine der gewichtigen Wortführerinnen in dieser weiblichen Solidargemeinschaft war die langjährige Präsidentin des Deutschen Bundestages Rita Süssmuth, schon durch ihr hohes Amt in dieser Gruppierung hervorgehoben. Sie, alles andere als eine Parteisoldatin, hatte bei verschiedenen Gelegenheiten ihre Unabhängigkeit von der Parteilinie demonstriert und sich mehrfach – nicht immer zum Wohlgefallen ihrer Parteifreunde – in die Diskussion zu § 218 eingeschaltet. Einer breiteren Öffentlichkeit war sie bekannt geworden, als Bundeskanzler Kohl sie 1985 überraschend zur Bundesministerin für Jugend, Familie und Gesundheit berief. Sie verwaltete dieses Amt erfolgreich, wie etwa die Einführung des Erziehungsgeldes von 600 DM für alle Mütter und Väter und die Anerkennung eines Babyjahrs in der Rentenversicherung zeigen. Doch als sie Bundeskanzler Kohl nach dem Rücktritt Philipp Jenningers als Kandidatin für dessen Nachfolge benannte, stimmte sie nur sehr zögernd zu, gewann aber an dem neuen Amt schnell Interesse und nahm es in einer Weise wahr, die oft an die Amtsführung durch Eugen Gerstenmaier erinnerte; genausowenig wie er redete sie anderen nach dem Mund, auch dem Bundeskanzler nicht, und wie Gerstenmaier verstand sie es, das Eigengewicht der Legislative geltend zu machen. Ein politischer Gegner, Peter Glotz (SPD), fand, dass sie „mit einer schwer bekämpfbaren, stillen Ernsthaftigkeit ätzend konsequent" sein könne.

Diese Unabhängigkeit in der politischen Auseinandersetzung bewies sie unter anderem am Rande des CDU-Parteitags in Bremen 1989 in einer besonders heiklen Frage, als gesprächsweise erörtert wurde, ob nicht über die Nachfolge Helmut Kohls nachgedacht werden sollte. Außer ihr hatten auch andere Parteifreunde diese Frage gestellt, aber, wie berichtet wurde, Kohl nahm sie nicht mit Wohlwollen zur Kenntnis. Gleichwohl benannte er Frau Süssmuth nach der Bundestagswahl 1990 wieder als Präsidentin, und sie behielt das Amt bis 1998. Wirbel in der Öffentlichkeit gab es auch: Nachdem sie eine erste Affäre 1991 überstanden hatte – die Bundestagsverwaltung bestätigte ihr, die Benutzung eines Dienstwagens durch ihren Mann in ihrem Auftrag sei rechtlich nicht zu beanstanden –, geriet sie ein zweites Mal 1996 in Bedrängnis, als ihr vorgeworfen wurde, sie habe die Flugbereitschaft der Bundeswehr zu privaten Besuchen in die Schweiz benutzt. Sie nannte dies eine gegen sie inszenierte „Kampagne". Der Ältestenrat des Bundestages, dem ein Prüfbericht des Bundestagsvizepräsidenten Hans-Ulrich Klose (SPD) vorlag, entlastete sie einstimmig von diesen Vorwürfen. Tatkräftig leitete sie den Umbau des Reichstagsgebäudes.

In ihrer die Diskussion am 29. Juni 1995 abschließenden und oft von Beifall aus ihrer eigenen Fraktion, aber auch von F.D.P., SPD und GRÜNEN unterbrochenen Rede hob die als Abgeordnete, nicht als Präsidentin sprechende Frau Süssmuth besonders hervor, dass es hinsichtlich des Lebensrechts des Ungeborenen einen Kompromiss nicht gebe, wohl aber einen Kompromiss in Bezug auf den Lebensschutz. Das ungeborene Leben könne nicht gegen die Mutter wirksam geschützt werden, sondern nur mit ihr. Die Verantwortungsfähigkeit der Mutter müsse ganz ernst genommen werden, und dies bringe der vorliegende Gesetzentwurf besser als die früheren Entwürfe zum Ausdruck. Diese Meinung gibt auch das Ergebnis der Schlussabstimmung wieder, in der über zwei Drittel der Abgeordneten für den Gesetzentwurf stimmten.

Heute ist für mich kein schwarzer Tag

Rede Frau Süssmuths im Bundestag, Bonn, am 29. Juni 1995, aus: DBT/13. WP/47./29. 6. 1995/3784 D – 3786 B

Herr Präsident! Meine Damen und Herren! Liebe Kolleginnen und Kollegen! Wenn ich zum Abschluß dieser Debatte das Wort ergreife, dann möchte ich sagen: für mich ist heute kein schwarzer Tag,

(Beifall bei Abgeordneten der SPD)

sondern ein Tag, an dem ich zunächst einmal ausdrücken möchte, daß alle, die hier miteinander den Kompromiß ausgehandelt haben, höchst verantwortlich und nicht leichtfertig gegenüber dem Schutz des ungeborenen Lebens gehandelt haben,

(Beifall bei der SPD sowie bei Abgeordneten der CDU/CSU, der F.D.P. und des BÜNDNISSES 90/DIE GRÜNEN)

daß sie sich dabei der Wertgrundlage unseres Grundgesetzes und des Verfassungsgerichtsurteils bewußt geblieben sind und danach gehandelt haben.

Daß dabei unterschiedliche Positionen bestehen, wird auch nach Verabschiedung dieses Gesetzes so sein. Ich finde zunächst einmal ganz entscheidend, daß im Sinne des neuen Schutzkonzeptes gehandelt worden ist. Natürlich trifft es zu, daß wir nicht wissen, ob der Weg, den wir jetzt gehen, der erfolgreichere sein wird, aber wir wissen, daß das Strafkonzept nicht ein wirksames Lebensschutzgesetz gewesen ist.

(Beifall bei der SPD sowie bei Abgeordneten der CDU/CSU, der F.D.P. und des BÜNDNISSES 90/DIE GRÜNEN)

Deswegen möchte ich am Ende dieser Debatte herausstellen: Was ist für das Bundesverfassungsgericht die Grundlage seiner Urteilsfindung? Welches Bild vom Menschen, welches Bild von Gesellschaft und Staat und welches Bild von der Frau und ihrer Einstellung gegenüber dem Lebensschutz stehen dahinter?

Herr Hüppe, ich sage Ihnen noch einmal: Es gibt keinen Kompromiß beim Lebensrecht; er ist auch hier und heute nicht zugrunde gelegt worden.

(Beifall bei Abgeordneten der SPD und der CDU/CSU)

Aber es gibt einen Kompromiß bei der Frage des besseren Weges in bezug auf den Lebensschutz; denn gerade das Lebensrecht des ungeborenen Kindes ist in der Werteordnung und im Verfassungsgerichtsurteil geschützt worden.

Deswegen sage ich aus meiner Position: Es ist zu einfach, nur den Begriff der Selbstbestimmung der Frau zu benutzen. Es ist ein höchst schwieriges Entscheidungsrecht im Gewissenskonflikt, in der Abwägung der Frau: Kann ich mit einem Kind das Leben gemeinsam führen?

Es geht nicht um ein Bestimmungsrecht über ungeborenes Leben, sondern um einen höchst schwierigen Entscheidungskonflikt, den niemand der Frau abnehmen kann.

(Beifall bei Abgeordneten der CDU/CSU, der F.D.P., der SPD und des BÜNDNISSES 90/DIE GRÜNEN)

Ich wiederhole, was einheitliche Auffassung auch der Kirchen ist: daß das Leben nicht gegen die Mutter wirksam geschützt werden kann, sondern nur mit ihr.

(Beifall bei Abgeordneten der CDU/CSU, der F.D.P., der SPD und des BÜNDNISSES 90/DIE GRÜNEN)

Dieser Lebensschutz beinhaltet, daß wir die Frau mit ihrem Entscheidungskonflikt nicht allein lassen. Die Auffassung des Bundesverfassungsgerichts ist eine Verantwortungsethik, die von Beistandschaft – so möchte ich es einmal nennen – bestimmt ist. Diese Beistandschaft betrifft die Partner, das familiale Umfeld, die Gesellschaft in allen Gruppierungen und den Staat.

Es kann nicht angehen, daß wir den Frauen ein Entscheidungsrecht geben und sie dann im Konflikt allein lassen. Deswegen sind für das Verfassungsgericht genauso ausschlaggebend die Mindestvoraussetzungen, damit die Frau mit dem Beratungs- und Hilfekonzept wirksam Leben schützen kann und der Staat – wir alle – Leben wirksam schützen kann.

Ich sage deswegen: Was wir bisher an Leistungen erbringen, ist für das Bundesverfassungsgericht eine Mindestvoraussetzung, nicht ein Optimum. Daß wir über den Rechtsanspruch auf einen Kindergartenplatz immer noch streiten, ist mit dem Verfassungsgerichtsurteil nicht vereinbar,

(Beifall bei der CDU/CSU, der F.D.P. und der SPD)

sondern dieser Anspruch ist einzulösen.

Ich glaube, für einen wirksameren Schutz ist ganz entscheidend, daß wir zu einem neuen Weg kommen, mit Kindern zu leben. Es genügt nicht, daß wir sagen: Kinder haben Vorfahrt. Sie müssen wirklich Vorrang in unserem Planen und Handeln haben,

(Beifall bei der CDU/CSU, der F.D.P., der SPD und dem BÜNDNIS 90/DIE GRÜNEN)

ob bei Wohnungsfragen oder bei der Gestaltung von Arbeit. Damit hängt entscheidend zusammen, wie wir die Tätigkeit von Kindererziehung, Betreuung, Lebenshilfe und Lebensförderung in unserer Gesellschaft bewerten, und zwar faktisch bewerten. Es kann uns nicht zur Ruhe bringen, wenn Frauen wegen der Entscheidung für das Kind am Ende Sozialhilfeempfängerinnen im Alter sind.

(Beifall bei der CDU/CSU, der F.D.P., der SPD und dem BÜNDNIS 90/DIE GRÜNEN)

Deswegen müssen wir auf dem eingeschlagenen Weg weitergehen: Anerkennung von Erziehung und Pflege im Rentenrecht; denn das macht deutlich, wie diese Tätigkeiten tatsächlich bewertet werden und wie glaubwürdig wir im Umgang mit dem Schutz der Mutter und des Kindes sind. Und ich wünsche mir sehr, daß sich die Väter nicht weniger verantwortlich fühlen als die Mütter; das ist immer noch ein desolater Tatbestand.

(Beifall bei der CDU/CSU, der F.D.P., der SPD und dem BÜNDNIS 90/DIE GRÜNEN sowie bei Abgeordneten der PDS)

Lassen Sie mich abschließend noch einmal auf das hinweisen, was der Kollege Göhner gerade mit allem Nachdruck betont hat. Wir haben von allen Seiten wegen der embryopathischen Indikation Kritik erfahren. Wir haben in großer Übereinstimmung gesagt: Behindertes Leben ist genauso schützenswert wie nicht behindertes Leben. Es gibt keinen Grund, daß Behinderung in irgendeiner Weise Grundlage für einen Abbruch sein darf.

(Beifall bei der CDU/CSU, der F.D.P. und der SPD)

Wir haben die embryopathische Indikation der medizinischen Indikation gleichgesetzt, um den Rang auszudrücken. Wer heute erklärt, wir öffneten der Tötung von Kindern die Tore, dem kann ich nur sagen: Er weiß nicht, wovon wir geredet haben und was wir verhandelt haben.

(Beifall bei der CDU/CSU, der F.D.P., der SPD und dem BÜNDNIS 90/DIE GRÜNEN sowie bei Abgeordneten der PDS)

Uns geht es um den Schutz, um besseren Schutz für Behinderte, gerade um all das zu vermeiden, was Sie als Gefahr sehen. Darum ging es den Verhandelnden und denen, die heute über diese gefundene Lösung positiv abstimmen werden.

Wenn gesagt wird, das alles sei noch nicht ausberaten, dann möchte ich dazu auf folgendes hinweisen: Wir beraten jetzt seit Jahren. Ich bin unserem Fraktionsvorsitzenden dankbar, daß er mit allem Nachdruck auf einen Abschluß der Beratungen gedrängt hat, um nicht nur unsere Handlungsfähigkeit, sondern auch die Glaubwürdigkeit im politischen Handeln deutlich zu machen.

(Beifall bei Abgeordneten der CDU/CSU und der SPD)

Mein allerletzter Satz: Zur Verantwortungsethik gehört auch Entscheidungsethik, gehört, die Verantwortungsfähigkeit der Frau ganz ernst zu nehmen. Wenn dieser Gesetzentwurf dies endlich besser als je zuvor zum Ausdruck bringt, dann, glaube ich, ist erreicht worden, daß die von niemand anderem zu übernehmende Verantwortung der Frau – das Gewissen kann nicht ersetzt werden, auch nicht durch den Staat – anerkannt werden wird. Ich respektiere alle, die heute anders entscheiden. Aber ich werbe abschließend noch einmal darum, daß wir den gefundenen verfassungskonformen Kompromiß als das werten und achten, was er ist. Ich danke allen Beteiligten, die uns dies ermöglicht haben.

Danke schön.

(Beifall bei der CDU/CSU, der F.D.P., der SPD sowie bei Abgeordneten des BÜNDNISSES 90/DIE GRÜNEN)

Weil wir Deutschlands Kraft vertrauen:
GERHARD SCHRÖDER (Hannover)

geb. 1944 in Mossenberg (Lippe), 1958 bis 1961 kaufmännische Lehre, 1964 mittlere Reife, 1966 Abitur am Westfalen-Kolleg in Bielefeld; 1966 bis 1971 Studium der Rechtswissenschaft in Göttingen, 1971 und 1976 juristische Staatsexamina, 1978 bis 1990 Rechtsanwalt in Hannover. 1963 SPD-Mitglied, 1971 Juso-Chef im Bezirk Hannover, 1978 bis 1980 Juso-Bundesvorsitzender; MdB 1980 bis 1986. 1983 Vorsitzender des SPD-Bezirks Hannover; 1984 Spitzenkandidat der SPD für den Landtagswahlkampf, 1986 bis 1990 SPD-Fraktionsvorsitzender im Niedersächsischen Landtag; 1990 bis 1994 und 1994 bis 1998 Niedersächsischer Ministerpräsident (1990 Rot-grüne Koalition, 1994 SPD-Alleinregierung); nach sehr gutem Ergebnis bei den Landtagswahlen 1998 (SPD 47,9%, CDU 35,9, Grüne 7,0, FDP 4,9) Benennung als Kanzlerkandidat der SPD. Nach der Bundestagswahl 1998 Bundeskanzler (Rot-grüne Koalition). – Veröffentlichte u. a. „Reifeprüfung. Reformpolitik am Ende des Jahrhunderts", 1993; „Und weil wir unser Land verbessern ... 26 Briefe für ein modernes Deutschland", 1998.

Der Staatsmann muß die Dinge rechtzeitig
herannahen sehen und sich danach einrichten.
Versäumt er das, so kommt er mit seinen Maß-
regeln meist zu spät.

Bismarck

„Ich will nach oben", so hat einer der Biographen Schröders das
Leitmotiv dessen politischer Laufbahn bezeichnet, und er hat damit
wohl nicht so ganz unrecht. Freilich waren mit diesem Drang nach
oben nicht nur karrieremäßige Schachzüge und Tricks, sondern
immer sehr konkrete gesellschafts-, wirtschafts- und sozialpolitische Vorstellungen verbunden. Der als Sohn eines Hilfsarbeiters
Geborene – der Vater fiel in Rumänien, als der Sohn sechs Monate
alt war – hatte entsagungsreiche und ihn voll fordernde Jugendjahre
hinter sich, ehe er auf dem zweiten Bildungsweg das sich selbst ge-
steckte Ausbildungsziel erreichte und mit der Niederlassung als
Rechtsanwalt in Hannover eine auch für die politische Laufbahn
vorteilhafte Ausgangsposition erlangte. Zielbewußt absolvierte er
die Eingangs- und Aufbaustationen seiner politischen Karriere: Als
Juso-Vorsitzender gelang es ihm, das Verhältnis der Jusos zur Mut-
terpartei – das unter seinen Vorgängern wegen deren extrem-linker
Tendenzen notleidend geworden war – zu entspannen. In den Jahren von 1980 – 1986 sammelte er erste bundespolitische Erfahrungen auf der Bonner Bühne. Aber die Nadel seines politischen
Kompasses zeigte damals noch nicht in Richtung Bundesregierung,
wenn auch kolportiert wird, er habe in seinen Bonner Jahren mit
den Worten „Ich will da rein" an dem Gitter des Bundeskanzleramtes gerüttelt. Wenn dies nicht Tatsache sein sollte, so ist dieses
Gerücht doch gut erfunden. Er betätigte sich in den Bundes-
tagsausschüssen für Raumordnung und Städtebau sowie für Bildung
und Wissenschaft, im 10. Bundestag auch im Rechtsausschuß. Als
Juso-Vorsitzender konnte er in der Enquete-Kommission „Jugend-
protest im demokratischen Staat" sachverständige Beiträge liefern.

Im Juli 1986 legte er das Bundestagsmandat nieder, nachdem ihn
seine Partei zum Spitzenkandidaten für die Landtagswahl dieses Jahres gewählt hatte. Aber die CDU siegte, und Schröder wurde Fraktionsvorsitzender in Hannover. In der Landtagswahl 1990 wurde die
SPD stärkste Partei, Schröder wurde erstmals Ministerpräsident und
schloß, zur allgemeinen Überraschung, schon nach kurzer Zeit einen Koalitionsvertrag mit den Grünen. Schon damals beherrschte
er mit seiner oft untrüglichen Vorahnung sich anbahnender Ent-

wicklungen die hohe Kunst des Ausgleichs zwischen „grünem Utopismus" und sozialdemokratischem „Pragmatismus", hatte aber mehr als einmal Auseinandersetzungen mit seinen grünen Partnern zu bestehen, die die Existenz der Koalition gefährdeten, etwa wegen seiner „Industriepolitik", der Planung für die EXPO 2000 in Hannover und wegen des Asylkompromisses von 1992. Zum Bruch wäre es fast gekommen, als er einen Rüstungsauftrag Taiwans an norddeutsche Werften befürwortete. Er mußte einlenken und dieses Projekt absagen.

Nach dem Rücktritt Engholms vom Amt des Parteivorsitzenden im Mai 1993 – im Zusammenhang mit der Barschel-Affäre – meldete Schröder, ganz gegen seine sonstige Gewohnheit des vorsichtigen Abwartens, sofort und nachdrücklich seinen Anspruch auf die Positionen des Parteivorsitzenden und Kanzlerkandidaten an; aber eine bundesweite SPD-Mitgliederbefragung ergab eine überzeugende Mehrheit für Rudolf Scharping. So konzentrierte er sich auf die nächste Landtagswahl des Jahres 1994 und konnte von da an ohne grünen Bündnispartner regieren, – allerdings nur mit der Mehrheit von einer Stimme; aber das war ja in der Bundesrepublik nichts Neues. Infolge der miserablen Finanzlage Niedersachsens sah sich Schröder zu rigorosen Sparmaßnahmen gezwungen, die auch die Lehrerschaft und die Polizei betrafen. – Ab und zu leistet sich Schröder verbale Kraftakte, so auch bei dieser Gelegenheit. Aber keine Berufsgruppe läßt sich gerne als „faule Säcke" bezeichnen, und es bedarf dann des immer aktiven rhetorischen Charmes Schröders, die erregten Wogen zu glätten. – Er versuchte mit einigem Erfolg, der bedrohlichen Haushaltssituation durch eine intensive Zusammenarbeit zwischen Wirtschaft und Politik zu begegnen. Der „Auto-Gipfel" in Bonn, an dem mehrere Ministerpräsidenten und führende Automobilfirmen teilnahmen, brachte ihm den seither in der Öffentlichkeit lebendigen Spitznamen des „Automannes" ein.

Noch wichtiger für Schröders Weg nach Bonn waren die innerparteilichen Entwicklungen der Jahre 1994 und 1995, als er mit Lafontaine und Scharping die „Führungstroika" der SPD bildete – nach dem Vorbild der Schmidt/Brandt/Wehner-Troika vergangener Jahre. Aber der Dreibund des Jahres 1994 hielt nicht lange; 1995 entließ Scharping Schröder als Wirtschaftssprecher von einem Tag zum anderen, u.a. wegen dessen unbarmherziger Kritik an seinen, Scharpings, Qualitäten als Partei- und Oppositionsführer. Nach dem sensationellen Wechsel von Scharping zu Lafontaine auf dem SPD-Parteitag in Mannheim 1995 übertrug dieser erneut Schröder das Amt des Wirtschaftssprechers. Aber auf diesem Gebiet ergaben sich schon bald Gegensätze zu Lafontaine, die sich verdichteten, als Schröder in der niedersächsischen Landtagswahl des Jahres 1998 für seine Partei eine Mehrheit von 47,9% errang. Damit war Schröder der nicht weiter bestreitbare Kanzlerkandidat der SPD. Sie ging aus der Bundestagswahl 1998 als stärkste Partei hervor, und der Bundestag wählte Schröder, nach schwierigen Koalitionsverhandlungen mit den Grünen, am 27. Oktober 1998 mit 351 von 666 Stimmen zum Bundeskanzler.

Die gespannte Aufmerksamkeit der Öffentlichkeit richtete sich nun auf die – im folgenden abgedruckte – Regierungserklärung Schröders am 10. November 1998. Naturgemäß konnte es sich bei dieser Ankündigung des Regierungskurses um nicht viel mehr als um Absichtserklärungen handeln, um eine „Ansammlung von Überschriften", wie sie der Oppositionssprecher Schäuble spöttisch nannte; aber wesentliche Grundzüge der vereinbarten Koalitionspolitik blieben doch mit einiger Deutlichkeit erkennbar. Selbstverständlich ging es in erster Linie um die Steuerreform: „Wir werden nicht alles anders, aber vieles besser machen." Vor allem die vereinbarten Reformen in der Gesellschafts-, Wirtschafts- und Sozialpolitik hoben sich deutlich aus den von der Opposition registrierten „Wortwolken" heraus: Die Sicherung der Rente und die Senkung der Rentenbeiträge um 0,8%, die Senkung der Lohnnebenkosten, die Entlastung der Familien um jährlich 2700 DM, die Verdoppelung der Investitionen für Forschung und Bildung wurden ohne Umschweife als klare Festlegungen der Koalitionspolitik definiert. Daneben blieb die Lösung des Hauptproblems, die Beseitigung der Massenarbeitslosigkeit, nach Meinung vieler Journalisten etwas im Nebel. Aber es stand auch der folgende inhaltschwere Satz in der Rede: „Wir wollen uns jederzeit – nicht erst in vier Jahren – daran messen lassen, in welchem Maße wir zur Bekämpfung der Arbeitslosigkeit beitragen ..."

Die Ankündigungen von Kontinuitäten in der Außen- und Sicherheitspolitik wurden allgemein positiv aufgenommen; an Feststellungen wie jener, dass die deutsch-französische Freundschaft das Fundament der Europapolitik der Koalition sei, hatte selbst die Opposition nichts auszusetzen. Die Chance der EU-Osterweiterung werde entschlossen genutzt, erklärte der Bundeskanzler, der auch auf den Aufbau Ost, den Solidarpakt mit den neuen Ländern, zu sprechen kam; dies werde er als „Chefsache" behandeln.

Die Handschrift des Koalitionspartners wurde in der Behauptung Schröders erkennbar, dass die Nutzung der Kernenergie gesellschaftlich nicht akzeptiert und volkswirtschaftlich nicht vernünftig sei. Die Protestrufe der Opposition hielten auch noch an, als der Bundeskanzler einen „Energie-Mix" ankündigte. Die ökologische und soziale Erneuerung der Gesellschaft und der Ökonomie führe zu einer modernen Sozialen Marktwirtschaft. – Berlin werde zu einer Hauptstadt der Neuen Mitte werden. „Aus Bonn nehmen wir eine gelebte, lebendige demokratische Transparenz mit."

In mehreren Medien wurde Schröder, der in seiner Erklärung mehrfach die Bürgerinnen und Bürger der Bundesrepublik zur Kooperation aufgerufen hatte, als der „große Koordinator" bezeichnet, der es verstehe, an den Parteien vorbei die Menschen anzusprechen. „Nicht die Partei entscheide, sondern das Volk, hat Schröder sein Verständnis von Politik beschrieben, als er in der Partei noch umstritten war" (Günter Bannas). Schröder zitierte Helmut Schmidt, der in seiner Regierungserklärung 1976 festgestellt habe, dass die Regierung bei ihren Bemühungen zuallererst auf den Fleiß, die Intelligenz und das Verantwortungsbewußtsein der Deutschen setze. Unter der dieser Zielsetzung entsprechenden Überschrift „Weil wir Deutschlands Kraft vertrauen" ließ Schröder die Regierungserklärung an die Medien verteilen.

Gleichwohl: bei der Ankündigung eines strikten Sparkurses, der Voraussetzung einer modernen Sozialen Marktwirtschaft, blieb der Beifall der Regierungsparteien am dünnsten.

Nicht die Partei entscheidet, sondern das Volk

Rede Schröders im Bundestag, Bonn, am 10. November 1998 aus: DBT/14.W.P./3./10.11.1998 47D-67B

Herr Präsident! Meine sehr verehrten Damen und Herren! Erstmals in der Geschichte der Bundesrepublik Deutschland haben die Wählerinnen und Wähler durch ihr unmittelbares Votum einen Regierungswechsel herbeigeführt.

(Beifall bei der SPD sowie bei Abgeordneten des BÜNDNISSES 90/DIE GRÜNEN)

Sie haben Sozialdemokraten und Bündnis 90/Die Grünen beauftragt, Deutschland in das nächste Jahrtausend zu führen. Dieser Wechsel ist Ausdruck demokratischer Normalität und Ausdruck eines gewachsenen demokratischen Selbstbewußtseins. Ich denke, meine sehr verehreten Damen und Herren, wir können alle stolz darauf sein, daß die Menschen in Deutschland rechtsradikalen und fremdenfeindlichen Tendenzen eine deutliche Abfuhr erteilt haben.

(Beifall bei der SPD, dem BÜNDNIS 90/DIEGRÜNEN und der PDS sowie bei Abgeordeneten der F.D.P.)

An dieser Stelle möchte ich noch einmal meinem Vorgänger im Amt, Herrn *Dr. Helmut Kohl,* für seine Arbeit und für seine noble Haltung bei der Amtsübergaebe danken.

(Beifall bei der SPD, dem BÜNDNIS 90/DIE GRÜNEN, der CDU/CSU und der F.D.P.)

Vor uns liegen gewaltige Aufgaben. Die Menschen erwarten, daß eine bessere Politik für Deutschland geemacht wird. Wir wissen: Ökonomische Leistungsfähigkeit ist der Anfang von allem. Wir müssen Staat und Wirtschaft modernisieren, soziale Gerechtigkeit wiederherstellen und sie sichern, das europäische Haus wirtschaftlich, sozial und politisch so ausbauen, daß die gemeinsame Währung ein Erfolg werden kann. Wir müssen die innere Einheit Deutschlands vorantreiben; und vor allem und bei allem: Wir müssen dafür sorgen, daß die Arbeitslosigkeit zurückgedrängt wird, daß bestehende Arbeitsplätze erhalten bleiben und neue Beschäftigung entsteht.

(Beifall bei der SPD und dem BÜNDNIS 90/DIE GRÜNEN sowie bei Abgeordneten der PDS)

Dafür brauchen wir neue Unternehmen, neue Produkte, neue Märkte und vor allen Dingen schnellere Innovation. Wir brauchen eine bessere Ausbildung und eine Steuer- und Abgabenpolitik, die vor allem die Kosten der Arbeit entlastet.

Diese Bundesregierung wird die Probleme schultern, und sie wird die schöpferischen Kräfte, die es in unserem Land überreich gibt, mobilisieren. Die Bedingungen, unter denen wir an den Start gehen, sind alles andere als günstig.

(Lachen bei der CDU/CSU und der F.D.P. – Beifall bei der SPD und dem BÜNDNIS 90/DIE GRÜNEN)

Entgegen dem, was gelegentlich von der Opposition im Haus verbreitet wird, hat uns die alte Bundesregierung keineswegs ein bestelltes Haus hinterlassen.

(Beifall bei der SPD und dem BÜNDNIS 90/DIE GRÜNEN sowie der Abg. Dr. Heidi Knake-Werner [PDS] – Lachen bei der CDU/CSU)

Das Ergebnis unseres vorläufigen *Kassensturzes* zeigt den Ernst der finanzpolitischen Lage.

(Lachen bei der CDU/CSU und der F.D.P.)

Die Verschuldung des Bundes ist auf weit über 1 Billion DM getrieben worden. Der laufende Bundeshaushalt ist mit Zinsverpflichtungen von mehr als 80 Milliarden DM belastet. Das heißt, jede vierte Mark, die der Bund an Steuern und Abgaben einnimmt, muß für diese gewaltigen Zinslasten ausgegeben werden. Hinzu kommt – ich muß das sagen, auch wenn es Ihnen nicht paßt –: Milliardenschwere Haushaltsrisiken wurden ignoriert;

(Beifall bei Abgeordneten der SPD)

Einnahmen wurden zu hoch veranschlagt; Ausgaben wurden zu niedrig veranschlagt: Jahrelang hat man den Haushalt nur durch Einmaleffekte ausgeglichen. Deren Wirkung ist gleich wieder verpufft. Die großen Haushaltslasten aber, die schwerwiegenden strukturellen Probleme des Bundeshaushaltes, hat man einfach in die Zukunft verlagert.

(Dr. Theodor Waigel [CDU/CSU]: Wie sieht es denn in Niedersachsen aus?)

Nach den jetzt ermittelten Zahlen müßte die jährliche Neuverschuldung mittelfristig um bis zu 20 Milliarden DM höher ausgewiesen werden, als Sie, Herr Waigel, das im Finanzplan gemacht haben. Das ist Ihr Problem, und das belastet jeden, der damit fertig werden muß.

(Beifall bei der SPD und dem BÜNDNIS 90/DIE GRÜNEN)

Meine Damen und Herren, das kann und will ich nicht akzeptieren. Deshalb sage ich gleich am Anfang dieser Regierungserklärung: Diese finanzielle Erblast, die uns hinterlassen worden ist, zwingt uns zu einem entschlossenen *Konsolidierungskurs.*

(Beifall bei der SPD und dem BÜNDNIS 90/DIE GRÜNEN – Lachen bei der CDU/CSU und der F.D.P.)

Wir werden angesichts dessen, was wir vorgefunden haben, um strukturelle Eingriffe nicht herumkommen. Alle Ausgaben des Bundes müssen auf den Prüfstand.

(Zurufe von der CDU/CSU: Ah ja! – So, so!)

Der Staat muß zielgenauer und vor allen Dingen wirtschaftlicher handeln.

Der Mißbrauch staatlicher Leistungen muß eingedämmt werden. Subventionen und soziale Leistungen werden wir stärker als bisher auf die wirklich Bedürftigen konzentrieren.

(Beifall bei der F.D.P.)

Die Bürgerinnen und Bürger erwarten von uns nicht, daß wir alles in kurzer Zeit schaffen. Aber sie haben einen Anspruch darauf, daß wir nicht nur reden – wie das bisher getan worden ist –, sondern auch handeln.

(Beifall bei der SPD und dem BÜNDNIS 90/DIE GRÜNEN – Lachen bei der CDU/CSU und der F.D.P.)

Wir haben gesagt: Wir wollen nicht alles anders, aber vieles besser machen. Daran werden wir uns halten. Das sagen wir denen, die heute die Schlachten des Wahlkampfes noch einmal schlagen wollen. Das scheint auch auf der rechten Seite des Hauses so zu sein. Nur, besonders erfolgreich sind Sie nicht gewesen. Das werden Sie zugeben müssen.

(Beifall bei der SPD und dem BÜNDNIS 90/DIE GRÜNEN sowie bei Abgeordneten der PDS)

Da gibt es diejenigen, die schon wieder Schwarzmalerei betreiben und diesen lähmenden Pessimismus verbreiten, der unser Land lange genug gehindert hat, die nötigen Schritte zur Anpassung an die Wirklichkeit zu tun. Aber das rufen wir auch denjenigen zu, die meinen, das jetzt Beschlossene gehe nicht weit genug.

Wir wollen die Gesellschaft zusammenführen, die tiefe soziale, geographische, aber auch gedanklich-kulturelle Spaltung überwinden, in die unser Land geraten ist.

(Beifall bei Abgeordneten der SPD)

Wir werden Deutschland entschlossen modernisieren und die innere Einheit vorantreiben. Voraussetzung dafür ist eine schonungslose Beurteilung der Lage, aber auch und vor allem das Besinnen auf die Stärken der Menschen in unserem Land und das Zutrauen darauf, daß wir es schaffen können.

Dieser Regierungswechsel ist auch ein *Generationswechsel* im Leben unserer Nation. Mehr und mehr wird unser Land heute gestaltet von einer Generation, die den zweiten Weltkrieg nicht mehr unmittelbar erlebt hat. Es wäre nun gefährlich, dies als einen Ausstieg aus unserer historischen Verantwortung mißzuverstehen. Jede Generation hinterläßt der ihr nachkommenden Hypotheken, und niemand kann sich mit der „Gnade" einer „späten Geburt" herausreden.

Für manche ist dieser *Generationswechsel* eine große Herausforderung. Schon ein Blick auf die Regierungsbank oder auch in dieses Parlament zeigt, was die große Mehrheit unter uns politisch geprägt hat. Es sind die Biographien gelebter Demokratie.

Wir haben den kulturellen Aufbruch aus der Zeit der Restauration miterlebt und mitgemacht. Viele von uns waren in den Bürgerbewegungen der 70er und 80er Jahre engagiert. Die ehemaligen Bürgerrechtsgruppen aus der DDR, die gemeinsam mit den ostdeutschen Sozialdemokraten die friedliche Revolution mitgestaltet haben,

sind an dieser Regierung beteiligt.

Diese Generation steht in der Tradition von Bürgersinn und Zivilcourage. Sie ist aufgewachsen im Aufbegehren gegen autoritäre Strukturen und im Ausprobieren neuer gesellschaftlicher und politischer Modelle. Jetzt ist sie – und mit ihr die Nation – aufgerufen, einen neuen Pakt zu schließen, gründlich aufzuräumen mit Stagnation und Sprachlosigkeit, in die die vorherige Regierung unser Land geführt hat.

An ihre Stelle setzen wir eine Politik, die die Eigenverantwortlichkeit der Menschen fördert und sie stärkt. Das verstehen wir unter der Politik der Neuen Mitte.

Diesen Weg werden wir partnerschaftlich beschreiten. Jeder im In- und Ausland kann sich darauf verlassen, daß diese Regierung zu ihrer politischen, aber eben auch zu ihrer sozialen Verantwortung steht. Die Hoffnungen, die auf uns ruhen, sind fast übermächtig.

Aber eine Regierung allein kann das Land nicht verbessern. Daran müssen alle mittun. Je mehr Menschen sich mit ihrer Initiative und ihrer Leistungsbereitschaft an der Reform unserer Gesellschaft beteiligen, desto größer werden die Erfolge sein.

Den Menschen in Deutschland mangelt es nicht an schöpferischen Kräften. Wir werden helfen, sie zur Entfaltung zu bringen.

(Beifall bei der SPD und dem BÜNDNIS 90/DIE GRÜNEN)

Meine Damen und Herren, es ist kein Zweifel: Unser drängendstes und auch schmerzhaftestes Problem bleibt die *Massenarbeitslosigkeit.* Sie führt zu psychischen Zerstörungen, zum Zusammenbruch von Sozialstrukturen. Den einen nimmt sie die Hoffnung, und den anderen macht sie angst. Sie belastet unser Gemeinwesen derzeit mit Kosten von jährlich 170 Milliarden DM.

Die Bundesregierung ist sich völlig im klaren darüber, daß sie ihre Wahl wesentlich der Erwartung verdankt, die Arbeitslosigkeit wirksam zurückdrängen zu können. Genau dieser Herausforderung werden wir uns stellen.

(Beifall bei der SPD und dem BÜNDNIS 90/DIE GRÜNEN sowie bei Abgeordneten der PDS)

Jede Maßnahme, jedes Instrument kommt auf den Prüfstand, um festzustellen, ob es vorhandene Arbeit sichert oder neue Arbeit schafft. Wir wollen uns jederzeit – nicht erst in vier Jahren – daran messen lassen, in welchem Maße wir zur Bekämpfung der Arbeitslosigkeit beitragen.

Die *Steuerreform,* mit der wir in diesen Tagen beginnen, ist dazu ein erster Schritt. Wir werden nicht weitere 16 Jahre über die Notwendigkeit einer Steuerreform reden und das Für und Wider der Interessengruppen abwägen. Nein, meine Damen und Herren, wir machen diese Steuerreform.

(Beifall bei der SPD und dem BÜNDNIS 90/DIE GRÜNEN)

Die Reform basiert auf der Einsicht in die ökonomischen Notwendigkeiten. Sie verbindet modernen Pragmatismus mit einem starken Sinn für soziale Fairneß. Im Mittelpunkt steht die Entlastung der aktiv Beschäftigten und ihrer Familien sowie der kleinen und mittleren Unternehmer.

(Siegfried Hornung [CDU/CSU]: Wann?)

Deren Innovationskraft wollen und werden wir stärken.

(Beifall bei der SPD und dem BÜNDNIS 90/DIE GRÜNEN)

Beides zusammen wird helfen, Arbeitslosigkeit abzubauen, neue Arbeitsplätze zu schaffen und bestehende zu sichern.

Unsere Steuerreform erschließt Entlastungen von insgesamt 57 Milliarden DM.

(Siegfried Hornung [CDU/CSU]: Wann?)

Nach der Gegenfinanzierung bleiben Bürgerinnen und Bürgern sowie Unternehmen 15 Milliarden DM als Nettoentlastung. Die Einkommensteuersätze werden nachhaltig gesenkt, das Kindergeld wird erhöht. Über die Legislaturperiode betrachtet, wird das einer durchschnittlich verdienenden Familie mit zwei Kindern eine Nettoentlastung von 2 700 DM im Jahr bringen.

(Beifall bei der SPD und dem BÜNDNIS 90/DIE GRÜNEN)

Steuerschlupflöcher werden wir stopfen, ungerechtfertigte Vergünstigungen werden wir abbauen. Das macht deutlich, daß wir die Lasten in unserer Gesellschaft gerechter verteilen.

(Beifall bei der SPD und dem BÜNDNIS 90/DIE GRÜNEN)

Wir werden auch die Unternehmensbesteuerung grundlegend reformieren. Unternehmenseinkünfte sollen mit höchstens 35 Prozent besteuert werden.

(Michael Glos [CDU/CSU]: Ja, am Sankt-Nimmerleins- Tag!)

Dafür schaffen wir jetzt die gesetzlichen Voraussetzungen. Wir entlasten damit den Mittelstand, dem – ich sage es noch einmal – eine Schlüsselrolle bei der Schaffung von Arbeitsplätzen zukommt.

(Beifall bei der SPD und dem BÜNDNIS 90/DIE GRÜNEN)

Meine Damen und Herren, auch sonst haben wir entgegen dem, was gelegentlich verbreitet wird, die Anliegen des *Mittelstandes* berücksichtigt.

(Lachen bei der F.D.P.)

Der Verlustvortrag bleibt erhalten. Ein einjähriger Verlustrücktrag bleibt ebenfalls noch für Verluste, die 1999 und 2000 entstehen und nicht mehr als 2 Millionen DM betragen. Die Wiederanlage von Gewinnen aus der Veräußerung von Grund und Boden und Gebäuden wird wie bisher nach § 6 b Einkommensteuergesetz begünstigt.

Die Sonder- und Ansparabschreibungen für die Existenzgründer können unverändert in Anspruch genommen werden. Für kleine und mittlere Betriebe bleiben sie bis zum Jahr 2000 erhalten.

Die Tarifermäßigung für Veräußerungsgewinne wird durch rechnerische Verteilung des Gewinns nur umgestaltet; sie wird nicht gestrichen. Damit werden zwar – das gilt es einzuräumen – Verlustzuweisungsmodelle eingedämmt, aber für die Betriebsnachfolge wird das keine Verschlechterung bedeuten.

Wir werden – das ist schon an unseren ersten Schritten sichtbar – das Steuerrecht transparenter

(Lachen bei der CDU/CSU)

und damit effizienter machen.

(Beifall bei der SPD sowie bei Abgeordneten des BÜNDNISSES 90/DIE GRÜNEN)

Überflüssige Steuersubventionen sollen abgeschafft und wertvolle Steuergelder nicht länger in unsinnigen Steuersparmodellen verschwendet werden.

(Beifall bei der SPD und dem BÜNDNIS 90/DIE GRÜNEN sowie bei Abgeordneten der PDS)

Lassen Sie mich, meine Damen und Herren, einen Satz zu der im Koalitionsvertrag angekündigten umfassenden *Verbreiterung der Bemessungsgrundlage* sagen. Interessierte Kreise haben ja so getan, als wollten wir mit unserer Steuerreform den Unternehmern buchstäblich die Butter vom Brot nehmen. Dazu ist zu sagen, daß in den vergangenen Jahren nur einige wenige von Steuerentlastungen profitiert haben. Die große Mehrheit hat unter Steuerbelastungen leiden müssen. Jede vernünftige Steuerreform hat diesen von Ihnen verursachten Trend erst einmal zu stoppen.

(Beifall bei der SPD und dem BÜNDNIS 90/DIE GRÜNEN)

Inzwischen melden sich – und das ist gut so – immer mehr Ökonomen und weitsichtige Unternehmer zu Wort, die sehen, daß diese Steuerreform für sie eine große Chance ist. Sie sehen die Perspektive, die wir mit unseren schrittweisen Entlastungen aufzeigen. Ich habe überhaupt keine Scheu, den Begriff „schrittweise" dick zu unterstreichen. Für die Betroffenen im Land ist es nämlich besser, sie bekommen schrittweise etwas in die Hand, als daß sie über Jahrzehnte lediglich mit Redereien vertröstet werden. In der Tat unterscheiden wir uns, was das Machen von Politik angeht.

(Beifall bei der SPD und dem BÜNDNIS 90/DIE GRÜNEN)

Die Menschen im Land sehen die Trendwende, die wir eingeleitet haben: Entlastung und Vereinfachung statt wie bisher immer höhere Sätze und immer weniger Transparenz. Ich denke, alle diejenigen, die sich wirklich mit inhaltlichen Fragen beschäftigen, nehmen bereitwillig unsere Einladung an, in einer gemeinsamen Kommission über die Strukturreform des Steuerrechtes begleitend zu beraten.

Eines will ich allerdings denen, die uns in den letzten Wochen mit schrillsten Vorwürfen überzogen haben, sagen: Niedrige und einfache Steuersätze wie zum Beispiel in den USA zu wollen, gleichzeitig aber an einer hohen Zahl von Ausnahmetatbeständen wie bisher in Deutschland festzuhalten, das geht nicht.

(Beifall bei der SPD und dem BÜNDNIS 90/DIE GRÜNEN sowie bei Abgeordneten der PDS)

Wir werden – das ist Teil des Konzeptes zur Entlastung der aktiv wirtschaftlich Tätigen – die Nutzung der wirtschaftlichen Ressourcen endlich marktwirtschaftlicher Vernunft unterwerfen. Deshalb steigen wir sofort in eine *ökologische Steuer- und Abgabenreform* ein. Wir vollziehen damit, meine sehr verehrten Damen und Herren, eine längst überfällige Kehrtwende. Natur und Energie als endliche und mithin knappe Güter werden über den Preis verteuert mit dem einzigen Ziel, Arbeit, die reichlich vorhanden ist, billiger zu machen, damit mehr Menschen Arbeit haben.

(Beifall bei der SPD und dem BÜNDNIS 90/DIE GRÜNEN)

Ich unterstreiche es auch hier noch einmal: Es geht uns nicht um die Erschließung einer weiteren Einnahmequelle für den Staat.

(Lachen bei der CDU/CSU und der F.D.P.)

Mit der Energiebesteuerung folgen wir dem Beispiel unserer Nachbarn in Dänemark, den Niederlanden und Österreich. Wir lösen damit die Probleme einer modernen Gesellschaft mit den Mitteln einer modernen Gesellschaft.

(Beifall bei der SPD und dem BÜNDNIS 90/DIE GRÜNEN)

Die Einnahmen – das ist der Kernpunkt – aus der Energiesteuer verwenden wir nur zur Senkung der gesetzlichen Lohnnebenkosten. Mit den Anreizeffekten der Energiesteuer fördern wir die Schaffung neuer Arbeitsplätze in nachhaltigen Zukunftstechnologien. Gerade bei den Lohnnebenkosten ist über die Jahre hinweg über die Notwendigkeit ihrer Senkung geredet worden. Unter der

alten Regierung sind sie Jahr für Jahr gestiegen. Wir machen damit
Schluß, meine Damen und Herren.

Damit führen wir im Rahmen dessen, was europäisch machbar und
– auch das gilt es zu erkennen – sozial vertretbar ist, Marktwirtschaft in die Ressourcennutzung ein. Wir setzen dabei auf die Be-
schäftigungseffekte einer zukunftsorientierten Produktion.
Das ist für uns *moderne Steuer- und Wirtschaftspolitik*. Wir streiten
eben nicht um die Scheinalternative: Angebots- oder Nachfrageorientierung. Dieser Streit führt nämlich zu nichts. Angebots- und
Nachfrageorientierung stehen nicht im Widerspruch zueinander.
Wir brauchen eine Nettoentlastung der Haushalte zur Belebung der
Binnenkonjunktur, damit die Menschen auch kaufen können, was
die Wirtschaft herstellt.

Durch Marktöffnung und Entbürokratisierung, durch die Förderung von Innovation und Zukunftsindustrien verbessern wir die
Angebotsbedingungen für Produkte, neue Märkte und neue Verfahren. Beides gehört zusammen. Das eine gegen das andere auszu-
spielen ist töricht.

Wir müssen alle miteinander lernen, die Dinge zu verknüpfen und
in solchen Zusammenhängen zu denken: Wir stehen nicht für eine
rechte oder linke Wirtschaftspolitik, sondern für eine moderne Politik der sozialen Marktwirtschaft.

Die Bundesregierung macht endlich wieder Wirtschaftspolitik. Wir
eröffnen den Menschen die Perspektive der *Selbständigkeit*. Wer eine
Existenz gründen, eine gute Idee vermarkten will, dem werden wir
nach Kräften helfen. Wir wissen, daß unsere Banken bei der Bereitstellung von Geld für Unternehmensgründungen immer noch zu zö-
gerlich sind. Sie nennen das Risikokapital. Für uns ist das Chancenka-
pital, das Unternehmensgründern helfen soll. Darauf legen wir Wert.

Neuesten Umfragen zufolge geben heute mehr als die Hälfte derer, die demnächst die Schule oder die Universität abschließen werden, als Ziel die berufliche Selbständigkeit an. Das wäre vor gar nicht so langer Zeit noch undenkbar gewesen. Aber die neue Gründerzeit – das ist auch gut so – hat längst begonnen. Wir als Regierung haben ihre Zeichen begriffen, und wir werden dafür Zeichen setzen. Wir werden dies vor allem für den Mittelstand tun. Moderne *Mittelstandspolitik* ist für uns: weniger Bürokratie, schnellere Innovation, besserer Zugang zu den neuen Technologien, effizientere Vermarktung sowie Hilfe und Unterstützung auf internationalen Märkten. Dies wird Kennzeichen einer mittelstandsorientierten Politik der neuen Bundesregierung sein.

(Beifall bei der SPD sowie bei Abgeordneten des BÜNDNISSES 90/DIE GRÜNEN)

Ich habe darauf hingewiesen, daß das auch für die Entlastung von Steuern und Abgaben gilt.

Im übrigen: Wenn wir in der *Altersvorsorge* mehr private Vorsorge wollen, dann müssen wir die Nettoeinkommen auch so entlasten, daß sich die Menschen diese private Vorsorge buchstäblich leisten können, sonst funktioniert das nämlich nicht.

(Beifall bei Abgeordneten der SPD)

Wenn wir die Leistungsbereitschaft der Menschen fördern wollen, dann müssen wir dafür sorgen, daß sich Leistung auszahlt.

(Beifall bei Abgeordneten der CDU/CSU und der F.D.P.)

Meine Damen und Herren von der F.D.P., das Problem besteht darin, daß Sie Leistung immer nur als die Leistung ganz weniger ganz oben verstehen.

(Beifall bei der SPD und dem BÜNDNIS 90/DIE GRÜNEN)

Wir verstehen Leistung in erster Linie als Leistung der Krankenschwestern, der Ingenieure, als Leistung der Facharbeiterinnen und Facharbeiter.

(Beifall bei Abgeordneten der F.D.P.)

Die werden wir entlasten, meine Damen und Herren, auf sie kommt es nämlich in dieser Zeit und in diesem Land an.

(Beifall bei der SPD und dem BÜNDNIS 90/DIE GRÜNEN – Beifall bei Abgeordneten der F.D.P.)

Das meinen wir, wenn wir von einer neuen Politik sprechen, einer Politik, die eben nicht in Kästchen denkt, sondern die die Probleme im Zusammenhang begreift. Deshalb sage ich: Unsere *Steuerreform* ist ein guter Anfang.

(Beifall bei der SPD sowie bei Abgeordneten des BÜNDNISSES 90/DIE GRÜNEN)

Aber damit ist das Ziel eines überschaubaren und leistungsgerechten Steuersystems nicht erreicht. Dieses Ziel werden wir Schritt für Schritt verwirklichen, und Sie werden jeden einzelnen Schritt aufmerksam und sicher auch kritisch begleiten dürfen – aber aus der Opposition heraus, meine Damen und Herren.

(Beifall bei der SPD und dem BÜNDNIS 90/DIE GRÜNEN)

In den zurückliegenden Jahren ist viel über die Vor- und Nachteile des sogenannten Standorts Deutschland diskutiert worden. Der Begriff ist ein wenig verräterisch: „Standort", das kann auch – und das war es ja auch in der letzten Zeit – „Stillstand-Ort" sein. Wir machen dieses Land wieder zu einem Bewegungs-Ort.

Meine Damen und Herren, wir werden mit der Energiewirtschaft und den Umweltverbänden neue Wege der Energieversorgung beschreiten.

(Beifall bei der SPD und dem BÜNDNIS 90/DIE GRÜNEN)

Die Nutzung der *Kernenergie* ist gesellschaftlich nicht akzeptiert.

(Beifall bei Abgeordneten der SPD und des BÜNDNISSES 90/DIE GRÜNEN – Widerspruch bei der CDU/CSU)

Sie ist mithin auch volkswirtschaftlich nicht vernünftig. Das ist der Grund, warum wir sie geregelt auslaufen lassen werden.

(Beifall bei Abgeordneten der SPD und des BÜNDNISSES 90/DIE GRÜNEN)

Für die Bundesregierung steht dabei nicht ein Ausstieg im Mittelpunkt. Es geht vielmehr um den Einstieg in eine zukunftsfähige Energieversorgung.

(Beifall bei Abgeordneten der SPD)

Der Anteil der Kernenergie wird schrittweise reduziert und schließlich ganz ersetzt.

(Zuruf von der CDU/CSU: Wann?)

Dies, meine Damen und Herren, ist ein gewaltiges Investitionsprogramm, das auch und gerade neue Arbeitsplätze in diesen Bereichen schaffen wird.

(Beifall bei der SPD und dem BÜNDNIS 90/DIE GRÜNEN)

Dabei setzen wir vor allem auf die Innovations- und Entwicklungspotentiale bei den *erneuerbaren Energien.* Wir setzen auf eine konsequente Nutzung der Einsparmöglichkeiten: bei der Stromerzeugung, bei elektrischen Geräten, bei den Gebäuden, aber auch im Straßenverkehr. Mit der Energiewirtschaft werden wir auskömmliche Lösungen zu einer Zukunft ohne Atomkraftwerke vereinbaren.

Die Koalitionspartner sind sich darin einig, daß die Beendigung der Kernenergienutzung im Konsens erfolgen soll – ohne daß es zu Regreßansprüchen kommt. Aus den Gesprächen der vergangenen Jahre wissen wir, daß wir zu einer einvernehmlichen Lösung kommen können. Sie ist an dem Widerstand – dem unverständlichen Widerstand – auf der rechten Seite dieses Hauses gescheitert.

(Beifall bei der SPD und dem BÜNDNIS 90/DIE GRÜNEN)

Das Problem der Entsorgung radioaktiver Abfälle – das gilt es zu erkennen – bleibt uns und unseren Nachkommen allerdings noch auf Jahrtausende erhalten.

Das bisherige Entsorgungskonzept ist inhaltlich gescheitert. Wir werden statt dessen einen nationalen Entsorgungsplan erarbeiten. Entsorgung wird auf direkte Endlagerung beschränkt werden.

(Beifall bei Abgeordneten der SPD und dem BÜNDNIS 90/DIE GRÜNEN)

Atommülltransporte quer durch die Republik, die nur durch massiven Polizeischutz zu sichern sind, passen nicht zu einer auf Konsens und Zukunftsfähigkeit ausgerichteten Demokratie.

(Beifall bei der SPD und dem BÜNDNIS 90/DIE GRÜNEN sowie bei Abgeordneten der PDS)

Allerdings gilt es hier zu bedenken, daß die vorherigen Regierungen völkerrechtlich bindende Verträge über die Rücknahme atomarer Abfälle abgeschlossen haben. Auch das müssen wir mit unseren Partnern in England und Frankreich einvernehmlich regeln. Wir wollen solche Transporte nur noch dann zulassen, wenn am Kraftwerk selbst keine genehmigten Zwischenlagerkapazitäten existieren.

In einem neuen *Energiemix* werden wir auch Steinkohle und Braunkohle brauchen. Dabei drängen wir auf die Verwendung modernster Technik mit hohen Wirkungsgraden und auf eine bessere Nutzung von Fernwärme und Kraft-Wärme-Kopplung.

(Beifall bei Abgeordneten der SPD)

Den Kohlekompromiß vom März 1997 werden wir umsetzen und in Brüssel absichern. Bei der sozial verträglichen Neustrukturierung des deutschen Kohlebergbaus brauchen wir rechtzeitig eine Orientierung auch für die Zeit nach dem Jahre 2005. Es geht uns auch hier darum, Planungssicherheit für die Unternehmen und materielle Sicherheit für die Beschäftigten zu schaffen.

Die Klimaforscher und die vorbildlichen Unternehmen, die vor ein paar Tagen mit dem Bundesum- weltpreis ausgezeichnet worden sind, haben der Politik ins Stammbuch geschrieben – wir werden das beachten –: Gerade beim Klimaschutz dürfen die Verantwortlichen nicht auf Erkenntnisse über weitere Schädigungen unserer Umwelt warten; sie müssen aktive Vorsorge treffen. Wir werden das tun.

(Beifall bei der SPD und dem BÜNDNIS 90/DIE GRÜNEN)

Meine Damen und Herren, der Staat und die verschiedenen Wirtschaftszweige müssen ihre Zusammenarbeit verbessern, um auf diese Weise Synergieeffekte besser nutzen zu können. Wo die Bundesregierung das Ihrige dazu tun kann, da wird sie es tun. Wir werden die *Verwaltung* schlanker und effizienter machen, und wir werden hemmende Bürokratie rasch beseitigen. Beispielsweise werden wir die Vielzahl verschiedener Umweltbestimmungen in einem Umweltgesetzbuch zusammenfassen. Dabei werden wir überflüssige Vorschriften streichen und auf diese Weise die Regelungsdichte vermindern.

(Beifall bei Abgeordneten der SPD und des BÜNDNISSES 90/DIE GRÜNEN)

Eine grundlegende *Justizreform* werden wir zügig in Angriff nehmen. Unsere Zivil- und Strafjustiz ist heute noch aufgebaut wie vor hundert Jahren. Sie muß entschlackt und sie muß modernisiert werden. Die Bürgerinnen und Bürger wollen und sollen schneller zu ihrem Recht kommen, und die Gerichte müssen entlastet werden. Auch um die Vereinfachung von Gesetzestexten werden wir uns zielstrebig kümmern. Die Rechte der Opfer von Verbrechen werden wir stärken. Dies gilt ganz besonders für die Schwächsten in unserer Gesellschaft: mißbrauchte und mißhandelte Kinder.

(Beifall bei der SPD und dem BÜNDNIS 90/DIE GRÜNEN sowie bei Abgeordneten der PDS)

Wo immer das möglich ist, werden wir den Täter-Opfer-Ausgleich stärken und die gemeinnützige Arbeit als moderne Sanktionsform ausbauen. Es ist im Interesse der Gesellschaft, daß vor allem Straftäter, die bislang zu kurzen Freiheitsstrafen verurteilt wurden, nicht zusätzliche Kosten für den Staat verursachen, sondern gemeinnützige Arbeit leisten. Soweit die Gemeinschaft nicht vor ihnen geschützt werden muß, sollen sie sich für die Gemeinschaft nützlich machen.

(Beifall bei der SPD und dem BÜNDNIS 90/DIE GRÜNEN)

Große Aufmerksamkeit richten wir auf die Förderung der Verfahren zur *Schlichtung*. Es muß Schluß gemacht werden mit der verhängnisvollen Entwicklung, immer mehr zivile, soziale, wirtschaftliche oder sogar politische Streitfälle auf die Gerichte abzuwälzen. Die Möglichkeiten, Streitfälle außergerichtlich zu regeln, werden wir stärken und bürgernah ausgestalten. Wir verbinden damit den Appell an Bürgerinnen und Bürger, aber auch an Interessengruppen, diese Möglichkeiten auszuschöpfen, bevor die Justiz bemüht wird.

Ich sage es deutlich: Diese Bundesregierung will keinen Bevormundungsstaat, nein, sie will einen Staat, der die Menschen ermutigt. Aber den Staat schlanker und effizienter zu machen, das darf nicht heißen, daß man ihn dort schwächt, wo vor allem die Schwächeren auf ihn angewiesen sind.

(Beifall bei der SPD und dem BÜNDNIS 90/DIE GRÜNEN)

Wir wollen deshalb einen Staat, der die Bürgerrechte schützt und erweitert. Wir beharren auf dem Schutz der Schwächeren durch das Recht und durch den Staat.

(Beifall bei Abgeordneten der SPD und des BÜNDNISSES 90/DIE GRÜNEN)

Ich will keine Gesellschaft, in der sich einige wenige Schutz kaufen können und die Mehrheit Angst vor Verbrechen hat.

(Beifall bei der SPD und dem BÜNDNIS 90/DIE GRÜNEN sowie bei Abgeordneten der PDS)

Deshalb sage ich: Härte gegen das Verbrechen und seine Erscheinungsformen, aber eben auch Härte gegen die Ursachen des Verbrechens, das ist meine, das ist unsere Vorstellung von einem Staat, der seine Schutzaufgabe erfüllt.

(Beifall bei der SPD und dem BÜNDNIS 90/DIE GRÜNEN sowie bei Abgeordneten der PDS – Widerspruch bei der CDU/CSU)

Wir werden deshalb die *Kriminalität* in all ihren Erscheinungsformen entschlossen bekämpfen. Die Polizei kann sich darauf verlassen, daß wir sie bei dieser Aufgabe unterstützen.

(Siegfried Hornung [CDU/CSU]: Chaostage! – Weitere Zurufe von der CDU/CSU)

Aber zugleich gilt: Eine gute Politik der inneren Sicherheit darf nicht auf Polizei und Strafrecht beschränkt bleiben.

(Beifall bei Abgeordneten der SPD und des BÜNDNISSES 90/DIE GRÜNEN)

Ein eigenverantwortliches Leben setzt zuallererst voraus, für sich selbst sorgen zu können. Wie sollen unsere jungen Menschen unsere Gesellschaft und unsere Zukunft gestalten, wenn wir ihnen nicht einmal die Möglichkeit geben, für sich selber zu sorgen? Hierin liegt der Grund dafür, warum die Bundesregierung ein Sofortprogramm auflegen wird, um 100 000 Jugendliche so schnell wie möglich in Ausbildung und Beschäftigung zu bringen.

(Beifall bei der SPD und dem BÜNDNIS 90/DIE GRÜNEN sowie bei Abgeordneten der PDS)

Ich sage es noch einmal vor diesem Hohen Hause: Gerade diejenigen, die die Jugendkriminalität zurückdrängen wollen und dies mit aller Entschiedenheit mit Hilfe des Staates durchsetzen wollen, haben auf der anderen Seite die Verantwortung, jungen Menschen eine Perspektive für Ausbildung und Arbeit zu geben.

(Beifall bei der SPD und dem BÜNDNIS 90/DIE GRÜNEN sowie bei Abgeordneten der PDS)

Wir werden angesichts der Gefährdungen, die sich für die gesamte Gesellschaft aus einem Mangel an Perspektive ergeben, bei der Realisierung dieses Programmes einen besonderen Schwerpunkt in Ostdeutschland setzen. Dies ist – zugegeben – ein erster Schritt, aber ein eminent wichtiger, um dort helfen zu können.

(Beifall bei der SPD sowie bei Abgeordneten des BÜNDNISSES 90/DIE GRÜNEN)

Meine Damen und Herren, Ziel einer aktiven Arbeitsmarktpolitik muß es sein, den Menschen eine Brükke in den ersten Arbeitsmarkt zu bauen. Wir alle wissen, daß eine gute *Ausbildung* die beste Voraussetzung für eine gesicherte berufliche Zukunft ist. Unser duales System der Ausbildung ist noch immer vorbildlich in

Europa. Aber die schleichende Verstaatlichung der Ausbildung muß aufhören.

– Das ist so. Sie haben es noch immer nicht verstanden. Das ist tatsächlich so. Sie werden es nie verstehen.

Sie interessiert das nicht.

Aber mich macht das besorgt. Daß Sie an den jungen Leuten nicht interessiert sind, merkt man an Ihrem Gebrüll. Man merkt an der Art und Weise, wie Sie mit diesem Thema umgehen,

wie wenig Sie das Thema der Ausbildungsperspektiven für junge Leute interessiert.

Ich sage Ihnen eines: Die Zahl der Ausbildungsplätze, die die Wirtschaft zur Verfügung gestellt hat, ist in Ihrer Regierungszeit kontinuierlich zurückgegangen. Das ist das Problem, vor dem wir stehen.

Das sollten Sie nicht lächerlich machen. Darüber sollten Sie nicht lachen. Denn der wirkliche Skandal in unserer Gesellschaft ist, daß die jungen Leute von Ihnen allein gelassen worden sind. Das ist das Problem. Deshalb sind Sie auch abgewählt worden.

Daß Sie sich beim Thema Ausbildungschancen der jungen Leute hier hinsetzen und so tun, als wenn Sie das nichts anginge, das ist eine Schande. Sie sollten sich schämen!

Für uns jedenfalls ist klar – auch wenn das die rechte Seite dieses Hauses nicht interessiert – –

– Da merkt man, welches Interesse Sie an diesen Fragen haben.

(Weitere lebhafte Zurufe von der CDU/CSU)

Meine Damen und Herren, für uns ist klar – in diesem Punkt lassen wir uns nicht beirren –: Wirtschaft und öffentliche Verwaltung stehen in der Pflicht, die *Lehrstellenzahl* zu erhöhen und nicht zu senken.

(Beifall bei der SPD sowie bei Abgeordneten des BÜNDNISSES 90/DIE GRÜNEN)

Wir wollen und wir werden erreichen, daß alle Jugendlichen einen qualifizierten Ausbildungsplatz bekommen. Das ist ihre Erwartung an Politik, und die werden wir erfüllen, sosehr Sie auch dagegen schimpfen.

(Beifall bei der SPD und dem BÜNDNIS 90/DIE GRÜNEN)

Bei der Mobilisierung der Ausbildungsplätze setze ich auf die Mitarbeit der Wirtschaft. Ich weiß: Hunderttausende von Handwerksmeistern sowie kleine und mittlere Unternehmen tun jedes Jahr ihre Pflicht. Aber bei den großen Unternehmen muß zugelegt werden; das gilt es gemeinsam zu erreichen.

(Beifall bei der SPD und dem BÜNDNIS 90/DIE GRÜNEN sowie bei Abgeordneten der PDS)

Ich setze bei der Mobilisierung von Ausbildungsplätzen darauf, daß wir keine Zwangsmaßnahmen benötigen. – Jetzt könnt ihr auch klatschen!

(Heiterkeit bei der SPD)

Aber ich sage unseren Jugendlichen, daß ihr moralisches Recht auf Arbeit und Ausbildung – auch das muß ausgesprochen werden – die Pflicht einschließt, Angebote zur Berufsausbildung anzunehmen. *Mobilität* darf kein Fremdwort in diesem Sektor sein oder werden.

(Beifall bei Abgeordneten der SPD)

Auch folgendes muß deutlich werden: Nicht jeder wird seinen Traumberuf erlernen können. Wir werden kein Volk von Bankkaufleuten und Versicherungskaufleuten werden können, bei allem Respekt vor dieser Berufsgruppe.

(Beifall bei Abgeordneten der SPD)

Im europäischen Vergleich brauchen junge Menschen bei uns zu lange, bevor sie berufliche Verantwortung übernehmen können. Uns geht es nicht um eine Verkürzung der Ausbildungszeit und schon gar nicht um eine Verschlechterung der Ausbildung; es geht uns vielmehr um eine bessere Verteilung der Ausbildung auf die Lebenszeit. Das ist das, was im Vordergrund unserer Bemühungen steht. Ausbildung, Ausbildungsordnungen und Ausbildungsinhalte werden wir flexibler gestalten. Die Verbesserung und Modernisierung beruflicher Bildung und Qualifikation sollte ständiges Gesprächsthema im Bündnis für Arbeit sein.

Wir wollen uns fit machen für die europäische Wissensgesellschaft. Darunter soll man sich nicht eine Gesellschaft aus lauter Superhirnen und Weißkitteln vorstellen. Wissensgesellschaft, meine Damen und Herren, das heißt für mich: Qualifikationsgesellschaft. Das betrifft die ganze Breite unserer Gesellschaft, das betrifft alle Menschen und nicht nur die wissenschaftlich-technischen Eliten.

(Beifall bei der SPD sowie bei Abgeordneten des BÜNDNISSES 90/DIE GRÜNEN)

Das ist der Grund, warum die Bundesregierung die Aufgabe einer *Bildungs- und Qualifizierungsoffensive* rasch anpacken wird. Wir wollen bestmögliche Bildung für alle, mehr Chancengleichheit, die Förderung unterschiedlicher Begabungen, mehr Effizienz, aber auch mehr Wettbewerb.

Diese Regierung hat nichts gegen die Herausbildung von Eliten. Auch unsere demokratische Gesellschaft braucht Eliten. Allerdings kommt es mir darauf an, was man unter Elite und ihrer Herausbildung versteht. Geprägt von eigener Erfahrung sage ich: Zur Elite gehört man nicht durch die Herkunft der Eltern; zur Elite gehört man durch Leistung.

(Beifall bei der SPD sowie bei Abgeordneten des BÜNDNISSES 90/DIE GRÜNEN und der PDS)

Eliten in einer Demokratie erwachsen aus gleichen Chancen im Zugang zu den Bildungseinrichtungen. Das ist wichtig, meine Damen und Herren.

(Beifall bei der SPD und dem BÜNDNIS 90/DIE GRÜNEN sowie bei Abgeordneten der F.D.P. und der PDS)

Sie erwachsen aus dem, was bei gleichen Zugangsvoraussetzungen zu den Bildungseinrichtungen der einzelne in eigener Verantwortung daraus macht. Eines jedenfalls muß gelten: Der Geldbeutel der Eltern darf nicht über die Lebenschancen in unserer Gesellschaft bestimmen.

(Beifall bei der SPD und dem BÜNDNIS 90/DIE GRÜNEN sowie bei Abgeordneten der PDS)

Das ist der Grund, warum wir bereits 1999 mit der Reform der *Ausbildungsförderung* beginnen werden. Wir werden dabei alle ausbildungsbezogenen staatlichen Leistungen zusammenfassen.

Die Hochschulen werden wir stärken. Sie müssen Zentren der Ideenfindung und der Problemlösung sein. Sie sollen nach unserer Auffassung auch Zukunftswerkstätten werden. Wir müssen den Trend zur Abwanderung unserer Grundlagenforscher stoppen und gleichzeitig die anwendungsorientierte Forschung nachhaltig fördern.

Wir brauchen eine bessere Bildungsplanung, und wir werden sie machen. Denn wir können es uns nicht länger leisten, daß ein bedenklich großer Teil unseres wissenschaftlichen Nachwuchses völlig vorbei an den Erfordernissen des Arbeitsmarktes qualifiziert wird.

Auch an Universitäten und Fachhochschulen muß es Wettstreit geben. Konkurrenz belebt auch dort das Geschäft.

(Beifall bei Abgeordneten der SPD und der F.D.P.)

Die Hochschulen müssen viel stärker als bisher auch zu *Existenzgründungen* ermuntern. Forschung und Lehre sollen durch Budgetierung und mehr Autonomie entbürokratisiert und so wettbewerbsfähiger gemacht werden. Das Dienstrecht des Hochschulpersonals werden wir umfassend modernisieren, um auch hier mehr Anreize für Leistung und Innovation zu schaffen.

(Beifall bei der SPD sowie bei Abgeordneten des BÜNDNISSES 90/DIE GRÜNEN und der F.D.P.)

Wir sollten uns nichts vormachen: Der Transfer von Wissenschaft zur Wirtschaft liegt in Deutschland im argen. Die Transferzeiten, also die Umsetzung wissenschaftlicher Erkenntnisse in die Produktionswirklichkeit, sind bei uns noch immer viel zu lange. Bei der Innovationsgeschwindigkeit hinken wir hinter den USA, aber auch den europäischen Ländern, die vergleichbar sind, hinterher. Die USA verdienen jedes Jahr mehr als 30 Milliarden DM mit dem Export von Verfahren, von Lizenzen und von Patenten ins Ausland. Unsere Wirtschaft hingegen muß heute mehr

Ingenieurleistungen importieren, als sie exportiert. Das kann, das darf nicht so bleiben.

Forschung, Lehre und Wirtschaft haben sich viel zu weit voneinander entfernt. Die Hochschulen stehen vor Umwälzungen, die denen der 70er Jahre vergleichbar sind. Dieser Herausforderung wird sich die Bundesregierung stellen – wieder einmal, bin ich versucht zu sagen. Wir werden die Investitionen in Forschung und Bildung in den nächsten fünf Jahren verdoppeln.

Wir werden auch auf europäischer Ebene die Anstrengungen bei der Entwicklung neuer Technologien verstärken. Zusammen mit unseren Partnern wollen wir *transeuropäische Netze* und eine moderne wissenschaftliche Infrastruktur schaffen.

Es ist schon richtig: Kreativität, künstlerische Phantasie, handwerkliches Können, die geniale Idee, der Mut zur bahnbrechenden Neuerung – all das kann vom Staat nicht herbeiorganisiert werden. Es ist das Ergebnis eines Prozesses von zahllosen kleinen Verbesserungen, an denen Tausende von kreativen, phantasievollen, kundigen und auch mutigen Menschen tagtäglich arbeiten. Deren Bemühungen zu unterstützen ist eine unserer wichtigsten Aufgaben.

Auf die jungen Menschen – ich unterstreiche es noch einmal – kommt es dabei ganz besonders an. Sie haben die Chance, Erfahrungen zu machen, die die Älteren – auch in diesem Hohen Haus – nie machen konnten. Wir wollen, wir müssen und wir werden dafür sorgen, daß sie nicht die Erfahrung machen, ausgeschlossen zu sein, noch bevor sie in den Prozeß einsteigen konnten, den sie eigentlich gestalten sollen.

Aber machen wir uns nichts vor: Die Bewältigung des Jahrhundertproblems *Arbeitslosigkeit* kann nur gelingen, wenn alle gesellschaftlich Handelnden dabei mitmachen. Die eine, einzelne Maßnahme zur Lösung des Problems gibt es nicht. Steuerpolitik, Abgabenreduzierung, Zukunftsinvestitionen und Tarifpolitik müssen einander sinnvoll ergänzen. Erst im Zusammenwirken aller volkswirtschaftlichen Akteure kann dauerhaft mehr Beschäftigung entstehen. Ich betone: im Zusammenwirken aller volkswirtschaftlichen Akteure. Das ist die Erfahrung, die man in anderen Ländern hat machen können.

Das ist auch die positive Erfahrung, die in vergangenen Zeiten mit einem funktionierenden Modell Deutschland gemacht worden ist. Die deutschen Unternehmer stehen dabei ebenso in der Verantwortung wie die Sozialverbände und die Gewerkschaften. Sie alle lade ich zu einem *Bündnis für Arbeit und für Ausbildung* ein. Ich bin froh, bestätigen zu können: Das erste Treffen wird bereits Anfang Dezember stattfinden.

(Beifall bei der SPD und dem BÜNDNIS 90/DIE GRÜNEN)

Dieses Bündnis wird als ständiges Instrument zur Bekämpfung der Arbeitslosigkeit eingerichtet. Ich weiß inzwischen, daß die Beteiligten meiner Einladung folgen und ihren Teil der Verantwortung übernehmen wollen. Ich erwarte, daß sich die Gesprächspartner vom Denken in angestammten Besitzständen und von überkommenen Vorstellungen lösen. Das, meine Damen und Herren, gilt für alle Beteiligten.

Ich setze darauf, daß wir zu einer vorurteilsfreien Beurteilung der Lage kommen und daß unsere Diskussionen vom fairen Ausgleich zwischen Geben und Nehmen geprägt sind. Bündnisse für Arbeit wirken bereits überall mit Erfolg, in unseren Nachbarstaaten, aber auch in ungezählten Betrieben in unserem eigenen Land. Hier in Deutschland haben sozial verantwortliche Unternehmer und tüchtige, ökonomisch denkende Betriebsräte unsere Mitbestimmung zu einem modernen, weltweit vorbildlichen Modell entwickelt. Dies werden wir verteidigen und ausbauen.

(Beifall bei der SPD und dem BÜNDNIS 90/DIE GRÜNEN)

Das Bündnis für Arbeit ist der richtige Ort, um sich den drängenden Fragen zu stellen: Welche Spielräume kann die Abgabenpolitik des Staates, kann die Tarifpolitik schaffen? Was bedeutet es, die Sozialleistungen stärker auf die Bedürftigen zu konzentrieren? Welche Spielräume schaffen wir damit für Investitionen, und welche Möglichkeiten bieten Instrumente wie Investivlohn und ähnliches? Welche Chancen bieten sich für uns alle, auch für die Beschäftigten, bei der Flexibilisierung der Arbeitszeiten?

Ich erwarte auch, daß wir in diesem Bündnis für Arbeit und Ausbildung die einmaligen Gelegenheiten nutzen, die uns die neuen politischen Konstellationen in Europa bieten. Der Kampf gegen

Arbeitslosigkeit kann mit dieser Bundesregierung nun endlich auch als europäische Frage behandelt werden.

In bezug auf diese Frage haben unsere Partner in Europa – bei allem Respekt vor sonstigem – lange gewartet.

Mit der Steuerreform, der Entlastung bei den Lohnnebenkosten und dem *Sofortprogramm gegen Jugendarbeitslosigkeit* bringt die Bundesregierung gute Vorleistungen in das Bündnis für Arbeit ein.

Ich erwarte, daß auch die anderen wirtschaftlich Handelnden unserem Beispiel folgen. Die Menschen haben ein Recht darauf, daß wir uns der Verantwortung stellen und die Chancen entschlossen ergreifen, die uns ein Bündnis für Arbeit in Deutschland, mitten in einem sozialer gewordenen Europa, eröffnet.

Niemand erwartet von diesem Bündnis Patentlösungen. Aber alle stehen in der Pflicht, das Beste zu geben: Zusammenarbeit, Zukunftswillen und Zuversicht – das sind die Koordinaten des Bündnisses für Arbeit und Ausbildung. Gelingen kann ein solches Bündnis nur, wenn wir uns vorbehaltlos der Wirklichkeit stellen. Das mindeste, was die Bürgerinnen und Bürger von uns verlangen können, ist der Wille zur Aufrichtigkeit, zur Beschreibung der Wirklichkeit. Wir dürfen auch vor unbequemen Wahrheiten nicht haltmachen. Oft genug ist die gesellschaftliche Wirklichkeit verdrängt worden, zugedeckt mit Lebenslügen und voreiligen Versprechungen.

Ich unterstreiche: Diese Bundesregierung sagt den Menschen weder: „Alles ist schlecht", noch sagt sie ihnen: „Alles wird gut." Aber sie sagt zum Beispiel, daß es in diesem Land Menschen gibt, die unter den Bedingungen nackter Ausbeutung arbeiten müssen.

Daß solche Beschäftigungen illegal sind, daß sich oft genug auch die Beschäftigten illegal hier aufhalten, das ändert nichts an den menschenunwürdigen Zuständen, die damit verbunden sind und die wir beseitigen müssen.

Diese Bundesregierung sagt auch, daß es in diesem Land Arbeit gibt, gutbezahlte Arbeit, die an den Sozialsystemen vorbei als „Schwarzarbeit" angeboten – und nachgefragt – wird. Niemand sollte diese *Schwarzarbeit* verharmlosen oder aufhören, sie von Rechts wegen zu bekämpfen. Sie ist und bleibt Betrug an der Solidargemeinschaft.

(Beifall bei der SPD sowie bei Abgeordneten des BÜNDNISSES 90/DIE GRÜNEN und der PDS)

Aber es gilt zu erkennen, daß Schwarzarbeit erst dann ganz verschwinden wird, wenn sich die reguläre, versteuerte und sozialversicherte Arbeit wieder lohnt,

(Beifall bei Abgeordneten der F.D.P.)

wenn die Menschen für ihre Arbeit wieder mehr Geld ins Portemonnaie bekommen. Das ist der Sinn bei den Entlastungen der Arbeitnehmerinnen und Arbeitnehmer. Wir werden diese Entlastung vornehmen; Sie haben das nicht getan.

(Beifall bei der SPD sowie bei Abgeordneten des BÜNDNISSES 90/DIE GRÜNEN und der F.D.P.)

Deshalb wird auch bei der Bekämpfung der illegalen Arbeit der Satz gelten: Hart gegen den Rechtsbruch, aber nicht minder hart gegen die Ursachen.

Wie für die innere Sicherheit so gilt auch für die *soziale Sicherheit:* Wir wollen alles tun, damit sich alle Bürger sicher fühlen können. Aber wir haben Grund zu der Annahme, daß es die Systeme der sozialen Sicherung selbst sind, die durch ihre hohen Kosten immer mehr Menschen in die Flucht aus diesen Sozialsystemen treiben: in illegale, sozial nicht abgesicherte Arbeit oder in Scheinselbständigkeit. Wenn das so ist, heißt das, daß eine abstrakte soziale Sicherheit in immer mehr Einzelfällen konkrete soziale Unsicherheit produziert und daß die Art, wie wir soziale Sicherheit organisieren, tatsächlich Arbeitsplätze vernichten oder gefährden kann. Deshalb müssen die Systeme und die Kosten der sozialen Sicherung insgesamt auf den Prüfstand.

Wir werden die Augen vor solchen Wahrheiten nicht verschließen, und wir werden auch Konsequenzen daraus ziehen.

(Beifall der Abg. Michaele Hustedt [BÜNDNIS 90/DIE GRÜNEN])

Erstmals, meine Damen und Herren, geht eine deutsche Bundesregierung daran, mit staatlichen Mitteln die *Lohnnebenkosten* zu senken. Die Entlastung der Arbeitskosten durch Senkung der Rentenbeiträge um 0,8 Prozent zum 1. Januar 1999 wird pünktlich in Kraft treten.

(Beifall bei der SPD und dem BÜNDNIS 90/DIE GRÜNEN)

Wir sind darüber hinaus bereit, gezielt Sozialabgaben zu bezuschussen, wenn dadurch weniger produktive Arbeit bezahlbar gemacht werden kann. Das soziale Netz muß nach unserer Auffassung zu einem Trampolin werden. Von diesem Trampolin soll jeder, der vorübergehend der Unterstützung bedarf, rasch wieder in ein eigenverantwortliches Leben zurückfedern können.

(Beifall bei Abgeordneten der SPD)

Das, meine Damen und Herren, meinen wir, wenn wir sagen, daß es uns wichtiger ist, Arbeit zu finanzieren, als Arbeitslosigkeit bezahlen zu müssen.

(Beifall bei der SPD sowie bei Abgeordneten des BÜNDNISSES 90/DIE GRÜNEN und der PDS)

In diesen Zielen wissen wir uns übrigens mit der großen Mehrheit der Bevölkerung in Deutschland einig; wir wissen sie hinter uns. Doch die Initiativen der Bundesregierung werden kaum ausreichen, den Kostendruck entscheidend zu lindern. Bei einem gerechten *Umbau des Sozialstaates* sind alle Beteiligten gefragt: die Versicherten wie auch die Verbände und die Versicherungsträger, die Unternehmer und die Gewerkschafter.

Dabei werden wir uns von einem Grundsatz leiten lassen: Die Stärke des Sozialstaates bemißt sich nicht an den Milliarden, die er ausgibt. Sie muß sich beweisen an der Qualität der Leistungen, die erbracht werden.

(Beifall bei der SPD sowie bei Abgeordneten des BÜNDNISSES 90/DIE GRÜNEN und der F.D.P.)

Damit hier keine Mißverständnisse aufkommen: Unsere Gesellschaft erwirtschaftet genug, um sich den Sozialstaat leisten zu können. Was wir uns nicht leisten können, sind Ungerechtigkeit und Untätigkeit. Wir brauchen die Menschen in Deutschland nicht auf „Blut, Schweiß und Tränen" einzustimmen. Die Menschen haben gezeigt, daß sie bereit sind zu teilen und zu geben. Wie sonst, wenn nicht durch den Elan und die Solidarität der Menschen im Osten und im Westen hätte es die – bei allen Defiziten – doch beachtlichen Leistungen beim Aufbau der *Wirtschaft in den neuen Ländern* geben können? Ich sage ganz deutlich: Wir werden diese Solidarität mit den Menschen im Osten des Landes auch weiterhin brauchen.

(Beifall bei der SPD und dem BÜNDNIS 90/DIE GRÜNEN)

Wer die dafür nötigen Leistungen zurückfährt, der gefährdet das Erreichte. Wir sind noch immer weit entfernt von gleichwertigen Lebensbedingungen in Ost und West.

Das heißt konkret: Der *Solidarpakt* von 1993 wird auch weiterhin das finanzielle Rückgrat des wirtschaftlichen Aufbaus bleiben. Wir werden die Maßnahmen der aktiven Arbeitsmarktpolitik in den neuen Ländern, die – das kennen wir ja schon – vor der Wahl kurzfristig hochgefahren wurden und jetzt, wenn nichts geschähe, wieder ausliefen, auf dem bisherigen Niveau verstetigen.

(Beifall bei der SPD sowie bei Abgeordneten des BÜNDNISSES 90/DIE GRÜNEN und der PDS)

Über Bildungs- und Qualifizierungsangebote wollen wir möglichst vielen den Weg zurück in den ersten Arbeitsmarkt ebnen. Dennoch wird eine aktive Beschäftigungspolitik auf relativ hohem Niveau im Osten Deutschlands noch für eine ganze Weile notwendig und unverzichtbar bleiben. Auch die bislang bis Ende 1998 befristeten Regelungen zum *Investitionsvorrang für Ostdeutschland* werden wir fortführen. Diese Bundesregierung, meine Damen und Herren, weckt auch dort keine Illusionen. Sie sagt, daß uns noch eine lange und schwierige Wegstrecke des wirtschaftlichen Aufbaus in den neuen Bundesländern bevorsteht. Aber sie zollt Lebensleistung und Biographien der Menschen im Osten Achtung und hohen Respekt.

Die Anstrengungen werden sich lohnen, denn wir haben die Chance, überall in Ostdeutschland Regionen mit ökonomischem und ökologischem Vorbildcharakter zu schaffen, wirklich neue Wege zu gehen, statt Abziehbilder der alten Bundesrepublik herzustellen.

(Beifall bei der SPD sowie bei Abgeordneten des BÜNDNISSES 90/DIE GRÜNEN)

Die Menschen in den neuen Ländern – auch das gilt es zu erkennen – haben Deutschland auch und gerade kulturell stark bereichert. Viele im Westen können und sollten von ihrer Zivilcourage, ihrer Kreativität und ihrem Erfindungsreichtum lernen. Wir wissen, meine Damen und Herren, daß wir eine Nation mit einer gemeinsamen Kultur, Sprache und Geschichte sind, allerdings auch eine Nation, die 40 Jahre Spaltung in getrennte Staaten hat erdulden müssen.

Wir kennen die Mängel in den Regelungen über die Rehabilitierung und Entschädigung der *Opfer von DDR-Unrecht,* und wir werden die Härten beseitigen.

Gegen die Spaltung setzen wir den Willen zu mehr Normalität im Umgang miteinander. Besserwisserei und Larmoyanz, die Geringschätzung des anderen, seiner Vorlieben, seiner Gewohnheiten, all das hat in einer modernen Demokratie nichts zu suchen.

Was wir allerdings verbessern wollen und müssen, ist die Zielgenauigkeit der *Aufbau- und Fördermaßnahmen.* Die Bundesregierung wird ein Förderkonzept entwickeln, das sich an drei Zielen ausrichtet: erstens der Sicherung der Förderpräferenz für die neuen Bundesländer, zweitens dem verstärkten Ausbau der infrastrukturellen Versorgung insbesondere in den wirtschaftlichen Problemregionen sowie drittens der Stärkung der Innovationsfähigkeit der Unternehmen und dem Ausbau von Finanzierungsformen, die den besonderen Problemen ostdeutscher Unternehmen gerecht werden.

(Beifall bei der SPD)

Die Eigenkapitalbasis der Unternehmen im Osten muß gestärkt werden.

Vor allem die jungen und noch nicht so finanzstarken Kleinbetriebe in den neuen Ländern leiden existentiell unter einer zunehmend laxer werdenden Zahlungsmoral. Wir werden deshalb dafür sorgen, daß zahlungsunwillige Schuldner begreifen, daß schlechte Zahlungsmoral sich auch finanziell nicht lohnt.

Wir wollen die Anstrengungen zur *Sanierung und Gestaltung der Städte* verstärken und auch darüber wieder mehr Menschen in Beschäftigung bringen.

Ich habe als Bundeskanzler erklärt, den Aufbau Ost zur Chefsache zu machen. Die Kompetenzen dafür werden gebündelt. Mir wird ein Staatsminister im Bundeskanzleramt zur Seite stehen, der vor allem für eine sehr enge Koordination mit den Landesregierungen in den ostdeutschen Ländern sorgen wird.

(Beifall bei Abgeordneten der SPD)

Das Bundeskabinett wird alle zwei Monate in einem der neuen Länder tagen, um mit den dortigen Landesregierungen die Lage zu erörtern und konkrete Projekte auf den Weg zu bringen, die der Situation dort gerecht werden.

(Beifall bei der SPD und dem BÜNDNIS 90/Die GRÜNEN)

Gerade in den neuen Bundesländern haben die Bürgerinnen und Bürger ihre ganz speziellen Erfahrungen mit Dichtung und Wahrheit in der Politik gemacht.

(Beifall bei der SPD)

Sie haben deshalb einen Anspruch darauf, daß wir die Probleme vor Ort beim Namen nennen, vor Ort Lösungen entwickeln und sie dann auch zügig durchsetzen. Realitätssinn und Reformwillen sind schließlich keine Optionen, die wir nach Belieben umsetzen und ausschlagen könnten.

Kurz vor der Jahrtausendwende ist die Welt in bahnbrechenden Veränderungen begriffen. Die Digitalisierung des Wissens und der Produktion, die Globalisierung der Waren- und Finanzmärkte zwingt uns zu Anpassungen und zum Umdenken, zum Abschied von liebgewordenen Traditionen und Gewohnheiten. Das macht vielen Menschen angst. Aber, meine Damen und Herren, Angst haben müssen wir nicht vor der Veränderung, Angst haben müssen wir nur davor, im Stau selbstgesetzter Blockaden stecken zu bleiben.

(Beifall bei der SPD und dem BÜNDNIS 90/DIE GRÜNEN)

Die Wirklichkeit unseres *Erwerbslebens* hat sich drastisch verändert. Der schöne und viele Jahre Sicherheit verheißende Ausdruck, jemand habe nach der beruflichen Qualifikation „ausgelernt", hat seine Bedeutung verloren. Das Weiter- und das Dazulernen sind heute unabdingbare Anforderungen für jeden. Diese gilt es zu realisieren. Aber sie sind auch eine Herausforderung an die Neugier und Leistungsbereitschaft eines jeden.

Dieser veränderten Realität muß sich auch unser Sozialsystem anpassen. So werden wir bei der *Rentenreform* selbstverständlich die Zunahme der sogenannten unsteten Erwerbsverläufe angemessen berücksichtigen. Insbesondere *Frauen* dürfen eben nicht dafür bestraft werden, daß sie ihr Leben flexibel gestalten, daß Phasen der Kindererziehung, der Erwerbsarbeit und des Lernens einander abwechseln.

(Beifall bei der SPD und dem BÜNDNIS 90/DIE GRÜNEN sowie bei Abgeordneten der PDS)

Meine Damen und Herren, wer das Lernen geringschätzt und die Möglichkeiten des Wissens nicht nutzt, läuft in eine Falle. Wenn wir die *ökologische Modernisierung* wollen, dann heißt das auch, daß wir die enormen Möglichkeiten, die uns die Bio-, die Medizin- und die Gentechnik bieten, in verantwortbarem Rahmen nutzen und entwickeln wollen. Wenn wir den Weg in eine Gesellschaft gehen wollen, die industriell stark, technisch innovativ, sozial gerecht und serviceorientiert ist, dann können wir es uns nicht leisten, gerade die personenbezogenen oder die im Haushalt erbrachten Dienstleistungen als minderwertig zu diskriminieren.

(Beifall bei der SPD und dem BÜNDNIS 90/DIE GRÜNEN sowie des Abg. Dr. Ilja Seifert [PDS])

Wir werden uns von der Vorstellung trennen müssen, nur die in der unmittelbaren Produktion erbrachte körperliche „Maloche" oder der Dienst im Büroalltag seien wirkliche Arbeit. Unser Augenmerk gilt allen, die gesellschaftlichen Wohlstand und gesellschaftliches Wohlergehen schaffen, den produktiv Beschäftigten ebenso wie den vielen, die das Wagnis der Existenzgründung auf sich nehmen, und genauso sehr denen, die sich um die Belange der Menschen kümmern.

Haushaltshilfe und Altenbetreuung, Einpack- oder Einpark-Service sind Dienstleistungen an der Allgemeinheit, deren sich niemand schämen muß. Diejenigen, die diese Dienstleistungen in Anspruch nehmen wollen und sie angemessen zu bezahlen in der Lage sind, werden in unserer Gesellschaft immer mehr. Auch deshalb werden wir die sogenannten *620-Mark-Jobs* nicht einfach abschaffen. Aber wir werden sie angemessen in die Sozialversicherungspflicht einbeziehen.

(Beifall bei der SPD)

Die Grenze werden wir auf 300 DM festlegen. Da wir gleichzeitig die Pauschalbesteuerung aufheben, werden diese Tätigkeiten nicht unzumutbar verteuert.

Man sieht daran: Die Bundesregierung erkennt ausdrücklich die Notwendigkeit und Berechtigung solcher Beschäftigungsverhältnisse an: sowohl für die Arbeitgeber als auch für die betroffenen Arbeitnehmerinnen und Arbeitnehmer und für die Verbraucher. Aber wir wollen gemeinsam mit Arbeitgebern und Gewerkschaften den Mißbrauch, der mit dieser Regelung betrieben worden ist, ernsthaft bekämpfen.

(Beifall bei der SPD sowie des Abg. Rezzo Schlauch [BÜNDNIS 90/DIE GRÜNEN])

Mehr Flexibilität im Arbeitsleben darf nicht auf Kosten sozialer Sicherheit gehen. Vor allem darf sie nicht zu Lasten der *Frauen* gehen, denen die Gesellschaft schon immer mit größter Selbstverständlichkeit höchste Flexibilität abverlangt hat. Wir müssen die Voraussetzungen dafür schaffen, daß Frauen, die es wollen, am Erwerbsleben teilhaben können. Dabei haben wir nicht nur gegen überkommene Strukturen in der Gesellschaft zu kämpfen. Wir müssen auch ein Schul- und Betreuungssystem schaffen, das die Lebenswirklichkeit moderner Familien und von Alleinerziehenden ausreichend berücksichtigt.

(Beifall bei der SPD sowie bei Abgeordneten des BÜNDNISSES 90/DIE GRÜNEN und der PDS)

Die Bundesregierung wird schon Anfang 1999 ein Aktionsprogramm „Frau und Beruf" initiieren. Wir werden ein wirksames Gleichstellungsgesetz vorlegen, auf Chancengleichheit bei der Ausbildung insbesondere in zukunftsorientierten Berufen achten, Existenzgründerinnen besonders unterstützen und die Bedingungen für flexiblere Arbeitszeiten verbessern.

(Beifall bei Abgeordneten der SPD und des BÜNDNISSES 90/DIE GRÜNEN)

Erziehungsgeld und Erziehungsurlaub werden wir zu einem Elterngeld und zu einem flexiblen Elternurlaub weiterentwickeln. Die Schaffung von größeren und besseren Angeboten zur Kinderbetreuung werden wir unterstützen.

Aber ein solches Aktionsprogramm bleibt ein Tropfen auf den heißen Stein, solange wir nicht die objektive Benachteiligung von Frauen aufheben, etwa in der *Rentenversicherung*. Auch darüber ist viele Jahre geredet worden, aber es ist nichts geschehen. Was geschehen ist, hat die Lage der Menschen eher verschlechtert. Deshalb sind wir auch hier gefordert, zu modernisieren und soziale Gerechtigkeit wiederherzustellen.

Die Bundesregierung wird zunächst die von ihrer Vorgängerin getroffenen Maßnahmen zur Verschlechterung der Rentnerinnen und Rentner aussetzen.

(Beifall bei der SPD sowie bei Abgeordneten der PDS)

Wir sagen ausdrücklich „Maßnahmen" und nicht „Reform", denn die Reform liegt noch vor uns.

(Beifall bei der SPD)

Wir wollen den Begriff der *Reform* wieder in sein Recht setzen. Reform – das Wort war einmal klar definiert als Programm oder Projekt, das die Lebensverhältnisse der Menschen verbessert. So war das damals bei der Einführung des Frauenwahlrechts vor – fast auf den Tag genau – 80 Jahren, eine Reform, die August Bebel und die Sozialdemokraten erkämpft hatten. So war das auch in den 70er Jahren, als Sozialdemokraten und ihre Bündnispartner unter Willy Brandt und Helmut Schmidt tatsächlich „mehr Demokratie wagten" und mehr Chancengleichheit herstellten. Heute stehen wir erneut vor der Notwendigkeit von Reformen, die das Leben der Menschen verbessern sollen. Es geht nicht zuletzt darum, die gewaltig entfalteten Produktivkräfte, den immensen Reichtum an Waren und Dienstleistungen, den wir erwirtschaften, wieder in einen sozialen, in einen sinnstiftenden Zusammenhang zu integrieren; denn das ist verlorengegangen.

(Beifall bei der SPD sowie bei Abgeordneten des BÜNDNISSES 90/DIE GRÜNEN)

Das muß das große gesellschaftliche Projekt der Neuen Mitte sein: die ökologische und solidarische Erneuerung unserer Gesellschaft und Ökonomie zu einer modernen sozialen Marktwirtschaft. Daran werden wir arbeiten; das werden wir miteinander leisten.

(Beifall bei der SPD sowie bei Abgeordneten des BÜNDNISSES 90/DIE GRÜNEN)

Das ist auch der Grund, warum wir bei der *Alterssicherung* eine echte Solidarität der Generationen, nicht nur eine Solidarität der Berufsgruppen erzielen wollen. Wir wollen einen mit Leben erfüllten Generationenvertrag, keinen Vertrag zu Lasten der Arbeit. In diesem Sinne werden wir dem Bundestag Vorschläge zur Reform der Alterssicherung vorlegen, die auf Solidarität, aber auch auf die gesellschaftliche Realität abzielen.

Dabei geben wir eine *dreifache Garantie* ab: Wir werden den heute in Rente lebenden Menschen ihre Rente sichern und ihnen jedenfalls ihre ohnehin oft geringen Einkünfte nicht kürzen. Denjenigen, die heute in die gesetzliche Rentenversicherung einzahlen, sagen wir zu, daß sie damit einen wirksamen und leistungsgerechten Rentenanspruch erwerben. Denjenigen, die jetzt ins Berufsleben eintreten, sichern wir den Umbau der Alterssicherung zu einem transparenten, zukunftsfähigen *Versicherungspakt* zu.

Dieser Pakt wird auf vier Säulen stehen: Das sind die gesetzliche Rentenversicherung, die betriebliche Altersvorsorge, die private

Vorsorge, deren Organisation vom Staat, etwa in steuerlicher Hinsicht, ermutigt wird, und die Beteiligung der Arbeitnehmerinnen und Arbeitnehmer am Produktivkapital und an der Wertschöpfung in den Unternehmen. Für den Nutzen der Reform, die wir im Grundsatz vereinbart haben, gibt es auf der ganzen Welt gute Beispiele; von denen können, von denen werden wir lernen. Bei der gesetzlichen Rentenversicherung müssen wir die finanzielle Grundlage verbreitern und versicherungsfremde Leistungen staatlich finanzieren.

(Beifall bei Abgeordneten der SPD)

Bei den Lebensversicherungen werden wir für mehr Wettbewerb und mehr Transparenz sorgen. Die zukunftsfähige Erneuerung der betrieblichen Altersvorsorge muß im Bündnis für Arbeit und Ausbildung fest vereinbart werden. Die Beteiligung der Arbeitnehmerinnen und Arbeitnehmer am Produktivvermögen werden wir unterstützen. Durch die Nettoentlastung der Lohn- und Einkommensteuerzahler schaffen wir auch auf diesem Sektor beachtliche Spielräume für die Tarifpartner.

Eine derartige Reform wird ihren Namen verdienen – anders als die Rentenkürzungen und die weiteren sozialen Einschnitte, die wir noch in diesem Jahr aussetzen, um Raum für wirklich zukunftsfähige Lösungen zu schaffen.

(Beifall bei der SPD sowie bei Abgeordneten des BÜNDNISSES 90/DIE GRÜNEN)

Die Verschlechterungen beim *Kündigungsschutz* und bei der *Lohnfortzahlung* werden wir – wie wir es versprochen haben – zum 1. Januar 1999 aufheben.

(Beifall bei der SPD)

Im *Gesundheitswesen* werden wir die Belastungen der Kranken, vor allem der chronisch Kranken und der älteren Patienten, zurückführen. Die Zuzahlungen der Versicherten bei Medikamenten werden ebenfalls zum 1. Januar 1999 gesenkt. Das sogenannte Krankenhausnotopfer wird ab sofort ausgesetzt.

(Beifall bei der SPD sowie bei Abgeordneten des BÜNDNISSES 90/DIE GRÜNEN)

Auch im Gesundheitswesen reichen die heute zur Verfügung stehenden Finanzmittel für eine qualitativ hochwertige Versorgung im Prinzip aus. Nicht die Rationierung in der gesetzlichen Krankenversicherung, sondern die Rationalisierung in der Versorgung ist der richtige Weg – und den werden wir gehen, meine Damen und Herren.

Ich weiß, die Tradition, die soziale Sicherheit zu wahren, gilt heute manchen schon als revolutionär. Dafür die traditionellen Mittel aufzuwenden wäre aber womöglich reaktionär. Weder auf dem Renten- noch auf dem Gesundheitssektor werden wir uns in diesem Widerspruch verfangen. Wir stehen auch in diesen Bereichen für eine Reform, die sich an den Realitäten orientiert.

Die Realität lehrt uns zum Beispiel, daß Deutschland in den vergangenen Jahrzehnten eine unumkehrbare *Zuwanderung* erfahren hat. Wir haben die Menschen, die in den 50er Jahren zu uns kamen, eingeladen. Heute sagen wir diesen unter uns lebenden Mitbürgerinnen und Mitbürgern, daß sie keine Fremden sind. Zu Fremden machen sich vielmehr diejenigen, die in unserem Land den *Fremdenhaß* propagieren.

Das wollen wir nicht. Diesen verblendeten Minderheiten setzen wir eine entschiedene Politik der Integration entgegen.

Den Zuwanderern, die bei uns arbeiten, sich legal in Deutschland aufhalten, Steuern zahlen und sich an die Gesetze halten, ist viel zu lange gesagt worden, sie seien bloß Gäste. Dabei sind sie real längst Mitbürgerinnen und Mitbürger geworden.

Diese Bundesregierung wird deshalb ein modernes *Staatsangehörigkeitsrecht* entwickeln. Es wird die Voraussetzungen dafür schaffen, daß diejenigen, die auf Dauer bei uns leben und deren Kinder, die hier bei uns geboren sind, volles Bürgerrecht erhalten können.

Niemand, der Deutscher werden will, soll dafür seine ausländischen Wurzeln aufgeben oder verleugnen müssen. Deshalb werden wir eine doppelte Staatsbürgerschaft ermöglichen.

Integration erfordert auch und gerade die aktive Mitwirkung derer, die sich integrieren sollen. Aber wir werden denen, die dauerhaft hier leben, arbeiten, ihre Steuern zahlen und die Gesetze achten, die Hand reichen, damit sie sich in unsere Demokratie als Menschen auch wirklich einbringen können.

(Beifall bei Abgeordneten der SPD)

So nehmen wir die Wirklichkeit in Europa positiv zur Kenntnis, so wollen wir das miteinander halten, und so sollte es in Deutschland üblich werden.

(Beifall bei der SPD und dem BÜNDNIS 90/DIE GRÜNEN)

Unser *Nationalbewußtsein* basiert eben nicht auf den Traditionen eines wilhelminischen „Abstammungsrechts", sondern auf der Selbstgewißheit unserer Demokratie. Wir sind stolz auf dieses Land, auf seine Landschaften, auf seine Kultur, auf die Kreativität und den Leistungswillen seiner Menschen. Wir sind stolz auf die Älteren, die dieses Land nach dem Krieg aufgebaut und ihm seinen Platz in einem friedlichen Europa geschaffen haben. Wir sind stolz auf die Menschen im Osten unseres Landes, die das Zwangssystem der SED-Diktatur abgeschüttelt und die Mauer zum Einsturz gebracht haben.

(Beifall bei der SPD und dem BÜNDNIS 90/DIE GRÜNEN)

Was ich hier formuliere, ist das Selbstbewußtsein einer erwachsenen Nation, die sich niemandem über-, aber auch niemandem unterlegen fühlen muß,

(Beifall bei Abgeordneten der SPD)

die sich der Geschichte und ihrer Verantwortung stellt, aber bei aller Bereitschaft, sich damit auseinanderzusetzen, doch nach vorne blickt. Es ist das Selbstbewußtsein einer Nation, die weiß, daß die Demokratie nie für die Ewigkeit erworben ist, sondern daß Freiheit, wie es schon in Goethes „Faust" heißt, „täglich erobert" werden muß.

(Beifall bei Abgeordneten der SPD)

Auch unsere Nachbarn in Europa wissen, daß sie uns als Deutschen um so besser trauen können, je mehr wir Deutschen selbst unserer eigenen Kraft vertrauen.

(Beifall des Abg. Hans Büttner [Ingolstadt] [SPD])

Es waren in der Vergangenheit immer die gefährlichen Schieflagen im nationalen Selbstbewußtsein, die zu Extremismus und Unfrieden geführt haben. In diesen Tagen ist es 80 Jahre her, daß der *erste Weltkrieg* zu Ende gegangen ist. In Frankreich und Deutschland ist damit das Gedenken an Leid und unsagbaren Schmerz verbunden. Beide Völker sind deswegen unumkehrbar in dem Bewußtsein geeint: „Nie wieder!"

Für uns Deutsche ist der gestrige Tag, der *9. November*, geschichtsbeladen und ambivalent wie kein anderer. Kein anderes Datum symbolisiert Stolz und Schmerz, Freude und Schande in der Geschichte unserer Nation so sehr wie dieser 9. November. Es ist der Tag, da die erste deutsche Republik entstand. Es ist der Tag, an dem für Millionen von Ostdeutschen die Berliner Mauer passierbar wurde. Aber es ist auch der Tag der Reichspogromnacht, als 1938 Deutsche in verbrecherischem Rassenwahn im ganzen Land Synagogen anzündeten, die Häuser und Geschäfte jüdischer Mitbürger zerstörten und die jüdischen Mitbürgerinnen und Mitbürger töteten.

Vieles, was die Väter und Mütter unserer Verfassung konzipiert haben, geschah vor allem in Erinnerung an diese nationalsozialistische Schreckensherrschaft. Die gemeinsame Geschichte verpflichtet auch uns. Aber inzwischen – das ist gut so – ist unsere Demokratie kein zartes Pflänzchen mehr, sondern ein starker Baum. Die Deutschen haben mit Hilfe ihrer Freunde und Verbündeten die staatliche Einheit in Frieden und Selbstbestimmung vollenden können. Wir bekennen uns uneingeschränkt zu unserer Verankerung im westlichen Bündnis und in der Europäischen Union. Wir sind heute Demokraten und Europäer – nicht, weil wir es müßten, sondern weil wir es wirklich wollen, meine Damen und Herren.

(Beifall bei der SPD und dem BÜNDNIS 90/DIE GRÜNEN sowie bei Abgeordneten der F.D.P.)

Als Demokraten und Europäer wollen wir die Instrumente der Demokratie weiterentwickeln. Wir werden sie an den Erfordernissen einer modernen Politik ausrichten, die auf Partnerschaft und Dialog gegründet ist. Die demokratischen Beteiligungsrechte der Bürgerinnen und Bürger werden wir stärken. Wir werden mit den Umweltverbänden über ein *Verbandsklagerecht* reden, das nicht noch mehr politische Entscheidungen auf die Justiz abwälzt, sondern die Beteiligung betroffener und sachkundiger Bürger schon im Vorfeld stärkt; darum geht es uns.

Wir werden da, wo es geht, Gesetze mit einem Überprüfungsvorbehalt versehen und sie nach einem vernünftigen Zeitraum der Erprobung erneut dem Parlament vorlegen, um sie zu korrigieren oder auch zu bestätigen. Wir halten es mit der Maxime des großen Philosophen Ernst Bloch:

Alles Gescheite mag schon siebenmal gedacht worden sein. Aber wenn es wieder gedacht wurde, in anderer Zeit und Lage, war es nicht mehr dasselbe. Nicht nur dein Denken, sondern vor allem das zu Bedenkende hat sich unterdes geändert.

Daran orientieren wir uns, wenn wir sagen: Wir wollen uns den Realitäten stellen und wieder einmal mehr Demokratie praktizieren.

Meine Damen und Herren, es ist heute eine lebendige und stabile Demokratie, die wir beim Umzug der Verfassungsorgane nach Berlin mitnehmen. Die Baumaßnahmen dafür werden zügig zu Ende geführt, und die Bundesregierung wird helfen, die Voraussetzungen zu schaffen, die Berlin braucht, um seiner Aufgabe als Hauptstadt gerecht zu werden. Insbesondere die städtebauliche Neuordnung der Berliner Mitte werden wir unterstützen.

Aber es geht ja um mehr als um einen Umzug, meine Damen und Herren. Es geht auch hier um einen Aufbruch. Wir gehen übrigens nicht nach Berlin, weil wir in Bonn gescheitert wären. Ganz im Gegenteil! Das 40jährige Gelingen der Bonner Demokratie, die Politik der Verständigung und guten Nachbarschaft, die Leuchtkraft eines Lebens in Freiheit haben dazu beigetragen, die deutsche Teilung zu überwinden und das zu ermöglichen, was wir heute gemeinhin „Berliner Republik" nennen. Jürgen Habermas und viele andere erhoffen sich von dieser Berliner Republik ein, wie er formuliert hat, „ziviles Land, das sich kosmopolitisch öffnet und behutsam kooperativ in den Kreis der anderen Nationen einfügt". Daran wollen wir arbeiten.

In der öffentlichen Diskussion hat es aber auch Einwände gegen diesen Begriff gegeben. Manchen klingt Berlin immer noch zu preußisch-autoritär, zu zentralistisch. Dem setzen wir unsere ganz und gar unaggressive Vision einer *Republik der Neuen Mitte* entgegen. Diese Neue Mitte grenzt niemanden aus. Sie steht für Solidarität und Innovation, für Unternehmungslust und Bürgersinn, für ökologische Verantwortung und eine politische Führung, die sich als modernes Chancenmanagement begreift. Symbolisch nimmt diese Neue Mitte Gestalt in Berlin an: mitten in Deutschland und mitten in Europa.

Allerdings bleibt auch hier die Vergangenheit lebendig. In jüngster Zeit, meine Damen und Herren, werden große deutsche Unternehmen mit dieser Vergangenheit in besonderem Maße konfrontiert. Deshalb habe ich noch vor der Aufnahme meiner Amtsgeschäfte betroffene Industrieunternehmen zusammengerufen, um über einen gemeinsamen Fonds zur Entschädigung berechtigter Ansprüche von *Zwangsarbeitern* zu sprechen.

(Beifall bei der SPD, dem BÜNDNIS 90/DIE GRÜNEN und der PDS)

Gemeinsam heißt hier Gemeinsamkeit der Unternehmen. Ich habe den Eindruck, daß die Unternehmen zu einer fairen Lösung hinsichtlich der berechtigten Ansprüche bereit sind.

Aber ich sage genauso deutlich: Wo es nicht um den Ausgleich erlittenen Unrechts geht, werden wir unseren Unternehmen und damit auch ihren Arbeitnehmerinnen und Arbeitnehmern im Inland, aber auch im Ausland Schutz gewähren.

Über das geplante *Holocaust-Mahnmal* in Berlin wird nicht per Exekutivbeschluß entschieden, sondern unter Berücksichtigung der breiten öffentlichen Debatte hier im Deutschen Bundestag. Wir sind sicher, daß wir dabei eine würdige Lösung finden werden, die in ein Gesamtkonzept für die Gedenkstätten in Deutschland eingebettet wird.

Aber in diesem Geschichtsbewußtsein sagen wir auch, daß *Berlin* noch für ganz andere Traditionen steht als nur für die Erinnerung an totalitäre Schreckensherrschaft. Berlin steht auch für demokratische Selbstbehauptung und Freiheitswillen; beides wurde vor allem von den sozialdemokratischen Stadtoberhäuptern Ernst Reuter und Willy Brandt verkörpert.

(Beifall bei der SPD)

Berlin steht für ein weltoffenes Klima, das die Stadt zum Anziehungspunkt für die Jugend und für die kulturelle Avantgarde aus ganz Europa gemacht hat. Die kulturellen Brücken nach New York, Warschau, Moskau und Paris sind längst wieder geschlagen. Für die jüngeren Deutschen und Europäer ist Berlin vor allem eine heitere und aufregende Stadt, die sie von Klassenreisen, Fußballspielen oder auch von der Love-Parade her kennen.

(Beifall bei Abgeordneten der SPD)

Herr Fraktionsvorsitzender, ich weiß nicht, warum Sie so besonders lächeln.

(Dr. Peter Struck [SPD]: Wir gehen zusammen zur Love-Parade!)

Auch und gerade an diesen Traditionen werden wir anknüpfen, wenn wir Berlin zur Hauptstadt einer Republik der Neuen Mitte machen wollen.

Die Bundesregierung bekennt sich ausdrücklich zur kulturellen Förderung Berlins.

(Beifall bei der SPD und dem BÜNDNIS 90/DIE GRÜNEN)

Diese wird mit Unterstützung kultureller Projekte und Einrichtungen in den neuen Ländern einhergehen. Zur Bündelung der kulturpolitischen Kompetenzen des Bundes schaffen wir das Amt eines *Staatsministers für kulturelle Angelegenheiten*. Er wird Impulsgeber und Ansprechpartner für die Kulturpolitik des Bundes sein und sich auf internationaler, aber vor allem auf europäischer Ebene als Interessenvertreter der deutschen Kultur verstehen. Auch dadurch wird die Bundesregierung Kulturpolitik wieder zu einer großen Aufgabe europäischer Innenpolitik machen.

Meine Damen und Herren, die Republik der Neuen Mitte ist auch eine Republik des Diskurses. Er findet nicht hinter den verschlossenen Türen der Gremienvorstände statt. Die Neue Mitte sucht den Konsens über das beste Ergebnis und nicht den Kompromiß über den kleinsten gemeinsamen Nenner.

Die neuen Medien sind für sie nicht in ein paar mehr oder ein paar weniger Kanäle im Privatfernsehen, sondern bedeuten für sie den technisch unbegrenzten Zugang zum Wissen und zum weltweiten Informationsaustausch.

(Beifall bei Abgeordneten der SPD)

Wir werden uns dafür einsetzen, gemeinsam mit den Ländern und den Partnern aus der Industrie an den Schulen einen kostenlosen oder zumindest kostengünstigen *Internetzugang* zu ermöglichen.

Im Zeitalter von Internet und Online-Kommunikation muß aber auch das Wort von der demokratischen Öffentlichkeit einen neuen Klang bekommen. Die neuen Wege der Informationsvermittlung sind eine hervorragende Chance, die Gesellschaft zum Sprechen zu bringen; aber sie bergen auch Gefahren. Einer verantwortlichen Medienpolitik kommt deshalb zentrale Bedeutung zu. Jeder soll Zugang zu den neuen Medien haben, jeder soll ihren Nutzen und ihre Grenzen kennen. Deshalb meinen wir es wörtlich, wenn wir dazu auffordern, unsere Kinder den Umgang mit Computern zu lehren: nicht nur die Technik, sondern mehr noch die Kultur dieser Form der Kommunikation.

Aus Bonn, meine Damen und Herren, nehmen wir eine gelebte, eine lebendige demokratische Transparenz mit nach Berlin. Diese Transparenz wird hier in diesem Haus des Deutschen Bundestags in großartiger Architektur sichtbar. Den Reichstag, der nun bald Deutscher Bundestag sein wird, überwölbt eine gläserne Kuppel, wir wir wissen. Das ist nach meiner Auffassung mehr als ein hübsches architektonisches Detail. Es sollte ein Symbol für neue Offenheit und für demokratische Renovierung dieses so sehr geschichtsbeladenen Gebäudes sein. Es kann ein Symbol für die moderne Kommunikation einer staatsbürgerlichen Öffentlichkeit werden.

Diese Öffentlichkeit beschränkt sich nicht auf die Politik. Die Zusammenarbeit mit den *Kirchen und Religionsgemeinschaften* als wichtigen Kräften des kulturellen, politischen und sozialen Lebens werden wir fördern und fortsetzen. Wir begrüßen den Dialog der Religionsgemeinschaften untereinander und ihre Bereitschaft, zu den brennenden sozialen, wirtschaftlichen und kulturellen Gestaltungsfragen mit Anregungen und Kritik beizutragen.

(Beifall bei der SPD sowie bei Abgeordneten des BÜNDNISSES 90/DIE GRÜNEN und der PDS – Zuruf des Abg. Dr. Wolfgang Schäuble [CDU/CSU])

Das Engagement vieler Bürgerinnen und Bürger in Vereinen und Verbänden, im Sport, in Bürgerinitiativen und Selbsthilfegruppen ist eine der Keimzellen unseres sozialen Zusammenlebens und einer eigenverantwortlichen Gestaltung unserer Existenz.

Herr Kollege Schäuble, verzeihen Sie, aber weil Sie dies alles – ein wenig machtverliebt und machtversessen – übersehen haben, haben Sie verloren. Das ist der Grund.

(Beifall bei der SPD und dem BÜNDNIS 90/DIE GRÜNEN sowie bei Abgeordneten der PDS – Michael Glos [CDU/CSU]: So eine Frechheit!)

Von Koalition ist bei uns meist nur die Rede, wenn es um Parteien geht. Diese braucht man auch. Wir streben jedoch eine große gesellschaftliche Koalition an, eine Koalition aller Kräfte, die den Wandel in Deutschland gestalten wollen. Wir bieten nicht nur ein Bündnis für Arbeit an. Nein, meine Damen und Herren, wir wollen ein *Zukunftsbündnis* in diesem Land schaffen.

(Beifall bei Abgeordneten der SPD)

Berlin ist aber auch die Stadt, die quälende Jahrzehnte lang durch den Ost-West-Konflikt geteilt war.

So glücklich wir Deutschen über dessen Überwindung sind, so bewußt sind wir uns auch, daß das Ende des kalten Krieges noch lange nicht den Weltfrieden gebracht hat.

Der weltpolitische Umbruch hat in vielen Regionen neue Instabilitäten und gewaltsame Konflikte ausgelöst, auch vor unserer Haustür in Europa. Flüchtlingselend, Ressourcenknappheit und Umweltzerstörung in den Ländern des Südens sind ein gefährlicher Nährboden für diese und neue Konflikte.

Angesichts solcher Risiken, aber vor allem angesichts der Chancen internationaler Zusammenarbeit erwartet die Welt von uns mehr als je zuvor, daß wir unseren Verpflichtungen im Rahmen unserer Bündnisse gerecht werden. Wir bleiben in Europa und in der Welt verläßliche Partner.

Der Freundschaft mit den *Vereinigten Staaten von Amerika* verdanken wir viel: nicht weniger als den Frieden und unsere Freiheit. Ich will es gar nicht verhehlen, meine Damen und Herren: Etliche, die heute in diesem Deutschen Bundestag sitzen, und auch manche, die jetzt Mitglieder der Regierung sind, waren nicht immer mit allem einverstanden, was unsere amerikanischen Partner vor allem in der Hochrüstungsphase des kalten Krieges getan und vorgeschlagen haben.

(Beifall bei Abgeordneten der SPD und des BÜNDNISSES 90/DIE GRÜNEN – Zuruf von der CDU/CSU: Das hat Helmut Schmidt gespürt!)

Sie standen damit übrigens nicht allein in der westlichen Welt.

Es ist aber dieselbe Generation, die von kaum einem Ereignis der Nachkriegsgeschichte so geprägt worden ist wie von John F. Kennedys Berlin-Besuch und seinem Bekenntnis zur Freiheit Westberlins.

(Beifall bei der SPD sowie bei Abgeordneten des BÜNDNISSES 90/DIE GRÜNEN)

Schriftsteller haben diese Generation als – ich zitiere – „Kinder der amerikanischen Zone" bezeichnet. Sie ist mit amerikanischer Kultur und amerikanischen Produkten aufgewachsen. Aus der kritischen Distanz der Kinder wurde die Partnerschaft von Erwachsenen. Die Freundschaft mit Amerika wurde dieser Generation nicht aufgezwungen, sie wurde ihr von amerikanischer Demokratie und Kultur angeboten. Es ist eine Freundschaft, die auf gegenseitiges Verständnis und immer bessere gegenseitige Kenntnis gebaut ist.

Es ist eine Freundschaft, die sich bewährt hat und vor keiner Bewährungsprobe steht. Wir garantieren sie nicht nur aus Kontinuität und Bündnistreue heraus, nein, wir garantieren sie aus jenem Vertrauen, das nur aus partnerschaftlichem Miteinanderreden und Miteinanderfühlen entstehen konnte. Wir stehen überzeugt zu unseren Verpflichtungen im Rahmen der *Atlantischen Allianz*.

(Beifall bei der SPD sowie bei Abgeordneten des BÜNDNISSES 90/DIE GRÜNEN)

Die Instrumente der gemeinsamen europäischen Außen- und Sicherheitspolitik wollen wir ausbauen und nutzen, um Europa in der internationalen Politik endlich handlungsfähig zu machen. Darauf warten auch unsere Freunde in den Vereinigten Staaten mit Ungeduld.

Deutsche Außenpolitik ist und bleibt Friedenspolitik. Dabei bekennen wir uns ausdrücklich zu der Bereitschaft, an friedenssichernden und friedenserhaltenden Maßnahmen und Missionen mitzuwirken. Das gilt besonders auch für die Lage in Südosteuropa.

Wir wissen sehr genau, daß es nicht genügt, zur Durchsetzung der Menschenrechte etwa im *Kosovo* ein militärisches Drohpotential zu mobilisieren und, sollte dies unvermeidlich sein, es auch einzusetzen. Viel wichtiger als ein eventueller Militärschlag ist die Aufgabe, die Einhaltung geschlossener Abkommen zu überwachen und die Friedenssicherung vor Ort zu gewährleisten. Auch bei der Erfüllung dieser Aufgabe werden sich unsere Partner auf uns verlassen können.

(Beifall bei der SPD)

In Europa kommt dabei der *OSZE* als der einzigen gesamteuropäischen Sicherheitsorganisation überragende Bedeutung zu. Bei der Befriedung des Kosovo hat sie sich bereits eine Aufgabe neuer Qualität gesetzt. Die Bundesregierung unterstützt diese Mission mit allen Kräften.

Wir liefern damit auch eine hochmoderne Definition vom Wirken der *Bundeswehr* als einer Armee, die dem Frieden dient. Unsere Soldaten setzen heute ihr militärisches Knowhow in immer mehr Bereichen zivil ein.

(Zuruf von der CDU/CSU: Howgh! – Unruhe bei der CDU/CSU und der F.D.P.)

– Jetzt haben Sie aber was! Es sei Ihnen gegönnt.

(Heiterkeit bei der SPD)

Eine entscheidende politische Schwäche wurde soeben ausfindig gemacht.

Das wird so weitergehen.

Bei der Befriedung des Kosovo – ich hatte es schon gesagt – hat die Bundeswehr sich bereits eine Aufgabe neuer Qualität gesetzt. Die Aufgaben der Bundeswehr reichen von der Eindämmung von Naturkatastrophen bis hin zu aktiver Demokratisierungshilfe.

Ausdrücklich danken wir den jungen Deutschen, die in Bosnien-Herzegowina und im Kosovo militärisch und zivil den Frieden wahren helfen.

Sie wissen, welche Hypothek sie tragen, wie genau ihr Auftritt in der Welt, aber auch hier in Deutschland beobachtet wird. Und sie lösen ihre Aufgabe mit bewundernswerter Disziplin und Professionalität. Selbstverständlich wird die Bundeswehr weiterhin zur Landes- und Bündnisverteidigung befähigt bleiben. Eine *Wehrstrukturkommission* wird bis Mitte der Legislaturperiode Vorschläge unterbreiten über Auftrag, Umfang, Ausrüstung und Ausbildung der Streitkräfte. Dabei betonen wir allerdings in aller Deutlichkeit, daß das Vorhalten militärischer Potentiale der Krisenprävention dienen soll, wie auch ihr Einsatz die Ultima ratio der Friedenspolitik bleiben muß.

Wir werden unsere Bemühungen zur weltweiten Abrüstung und Rüstungskontrolle noch verstärken. Die Bundesregierung hält an dem Ziel der vollständigen *Abschaffung der Massenvernichtungswaffen* fest.

Wir wissen, daß es der Welt nicht gutgehen kann, wenn es wenigen immer besser und vielen immer schlechter geht. Die Überwindung der Kluft zwischen armen und reichen Weltregionen bleibt die größte internationale Herausforderung an der Schwelle zum 21. Jahrhundert.

Der Anteil der *Entwicklungshilfe* am Bruttosozialprodukt ist in den vergangenen 16 Jahren um beinahe die Hälfte gesunken, auf jetzt noch 0,28 Prozent. Diesen Abwärtstrend werden wir stoppen und dabei auf Effizienz und Kohärenz der Maßnahmen zur Bewältigung globaler Zukunftsaufgaben achten.

Dem *Wirtschaftsgipfel 1999* in Köln werden wir eine Initiative zur weiteren Erleichterung der Schuldenlast der ärmsten Entwicklungsländer unterbreiten. Gemeinsam mit unseren Partnern in der Europäischen Union werden wir die regionale Zusammenarbeit mit den Ländern in Asien, Afrika und Lateinamerika ausbauen. Den von verheerenden Naturgewalten heimgesuchten Staaten Zentralamerikas werden wir helfen,

(Beifall bei der SPD und dem BÜNDNIS 90/DIE GRÜNEN)

nicht nur mit unmittelbarer humanitärer Hilfe, sondern auch mit Mitteln für den Wiederaufbau ihrer fast vollständig zerstörten Infrastrukturen. Deshalb werden wir uns in den zuständigen internationalen Gremien für einen möglichst umfassenden Schuldenerlaß einsetzen.

(Beifall bei der SPD und dem BÜNDNIS 90/DIE GRÜNEN sowie bei Abgeordneten der PDS)

Den Vereinten Nationen werden wir eigenständige Einheiten für friedenserhaltende Maßnahmen anbieten. Dabei setzt sich die Bundesregierung aktiv dafür ein, das *Gewaltmonopol* der Vereinten Nationen zu bewahren und die Rolle des Generalsekretärs zu stärken.

(Beifall bei der SPD und dem BÜNDNIS 90/DIE GRÜNEN)

Die Möglichkeit, *Ständiges Mitglied im Sicherheitsrat der Vereinten Nationen* zu werden, werden wir wahrnehmen, sofern ein gemeinsamer europäischer Sitz nicht erreichbar ist.

Wir maßen uns nicht an, international die Rolle einer Führungsmacht zu spielen oder in Krisensituationen ohne Abstimmung mit unseren Partnern politische Initiativen zu ergreifen. Uns ist weltweit an guter Zusammenarbeit gelegen. Auch unsere Außenwirtschaftsbeziehungen sollen dem Frieden und der Demokratisierung dienen.

Als dritte Säule unserer Außenpolitik werden wir die auswärtige Kulturpolitik stärken und ausbauen. Das ist gerade unter den Bedingungen der Globalisierung unverzichtbar.

(Beifall bei Abgeordneten der SPD)

Wir wissen aus eigener Erfahrung: Frieden braucht wirtschaftliche Entwicklung, und die wirtschaftliche Entwicklung braucht Frieden. Nur dort können Krisen auf Dauer gelöst werden, wo die Menschen spüren, daß sich Frieden und Demokratie lohnen und daß friedliche Entwicklung ihre Lage spürbar verbessert.

Eine solche Aufgabe stellt sich uns gemeinsam mit unseren europäischen Partnern etwa im *Nahen Osten.* Im Friedensprozeß zwischen Israel, den Palästinensern und den arabischen Nachbarstaaten können und wollen wir nicht die Rolle des Paten im Friedensprozeß spielen. Dieser Part kommt den Vereinigten Staaten von Amerika und den internationalen Organisationen zu. Aber wir Europäer können und sollten durch gezielte Wirtschaftshilfe, durch Öffnung der Märkte und durch die Beteiligung an Infrastrukturmaßnahmen dazu beitragen, den Friedensprozeß unumkehrbar zu machen. Damit können wir unserer historischen Verantwortung gerecht werden – auch und gerade für Israel und für den Frieden.

(Beifall bei der SPD und dem BÜNDNIS 90/DIE GRÜNEN)

Die Einbindung Deutschlands in die *Europäische Union* ist von zentraler Bedeutung für die deutsche Politik. Die Bundesregierung wird deshalb insbesondere die deutsche Ratspräsidentschaft im ersten Halbjahr 1999 nutzen, um den europäischen Integrationsprozeß voranzutreiben. Nur durch die Weiterentwicklung zu einer Politischen Union sowie zu einer Sozial- und Umweltunion wird es gelingen, unser Europa bürgernah zu gestalten.

(Beifall bei der SPD sowie bei Abgeordneten des BÜNDNISSES 90/DIE GRÜNEN)

Durch den Regierungswechsel in Deutschland und durch die neuen politischen Realitäten in Europa ergibt sich endlich die Chance einer europäischen Sozial- und Beschäftigungspolitik. Der Kampf gegen die Arbeitslosigkeit kann endlich auch als europäische Frage behandelt werden. Er ist eben nicht mehr länger eine Fußnote zu den Beschlüssen des Ministerrates, sondern er steht auf der europäischen Tagesordnung ganz oben.

(Beifall bei der SPD und dem BÜNDNIS 90/DIE GRÜNEN)

Unser Ziel ist ein *europäischer Beschäftigungspakt.* In ihm sollen ausdrücklich verbindliche Ziele zum Abbau der Jugend- und Langzeitarbeitslosigkeit sowie zur Überwindung der Diskriminierung von Frauen auf dem Arbeitsmarkt aufgenommen werden. Zur Schaffung von zukunftsfähigen Arbeitsplätzen werden wir uns auch in der Europäischen Union für eine Politik der ökologischen Modernisierung einsetzen.

Die *Europäische Währungsunion* ist eine unumkehrbare Tatsache. Der Euro wird uns die völlige Vergleichbarkeit der Preise und der Leistungen bringen. Damit ist die Zeit nationaler Alleingänge endgültig vorbei. Das gilt zum Beispiel auch für die Weiterentwicklung der ökologischen Steuerreform. Sie muß und sie kann nur in einem europäischen Rahmen auf Dauer gelingen.

(Beifall bei Abgeordneten der SPD)

Die gemeinsame Währung muß ein Erfolg werden. Das heißt: Sie muß stabil sein und stabil bleiben. Die Stabilitätsorientierung der künftigen europäischen Geldpolitik stellen wir nicht in Frage. Aber auch die vom Bundesbankpräsidenten selbst als wünschenswert bezeichnete Diskussion um die Zinspolitik – um auf einen aktuellen Punkt einzugehen – wollen und werden wir führen.

(Beifall bei der SPD und dem BÜNDNIS 90/DIE GRÜNEN)

Dabei hat niemand – ich wiederhole: niemand – die Unabhängigkeit der Bundesbank und der *Europäischen Zentralbank* in Frage gestellt.

(Zurufe von der CDU/CSU: Ha, ha!)

– Sie interpretieren das immer gerne anders. Aber es ist so, wie ich es Ihnen hier sage; glauben Sie es mir.

(Beifall bei Abgeordneten der SPD)

Diese Unabhängigkeit ergibt sich aus dem Bundesbankgesetz und aus dem Maastrichter Vertrag. Dort wurde sie verankert, weil sie sachlich geboten ist und weil sie der Stabilität dient.

(Beifall bei Abgeordneten der SPD)

Aber ich füge hinzu: Dabei entspricht es entwickelter und guter europäischer Tradition demokratisch verfaßter Gesellschaften – auch deshalb steht dies darin –, daß zum Beispiel die Europäische Zentralbank ihre in voller Souveränität gefaßten geldpolitischen Entscheidungen regelmäßig dem Europäischen Parlament darlegen wird. Was spricht dagegen?

(Beifall bei der SPD und dem BÜNDNIS 90/DIE GRÜNEN sowie bei Abgeordneten der PDS)

Der Bundesfinanzminister hat als einer der ersten auf die Notwendigkeit hingewiesen, zu wirksamen internationalen Vereinbarungen zu kommen, um die Turbulenzen auf den Weltfinanzmärkten zu glätten. Diese Notwendigkeit wird heute bei der Bundesbank, bei den europäischen und nordamerikanischen Partnern – bis hin zur

Weltbank und zur US-Notenbank – genauso gesehen. Auch und gerade wegen der internationalen Finanzkrisen müssen wir darauf hinwirken, daß Europa mit einer Stimme spricht.

Es wird deshalb ein erster Schwerpunkt der *Ratspräsidentschaft* sein, die Deutschland am 1. Januar 1999 übernimmt, die Verhandlungen zur *Agenda 2000* bereits bei einem Sondertreffen des Europäischen Rates im Frühjahr 1999 abzuschließen. Das ist gewiß eine immens schwierige Aufgabe. Aber wir wollen den ernsthaften Versuch unternehmen, diese Aufgabe zu erfüllen.

Im Rahmen der Neuregelung der EU-Finanzen wollen wir dabei auch zu einer höheren Beitragsgerechtigkeit kommen und die deutsche Nettobelastung auf ein faires Maß verringern. Ich muß aber in diesem Zusammenhang darauf hinweisen, daß diese Belastungen im Jahre 1992 mit der Stimme der damaligen Bundesregierung unter anderen Bedingungen – das ist gar keine Frage – beschlossen worden sind und daß es schwierig sein wird – das weiß jeder, der sich dieser Aufgabe angenommen hat –, diese Beschlüsse, auf deren Realisierung viele der Partner setzen, wenigstens in etwa zu korrigieren. Wir werden daran arbeiten. In diesem Punkt sind wir uns ja alle in diesem Hause einig.

Bei der *Agrarpolitik* werden wir uns auf europäischer Ebene für grundlegende Veränderungen einsetzen. Wo die Angleichung der Preise an das Weltmarktniveau die deutschen Bauern benachteiligt, müssen wir in Europa ein System direkter Einkommensbeihilfen durchsetzen, ein System, das auch national ergänzt werden können muß.

Auch die EU muß sparsam wirtschaften, ihre Mittel effizient und zielgerecht einsetzen und den *Subventionsmißbrauch* bekämpfen. Auch in Europa müssen wir uns auf die strukturschwächsten und förderungsbedürftigsten Regionen konzentrieren. Dabei dürfen die neuen deutschen Bundesländer gegenüber vergleichbaren Regionen Europas nicht in einen Nachteil geraten.

Wir werden dafür sorgen, daß Deutschland in der EU nicht länger als Bremser bei der Sozialpolitik auftritt.

(Beifall bei der SPD sowie bei Abgeordneten des BÜNDNISSES 90/DIE GRÜNEN)

Wir werden aktiver Schrittmacher bei der Reform der EU sein. Wir wollen nicht, daß der Euro deutsch spricht. Wir wollen, daß D-Mark, Franc und Schilling europäisch sprechen.

(Beifall bei Abgeordneten der SPD, des BÜNDNISSES 90/DIE GRÜNEN und der PDS)

Die Erwartungen unserer Nachbarn und Partner an diese Bundesregierung sind enorm. Wir werden versuchen, diese Erwartungen nicht zu enttäuschen. Die regelmäßigen Konsultationen mit Frankreich und Großbritannien sind für uns keine bloße Formsache. Die *deutsch-französische Freundschaft* ist das Fundament unserer Europapolitik. Diese Freundschaft wollen wir auf eine noch breitere gesellschaftliche und vor allem kulturelle Grundlage stellen.

Unseren Nachbarn im Osten versichern wir, daß wir die Chance der *EU-Osterweiterung* entschlossen nutzen wollen. Europa wird und darf nicht am ehemaligen Eisernen Vorhang oder an der deutschen Ostgrenze enden.

(Beifall bei der SPD sowie bei Abgeordneten des BÜNDNISSES 90/DIE GRÜNEN)

Die Deutschen werden eben nicht vergessen, welch unschätzbaren Beitrag die Völker in Ungarn und in Polen zumal zur Überwindung der deutschen Teilung geleistet haben. Wir wollen sie partnerschaftlich in die EU integrieren.

(Beifall bei der SPD)

Dazu gehört auch die Beachtung angemessener Übergangsfristen, zum Beispiel bei der Arbeitnehmerfreizügigkeit. Dies bitte ich wirklich alle zu verstehen. Die Beachtung dessen dient eben nicht der Abwehr und Verzögerung, sondern dem vollständigen Gelingen und der Integration.

Die Bundesregierung ist sich ihrer besonderen historischen Verantwortung gegenüber Polen bewußt. Sie wird ihr mit dem Angebot einer immer engeren Partnerschaft sowie der Verstärkung der Zusammenarbeit zwischen Deutschland, Frankreich und Polen gerecht werden.

Die Bundesregierung wird zügig daran arbeiten, auf Grundlage der Deutsch-Tschechischen Erklärung noch bestehende Probleme im Verhältnis zur Tschechischen Republik abzubauen.

(Vorsitz: Vizepräsident Rudolf Seiters)

Meine Damen und Herren, die gemeinsame Währung ist ein wichtiger Schritt auf dem Weg zur *europäischen Integration*. Aber sie gibt nur einen Rahmen vor, einen Rahmen, den wir mit Leben füllen müssen.

Wir brauchen eine zügige und glaubwürdige Demokratisierung der europäischen Institutionen. Dabei steht für die Bundesregierung fest, daß unser Europa die nationalen Identitäten nicht ersetzen oder aufheben soll. Dennoch oder gerade deshalb scheint eine föderale Ordnung in Europa die beste Gewähr für Solidarität und Fortschritt zu sein. Bei uns in Deutschland hat sich das *föderale System* bewährt. Bund und Länder bleiben auf Kooperation angewiesen. Kooperation bedeutet nicht die Aufgabe der eigenen Interessen. Wer wüßte das besser als ich? Die Bundesregierung wird sich an der gemeinsamen Formulierung einer zeitgemäßen Aufgabenverteilung im Verhältnis zwischen Bund und Ländern beteiligen. Nur im sachgerechten Interessenausgleich werden beide Seiten ihrer gesamtstaatlichen und europäischen Verantwortung gerecht.

Am Ende dieses Jahrtausends wird Deutschland zwei internationale Großereignisse ausrichten. Im Jahre 1999 wird *Weimar europäische Kulturhauptstadt* sein; im Jahr darauf findet die *Weltausstellung 2000 in Hannover* statt. Beide Veranstaltungen werden die Bundesrepublik Deutschland ins internationale Rampenlicht stellen. Weimar wird die erste europäische Kulturhauptstadt in den neuen Bundesländern sein und versuchen, eine Brücke zwischen dem kulturellen Erbe und dem historischen Auftrag aus unserer Geschichte zu schlagen. Die Expo 2000 wird für unseren Aufbruch in die Welt des 21. Jahrhunderts stehen.

Die Bundesregierung ist sich der Bedeutung dieser beiden Ereignisse bewußt, und sie wird ihnen zu internationalem Erfolg verhelfen. Sie verläßt sich dabei auch auf die Leistungsbereitschaft, die Gastfreundschaft und die Neugier der Menschen in Deutschland. Gegen die Konkurrenz der Wirtschaftsstandorte setzen wir das Konzept von Europa als Lebensort und Lebensart. Wir stehen für das Zukunftprojekt Deutschland in Europa. Dabei stehen wir in vorderster Reihe mit den sozialen Modernisierern unserer Nachbarländer. Diese Chance, gemeinsam ein modernes Europa der sozialen Marktwirtschaft und der ökologischen Verantwortung zu bauen, werden wir ergreifen.

Wir machen keine unhaltbaren Versprechungen. Aber wir können und wir wollen Mut machen, Mut zu einer neuen Zivilität und zu mehr Partnerschaft, aber auch Mut zum Optimismus, zur Neugier auf die Zukunft.

(Beifall bei der SPD und dem BÜNDNIS 90/DIE GRÜNEN)

Ich erinnere an Willy Brandt, der vor diesem Parlament 1973 in der Regierungserklärung seines Reformbündnisses den „vitalen Bürgergeist" zitiert hat, der in dem Bereich zu Hause sei, den auch Willy Brandt damals „die neue Mitte" genannt hat.

Helmut Schmidt hat vor diesem Haus in seiner Regierungserklärung 1976 in vergleichbar schwieriger Wirtschaftslage gesagt: Die Bundesregierung setzt bei ihren Bemühungen zuallererst – ich zitiere ihn – auf den Fleiß, die Intelligenz und das Verantwortungsbewußtsein der Deutschen. Daran knüpfe ich bewußt an, und ich bin sicher, meine Damen und Herren, wir werden es schaffen, weil wir Deutschlands Kraft vertrauen.

Ich danke Ihnen für die Aufmerksamkeit.

(Langanhaltender Beifall bei der SPD und dem BÜNDNIS 90/DIE GRÜNEN)

Auf dem langen Lauf zu sich selbst:
JOSEPH FISCHER

geboren 1948 in Gerabronn (Baden-Württemberg), Eltern Ungarndeutsche. Wuchs in Oeffingen bei Stuttgart und Fellbach auf. Nach der 10. Gymnasialklasse am Gottlieb-Daimler-Gymnasium in Bad Cannstatt Fotografenlehre, abgebrochen. Engagement in der 68er-Bewegung, hörte in Frankfurt – ohne Immatrikulation – Adorno und Habermas und las Mao, Hegel, Marx. 1975 – 1986 Teilnahme an Demonstrationen und Straßenschlachten. Gelegenheitsjobs, Taxifahrer in Frankfurt/Main. 1980 Eintritt bei den GRÜNEN, 1983 – 1985 MdB, 1985 – 1987 in der ersten rot-grünen Landesregierung in Hessen unter Holger Börner (SPD) Minister für Umwelt und Energie. 1987 – 1991 Sprecher der Landtagsfraktion der GRÜNEN, 1991 – 1994 in der von Hans Eichel geleiteten hessischen Landesregierung stellvertretender Ministerpräsident und Minister für Umwelt, Energie und Bundesangelegenheiten. 1994 – 1998 MdB, Fraktionssprecher. 1998 wieder MdB, Bundesminister des Auswärtigen. Schrieb u.a. „Von grüner Kraft und Herzlichkeit" (1984), „Der Umbau der Industriegesellschaft" (1989), „Mein langer Lauf zu mir selbst" (1999).

Man muß den Irrtum selbst erfahren,
nicht jeden Fehler kann man sich ersparen.

Emanuel Geibel

Es dauerte lange, quälend lange, bis sich in der Politik der GRÜ-
NEN die Einsicht durchsetzte, daß bei gewissen regionalen und lo-
kalen Konflikten der Frieden nur durch Gewaltanwendung zu er-
zwingen sei. Dabei hätten sich die führenden Politiker der Partei
nur daran zu erinnern brauchen, daß die bundesrepublikanische
Demokratie nie entstanden wäre, wenn das NS-Regime nicht durch
Waffengewalt niedergeworfen worden wäre. Der Verlauf des
Wachsens dieser Erkenntnis, daß die Anwendung von Waffengewalt als ultima ratio möglich sein muß, läßt sich an der politischen
Laufbahn von Joseph Fischer, des in den sechziger und siebziger
Jahren noch „militanten" Straßenkämpfers und Hausbesetzers, gut
ablesen. – So sein amtlicher Name; in der Öffentlichkeit kennt man
ihn fast nur noch als „Joschka". – Der erste „Illusionsverlust" in
den bis dahin von ihm mit Leidenschaft vertretenen grünen Utopi-
en von der Gewaltfreiheit im Völkerleben scheint bei Fischer, wie
er selbst angibt, nach dem Mord an Hanns-Martin Schleyer 1977
eingetreten zu sein. Als „Turnschuhminister" ging er 1985 in die
Zeitgeschichte ein, der allerdings in seiner ersten Amtszeit in Hessen nicht viel bewirkte.Während seines ersten Bundestagsmandats
fiel er als ebenso polemischer wie scharfzüngiger Debattenredner
auf, und es gab auch noch Relikte aus 68er Zeiten, etwa als er dem
Bundestagspräsidenten Richard Stücklen den Gruß des Götz von
Berlichingen entbot, allerdings erst nach Sitzungsschluß. Seine
zweite Umweltministerperiode in Hessen ist vor allem durch einen
Dauerstreit zwischen ihm und Bundesumweltminister Klaus Töp-
fer gekennzeichnet; es ging wiederholt um die Sicherheitsstandards
der Nuklearbetriebe. Aber als Fischer 1994 sein hessisches Ministeramt niederlegte, um sich wieder der Bundespolitik zu widmen,
konnte er auf einige Erfolge verweisen, so die Einführung der Son-
dermüllabgabe und das gesunkene Sondermüllaufkommen.
    Wieder in Bonn, wandte er sich mit der ihm eigenen Direktheit
und Zielstrebigkeit seinem bevorzugten Interessengebiet, der Außenpolitik, zu und erkannte im Gegensatz zu einer Mehrheit seiner
Parteifreunde die Notwendigkeit des militärischen Einsatzes in
Bosnien. Im Oktober 1996 wurde zwar im Blick auf die Bundestagswahl zwischen Fundis und Realos eine Art Burgfrieden geschlossen, aber im Wahlkampf stritt Fischer mit Leidenschaft für

eine Bewegung seiner Parteifreunde hin zu den sperrigen außenpolitischen Realitäten. Schon 1995 hatte er sich für die militärische Sicherung der UN-Schutzzonen in Bosnien ausgesprochen und erntete damit, wie auch mit den folgenden in diese Richtung zielenden Vorschlägen, heftige innerparteiliche Kritik, die sich in der bösen Vokabel „Kriegstreiber" ausdrückte. Die von ihm 1995 erhobene Forderung nach einer „Interventionspflicht der UNO bei Völkermorden" wurde auf dem Parteitag der GRÜNEN in Bremen nur von 38 % der Delegierten unterstützt. Kategorisch trat Fischer einer Zusammenarbeit mit der PDS entgegen. Die im Wahlprogramm der GRÜNEN für die Bundestagswahl 1998 geforderte Halbierung der Bundeswehr und Auflösung der NATO wurde unter Fischers Einfluß dahingehend umformuliert, daß nunmehr von einer „Ablösung der NATO durch eine gesamteuropäische Sicherheitsordnung" die Rede war. Die grundsätzliche Ablehnung von Auslandseinsätzen der Bundeswehr fand im Wahlprogramm eine Mehrheit von nur wenigen Stimmen.

Als Fischer nach dem rot-grünen Wahlsieg am 27. September 1998 Bundesaußenminister wurde, lag eine spektakuläre, man möchte sagen, für bundesrepublikanische Begriffe einzigartige Laufbahn hinter ihm (über die man übrigens aus den amtlichen Bundestagshandbüchern nichts erfährt; Fischer weigert sich als einziger von 668 Kolleginnen und Kollegen, etwas über seine persönlichen Verhältnisse bzw. seine politische Laufbahn zu offenbaren. Aber schon die Fotos in diesen Handbüchern sagen genug aus, wenn man etwa das Porträt des revolutionären Achtundsechzigers mit dem des Bundesministers von 1998 vergleicht).

In der bundesrepublikanischen Öffentlichkeit, aber auch im Ausland, wuchs das Erstaunen über die Sicherheit und Gelassenheit, mit der sich der neue Außenminister von 1998 an auf dem glatten diplomatischen Parkett bewegte, freilich jetzt im Nadelstreifenzweireiher mit Weste und modischer Krawatte. Seine Erfolge während der deutschen EU-Ratspräsidentschaft – Agenda 2000 – und seine Rede vor der UN-Vollversammlung verschafften ihm internationalen Respekt und ließen ihn in der deutschen Politikerbeliebtheitsskala zur Nummer eins aufsteigen.

Aber das hielt die Pazifisten innerhalb seiner eigenen Partei nicht davon ab, sich auf den erfolgreichen Außenminister einzuschießen – Prominenz und Führungseigenschaften sind ja nach wie vor bei einem Teil der grünen Partei verdächtig. Dieser Gegensatz führte auf einem Parteitag der GRÜNEN im Frühjahr 2000 – auf dem Fischer vom Farbbeutel eines Demonstranten getroffen wurde, ein Ohr wurde verletzt – zur dramatischen Auseinandersetzung. Fischer vermochte es immerhin, mit einer beschwörenden Philippika eine Mehrheit für seine Kosovo-Politik zu gewinnen. International wurde als diplomatische „Glanzleistung" der von den 18 Außenministern auf dem Petersberg verabschiedete Friedensplan gewertet, die Grundlage des schließlich erreichten Endes des NATO-Bombardements, und gleich positiv wurde der von Fischer entworfene Balkan-Stabilitätspakt gewertet.

So konnte der Außenminister mit einiger Zuversicht und der begründeten Hoffnung auf eine sichere Mehrheit in die entscheidende Diskussion des Bundestages am 25. Februar 1999 gehen. Diese Plenarsitzung fand noch während der Verhandlungen in Rambouillet statt, in denen versucht wurde, einen Weg des Friedens zu erreichen, dem sowohl die Staaten der internationalen Gemeinschaft als auch Jugoslawien zustimmen könnten. – Der Versuch wurde von der jugoslawischen Seite mit der für das Milosevic-Regime kennzeichnenden Anmaßung abgelehnt. – Aufgabe des Bundestages war es nun, einen sogenannten Vorratsbeschluß zu fassen, d. h. einen Beschluß darüber, wie im Fall der Ablehnung der Friedensverhandlungen hinsichtlich eines operativen Einsatzes der Bundeswehr im Rahmen der von der internationalen Staatengemeinschaft gestellten Verbände zu verfahren sei. In seiner Rede hob Fischer besonders hervor, daß bei Ablehnung des Vorratsbeschlusses Jugoslawien einen Dissens im westlichen Bündnis vermuten könnte, was nicht geschehen dürfe. In seiner Rede wies der Außenminister auch auf den Stabilitätspakt für den südlichen Balkan hin, mit dem eine langfristige Verpflichtung der internationalen Staatengemeinschaft eingegangen werde, bei der Entwicklung zukunftsfähiger Strukturen mitzuwirken.

In der Abstimmung – einer der wichtigsten in der Geschichte des Bundestages – sprachen sich 553 Mitglieder des Hauses für den Vorratsbeschluß aus, 41 stimmten dagegen, und 10 enthielten sich – ein eindrucksvolles Bild der Geschlossenheit des Parlaments in einer Schicksalsfrage der Nation, ein Bild, das nicht zuletzt Außenminister Fischer, Verteidigungsminister Scharping und der Bundesregierung unter Leitung von Bundeskanzler Schröder zu verdanken ist. 2 der Gegenstimmen kamen von der SPD, 5 von den GRÜNEN, eine von der F.D.P. und 33 von der PDS; 6 SPD-Abgeordnete enthielten sich der Stimme, 2 von der CDU/CSU und je einer von den GRÜNEN und der F.D.P.

Stabilität für den Balkan

Rede Fischers am 25. Februar 1999 im Bundestag, Bonn, aus: DBT/14.
WP/22./28. 2. 1999/1704 A – 1705 D

Frau Präsidentin! Meine Damen und Herren! Ich freue mich, daß sich nach den Gesprächen am gestrigen Tag ein breiter Konsens abzeichnet. Im Namen der Bundesregierung kann ich hier nur noch einmal betonen, daß es für uns angesichts der schwierigen politischen Situation und angesichts der schwierigen Situation, in der dieser Einsatz stattfinden wird, eine Selbstverständlichkeit ist, den Oppositionsparteien, wenn sie Nachfragen haben oder Präzisierungen wünschen, zu antworten. Ich freue mich, daß es auf Grund der Gespräche, die wir geführt haben, gelungen ist, die Fragen befriedigend beantworten zu können und hier im Hause zu einer möglichst breiten Beschlußgrundlage zu kommen.

Heute haben wir eine wichtige Antwort auf die Verhandlungen in Rambouillet zu geben. Die Verhandlungen in Rambouillet stehen in einem direkten Kausalzusammenhang zur Entwicklung der Situation im Kosovo. Lassen Sie mich daher hier nochmals darauf hinweisen, daß wir einen weitergehenden Beschluß zu fassen haben. Der erste diesbezügliche Beschluß wurde vom 13. Deutschen Bundestag kurz vor dem Auslaufen der Legislaturperiode gefaßt. Damals war es möglich, mit der Androhung von Luftschlägen der NATO, die uns allen sehr schwergefallen ist, eine Vereinbarung zwischen der Regierung in Belgrad und dem Sondergesandten der Vereinigten Staaten, Herrn Holbrooke, zu erreichen. Es war gelungen, eine humanitäre Katastrophe abzuwenden, die Menschen aus den Bergen und aus den Wäldern vor Einbruch des Winters in Behausungen – darum handelt es sich im wesentlichen; viele ihrer Wohnungen und Häuser waren zerstört – zurückzubringen. Auf diese Weise konnte eine humanitäre Katastrophe abgewendet werden.

Die Implementierung des politischen Friedens, also die Durchsetzung eines regionalen und demokratischen Autonomiestatuts, ist allerdings nicht gelungen. Demnach ist es nicht gelungen, den Frieden durchzusetzen. Ein Aufflackern der Kämpfe bis hin zum Massaker von Racak mußte dann die internationale Staatengemeinschaft dazu zwingen, den Weg zum Frieden am Boden zuerst gegen und hoffentlich dann auch mit den Beteiligten zu erreichen.

In Rambouillet wurde der Versuch gemacht, die Akzeptanz beider Seiten zu einem Weg des Friedens zu erreichen. Für die internationale Staatengemeinschaft und vor allen Dingen für die Europäer ist es wichtig, zu begreifen: Wir werden diesem Konflikt, wenn wir wegschauen, nicht entkommen können, sondern wie in Bosnien wird dann das Drama – das Morden, die Zerstörungen und die Flüchtlinge – letztendlich zum Hinschauen und dann zum Handeln zwingen. Die Erfahrungen in Bosnien veranlassen, ja nötigen die internationale Staatengemeinschaft dazu, jetzt in diesen Konflikt friedensstiftend einzugreifen. Genau darüber fassen wir heute den Beschluß.

Glauben Sie mir, in den vergangenen Wochen waren für mich persönlich die Stunden am letzten Samstag in Rambouillet, als es völlig offen war, ob es Krieg oder Frieden heißt, die schwierigsten. Nachdem ich dort auf die Intransigenz der Beteiligten, vor allen Dingen von Vertretern der Regierung aus Belgrad, gestoßen bin und mitbekommen habe, wie hier ganz offensichtlich bei zahlreichen Beteiligten nicht das Schicksal der Menschen und nicht das Interesse am Frieden, sondern der Machterhalt im Vordergrund stehen und wie Gewalt, Mord und Krieg ganz selbstverständlich als Mittel der Politik in das Kalkül einbezogen werden, sage ich Ihnen: Wegschauen bedeutet die Akzeptanz dieser mörderischen Logik. Das dürfen und können wir uns nicht erlauben.

(Beifall beim BÜNDNIS 90/DIE GRÜNEN und bei der SPD sowie bei Abgeordneten der CDU/CSU und der F.D.P.)

Ich möchte mich hier dem Dank, den der Bundesverteidigungsminister ausgesprochen hat, ausdrücklich anschließen, denn ich weiß, welche Arbeit die Verhandlungspartner geleistet haben und wie wichtig es war, daß Rußland an diesem Prozeß beteiligt war und ist. Nachdrücklich füge ich hinzu: Ich möchte in diesen Dank auch und gerade die Mitarbeiterinnen und Mitarbeiter des Auswärtigen Amtes wegen ihres nun wirklich rund um die Uhr gehenden Einsatzes bei den Verhandlungen in Rambouillet mit einschließen.

(Beifall beim BÜNDNIS 90/DIE GRÜNEN, bei der SPD und der F.D.P. sowie bei Abgeordneten der CDU/CSU und der PDS)

Dieser Dank gilt selbstverständlich auch für den Repräsentanten des BMVg in Rambouillet, den ich an dieser Stelle nicht vergessen möchte.

(Beifall beim BÜNDNIS 90/DIE GRÜNEN und bei der SPD)

Der Weg zum Frieden ist beschritten. Wir sind heute so weit, daß wir eine Vereinbarung in den Händen halten, auf die sich die Kontaktgruppe geeinigt hat. Kapitel 2 und Kapitel 7 des Entwurfs werden von Rußland nicht akzeptiert, solange darunter nicht die Unterschrift der Bundesrepublik Jugoslawien steht. Im Klartext heißt dies: Rußland will im Moment nicht Druck auf die Bundesrepublik Jugoslawien ausüben, die militärische Implementierung zu akzeptieren; Rußland ist aber in dem Moment, in dem sie akzeptiert wird, bereit, sie nicht nur politisch mitzutragen, sondern sich dann auch an der Umsetzung – wie die öffentlichen Erklärungen aus Moskau mittlerweile zeigen – zu beteiligen. Ich sehe darin einen wesentlichen Fortschritt.

Hoffnungsvoll stimmt mich auch, daß Frankreich in einem informellen Treffen des Sicherheitsrates die Erklärung der Kontaktgruppe sofort zirkuliert hat. Daraufhin ist es unter Teilnahme Chinas – auch das ist ein wichtiges Signal – zu einer einstimmigen Unterstützung einer Erklärung des Präsidenten des Sicherheitsrates auf der Grundlage der Erklärung der Kontaktgruppe gekommen.

Was wir heute beschließen, ist der gemeinsame Einsatz von Bundeswehrsoldaten und Soldaten der Bündnispartner als Vorbereitung für die Umsetzung des Friedensabkommens. Dies ist eine ungewöhnliche und schwierige Situation für das Haus. Ich bin mir darüber im klaren. Aber diese Situation liegt nicht in der Verantwortung der Bundesregierung; wir konnten sie uns nicht aussuchen. Wir wären weiß Gott heilfroh, wir könnten heute sagen: Der Vertrag ist unterschrieben. – So müssen wir heute diesen Beschluß fassen. Denn was wäre die Alternative? Wenn wir diesen Beschluß heute nicht fassen würden, wäre die Folge, daß Belgrad einen Widerspruch im westlichen Bündnis vermuten würde, was wir nicht zulassen dürfen, und daß gleichzeitig die Kosovaren an der Entschlossenheit der NATO, ihr Versprechen zu halten, nämlich im Falle einer Unterschrift für die militärische und zivile Implementierung zu sorgen, zweifeln würden, so daß es nicht zu einer Unterschrift kommen würde.

Damit sind wir beim entscheidenden Punkt. Frieden im Kosovo ohne eine militärische Absicherung und ohne einen zivilen Beitrag der internationalen Staatengemeinschaft wird es nicht geben.

(Zustimmung bei der SPD)

Diese militärische Absicherung wird von den Kosovaren nur der NATO zugetraut. Jede andere Form der Absicherung würde von ihnen nicht akzeptiert werden und würde demnach nicht zu ihrer Unterschrift führen.

Die Kosovaren werden eine Implementierung selbst des besten Friedensvertrages durch die Bundesrepublik Jugoslawien, durch die jugoslawische Armee oder gar durch die serbische Sonderpolizei nicht akzeptieren. Keiner von uns würde dies auf Grund der blutigen Erfahrungen, die gemacht wurden, an deren Stelle akzeptieren. Umgekehrt würde die Bundesrepublik Jugoslawien niemals akzeptieren, daß die Implementierung eines solchen Vertrages in den Händen der kosovarischen Seite liegt. Daraus ergibt sich die Notwendigkeit, daß sich die internationale Staatengemeinschaft bereit erklärt, diesen Vertrag zu implementieren. Mit dem heutigen Beschluß leisten wir daher einen entscheidenden Beitrag zur Umsetzung des kommenden Friedensvertrages.

Ich möchte dem Haus in der Frage, ob es dazu am 15. März kommen wird, meine ehrliche Einschätzung mitteilen. Wir werden alles versuchen und im Rahmen der Kontaktgruppe und der Vermittlertroika wie auch durch bilaterale Verhandlungen weiter daran arbeiten, zu einem Erfolg zu kommen, für den ich Ihnen hier aber keine verbindliche Zusicherung geben kann. Dies wäre fahrlässig und falsch. Angesichts der Ernsthaftigkeit der Situation ist es geboten, daß die Bundesregierung Klartext redet und sagt: Wir wollen alles versuchen, aber wir können nicht garantieren, daß wir am 15. März zu einem erfolgreichen Abschluß kommen.

Wir dürfen – der Bundesverteidigungsminister hat dies schon angesprochen – den Fehler, der nach Dayton begangen wurde, nicht wiederholen. Der Vertrag von Dayton war gut und alternativlos. Der Fehler lag nicht im Vertrag selbst. Er bestand vielmehr darin, daß der Prozeß nicht weiter vorangetrieben wurde. Was wir brauchen, ist – dem kann ich nur ausdrücklich zustimmen – eine Fortsetzung des Prozesses. Dies wird eine langfristige Verpflichtung vor allen Dingen für die Europäer bezüglich der zivilen Implementierung bedeuten. Ich bin mir sicher: Wenn wir Erfolg haben werden und die Waffen schweigen, werden wir eine Bosnienähnliche Entwicklung erleben. Das heißt, daß das militärische Element nach und nach abgebaut werden kann. Nur, was wir brauchen, ist in der Tat ein langfristiges Gesamtkonzept, ein Stabilitätspakt für den südlichen Balkan, der eine langfristige Verpflichtung der internationalen Staatengemeinschaft und Europas verlangen wird, vor allen Dingen bei der Entwicklung zukunftsfähiger ziviler Strukturen.

(Beifall beim BÜNDNIS 90/DIE GRÜNEN und bei der SPD)

Wir können – da sind wir uns alle hier im Haus einig – die Soldaten aus Bosnien heute noch nicht abziehen. Wann wir sie je abziehen können, ist zum gegenwärtigen Zeitpunkt realistischerweise nicht absehbar. Wenn wir aber, wie am Beispiel Bosnien sichtbar, dort langfristig engagiert bleiben müssen, damit der Friede, die Nichtgewalt bestehen bleibt, dann können wir doch auch den nächsten Schritt tun und mit einem solchen Stabilitätspakt für den südlichen Balkan langfristig denken.

Eine Lösung für Bosnien, eine Rückkehr Serbiens in die Gemeinschaft der europäischen Völker, raus aus der Isolation, hin zu Demokratie und Frieden, eine Hilfe für Albanien, eine Zukunft für Makedonien, eine Lösung der Minderheitenkonflikte auf zivile, demokratische Art und Weise, eine regionale Sicherheitsarchitektur, eine regionale Architektur für Handel und wirtschaftliche Entwicklung – all das ist notwendig. Einfacher und billiger wird der Friede auf dem Balkan nicht zu erreichen sein.

(Beifall bei Abgeordneten der SPD)

Einfacher und kurzfristiger wird es nicht gehen.

Europa ist gegenwärtig zweigeteilt. Wenn wir auf den Balkan blicken, sehen wir das Europa der Vergangenheit, wenn wir nach Brüssel schauen, sehen wir das Europa der Integration, das Europa der Zukunft; einerseits das Europa der Vergangenheit, der Kriege und der ethnischen Säuberungen, andererseits das Europa der Zukunft, der Integration und, Gott sei Dank, des Verschwindens des Krieges als Mittel der Politik, das Europa der engen Kooperation, das Überwinden und Auflösen von Grenzen. Wir werden den südlichen Balkan hin zum Europa der Integration entwickeln müssen. Voraussetzung dafür ist aber, daß im Kosovo die Waffen schweigen. Dazu können wir heute mit dem Beschluß des Hauses einen entscheidenden Beitrag leisten.

(Beifall beim BÜNDNIS 90/DIE GRÜNEN und bei der SPD sowie bei Abgeordneten der CDU/CSU und der F.D.P.)

Humanist:
OTTO SCHILY

geboren 1932 in Bochum, nach dem Abitur Studium der Rechtswissenschaft an den Universitäten München und Hamburg sowie Politikwissenschaft an der Hochschule für Politik in Berlin; nach dem zweiten Staatsexamen 1962 eröffnete Schily 1963 eine Anwaltspraxis in Berlin. Der Öffentlichkeit bekannt wurde er als Strafverteidiger von Terroristen, 1980 Eintritt bei den soeben gegründeten „GRÜNEN", 1983 MdB (Landesliste Nordrhein-Westfalen), mit Petra Kelly und Marieluise Beck-Oberdorf erster Fraktionssprecher, 1984 Rücktritt von diesem Amt, 1986 Niederlegung des Bundestagsmandats der GRÜNEN, 1987 wieder MdB der GRÜNEN, 1989 Niederlegung des Mandats, Eintritt in die SPD, 1990 Rückkehr in den Bundestag als SPD-MdB, Vorsitzender des Treuhand-Untersuchungsausschusses; 1994 Bestätigung des Mandats, Wahl zu einem der stellvertretenden Vorsitzenden der SPD-Fraktion, auch 1998 Wiederwahl, Bundesinnenminister in der ersten rot-grünen Bundesregierung. Schrieb u. a. „Vom Zustand der Republik" (1986), „Politik in bar. Flick und die Verfassung unserer Republik" (1986), „Flora, Fauna und Finanzen" (1994).

Das Recht muß nie der Politik, wohl aber die
Politik
jederzeit dem Rechte angepaßt werden. Alle
Politik muß
ihre Knie vor dem Rechte beugen.

Immanuel Kant

Ein ähnlich langwieriger Streit, wie er um den § 218 ausgefochten
wurde, entbrannte schon in den frühen Jahrzehnten der Bonner
Republik um das Staatsangehörigkeitsrecht. Aber einen ernsthaften
Vorschlag zur Lösung dieses emotionsgeladenen Problems legte
erst die rot-grüne Regierungskoalition im März 1999 vor. Das gel-
tende Staatsangehörigkeitsgesetz stammte immerhin aus dem Jahr
1913, war also 1999 schon 86 Jahre alt. Es stellte ganz auf das Abstammungsprinzip (Ius sanguinis) ab, was natürlich in gewissen
Epochen des letzten Jahrhunderts, während des „Dritten Reiches"
etwa, als sehr angemessene Regelung betrachtet wurde. Aber in einer Zeit, in der 7 Millionen Ausländer in der Bundesrepublik leben
und in der die Einbürgerungszahlen von wenigen Tausend in den
Fünfziger- und Sechzigerjahren mittlerweile auf etwa 300 000 pro
Jahr hochschnellten, war diese Regelung aus der Kaiserzeit nicht
mehr haltbar. Der Gesetzentwurf der rot-grünen Koalition sah vor,
dass künftig die deutsche Staatsangehörigkeit durch Geburt in
Deutschland erworben werden soll, dass also das Abstammungsprinzip durch das Geburtsortprinzip (Ius soli) ergänzt wird. Damit
sollen in Deutschland geborene Kinder von ausländischen Eltern
automatisch die deutsche Staatsangehörigkeit erhalten, aber auch
die ihrer Eltern behalten, und bis zum 23. Lebensjahr müssen sie
sich für eine der beiden Staatsangehörigkeiten entscheiden. Diese
doppelte Staatsbürgerschaft rief Widerspruch hervor, und die hes-
sische CDU veranstaltete vor der dortigen Landtagswahl eine Un-
terschriftensammlung mit dem Ziel der Nichtzulassung der doppelten Staatsbürgerschaft, die zum Wahlerfolg und zum Sturz der
rot-grünen hessischen Landesregierung führte. Entsprechend gereizt war die Stimmung im Bundestag, als am 19. März 1999 der
von Abgeordneten der SPD, der GRÜNEN und der F.D.P. einge-
brachte Entwurf eines Gesetzes zur Reform des Staatsangehörigkeitsrechts vorgelegt wurde. Unter den Fraktionen bestand Einigkeit darüber, dass das veraltete Staatsangehörigkeitsrecht aus der
Kaiserzeit reformbedürftig und dass es erforderlich sei, den ständig
in Deutschland lebenden Menschen umfassende politische Teilha-

be zu ermöglichen. Über das Wie der Reform wurde in den der ersten Lesung folgenden Ausschussberatungen zügig verhandelt – die Opposition sprach freilich von „Durchpeitschen" –, und Bundesinnenminister Schily legte am 7. Mai 1999 den in den Ausschussberatungen erarbeiteten Gesetzentwurf in dritter Lesung vor.

Für den seit früher Jugend für das Recht streitenden Minister muss die Vorlage gerade dieses Gesetzentwurfs eine der wichtigsten Stationen seiner facettenreichen Laufbahn gewesen sein, die ihn in eines der höchsten Staatsämter der Republik führte. Dass er als Strafverteidiger vor vielen Jahren für so umstrittene Mandanten wie die in Stammheim einsitzenden Terroristen eingetreten war, brachte ihm den Vorwurf ein, er habe diese Verbrecher aktiv unterstützt, was sicher nur insofern zutrifft, als er mit großer Selbstverständlichkeit die diesen auch als Angeklagten zustehenden Rechte wahrnahm. Bei den GRÜNEN war er wohl, wie er nach langjähriger gründlicher Überlegung feststellen musste, fehl am Platz; der permanente Fundi- und Realostreit war dem nüchternen und pragmatischen Beobachter der politischen Szene schlechthin nicht verständlich. Schon früh steuerte er auf eine Zusammenarbeit mit der SPD hin. Seine Tage bei den GRÜNEN waren endgültig gezählt, als er sich für die strikte Anwendung des staatlichen Gewaltmonopols aussprach. In der SPD-Fraktion machte er sich zuerst einen Namen als Vorsitzender des Treuhand-Untersuchungsausschusses; er warf der damaligen Bundesregierung vor, die Aufsicht über die Treuhand nur passiv ausgeübt und damit der Willkür Tür und Tor geöffnet zu haben. Trotz eines miserablen Platzes auf der bayerischen Landesliste – seine dortigen Genossen hielten überhaupt nichts von seiner Kompromissbereitschaft beim Großen Lauschangriff – wurde er 1998 gerade noch wiedergewählt und bewies nach seiner Ernennung zum Bundesinnenminister Sachkenntnis, Autorität und Standfestigkeit in all den schwierigen Fragen seines Ressorts: der Rückführung der Kosovo-Flüchtlinge, der Internet-Hacker, der Verwaltungsreform und der Tarife im öffentlichen Dienst.

Als er am 7. Mai 1999 die von der SPD, den GRÜNEN und der F.D.P. gestützte Vorlage zum Staatsangehörigkeitsrecht einbrachte, zitierte er, der glänzende Redner und schlagfertige Debattierer, zu dessen scharf geschliffenen oratorischen Waffen insbesondere Sarkasmus und Ironie gehören, zum Verdruss der Opposition einleitend einen Reformaufruf von CDU-Abgeordneten, in dem die besonders von der CDU in Hessen angegriffene Optionsmöglichkeit gefordert wurde, und wies darauf hin, dass genau dieser Forderung in der zur Entscheidung anstehenden Vorlage entsprochen werde. Es gehe jetzt um einen rechtsstaatlichen Interessenausgleich, bei dem alle, einschließlich der Zuwanderer, in die Rechtsgemeinschaft einbezogen würden. Nicht die Idee der Nation müsse in Europa überwunden werden, sondern das „zerstörerischen Prinzip der Ethnokratie, des Primats des durch Blutsbande geeinten Volkes" (Hagen Schulze).

Mit dem Ergebnis der Schlussabstimmung über den Gesetzentwurf zur Reform des Staatsangehörigkeitsrechts konnte Minister Schily zufrieden sein: 365 Ja- standen 182 Neinstimmen gegenüber; 39 Abgeordnete enthielten sich, davon 23 von der von Schily in seiner Einbringungsrede angesprochenen CDU (unter ihnen Dr. Norbert Blüm, Dr. Heiner Geißler, Dr. Friedbert Pflüger, Ruprecht Polenz, Dr. Christian Schwarz-Schilling, Dr. Rita Süssmuth).

Recht und Ordnung

Rede Schilys am 7. Mai 1999 im Bundestag, Berlin, in: DBT/14. WP/40./ 7.5.1999/3415 C – 3419 C

Herr Präsident! Meine Damen und Herren Kollegen! Ich vermute, daß ein Teil der Redner der Opposition heute wieder den Vorwurf erheben wird, wir hätten ein Gesetzgebungsverfahren durchgeführt, das sich zu schnell abgewickelt hätte.

(Erwin Marschewski [CDU/CSU]: Das ist leider wahr!)

Wir debattieren über dieses Thema nun wahrlich seit geraumer Zeit.

(Dieter Wiefelspütz [SPD]: Wohl wahr! Viel zu lange schon!)

Die frühere Regierungskoalition hat 16 Jahre darüber debattiert, allerdings ohne Ergebnis.

(Beifall bei der SPD und dem BÜNDNIS 90/DIE GRÜNEN sowie bei Abgeordneten der PDS)

Das Thema ist bis ins kleinste Detail ausdiskutiert worden. Mittlerweile dauert diese Debatte so lange, daß einige in der Opposition ihre früheren Argumente bereits vergessen haben.

(Erwin Marschewski [CDU/CSU]: Ach, Herr Minister! Mehr Sachlichkeit!)

Das sollte man vielleicht besonders berücksichtigen.

Gewiß war das kein einfacher Gesetzgebungsprozeß. Das kann bei einem so schwierigen Thema auch gar nicht anders sein. Das Ergebnis, das wir heute vermutlich auf breiter Grundlage beschließen werden, ist ein Kompromiß. Ein Kompromiß – das ist das Kennzeichen eines Kompromisses – läßt natürlich auf der einen oder anderen Seite Wünsche offen. Ich sage in allem Freimut, daß ich den Gesetzentwurf, den ich im Januar vorgelegt habe, für den konsequenteren Entwurf halte.

(Beifall bei der SPD und dem BÜNDNIS 90/DIE GRÜNEN sowie bei Abgeordneten der PDS)

Deshalb meine ich aber nicht, daß wir die Reform, die wir heute mit einer breiten Mehrheit beschließen werden, kleinreden sollten.

(Dieter Wiefelspütz [SPD]: Sehr richtig!)

Das ist ein ganz wichtiger Reformschritt, den wir heute vollziehen, der durchaus historische Dimensionen hat.

Als Beleg dafür kann ich eine sachverständige Persönlichkeit zitieren, die ihrer Partei, der CDU, angehört

(Erwin Marschewski [CDU/CSU]: Wer ist das?)

und die den ersten Entwurf aus ihrer Sicht kritisiert hat, aber den Kompromiß, den wir heute vorlegen, mit folgenden Worten kommentiert:

> Das ist keine kleine Reform, sondern eine große Reform. Wir haben das Staatsangehörigkeitsrecht um das Territorialelement ergänzt, das es vorher nicht gab. Das ist ein großer Modernisierungsschritt. Er ist richtig, weil er eine elegante, unbürokratische und integrative Form der Zugehörigkeit bietet.

Das sagt die Berliner Ausländerbeauftragte, Frau John, die Ihrer Partei angehört. Das ist doch ein Dokument, das sich sehen lassen kann.

(Beifall bei der SPD, dem BÜNDNIS 90/DIE GRÜNEN und der F.D.P.)

Nun haben wir gestern in der Debatte um den Etat des Bundesinnenministeriums bei einem anderen Thema, bei der Sportförderung, die Erfahrung gemacht, daß es ein Wettrennen um die Urheberschaft von positiven Ergebnissen gibt. Das ist verständlich. Die einen sagen, es war der sozialdemokratische Innenminister Zuber, die anderen sagen, es war der freidemokratische Justizminister Caesar, und wieder andere sagen, es war der F.D.P.-

Abgeordnete Westerwelle, der das Optionsmodell in die Debatte gebracht hat.

(Ludwig Stiegler [SPD]: Eine Urhebergemeinschaft!)

Ich lasse das offen. Dieser Eifer, sich als Urheber der Reform auszugeben, ist mir bei der Reform des Staatsangehörigkeitsrechts sehr willkommen. Denn damit wird besonders prägnant, daß diese Reform viele und gute Gründe hat.

Ich hoffe aber, daß sich auch einige Miturheberinnen und Miturheber zu Wort melden, die ihre kreativen Bemühungen in der Vergangenheit nicht aus übertriebener Bescheidenheit verschweigen sollten. Dazu gehört beispielsweise unser CDU/CSU-Kollege Altmaier.

(Wilhelm Schmidt [Salzgitter] [SPD]: Sehr interessant!)

Der Kollege Altmaier hat im Oktober 1995 Grundsätze zu einem neuen Staatsangehörigkeitsrecht veröffentlicht, in denen das Optionsmodell benannt wird. Dort heißt es sehr zutreffend:

Ohne die soziale und rechtliche Integration der auf Dauer in Deutschland lebenden Ausländer droht eine nachhaltige Gefährdung des gesellschaftlichen Friedens. Wir sehen CDU und CSU in einer besonderen Verantwortung, diese Herausforderung anzunehmen. Dabei kommt der Reform des Staatsangehörigkeitsrechts eine wichtige Bedeutung zu.

(Beifall bei der SPD und dem BÜNDNIS 90/DIE GRÜNEN sowie bei Abgeordneten der CDU/CSU)

So Herr Altmaier im Oktober 1995. – Wie wahr, wie wahr!

Dies hat er – wie übrigens auch in dem gerade angesprochenen Dokument – in einem Interview in der „Frankfurter Rundschau" vom 11. Dezember 1995 noch einmal präzisiert. Da sagte er:

Ich verspreche mir immer noch am meisten von dem sogenannten Optionsmodell, das ich gemeinsam mit den Kollegen Eckart von Klaeden und Norbert Röttgen vorgelegt habe. Danach erwirbt das Kind, sofern die Eltern nicht widersprechen, mit der Geburt zusätzlich zur Staatsbürgerschaft der Eltern auch die deutsche Staatsangehörigkeit.

Er beschreibt dort also, daß das Optionsmodell seine Zielsetzung ist. Jetzt fände ich es angemessen, daß die betreffenden Kolleginnen und Kollegen auch dazu stehen.

(Beifall bei der SPD und dem BÜNDNIS 90/DIE GRÜNEN)

Auch Frau Süssmuth hatte im Juli 1998 folgendes zu sagen: Gerade für Kinder und Jugendliche könnte die doppelte Staatsangehörigkeit eine unterstützende Hilfe zur Integration sein. Frau Süssmuth wörtlich:

Wir brauchen ein Staatsangehörigkeitsrecht, bei dem das Abstammungsprinzip und das Territorialprinzip in eine ausgewogene Balance gestellt werden.

(Beifall bei der SPD und beim BÜNDNIS 90/DIE GRÜNEN – Erwin Marschewski [CDU/CSU]: Stellen Sie einmal Ihren Entwurf vor!)

Ich finde, Frau Süssmuth ist eine namhafte Persönlichkeit, die sich als Bundestagspräsidentin große Meriten erworben hat. Anläßlich der Eröffnung des Reichstages ist sie sehr gelobt worden. Ich denke, ihre Position sollte heute zur Geltung kommen.

Um die bestehenden Urheberrechte klar zur Geltung zu bringen, möchte ich sehr ausführlich und in vollem Bewußtsein den Reformaufruf zitieren, den einige der genannten Kollegen veröffentlicht haben. Da hieß es:

Die soziale und rechtliche Integration der in Deutschland lebenden ausländischen Mitbürger ist eine moralische Verpflichtung gegenüber den Betroffenen und unverzichtbar für die dauerhafte Bewahrung des gesellschaftlichen Friedens.

(Dr. Guido Westerwelle [F.D.P.]: Sehr richtig!)

– Ich wiederhole: unverzichtbar.

Der Schaffung eines zeitgemäßen Staatsangehörigkeitsrechtes kommt dabei eine zentrale Bedeutung zu. Als Volkspartei, die dem christlichen Menschenbild und den Grundwerten von Freiheit, Solidarität und Gerechtigkeit verpflichtet ist, steht die CDU in einer besonderen Verantwortung.

(Erwin Marschewski [CDU/CSU]: Ich möchte auch zitiert werden!)

Nur wenn die CDU die notwendigen Reformen von sich aus entschlossen anpackt und gestaltet, werden sie von einer breiten Mehrheit in der Bevölkerung getragen werden. Das ist eine entscheidende Voraussetzung für das Gelingen der Integration.

Das wäre eine schöne Kampagne gewesen. So eine Kampagne hätten Sie starten sollen.

(Beifall bei der SPD sowie bei Abgeordneten des BÜNDNISSES 90/DIE GRÜNEN)

Die Unterzeichner dieses Aufrufes setzen sich als Mitglieder der CDU dafür ein, das Staatsangehörigkeitsrecht noch in dieser Legislaturperiode wie folgt neu zu regeln: Die in Deutschland geborenen Kinder ausländischer Eltern erhalten mit der Geburt die deutsche Staatsangehörigkeit. Voraussetzung ist, daß ein Elternteil dauerhaft und rechtmäßig in Deutschland lebt, da zu erwarten ist, daß die Kinder in unserem Land aufwachsen und bleiben werden. Nach Erreichen der Volljährigkeit müssen sie sich für eine der beiden Staatsangehörigkeiten entscheiden.

Wo sind Sie nun?

(Dieter Wiefelspütz [SPD]: Wo laufen sie denn?)

Unterzeichnet haben der Kollege Altmaier und die Kollegin Dr. Böhmer. Da finde ich die Unterschrift von Herrn Eppelmann, von Herrn Escher, dem Bundesvorsitzenden der JU. Ich finde die Unterschrift von Herrn Dr. Friedmann.

(Hans-Peter Repnik [CDU/CSU]: Sagen Sie doch etwas zu Ihrem Entwurf!)

– Herr Repnik, daß Ihnen das nicht gefällt, kann ich verstehen. An Ihrer Stelle würde mir das auch nicht gefallen. Es ist aber so. Das muß man sich manchmal sagen lassen. – Außerdem sehe ich die Unterschrift von Herrn Dr. Geißler, des Kollegen Grotz, des Kollegen Lammert, von Herrn Dr. Kues, von Herrn Kossendey – Herrn Kossendey erwähne ich deshalb, weil er ein Mann ist, der sich gut mit den türkischen Mitbürgerinnen und Mitbürgern auskennt –, von Herrn Krautscheid, von Herrn Pflüger, von Herrn Rommel, von dem von mir sehr geschätzten Kollegen Schwarz-Schilling und von Frau Süssmuth; sie habe ich schon erwähnt. Außerdem findet man eine Reihe von Unterschriften von Landtagsabgeordneten. Also, meine Damen und Herren: Stehen Sie zu dem Wort, das Sie damals gesagt haben. Oder stellen Sie sich hier vorne hin und sagen: Das war alles falsch; wir haben uns geirrt. Heute meinen wir alles anders.

(Beifall bei der SPD sowie bei Abgeordneten des BÜNDNISSES 90/DIE GRÜNEN und der F.D.P. – Meinrad Belle [CDU/CSU]: Stehen Sie zu Ihrem Wort von Januar!)

Aber sich zu verstecken ist kein Beweis von Wildheit.

(Beifall bei der SPD sowie bei Abgeordneten des BÜNDNISSES 90/DIE GRÜNEN)

Das Thema Integration, das hier zu verhandeln ist, ist wahrlich ernst. Sie haben damals formuliert: Es geht um den gesellschaftlichen Frieden. Es geht um einen großen Teil der Wohnbevölkerung, der auf

Dauer bei uns lebt und leben wird. Das können Sie nicht rückgängig machen und wollen es hoffentlich auch nicht. Wenn Sie es rückgängig machen wollten, müssen Sie das hier vorne sagen. Da Sie es aber nicht rückgängig machen können, müssen wir das tun, was uns auch das Bundesverfassungsgericht als Gebot auferlegt hat: Wir müssen dafür sorgen, daß Staatsvolk und Wohnbevölkerung zusammenkommen. Das ist für die Festigkeit unserer Gesellschaft notwendig.

Ich habe keine Illusion darüber, daß wir damit in eine völlig konfliktfreie Gesellschaft kommen. Was uns aber auf diese Weise gelingen wird, ist ein gewaltfreier, rechtsstaatlicher Interessenausgleich, weil wir den Menschen gleiche Rechte geben und weil alle, einschließlich der Zuwanderer, in die Rechtsgemeinschaft einbezogen werden. Das müssen wir erreichen.

Das müssen wir uns als Zukunftsprognose vor Augen führen. Sie müssen versuchen, Ihr Vorstellungsvermögen so weit zu entwickeln, daß Sie beide Entwicklungen vergleichen, die in Gang gesetzt werden, wenn wir auf die Reform des Staatsangehörigkeitsrechts verzichten oder wenn wir sie vollziehen. Ich glaube, wenn wir es bei dem Status quo belassen, dann werden wir eine zunehmende Entfremdung der Zuwanderer haben, dann werden wir eine Abkehr der Jugendlichen, die in solchen Familien aufwachsen, von der Gesellschaft haben, wir werden eine zunehmende Gettoisierung haben, wir werden zunehmende Parallelgesellschaften haben – wir brauchen also diese Brücke in eine neue Entwicklung, die es uns ermöglicht, diese Menschen in die Gesellschaft hineinzunehmen und sie nicht davor stehen zu lassen.

Es ist sehr interessant, sich daran zu erinnern, was der französische Religionswissenschaftler Ernest Renan in einer Vorlesung in der Sorbonne-Universität im März 1882 zu der Frage gesagt hat, was eigentlich eine Nation sei. Er hat sich dieser Frage in einer sehr methodisch präzisen Art angenommen. Er hat zuerst untersucht, ob die Nation auf einer Ethnie beruht. Er kommt zu der Feststellung, daß das nicht richtig sein kann. Die Franzosen haben eine keltisch-iberisch-germanische Ethnie in sich aufgenommen. Deutschland ist keltisch-slawisch-germanisch. „Italien", sagt er, ist „ethnisch überhaupt unentwirrbar" – wie richtig. Er sagt:

Eine Politik, die die Einheit einer Nation mit rassischen Argumenten betreibt, gründet also auf einer Chimäre; sie würde die europäische Zivilisation zugrunde richten.

Wie wahr hat Renan damals gesprochen.

Eine Nation ist auch nicht identisch mit der Sprache" – selbst das sagt er mit Recht. Er sagt: Sonst wären die Vereinigten Staaten und Großbritannien heute noch zusammen, sonst wären Spanien und Südamerika noch zusammen. Selbst die Sprache ist nicht unbedingt ein Einheitsband. Die Schweiz ist eine Nation mit verschiedenen Sprachen.

Auch die Religion – sagt er – ist es nicht, was eine Nation ausmacht. Es sind auch nicht die Interessen. Er sagt: „Ein Zollverein ist kein Vaterland."

Zur Geographie sagt er:

Es gibt keine willkürlichere, gefährlichere Theorie, als die Nation zwischen „natürlichen Grenzen" errichten zu wollen; die Vergangenheit zeigt, daß die Lebensräume der Nationen immer fluktuiert haben.

Dann bringt er seine Definition von einer Nation. Er sagt:

Eine Nation ist eine Seele, ein geistiges Prinzip. Zwei Dinge, die in Wahrheit nur eins sind, machen diese Seele, dieses geistige Prinzip aus. Eins davon gehört der Vergangenheit an, das andere der Gegenwart. Das eine ist der gemeinsame Besitz eines reichen Erbes an Erinnerungen, das andere ist das gegenwärtige Einvernehmen, der Wunsch, zusammenzuleben. ... Sie setzt eine Vergangenheit voraus, aber trotzdem faßt sie sich in der Gegenwart in einem greifbaren Faktum zusammen: der Übereinkunft, dem deutlich ausgesprochenen Wunsch, das gemeinsame Leben fortzusetzen.

Der Historiker Hagen Schulze sagt mit Recht: Diese Definition hat bis heute ihre Gültigkeit behalten. – Ich denke, wir sollten die heutige Debatte nutzen, uns einmal auf Fragen zu besinnen, die sich damit beschäftigen, was unsere Gesellschaft und unseren Staat eigentlich zusammenhält.

Meine Damen und Herren, eine homogene Gesellschaft ist, entgegen allen verbreiteten Vorurteilen, nicht tragfähig, weil sie ein Konstrukt ist, das sich nicht mit der Wirklichkeit in Einklang bringen läßt.

Präsident Wolfgang Thierse: Kollege Schily, gestatten Sie eine Zwischenfrage des Kollegen Rupert Scholz?

Otto Schily, Bundesminister des Innern: Herr Kollege Scholz, ich habe nur noch wenig Redezeit.

(Lachen bei der CDU/CSU)

– Also gut, bitte schön, Herr Scholz.

Dr. Rupert Scholz (CDU/CSU): Herr Schily, ich finde es gut, daß Sie Renan zitiert haben. Renan ist für den modernen Nationalbegriff ganz eindeutig der Richtige. Aber die Renansche These kann man auch zu dem Prinzip zusammenfassen: Nation gründet sich auf die Erlebnis- – das ist die Vergangenheit – und die Willensgemeinschaft. Das ist die kurze Formel für das, was Sie eben vorgelesen haben. Erlebnis- und Willensgemeinschaft setzt allerdings voraus – das können Sie bei Renan sehr deutlich nachlesen –, daß eine entsprechende Identifikationsbereitschaft da ist. Erlebnis- und Willensgemeinschaft bedeutet auch, daß beide Seiten – wenn es unterschiedliche ethnische Teile gibt – dieses wollen.

Ich möchte Sie bitten, eine Antwort auf folgende Frage zu geben: Wie ist das in Deutschland? Haben Sie die Bereitschaft wirklich auf allen Seiten? Nehmen Sie wirklich genug Rücksicht darauf, diese Willens- und Erlebnisgemeinschaft in konfliktfreier Form, in sich wechselseitig akzeptierender und identifizierender Form – eben im Sinne von Renan – zu verwirklichen?

(Beifall bei der CDU/CSU)

(Vorsitz: Vizepräsidentin Anke Fuchs)

Otto Schily, Bundesminister des Innern: Die Frage ist mir sehr willkommen, Herr Kollege Scholz, weil sie genau im Duktus meiner weiteren Ausführungen liegt. Ich bin der Meinung: Wir müssen uns in der Tat darauf einlassen, zu fragen, wie wir unsere künftige Gesellschaft gestalten wollen und wie das Verhältnis von Staat und Gesellschaft aussehen soll.

(Zuruf von der CDU/CSU: Weiterlesen!)

– Lassen sie uns doch jetzt eine Diskussion darüber führen. Die können Sie doch jetzt einmal annehmen. Lassen Sie uns in dieser Frage weitergehen.

(Zuruf von der CDU/CSU: Keine Ahnung!)

– Sie müssen zumindest die Geduld aufbringen, meine Antwort zu hören. Sonst hat es keinen Zweck; dann brauchen wir keine Zwischenfragen mehr zu stellen.

(Beifall bei Abgeordneten der SPD)

Wenn Sie Renan und Hagen Schulze, der das sehr klar aufnimmt, weiterdenken, werden Sie entdecken, daß Renan nicht für den homogenen Nationalstaat ist, sondern ihn für ein Übel hält. Er hat einmal sehr prophetisch in einem Brief zum Ausdruck gebracht, in welche Lage wir kämen, wenn wir uns in einen nationalstaatlichen Wettbewerb um Elsaß-Lothringen begäben.

Deshalb – meiner Meinung nach sagt auch Hagen Schulze zu Recht –: Das moderne Europa hat eine ganz andere Perspektive. Das moderne Europa – das ist ein Faktum – bringt auch Menschen zusammen, die unterschiedliche biographische und kulturelle Bezüge haben. Dieser Erkenntnis muß man sich öffnen. Hagen Schulze sagt weiter:

> Nicht die Teilung in Nationen ist es, die Europa gefährdet, sondern der Drang zu Nationalstaaten für alle noch so kleinen Nationalitäten, in denen die unerfüllbare und chimärische Einheit von Nation, Sprache und Staatsgebiet herbeigeführt werden soll.

Hören sie zu, was Hagen Schulze noch schreibt – das erinnert an den ersten Tagesordnungspunkt, den wir heute behandelt haben –:

> Daß das zerstörerische Prinzip der Ethnokratie, des Primats des durch Blutsbande geeinten Volkes, die Demokratie immer noch bedrohen und Europa in neue, schwere Bewährungsproben stürzen kann, beweist der schaurige Massenmord im zerfallenen Jugoslawien. Nicht die Idee der Nation muß in Europa überwunden werden, sondern die Fiktion der schicksalhaften, objektiven und unentrinnbaren Einheit von Volk, Nation, Geschichte, Sprache und Staat.

Wie recht er doch hat!

(Beifall bei der SPD und dem BÜNDNIS 90/DIE GRÜNEN)

Wir müssen im zusammenwachsenden Europa begreifen, daß sich Nationen, Kulturen, Ethnien und Sprachfamilien anders begegnen können als unter dem homogenen Nationalstaat, der ein Irrtum des vorigen Jahrhunderts war, der übrigens auch am Ende des ersten Weltkriegs ein Irrtum war, wie in den 14 Punkten Wilsons deutlich wird.

(Beifall bei Abgeordneten der SPD)

Sie sind doch nicht so töricht, daß Sie nicht wenigstens manchmal, in Einzelfällen begreifen, um was es geht.

(Dieter Wiefelspütz [SPD]: „In Einzelfällen"! – Erwin Marschewski [CDU/CSU]: Das ist sehr arrogant! So intelligent sind Sie auch nicht!)

Der SPD-Landtagsabgeordnete Dietmar Franzke hat der Bayerischen Staatsregierung – einer ihrer Vertreter ist heute zugegen –

(Zuruf des Abg. Wolfgang Zeitlmann [CDU/CSU])

– Herr Zeitlmann, können Sie ein einziges Mal versuchen, in einer Debatte zuzuhören, nur ein einziges Mal? –

eine interessante Frage gestellt, die im März dieses Jahres folgendermaßen beantwortet wurde:

> Auf Grund der guten Erfahrungen mit der Integration Otto von Habsburgs hält es die Staatsregierung für vertretbar, bei Persönlichkeiten, die einen vergleichbaren Bezug zur deutschen und europäischen Geschichte aufweisen, Doppelstaatsangehörigkeit hinzunehmen.

Meine Damen und Herren, ich bin ein überzeugter Demokrat. Ich muß Ihnen sagen: Die Doppelstaatsangehörigkeit nur als Adelsprivileg zuzulassen widerspricht meinen Grundüberzeugungen.

Meine Damen und Herren, heute ist die Stunde der modernen Demokratie. Deshalb ist es vielleicht nicht so ganz angebracht, daß ich mich dauernd mit Bezügen zum Adel aufhalte. Aber im Blick darauf, daß wir demnächst alle gemeinsam nach Berlin umziehen, ist es vielleicht verständlich, daß ich mich heute an den Ratschlag eines aufgeklärten Monarchen halte. Friedrich der Große hat, als er gefragt wurde, ob ein Katholik – im damals protestantischen Preußen – das Bürgerrecht erwerben dürfe, geantwortet:

> Alle Religionen seindt gleich und guht, wann nur die Leute, so sie profesieren, erliegte Leute seindt, und wenn Türken und Heiden kämen und wollten das Land pöplieren, so wollten wir sie Mosqueen und Kirchen bauen.

Das ist eine gute Devise auch für unser Staatsangehörigkeitsrecht.

Mitgestalter des demokratischen Neuanfangs
WOLFGANG THIERSE

geboren 1943 in Breslau, wuchs in Eisfeld (Thüringen) auf, Abitur, Schriftsetzerlehre, 1964 Germanistik- und Kulturwissenschaftsstudium an der Humboldt-Universität in Berlin, Wissenschaftlicher Assistent im Fachbereich Kulturtheorie und Ästhetik, 1975 im Kultusministerium der DDR zuständig für „Architekturbezogene Kunst", 1976 entlassen, 1977 im Zentralinstitut für Literaturgeschichte der Ostberliner Akademie der Wissenschaften. Oktober 1989 Mitglied der Bürgerbewegung „Neues Forum", Januar 1990 Mitglied der neugegründeten DDR-SPD, 18. März 1990 Mitglied der freigewählten Volkskammer, stellvertretender Vorsitzender der SPD-Fraktion, Juni 1990 Vorsitzender der DDR-SPD, August 1990 Fraktionsvorsitzender der SPD-Fraktion in der Volkskammer, 3. Oktober 1990 MdB, stellvertretender Vorsitzender der SPD-Bundestagsfraktion, 2. Dezember 1990 direkt gewähltes MdB in Berlin-Mitte/Prenzlauer Berg, in der Bundestagswahl 1994 Verlust des Direktmandats, gewählt über die Landesliste, wieder stellvertretender Fraktionsvorsitzender, 1995 stellvertretender Parteivorsitzender der SPD, Vorsitzender der SPD-Grundwertekommission; Mitglied des Zentralkomitees der deutschen Katholiken, 26. Oktober 1998 Bundestagspräsident (mit 512:109:45 Stimmen). 19. April 1999: Berlin Sitz des Deutschen Bundestages.

Nichts, was gegen die Wünsche der Mehrheit ist, kann sich auf die Dauer behaupten. So wird es sich also kaum ereignen, daß sich die Herrschaft eines Tyrannen auf lange Zeit erstreckt.

Thomas von Aquin

Ein in der Vergangenheit viel zitiertes Diktum – das leider in den nächsten Jahrzehnten seine Gültigkeit verlieren wird – besagt, dass alle „echten" Berliner aus Schlesien kommen. Das galt für die erste in diesem Band porträtierte Persönlichkeit, Paul Löbe, und eine freundliche Fügung des Zufalls will es, dass eben dieses Diktum auch für den letzten in diesem Band auftretenden Politiker gilt, für den Bundestagspräsidenten Wolfgang Thierse: auch er sicher ein echter Berliner aus Schlesien. Das drückt sich möglicherweise darin aus, dass er auch als Bundestagspräsident seine angestammte Wohnung am Prenzlauer Berg nicht aufgegeben hat. Seine Laufbahn in Ostberlin nannte er einmal eine „grimmige Idylle der DDR": ohne Jugendweihe, Militärdienst, FDJ- und SED-Mitgliedschaft war er darauf angewiesen, in sich gerade bietende berufliche Nischen zu retirieren. Nach der Wende, die er bereits als Mitglied des oppositionellen „Neuen Forums" miterlebte – jenes „Neuen Forums", das in der totalitären Eiswüste der DDR erstmals die Funktion des Eisbrechers wahrnahm –, wurden seine rednerischen und kommunikativen Qualitäten schnell entdeckt, und er rückte nach seinem baldigen Wechsel zur Sozialdemokratie in bedeutende Parteiämter ein, ohne sich allerdings damit auch nur im Mindesten von einmal gewonnenen Überzeugungen zu verabschieden. Dazu gehörten etwa die Stellung Berlins als Bundeshauptstadt, die Bildung eines „Politisch-Moralischen Tribunals" über die DDR-Vergangenheit – das leider nie zustande kam – oder die Notwendigkeit einer Einschränkung des Asylrechts und die Stärkung der „Zivilgesellschaft" in der früheren DDR. Als er 1998 mit großer Mehrheit zum Bundestagspräsidenten gewählt wurde, erklärte er, es sei mehr als eine Geste gewesen, dass nun „ein Bürger der überwundenen DDR das zweithöchste Amt im Staate bekleide".

Als er am 19. April 1999 den Bundespräsidenten, den Bundestag und den Architekten Sir Norman Foster auf der ersten Bundestagssitzung im umgebauten Reichstagsgebäude begrüßte, waren seit dem Beschluss des Bundestages über den Umzug von Parlament und Regierung nach Berlin fast acht Jahre vergangen. In den Medien wurde die Frage gestellt, ob es nicht in kürzerer Zeit hätte geschafft werden können. Aber die Auseinandersetzungen um den Umzug, die zeitweise religiösen Glaubenskämpfen glichen, waren mit dem Beschluss des Bundestages von 1991 keinesfalls beendet. Auf dem Bonner Marktplatz wurde jahrelang allwöchentlich gegen den Beschluss demonstriert, und wegen der zu erwartenden Umzugskosten machte sich Unmut in der Bevölkerung breit. Man wird auch nicht behaupten dürfen, dass vonseiten der Bundesregierung von 1991 an besonders emphatischer Druck auf die Verwirklichung des Bundestagsbeschlusses ausgeübt worden sei, und dazu kam auch noch die kostspielige „Entkernung" des Reichstagsgebäudes. Viele fragten sich, ob nicht der pragmatische und relativ bescheidene Umbau des Architekten Paul Baumgartner aus den Sechzigerjahren – der allerdings von der Bundesbaudirektion in einer Weise beeinflusst wurde, dass der Architekt sich zurückzog – fürs Erste einmal genügt hätte. Aber diese Stimmen verstummten, als der geniale Umbau Fosters von Plenarsaal und Kuppel Hunderttausende von Besuchern anzog und Berlin mit der viel bewunderten Kuppel einen neuen attraktiven Mittelpunkt der Bundeshauptstadt verschaffte.

Präsident Thierse stellte in den Mittelpunkt seiner Begrüßungsrede eine „kritische Innenansicht unserer eigenen Geschichte". Der Umzug von Parlament und Regierung finde in einem „Zusammenhang von tragischer geschichtlicher Dialektik" statt: Der Untergang des Kommunismus sei die Ursache sowohl für das Glück der deutschen Einheit wie auch für den kriegerischen Konflikt im Kosovo. Der Präsident schilderte den unseligen Weg von der Weimarer „Republik ohne Republikaner" bis zur Diktatur und bis zum Missbrauch des Reichstagsgebäudes während des „Dritten Reiches", etwa als Ausstellungen wie die „Entartete Kunst" in diesem Gebäude eröffnet worden seien. Es habe den Krieg überdauert: „Für mich, der im anderen Teil der Stadt lebte, war der Reichstag ein Symbol für das ungelöste Problem der deutschen Teilung." Eingehend ging Thierse auf die Schwierigkeiten des Zusammenwachsens des über Jahrzehnte geteilten Landes ein. Die Menschen mit ihren unterschiedlichen Biografien müssten respektiert werden, weil man nur so zu wirklicher Solidarität gelange. „Mit dem Umzug von Bonn nach Berlin rücken wir genau an die Nahtstelle dieses noch offenen Prozesses des Zusammenwachsens. ... Wir Parlamentarier sollten diese Nähe für unser politisches Wirken nutzen."

„Wir sind ein Volk"

Rede von Bundestagspräsident Wolfgang Thierse am 19. April 1999 im Bundestag in Berlin, aus: DBT/14. WP/33./19. 4. 1999/2663 A – 2668 D

Herr Bundespräsident! Liebe Kolleginnen und Kollegen! Sir Norman Foster! Sehr geehrte Damen und Herren! Zur ersten Sitzung des Deutschen Bundestages im umgebauten Reichstagsgebäude in Berlin begrüße ich Sie alle sehr herzlich. Am 3. Oktober 1990 haben wir an diesem Ort die deutsche Einigung gefeiert. Am 4. Oktober fand in diesem Haus die erste Sitzung des gemeinsamen, des gesamtdeutschen Bundestages statt. Ein Jahr zuvor sind in Ostdeutschland wochen- und monatelang Hunderttausende auf den Straßen für Freiheit in einem geeinten Deutschland eingetreten. „Wir sind das Volk!" – dieser Ruf ist Wirklichkeit geworden. Fast neun Jahre später zieht der Deutsche Bundestag in dieses Gebäude ein – eine notwendige und zwingende Konsequenz der deutschen Einheit. „Dem Deutschen Volke" – diese Inschrift unter dem Giebelfeld des Westportals, die über Jahre hinweg eine leere Formel oder bestenfalls ein Versprechen war, steht nun wieder für den Anspruch an das Parlament und an jeden einzelnen von uns, den Auftrag unserer Verfassung zu erfüllen und uns ganz dem Dienst am Volk zu widmen.

Die Parlamentarier des 12. Deutschen Bundestages haben sich nach einer denkwürdigen Debatte am 21. Juni 1991 für Berlin als wirkliche Hauptstadt und Sitz des gesamtdeutschen Parlaments ausgesprochen. Der Deutsche Bundestag hat damit ein Bekenntnis eingelöst, das er seit Jahrzehnten verkündet, beschlossen und zu keinem Zeitpunkt widerrufen hat. Am 30. Oktober 1991 entschied der Ältestenrat des Deutschen Bundestages dann, daß der historische Wallot-Bau als Sitz des gesamtdeutschen Parlaments wiederhergestellt und genutzt werden soll.

Wir erinnern uns: In der Zwischenzeit ist vieles diskutiert worden. Alte Vorbehalte wurden ausgeräumt. Neue Ängste unserer Nachbarn vor einem wiederauferstandenen übermächtigen Deutschland kamen auf. Der Umzug wurde zeitweise zu einer reinen Kostenfrage degradiert. Selten zuvor wurde so viel über Kunst im und am Bau geredet. Das Gebäude verschwand für eine Woche unter den kunstvollen Hüllen Christos und wurde hinterher mit neuen Augen gesehen. Aus aller Welt strömten die Menschen in diese Stadt und konnten sich von einem neuen, heiteren Berlin überzeugen.

Heute, am 19. April 1999, ist es soweit: Berlin ist von nun an die politische Metropole Deutschlands, das umgebaute Reichstagsgebäude ist ab heute Sitz des Deutschen Bundestages. Liebe Kolleginnen und Kollegen, bei aller Bedeutung dieses Tages für die deutsche Geschichte und für diese Stadt, bei allen unterschiedlichen Auffassungen sind wir uns einig, daß Berlin für Freiheit und Demokratie, für eine europäische Politik stehen wird. Wir wollen keine andere Republik, sondern einen möglichst unaufgeregten, geradezu selbstverständlichen Wechsel von Bonn nach Berlin. Auch nach diesem Umzug wird die Bundesrepublik der föderale, rechtsstaatliche und soziale Bundesstaat sein, der sich in Bonn über Jahrzehnte hinweg bewährt hat.

(Beifall bei der SPD, dem BÜNDNIS 90/DIE GRÜNEN, der CDU/CSU und der F.D.P.)

Arbeits- und Handlungsfähigkeit, Kontinuität und Verläßlichkeit, Lösung alter und neuer Probleme, Bewältigung von Erblasten und von neuen Herausforderungen – dies sind unsere Handlungsmaximen für Berlin. Politik wird von hier aus gewiß nicht bequemer oder gemütlicher werden. Die Menschen in Deutschland und in der Welt vertrauen aber darauf, daß wir die Chance der deutschen Einheit verantwortungsvoll für unser Land und für Europa wahrnehmen, daß wir die innere Einheit vollenden, daß wir den Wechsel nach Berlin nutzen und uns mit aller Energie den dringenden und so beschwerlichen Reformnotwendigkeiten stellen: Überwindung der Massenarbeitslosigkeit, Reform des Sozialstaates, Steuerreform, Gesundheitsreform, Reform unseres Bildungswesens, Modernisierung des Staates, Verbesserung der Familienförderung. Der Herausforderungen sind genug, um von Berlin aus viele Neuanfänge zu wagen.

Wir sollten aber trotzdem, liebe Kolleginnen und Kollegen, behutsam in der Wortwahl sein. In den letzten Monaten ist viel von der Bonner und der Berliner Republik geredet worden. Dabei – wir wissen es – schwingen Befürchtungen mit, die durch die kriegerischen Auseinandersetzungen im Kosovo und die deutsche Beteiligung daran neue Nahrung bekommen haben mögen. Wer wollte bestreiten, daß wir es mit einem dramatischen Einschnitt in der deutschen Politik zu tun haben?

Gibt es – so frage ich mich – einen mehr als zufälligen zeitlichen Zusammenhang mit dem Wechsel der deutschen Politik von Bonn nach Berlin? Ja, ich glaube, einen solchen Zusammenhang gibt es.

Er ist von geradezu tragischer geschichtlicher Dialektik. Die Wiederkehr eines gesamtdeutschen Parlaments nach Berlin und der kriegerische Konflikt um das Kosovo haben eine gemeinsame Ursache: das Ende des Kommunismus. Es hat uns das Glück der deutschen Einheit beschert, aber eben nicht – wie es doch vieler Menschen Hoffnung 1989 und 1990 war – das goldene Zeitalter des Friedens, sondern neue, alte Gewalt.

Aber man sage nicht, die Rückkehr von Parlament und Regierung nach Berlin sei die Rückkehr zu einer kriegführenden deutschen Politik, sei ein Rückfall in schlimmste deutsche Geschichte. Wer so polemisch redet, der hat nichts begriffen vom Epochenwechsel 1989/90, einem Epochenwechsel, der auch mittels der entschlossenen Friedfertigkeit der Akteure bewirkt wurde. Deren Ziel aber war die Erringung der elementaren Menschen- und Freiheitsrechte, die heute im Kosovo wieder auf schlimmste Weise verletzt werden.

Auch die Entspannungspolitik Willy Brandts vor über 20 Jahren und der Helsinki-Prozeß waren erfolgreiche Versuche der Einmischung im Sinne der Menschenrechte, waren „humanitäre Interventionen" unter den Bedingungen atomarer Hochrüstung. Soll jetzt wieder und weiter eine Nichteinmischungsdoktrin gelten – damals hieß sie Breschnew-Doktrin –, unter der gerade die Menschen und Bürgerrechtler im Osten Deutschlands und Europas gelitten haben?

Nein, es ist nicht das Wiederanknüpfen an preußisch-deutsche Großmachtphantasien, die den Weltfrieden bedroht haben. Nein, nicht gegen unsere Nachbarn, sondern mit unseren europäischen Nachbarn haben die Deutschen den schmerzlichen Entschluß gefaßt, sich an einer internationalen militärischen Aktion zu beteiligen, die keine Eroberungsziele hat, die auf nichts anderes zielt als darauf, dem Morden, der Vertreibung, der ethnischen Säuberung mitten in Europa Einhalt zu gebieten. Wer wollte bestreiten, daß dies eine Aktion mit hohem politischen wie völkerrechtlichen Risiko ist? Sie ist der schmerzliche Schlußstrich unter viele Fehler und Versäumnisse, die in den Jahren zuvor erfolgt sind. Nur – und hier spreche ich mit Erhard Eppler, einem entschiedenen Verfechter der Friedensbewegung der 80er Jahre –: In einer wirklich tragischen Situation wird man durch Handeln wie durch Nichthandeln schuldig. Durch Nichthandeln hätten wir uns vermutlich ungleich schuldiger gemacht.

Liebe Kolleginnen und Kollegen, wenn wir heute von unserem neuen Plenarsaal im Reichstagsgebäude Besitz ergreifen, ist eine kritische Innenansicht unserer eigenen Geschichte geradezu zwingend, eine Selbstvergewisserung darüber, welches historische Erbe wir gerade in diesem so umstrittenen Gebäude antreten. Wie häufig war von ihm als Symbol die Rede. Aber ein Symbol wofür? Für Preußentum? Für Wilhelminismus? Für das Scheitern der Weimarer Republik? Für Hitlers Diktatur? Für die Teilung und die Einheit Deutschlands? – Ich will dazu einige Antworten versuchen.

Natürlich war der historische Reichstag kein preußisches Parlament. Er war bereits weit demokratischer als der Preußische Landtag. Das Wahlrecht machte keinen Unterschied mehr zwischen Besitzenden und Besitzlosen. Das preußische Drei-Klassen-Wahlrecht galt für den Reichstag nicht. Aber dennoch ist nicht zu leugnen, daß der preußisch-militärische Geist im Jahr 1914 auch den Reichstag erfaßte und die Legende vom angeblichen Verteidigungsfall nahezu alle Abgeordneten veranlaßte, die Kriegskredite für den ersten Weltkrieg zu bewilligen. Doch es ist wiederum gerade Preußen, das zum festen demokratischen Bollwerk in der Phase der Weimarer Republik wurde. Es mußte 1932 als erstes „geschleift" werden, bevor die Nationalsozialisten im Folgejahr ihre Machteroberung erfolgreich beenden konnten.

Und der Wilhelminismus? Atmen nicht noch heute die Gemäuer dieses Hauses den Geist der wilhelminischen Epoche? Ist es nicht in seinem Gemisch unterschiedlicher Baustile, den Tilmann Buddensieg fast spöttisch den „synthetischen Reichsstil" genannt hat, dieser Mischung von Formen der italienischen Hochrenaissance, des Neobarock und – mit der alten Kuppel – der Kombination von Stahl und Glas geradezu ein bauliches Wahrzeichen dieser wilhelminischen Epoche? Immerhin: Die Grundsteinlegung im Jahre 1884 erlebte die Hammerschläge von Wilhelm I. und seinen Nachfolgern Friedrich III. und Wilhelm II. Die kritische Öffentlichkeit vermerkte damals, daß allzuviel Militär und kaum Parlamentarier an dieser Zeremonie teilgenommen hatten – welch ein Unterschied zu heute.

Dennoch wäre es verfehlt, die Identifikation mit dem Wilhelminismus allzusehr zu strapazieren. Als der Bau in den 90er Jahren fertig wurde, nannte ihn der Kaiser öffentlich den „Gipfel der Geschmacklosigkeit", kujonierte den Architekten Paul Wallot und gebrauchte in den Briefwechseln sogar den Begriff „Reichsaffenhaus". Nein, sowohl das Gebäude wie das, was in ihm geschah, zielte bereits im Kaiserreich stärker in Richtung auf parlamentarische Demokratie als in Richtung auf einen restaurativen Absolu-

tismus. In Debatten um die Kolonialfrage oder um den Schlacht-
flottenbau, über die, wie es damals hieß, „gemeingefährlichen Bestrebungen der Sozialdemokratie" oder über die Friedensresolution
1917 stritten auf der rechten wie der linken Seite des politischen
Spektrums so hervorragende Redner und Parlamentarier wie Rudolf von Bennigsen, Eugen Richter, Wilhelm von Kardorff, Ludwig
Windthorst, Matthias Erzberger, August Bebel oder Friedrich
Ebert.

Aber weil es dem Reichstag des Kaiserreiches nicht gelang, Ver-
fassungsänderungen in Richtung auf erweiterte Parlamentsrechte
durchzusetzen, war es geradezu folgerichtig, daß der Sozialdemokrat Philipp Scheidemann am 9. November 1918 von einem Fenster dieses Hauses aus die Republik ausrief. Und wie selbstverständlich hielten auch zunächst die Arbeiter und Soldatenräte ihre
Sitzungen im von ihnen besetzten Reichstagsgebäude ab. Endlich
galt nun nach 1919 überall in Deutschland das gleiche Wahlrecht für
Frauen. Das Reich erhielt eine demokratische Verfassung.

Es waren übrigens die drei Parteien, die die Friedensresolution
im Kriegsjahr 1917 verfaßt hatten, die jetzt die die Weimarer Republik tragenden Parteien wurden: die Liberalen, das Zentrum, die
Sozialdemokraten. Der Reichstag wurde also der Ort der parlamentarischen Auseinandersetzung. Und hier fanden die Trauerfei-
ern statt für den ermordeten Walther Rathenau 1922, für den verstorbenen Reichspräsidenten Friedrich Ebert, für Außenminister
Gustav Stresemann. Ab jetzt also der Reichstag als Ort eines unge-
trübten Parlamentarismus? Bedauerlicherweise ist auch hier die historische Wirklichkeit schwieriger. Bereits nach den Wahlen von
1920 machte das Wort von der „Republik ohne Republikaner" die
Runde. Die Weltwirtschaftskrise Ende der 20er Jahre läutete den
Untergang dieser ersten Demokratie auf deutschem Boden ein.

Golo Mann hat den Vorgang für das Parlament anschaulich so
beschrieben:

Der rasende Verfall begann, als, September 1930, die nationalsozialistische
Fraktion von 12 Mitgliedern mit einem Schlag auf 107 anwuchs. Nun brachen
alle Furien des Hasses ein in den Kuppelsaal ... Der Reichstag hörte zu funktionieren auf: Pandämonium, in dem die Stimme der Mitte, der altmodischen, der
zur Arbeit, zur wechselseitigen Achtung ... Mahnenden verklangen, wie Stimmen der Vernunft im Irrenhaus.

Die Totengräber der Demokratie hatten die deutsche Öffentlichkeit über ihre Ziele nicht im unklaren gelassen. Bereits 1928 hatte
Joseph Goebbels freimütig bekannt:

Wir gehen in den Reichstag hinein, um uns im Waffenarsenal der Demokratie mit deren eigenen Waffen zu versorgen. Wir werden Reichstagsabgeordnete, um die Weimarer Gesinnung mit ihrer eigenen Unterstützung lahmzulegen. Wenn die Demokratie so dumm ist, uns für diesen Bärendienst Freifahrkarten und Diäten zu geben, so ist das ihre eigene Sache ... Wir kommen als Feinde!

Und noch im August 1932 zerstreute er letzte Zweifel und Illusionen darüber, wie ernst man es meinte:

Haben wir die Macht, dann werden wir sie nie wieder aufgeben, es sei denn, man trägt uns als Leichen aus unseren Ämtern heraus.

Trotzdem: Es ist eines der hartnäckigsten und dümmsten Vorurteile, das sich mit diesem Gebäude, in dem wir heute tagen, verknüpft: daß es als Symbol für den nationalsozialistischen Ungeist, seinen Rassenwahn und seine Kriegspolitik stehe. Nichts davon ist wahr. Adolf Hitler hat in diesem Gebäude nie als Parlamentarier gesprochen. Es mußte fallen, es mußte brennen, bevor die NS-Machthaber ihre „deutsche Herrenmoral" an die Stelle der angeblichen „Mitleidsmoral" des demokratischen Parteienstaats setzen konnten.

Otto Wels hielt seine bewegende und bis heute aufrüttelnde Rede gegen das Ermächtigungsgesetz nicht mehr im Reichstagsgebäude, sondern gegenüber, in der Kroll-Oper. Den Kommunisten waren einfach die Mandate aberkannt worden; viele von ihnen wie auch manche sozialdemokratische Reichstagsabgeordnete befanden sich bereits in sogenannter Schutzhaft. Der Satz „Freiheit und Leben kann man uns nehmen, die Ehre nicht" steht bis heute für den Mut der einzigen Oppositionspartei, der Sozialdemokraten, die in dieser Stunde den nationalsozialistischen und deutschnationalen Machthabern widerstanden und gegen das Ermächtigungsgesetz und damit die Selbstaufgabe des Parlaments stimmten. Hitlers Appell an den Deutschen Reichstag – ich zitiere –, „uns zu genehmigen, was wir auch ohnedem hätten nehmen können", demonstrierte zugleich die Ausweglosigkeit der Lage bereits zu diesem Zeitpunkt für alle Parlamentarier.

Gleichwohl wollten auch die Nazis nicht ganz auf die Symbolkraft dieses Gebäudes verzichten. Nach notdürftiger Teilrestaurierung wurden während der Olympischen Spiele 1936 Führungen für ausländische Besucher durchgeführt. Die Nazis hatten die Schamlosigkeit, in diesen Räumen Ausstellungen wie zum Beispiel „Der ewige Jude" oder „Bolschewismus ohne Maske" zu zeigen und – bezeichnenderweise am fünften Jahrestag des Brandes – die Ausstellung über „Entartete Kunst" hier zu eröffnen.

Im Mai 1945 war es für die siegreiche sowjetische Armee ganz selbstverständlich, ihre rote Fahne hier und nicht auf dem Gebäude der nationalsozialistischen Machtzentrale, der Reichskanzlei, zu hissen. Das Reichstagsgebäude hat den Krieg überdauert. Wie ein Mahnmal stand es nun, insbesondere nach dem Bau der Mauer, fast Wand an Wand mit dieser künstlichen, gewaltsamen innerdeutschen Grenze. Schon durch seine Höhe war es und blieb es unübersehbar, auch wenn die beschädigte Kuppel aus Sicherheitsgründen abgetragen werden mußte. Für mich, der im anderen Teil der Stadt lebte, war der Reichstag ein Symbol für das ungelöste Problem der deutschen Teilung. Gut sichtbar über die Mauer hinweg, blieb er ein Blickfang, war Objekt, steinernes Symbol der Sehnsucht nach einem geeinten Deutschland, in dem Demokratie, Frieden, Freiheit des einzelnen und soziale Gerechtigkeit gemeinsam ihre Heimat haben.

Und heute, liebe Kolleginnen und Kollegen? Heute haben wir eine Reihe gewiß schwieriger Probleme, die wir uns – jedenfalls viele von uns – während der Teilung und des kalten Krieges immer gewünscht haben: nämlich die Probleme der deutschen Einigung. Insofern hat sich viel geändert. Voraussetzung dafür war, daß ein Teil Deutschlands, daß die Ostdeutschen in einer gelungenen friedlichen Revolution den Wandel von der Diktatur zur Demokratie geschafft haben. Es ist dies das erste Mal in der deutschen Geschichte, daß ein solcher Wandel von innen heraus, aus eigener Kraft, in einer friedlichen und revolutionären Aktion gelungen ist. Es ist auch das erste Mal, daß Deutschland seine territoriale Gestalt im Einklang, also mit dem Einverständnis seiner europäischen Nachbarn gefunden hat. An dieser Stelle halte ich es für meine Pflicht – das kommt von Herzen –, der damaligen Bundesregierung und ihrem Kanzler Helmut Kohl ausdrücklich für diese historische Leistung zu danken.

(Beifall bei der SPD, dem BÜNDNIS 90/DIE GRÜNEN, der CDU/CSU und der F.D.P.)

Dieser doppelten, historisch neuartigen Situation verdanken wir die Möglichkeit, Berlin wieder zum Sitz von Parlament und Regierung, also tatsächlich zur Hauptstadt machen zu können. Demokratisches Engagement der Bürger und gutnachbarschaftliche Verständigung haben diese Möglichkeit geschaffen. Damit symbolisiert der Umzug des Parlaments von Bonn nach Berlin zweifellos etwas

Neuartiges, zugleich erfreulich Zivilisatorisches in der deutschen Geschichte. Ich jedenfalls finde, dieses neue Moment unserer Geschichte verweist zugleich auf Traditionen, die in den letzten 50 Jahren erst wirklich die deutsche politische Kultur prägen konnten. An diesen Traditionen müssen wir festhalten.

Ich beginne mit einer Überzeugung, die seit dem 8. Mai 1945 in beiden Teilen Deutschlands gleichermaßen, wenn auch auf sehr unterschiedliche Weise gewonnen worden ist: dem Antifaschismus und einem unaufgeregten, unpathetischen Verhältnis zur eigenen Nation. Natürlich bestreite ich nicht, daß dieser gesamtdeutsche Neubeginn Ausgangspunkt sehr verschiedener Wege geworden ist. Im Westen gab es neben dem Antifaschismus auch Verdrängung des deutschen Nationalsozialismus. Andererseits aber war die Konsequenz klarer und eindeutiger; sie hat im Grundgesetz der Bundesrepublik Deutschland ihren unhintergehbaren Ausdruck gefunden: Eine stabile, auf die Menschenrechte gegründete Demokratie sollte jeder Form von Diktatur den Boden entziehen.

Die DDR setzte dagegen einen anderen Akzent, der es zuließ, erneut eine Diktatur zu errichten, eine Diktatur zur Verhinderung des Kapitalismus, der in erster Linie für Faschismus und Nationalsozialismus verantwortlich gemacht wurde. Viele wußten von Anfang an, daß dies ein Irrweg war, viele begriffen es im Laufe der Jahre, manche erst nach dem Mauerbau, andere noch später, und einzelne scheinen es noch immer nicht begriffen zu haben. Daß der sowjetisch dominierte Sozialismus ein folgenreicher diktatorischer Irrweg war, der zudem auch ökonomisch funktionsunfähig blieb, kann aber heute nicht mehr ernsthaft bestritten werden. Für mich persönlich wiederhole ich: Die Einheit Deutschlands war mir kein nationales, sie war mir stets ein antitotalitäres, ein freiheitliches, ein demokratisches Ziel.

Als zweite Tradition, der ich Kontinuität wünsche, nenne ich das Streben nach sozialem Ausgleich. Wir haben in der DDR durchaus auch positive Gleichheitserfahrungen gemacht, die man nicht geringschätzen sollte. Aber eine Gleichheit, die alle in eine bestimmte Schablone pressen, paßförmig für eine einheitliche Ideologie machen will, meine ich natürlich nicht. Die Gleichheit vor dem Gesetz, Gleichstellung von Mann und Frau, die Mühe um Chancengleichheit, gleiche Würde und gleiche Freiheit ungeachtet der Herkunft, der Rasse, der Religion oder des Geschlechts – das ist die Gleichheit, die ich meine. Sie ist durchaus gefährdet – nicht nur im Kosovo, sondern auch hier in Deutschland, zum Beispiel bei jedem tätlichen Angriff, jeder Diskriminierung gegen Menschen, die nichts weiter getan haben außer anders, südlicher, fremdländischer auszusehen, als manche Rechtsextremisten das für angemessen oder typisch halten.

(Beifall im ganzen Hause)

Die dritte Tradition, die ich erwähnen möchte, ist die der guten Nachbarschaft, des Interessenausgleichs mit den anderen Völkern und Staaten, die unbedingte europäische Orientierung der Zusammenarbeit und Integration und der Fortentwicklung der Europäischen Union, die sich nicht mehr nur auf den ehemaligen Westen Europas beschränkt.

Das sind nicht alle, aber das sind mir besonders wesentliche politische Traditionen, die auch und vor allem am Parlaments- und Regierungssitz Bonn entwickelt und in Verträge und Gesetze gegossen worden sind. Unsere Zukunft hängt von diesen Prinzipien ab. Es sind Prinzipien, die zur Staatsräson der Bundesrepublik Deutschland gehören. Wir sollten an dieser Kontinuität festhalten, statt unsere Zeitrechnung künstlich in eine angebliche Bonner und eine angebliche Berliner Republik aufzuteilen.

(Beifall bei der SPD, dem BÜNDNIS 90/DIE GRÜNEN, der CDU/CSU und der F.D.P.)

Meine Damen und Herren, ja, das Reichstagsgebäude ist ein Symbol, aber kein eindeutiges. Es ist ein Symbol für all die Ambivalenzen und Vieldeutigkeiten in der deutschen Geschichte, die wir nur als solche und als Ganzes annehmen können. Indem wir, der 14. Deutsche Bundestag, künftig an diesem Ort tagen, machen wir deutlich, daß wir uns dieser Verantwortung und Aufgabe bewußt sind. Alle Debatten, die auf Schlußstriche unter die deutsche Geschichte dieses Jahrhunderts zielen, werden an diesem Ort ad absurdum geführt. Dieser Ort ist Geschichte, er läßt keinen Austritt aus ihr zu, er läßt keinen Schlußstrich zu.

Aber er mahnt uns auch, Lehren zu ziehen. Geschichte ist mehr als nur Objekt für neugierige Rückblicke. Die erste, ganz zentrale Lehre, hat der verehrte Kollege Helmut Kohl in seiner damaligen Funktion als Bundeskanzler 1983 präzise und treffend so charakterisiert:

Das eine bleibt uns als Mahnung festzuhalten, daß die Republik jeden Tag neu erworben werden muß, weil die politische Kultur der Freiheit sich nicht von selbst versteht.

Herr Kollege Kohl, ich bin Ihnen für diese Worte sehr dankbar. Und ich würde mir wünschen, daß wir diese Mahnung als gemeinsamen Auftrag für dieses ganze Haus verstehen, daß wir durch die Art unserer Debatten und Auseinandersetzungen, durch die Kultur unseres Streits täglich die Überlegenheit der Demokratie unter Beweis stellen, damit totalitäre Ideologen und Demagogen in Deutschland nie wieder eine Chance bekommen.

(Beifall im ganzen Hause)

Liebe Kolleginnen und Kollegen, heute hat das stabilste und selbstbewußteste Parlament, das wir jemals in Deutschland hatten, jenes Gebäude bezogen, das unübersehbar der Vergangenheit entstammt, aber gleichermaßen bereit ist für eine zukunftsgerichtete Politik – nach innen wie nach außen. Es ist an uns Parlamentariern, diesem Bauwerk viele neue Bausteine an guter demokratischer Politik hinzuzufügen.

Die fruchtbare Verbindung zwischen Alt und Neu, zwischen Vergangenheit und Gegenwart – wir haben es gesehen und bestaunt, vielleicht auch ein bißchen bewundert – gilt insbesondere für die Architektur. Daß das Haus mit seinen inneren und äußeren Strukturen den Erwartungen gerecht werden kann, daß seine Ausmaße und Baumassen den Eintretenden aufnehmen statt abschrekken, ist dem Architekt, Sir Norman Foster, zu verdanken. Er hat mit seinem Konzept eines Neubaus von Plenarsaal und Kuppel innerhalb der historischen Ursprungsarchitektur eine gelungene Synthese geschaffen. Sie spiegelt die Geschichte dieses Hauses und seiner Gegenwart und Zukunft mit den Mitteln der baulichen Gestaltung wider. Er hat Geschichte sichtbar gemacht, aber er ist nicht dort verharrt. Gleichermaßen hat er Raum für die demokratischen Strukturen einerseits und für die Arbeitsfähigkeit des Parlaments andererseits geschaffen. Dafür ist Sir Norman Foster von dieser Stelle aus herzlicher Dank zu sagen.

(Beifall im ganzen Hause)

Mein besonderer Dank gilt aber auch meiner Vorgängerin, Frau Professor Rita Süssmuth, die mit unermüdlicher Energie die Realisierung dieses Umbauprojektes vorangetrieben hat. Wir verdanken ihr, daß dieses Haus so schön geworden ist und so gut für unsere parlamentarischen Zwecke paßt. Herzlichen Dank, Frau Süssmuth.

(Beifall im ganzen Hause)

Unser Dank sollte aber auch der Baukommission, ihren Mitgliedern und ihrem Vorsitzenden, dem Kollegen Dietmar Kansy, gelten. Er hat die schwierige Arbeit, die Planungsarbeit in vielfältigen Entscheidungen begleitet. Herzlichen Dank für diese wichtige Arbeit in unser aller Namen.

(Beifall im ganzen Hause)

Wir sollten selbstverständlich alle diejenigen in unseren Dank einschließen, die – sei es als Bauarbeiter oder Ingenieurin, sei es als Mitarbeiterinnen oder Mitarbeiter der Verwaltung des Deutschen Bundestages – zum Gelingen dieses Projektes beigetragen haben.

(Beifall im ganzen Hause)

Der Architekt des deutschen Parlaments stammt nicht aus Deutschland. Man muß es erwähnen. Auch das ist – nebenbei, aber nicht unwichtig – eine Geste der Dankbarkeit an die Europäer, die die Einheit unseres Landes mitgetragen, mehr noch: unterstützt haben. Europa wird auch eine der zentralen Botschaften sein, die vom politischen Berlin ausgehen wird. War vor einem Jahrzehnt, als die alten Ost-West-Strukturen aufbrachen, die Zukunft Europas noch ungewiß, so ist der europäische Weg heute, am Ende dieses 20. Jahrhunderts, eindeutig: Die deutsche Frage, ein stetiger Risikofaktor im europäischen Staatensystem, ist gelöst, eine Rückkehr zur Großmachtpolitik undenkbar. Deutschland hat nicht nur seinen Platz in Europa gefunden, sondern gestaltet dieses Europa aktiv mit. Daran haben viele, sehr viele mitgewirkt: von Konrad Adenauer über Ludwig Erhard bis zu Willy Brandt, Hans-Dietrich Genscher, Helmut Schmidt und Helmut Kohl. Sie alle nenne ich nur stellvertretend.

Deutschland hat zusammen mit seinen Nachbarn die europäische Integration dynamisiert und die europäische Währungsunion mit vollen Kräften unterstützt – trotz großer Widerstände und Bedenken und im Wissen um die Stärke der eigenen Währung und der damit verbundenen Risiken.

Wir Deutsche haben erfahren, was ein geteiltes Land bedeutet. Deshalb sind wir auch in der besonderen Verantwortung, unsere Nachbarn in Mittel- und Osteuropa auf ihrem Weg in die Europäische Union zu unterstützen. Wir wollen nicht nur ihre Verbündeten in der NATO, sondern auch in der Europäischen Union sein. Damit dies gelingt und vor allem auch auf Dauer Bestand hat, brauchen wir beides: die Erweiterungsfähigkeit der Union und die

Beitrittsfähigkeit der zu integrierenden Länder. An beidem wird derzeit hart gearbeitet.

Es ist ein gutes Ergebnis in diesem Prozeß, daß ausgerechnet während der deutschen Ratspräsidentschaft und dazu noch hier in der Stadt Berlin der entscheidende Durchbruch zur Verabschiedung der Agenda 2000 gelungen ist. Sie schafft erst die Voraussetzung dafür, daß der europäische Integrationsprozeß in Richtung Mittel- und Osteuropa fortgesetzt werden kann.

Entscheidend für die europäische Einigung wird aber sein, ob die Bürgerinnen und Bürger von diesem Europa überzeugt und für dieses Europa bereit sind. Dies wird ohne eine Verstärkung der demokratischen Strukturen, ohne eine dringend notwendige Entflechtung der Verfahrensabläufe auf der einen Seite und ohne die Toleranz für andere Kulturen und Lebensentwürfe auf der anderen Seite nicht möglich sein.

Probleme und Rückschläge gehören zu diesem Prozeß dazu. Gerade wir Deutschen haben diese Erfahrungen hautnah bei der deutschen Einheit gemacht. Wie schwierig das Zusammenwachsen eines über Jahrzehnte hinweg geteilten Landes mit konträren Gesellschaftsstrukturen ist, wurde vielen von uns erst nach und nach deutlich. Über Jahrzehnte hinweg wurde das Ideal der deutschen Einheit niemals aufgegeben. Es war zwar Vision, aber keine Utopie. Mit Zuversicht haben viele, sehr viele daran festgehalten.

Heute – fast zehn Jahre nach dem Fall der Mauer – leben wir in mancher Hinsicht noch immer in zwei Gesellschaften. Wir haben erkennen müssen, daß die Höhe der finanziellen Transfers, die Anzahl der Autobahnen und Telefonleitungen, die Größe der Kaufhäuser und ihrer Angebote – so begrüßenswert, so dankenswert all diese materiellen Leistungen und Fortschritte sind – eben noch nicht selbstverständlich und garantiert eine gemeinsame Identität schaffen.

So konnten erneut wechselseitig Ressentiments zwischen Ost- und Westdeutschen wachsen. Für die einen wurden die Westdeutschen zu „hochnäsigen Kolonialherren", für die anderen die Ostdeutschen zu „undankbaren Jammerlappen". Fehlverhalten hier wie dort wird zum Bild für das Ganze überhöht und für Feind- und Klischeebilder benutzt, deren Realitätstauglichkeit sich allenfalls im Bestätigen von Vorurteilen erweist.

Immer noch zu oft neigen wir dazu, das Leben in dem anderen System nach eigenen, nach oberflächlichen Maßstäben einzuordnen. Das ist bequem; aber es erzeugt Vorurteile und Vorbehalte.

Warum respektieren wir nicht die Menschen mit ihren unterschiedlichen Biographien? Warum gestehen wir nicht anderen das zu, was wir selbst von anderen erwarten, nämlich Verständnis und Toleranz? Dazu gehört vor allem, einander ohne Ängste, Mißtrauen und vorgefertigte Meinungen zu begegnen, uns unsere unterschiedlichen Erfahrungen zu erzählen, aber auch zuzuhören. Nur so gelangen wir zu wirklicher Solidarität, einer Solidarität, die die innere Einheit vollendet. Nur so verstehen wir auch die unterschiedlichen Dimensionen gleicher Sachverhalte.

Natürlich ist Arbeitslosigkeit für jeden einzelnen, für jede Familie in West wie in Ost eine schwer erträgliche Belastung und Zumutung. Gleichwohl ist die Herausforderung wie die Katastrophe für jeden Ostdeutschen ungleich größer, weil im System der DDR wenigstens die Sicherheit des Arbeitsplatzes unverrückbar garantiert zu sein schien.

Auch der Gebrauch von und der Umgang mit Freiheit will gelernt sein. Für die Westdeutschen ist es die in einem langen Prozeß erlebte Erfahrung, daß sie mit ihren Möglichkeiten und Chancen zugleich auch immer die Kehrseite von Risiken und Unsicherheiten in sich birgt. Für die Ostdeutschen waren die Freiheit der Rede und die Möglichkeit, frei zu reisen, verständliche Objekte der Sehnsucht. Aber nun müssen sie erst lernen, daß grenzenlose Freiheit auch Bindungslosigkeit bedeuten kann, daß frühere Sicherheiten verlorengehen. So wird nun Freiheit häufig weniger als Chance denn als Last empfunden.

Liebe Kolleginnen und Kollegen, mit dem Umzug von Bonn nach Berlin rücken wir genau an die Nahtstelle dieses noch offenen Prozesses des Zusammenwachsens. In keiner anderen Stadt Deutschlands werden die Defizite, die besonderen Empfindlichkeiten, aber auch die Fortschritte auf beiden Seiten deutlicher als hier in Berlin. Wir Parlamentarier sollten diese Nähe für unser politisches Wirken nutzen.

Der heutige Tag ist auch ein wichtiger Tag für diese Stadt und ihre Menschen. Nach Jahren des Hoffens, Wartens und Vorbereitens spüren die Berliner heute: Das Parlament, das Herzstück der Demokratie, ist wieder inmitten dieser Stadt zu Hause. Dies bedeutet eine historische Chance und vor allem auch belebende Impulse. Viele alteingesessene Berliner freuen sich auf die Zuziehenden aus dem Westen. Traditionelles und Innovatives, Pioniergeist und Abgeklärtheit werden in dieser Stadt eine spannungsreiche Mischung erzeugen, die sie für ihre neue Rolle brauchen wird. Berlin als die Mitte von Ost und West in

Deutschland und Europa, als die Stadt mit dem ausgeprägtesten internationalen Charakter in Deutschland: Es gibt wohl kaum einen geeigneteren Ort für Dialog, für friedliches Zusammenleben von Menschen aus den unterschiedlichsten Kulturen. Berlin soll ein Beispiel für die Vollendung der Einheit in den Köpfen und Herzen der Menschen in Deutschland und in Europa werden. Historische Vorbilder oder Parallelen gibt es nicht. Alle hier wirkenden Menschen werden diesen Teil der Geschichte selber schreiben, und zwar jeden Tag aufs Neue. Dazu wünsche ich uns allen eine glückliche Hand.

Der Deutsche Bundestag ist im guten Sinne des Wortes ein Arbeitsparlament. Bei aller Kritik, die dieses Hohe Haus auf sich zieht, manchmal verdient, manchmal benötigt und jedenfalls immer verträgt, darf doch festgestellt werden: Hier wird hart um beste, um durchsetzbare, um sachgerechte und um verantwortbare Lösungen gerungen. Es wird hart gearbeitet.

Vor diesem Hintergrund ist es gut, den neuen Plenarsaal des Deutschen Bundestages mit einer ernsthaften Debatte in Besitz zu nehmen. Angesichts der Beschwernisse, die wir im eigenen Land erleben, angesichts der Tatsache, daß diese Beschwernisse im Osten Deutschlands, wo nun auch der Deutsche Bundestag seinen Sitz hat, noch immer größer sind als im Westen, und auch angesichts des Umstandes, daß wir im Plenum des Hohen Hauses schon lange nicht mehr herausgehoben darüber diskutiert haben, ist eine Debatte über die noch bestehenden Herausforderungen für die Angleichung der Lebensverhältnisse und die Vollendung der Einheit Deutschlands ein besonders geeignetes Thema für diese erste Sitzung.

Ich danke Ihnen für Ihre Aufmerksamkeit.

(Beifall im ganzen Hause)

Personenregister

Abs, Hermann-Josef 175
Abusow 403
Acheson, Dean 250
Adenauer, Konrad 11, 69, 94f.,
   107, 118f., 131, 141, 143,
   163ff., 174f., 186f., 218, 238,
   240ff., 246f., 251, 254, 257,
   262, 287ff., 337f., 346f., 367,
   369, 386, 388, 399, 420, 435,
   437, 442, 453, 463, 482, 508,
   543f., 650
Adorno, Theodor W. 613
Ahrens, Karl 228
Albers, Johannes 228
Altmaier, Peter 628, 630
Andreas, Willi 533
Apel, Hans 372, 375f., 382
Aquin, Thomas von 638
Aquino, Corazón 408
Arndt, Adolf 113, 452, 502
Arnold, Karl 28, 420, 422, 452,
   461
Asmussen, Hans 336

Baade, Fritz 157f.
Baeck, Leo 503
Bahr, Egon 345, 399
Baring, Arnulf 388, 423, 434,
   458, 466

Barlach, Ernst 435
Barzel, Rainer 344, 348, 352f.,
   361ff., 369ff., 401, 436, 438,
   451ff.
Baum, Gerhart Rudolf 438, 597
Baumgartner, Paul 639
Bausch, Paul 23, 96
Beaumarchais, Pierre Augustin Ca-
   ron de 94
Bebel, August 593, 644
Becher, Walter 454
Beck-Oberdorf, Marieluise 623
Beethoven, Ludwig van 39
Behrendt, Walter 228
Belle, Meinrad 630
Benjamin, Hilde 191
Benn, Gottfried 262
Bennigsen, Rudolf von 644
Ben-Zvi, Itzhack 85
Bergengruen, Werner 15
Berkandt, Ian P. 303
Berkhan, Wilhelm 219, 434
Berlichingen, Götz von 614
Beyme, Klaus von 545
Blachstein, Peter 149
Blankenhorn, Herbert 248
Blücher, Franz 250
Blüm, Norbert 522, 541, 626
Böckler, Hans 69
Böhm, Franz 11, 16, 119, 173ff.
Böhmer, Maria 630

Scheidemann, Philipp 644
Schiller, Friedrich von 140, 302
Schiller, Karl 456
Schily, Otto 535, 623, 625f.,
   632f.
Schleyer, Hanns Martin 423ff.,
   431, 447, 508, 614
Schmid, Carlo 18, 82f., 85, 118,
   165, 228, 262ff., 288, 338,
   385ff., 532
Schmidt, Helmut 218, 262f.,
   344f., 367, 382, 420, 433ff.,
   453, 456, 460, 463, 466, 508,
   522f., 561, 563, 593, 602,
   611, 650
Schmidt, Renate 541
Schmidt, Wilhelm 628
Schmidt-Rottluff, Karl 435
Schmude, Jürgen 541
Schneider, Ludwig 157, 541
Schneider, Michael 435, 437
Schoettle, Erwin 71f., 101f., 106,
   110, 321
Scholz, Rupert 473, 632, 633
Schramm, Friedrich 83
Schröder, Gerhard (Düsseldorf)
   83, 110, 397ff., 469, 522
Schröder, Gerhard (Hannover)
   559ff., 563, 616
Schroeder, Luise 23
Schulte, Brigitte 541
Schultz, Rudolf 219
Schulz, Klaus-Peter 400, 540
Schulze, Hagen 626, 632ff.
Schumacher, Kurt 11, 23, 41ff.,
   82, 95, 98, 107, 113, 242,
   262, 281, 303, 345, 347, 386,
   407, 410, 413, 508
Schumann, Jürgen 424
Schütz, Klaus 200, 544
Schwarz-Schilling, Christian 541,
   626, 630

Seehofer, Horst 541
Sethe 244
Seume, Franz 400
Shakespeare, William 42, 391
Smend, Rudolf 336
Smirnow 255
Soell, Hartmut 317, 541
Sorin 255
Spénale, Georges 231
Spieker, Karl 452
Spreti, Karl Graf von 86, 181
Springer, Axel 545
Stahlberg, Hermann 454
Stalin, Josef W. 213, 238f., 242,
   244, 246
Starke, Heinz 400, 498
Stein, Friedrich Karl Freiherr vom
   37, 68, 96, 429, 476, 592
Steiner, Julius 401
Steinhoff, Johannes 461
Stercken, Hans 541
Stern, Carola 340
Stiegler, Ludwig 628
Stoltenberg, Gerhard 373, 376,
   541
Stoph, Willi 287, 345, 369
Storch, Anton 75
Strauß, Franz Josef 11, 94, 96, 98,
   113, 121f., 242, 256, 266,
   274f., 277f., 435, 439, 465,
   489, 508
Stresemann, Gustav 346, 644
Strobel, Käthe 412
Strohbach, Gertrud 98
Struck, Peter 541, 599
Stücklen, Richard 244ff., 251,
   614
Stürmer, M. 339, 478
Suhr, Otto 304
Süssmuth, Rita 541, 549, 551ff.,
   626, 629f., 649
Suzuki, Yasushi 491